45,90 €

À jour du Code de la justice pénale des mineurs

Dans cet ouvrage **100 concepts de nature juridique** sont traités de manière transversale et pluridisciplinaire afin de donner au lecteur des éléments de culture juridique et judiciaire.

Outre des développements juridiques, chaque thème peut donner lieu à des développements sur le contexte historique, social, économique ou politique expliquant son élaboration ou son évolution. Chaque notion juridique est ensuite abordée par le prisme du droit international et notamment européen, de la jurisprudence du Conseil constitutionnel, du droit civil, pénal ou public.

L'objectif et de donner à des étudiants un véritable outil de préparation aux examens et concours d'accès aux diverses professions du droit (avocats, magistrats, OPJ et APJ, cadres dans la fonction publique d'État et des collectivités locales). Mais, des journalistes, des élus, décideurs publics et économiques, ou professionnels du droit en exercice peuvent aussi trouver dans les différentes fiches de précieux éléments d'information et de culture.

Erick MAUREL est aujourd'hui procureur de la République à Nîmes après avoir exercé dans de nombreuses juridictions. Il a ainsi été procureur de la République à Abbeville, Saint Omer, Pau et a été affecté dans des juridictions comme Ajaccio ou Pontoise. Ancien auditeur de l'IHEDN et de l'INHESJ, il a été directeur de sessions de formation continue durant six années à l'Ecole nationale de la magistrature, chargé de cours à la faculté de droit de Pau et a publié des articles juridiques ainsi que deux ouvrages consacrés à l'action du ministère public.

Enrick B Éditions

Cours de droit pénal

Jean-Yves MARÉCHAL

Cours de droit pénal

Tout le programme en 80 fiches et en schémas

Enrick B. ÉDITIONS

Directeur de la Collection CRFPA : Daniel BERT

Conception couverture : Marie Dortier
Réalisation couverture : Comandgo

ISBN : 978-2-3564-501-8

À la mémoire du Professeur Alain Prothais,
qui fut et demeure un modèle de rigueur scientifique
pour ceux qui eurent le privilège d'être ses élèves.

Préface

Souvenons-nous de ce que, à l'Université ou ailleurs, nous aimions chez un enseignant.

Sa matière pouvait bien être la plus hermétique de toutes, la plus difficile à appréhender, peu importe. Nous savions qu'il allait nous emmener dans un univers savant et exigeant, avec pédagogie et bienveillance, qu'il ne ménagerait pas son temps afin que nous puissions maîtriser la grammaire élémentaire de sa discipline, avant de nous conduire vers des considérations plus sophistiquées, sans jamais laisser quiconque au bord de la route. Je regrette de ne pas avoir retenu le nom de cette exceptionnelle chargée de travaux dirigés en droit des sûretés à l'Université Paris-X Nanterre, qui n'a certes jamais rendu cette matière plus simple – car c'est une matière d'une grande complication, au sens le plus noble de l'horlogerie – mais qui avait fait le pari de l'exigence et qui nous l'avait enseignée en la mettant sans cesse en perspective, convoquant les exemples concrets, explicitant le cheminement de la doctrine sur tel aspect ; nous donnant le sentiment, malgré son érudition, qu'elle nous parlait d'égal à égal. J'avais adoré le droit des sûretés. L'aurais-je même imaginé quelques mois auparavant, tant la réputation de cette discipline la précédait, tant nous l'appréhendions avec une crainte révérencielle, tant nous nous perdions en calculs savants afin d'en anticiper la compensation arithmétique dans nos moyennes finales ?

Ce que nous avons aimé, au fond, chez certains enseignants, c'est qu'ils nous rendaient le savoir accessible. C'est que l'on commençait à y croire, que l'on se disait pourquoi pas. J'aurais dû retenir le nom de cette exceptionnelle chargée de travaux dirigés.

L'accessibilité demeure encore une préoccupation aujourd'hui, face à un corpus juridique qui s'est complexifié à travers le temps, et étendu dans l'espace. Les étudiants qui parcourent le présent ouvrage deviendront en effet des avocats d'un monde quelque peu nouveau : un droit interne toujours plus influencé par le droit européen et international, une géopolitique qui aura modifié notre rapport aux libertés individuelles, une conjugaison intime entre le droit écrit et la *soft law*, devenus quasiment équivalents, l'émergence d'acteurs nouveaux du droit (régulateurs sectoriels de plus en plus nombreux, de plus en plus actifs, associations et organisations non gouvernementales légitimées dans leur exercice quotidien), bouleversement de notre pratique par cette révolution anthropologique fascinante que constitue le numérique. Ce sont des qualités nouvelles qui devront désormais être cultivées par l'avocat : l'intelligence émotionnelle, la créativité, la résolution de problèmes complexes, le développement de l'identité numérique, le travail – ou davantage encore l'exercice – en équipe.

Le nouvel examen national s'efforce de répondre aux exigences de cet environnement nouveau. L'examen d'entrée au CRFPA se transforme afin d'être plus cohérent, plus lisible et plus sélectif. Plus égalitaire aussi. Mais cette réorganisation crée quelques inquiétudes chez les étudiants et implique un changement dans l'organisation de leur préparation.

L'accessibilité est donc plus que jamais une préoccupation face à un examen d'entrée dans les Écoles d'Avocats dont, conséquence de la complexification du droit, les contours ont été redessinés. C'est donc la stratégie d'enseignement et de préparation à cet examen qui s'en trouve transformée, notamment en cette période légitimement préoccupante pour les étudiants de transition entre l'ancien examen et le nouveau.

Il faut donc saluer la démarche qui consiste pour une maison d'édition telle qu'Enrick B Éditions, à imaginer une nouvelle structure éditoriale, une offre innovante, totalement adaptée à la nomenclature du nouvel examen national d'accès aux Écoles d'Avocats. L'accessibilité, toujours, qui consiste à réorganiser les contenus d'un manuel afin de les orienter vers leur application la plus concrète et la plus immédiate. Il ne s'agit pas d'abandonner les traités et les ouvrages les plus denses, qui ont fait l'objet d'un enrichissement quasiment majestueux au fil des années. Il ne s'agit pas davantage de déserter un apprentissage régulier et assidu à l'Université au profit d'un bachotage affolé. Le Droit s'apprend par un phénomène de sédimentation noble. Il faut du temps. Il faut de la régularité. Mais le nouvel examen obéit à une structure et s'inscrit dans une stratégie nouvelle : réduction des matières disponibles, recentrage autour de certains enseignements, valorisation de l'admission à travers le coefficient modifié du Grand Oral. Cette réorganisation nécessite une pédagogie nouvelle.

Cet ouvrage participe de cette préoccupation constante, en constitue une nouvelle initiative. Et il est – surtout – réjouissant de constater que la pédagogie conserve sa capacité d'imagination.

Kami HAERI
avocat associé-partner, Quinn Emanuel Urquhart & Sullivan
ancien Secrétaire de la Conférence
ancien membre du Conseil de l'Ordre

Le mot du Directeur de collection

L'examen d'accès au CRFPA est réputé difficile et sélectif.

L'arrêté du 17 octobre 2016 renforce cette impression, dans la mesure où le double objectif de la réforme est à la fois de **simplifier** et de **complexifier** l'examen d'accès au CRFPA.

Simplifier l'organisation de l'examen, tout d'abord, en diminuant le nombre d'épreuves et en nationalisant les sujets.

Complexifier l'obtention de cet examen, ensuite, afin de dresser des barrières d'accès à la profession d'avocat. Les avocats ne cessent, à juste titre, de dénoncer la paupérisation de leurs jeunes confrères et réclament davantage de sélection à l'entrée de la profession.

La réussite de l'examen d'accès au CRFPA nécessite :

- **un solide socle de connaissances dans les matières fondamentales ;**
- **une bonne méthodologie ;**
- **une bonne connaissance de l'actualité,** les rédacteurs de sujets d'examen ayant souvent tendance à se laisser guider par l'actualité.

La Collection CRFPA a été conçue autour de ces trois axes. L'éditeur, Enrick B Éditions, a mis en place une gamme d'outils d'apprentissage et de révision efficaces, dans **la seule optique de la préparation au CRFPA.**

Conçus autour de l'arrêté réformant le programme et les modalités de l'examen d'entrée au CRFPA, les ouvrages sont rédigés par une équipe d'universitaires et de praticiens, tous rompus à la préparation du « pré-CAPA », depuis plus de dix ans.

La Collection CRFPA comporte autant d'ouvrages que de matières composant l'examen d'entrée au CRFPA. Elle est conçue pour faciliter une acquisition rapide et progressive des connaissances. Chaque ouvrage ne dépasse pas en moyenne 400 pages. Les chapitres sont remplacés par des « fiches ». Chaque fiche est composée de trois rubriques récurrentes, conçues pour proposer trois niveaux de lectures différents :

– **L'essentiel** (un résumé du cours en dix lignes maximum) ;

– **Les connaissances** (un rappel des connaissances indispensables pour préparer les épreuves pratiques) ;

– **Pour aller plus loin** (des indications bibliographiques utiles, le cas échéant, à l'approfondissement du cours).

Élaborés avec le concours de psychologues, les ouvrages contiennent des schémas, tableaux et illustrations, conçus afin de stimuler la mémoire visuelle du lecteur et d'éviter de longs développements qui pourraient parfois paraître rébarbatifs ou décourageants. Les études démontrent en effet que l'alternance de visuels (tableaux, schémas, *etc.*) et la dynamisation du contenu sont les clés d'une mémorisation simplifiée.

En outre, grâce à l'emploi de technologies innovantes, chaque ouvrage de la Collection CRFPA est connecté. Afin d'assurer une veille entre chaque réédition, ils comportent un QR Code en première page permettant d'accéder à des mises à jour en ligne, disponibles jusqu'à la veille de l'examen. Par ailleurs, vous trouverez tout au long des ouvrages d'autres QR Codes. En les scannant, vous pourrez accéder à des vidéos portant sur des points particuliers du cours, ou bénéficier de conseils méthodologiques de la part des auteurs. Les ouvrages deviennent donc interactifs !

À chaque ouvrage de cours est associé un **ouvrage** d'**exercices corrigés** composé de cas pratiques et de consultations juridiques, qui couvre l'intégralité du programme de la matière et renvoie aux fiches de l'**ouvrage de cours**. Les deux ouvrages sont conçus comme complémentaires.

Les ouvrages de la Collection CRFPA constitueront, nous le souhaitons et nous le pensons, le sésame qui vous permettra d'accéder à la profession d'avocat.

Le point sur...
Présentation de la Collection CRFPA

Daniel BERT
maître de conférences à l'Université de Lille Droit & Santé
chargé d'enseignement à l'IEJ de Lille Droit & Santé
administrateur au sein de l'Association Française des Docteurs en Droit (AFDD)
directeur de la Collection CRFPA

Avant-propos

Le programme de l'épreuve de droit pénal est défini par l'arrêté du 17 octobre 2016 modifié fixant le programme et les modalités de l'examen d'accès au centre régional de formation professionnelle d'avocats de la manière suivante :

I. – Droit pénal général (y compris le régime de l'enfance délinquante)

II. – Droit pénal spécial : infractions contre les personnes, contre les biens, contre la nation, l'État et la paix publique

III. – Droit pénal des affaires : abus de bien sociaux, banqueroute, délit d'initié et pratiques commerciales trompeuses

Ce programme est donc particulièrement vaste et recouvre notamment le droit pénal général et le droit pénal spécial, au sens large.

L'objectif de cet ouvrage est de couvrir le mieux possible ce programme, en ne suivant pas nécessairement le découpage prévu par le texte réglementaire.
La principale difficulté de la matière pénale tient à l'importance des évolutions qu'elle connaît. Les réformes législatives sont assez fréquentes, notamment en droit des peines ou en droit pénal spécial. À cela s'ajoute un apport jurisprudentiel important qui ne peut être ignoré.

Il s'avère donc indispensable de rester informé de ces évolutions jusqu'au moment de l'examen. Il est vivement conseillé de consulter, à cette fin, d'une part, les principales revues juridiques générales ainsi que celles qui sont spécialisées en matière pénale *(Actualité Juridique de droit pénal, Droit pénal, Revue pénitentiaire et de droit pénal et Revue de science criminelle et de droit pénal comparé)*, d'autre part, les sites internet officiels ainsi que ceux des éditeurs juridiques.

Liste des abréviations

AJ pénal : Actualité juridique de droit pénal (Revue Dalloz)
AMF : Autorité des marchés financiers
Art. : article
Bull. crim. : Bulletin des arrêts de la Cour de cassation, chambre criminelle (publication sur le site internet de la Cour de cassation)
Cass. crim. : Cour de cassation, chambre criminelle
C. civ. : Code civil
C. com. : Code de commerce
C. consom. : Code de la consommation
CEDH : Cour européenne des droits de l'homme
C. envir. : Code de l'environnement
CESEDA : Code de l'entrée et du séjour des étrangers et du droit d'asile
CGCT : Code général des collectivités territoriales
CJM : Code de justice militaire
CJPM : Code de la justice pénale des mineurs
CMF : Code monétaire et financier
Cons. const. : Conseil constitutionnel
Conv. EDH : Convention européenne de sauvegarde des droits de l'homme et des libertés fondamentales
C. pén. : Code pénal
CPP : Code de procédure pénale
CSI : Code de la sécurité intérieure
CSP : Code de la santé publique
C. transports : Code des transports
C. trav. : Code du travail
C. urb. : Code de l'urbanisme
D. : recueil Dalloz (revue Dalloz)
DDSE : détention à domicile sous surveillance électronique
Dr. pén. : Droit pénal (revue LexisNexis)
Gaz. Pal. : Gazette du Palais
ITT : incapacité totale de travail
JCP G : Semaine juridique, édition générale (revue LexisNexis)
JO : Journal officiel
égal. : également
et s. : et suivants
ex. : exemple
Rép. pén. Dalloz : répertoire de droit pénal et de procédure pénale Dalloz
req. : requête
RSC : Revue de science criminelle et de droit pénal comparé
RPDP : Revue pénitentiaire et de droit pénal
S. : recueil Sirey
SPIP : service pénitentiaire d'insertion et de probation
TFUE : Traité sur le fonctionnement de l'Union européenne
TIG : travail d'intérêt général
V. : voir

Bibliographie générale

- C. AMBROISE-CASTÉROT, Droit pénal spécial et des affaires, Gualino, 7e éd. 2019
- M. BENILLOUCHE, Leçons de droit pénal général, Ellipses, 3e éd. 2017
- B. BOULOC, Droit pénal général, Précis, Dalloz, 26e éd. 2019
- P. CONTE, Droit pénal spécial, LexisNexis, 6e éd. 2019
- E. DREYER, Droit pénal général, LexisNexis, 5e éd. 2019
- E. DREYER, Droit pénal spécial, Ellipses, 3e éd. 2016
- O. FARDOUX et J.-C. PLANQUE, Droit pénal du travail, Bréal, 2e éd. 2013
- S. JACOPIN, Droit pénal général, Bréal, 3e éd. 2015
- JurisClasseur Pénal Code, LexisNexis
- A. LEPAGE et H. MATSOPOULOU, Droit pénal spécial, PUF, 2015
- A. LEPAGE, P. MAISTRE DU CHAMBON et R. SALOMON, Droit pénal des affaires, LexisNexis, 5e éd. 2018
- J. LEROY, Droit pénal général, LGDJ, 7e éd. 2018
- V. MALABAT, Droit pénal spécial, Hypercours, Dalloz, 8e éd. 2018
- X. PIN, Droit pénal général, Cours, Dalloz, 11e éd. 2020
- J. PRADEL, Droit pénal général, Cujas, 22e éd. 2019
- J. PRADEL et M. DANTI-JUAN, Droit pénal spécial, Cujas, 7e éd. 2017
- J. PRADEL et A. VARINARD, Les grands arrêts du droit pénal général, Dalloz, 11e éd. 2018
- Répertoire de droit pénal et de procédure pénale, Dalloz
- M.-L. RASSAT, Droit pénal spécial, Précis, Dalloz, 8e éd. 2018
- M. VÉRON, Droit pénal spécial, Sirey, 17e éd. 2019
- M. VÉRON et G. BEAUSSONIE, Droit pénal des affaires, Cours, Dalloz, 12e éd. 2019

Sommaire

INTRODUCTION GÉNÉRALE

P@RTIE 1
LE DROIT PÉNAL GÉNÉRAL

P@RTIE 2

LES INFRACTIONS CONTRE LES PERSONNES

P@RTIE 3

LES ATTEINTES AUX BIENS

P@RTIE 4

LES ATTEINTES À L'ÉTAT, LA NATION ET LA PAIX PUBLIQUE

P@RTIE 5

LE DROIT PÉNAL DES AFFAIRES

INTRODUCTION GÉNÉRALE

Fiche n° 1 La notion de droit pénal

L'ESSENTIEL

Le droit pénal est l'ensemble des règles émanant de l'État ayant pour objet de définir les actes troublant l'ordre public ou social, de déterminer les conditions de la responsabilité des auteurs de ces actes et de définir les sanctions applicables et la manière dont elles seront appliquées.

L'infraction pénale consiste en une action ou une abstention coupable causant un trouble social ou à l'ordre public, qui est déterminée par un texte de loi et dont la commission entraîne une sanction pénale après jugement.

Le droit pénal se compose de trois disciplines qui sont le droit pénal général, le droit pénal spécial et la procédure pénale. Le droit pénal définit les règles relatives à la détermination des infractions, de la responsabilité pénale et des peines. Le droit pénal spécial définit les conditions d'existence de chaque infraction prise séparément. La procédure pénale détermine les conditions dans lesquelles l'auteur d'une infraction peut être poursuivi et jugé par un tribunal répressif.

Il existe d'autres disciplines complémentaires telles que la criminologie ou la politique criminelle.

LES CONNAISSANCES

Il convient en premier lieu de définir le droit pénal, avant d'en analyser le contenu.

§1 La définition du droit pénal

Une première approche générale permet d'analyser la nature du droit pénal.

I. Première approche

Par essence, les sociétés humaines ne peuvent s'organiser sans édicter des règles applicables à chacun de leurs membres. Le non-respect de ces règles, qui constituent le droit au sens le plus général du terme, peut être sanctionné de manières diverses selon l'importance de la transgression. Les sanctions les plus graves sont naturellement réservées aux violations des règles les plus fondamentales, celles sans lesquelles la société serait déstabilisée. C'est le rôle assigné au droit pénal de faire appliquer ces sanctions, qui concrétisent la réaction sociale, c'est-à-dire celle de l'État, aux troubles apportés à la société par certains de ses membres.

Par conséquent, il est possible **de définir le droit pénal comme l'ensemble des règles émanant de l'État ayant pour objet de définir les actes qui troublent l'ordre public ou social, de déterminer les conditions de la responsabilité des auteurs de ces actes et de définir les sanctions applicables et la manière dont elles seront appliquées**. Les actes troublant l'ordre social sont les infractions pénales et consistent en des actes que la société, par l'intermédiaire de l'État et du législateur, interdit de commettre sous la menace de l'application d'une peine. Le but essentiel du droit pénal apparaît donc comme étant la défense par l'État de la société contre les agissements anti-sociaux. La notion fondamentale du droit pénal est celle d'infraction pénale, qui peut se définir de manières diverses.

On peut définir l'infraction pénale comme une action ou une abstention coupable, c'est-à-dire fautive, qui cause un trouble social ou à l'ordre public. Ceci permet de distinguer l'infraction pénale du délit civil, qui consiste également en un acte qui cause un dommage mais seulement à une personne déterminée, et non à la société tout entière, et de cet acte naît une obligation, pour la personne qui cause le dommage, de réparer ce préjudice. Cette règle est prévue notamment par les articles 1240 et suivants du Code civil. Dans ce cas, ce n'est pas la société qui réagit mais seulement celui qui souffre du dommage, et ce, afin d'en obtenir l'indemnisation par l'octroi de dommages-intérêts par exemple.

Ce qui caractérise encore l'infraction, c'est le fait qu'elle est nécessairement prévue par un texte et assortie d'une sanction ou peine. La peine est la conséquence de la commission de l'infraction et de l'établissement de la responsabilité de son auteur. Elle consiste dans la réaction de la société à la commission de l'infraction et constitue donc le critère fondamental de l'infraction : un comportement qui serait interdit sans que la loi prévoie de sanctions pénales ne serait pas une infraction. À ce titre, la loi peut prévoir des sanctions qui ne sont pas des peines, comme on le verra. Le critère de la sanction pénale en droit interne est « organique » : une sanction est une peine si elle est prononcée par un juge répressif. Certaines sanctions n'étant donc pas prononcées par le juge pénal, l'on est conduit à se demander ce qui fait la spécificité du droit pénal.

II. Nature du droit pénal

Il existe, en droit français, de nombreuses formes de sanctions, qui ne sont pas nécessairement pénales. Ainsi, il faut distinguer le droit pénal du droit disciplinaire et constater également que le droit moderne comporte de plus en plus de sanctions administratives, qui ressemblent beaucoup à des sanctions pénales. Par ailleurs, il existe, de toute évidence, des rapports entre droit pénal et morale.

A Droit pénal et droit disciplinaire

Le droit disciplinaire et le droit pénal ont en commun d'infliger des sanctions consécutives à la réalisation de certains actes ou comportements. Cependant, par essence, le droit disciplinaire ne s'applique que dans un cadre restreint, celui d'une profession par exemple, et ne possède donc qu'un champ d'application limité. En outre, les manquements réprimés par le droit disciplinaire sont eux-mêmes strictement liés à l'exercice de l'activité ou de la profession. Ainsi, un médecin ayant violé le secret professionnel en dévoilant des informations sur un de ses patients, encourt des sanctions disciplinaires, qui pourront consister, par exemple, dans une suspension prononcée par l'ordre des médecins, chargé spécialement de faire respecter les règles déontologiques de la profession. Cet exemple permet d'observer qu'un manquement disciplinaire peut constituer également une infraction pénale. En effet, la violation du secret professionnel est un délit réprimé par l'article 226-13 du Code pénal. Dès lors, une même action pourra faire l'objet à la fois d'une sanction disciplinaire et d'une peine prononcée par un juge répressif.

B Droit pénal et droit administratif répressif

Depuis quelques décennies, on voit apparaître de nouvelles formes de sanctions qui ne relèvent pas du droit pénal même si elles ressemblent parfois beaucoup aux sanctions pénales.

Par exemple, **certaines autorités administratives ont le pouvoir, octroyé par la loi, de prononcer des sanctions qui s'apparentent à des peines**, telles que des amendes « administratives » afin de sanctionner des comportements particuliers. On peut citer l'Autorité de la concurrence, l'Autorité des marchés financiers ou encore le médiateur de la République. Ces autorités répriment des comportements qui ne sont pas des infractions pénales parce que les sanctions prononcées ne sont pas des peines, quelle que soit leur gravité.

Cependant, il arrive que les mêmes faits puissent être punis de sanctions administratives et de sanctions pénales. C'est le cas du « délit d'initié » qui consiste, de manière schématique, à profiter d'informations inconnues du public sur une société pour spéculer sur l'avenir de celle-ci afin d'en tirer un profit. De tels actes peuvent être sanctionnés à la fois par des sanctions administratives, prononcées par l'Autorité des marchés financiers *(CMF, art. L. 621-15)* et par des sanctions pénales prononcées par le juge pénal *(CMF, art. L. 465-1* – V. Fiche n° 77*)*.

De la même manière, l'inspection du travail a le pouvoir, depuis 2016, de prononcer des amendes administratives pour certains faits prévus par le Code du travail et qui sont, en même temps, des infractions pénales. C'est le cas, par exemple, du non-respect des règles en matière de détachement de salariés *(C. trav., art. L. 1262-2-1, L. 1263-7 et L. 1264-1 à L. 1264-3)*. Ceci pose la question des critères de la sanction pénale. On peut remarquer que certaines sanctions sont exclusivement pénales telles que les privations de liberté que sont l'emprisonnement et la réclusion ou détention criminelle. En revanche, d'autres, comme les sanctions pécuniaires n'existent pas qu'en droit pénal. Dès lors, le seul critère infaillible est relatif à l'autorité qui prononce la sanction.

Ce qui permet de dire qu'une action constitue une infraction pénale, c'est le fait que la sanction, quelle que soit sa nature, est prononcée par une juridiction pénale. **Toute sanction qui n'est pas prononcée par un juge répressif, n'a pas une nature pénale même si elle découle d'une infraction pénale.**

Jurisprudence

Ainsi, le retrait des points du permis de conduire a été considéré par la Cour de cassation comme n'étant pas une sanction pénale parce que ce n'est pas le juge qui le prononce et qu'il n'a pas le pouvoir d'empêcher ce retrait *(Cass. crim., 6 juill. 1993, n° 92-86.855)*.

C Droit pénal et morale

Le rapprochement entre morale et droit pénal paraît également naturel. Le Code pénal ne réprime-t-il pas des agissements que la morale réprouve à l'identique, tels que le meurtre, le vol ou le viol ? Il est pourtant certain que droit pénal et morale ne se confondent pas. C'est d'abord par leur objet qu'ils diffèrent. Le but essentiel de la morale est le perfectionnement intérieur de l'individu alors que le droit pénal cherche à préserver ou rétablir la paix sociale. Il en résulte que les sanctions morales sont d'ordre interne (remords) ce qui n'est nullement le cas des peines (emprisonnement ou amende).

Le domaine de la morale et celui du droit pénal sont également distincts. En effet, si les infractions les plus connues du Code pénal présentent un fondement moral indéniable, il n'en est pas ainsi de très nombreuses autres infractions totalement détachées de toute référence morale, par exemple le stationnement illicite ou la construction sans permis. Ces critères permettent donc d'éviter toute confusion entre morale et droit pénal, la première relevant de l'individu alors que le second présente un caractère fondamentalement social. En outre, il existe des conceptions variées de la morale, que chaque individu peut individualiser, ce qui rend très difficile la détermination de son contenu. Le droit pénal doit nécessairement être plus objectif et être élaboré de la manière la plus neutre possible pour l'ensemble de la société.

§2 Le contenu du droit pénal

Il est devenu fréquent aujourd'hui de parler de « matière pénale ». Cette appellation est liée à la jurisprudence de la Cour européenne des droits de l'homme, relative à l'application de l'article 6, 1° de la Convention européenne de sauvegarde des droits de l'homme et des libertés fondamentales.

> (Conv. EDH, art. 6, 1°)
> *Ce texte dispose que « toute personne a droit à ce que sa cause soit entendue équitablement, publiquement et dans un délai raisonnable, par un tribunal indépendant et impartial, établi par la loi, qui décidera (...) du bien-fondé de toute accusation en matière pénale dirigée contre elle ».*

La CEDH adopte une conception large de la matière pénale au sens de ce texte, ce qui a pour conséquence d'appliquer plus aisément les garanties prévues par cette convention internationale.

S'agissant du droit français, il est nécessaire de distinguer plusieurs branches composant le droit ou la matière pénale, avant de noter que de nombreuses disciplines complètent le droit pénal.

I. Les branches du droit pénal

Trois disciplines étroitement liées constituent le droit pénal au sens strict. Il s'agit, d'abord, du **droit pénal général,** qui a pour objet les règles relatives à la détermination des infractions, de la responsabilité pénale et des peines, de manière générale, c'est-à-dire sans opérer de distinction selon les infractions. Le droit pénal général s'applique donc, en principe, à toutes les infractions pénales, quelle que soit leur nature.

Le **droit pénal spécial** s'intéresse, en complément indispensable du droit pénal général, à la détermination des conditions d'existence de chacune des infractions pénales prévues par la loi ou le règlement, prises l'une après l'autre. Il constitue donc l'application particulière du droit pénal général à une infraction donnée. Le droit pénal spécial se subdivise lui-même aujourd'hui en de nombreuses branches spécialisées, en raison de la présence d'infractions pénales dans les domaines les plus divers. Il existe un droit pénal du travail, des sociétés, des affaires, de l'urbanisme, de l'environnement etc.

Enfin, une troisième discipline permet l'application du droit pénal : c'est la **procédure pénale**. Cette matière détermine les conditions dans lesquelles l'auteur d'une infraction peut faire l'objet d'une poursuite et d'un jugement par un tribunal répressif.

Elle comprend toutes les règles relatives à l'organisation juridictionnelle pénale, au déroulement des enquêtes de police, de l'instruction et du jugement des auteurs d'infractions pénales. La procédure pénale est absolument indispensable à l'application du droit pénal, lequel n'existe pas en dehors de la procédure pénale, contrairement au droit civil.

Il faut signaler également l'importance prise depuis quelques décennies par le **droit pénal international**. Cette branche du droit pénal traite des questions de conflits de lois pénales dans l'espace ainsi que de la coopération interétatique et de l'entraide judiciaire, destinées à rendre plus efficace la répression de certaines formes d'infractions (terrorisme, trafic de stupéfiants etc.). Le droit pénal international se manifeste essentiellement au travers de conventions internationales, les plus connues étant celles destinées à faciliter l'extradition des personnes poursuivies pour avoir commis une infraction dans un pays mais réfugiées dans un autre pays. Enfin, il ne faut pas confondre le droit pénal international, branche du droit pénal interne, avec le droit international pénal, qui relève, quant à lui, du droit international public.

Le droit international pénal organise la répression par des juridictions internationales d'infractions présentant une nature internationale, c'est-à-dire définies par des textes internationaux et concernant une criminalité d'État. Tel est le cas des crimes contre l'humanité, infraction internationale par excellence. En dehors des Tribunaux de Nüremberg et de Tokyo, ayant jugé à la fin de la seconde guerre mondiale les criminels nazis, il faut citer plus récemment les Tribunaux pénaux internationaux de La Haye, chargé de juger les crimes commis en ex-Yougoslavie et d'Arusha, chargé de juger les crimes commis au Rwanda. On terminera en évoquant la Cour pénale internationale, juridiction permanente siégeant à La Haye, au contraire des précédentes, créée par le Traité de Rome du 17 juillet 1998, destinée à juger les crimes de génocide, les crimes contre l'humanité et les crimes de guerre. La mise en place effective de la Cour pénale internationale supposait la ratification de la convention par 60 États, ce qui est le cas depuis juillet 2002.

Ces branches du droit pénal trouvent un complément dans plusieurs autres disciplines.

II. Les disciplines complémentaires

Elles sont nombreuses et ont toutes en commun de s'intéresser, d'une manière ou d'une autre, au phénomène criminel ou à la personnalité des criminels.

On citera d'abord la **politique criminelle** qui se définit comme l'ensemble des moyens par lesquels la société organise la réponse au phénomène criminel. En soi, la politique criminelle relève des sciences politiques, puisqu'il appartient à l'État et aux gouvernants de déterminer et de faire appliquer cette politique. Le droit pénal n'apparaît alors que comme un des moyens de lutter contre le phénomène criminel, d'autres formes de réaction, essentiellement préventive, étant à la disposition de l'État. Tel est le cas de l'aménagement urbain ou de la politique de l'éducation.

La **criminologie** constitue une autre discipline complémentaire du droit pénal. Son objet est l'étude des causes de la criminalité et du traitement du délinquant ainsi que de la prévention de la récidive. Son approche est davantage sociologique que juridique mais la criminologie est susceptible de guider le législateur d'une part, dans ses choix de politique criminelle, et le juge d'autre part, notamment dans le choix et l'application de la sanction pénale.

La **criminalistique** concerne les procédés scientifiques servant à constater matériellement les infractions, à en rechercher les auteurs et à apporter les preuves de leur culpabilité. Il s'agit donc d'une discipline qui en regroupe d'autres comme la médecine légale, destinée par exemple à déterminer les causes de la mort suspecte d'une personne, la police scientifique (la balistique par ex.), l'anthropométrie (relevé des empreintes digitales notamment) etc.

⏭ POUR ALLER PLUS LOIN…

– M. DELMAS-MARTY, Code pénal d'hier, droit pénal d'aujourd'hui, matière pénale de demain, D. 1986, chron. p. 27

P@RTIE 1

LE DROIT PÉNAL GÉNÉRAL

Le droit pénal général a pour objet l'étude, d'une part, de l'ensemble des règles communes à toutes les infractions pénales et à leurs auteurs, d'autre part, des peines et de leurs modalités d'application.

Cette étude commencera par la présentation du principe fondamental du droit pénal, celui de la légalité des délits et des peines (Titre 1) dont découlent les sources du droit pénal (Titre 2) et les principes d'application des normes pénales, dans le temps et dans l'espace (Titre 3).

Elle se poursuivra par l'analyse des différentes composantes de l'infraction (Titre 4) ainsi que des classifications des infractions (Titre 5).

L'infraction doit nécessairement être rattachée à une personne physique ou morale (Titre 6), qui peut, parfois, bénéficier d'une cause d'irresponsabilité pénale (Titre 7).

Le droit pénal étant, par définition, celui des peines, il est nécessaire d'exposer quelles sont les peines applicables (Titre 8), comment elles sont prononcées par les juridictions (Titre 9) et, enfin, comment elles s'éteignent (Titre 10).

LE PRINCIPE DE LA LÉGALITÉ
LES SOURCES DU DROIT PÉNAL
L'APPLICATION DE LA LOI PÉNALE

LES COMPOSANTES DE L'INFRACTION PÉNALE

LA MATÉRIALITÉ DE L'INFRACTION

LA FAUTE

LES CLASSIFICATIONS DES INFRACTIONS PÉNALES

LES PERSONNES PÉNALEMENT RESPONSABLES

LES PERSONNES PHYSIQUES

LES PERSONNES MORALES

LES CAUSES D'IRRESPONSABILITÉ PÉNALE

LES CAUSES OBJECTIVES D'IRRESPONSABILITÉ PÉNALE

LES CAUSES SUBJECTIVES D'IRRESPONSABILITÉ PÉNALE

LES PEINES APPLICABLES

LES PEINES APPLICABLES AUX PERSONNES PHYSIQUES

LES PEINES APPLICABLES AUX PERSONNES MORALES

LE PRONONCÉ DES PEINES

LE PRINCIPE DE LA PERSONNALISATION DES PEINES

LES MODES DE PERSONNALISATION

LES PEINES APPLICABLES EN CAS DE PLURALITÉ D'INFRACTIONS

L'EXTINCTION DES PEINES ET L'EFFACEMENT DES CONDAMNATIONS

TITRE 1
LE PRINCIPE DE LA LÉGALITÉ

Le principe de la légalité constitue, encore aujourd'hui, la clé de voute du droit criminel et de la procédure pénale. Après en avoir présenté la signification, il sera nécessaire d'en exposer les conséquences.

Fiche n° 2 Le sens et la justification du principe de la légalité

⏭ L'ESSENTIEL

Le principe de la légalité criminelle trouve son origine historique chez les philosophes et penseurs du XVIIIe siècle et notamment chez C. Beccaria. Le principe signifie qu'aucune infraction pénale ni aucune sanction pénale n'existent en l'absence d'un texte qui les détermine. Le principe figure dans de nombreux textes de droit français et de droit international, qui lui donnent une valeur légale, constitutionnelle et de droit international. Par conséquent, il s'impose au législateur lui-même, lorsqu'il crée des textes répressifs.

⏭ LES CONNAISSANCES

Il convient de définir le principe de la légalité afin de pouvoir en apprécier la valeur juridique.

§1 La définition du principe

Le principe de légalité a une origine historique qui permet d'en comprendre la justification ainsi que la signification exacte.

I. L'origine et la justification du principe

Historiquement, le principe de légalité se rattache à la pensée de Beccaria et de Montesquieu. Beccaria est l'auteur italien d'un ouvrage resté célèbre, quoiqu'il ne soit pas l'œuvre d'un juriste ni d'un philosophe, le **« Traité des délits et des peines », paru en 1764**. Le système proposé par cet auteur diffère radicalement de celui de l'ancien droit, puisqu'il s'agit de considérer que la source unique du droit pénal ne peut être que la loi, parce qu'elle émane des représentants du peuple, et non pas la coutume et les juges. Ces idées se trouvaient déjà, en France, chez Montesquieu dans « L'esprit des lois » (1748), selon lequel *« les juges de la Nation ne sont que la bouche qui prononce les paroles de la loi »*.

La conception du droit pénal de ces penseurs a pour point de départ la critique du système de l'arbitraire des délits et des peines, gouvernant le droit de l'ancien régime. Pour ces auteurs, le droit pénal ne doit pas procéder du juge mais de la loi, expression de la volonté générale. Cette idée s'appuie elle-même sur la théorie du contrat social de Rousseau, qui postule que les membres de la société acceptent d'aliéner une partie de leur liberté en confiant à leurs représentants qui votent les lois le pouvoir de créer les interdits pénaux. Il apparaît alors **que la source des infractions et des peines ne peut être que le législateur**, seul habilité par l'ensemble du corps social à limiter la liberté individuelle de chacun, pour le bien de tous. Beccaria exprime très clairement ceci, dans son « Traité des délits et des peines », en écrivant que *« seules les lois peuvent fixer les peines qui correspondent aux délits ; et ce pouvoir ne peut être détenu que par le législateur, qui représente toute la société réunie par un contrat social »* (chapitre III). Il en résulte naturellement que le pouvoir du juge se limite à appliquer la loi sans aucune liberté d'appréciation quelconque, qui, si elle existait, le ferait se substituer au législateur.

Le principe, qui sera proclamé dans les articles 7 et 8 de la Déclaration des droits de l'homme et du citoyen du 26 août 1789, se justifie donc par le respect de la liberté individuelle en ce sens que seuls les comportements interdits par la loi pénale sont punissables. Il en ressort également une égalité des citoyens devant la loi pénale, celle-ci étant la même pour tous, ainsi que l'affirme l'article 6 de la même Déclaration des droits de l'homme. Ces deux principes n'étaient évidemment pas garantis par le système de l'arbitraire des délits et des peines. Il faut également souligner que le corollaire du principe de la légalité est celui de la **non-rétroactivité** de la loi, à savoir que la loi qui crée une nouvelle infraction ne peut pas s'appliquer aux faits commis avant son entrée en vigueur sous peine de porter atteinte à la liberté individuelle. En effet, si tel était le cas, la personne serait condamnée pour des faits qui, lorsqu'elle les a commis, ne constituaient pas un délit.

II. La signification du principe

Le Code pénal de 1810 va reprendre le principe de la légalité en affirmant, dans son article 4, que *« nulle contravention, nul délit, nul crime, ne peuvent être punis de peines qui n'étaient pas prononcées par la loi avant qu'ils fussent commis »*. Le principe peut donc s'exprimer très simplement en disant qu'**il n'y a pas d'infraction ni de peines sans un texte qui les prévoit**. Le juge n'a donc pas le pouvoir d'inventer une infraction qui n'existe pas dans la loi, quand bien même la nécessité de réprimer pourrait paraître légitime.

Jurisprudence

À titre d'exemple, la filouterie d'aliment consiste à se faire servir un repas dans un restaurant alors qu'on ne possède pas les moyens d'en régler le prix. La question s'est posée de savoir si un tel comportement pouvait être réprimé en tant que vol ou escroquerie. La jurisprudence, à la fin du XIXe siècle a répondu par la négative *(Cass. crim., 18 févr. 1864, D. 1865, I, p. 145)*, les faits ne correspondant pas aux éléments constitutifs d'une infraction déjà existante. Le législateur a donc dû intervenir et créer une nouvelle infraction spéciale *(C. pén., art. 313-5)*.

De la même manière, **la juridiction pénale ne peut prononcer une peine qui ne serait pas prévue pour l'infraction considérée**. Le problème se pose encore assez fréquemment, en jurisprudence, de peines, non pas crées par les juges, mais prononcées en dehors des cas prévus par la loi, soit que le tribunal prononce une peine non prévue pour l'infraction poursuivie, soit qu'il dépasse le maximum légal autorisé.

Jurisprudence

La Cour de cassation rappelle donc régulièrement que « les juges ne peuvent, sans excéder leurs pouvoirs, prononcer d'autre peine ou mesure que celle prévue par la loi » *(Cass. crim., 8 févr. 1995, n° 94-81.031)*.

§2 La valeur juridique du principe

Le principe de la légalité se voit attribuer une valeur très importante en raison de sa consécration par des textes à la fois de droit français et de droit international.

I. Valeur en droit interne

Aujourd'hui, le principe de légalité est exprimé par plusieurs articles du Code pénal.

(C. pén., art. 111-2)
L'article 111-2 dispose que « *la loi détermine les crimes et délits et fixe les peines applicables à leurs auteurs. Le règlement détermine les contraventions et fixe, dans les limites et selon les distinctions établies par la loi, les peines applicables aux contrevenants* ».

(C. pén., art. 111-3)
L'article 111-3 énonce, pour sa part, que « *nul ne peut être puni pour un crime ou pour un délit dont les éléments constitutifs ne sont pas définis par la loi, ou pour une contravention dont les éléments ne sont pas définis par le règlement. Nul ne peut être puni d'une peine qui n'est pas prévue par la loi, si l'infraction est un crime ou un délit, ou par le règlement, si l'infraction est une contravention* ».

Le Code pénal actuel est donc plus explicite que celui de 1810, sans rien ajouter au fond cependant, mise à part la nouvelle répartition des compétences entre la loi et le règlement qui sera traitée ensuite.

Le principe de la légalité ne figure pas seulement dans le Code pénal. En effet, il possède une valeur constitutionnelle à un double titre. D'une part, l'article 34 de la Constitution prévoit que la détermination des crimes et des délits est de la compétence de la loi. D'autre part, la Déclaration des droits de l'homme, qui contient le principe en son article 8, possède une valeur constitutionnelle, en tant qu'elle fait partie du « bloc de constitutionnalité ». Le Conseil constitutionnel a ainsi confirmé cette valeur constitutionnelle à plusieurs reprises, notamment dans sa décision du 20 janvier 1981 (V. Fiche n° 4). Cette valeur conférée au principe s'avère considérable puisqu'elle a pour effet d'imposer le principe au législateur lui-même.

II. Valeur en droit international

Le droit international a également admis le principe de la légalité, même s'il faut noter que ce dernier n'est pas universel, le droit anglo-saxon l'ignorant par exemple. Le principe est donc affirmé dans plusieurs textes internationaux. On citera l'article 11, 2° de la Déclaration universelle des droits de l'homme de 1948, qui est un texte purement déclaratif, c'est-à-dire sans réelle portée juridique.

(Conv. EDH, 4 nov. 1950, art. 7, 1°)
La Conv. EDH, signée le 4 novembre 1950, consacre également le principe dans son article 7, 1° selon lequel *« nul ne peut être condamné pour une action ou une omission qui, au moment où elle a été commise, ne constituait pas une infraction d'après le droit national ou international ».*

Enfin, le Pacte international relatif aux droits civils et politiques, adopté le 16 décembre 1966 sous l'égide de l'ONU, le reconnaît dans son article 15, 1°.

La valeur internationale du principe revêt une importance très grande en pratique, comme on le verra, en raison de la supériorité des traités ratifiés sur les lois internes, affirmée par l'article 55 de la Constitution.

POUR ALLER PLUS LOIN...

– J.-P. DELMAS SAINT-HILAIRE, Le principe de la légalité des délits et des peines, réflexions sur la notion de légalité en droit pénal, Mélanges Bouzat, 1980, p. 149.

– J. PRADEL, D. REBUT, J.-P. DELMAS SAINT-HILAIRE, et autres, Faut-il repenser le principe de la légalité pénale ? XIVe congrès de l'Association française de droit pénal, RPDP 2001, p. 247 s.

Fiche n° 3 Les conséquences du principe de la légalité

⏭ L'ESSENTIEL

Le principe de la légalité s'impose au législateur qui voit ainsi son pouvoir créateur de droit pénal limité par le Conseil constitutionnel en vertu du principe de nécessité des peines prévu par l'article 8 de la Déclaration des droits de l'homme. De même, le législateur a le devoir de définir les infractions de manière claire et précise afin d'éviter l'arbitraire du juge. Ceci a pour conséquence que les juges répressifs, normalement soumis au principe de la légalité, peuvent écarter un texte, réglementaire ou même législatif, s'il ne définit pas les éléments constitutifs de l'infraction en termes clairs et précis. Un tel mécanisme est possible parce que le principe de la légalité figure dans la Conv. EDH, qui a une valeur supérieure à la loi interne.

En outre, le juge pénal peut être confronté au problème du sens de la disposition qu'il doit appliquer, lorsque cette dernière est obscure. L'interprétation du texte doit alors être stricte c'est-à-dire ni extensive, ni restrictive.

⏭ LES CONNAISSANCES

La force du principe de la légalité est telle qu'il s'impose au juge, ce qui semble logique, mais également au législateur ce qui peut paraître de prime abord étonnant.

§1 Le principe s'impose au législateur

Si Beccaria concevait le principe de la légalité comme conférant au législateur le pouvoir de créer les infractions et les peines, il estimait également que ce pouvoir n'était pas sans limites. Le Conseil constitutionnel a, dans cet esprit, encadré le pouvoir créateur de droit pénal du législateur. Par la suite, cette juridiction ainsi que la Cour de cassation ont imposé des exigences au législateur en termes de précision des textes d'incrimination.

I. La limitation du pouvoir du législateur

L'article 8 de la Déclaration des droits de l'homme de 1789 affirme, en même temps que le principe de la légalité, celui de la **nécessité des peines** :

(DDHC, 26 août 1789, art. 8)
« La loi ne doit établir que des peines strictement et évidemment nécessaires ».

Longtemps dépourvue de portée juridique propre, cette expression s'est vue donner un sens par **le Conseil constitutionnel**, qui **considère que le législateur ne peut créer des infractions pénales que si c'est « nécessaire ». Il limite donc le pouvoir du législateur, qui n'est pas totalement libre dans son rôle créateur de normes pénales.** Le problème est de savoir ce que le Conseil constitutionnel entend par « nécessité » d'une incrimination.

Jurisprudence

À titre d'exemple, Conseil constitutionnel a jugé à deux reprises *(Cons. const., 10 févr. 2017, n° 2016-611 QPC, JO 12 févr. 2017 ; Cons. const., 15 déc. 2017, n° 2017-682 QPC, JO 16 déc. 2017)* que le délit de consultation habituelle de sites internet provoquant ou faisant l'apologie du terrorisme, créé par la loi n° 2016-731 du 3 juin 2016 *(C. pén., art. 421-2-5-2)*, était inconstitutionnel en ce qu'il constitue une violation non nécessaire du droit à la liberté d'expression.

II. L'exigence de textes clairs et précis

C'est en premier lieu le **Conseil constitutionnel** qui **a censuré certains textes législatifs, en raison de leur trop grande imprécision.**

Jurisprudence

Il a ainsi affirmé que l'article 8 de la Déclaration des droits de l'homme imposait « la nécessité pour le législateur de définir les infractions en termes suffisamment clairs et précis pour exclure l'arbitraire » *(Cons. const., 20 janv. 1981, n° 80-127 DC, JO 22 janv. 1981)*. Faisant application de cette règle, il a ainsi considéré que le délit de « malversation » susceptible d'être reproché à certaines personnes dans le cadre d'une procédure collective de redressement ou de liquidation judiciaire, ne respectait pas le principe de la légalité faute de définition par la loi *(Cons. const., 18 janv. 1985, n° 84-183 DC, JO 20 janv. 1985)*.

Il y a eu d'autres exemples ensuite, tel le délit de harcèlement sexuel que le Conseil constitutionnel a jugé inconstitutionnel faute de définition claire et précise *(Cons. const., 4 mai 2012, n° 2012-240 QPC, JO 5 mai 2012)*, le texte incriminant, à l'époque, le fait de harceler autrui dans le but d'obtenir des faveurs de nature sexuelle. Le délit a été rétabli différemment par une loi n° 2012-954 du 6 août 2012 (V. Fiche n° 60).

La **Cour de cassation** a emboîté le pas au Conseil constitutionnel en décidant que **« toute infraction doit être définie en des termes clairs et précis pour exclure l'arbitraire et permettre au prévenu de connaître exactement la nature et la cause de l'accusation portée contre lui »** *(Cass. crim., 1er févr. 1990, n° 89-80.673)*. En l'occurrence, la chambre criminelle a jugé qu'un article du Code des communes alors en vigueur, d'origine réglementaire, ne pouvait être appliqué par le juge pénal parce qu'il ne définissait pas les éléments constitutifs d'une infraction.

Cette position de la chambre criminelle était déjà hardie, puisqu'en refusant d'appliquer le texte réglementaire, elle s'érigeait en gardien du principe de la légalité, contre le législateur lui-même. Cependant, la décision trouvait un fondement juridique incontestable dès lors qu'il est admis que le juge pénal peut contrôler la légalité des actes réglementaires, ce qui était le cas en l'espèce (V. Fiche n° 4).

Jurisprudence

Une décision plus récente est allée plus loin en affirmant qu'un texte législatif, l'article 38, alinéa 3, de la loi du 29 juillet 1881 sur la presse, dans sa rédaction antérieure à la loi du 15 juin 2000, violait le principe de la légalité en raison de l'imprécision de termes utilisés par le législateur *(Cass. crim., 20 févr. 2001, n° 98-84.846)*. Le délit incriminait la publication notamment de photos reproduisant les circonstances d'un crime ou d'un délit contre les personnes. C'est le terme « circonstances » qui a été considéré comme trop vague par la cour d'appel, approuvée en cela par la Cour de cassation.

L'innovation de cette décision consiste dans le fait que **le juge pénal est normalement soumis au principe de légalité, ce qui lui interdit de refuser d'appliquer les textes pénaux.** Par conséquent, la décision se fonde, notamment, sur l'article 7 de la Conv. EDH, qui consacre le principe de la légalité, et qui possède une valeur internationale, donc une valeur supérieure à la loi interne, en vertu de l'article 55 de la Constitution. Cet arrêt de la Cour de cassation est le premier qui écarte une loi pénale d'incrimination au motif de son insuffisante précision et il revêt, à ce titre, une grande portée.

§2 Le principe s'impose au juge

Conçu à l'origine en réaction à l'arbitraire judiciaire, il apparaît logique que le principe de légalité tende à limiter considérablement les pouvoirs du juge sur la norme pénale. Cependant, une faculté est offerte aux juridictions pénales, celle d'interpréter la loi.

I. La soumission du juge à la norme pénale

Le juge pénal doit appliquer les textes et ne peut s'en écarter sans commettre un abus de pouvoir. Cependant, il convient de tempérer cette affirmation. En effet, le juge ne possède aucun pouvoir créateur de droit pénal, puisque c'est au législateur que revient cette tâche. Il ne peut donc créer de toutes pièces une infraction ou une peine. En revanche, **le législateur lui-même accorde souvent beaucoup de pouvoirs aux juges.**

D'une part, il arrive assez souvent que le législateur laisse le soin aux juges de définir telle ou telle notion qu'il utilise. Il en va ainsi du concept d'intention coupable, non défini par l'article 121-3 du Code pénal, ou de celui d'agression sexuelle, visé par les articles 222-22 et suivants du même Code (V. Fiches n° 58 et 59).

D'autre part, le Code pénal confie des pouvoirs considérables aux juges dans le choix de la peine et de son mode d'exécution.

> (C. pén., art. 132-1)
> L'article 132-1 dispose ainsi que « *dans les limites fixées par la loi, la juridiction détermine la nature, le quantum et le régime des peines prononcées en fonction des circonstances de l'infraction et de la personnalité de son auteur ainsi que de sa situation matérielle, familiale et sociale* ».

Ce texte laisse une marge d'appréciation très large au juge même si, récemment, la Cour de cassation a instauré un principe selon lequel toute peine prononcée en matière délictuelle doit être motivée (V. Fiche n° 35, § 1).

II. Le pouvoir limité du juge sur la norme pénale : l'interprétation stricte de la loi pénale

Dans l'immense majorité des cas, les textes répressifs ne posent pas de difficultés pour être appliqués parce que les situations de fait soumises aux juges correspondent à ce que le législateur a envisagé. La question de l'interprétation de la norme pénale ne se pose que de manière exceptionnelle, lorsqu'un texte est obscur ou lorsque les faits soumis au juge ne sont pas ceux que le législateur avait initialement envisagés de réprimer. Il faut donc être soit en présence de nouveaux textes, utilisant des termes non définis ou qui n'ont pas de sens déjà connu, soit face à des textes anciens mais dont on se demande s'ils peuvent être appliqués dans certaines situations de fait nouvelles, qui n'existaient pas à l'époque où ils ont été rédigés.

Par exemple, au début du XXe siècle s'est posé la question de savoir s'il était possible d'appliquer le texte réprimant le vol, qui définit cette infraction comme la soustraction frauduleuse de la chose d'autrui, au cas d'un branchement frauduleux sur une source d'énergie. En d'autres termes, pouvait-on réprimer le vol d'électricité ?

Cette question de l'interprétation de la loi n'était pas traitée par le Code pénal de 1810 et aucun principe n'était affirmé en la matière. Ceci s'explique par le fait que les révolutionnaires restaient marqués par l'arbitraire des juges de l'ancien régime et continuaient de manifester une certaine méfiance à leur égard. En pratique, cependant, par nécessité, les juges répressifs ont très tôt interprété la loi pénale. La Cour de cassation a cependant enfermé ce pouvoir dans des limites en considérant que **l'interprétation opérée par les juges doit être une interprétation stricte.**

Le Code pénal actuel a repris cette expression à l'article 111-4 sans l'expliciter. On peut estimer que l'interprétation stricte consiste à « appliquer tout le texte, mais seulement le texte ». Plus précisément, **le juge pénal ne peut pas appliquer le texte de manière littérale**, du moins **lorsque cela conduirait à des absurdités**.

Jurisprudence

Ainsi, un texte relatif à la police des chemins de fer, interdisait de descendre d'un train sauf lorsqu'il était en marche, alors que l'intention du rédacteur du texte était évidemment exactement opposée. La Cour de cassation a jugé qu'il convenait de rétablir le véritable sens du texte pour punir le prévenu qui avait sauté en marche avant l'arrêt du train *(Cass. crim., 8 mars 1930, D. 1930, I, p 101).*

Le juge répressif ne peut pas davantage utiliser la méthode d'interprétation analogique, fréquente en droit civil. Cette technique consiste à appliquer une solution établie par la loi à un cas qu'elle n'a pas prévu mais qui se rapproche des prévisions du législateur. La Cour de cassation interdit aux juges répressifs de procéder à une telle interprétation, qui apparaît directement contraire au principe de la légalité, le juge se substituant nécessairement au législateur en appliquant la loi dans un cas qu'elle n'a pas prévu. On se reportera, à titre d'exemple, à la jurisprudence déjà citée relative aux filouteries.

Il existe cependant une exception, lorsque l'interprétation par analogie est favorable au justiciable (analogie *in favorem*). Ainsi, sous l'empire du Code pénal antérieur à 1994, des textes définissant des causes d'irresponsabilité (démence et contrainte) prévoyaient qu'elles s'appliquaient seulement aux crimes et aux délits mais la jurisprudence les a étendues aux contraventions, parce que la solution était favorable aux auteurs d'infractions.

Au contraire, **le juge ne peut refuser de juger sous prétexte que la loi est obscure.** En effet, ce faisant, **il commettrait un déni de justice**, parce que sa fonction est précisément de juger. Cette solution a été rappelée dans un arrêt de la Cour de cassation du 12 mars 1984 (n° 83-91.461). Le juge doit donc donner un sens au texte qui n'en a pas et ne peut se réfugier derrière le doute car c'est son rôle de dire le droit (*juris dictio*). En effet, si l'on sait qu'en matière pénale, le doute profite à l'accusé, seul le doute sur les faits produit un tel effet, et non pas celui sur le sens de la loi. **Le juge doit donc nécessairement donner un sens au texte qui en est dépourvu, au besoin en s'aidant des travaux parlementaires ou en recherchant le but du texte. On parle dans ce cas d'interprétation téléologique.**

Jurisprudence

À titre d'illustration des difficultés de l'interprétation, on citera un exemple concernant l'incrimination d'homicide involontaire. La Cour de cassation a jugé que ce délit ne pouvait être appliqué lorsque la victime était un enfant à naître ou fœtus. Le problème était de savoir quel sens il fallait donner au terme « autrui », figurant à l'article 221-6 du Code pénal (« le fait de causer... la mort d'autrui »). L'assemblée plénière a considéré *(Cass. ass. plén., 29 juin 2001, n° 99-85.973)* qu'autrui ne pouvait être qu'une personne au sens du droit civil donc un être vivant déjà né. Cette interprétation est critiquable et s'apparente à une lecture restrictive et non pas stricte du texte car « autrui » est un terme très vague qui désigne seulement, en droit, un être humain vivant, ce qu'est le fœtus.

On citera un dernier exemple, celui du vol d'informations. La question a longtemps été discutée de savoir si on peut voler des informations, le vol étant défini comme la soustraction de la « chose » d'autrui. On a d'abord admis le vol du support sur lequel se trouvent les informations mais la Cour de cassation a fini par admettre récemment le vol des informations sans aucun support, à savoir le vol par téléchargement illicite de fichiers stockés sur un site internet *(Cass. crim., 20 mai 2015, n° 14-81.336 ;* V. Fiche n° 66, § 1*)*.

En conclusion, la question de l'interprétation relève, par définition, du pouvoir des juges, ce qui conduit nécessairement à des positions qui ne sont pas toujours convaincantes et restent discutables. Au demeurant, une interprétation peut changer dans le temps et n'est pas nécessairement fixée définitivement.

POUR ALLER PLUS LOIN...

– D. MAYER, Vers un contrôle du législateur par le juge pénal ? D. 2001, p. 1643
– Y. MAYAUD, *Ratio legis* et incrimination, RSC 1983, p. 597
– J.-Y. MARÉCHAL, Harcèlement sexuel : nouvelle définition et nouvelles malfaçons, JCP G 2012, 953

TITRE 2
LES SOURCES DU DROIT PÉNAL

Le droit pénal français est marqué historiquement par le principe de la légalité au sens strict, selon lequel la source des incriminations et des peines ne peut être que la loi votée par le parlement. Pourtant cette conception étroite n'a plus cours aujourd'hui : il faut désormais comprendre le principe de la légalité comme signifiant qu'il ne peut y avoir de droit pénal sans textes, quelle que soit la nature juridique de ceux-ci. De plus, le droit pénal subit, comme toutes les disciplines juridiques, l'influence du droit international. Il convient donc de distinguer les sources nationales du droit pénal de ses sources internationales.

Fiche n° 4 Les sources nationales

⏭ L'ESSENTIEL

Il existe trois sources nationales de droit pénal : les normes constitutionnelles, la loi et le règlement. Dans la Constitution, figurent notamment les articles 34 et 37 qui répartissent les compétences de la loi et du règlement. Il en résulte que les contraventions, infractions les moins sévèrement réprimées, sont de la compétence exclusive du pouvoir réglementaire. Le Conseil constitutionnel joue un rôle considérable en donnant une valeur constitutionnelle à certaines règles ne figurant pas dans la Constitution elle-même mais dans son préambule notamment.

Les deux sources nationales fondamentales du droit pénal sont la loi et les textes réglementaires, ces derniers étant susceptibles de faire l'objet d'un contrôle de légalité par le juge répressif à l'occasion d'un procès.

⏭ LES CONNAISSANCES

Au premier rang des sources internes du droit pénal figure la loi constitutionnelle, c'est-à-dire la Constitution du 4 octobre 1958 et plus généralement **les normes constitutionnelles. La loi** au sens précis du terme conserve néanmoins une place fondamentale en droit pénal, même si aujourd'hui, un pan entier de la matière relève de la compétence du **règlement**.

§1 Les normes constitutionnelles

En elle-même, la Constitution ne comporte que peu de textes intéressant le droit pénal. En revanche, son préambule a pris une grande importance dans le cadre de la jurisprudence du Conseil constitutionnel.

I. La Constitution

Il n'y a que trois dispositions de la Constitution de la Ve République ayant trait au droit pénal. La première est **l'article 34 de la Constitution** qui **définit le domaine de la loi** et qui confie au législateur seul le pouvoir de déterminer les crimes et les délits ainsi que les peines qui leur sont applicables. Le même texte prévoit que la loi est compétente pour déterminer la procédure pénale. Il résulte de ce texte, combiné à **l'article 37 de la Constitution**, que **les contraventions**, c'est-à-dire les infractions les moins sévèrement réprimées, **ne sont**

pas du ressort du législateur mais du pouvoir réglementaire, autrement dit du pouvoir exécutif national ou local, c'est-à-dire le gouvernement, les préfets et les maires notamment.

La deuxième disposition constitutionnelle est **l'article 66 de la Constitution,** qui **dispose que « nul ne peut être arbitrairement détenu »** et que **« l'autorité judiciaire, gardienne de la liberté individuelle, assure le respect de ce principe dans les conditions prévues par la loi »**. Si l'on peut penser, au premier abord, que ce texte concerne davantage la procédure que le droit pénal, il s'avère qu'il possède aujourd'hui une importance certaine dans le domaine particulier du contrôle de la légalité des règlements (V. *infra*).

Le troisième texte pénal de la Constitution est l'article 66-1, issu d'une loi constitutionnelle du 23 février 2007, selon lequel « nul ne peut être condamné à la peine de mort » (V. Fiche n° 29).

II. Le préambule de la Constitution et le rôle du Conseil constitutionnel

Les normes constitutionnelles les plus nombreuses et les plus importantes ne se trouvent pas dans le corps de la Constitution mais dans son préambule, qui forme avec celle-ci le bloc de constitutionnalité. Ce préambule renvoie à celui de la Constitution de la IVe République de 1946 et à la Déclaration des droits de l'homme et du citoyen de 1789. Or celle-ci comporte beaucoup de principes intéressant le droit pénal, dont celui de la légalité et de la nécessité des délits et des peines. C'est ici qu'apparaît le rôle crucial du Conseil constitutionnel en matière pénale.

Cette institution a pour fonction de contrôler la conformité à la Constitution des textes de loi votés par le parlement. **Le Conseil constitutionnel peut être saisi de deux manières différentes, soit avant la promulgation de la loi votée par les assemblées, soit après, par voie de question prioritaire de constitutionnalité.**

Dans le **premier cas**, seul prévu à l'origine dans la Constitution de 1958, il peut être saisi par le président de la République, le premier ministre, les présidents de l'assemblée nationale ou du sénat ainsi que par 60 sénateurs ou 60 députés. Son rôle consiste à dire si le texte respecte ou au contraire viole une disposition constitutionnelle. Si tel est le cas, la partie du texte concernée ne peut être promulguée.

La loi constitutionnelle du 23 juillet 2008 de modernisation des institutions de la Ve République a apporté une **importante innovation** en matière de contrôle de la constitutionnalité des lois. Jusqu'à présent, celui-ci ne pouvait se faire qu'avant la promulgation des lois, ce qui conduisait à une absence de contrôle dans le cas où cette saisine n'avait pas lieu. Il existait un moyen détourné de contester la « validité » de la loi déjà en vigueur, lorsqu'il était possible de trouver dans une convention internationale une disposition similaire à la norme constitutionnelle puisque dans ce cas, le juge judiciaire ou administratif peut faire prévaloir la disposition conventionnelle sur la loi, par application de l'article 55 de la Constitution selon lequel les traités ou conventions internationales ont une valeur supérieure à la loi interne. Cependant, ce contrôle de la conventionnalité de la loi n'a pas le même effet qu'une déclaration d'inconstitutionnalité puisqu'il permet seulement d'écarter l'application de la loi dans le litige en cause, ce qui ne la fait pas disparaître de l'ordre juridique. C'est pourquoi la réforme a prévu un nouveau mécanisme qui a cette conséquence radicale. L'article 61-1 de la Constitution dispose que **lorsque, à l'occasion d'une instance en cours devant une juridiction, il est soutenu qu'une disposition législative porte atteinte aux droits et libertés que la Constitution garantit, le Conseil constitutionnel peut être saisi de cette question sur renvoi du Conseil d'État ou de la Cour de cassation** qui se prononce dans un délai déterminé.

L'article 62, alinéa 2, énonce qu'une disposition déclarée inconstitutionnelle sur le fondement de l'article 61-1 est abrogée à compter de la publication de la décision du Conseil constitutionnel ou d'une date ultérieure fixée par cette décision. Le Conseil constitutionnel détermine les conditions et limites dans lesquelles les effets que la disposition a produits sont susceptibles d'être remis en cause.

Le système prévu consiste donc à donner aux juges du fond d'abord, puis aux juridictions supérieures que sont la **Cour de cassation** et le **Conseil d'État** ensuite, un **pouvoir de filtrage** des cas où la question de l'inconstitutionnalité d'une disposition légale sera jugée pertinente, puisque le texte précise que le Conseil « peut être saisi ». Ceci a pour effet de limiter de manière sensible la saisine du Conseil constitutionnel dès lors que la Cour de cassation comme le Conseil d'État sont devenus juges de la constitutionnalité des lois, en ayant le pouvoir de ne renvoyer devant le Conseil constitutionnel que les textes qu'ils jugent susceptibles d'être non conformes à la Constitution. En outre, les justiciables peuvent continuer d'invoquer la contrariété des lois avec des normes internationales parce que, dans ce cas, il s'agit d'une véritable exception que le juge judiciaire ou administratif peut trancher lui-même.

Il faut remarquer que **l'effet de la déclaration d'inconstitutionnalité est l'abrogation de la loi** et que le Conseil constitutionnel a la faculté de moduler, dans sa décision, les effets dans le temps de celle-ci, par exemple, en déclarant que la disposition en cause est abrogée seulement pour l'avenir, sans rétroactivité et donc sans remise en cause des effets passés de son application.

Jurisprudence

C'est ce qui est arrivé dans une décision relative à la garde à vue, qui, après avoir dit que les règles prévues dans le Code de procédure pénale n'étaient pas conformes à la Constitution, a prévu que la décision d'inconstitutionnalité prendrait effet le 1er juillet 2011, ce qui a laissé le temps au législateur de modifier les textes *(Cons. const., 30 juill. 2010, n° 2010-14/22 QPC, JO 31 juill. 2010)*.

À l'occasion de saisines relatives à des lois pénales, le Conseil constitutionnel a conféré une valeur constitutionnelle à plusieurs principes importants du droit pénal. Tel est le cas, comme on l'a déjà vu, du principe de la légalité en ce qu'il exige des textes clairs et précis, du principe d'application immédiate des lois pénales plus douces *(Cons. const., 20 janv. 1981, n° 80-127 DC, JO 22 janv. 1981)* ou du principe de l'individualisation judiciaire des sanctions pénales *(Cons. const., 15 mars 1999, n° 99-410 DC, JO 21 mars 1999)*.

Il convient de s'interroger sur la **portée des décisions du Conseil constitutionnel**. En premier lieu, l'effet immédiat d'une déclaration d'inconstitutionnalité consiste dans l'impossibilité de promulguer la disposition de la loi concernée ou dans l'abrogation de la disposition légale, en cas de décisions sur question prioritaire de constitutionnalité. Mais, pour l'avenir, cela signifie surtout l'interdiction pour le législateur de prendre dans des lois futures des dispositions de même nature, au risque de se voir de nouveau censurer. Ainsi, jusqu'à ce que le Conseil constitutionnel affirme la valeur constitutionnelle du principe de l'application immédiate des lois plus douces, aux faits commis antérieurement et non encore définitivement jugés, ce principe était déjà admis. Mais il n'avait qu'une valeur juridique limitée ce qui permettait au législateur de l'écarter spécialement dans une loi. Depuis la décision précitée de 1981, cette possibilité est exclue pour le législateur. En d'autres termes, **les décisions du Conseil constitutionnel s'imposent au législateur tout comme aux juridictions pénales**.

§2 La loi

Il existe en droit pénal français plusieurs types de lois qu'il faut distinguer.

I. La loi au sens strict

Les lois proprement dites ou lois ordinaires sont les textes votés par l'assemblée nationale et le sénat. Elles constituent la plus grande partie des textes constituant le droit pénal. Ces lois peuvent être soit codifiées soit non codifiées. Le Code pénal, composé de 4 lois votées en 1992, regroupe la partie la plus significative du droit pénal, parce qu'il comprend, dans son Livre premier, les dispositions générales, applicables à l'ensemble du droit pénal et également parce qu'il regroupe les infractions les plus importantes, notamment la plupart des crimes et des infractions portant atteinte à des valeurs sociales fondamentales comme la vie ou l'intégrité physique.

Cependant, certaines lois pénales ne sont pas codifiées comme la loi du 29 juillet 1881 sur la liberté de la presse. En outre, il existe de nombreuses dispositions pénales dans d'autres codes que le Code pénal : Code de la consommation, Code du travail, Code de la santé publique, Code de l'environnement, Code de justice militaire, Code du sport, Code du patrimoine etc.

On considère que les lois référendaires sont également des lois au sens strict. Ces textes sont soumis directement au suffrage universel par un référendum, sur l'initiative du président de la République, ainsi que le prévoit l'article 11 de la Constitution. Cependant, ce texte ne permet de recourir au référendum que si la loi porte sur l'organisation des pouvoirs publics, la politique économique, sociale ou environnementale notamment. Dès lors, une modification du droit pénal par référendum est peu probable.

II. Les textes assimilés aux lois

La Constitution de 1958 prévoit que certains textes peuvent avoir une valeur équivalente aux lois sans être pourtant votés par le parlement. Il s'agit des **ordonnances prises par le gouvernement sur délégation du parlement**. C'est l'article 38 de la Constitution qui permet au gouvernement de prendre des textes dans le domaine de la loi, donc éventuellement en droit pénal, après avoir obtenu du parlement une habilitation à cette fin. Ces textes ont la particularité de présenter deux natures successives. Ils sont d'abord assimilés à des textes réglementaires tant qu'ils n'ont pas été ratifiés par le parlement. Leur validité peut donc être contestée devant le juge administratif ou, par voie d'exception, devant le juge répressif. Une fois que ces ordonnances ont été ratifiées par les assemblées, elles revêtent une valeur légale.
À titre d'exemple, le Code de la route a été totalement refondu par des ordonnances en date du 22 septembre 2000 et le Code du travail a été réécrit par voie d'ordonnances, sa nouvelle version étant entrée en vigueur le 1er mai 2008.

On précisera encore que certains textes antérieurs à la Constitution de 1958 sont assimilés à des lois. Il s'agit notamment des décrets-lois pris sous la IIIe République, ancêtres des ordonnances de l'article 38 de la Constitution de la Ve République. Enfin, on peut signaler certains textes pris au lendemain de la seconde guerre mondiale, alors qu'il n'existait plus à proprement parler de Constitution : les ordonnances du gouvernement provisoire de la République française, et notamment la très importante ordonnance [n° 45-174] du 2 février 1945 relative à l'enfance délinquante.

§3 Le règlement

Les textes réglementaires constituent la troisième source nationale du droit pénal. Il est nécessaire d'analyser quel est le domaine du règlement en droit pénal avant d'observer que celui-ci peut voir sa validité contrôlée, même par le juge répressif.

I. La notion et la place du règlement en droit pénal

Il existe plusieurs sortes de règlements sources de droit pénal. Les plus importants en pratique sont les textes pris par le pouvoir exécutif en vertu de l'article 37 de la Constitution, c'est-à-dire dans le cadre du pouvoir réglementaire autonome, institué par la Constitution de 1958. Il s'agit pour l'essentiel des décrets en Conseil d'État, qui déterminent les contraventions applicables sur l'ensemble du territoire national et qui figurent notamment dans la partie réglementaire du Code pénal.

(C. pén., art. 111-2 et R. 610-1)
L'article R. 610-1 dispose ainsi que *« les contraventions, ainsi que les classes dont elles relèvent, sont déterminées par décrets en Conseil d'État »*.

L'article 111-2 a pris acte de la répartition des pouvoirs entre la loi et le règlement, opérée par les articles 34 et 37 de la Constitution, puisqu'il énonce que *« le règlement détermine les contraventions et fixe, dans les limites et selon les distinctions établies par la loi, les peines applicables aux contrevenants »*.

Par conséquent, les règlements autonomes, comme leur nom l'indique, ne sont pas soumis à la loi, mais ont une valeur équivalente à la loi. Il faut cependant noter que l'affirmation de l'article 111-2 du Code pénal n'a pas une portée générale. **En réalité, le texte définit un principe qui est que le pouvoir réglementaire ne peut créer que des contraventions**.

> **Attention** En revanche, **l'inverse n'est pas vrai** : **la loi**, qui peut seule créer des crimes et des délits, **peut aussi, de manière marginale, créer des contraventions**, lorsqu'elle décide que le fait qu'elle réprime ne doit pas être sévèrement réprimé. Par exemple, la loi n° 2010-1192 du 11 octobre 2010 interdisant la dissimulation du visage dans l'espace public a interdit cet acte en prévoyant une contravention de deuxième classe.

Il existe également des **textes réglementaires dérivés, c'est-à-dire pris pour l'application d'une loi, et qui sont donc subordonnés à celle-ci.** Ces textes sont nécessaires parce qu'il arrive souvent que le législateur ne prévoie pas tout dans la loi elle-même et qu'il renvoie au pouvoir exécutif le soin de compléter la loi pour la rendre applicable. On trouve ici les décrets du président de la République et ceux du Premier ministre. Parmi ces textes figure encore une source très importante, en pratique, de droit pénal. Il s'agit des **décrets, arrêtés préfectoraux et municipaux pris en matière de police**, c'est-à-dire les textes ayant pour objet le bon ordre, la sûreté, la sécurité et la salubrité publique *(CGCT, art. L. 2212-2)*. Ces textes sont sanctionnés par les peines d'amende de la 1re classe, selon l'article R. 610-5 du Code pénal. C'est l'hypothèse très simple de la réglementation de la circulation dans une ville par son maire.

Si l'article 111-2 du Code pénal confère au seul pouvoir réglementaire la faculté de créer et de sanctionner les contraventions, il précise que **le pouvoir réglementaire doit respecter les limites et les distinctions établies par la loi**. Cela signifie que le pouvoir exécutif ne jouit pas d'une totale liberté dans la création des contraventions. S'il lui appartient de déterminer le comportement matériel qui sera constitutif de l'infraction, il n'a pas le choix de la peine applicable. En effet, **c'est la loi qui définit les peines contraventionnelles**, à l'article 131-12, et qui détermine, à l'article 131-13 du Code pénal, le montant de l'amende applicable en fonction de la classe de la contravention. En d'autres termes, le pouvoir créateur de droit pénal du pouvoir exécutif est strictement encadré. Au mieux, il dispose du droit de choisir la classe de la contravention et de définir le fait punissable.

Au surplus, les textes réglementaires peuvent être l'objet d'un contrôle par le juge.

II. Le contrôle de la légalité des règlements

En vertu de la séparation des pouvoirs, l'action de l'administration au sens large est contrôlée par des juridictions créées à cet effet, les tribunaux administratifs, les cours administratives d'appel et le Conseil d'État. Cependant, le pouvoir réglementaire étant doté de la faculté de créer des infractions et des peines, **il a très tôt été admis que le juge pénal puisse contrôler la légalité d'un texte d'origine réglementaire**. Il convient donc de distinguer le contrôle de la validité des actes administratifs par voie d'action de celui opéré par voie d'exception.

La voie d'action consiste pour n'importe quel citoyen qui y a intérêt à saisir le juge administratif d'un recours pour excès de pouvoir, qui doit être intenté dans les deux mois de la publication de l'acte, et par lequel le requérant va soutenir que ce dernier est illégal. Si la juridiction administrative fait droit à la demande, le texte sera annulé *erga omnes*, c'est-à-dire qu'il sera considéré comme n'ayant jamais existé à l'égard de tous les citoyens.

La voie d'exception consiste, au cours d'un procès pénal dans lequel un acte administratif est en cause, à soutenir qu'il est illégal et à demander au juge répressif de l'écarter des débats pour cette raison, et donc finalement, de relaxer le prévenu. L'exception d'illégalité est donc avant tout un moyen de défense pour la personne poursuivie.

Les différences avec la voie d'action sont nettes : le juge répressif n'a pas le pouvoir d'annuler l'acte mais peut seulement refuser de l'appliquer dans l'affaire en cause, ce qui signifie qu'un autre juge pourrait décider le contraire et appliquer le texte qu'il estimerait valable. L'exception d'illégalité n'a donc qu'un effet relatif et non absolu. En outre, il n'existe aucun délai pour soulever l'exception d'illégalité, contrairement au cas du recours pour excès de pouvoir.

Après une longue période de controverses jurisprudentielles opposant le Tribunal des conflits et la chambre criminelle de la Cour de cassation, liée au fait qu'aucun texte ne prévoyait formellement le pouvoir du juge répressif de contrôler la validité des actes réglementaires, le Code pénal de 1994 est venu consacrer un tel pouvoir dans son article 111-5.

(C. pén., art. 111-5)
Ce texte dispose que « ***les juridictions pénales sont compétentes pour interpréter les actes administratifs, réglementaires ou individuels et pour en apprécier la légalité lorsque, de cet examen, dépend la solution du procès pénal qui leur est soumis*** ».

Le législateur a ainsi donné un pouvoir très étendu au juge pénal, la seule condition de sa compétence étant que la solution du procès pénal dépende de l'examen de la légalité de l'acte, ce qui ne paraît guère limitatif. En pratique, le texte réglementaire qui est contesté par la personne poursuivie peut être le texte d'incrimination lui-même, qui constitue le fondement des poursuites.

On peut s'interroger sur le fondement d'un tel pouvoir, qui, en soi, constitue une violation de la séparation des pouvoirs par une incursion de l'autorité judiciaire dans l'action de l'administration. Une première justification se trouve dans le fait **qu'il appartient au seul juge pénal d'apprécier l'existence des éléments constitutifs de l'infraction**. Cependant, on admet aujourd'hui que le fondement essentiel d'un tel pouvoir exorbitant se trouve dans **l'article 66 de la Constitution de 1958**, qui confie au juge judiciaire le soin de protéger la liberté individuelle. Même si le pouvoir réglementaire n'a plus désormais la possibilité de prévoir des peines d'emprisonnement en matière de contravention, il reste que toute infraction pénalement sanctionnée constitue, par essence, une limitation de la liberté individuelle. Il s'agit, en d'autres termes, de protéger le justiciable contre l'arbitraire de l'administration.

Par illégalité, il convient donc d'entendre contrariété de l'acte réglementaire à n'importe quelle norme juridique qui lui est supérieure. Ainsi, le prévenu qui soulève une exception d'illégalité d'un acte administratif peut soutenir que le texte est contraire à une loi, à la Constitution ou au bloc de constitutionnalité, aux traités internationaux et aux principes généraux du droit. Les cas d'illégalité qui peuvent être invoqués sont naturellement les mêmes que ceux susceptibles d'être soutenus devant le juge administratif. Il s'agit donc des moyens tirés de l'illégalité externe, tels que l'incompétence de l'auteur de l'acte ou le vice de forme, et ceux tirés de l'illégalité interne, à savoir la violation de la loi au sens large (loi, traités, Constitution), le détournement de pouvoir (cas où l'autorité administrative utilise ses pouvoirs dans un but autre que celui pour lesquels ils lui ont été confiés), et l'erreur manifeste d'appréciation c'est-à-dire l'erreur grossière commise par l'auteur de l'acte dans l'appréciation des faits qui motivent sa décision. En revanche, il est interdit au juge répressif d'apprécier l'opportunité de la prise de l'acte par l'administration.

Jurisprudence

Ainsi, le juge répressif ne peut apprécier s'il est opportun d'imposer aux conducteurs de véhicules automobiles de porter la ceinture de sécurité *(Cass. crim., 20 mars 1980, n° 79-93.104).*

Techniquement, l'exception d'illégalité est un moyen de défense qui doit être présenté avant toute défense au fond *(CPP, art. 386)*, c'est-à-dire avant la discussion sur la culpabilité. Ceci a pour conséquence importante que l'exception ne peut être présentée pour la première fois devant la cour d'appel, le fond ayant déjà nécessairement été évoqué devant les premiers juges.

Jurisprudence

En revanche, la Cour de cassation considère que le juge répressif peut d'office, c'est-à-dire même si le prévenu ne le lui demande pas, constater l'illégalité d'un acte administratif fondant une poursuite *(Cass. crim., 7 juin 1995, n° 94-81.416).*

⏭ POUR ALLER PLUS LOIN...

– D. MAYER, L'apport du droit constitutionnel au droit pénal en France, RSC 1988, 439
– L. PHILIP, La constitutionnalisation du droit pénal français, RSC 1985, p 711
– J. LE CALVEZ, Les principes constitutionnels en droit pénal, JCP 1985, I, 3198
– V. LESCLOUS, L'appréciation des actes administratifs par le juge répressif, JCP G 1994, I, 3747
– J. PRADEL et A. VARINARD, Les grands arrêts du droit pénal général, n° 1, n° 3, n° 7 et n° 8.

Fiche n° 5 Les sources internationales

⏭ L'ESSENTIEL

Les sources internationales du droit pénal sont les traités et conventions internationales. L'article 55 de la Constitution prévoit qu'ils ont une valeur supérieure à la loi interne, ce qui leur donne une force juridique très grande. Le droit de l'Union européenne tient une place importante même s'il n'existe pas encore de droit pénal européen proprement dit c'est-à-dire de législateur créant des incriminations applicables dans toute l'Union européenne. Certains traités tiennent une place particulière parce qu'ils créent des droits pour les justiciables. Tel est le cas de la Convention européenne de sauvegarde des droits de l'homme et des libertés fondamentales qui s'applique à la fois sur le plan du droit international et sur celui du droit interne.

⏭ LES CONNAISSANCES

Si la loi et le règlement constituent les sources formelles et fondamentales du droit pénal, il n'en reste pas moins que le droit pénal, comme toutes les autres branches du droit français subit l'influence des textes internationaux. Le rôle de ces traités doit être précisé avant de voir que certains d'entre eux tiennent une place éminente aujourd'hui.

§1 Le rôle général des traités internationaux en droit pénal

Il existe de nombreux traités ayant pour objet le droit ou la procédure pénale dont il faut préciser la portée exacte en droit interne.

I. Les différentes sortes de traités internationaux relatifs au droit pénal

Parmi l'ensemble des traités internationaux concernant la matière pénale, les plus nombreux concernent la coopération judiciaire internationale. Il s'agit, d'une part, des traités bilatéraux relatifs à l'extradition, destinés à réglementer et à faciliter le jugement des personnes ayant commis des infractions sur le territoire d'un pays mais réfugiées sur celui d'un autre État. D'autre part, des conventions internationales ont pour objet de lutter contre certaines formes de criminalité présentant souvent un caractère international, comme le terrorisme, par exemple *(Convention européenne de Strasbourg du 27 décembre 1977)*. Il faut également souligner l'importance des traités relatifs aux droits de l'homme, qui seront analysés spécialement.

D'autres textes internationaux ont une influence directe sur le droit pénal français sans pourtant avoir à titre principal cet objet. Il s'agit essentiellement **des traités de l'Union européenne et des normes juridiques qui en découlent.** En effet, si l'Union européenne ne comporte pas, pour l'instant, de législateur pénal, au sens où le droit pénal des pays membres reste de la compétence exclusive des législateurs nationaux, il n'en demeure pas moins que le droit communautaire a des effets indéniables sur le droit pénal français. Ainsi**, de nombreuses infractions, dont la répression est prévue par le droit pénal interne, consistent aujourd'hui dans la violation de normes juridiques européennes**, traités ou règlements. En matière économique ou sociale notamment, les règlements européens instituent fréquemment des obligations que les États membres doivent respecter et faire respecter, et dont la sanction peut prendre la forme d'une peine. Autrement dit, si la sanction dépend toujours uniquement du législateur français, le comportement interdit est, lui, défini par des textes de droit communautaire. Par exemple, le Code des transports sanctionne pénalement le non-respect des obligations fixées par des règlements européens relatifs à la législation sociale dans le domaine du transport routier *(C. transports, art. R. 3313-1 et s., se référant aux règlements de l'Union européenne)*.

Cependant, **depuis le traité de Lisbonne du 13 décembre 2007**, l'Union européenne possède un **pouvoir propre en matière pénale**, par le moyen de directives qui doivent être transposées *(TFUE, art. 82 à 86)*. En droit pénal proprement dit, l'article 83 prévoit ainsi que le parlement européen et le conseil, statuant par voie de directives, peuvent établir des règles minimales relatives à la définition des infractions pénales et des sanctions dans des domaines de criminalité particulièrement grave revêtant une dimension transfrontière résultant du caractère ou des incidences de ces infractions ou d'un besoin particulier de les combattre sur des bases communes. Ces domaines de criminalité sont les suivants : le terrorisme, la traite des êtres humains et l'exploitation sexuelle des femmes et des enfants, le trafic illicite de drogues, le trafic illicite d'armes, le blanchiment d'argent, la corruption, la contrefaçon de moyens de paiement, la criminalité informatique et la criminalité organisée.

Dans le domaine de la procédure pénale, l'article 82 prévoit que, pour favoriser la coopération judiciaire entre États membres, des directives peuvent être adoptées en matière notamment de droits des personnes dans la procédure pénale et de droits des victimes. Il y a déjà eu plusieurs directives en procédure pénale, concernant les droits des personnes poursuivies notamment, telles que la directive n° 2012/13/UE du parlement européen et du conseil du 22 mai 2012 relative au droit à l'information dans le cadre des procédures pénales, transposée par la loi n° 2014-535 du 27 mai 2014 au sein du CPP.

On ajoutera enfin qu'**il existe quelques traités créant des incriminations internationales**. On peut citer l'Accord de Londres du 8 août 1945, instituant le Tribunal de Nüremberg destiné à juger les criminels nazis, et définissant notamment l'infraction de crime contre l'humanité dans son article 6. C'est ce texte international qui a permis le jugement en France de Klaus Barbie, de Paul Touvier et de Maurice Papon, les crimes contre l'humanité n'étant inscrits formellement dans le Code pénal que depuis 1994. De même, le traité de Rome du 17 juillet 1998 instituant la Cour pénale internationale a créé des incriminations qui relèvent de la compétence de celle-ci, à savoir le génocide, les crimes de guerre, les crimes contre l'humanité et le crime d'agression.

II. L'application des traités en droit interne

Comme tous les traités internationaux, ceux qui concernent la matière pénale doivent, d'une part, être conformes à la Constitution et, d'autre part, être ratifiés, pour pouvoir s'appliquer en droit français. Si tel est le cas, **l'article 55 de la Constitution prévoit que ces textes internationaux ont une valeur supérieure à la loi interne**. Cette règle revêt une importance considérable en offrant au justiciable poursuivi pour une infraction définie par le droit français, la possibilité d'invoquer la non-conformité du texte d'incrimination avec une norme internationale de valeur supérieure. Les traités jouent donc fréquemment le rôle de moyens de défense pour les prévenus. Il est ainsi possible de soutenir que le texte d'incrimination en vertu duquel on est poursuivi ne respecte pas le principe de la légalité criminelle, qui exige que les infractions soient définies de manière claire et précise pour permettre à la personne poursuivie de connaître la cause de l'accusation portée contre elle *(Conv. EDH, 4 nov. 1950, art. 6 et 7)*. Si le moyen de défense est retenu par les juges, le prévenu est relaxé, le texte de droit interne devant être écarté au profit du texte international.

S'agissant du droit de l'Union européenne, le juge répressif doit écarter l'application d'un texte d'incrimination de droit interne lorsque ce dernier méconnaît une disposition du Traité sur le fonctionnement de l'Union européenne ou un texte pris pour l'application de celui-ci *(Cass. crim., 5 nov. 2019, 2 arrêts, n° 18-82.989 et n° 18-80.554)*. Il convient également de rappeler que les règlements européens s'appliquent directement en droit interne, sans nécessiter aucune procédure particulière de ratification de la part des États membres. En revanche leur conformité aux traités de l'Union européenne peut être contrôlée par la Cour de justice de l'Union européenne, soit à la demande d'un justiciable (recours en annulation), soit par les juridictions pénales nationales devant qui serait soutenue la non-conformité du règlement en cause dans le procès (procédure du renvoi préjudiciel).

§2 La place particulière de la Convention de sauvegarde des droits de l'homme et des libertés fondamentales

Parmi les nombreux traités applicables en droit français, la Convention européenne des droits de l'homme (Conv. EDH) a pris aujourd'hui une place éminente qu'il faut analyser.

I. Le contenu de la Convention

La Conv. EDH a été signée à Rome le 4 novembre 1950 mais n'a été ratifiée par la France que tardivement, en 1974. Cette convention a été élaborée dans le cadre du Conseil de l'Europe qui comprend aujourd'hui 47 États dont les 28 de l'Union européenne, et elle a été complétée par plusieurs protocoles additionnels.

Outre l'énumération d'un certain nombre de droits et de libertés fondamentaux, elle a institué une juridiction spéciale, destinée à en surveiller l'application, la Cour européenne des droits de l'homme, qui siège à Strasbourg. La Convention s'impose aux États mais elle applicable directement en droit interne, ce qui permet à tout justiciable de l'invoquer devant les tribunaux, en cours de procès.

La Conv. EDH comprend **des droits** qu'on peut considérer comme **absolus** et d'autres seulement relatifs. En effet, certains articles prévoient des droits sans possibilité de restriction ou de dérogation : c'est le cas du droit à la protection de l'intégrité physique résultant de la prohibition des tortures et actes de barbarie (art. 3) ou du principe de l'autorité de la chose jugée, qui interdit de condamner deux fois une personne pour les mêmes faits (art. 4 du protocole additionnel n° 7).

D'autres **droits,** les plus nombreux, ne sont que **relatifs**, c'est-à-dire qu'ils sont proclamés par le texte mais peuvent faire l'objet de limitations par les États membres, autorisées par la convention elle-même. Ainsi, l'article 5 prévoit que toute personne a droit à la liberté et à la sûreté mais il indique que, dans certains cas, la liberté peut être limitée, notamment pour les personnes soupçonnées d'avoir commis des infractions pénales. Le texte poursuit en instituant des garanties pour les personnes dont la liberté fait l'objet de restrictions.

De même, le droit au respect de la vie privée, les libertés de pensée, d'expression ou de réunion peuvent être limitées pour protéger certains intérêts énumérés par la Convention, sous le contrôle de la CEDH (art. 8 à 11).

On notera que l'article 6, qui affirme le droit à un procès équitable, notamment en matière pénale, possède une grande portée parce qu'il prévoit de nombreuses garanties procédurales, telles que l'indépendance et l'impartialité du tribunal, le caractère public du jugement en principe, le droit d'avoir un défenseur et de disposer du temps nécessaire à la préparation de sa défense etc. Ce texte est le plus fréquemment invoqué devant les juridictions françaises.

II. L'application de la Convention

Le droit de la Conv. EDH s'applique à deux niveaux différents. **Sur le plan international**, les États s'engagent à respecter et faire respecter sur leur territoire le contenu de la Convention. La sanction de la violation de ses dispositions peut avoir lieu devant la **Cour européenne des droits de l'homme** (CEDH). Celle-ci peut être saisie soit par un État membre, soit par un particulier qui aurait à se plaindre du non-respect de la convention par un État. Cette dernière hypothèse, de loin la plus fréquente, est appelée le recours individuel, et celui-ci n'a été admis en France qu'à partir de 1981. La CEDH est chargée de juger si l'État mis en cause a effectivement violé une disposition de la Convention. Elle rend des arrêts qui condamnent ou non les États.

Il convient de préciser quelle est la **portée exacte des arrêts de condamnation de la CEDH**. L'effet immédiat se limite à la condamnation de l'État au paiement d'une indemnisation au requérant. Cependant les conséquences indirectes peuvent être beaucoup plus graves pour l'État. Par exemple, la France a été condamnée par la Cour pour violation de l'article 8 de la Conv. EDH, à propos de la pratique des écoutes téléphoniques dans le cadre d'une procédure pénale *(CEDH, 24 avr. 1990, 2 arrêts, Kruslin et Huvig c/ France, n° 11801/85 et n° 11105/84)*, la cour ayant reproché à la France de ne pas avoir de loi spéciale délimitant le cadre de l'utilisation de ce procédé. Cette décision a eu pour conséquence d'empêcher le recours à ces pratiques, pourtant utiles pour établir la preuve de nombreuses infractions. Le législateur est donc intervenu par une loi [n° 91-646] du 10 juillet 1991 qui a créé les articles 100 à 100-7 du CPP autorisant le juge d'instruction à recourir à certaines conditions aux écoutes téléphoniques.

Il faut également noter que la loi [n° 2000-516] du 15 juin 2000, réformant la procédure pénale, a créé un **nouveau recours s'apparentant à la révision du procès, lorsque la personne condamnée aura obtenu devant la CEDH la condamnation de la France pour une violation de la Convention.** Jusqu'à cette loi, la jurisprudence avait toujours considéré que les arrêts de la CEDH n'étaient pas susceptibles de remettre en cause les décisions valablement rendues par les juridictions de droit interne, qui possédaient l'autorité de la chose jugée. Les articles 622-1 et suivants du CPP prévoient depuis cette loi que la personne condamnée peut saisir une commission spéciale composée de 7 magistrats de la Cour de cassation, qui est chargée, si la violation de la Conv. EDH constatée par la Cour européenne entraîne pour le condamné des conséquences dommageables auxquelles l'indemnisation prononcée par elle ne peut mettre un terme, de réexaminer l'affaire, éventuellement en renvoyant devant une nouvelle juridiction de fond. Ainsi, si la personne a obtenu la condamnation de la France pour violation du droit à un procès équitable au motif que la juridiction de jugement aurait refusé d'entendre un témoin à décharge, ce recours est concevable car la condamnation pénale de la personne est susceptible d'être remise en cause, et donc une simple indemnisation ne suffit pas à réparer le dommage subi par la violation de la Conv. EDH.

L'application de la Conv. EDH se fait encore directement en droit interne devant les juridictions, notamment répressives. Dans ce cas, **la personne intéressée, personne poursuivie ou partie civile victime invoque la contrariété du texte de droit français avec un article de la Convention**. La Cour de cassation se montre généralement assez réticente à l'application de la Convention, en estimant fréquemment que le droit pénal et la procédure pénale française sont conformes à ses dispositions.

Jurisprudence

On notera cependant qu'elle a jugé que les dispositions de l'article 546 du CPP, dans sa rédaction antérieure à la loi [n° 99-515] du 23 juin 1999, étaient contraires à l'article 6 de la Conv. EDH, en ce qu'elles réservaient au procureur général un droit d'appel en matière de contraventions plus étendu que pour le prévenu *(Cass. crim., 6 mai 1997, n° 96-83.512)*. On rappellera également la décision de la chambre criminelle du 20 février 2001, déjà évoquée (V. Fiche n° 3).

⏭ POUR ALLER PLUS LOIN...

- J. PRADEL et A. VARINARD, Les grands arrêts du droit pénal général, n° 5
- R. MERLE, La Convention européenne de droits de l'homme et la justice pénale française, D. 1981, chron. p 227.
- B. BOULOC, L'influence du droit communautaire sur le droit pénal interne, Mélanges Levasseur, 1992, p 103
- R. de GOUTTES, Droit pénal et droits de l'homme, RSC 2000, p 133

TITRE 3
L'APPLICATION DE LA LOI PÉNALE

La norme pénale créatrice d'incriminations et de peines ou de règles de procédure, c'est-à-dire la loi ou le règlement au sens strict, possède un champ d'application qu'il est nécessaire de délimiter avec précision. Ce domaine d'application doit être déterminé à la fois dans le temps et dans l'espace.

Fiche n° 6 L'application de la loi pénale dans le temps

⏭ L'ESSENTIEL

Les principes gouvernant l'application dans le temps d'une loi pénale nouvelle sont prévus par le Code pénal. Il est nécessaire de distinguer selon que la loi nouvelle est de fond ou de forme. La loi de fond concerne l'incrimination et la peine alors que la loi de forme concerne la procédure et l'exécution des peines.

Pour les lois nouvelles de fond, il existe deux principes. Lorsque la loi est plus sévère que le droit antérieur, elle ne s'applique qu'aux faits commis après son entrée en vigueur. C'est le principe de non-rétroactivité qui signifie que le droit antérieur continue de s'appliquer.

Lorsque la loi est plus douce, elle s'applique immédiatement aux faits commis avant son entrée en vigueur et non encore définitivement jugés.

Les lois de forme sont applicables immédiatement, c'est-à-dire dès la date de leur entrée en vigueur, aux procès en cours, sans entraîner de remise en cause des actes déjà effectués antérieurement sous l'empire de la loi ancienne. Il existe des exceptions à ce principe, notamment dans le cas des lois relatives à l'exécution des peines, qui ne s'appliquent immédiatement que si elles n'aggravent pas la situation du prévenu.

⏭ LES CONNAISSANCES

Le Code pénal de 1994 fixe des règles précises concernant l'application de la loi nouvelle dans le temps en distinguant selon l'objet du texte c'est-à-dire entre lois pénales de fond et de forme. **Les lois pénales de fond sont celles relatives aux incriminations et aux peines alors que les lois de forme sont toutes les autres lois, concernant la procédure pénale ou l'exécution des peines**. Cette distinction a pour conséquence une différence de régime quant à l'application dans le temps de ces lois.

§1 Les principes gouvernant l'application des lois de fond

Deux grands principes s'appliquent ici : celui de la non-rétroactivité des lois et celui de l'application immédiate des lois nouvelles plus douces.

I. La non-rétroactivité des lois pénales de fond

> (C. pén., art. 112-1)
> L'article 112-1 du Code pénal dispose que *« sont seuls punissables les faits constitutifs d'une infraction à la date à laquelle ils ont été commis. Peuvent seules être prononcées les peines légalement applicables à la même date »*.

Ce texte reprend l'article 4 du Code pénal de 1810 qui prévoyait que « nulle contravention, nul délit, nul crime, ne peuvent être punis de peines qui n'étaient pas prononcées par la loi avant qu'ils fussent commis », lequel avait lui-même transcrit l'article 8 de la Déclaration des droits de l'homme et du citoyen de 1789.

Ainsi, **la loi pénale nouvelle de fond ne peut s'appliquer qu'aux faits commis après son entrée en vigueur** sauf si elle est plus favorable (V. *infra II*). Ce principe fondamental de non-rétroactivité de la loi nouvelle est valable en toutes matières et se trouve affirmé également par l'article 2 du Code civil.

Cependant, il prend une dimension particulière en droit pénal parce qu'il apparaît comme le **corollaire du principe de la légalité**. En vertu de ce dernier, la loi doit fixer les comportements interdits et leurs sanctions. Il est alors inconcevable d'appliquer un texte qui, par exemple, créerait une nouvelle infraction, à des faits commis avant l'entrée en vigueur du nouveau texte parce que cela reviendrait à violer directement le principe de légalité en sanctionnant un acte qui, lors de sa commission, n'était pas une infraction selon le droit en vigueur.

Le principe de non-rétroactivité apparaît donc comme une garantie fondamentale des libertés individuelles tout comme le principe de légalité lui-même dont il ne se distingue pas réellement.

En pratique, le principe signifie que **la loi nouvelle plus sévère ne peut s'appliquer que pour l'avenir, c'est-à-dire seulement aux faits commis après son entrée en vigueur**. Par conséquent, cela aboutit, au moins dans certains cas, à maintenir en application, malgré son abrogation, la loi ancienne. On parle donc de post-activité de la loi ancienne. C'est le cas lorsque le législateur crée de nouvelles peines applicables à une infraction existant déjà. Dans ce cas, à partir de l'entrée en vigueur de la loi nouvelle, les peines créées s'appliquent mais seulement pour les infractions commises après cette entrée en vigueur. Pour les faits commis antérieurement, s'appliquent les peines prévues par la loi dans sa rédaction antérieure.

Le principe de non-rétroactivité des lois pénales possède une valeur juridique très importante. Outre sa valeur de loi, puisqu'il est prévu par le Code pénal, il possède également une **valeur constitutionnelle**, en ce qu'il figure à l'article 8 de la Déclaration des droits de l'homme. Cela a pour conséquence qu'il s'impose au législateur, qui ne peut pas y déroger sous peine de censure par le Conseil constitutionnel. Le principe figure également à l'article 7, 1° de la Conv. EDH et à l'article 15, 1° du Pacte international de l'ONU relatif aux droits civils et politiques. La **valeur de droit international** du principe permet, le cas échéant, aux juges répressifs d'écarter l'application d'une loi nouvelle qui serait expressément rétroactive.

Il existe cependant une **première exception au principe, s'agissant des textes créant des mesures de sûreté.** La jurisprudence considère que de telles mesures, ne constituant pas des sanctions pénales mais des mesures préventives, ne sont pas soumises aux principes relatifs aux lois de fond.

Jurisprudence

Par exemple, le Conseil constitutionnel a admis que les règles nouvelles créant le Fichier national automatisé des auteurs d'infractions sexuelles (FIJAIS) pouvaient s'appliquer immédiatement, parce qu'elles ne constituent pas une sanction pénale *(Cons. const. 2 mars 2004, n° 2004-492 DC, JO 10 mars 2004)*. Cette position a été adoptée ensuite par la Cour de cassation *(Cass. crim., 31 oct. 2006, n° 05-87.153)*, et la CEDH n'a pas condamné la France sur ce point *(CEDH, 17 déc. 2009, Gardel c/ France, req. n° 16428/05)*, en énonçant que l'inscription au FIJAIS ne constitue pas une « peine » au sens de l'article 7 1° de la Convention et doit être analysée comme une mesure préventive à laquelle le principe de non – rétroactivité énoncé dans cette disposition n'a pas vocation à s'appliquer.

Il existe une **seconde exception** lorsque la loi nouvelle peut être considérée comme un texte interprétatif d'une règle admise antérieurement. Les **lois interprétatives** sont ainsi considérées comme faisant corps avec le texte initial et elles s'appliquent donc immédiatement aux faits commis avant leur entrée en vigueur. Il s'agit, en réalité, d'une fausse exception puisque la loi n'est pas réellement nouvelle.

Jurisprudence

Toujours est-il que la Cour de cassation rappelle parfois cette règle comme, par exemple, dans un arrêt *(Cass. crim., 15 nov. 2017, n° 17-85.272)* relatif à l'article 222-22-1 du Code pénal, créé par une loi n° 2010-121 du 8 février 2010, selon lequel la contrainte constitutive de l'agression sexuelle ou du viol peut être physique ou morale, la contrainte morale pouvant « résulter de la différence d'âge existant entre une victime mineure et l'auteur des faits et de l'autorité de droit ou de fait que celui-ci exerce sur cette victime ». La chambre criminelle décide ici que cette affirmation légale correspondait déjà à sa propre jurisprudence, antérieure à ladite loi, et ne constitue donc qu'une disposition interprétative à laquelle le principe de non-rétroactivité est étranger.

II. L'application immédiate des lois pénales de fond plus douces

(C. pén., art. 112-1, al. 3)
Le second principe applicable est celui de l'application immédiate des lois nouvelles de fond plus douces, affirmé par l'article 112-1, alinéa 3, en ces termes : *« toutefois, les dispositions nouvelles s'appliquent aux infractions commises avant leur entrée en vigueur et n'ayant pas donné lieu à une condamnation passée en force de chose jugée lorsqu'elles sont moins sévères que les dispositions anciennes ».*

Cette règle est traditionnellement désignée par l'expression de rétroactivité *in mitius* ou rétroactivité des lois plus douces, ce qui n'est pas à l'abri des critiques. En effet, il ne s'agit pas véritablement d'appliquer rétroactivement la loi nouvelle puisqu'au sens précis du terme, la notion de rétroactivité implique qu'on revienne sur une situation déjà définitivement acquise. Tel n'est pas le cas ici puisque **le nouveau texte ne s'applique qu'à la condition impérative que les faits ne soient pas déjà définitivement jugés**.

Autrement dit, le principe trouve à s'appliquer seulement si, au moment de l'entrée en vigueur de la loi nouvelle moins sévère, les faits commis avant cette date, sont en cours de jugement. On peut d'ailleurs noter que le moyen tiré de l'application de la loi nouvelle plus douce est susceptible d'être soulevé d'office par la juridiction de jugement, et même par la Cour de cassation, si la loi nouvelle n'est entrée en vigueur qu'après la décision frappée de pourvoi.

(C. pén., art. 112-4, al.2)
Le Code pénal de 1994 a cependant prévu **un véritable cas de rétroactivité** de la loi plus douce. L'article 112-4, alinéa 2 du Code pénal dispose en effet que *« la peine cesse de recevoir exécution quand elle a été prononcée pour un fait qui, en vertu d'une loi postérieure au jugement, n'a plus le caractère d'une infraction pénale ».*

Il s'agit d'une véritable rétroactivité puisque, par hypothèse, la personne a été jugée définitivement et est en train de subir sa peine. Cependant, il faut nuancer la portée de ce texte parce qu'il n'a vocation à s'appliquer que si les faits objet de la condamnation ne sont plus du tout réprimés, ce qui, en pratique, est relativement peu probable. On ne connaît d'ailleurs aucune application du texte.

Le principe de l'application immédiate des lois nouvelles de fond plus douces n'a eu pendant très longtemps qu'une valeur juridique assez faible, puisqu'il n'était affirmé que par la jurisprudence et non pas par le législateur. De ce fait, le législateur avait la possibilité d'y déroger expressément. Mais cette faculté a disparu avec la décision précitée du Conseil constitutionnel du 20 janvier 1981, qui a conféré une **valeur constitutionnelle** au principe, en se fondant sur l'article 8 de la Déclaration des droits de l'homme qui dispose que la loi ne doit prévoir que des peines strictement et évidemment nécessaires. On ajoutera que l'article 15, 2° du Pacte international relatif aux droits civils et politiques prévoit aussi le principe de l'application immédiate des lois pénales plus douces. Le principe a donc une **valeur de droit international**.

La première difficulté qui peut se poser est celle de savoir **à quel moment précis entre en vigueur une loi nouvelle**. En pratique, on applique le dispositif prévu par l'article 1er du Code civil selon lequel les lois et, lorsqu'ils sont publiés au *Journal officiel* de la République française, les actes administratifs, entrent en vigueur à la date qu'ils fixent ou, à défaut, le lendemain de leur publication. Il est fréquent que les lois pénales et de procédure pénale prévoient une date d'entrée en vigueur plus tardive que celle résultant de l'application du Code civil.

Une autre question plus complexe consiste à **distinguer les lois plus douces** ou moins sévères **de celles qui ne le sont pas**. Certains cas ne posent pas de difficultés sérieuses. Ainsi la loi qui supprime purement et simplement l'infraction est d'application immédiate aux procès en cours. De la même manière, la loi nouvelle qui ajoute des conditions d'incrimination en définissant plus restrictivement l'infraction s'applique immédiatement parce qu'elle rend plus difficile la condamnation. Lorsque la loi nouvelle supprime une circonstance aggravante, elle s'applique également aux faits commis antérieurement, puisqu'elle est nécessairement plus favorable à la personne poursuivie. S'agissant des sanctions, la loi qui supprime une peine ou qui l'allège en diminuant le maximum encouru par exemple est plus douce et d'application immédiate. La correctionnalisation des faits par la loi, c'est-à-dire la transformation d'un crime en délit, est évidemment moins sévère.

Inversement, est plus sévère la loi qui étend le champ d'application de l'infraction. C'est ainsi qu'a été jugée plus sévère, par la Cour de cassation, la nouvelle définition du viol donnée par la loi [n° 80-1041] du 23 décembre 1980 réformant les infractions sexuelles. Alors qu'avant cette loi, le viol consistait uniquement dans un rapport sexuel « normal » imposé par un homme à une femme, le nouveau texte a défini le viol comme « tout acte de pénétration sexuelle de quelque nature qu'il soit... », ce qui englobait d'autres actes que les rapports sexuels « normaux ». En outre, le texte s'appliquait désormais sans aucune distinction de sexe, l'auteur comme la victime pouvant être un homme ou une femme.

La difficulté la plus importante survient cependant lorsque la loi est complexe c'est-à-dire qu'elle présente à la fois des aspects plus sévères et d'autres plus favorables. Tel était précisément le cas de la loi du 23 décembre 1980, qui a étendu le domaine d'application du crime de viol et créé de nouvelles circonstances aggravantes, mais qui a parallèlement diminué les peines du crime et correctionnalisé les attentats à la pudeur, qui étaient auparavant des crimes. Devant un tel problème, deux solutions sont concevables pour les juges : **soit on dissocie les dispositions plus sévères de celles qui sont plus favorables et on applique immédiatement seulement les secondes. Soit on fait une appréciation globale de l'ensemble de la loi afin de déterminer quel est son impact réel et concret sur la répression. Si la loi dans son ensemble est jugée plus favorable, on l'appliquera immédiatement dans son intégralité, y compris les dispositions plus sévères.**

Jurisprudence

La jurisprudence a fréquemment utilisé la première méthode et notamment dans le cas de la loi du 23 décembre 1980. Elle a même considéré que la nouvelle définition du viol, plus sévère, ne devait pas être appliquée immédiatement, mais que les peines nouvelles, plus faibles, devaient être appliquées aux faits commis antérieurement *(Cass. crim., 22 août 1981, n° 81-91.482).*

Cette technique de la divisibilité était en réalité critiquable dans le cas de la loi du 23 décembre 1980 dès lors que celle-ci, dans son ensemble, était moins sévère et aurait dû s'appliquer en totalité immédiatement, parce qu'elle comportait plus de dispositions favorables que de dispositions plus sévères et que, concrètement, elle n'aggravait pas le sort des personnes concernées.

Un problème similaire s'est posé lors de l'entrée en vigueur du Code pénal de 1994. Celui-ci, en matière de meurtre, a, d'une part, créé de nouvelles circonstances aggravantes (dispositions plus sévères) mais a, d'autre part, diminué la répression, le meurtre simple n'étant plus passible que de 30 ans de réclusion alors qu'il encourait la réclusion à perpétuité auparavant (disposition plus douce). La circulaire d'application du Code pénal du 14 mai 1993 a proposé de considérer que le Code pénal devait être appliqué immédiatement en toutes ses dispositions, c'est-à-dire que les nouvelles circonstances aggravantes devaient être retenues à l'encontre des auteurs de faits commis antérieurement. Le raisonnement consiste à dire qu'en pratique, une telle application globale n'est nullement défavorable pour l'intéressé puisqu'avant l'entrée en vigueur du Code pénal, le meurtre simple était puni de la réclusion à perpétuité, et qu'en retenant les nouvelles circonstances aggravantes du meurtre, la peine encourue serait rigoureusement identique, à savoir la réclusion à perpétuité. L'ensemble de la loi devait donc être considéré comme plus doux puisque les cas où la perpétuité peut être appliquée en matière de meurtre aggravé sont moins nombreux que sous l'empire des anciens textes du Code pénal.

Jurisprudence

La Cour de cassation a suivi ce raisonnement *(Cass. crim., 20 déc. 1995, n° 95-85.192)*. Il faut encore préciser que la jurisprudence considère que **le principe d'application immédiate des lois de fond plus douces ne s'applique pas aux lois dans le domaine économique**. Cette position a été approuvée dans une décision récente du Conseil constitutionnel *(Cons. const., 3 déc. 2010, n° 2010-74 QPC)*, dans laquelle ce dernier énonce que « le fait de ne pas appliquer aux infractions commises sous l'empire de la loi ancienne la loi pénale nouvelle, plus douce, revient à permettre au juge de prononcer les peines prévues par la loi ancienne et qui, selon l'appréciation même du législateur, ne sont plus nécessaires ; que, dès lors, sauf à ce que la répression antérieure plus sévère soit inhérente aux règles auxquelles la loi nouvelle s'est substituée, le principe de nécessité des peines implique que la loi pénale plus douce soit rendue immédiatement applicable aux infractions commises avant son entrée en vigueur et n'ayant pas donné lieu à des condamnations passées en force de chose jugée ».

Cette faculté reconnue au législateur de prévoir des exceptions au principe de l'application immédiate des lois de fond plus douces, si elle est jugée conforme à la Constitution, n'en est pas moins contraire à l'article 15, 2° du Pacte international relatif aux droits civils et politiques, qui ne permet aucune exception.

§2 Les principes gouvernant l'application des lois de forme

Les lois de forme constituent un ensemble hétéroclite, dont le contenu est déterminé par le Code pénal, qui prévoit qu'en principe, ces lois sont d'application immédiate.

I. Le principe d'application immédiate des lois de forme

Ce principe est prévu par l'article 112-2 du Code pénal, pour les lois de compétence et d'organisation judiciaire, les lois fixant les modalités des poursuites et les formes de la procédure, celles relatives au régime d'exécution des peines et à la prescription de l'action publique ou de la peine.

Les lois de forme sont donc applicables immédiatement, c'est-à-dire qu'à partir de leur date d'entrée en vigueur elles sont appliquées dans les procédures en cours,

sauf exceptions. En d'autres termes, la loi nouvelle va simplement succéder à la loi ancienne, sans qu'il faille, en principe, s'interroger sur le point de savoir si elle est favorable ou défavorable à l'intéressé et surtout sans remettre en cause les actes de procédure faits valablement sous l'empire de la loi ancienne.

(C. pén., art. 112-4, al. 1er)
C'est ce que prévoit expressément l'article 112-4, alinéa 1er selon lequel *« l'application immédiate de la loi nouvelle est sans effet sur la validité des actes accomplis conformément à la loi ancienne ».*

La **justification** donnée à cette règle est parfois que la loi nouvelle serait réputée meilleure. En réalité, il semble plus réaliste de considérer qu'il s'agit d'une **nécessité pratique**, tant il est vrai qu'il serait impossible de maintenir en activité une loi ancienne pour certaines personnes ou certains faits et d'appliquer simultanément la loi nouvelle pour d'autres.

Le régime des lois de forme s'avère donc beaucoup plus simple dans son principe. Il est cependant assorti d'exceptions qui compliquent sensiblement la question.

II. Les exceptions au principe

En premier lieu, selon l'article 112-2, 1°, les **lois nouvelles de compétence ou d'organisation judiciaire** s'appliquent immédiatement, sauf si un jugement au fond a déjà été rendu en première instance. Ainsi, si la loi nouvelle crée une nouvelle juridiction et que le prévenu a déjà été jugé par l'ancienne, le procès ne sera pas refait devant la nouvelle juridiction.

De même, en vertu de l'article 112-3, les l**ois relatives à la nature et aux cas d'ouverture des voies de recours ainsi qu'aux délais** dans lesquels celles-ci doivent être exercées sont applicables seulement aux recours formés contre les décisions prononcées après leur entrée en vigueur. En d'autres termes, la personne jugée a un droit acquis aux voies de recours qui existent au jour où elle est jugée. Si après le jugement contre lequel elle exerce un recours, la loi nouvelle vient à supprimer celui-ci, elle ne sera pas applicable immédiatement, et la personne continuera de bénéficier du recours.

L'article 112-2, 3° et 4° prévoit, enfin, un régime particulier pour les **lois relatives au régime d'exécution et d'application des peines** et pour les **lois relatives à la prescription** de l'action publique ou de la peine.

Les lois relatives à l'application des peines sont applicables immédiatement mais à la condition qu'elles n'aient pas pour résultat de rendre plus sévères les peines

prononcées. Si tel est le cas, elles ne sont applicables qu'aux condamnations prononcées pour des faits commis après leur entrée en vigueur. Cette hypothèse met en lumière la difficulté qui existe parfois à faire la distinction entre une loi de forme et une loi de fond dans le domaine des peines. L'exemple le plus évident est celui de la période de sûreté. Celle-ci consiste en une partie de la peine d'emprisonnement ou de réclusion pendant laquelle le condamné ne pourra bénéficier d'aucune mesure de faveur ou de réduction de peine. En théorie, il s'agit d'une loi de forme, relative uniquement à la manière d'appliquer la peine. Pourtant en pratique, il est évident qu'une loi qui institue une période de sûreté est plus sévère pour le condamné. C'est la raison pour laquelle, le législateur a décidé d'aligner le régime de ces lois relatives à l'exécution des peines sur celui des lois de fond. Ainsi, pour savoir comment appliquer ces lois, il faut rechercher si elles sont plus ou moins défavorables pour les condamnés. Si elles sont plus sévères, elles ne s'appliquent qu'aux condamnations prononcées pour des faits commis après leur entrée en vigueur.

> **Attention** Les lois nouvelles relatives à la **prescription** possèdent également un **régime spécial**. En premier lieu, le Code pénal rappelle qu'elles ne s'appliquent pas si les prescriptions sont déjà définitivement acquises. Ainsi, celui qui bénéficie, par exemple, de la prescription de l'action publique ne peut se voir appliquer une loi nouvelle qui allonge le délai de prescription. Comme pour les lois relatives à l'exécution des peines, le Code pénal prévoyait, à l'origine, que les lois de prescription s'appliquaient immédiatement sauf si elles aggravaient le sort des intéressés. Ainsi, si la loi nouvelle allongeait le délai de prescription de l'action publique, ce qui est défavorable, elle ne s'appliquait qu'aux faits commis après son entrée en vigueur. La loi n° 2004-204 du 9 mars 2004 a modifié cette règle en supprimant, à l'article 112-2, 4°, la phrase « sauf quand elles auraient pour résultat d'aggraver la situation de l'intéressé ». Par conséquent, désormais, **toutes les lois nouvelles modifiant des règles de prescription s'appliquent immédiatement aux faits commis antérieurement,** qu'elles soient ou non défavorables à la personne concernée.

On soulignera que **les règles du Code pénal relatives à l'application des lois de forme n'ont qu'une valeur légale et non pas constitutionnelle.** Par conséquent, le législateur peut parfaitement y déroger par une loi particulière c'est-à-dire que la loi nouvelle peut prévoir son application immédiate malgré les principes affirmés dans le Code pénal. Il peut même modifier la règle générale figurant dans le Code pénal, comme l'a fait la loi n° 2004-204 du 9 mars 2004 pour l'application des lois nouvelles en matière de prescription. C'est là une différence essentielle avec les principes applicables en matière de lois de fond qui ne peuvent faire l'objet d'aucune dérogation sous peine de censure par le Conseil constitutionnel.

APPLICATION DANS LE TEMPS D'UNE LOI PÉNALE NOUVELLE

1ème exemple : loi pénale nouvelle relative à une incrimination ou une peine

Infraction	Entrée en vigueur de la loi nouvelle **plus sévère**	Jugement : **application de la loi nouvelle (non)**
12 mai 2016	25 juin 2017	5 mars 2018
Infraction	Entrée en vigueur de la loi nouvelle **plus favorable**	Jugement : **application de la loi nouvelle (oui)**

2ème exemple : loi pénale nouvelle relative à une loi de procédure pénale concernant la garde à vue

Infraction	Entrée en vigueur de la **loi nouvelle**	Jour de la garde à vue : **application de la loi nouvelle (oui)**
12 juin 2017	25 juin 2017	27 juin 2017

3ème exemple : loi pénale nouvelle modifiant les délais de prescription (loi du 27 février 2017)

Délit	Entrée en vigueur de la **loi nouvelle**	Plainte de la victime : **application de la loi nouvelle (oui)**
3 mars 2014 prescription de 3 ans	1er mars 2017 prescription de 6 ans	6 mars 2019

4ème exemple : loi pénale nouvelle créant une nouvelle voie de recours : exemple : ouverture de l'appel sans condition en matière de contraventions

Infraction	Loi nouvelle	Jugement par le tribunal de police	Appel : **recevabilité (oui)**
18 décembre 2017	12 janvier 2018	6 février 2018	12 février 2018

⏭ POUR ALLER PLUS LOIN...

- A. DEKEUWER, La rétroactivité « in mitius » en droit pénal. Un principe encore et toujours contesté, JCP G 1997, I, 4065
- G. MATHIEU, L'application de la loi pénale dans le temps (dans la perspective du nouveau Code pénal), RSC 1995, p 257
- J. PRADEL et A. VARINARD, Les grands arrêts du droit pénal général, n° 9 à n° 14
- D. ROETS, L'application de la loi pénale dans le temps et la Convention européenne des droits de l'homme, D. 2004, p. 1991

Fiche n° 7 L'application de la loi pénale dans l'espace

L'ESSENTIEL

La loi pénale française s'applique, en principe, aux seules infractions commises sur le territoire français, quelle que soit la nationalité des auteurs des faits. C'est le principe de territorialité prévu par le Code pénal, selon lequel la loi française est applicable dès qu'un fait constitutif de l'infraction est réalisé en France, la Cour de cassation faisant une interprétation extensive de cette condition.

Exceptionnellement, la loi pénale française est applicable à des faits intégralement commis à l'étranger. Ainsi, elle peut s'appliquer à tout crime commis par un français hors du territoire de la République et aux délits, à la condition qu'ils soient incriminés également dans le pays où les faits ont été commis. La loi française est encore applicable aux faits commis à l'étranger par un étranger si la victime est de nationalité française. Ces règles s'appliquent seulement si les autorités étrangères ne poursuivent pas elles-mêmes l'auteur des faits et, en pratique, si ce dernier est arrêté en France.

LES CONNAISSANCES

La question du domaine d'application de la loi française dans l'espace consiste à **déterminer la loi qui s'applique à une infraction en fonction du lieu où celle-ci a été commise** et non pas la juridiction qui sera saisie. En effet, cette question du tribunal compétent relève exclusivement de la procédure pénale, qui détermine des critères de compétence territoriale, y compris lorsque les faits ne sont pas commis en France mais que le Code pénal rend la loi française applicable *(V. CPP, art. 689 et s.)*. Le problème posé ici est de savoir si c'est le droit pénal français qui s'applique, cette question précédant nécessairement celle de savoir quel tribunal est territorialement compétent.

Le Code pénal actuel détermine le champ d'application de la loi pénale française dans ses articles 113-1 à 113-12. Il distingue le cas où l'infraction est commise sur le territoire français de celui où elle est commise hors de ce territoire.

§1 Les règles applicables aux infractions commises en France

Au point de vue théorique, 4 systèmes sont concevables pour déterminer la loi applicable à une infraction, en fonction de son lieu de commission. Le premier est celui retenu en droit français : le **principe de territorialité**. Il signifie que **le droit pénal français est applicable à toutes les infractions commises sur le territoire de la France, quelle que soit la nationalité de l'auteur des faits.**

Un second système consiste à appliquer le droit pénal en fonction de la nationalité de l'auteur des faits ou de la victime de l'infraction. C'est le **système de la personnalité** qui rend le droit français applicable aux infractions, même commises à l'étranger, si l'auteur des faits est un français (personnalité active) ou si la victime est française (personnalité passive). Un troisième système, dénommé **système de la réalité**, prend en compte uniquement la nature de l'infraction commise. Il revient à appliquer le droit d'un État aux infractions qui portent atteinte à ses intérêts essentiels, quelle que soit la nationalité de leur auteur et leur lieu de commission.

Un dernier système est le système de la **compétence universelle** de la loi. Il permet de juger l'auteur d'une infraction, quelle que soit sa nationalité et le lieu de commission de l'infraction, dans le pays où cette personne est arrêtée. L'intérêt est naturellement d'empêcher que le délinquant puisse échapper à la répression en se réfugiant dans un pays différent de celui où il a commis les faits.

Le droit français retient le principe de la **territorialité : la loi pénale française s'applique donc aux infractions commises sur le territoire de la République française**, ainsi que le prévoit l'article 113-2, alinéa 1er, du Code pénal. Cette affirmation nécessite de s'interroger sur les limites du territoire français et sur le point de savoir dans quels cas l'on considère qu'une infraction est commise sur ledit territoire.

I. La détermination du territoire français

L'article 113-1 énonce que le territoire de la République inclut les espaces maritime et aérien qui lui sont liés. Par conséquent, **au sens du droit pénal, le territoire comporte d'abord l'espace terrestre, délimité par les frontières de la France, métropolitaine et d'outre-mer**. À cet égard, on précisera que s'agissant des Territoires d'outre-mer (Polynésie française, Nouvelle-Calédonie, Wallis-et-Futuna, Terres australes et antarctiques françaises) et des collectivités territoriales possédant un statut particulier (Saint-Pierre et Miquelon), existe un principe de spécialité législative. Ainsi, sur ces territoires s'applique le droit français sous réserve d'adaptations possibles et d'une décision particulière de mise en application *(V. C. pén., Livre VII)*.

Le territoire comprend également un **espace maritime**, sur lequel s'exerce la souveraineté française (eaux intérieures et mer territoriale). Le Code pénal précise dans son article 113-12, que la loi française est aussi applicable aux infractions commises au-delà de la mer territoriale, lorsque les conventions internationales et la loi le prévoient.

(C. pén., art. 113-3)
Selon l'article 113-3, « ***la loi française est applicable aux infractions commises à bord des navires battant un pavillon français, ou à l'encontre de tels navires ou des personnes se trouvant à bord, en quelque lieu qu'ils se trouvent.*** *Elle est seule applicable aux infractions commises à bord des navires de la marine nationale, ou à l'encontre de tels navires ou des personnes se trouvant à bord, en quelque lieu qu'ils se trouvent* ». **Le pavillon correspond à la nationalité d'un navire**, ce qui le rattache à un État déterminé. Tout navire a nécessairement un pavillon.

Le législateur pénal tend à considérer que le territoire français s'étend aux navires battant pavillon français, puisque la loi française leur est applicable même s'ils se trouvent en dehors des eaux françaises. **S'agissant des navires militaires, la loi étrangère est absolument inapplicable**, ces navires étant représentatifs de la souveraineté française. En revanche, on notera que la loi française n'est pas applicable à une infraction qui serait commise sur un navire militaire étranger se trouvant dans les eaux françaises, seule la loi du pavillon, c'est-à-dire de l'État étranger, étant applicable.

Le territoire est enfin composé d'un **espace aérien**, qui comprend l'espace atmosphérique **situé au-dessus du territoire terrestre**. Une infraction commise dans cet espace, même sur un aéronef étranger, relève de la loi pénale française.

(C. pén., art. 113-4)
L'article 113-4 prévoit pour les aéronefs une règle similaire à celle applicable aux navires en énonçant que « ***la loi pénale française est applicable aux infractions commises à bord des aéronefs immatriculés en France, ou à l'encontre de tels aéronefs ou des personnes se trouvant à bord, en quelque lieu qu'ils se trouvent.*** *Elle est seule applicable aux aéronefs militaires français, ou à l'encontre de tels aéronefs ou des personnes se trouvant à bord, en quelque lieu qu'ils se trouvent* ».

De même, les infractions commises sur les aéronefs militaires étrangers sont du ressort de la loi du pays concerné, même s'ils se trouvaient dans l'espace aérien français.

La notion de territoire conduit à se poser la question des **immunités diplomatiques**. Les agents diplomatiques et leurs familles bénéficient, en effet, sur le territoire français d'une **immunité de juridiction** en ce sens que **les infractions qu'ils commettent en France ne relèvent pas de la loi pénale française**. Ce principe relève du droit international et peut être considéré comme une règle de courtoisie internationale mais il n'est attaché qu'à la personne des diplomates, lesquels pourraient d'ailleurs y renoncer. Ainsi, le principe de l'inviolabilité des locaux diplomatiques ne signifie nullement que les immeubles des ambassades étrangères seraient des parcelles du territoire échappant à la souveraineté française. Dès lors, un étranger commettant une infraction dans des locaux diplomatiques peut parfaitement être jugé en France en application de la loi française. On précisera que l'immunité n'est valable qu'à condition qu'elle soit réciproque, c'est-à-dire que les diplomates français en bénéficient également à l'étranger.

II. La localisation de l'infraction en France

Le principe de territorialité signifie que toute infraction commise sur le territoire français se voit appliquer la loi pénale française. Cependant une **difficulté** peut se présenter **lorsque l'infraction a été commise sur le territoire de plusieurs États en même temps dont le territoire français**.

(C. pén., art. 113-2)
Selon l'article 113-2, alinéa 2, « ***l'infraction est réputée commise sur le territoire de la République dès lors qu'un de ses faits constitutifs a eu lieu sur ce territoire*** ».

Jurisprudence

Cette règle est interprétée de manière extensive par les juges répressifs. Ainsi, si un seul des éléments constitutifs de l'infraction est réalisé en France, le droit pénal français est applicable. Mais la jurisprudence va beaucoup plus loin. En effet, il a été jugé que la tentative d'escroquerie est réputée commise en France si des actes préparatoires à cette tentative ont eu lieu en France *(Cass. crim., 11 avr. 1988, n° 87-83.873)*.

Or, on verra que des actes préparatoires ne sont pas un élément constitutif, ni même un fait constitutif de l'infraction dès lors qu'ils sont impunissables au titre de la tentative. On peut voir un autre exemple de la conception extensive de la compétence de la loi pénale française dans les décisions qui considèrent que lorsqu'une condition préalable de l'infraction est accomplie en France, cela suffit à rendre le droit pénal français applicable. La condition préalable ne fait pourtant pas partie de l'infraction puisqu'elle consiste dans une situation de fait ou de droit sans laquelle l'infraction ne peut avoir lieu.

Jurisprudence

Ainsi, l'abus de confiance consiste à détourner un bien que l'on s'est vu remettre à charge de le rendre ou d'en faire un usage déterminé. Ce délit comprend une condition préalable qui est la remise préalable de la chose à l'auteur de l'infraction, laquelle n'est pas frauduleuse. Cela n'empêche pas les juges de l'assimiler à un fait constitutif de l'infraction *(Cass. crim., 12 févr. 1979, n° 78-91.482)*.
Enfin, la jurisprudence estime que si les faits ont été intégralement commis à l'étranger, le droit français reste applicable lorsque ces **faits** sont **indivisibles de faits commis en France** c'est-à-dire si les faits sont rattachés entre eux « par un lien tel que l'existence des uns ne se comprendrait pas sans l'existence des autres » *(Cass. crim., 8 nov. 2017, n° 17-81.546)*.

La détermination du lieu de commission des faits pose parfois de délicats problèmes en raison de la nature de l'infraction. Ainsi, les infractions d'omission consistent à ne pas accomplir un acte que la loi pénale impose de réaliser. La difficulté réside naturellement dans la localisation d'une abstention ou d'une inaction.

Jurisprudence

La jurisprudence règle le problème en considérant que l'infraction est réputée commise au lieu où l'obligation aurait dû être exécutée *(Cass. crim., 16 juill. 1969, n° 69-90.363)*.

Les infractions complexes présentent la particularité de nécessiter, pour leur consommation, l'accomplissement de plusieurs actes différents. Tel est le cas de l'escroquerie qui suppose des manœuvres frauduleuses et la remise du bien, résultat de ces manœuvres. Dans ce cas, dès qu'un des actes nécessaires est réalisé en France, la loi française est applicable.

Les infractions d'habitude consistent à commettre des actes identiques, prohibés par la loi pénale mais dont seule la répétition est punissable, comme l'exercice illégal de la médecine qui suppose la pratique habituelle d'actes médicaux. Il est admis que si un seul acte est réalisé en France, la loi française est compétente, cet acte pouvant être considéré comme un fait constitutif de l'infraction.

Enfin, on citera le cas des infractions continues qui se caractérisent par le fait qu'elles s'accomplissent sur un certain laps de temps, telle que la séquestration arbitraire *(C. pén., art. 224-1)* ou le recel de choses *(C. pén., art. 321-1)*.

Jurisprudence

Ces infractions sont réputées commises en France même si elles sont accomplies seulement pendant un temps sur le territoire national *(Cass. crim., 23 févr. 2000, n° 99-84.739, pour le délit de soustraction de mineur par ascendant de l'article 227-7 du Code pénal)*.

Le législateur a aussi pris en compte un phénomène récent qui est celui de la **commission d'infractions par des moyens de communication** de toute nature, et notamment *via* internet. Il est évident que cela pose la question de savoir où l'infraction est commise.

(C. pén., art. 113-2-1)
Aussi, un article 113-2-1 du Code pénal, créé par la loi n° 2016-731 du 3 juin 2016, précise que *« tout crime ou tout délit réalisé au moyen d'un réseau de communication électronique, lorsqu'il est tenté ou commis au préjudice d'une personne physique résidant sur le territoire de la République ou d'une personne morale dont le siège se situe sur le territoire de la République, est réputé commis sur le territoire de la République »*.

Le critère n'est pas ici le lieu où se trouve l'auteur mais le lieu où se trouve la victime des faits, personne physique ou morale.

Un autre problème particulier se pose à propos de la **complicité** parce que celle-ci suppose une infraction principale commise par un auteur et des actes de complicité commis par une autre personne (V. Fiche n° 16). Or, les actes de l'auteur et du complice ne se commettent pas nécessairement sur le même territoire.

Jurisprudence

Lorsque la **complicité se réalise à l'étranger** alors que l'infraction principale a été commise en France, la jurisprudence considère que la loi française est applicable *(Cass. crim., 30 oct. 2013, n° 12-83.995)*.

(C. pén., art. 113-5)
Lorsque **la complicité se réalise en France alors que l'infraction principale a été commise à l'étranger**, l'article 113-5 du Code pénal dispose que la loi pénale française est applicable *« à quiconque s'est rendu complice sur le territoire de la République, comme complice, d'un crime ou d'un délit commis à l'étranger si le crime ou le délit est puni à la fois par la loi française et par la loi étrangère et s'il a été constaté par une décision définitive de la juridiction étrangère »*.

Ce texte limite donc le champ d'application de la loi pénale française. En premier lieu, il est impossible d'appliquer celle-ci au complice en France d'une simple contravention commise à l'étranger.

En deuxième lieu, le Code pénal prévoit la **réciprocité d'incrimination** qui ne permet de poursuivre la complicité en France que si l'infraction principale est incriminée à la fois en France et à l'étranger.

Jurisprudence

En troisième lieu, il est nécessaire que l'infraction principale ait été judiciairement constatée à l'étranger, même si l'auteur n'a pas été condamné, et la chambre criminelle a jugé que les juridictions françaises ne sont pas tenues de surseoir à statuer dans l'attente d'une telle décision des juges étrangers *(Cass. crim., 10 sept. 2008, n° 06-80.687 et 07-84.774).*

§2 Les règles applicables aux infractions commises à l'étranger

Plusieurs dispositions du Code pénal et du CPP prévoient des extensions de la compétence de la loi française à des faits commis en dehors du territoire français. Il s'agit de concessions faites aux autres systèmes évoqués précédemment à savoir le système de la personnalité, celui de la réalité et celui de la compétence universelle. L'on traitera donc d'abord des hypothèses d'application de la loi française à des infractions commises à l'étranger lorsque l'auteur est français ou la victime est française puis des hypothèses où la loi française s'applique en raison des intérêts lésés par les faits commis à l'étranger ou en raison de la nature des infractions commises hors du territoire français.

I. La compétence de la loi française en raison de la nationalité de l'auteur ou de la victime

A Compétence liée à la nationalité de l'auteur

L'article 113-6 du Code pénal prévoit que **la loi française est applicable à tout crime commis par un français hors du territoire de la République et aux délits, mais à la condition qu'ils soient incriminés également dans le pays où les faits ont été commis.** Une telle compétence est nécessairement subsidiaire c'est-à-dire qu'elle n'a lieu d'être que si les faits ne sont pas déjà jugés à l'étranger.

(C. pén., art. 113-9)
C'est ce que rappelle l'article 113-9 en vertu duquel « *dans les cas prévus aux articles 113-6 et 113-7, aucune poursuite ne peut être exercée contre une personne justifiant qu'elle a été jugée définitivement à l'étranger pour les mêmes faits et, en cas de condamnation, que la peine a été subie ou prescrite* ».

Le système suppose donc, en pratique, que le Français, auteur des faits commis à l'étranger, se soit réfugié en France et y soit arrêté. Dans ce cas, la règle présente un intérêt non négligeable parce qu'il est de principe que la France n'extrade pas ses nationaux, c'est-à-dire qu'elle ne livre pas ses ressortissants aux autorités étrangères et préfère les juger elle-même. On remarquera ici de nouveau que la règle ne s'applique aux **délits** qu'à condition qu'il y ait **réciprocité d'incrimination**.

Par ailleurs, l'alinéa 2 de l'article 113-6 précise que la loi française s'applique même si le prévenu acquiert la nationalité française après avoir commis les faits. Cette précision se comprend par rapport à la règle de l'absence d'extradition des nationaux par la France. En effet, si l'on prenait en compte la nationalité au jour de l'infraction, des étrangers commettant des infractions à l'étranger pourraient se réfugier en France et acquérir la nationalité française, ce qui leur permettrait d'échapper à la fois à la loi étrangère et à la loi française.

On notera également que l'article 113-13, créé par une loi n° 2012-1432 du 21 décembre 2012, prévoit que la loi pénale française s'applique aux crimes et délits qualifiés **d'actes de terrorisme** et réprimés par le titre II du livre IV commis à l'étranger par un français ou par une personne résidant habituellement sur le territoire français. Ce texte est donc plus large que l'article 113-6 parce que, d'une part, il n'exige pas de réciprocité d'incrimination pour les délits et, d'autre part, il n'exige pas nécessairement la nationalité de l'auteur, sa résidence habituelle en France étant suffisante à rendre la loi pénale française applicable.

Enfin, l'article 113-14, issu d'une ordonnance n° 2019-963 du 18 septembre 2019, prévoit que, pour certaines infractions telles que l'escroquerie, l'abus de confiance ou le blanchiment, la loi pénale française est applicable en toutes circonstances, sans nécessité d'une plainte de la victime ou d'une dénonciation officielle de l'État étranger, lorsque les faits commis à l'étranger par un Français ou par une personne résidant habituellement ou exerçant tout ou partie de son activité économique sur le territoire français portent atteinte aux recettes perçues, aux dépenses exposées ou aux avoirs qui relèvent du budget de l'Union européenne, des budgets des institutions, organes et organismes de l'Union européenne ou des budgets gérés et contrôlés directement par eux.

B Compétence liée à la nationalité de la victime

Selon l'article 113-7, **la loi française est applicable aux faits commis à l'étranger par un étranger si la victime est de nationalité française**. Cette règle s'applique à tous les crimes et aux délits punis d'emprisonnement et la nationalité de la victime doit être appréciée au moment des faits. **Il n'y a pas ici de condition de réciprocité d'incrimination**, ce qui peut aboutir à la situation étrange où un étranger serait poursuivi en France pour des faits commis à l'étranger qui ne sont pas une infraction en vertu du droit étranger, pour la seule raison que la victime est française.

Dans les deux cas venant d'être évoqués *(C. pén., art. 113-6 et 113-7)*, des conditions spéciales d'ordre procédural sont exigées. L'article 113-8 indique que la poursuite des délits, mais non des crimes, ne peut être exercée que par le ministère public et non par la victime. Elle suppose également une plainte préalable de la victime ou de ses ayants droit ou une dénonciation officielle par l'autorité du pays où le fait a été commis.

La loi n° 2004-204 du 9 mars 2004 a introduit, à l'article 113-8-1, un **nouveau cas de compétence de la loi française pour une infraction commise à l'étranger par un étranger, liée aux règles de l'extradition** également modifiées par la même loi. Le nouvel article 696-4 du CPP prévoit plusieurs hypothèses dans lesquelles l'extradition ne peut être accordée par la France à un État étranger qui la demande. Cette restriction à l'extradition est compensée par une extension de la compétence de la loi française pour une infraction commise à l'étranger par un étranger. En effet, le nouvel article 113-8-1 énonce que la loi pénale française est applicable à tout crime ou à tout délit puni d'au moins 5 ans d'emprisonnement commis hors du territoire de la République par un étranger dont l'extradition a été refusée à l'État requérant aux motifs, soit que le fait à raison duquel l'extradition a été demandée est puni d'une peine ou d'une mesure de sûreté contraire à l'ordre public français, soit que la personne réclamée aurait été jugée dans ledit État par un tribunal n'assurant pas les garanties fondamentales de procédure et de protection des droits de la défense, soit que le fait considéré revêt le caractère d'infraction politique.

La poursuite ne peut, dans ce cas, être exercée qu'à la requête du ministère public et non pas de la victime. Elle doit être précédée d'une dénonciation officielle, transmise par le ministère de la justice, de l'autorité du pays où le fait a été commis et qui avait requis l'extradition. On précisera que cette situation ne peut se rencontrer, par hypothèse, que si l'auteur étranger de l'infraction commise à l'étranger, se trouve sur le territoire français mais qu'il ne peut être extradé pour les raisons évoquées.

Il faut encore noter, concernant les **infractions commises à bord des aéronefs**, que l'article 113-11 prévoit des règles particulières dans le **cas où le principe de territorialité ne peut s'appliquer**. Ce texte énonce que, sous réserve des dispositions de l'article 113-9, c'est-à-dire hormis le cas où la personne a déjà été jugée à l'étranger, la loi pénale française est applicable aux crimes et délits commis à bord ou à l'encontre des aéronefs non immatriculés en France ou des personnes se trouvant à bord :

1° lorsque l'auteur ou la victime est de nationalité française ;
2° lorsque l'appareil atterrit en France après le crime ou le délit ;
3° lorsque l'aéronef a été donné en location sans équipage à une personne qui a le siège principal de son exploitation ou, à défaut, sa résidence permanente sur le territoire de la République.

II. La compétence de la loi française en raison de la nature de l'infraction commise

Il existe plusieurs hypothèses dans lesquelles la loi française s'applique lorsque l'infraction est commise à l'étranger mais uniquement en raison de la nature de l'infraction en question.

En premier lieu, l'article 113-6, alinéa 3 dispose que la loi française est applicable aux infractions aux dispositions du règlement (CE) n° 561/2006 du Parlement européen et du Conseil du 15 mars 2006 relatif à l'harmonisation de certaines dispositions de la législation sociale dans le domaine des transports par route, commises dans un autre État membre de l'Union européenne et constatées en France. **Il s'agit des infractions en matière de temps de conduite des chauffeurs routiers,** qui sont déterminées par le droit de l'Union européenne et qui sont donc les mêmes dans tous les États. De ce fait, pour rendre efficace la répression, le Code pénal prévoit qu'il suffit de constater en France l'infraction commise sur le territoire de n'importe quel État de l'Union pour appliquer le droit français, en l'occurrence le Code des transports.

(C. pén., art. 113-10)
En deuxième lieu, l'article 113-10 prévoit un cas de compétence dite « réelle ». Il dispose en effet que *« la loi pénale française s'applique aux crimes et délits qualifiés d'atteintes aux intérêts fondamentaux de la nation et réprimés par le titre Ier du livre IV, à la falsification et à la contrefaçon du sceau de l'État, de pièces de monnaie, de billets de banque ou d'effets publics réprimées par les articles 442-1, 442-2, 442-5, 442-15, 443-1 et 444-1 et à tout crime ou délit contre les agents ou les locaux diplomatiques ou consulaires français, commis hors du territoire de la République »*.

Le seul critère de compétence de la loi pénale française consiste ici dans l'intérêt lésé par l'infraction, qu'on peut qualifier d'intérêt supérieur de l'État lui-même. Ceci a pour conséquence que la nationalité de l'auteur des faits et le lieu de commission de ceux-ci sont indifférents, la loi française étant toujours compétente sans aucune condition spécifique. À vrai dire, la seule condition, d'ordre pratique mais non négligeable, est d'être en mesure de juger en France les auteurs de tels actes, ce qui suppose soit qu'ils aient été arrêtés en France, soit qu'on puisse obtenir leur extradition à cette fin.

(CPP, art. 689-1)
En dernier lieu, divers textes du CPP déterminent des **hypothèses où la compétence de la loi française est universelle**. L'article 689-1 énonce qu'*« en application des conventions internationales visées aux articles suivants, peut être poursuivie et jugée par les juridictions françaises, si elle se trouve en France, toute personne qui s'est rendue coupable hors du territoire de la République de l'une des infractions énumérées par ces articles »*. Ces textes sont les articles 689-2 à 689-9 et concernent, par exemple, les actes de torture, les actes de terrorisme, les actes portant atteinte à la sécurité de la navigation maritime etc.

Ainsi, les juridictions françaises deviennent compétentes pour juger des faits commis hors du territoire français par des étrangers et sur des victimes étrangères, le seul rattachement à la France étant la présence de la personne sur le territoire français. Si, en théorie, un tel système est très efficace puisqu'il empêche que les auteurs des infractions concernées puissent se réfugier sur le territoire d'un des États signataires des conventions, en pratique, il entre en concurrence avec le droit de l'extradition. Autrement dit, il reste possible que l'État, sur le territoire duquel les infractions ont été commises, demande à l'État où l'auteur des faits s'est réfugié, son extradition, même si cet État peut le juger lui-même.

⏭ POUR ALLER PLUS LOIN...

– A. FOURNIER, La répression de la complicité et ses avatars en droit pénal international, RSC 2003, p. 13

– R. KOERING-JOULIN, L'application de la loi pénale française dans l'espace, RSC 1984, p. 263

– E. VERNY, Le principe de territorialité de l'ordre répressif français : « Quand tu seras à Rome, conduis-toi en Romain », Mélanges A. Decocq, Litec, 2004, p. 593

TITRE 4 LES COMPOSANTES DE L'INFRACTION PÉNALE

L'infraction pénale est au centre des questions posées en droit pénal. On peut la définir de plusieurs manières mais elle constitue toujours, quelle que soit sa nature, une action humaine, au sens large, qui crée un trouble social et qui est sanctionnée, au nom de la société, par une ou plusieurs peines. C'est une définition très générale qui est évidemment insuffisante, ce pourquoi il est nécessaire de l'approfondir. La doctrine, depuis très longtemps, a pris l'habitude de distinguer plusieurs éléments constitutifs de l'infraction. Il s'avère donc nécessaire d'étudier dans le détail ces derniers, en commençant par l'aspect matériel de l'infraction (sous-titre 1) qui doit être complété par une faute (sous-titre 2). Cependant, au préalable, il convient de s'arrêter sur la question cruciale de la qualification des faits.

Fiche n° 8 La qualification des faits

L'ESSENTIEL

La qualification des faits par le juge consiste à déterminer quel est le texte d'incrimination qui correspond aux faits commis. Cette opération impérative découle du principe de la légalité. En principe, une situation de faits n'est susceptible de recevoir qu'une seule qualification pénale. Cependant, il arrive qu'elle tombe sous le coup de plusieurs textes d'incrimination concurrents. Lorsque le concours de qualifications est réel ou non pas seulement apparent, le principe consiste à retenir l'infraction qui constitue la plus haute acception pénale. La jurisprudence admet cependant qu'un seul fait puisse recevoir, cumulativement, plusieurs qualifications différentes lorsque l'on peut caractériser des éléments moraux différents et que le fait a porté atteinte à plusieurs valeurs sociales différentes protégées par des textes d'incriminations multiples.

LES CONNAISSANCES

La qualification des faits est une opération que doit réaliser le juge répressif mais le choix de la qualification pose parfois de délicates difficultés qui ne sont pas réglées par le Code pénal.

§1 L'opération de qualification

Cette opération consiste pour le juge, soumis au principe de la légalité criminelle, à **déterminer quel texte prévoit et réprime les faits pour lesquels il est saisi**. La qualification constitue une conséquence fondamentale du principe de la légalité qui interdit de punir des faits qui ne constituent pas une infraction en vertu de la loi pénale. C'est donc une opération indispensable et préalable à toute analyse de la culpabilité de l'auteur des faits. Le juge doit, quand il est saisi, vérifier que les faits commis étaient constitutifs d'une infraction au moment de leur commission et s'ils le sont encore au moment où il statue. Il s'agit évidemment de prendre en compte une éventuelle application immédiate de la loi plus douce qui aurait dépénalisé les faits, c'est-à-dire qui leur retirerait leur caractère d'infraction pénale.

L'opération de qualification s'avère lourde de conséquences puisqu'elle déterminera la juridiction compétente pour juger les faits. Elle débute au stade des poursuites, c'est-à-dire lorsque le procureur de la République déclenche ces poursuites ou lorsque la partie civile porte plainte devant le juge d'instruction ou agit par voie de citation directe. Mais il est de principe que **la qualification n'est jamais définitive** parce que les faits peuvent toujours être requalifiés, à n'importe quel stade de la procédure. La seule limite au pouvoir des juges répressifs de requalifier les faits réside dans l'interdiction qui leur est faite, à cette occasion, d'« ajouter à la prévention », c'est-à-dire de prendre en considération des faits dont ils ont connaissance mais qui ne sont pas visés par l'acte de poursuite. En effet, ce faisant, les juges se saisiraient d'office, ce qui est interdit sauf cas particulier, la mise en œuvre de l'action publique relevant du pouvoir du ministère public. Les juges doivent également respecter le principe du contradictoire, qui leur impose de faire connaître au prévenu, au cours des débats, qu'ils envisagent de requalifier les faits, ce qui permet à l'intéressé de se défendre sur la nouvelle qualification.

À titre exceptionnel, il est interdit aux juges de requalifier les faits, comme dans le cas des infractions à la loi du 29 juillet 1881 sur la presse, qui punit notamment la diffamation et l'injure publiques *(L. 29 juill. 1881, art. 50)*.

§2 Le choix de la qualification : la question des concours de qualifications ou d'infractions

C'est une question qui se pose parfois et qui est assez difficile à résoudre car elle n'est pas traitée par le Code pénal.

I. La position du problème

En théorie, **une seule action n'est susceptible de constituer qu'une seule infraction**. Autrement dit, à un comportement donné ne correspond qu'un seul texte applicable. Il s'ensuit qu'en principe, il n'y a pas de difficultés pour déterminer quelle est l'infraction qu'a commise l'auteur des faits. Pourtant le problème se pose parfois d'un concours de qualifications ou d'infractions. C'est la situation à laquelle se trouve confronté le juge lorsque les **faits poursuivis sont susceptibles *a priori* de recevoir plusieurs qualifications différentes.** Ce problème peut se poser parce que le droit pénal moderne comprend de plus en plus d'incriminations qui sont susceptibles, parfois, de se recouper partiellement. La question qui se pose alors de savoir **quel est le texte qui doit être appliqué et plusieurs textes pourraient l'être en même temps pour les mêmes faits.**

Il existe des hypothèses où **le concours de qualifications n'est qu'apparent**. Par exemple, si l'auteur des faits a tué sa victime en lui administrant du cyanure, on pourrait penser qu'il y a concours entre deux textes du Code pénal punissant deux crimes différents, à savoir le meurtre ou l'empoisonnement, infraction spéciale définie comme l'administration intentionnelle de substances de nature à tuer. Mais ici l'hésitation n'est pas permise parce que les faits ne correspondent parfaitement qu'à la définition de l'empoisonnement, lequel se caractérise justement par l'emploi d'un moyen particulier dans le but de tuer. Au surplus, on se réfère ici à un principe général qui veut que les lois spéciales dérogent aux lois générales, ce qui a pour conséquence que la qualification spéciale prime sur la qualification générale. Si l'on prend un autre exemple, on peut imaginer des faits de viol commis avec tortures ou actes de barbarie. Le Code pénal de 1994 incrimine naturellement le viol *(C. pén., art. 222-23)* mais il punit aussi de manière autonome les actes de tortures ou de barbarie *(C. pén., art. 222-1)*. De nouveau le conflit n'est qu'apparent, simplement parce que les tortures ou actes de barbarie sont considérées par le législateur, à l'article 222-26 du Code pénal, comme une circonstance aggravante du viol. Il n'y a donc qu'une seule infraction qui peut être retenue.

Dans d'autres situations, le concours se résout facilement en raison de **l'incompatibilité des qualifications en concours.** C'est notamment le cas du vol et du recel.

Jurisprudence

La jurisprudence considère depuis longtemps qu'il est impossible de retenir à la fois, à l'encontre du même individu, les faits de vol et de recel de la chose volée, parce que le fait d'avoir la chose entre les mains, s'il caractérise normalement l'élément matériel du recel, est la suite naturelle du vol *(Cass. crim., 6 juin 1979, n° 79-90.374)*.

II. Les solutions apportées aux concours de qualifications

Lorsque le fait unique est bien susceptible d'une pluralité de qualifications parce qu'il correspond à la définition de plusieurs infractions distinctement incriminées, l'on se trouve en présence d'un « concours idéal » de qualifications ou d'infractions. **La difficulté devient alors celle de savoir s'il est possible de retenir les différentes infractions commises en même temps par l'auteur d'un seul fait**.

> **Attention** Cette question se distingue de celle du concours réel d'infractions, qui fait l'objet de plusieurs articles du Code pénal *(C. pén., art. 132-2 à 132-7)* et qui se définit comme l'hypothèse où une infraction est commise par une personne avant que celle-ci ait été définitivement condamnée pour une autre infraction (V. Fiche n° 40). Ici, la personne est poursuivie pour des faits multiples qui ont été commis à des moments différents, plus ou moins éloignés dans le temps, alors que la situation du concours de qualifications correspond au cas où un fait unique tombe sous le coup de plusieurs textes.

Il faut encore préciser quels sont les intérêts de retenir éventuellement plusieurs infractions pour un seul fait. Si l'on retient la culpabilité de l'agent pour plusieurs infractions, on appliquera le régime du concours réel d'infractions, lequel permet, dans une certaine mesure, de cumuler les peines. Par ailleurs, si l'on imagine qu'une des infractions vient à être amnistiée, ce qui constitue une cause d'extinction de la peine, celle-ci pourra continuer à s'appliquer en raison de la déclaration de culpabilité du chef de l'autre infraction. Enfin, retenir plusieurs infractions permet, pour l'avenir, de retenir la circonstance aggravante de récidive, si l'auteur des faits remplit les conditions de celle-ci.

En matière de concours de qualifications, il existe un principe de solution et une exception, tous les deux étant des constructions jurisprudentielles, comportant une certaine fragilité. **Le principe, en présence d'un fait unique susceptible de plusieurs qualifications, est de ne retenir qu'une infraction, celle qui correspond à la plus haute acception ou expression pénale.** Cette dernière expression signifie qu'en principe, c'est l'infraction qui encourt les peines les plus élevées qui devra être retenue par le juge et si les deux textes prévoient des peines similaires, il faut retenir la qualification la plus adéquate, la mieux adaptée aux circonstances.

Jurisprudence

La Cour de cassation considère, par exemple, qu'une agression sexuelle commise dans un lieu public et pouvant donc être qualifiée également d'exhibition sexuelle, faits tombant sous le coup de deux textes différents, ne doit recevoir qu'une seule qualification, celle d'attentat à la pudeur, plus sévèrement réprimée *(Cass. crim., 13 janv. 1953, Bull. crim. n° 12).*

La solution peut être fondée sur le principe « *non bis in idem* » qui interdit de poursuivre de nouveau une personne qui a déjà été jugée une première fois.

Jurisprudence

Ainsi, la Cour de cassation a récemment affirmé que **« les faits qui procèdent de manière indissociable d'une action unique caractérisée par une seule intention coupable ne peuvent donner lieu, contre le prévenu, à deux déclarations de culpabilité de nature pénale, fussent-elles concomitantes »** *(Cass. crim., 24 janv. 2018, n° 16-83.045).* Elle a donc censuré la condamnation d'une personne des chefs de violences, menaces de mort réitérées, dénonciation mensongère, appels téléphoniques malveillants, atteinte à la représentation de la personne, faux et usage, au motif que toutes ces infractions relevaient de la même intention coupable, s'agissant d'une affaire de vengeance consécutive à une rupture sentimentale *(V. égal. Cass. crim., 7 déc. 2016, n° 15-87.335 – Cass. crim., 26 oct. 2016, n° 15-84.552).*

Pourtant, **il existe des cas dans lesquels la Cour de cassation retient les deux infractions cumulativement**.

Jurisprudence

Elle l'a fait la première fois dans un célèbre arrêt du 3 mars 1960 *(Cass. crim., 3 mars 1960, Bull. crim. n° 138)*, au sujet d'un acte consistant dans le jet d'une grenade dans un café, qui avait causé des dégâts matériels et des blessures aux clients. L'auteur de ce geste fut poursuivi à la fois pour tentative de destruction d'un édifice par explosif et tentative d'assassinat.

La Cour de cassation a admis ce cumul de qualifications en se fondant sur **deux critères** : le premier est celui des **intentions différentes** animant l'auteur des faits, c'est-à-dire l'intention de détruire un édifice et celle de tuer ses occupants. Le second critère réside dans ce que la doctrine a désigné par la suite comme celui de la **différence des valeurs sociales en présence**. En effet la chambre criminelle a affirmé que les deux incriminations protégeaient des intérêts différents : la propriété et la vie. Le même fait ayant porté atteinte à ces deux intérêts devait donc être qualifié comme deux infractions différentes.

Jurisprudence

Ce raisonnement a été retenu ultérieurement avec une motivation similaire, par exemple, pour une prise d'otages au cours d'un détournement d'avion, ce fait étant qualifié de détournement d'aéronef et de prise d'otages sous condition avec menace de mort *(Cass. crim., 22 nov. 1983, n° 83-93.975)*. Plus récemment, la Cour de cassation a rendu une série d'arrêts dans lesquels elle renouvelle quelque peu sa position en affirmant que *« des faits qui procèdent de manière indissociable d'une action unique caractérisée par une seule intention coupable ne peuvent donner lieu, contre le même prévenu, à deux déclarations de culpabilité de nature pénale, fussent-elles concomitantes » (Cass. crim., 26 oct. 2016, n° 15-84.552 – Cass. crim., 23 janv. 2018, n° 17-81.373 et 17-81.377 – Cass. crim., 21 nov. 2018, n° 17-81.101)*. On peut constater que **le critère des valeurs sociales distinctes a été abandonné** et que la chambre criminelle invite les juges à se demander si les actes réalisés constituaient ou non une « action unique », auquel cas une seule qualification doit être retenue.

Par exemple, le prévenu ne peut être condamné à la fois pour détention frauduleuse de faux document administratif et usage de faux document administratif dès lors que les faits poursuivis constituaient une action unique et ne procédaient pas d'une intention coupable distincte, le fait de présenter aux policiers, lors d'un contrôle routier, un certificat d'immatriculation et une vignette de contrôle technique falsifiés incluant le fait de détenir ces mêmes documents *(Cass. crim., 21 nov. 2018 précité)*. De même, un prévenu ne peut être condamné simultanément des chefs d'escroquerie et de faux et usage de faux dès lors que ces derniers actes constituaient les manœuvres frauduleuses de l'escroquerie *(Cass. crim., 25 oct. 2017, n° 16-84.133)*.

Les **problèmes posés par cette jurisprudence** sont assez épineux. D'une part, le critère de la différence des intentions, s'il paraît facile à mettre en œuvre n'est évidemment applicable qu'en présence d'un comportement intentionnel.

Jurisprudence

Ainsi, la jurisprudence a toujours admis le cumul entre une contravention au Code de la route et le délit de blessures par imprudence résultant de l'accident provoqué par l'automobiliste ayant commis la contravention *(Cass. crim., 8 mars 1972, n° 71-90.058)*.

Pourtant, il s'agit du même fait, au moins en partie, c'est-à-dire que, pour caractériser les blessures involontaires, il faut prendre en considération l'acte qui les a causées, à savoir la contravention au Code de la route. Logiquement, on ne devrait retenir que les blessures involontaires.

Jurisprudence

D'autre part, la Cour de cassation considère qu'une faute pénale d'imprudence unique qui cause plusieurs dommages différents, ce qui permet de caractériser plusieurs infractions (blessures et homicide involontaires), ne doit être sanctionnée que d'une seule peine *(Cass. crim., 5 nov. 2013, n° 12-85.380)*. Enfin, la jurisprudence la plus récente, fondée sur la notion d'action unique peut aboutir, comme par le passé, à des solutions difficilement compréhensibles et qui dépendent de la définition de « l'action unique », adoptée par les juges. Ainsi, dans une affaire, a été admis le cumul entre l'association de malfaiteurs et le trafic de stupéfiants dans le cas d'un individu ayant acheté un voilier afin d'importer et de transporter des produits stupéfiants *(Cass. crim., 17 janv. 2018, n° 16-84.163)* alors que, dans une autre, la Cour de cassation a refusé le cumul entre l'association de malfaiteurs et le proxénétisme aggravé au motif que les faits pris en compte au titre des deux délits formaient une action unique *(Cass. crim., 9 mai 2018, n° 17-86.448)*. Les solutions restent donc largement tributaires de l'appréciation souveraine, et plus ou moins arbitraire, des juges du fond.

⏭ POUR ALLER PLUS LOIN...

– J. PRADEL et A. VARINARD, Les grands arrêts du droit pénal général, n° 19

– A. DEKEUWER, La classification des concours de qualification, RSC 1974, p. 551

– P. SERLOOTEN, Les qualifications multiples, RSC 1973, p. 45

SOUS-TITRE 1
LA MATÉRIALITÉ DE L'INFRACTION

L'intervention du droit pénal suppose nécessairement la manifestation extérieure d'une faute, quelle que soit la nature de cette dernière. L'on a coutume de dire que la simple pensée criminelle n'est pas punissable, si elle ne s'extériorise pas par des actes. Cependant, il n'est pas toujours indispensable que l'agent parvienne à son but pour que l'infraction puisse être réprimée. Il s'avère donc que l'infraction peut être soit consommée soit seulement tentée.

Fiche n° 9 L'infraction consommée

⏭ L'ESSENTIEL

L'infraction est consommée lorsque les faits correspondent exactement à l'action qui est incriminée par le texte définissant l'infraction. Il existe plusieurs distinctions en fonction de la manière dont l'infraction se consomme.

La première distinction est celle entre les infractions de résultat et les infractions formelles. Les premières se consomment par l'obtention d'un résultat alors que les infractions formelles se consomment indépendamment d'un résultat. La deuxième distinction oppose les infractions se consommant par un acte positif et celles se consommant par une inaction ou une omission.

Le problème se subdivise lui-même en deux questions distinctes, celle de la commission par omission et celle des délits incriminant des abstentions.

La troisième distinction est celle entre infractions instantanées et infractions continues. L'infraction instantanée se consomme par un acte s'accomplissant en un seul trait de temps alors que l'infraction continue se consomme sur une certaine durée. L'infraction est continue si ses éléments matériel et intellectuel se prolongent dans le temps.

La dernière distinction est celle entre les infractions simples qui se consomment par un acte unique et les infractions complexes, se consommant par une pluralité d'actes différents, comme dans l'escroquerie, et les infractions d'habitude, se consommant par la répétition d'actes de même nature comme dans le cas de l'exercice illégal de certaines professions.

⏭ LES CONNAISSANCES

La consommation de l'infraction exige une correspondance exacte entre les faits qui ont été commis et ceux qui sont incriminés par un texte. En d'autres termes, **la consommation suppose la réunion de toutes les conditions légales prévues par le législateur pour chaque infraction qu'il définit et réprime, l'infraction étant donc entièrement accomplie**. En effet, le législateur décrit toujours des infractions entièrement réalisées, donc consommées. C'est précisément si l'infraction n'est pas réalisée totalement qu'on peut se demander si elle peut néanmoins être punie par application de la théorie de la tentative.

La consommation de l'infraction prend différentes formes et il convient donc de distinguer plusieurs modes de consommation. Ceci permet déjà de faire une série de distinctions entre les infractions, fondées sur leur mode de consommation.

§1 La consommation matérielle et la consommation formelle

Il existe une première **distinction doctrinale importante, fondée sur le mode consommation, entre les infractions matérielles et les infractions formelles**. On définit habituellement **l'infraction matérielle ou de résultat** comme celle qui **se consomme par l'obtention d'un certain résultat, consécutif aux agissements de l'agent.** Par exemple, le meurtre est une infraction matérielle parce qu'il n'est consommé que si la victime décède à la suite des actes accomplis par l'agent. À l'opposé, existent des infractions dont la consommation est formelle, c'est-à-dire qu'elles n'exigent pas la réalisation d'un résultat pour être parfaitement réalisée. **L'infraction formelle se consomme donc indépendamment d'un résultat**, c'est-à-dire qu'elle est consommée que le résultat se réalise ou non, ou lorsqu'un autre résultat que celui qui était prévisible ou attendu se réalise. L'exemple le plus célèbre est celui du crime d'empoisonnement, qui consiste à administrer des substances de nature à donner la mort, peu important que la victime décède ou non après cette administration. Ainsi, si la victime reçoit un antidote, elle ne décèdera pas mais l'empoisonnement sera néanmoins consommé.

Le critère retenu consiste donc dans la notion de résultat, ce dernier étant nécessaire à la consommation dans un cas, et pas dans l'autre. Il faut cependant observer que cette notion de résultat demeure assez obscure et qu'elle doit être précisée, même s'il existe presque autant de conceptions que d'auteurs. Le problème provient du fait que le terme n'est pas expressément utilisé par le législateur.

On peut considérer que **le résultat consiste dans une atteinte à un intérêt pénalement protégé, qui est l'effet ou la conséquence des actes d'exécution de l'infraction, le résultat étant exigé ou non par le texte d'incrimination.** Ainsi dans le meurtre, la mort de la victime constitue une atteinte à la vie, intérêt pénalement protégé, c'est-à-dire pris en compte par le législateur pénal, et cette atteinte est l'effet des actes d'exécution accomplis par le meurtrier, comme par exemple des coups de feu ou une strangulation.

Il est nécessaire de préciser encore que le résultat peut prendre deux formes différentes, selon la nature de l'intérêt pénalement protégé. En effet, il arrive que le résultat prenne une forme concrète, c'est-à-dire directement perceptible par les sens, alors que, parfois, l'atteinte constitutive du résultat est abstraite. Ainsi, dans le cas de l'homicide intentionnel ou non, des violences intentionnelles ou non, du vol ou de l'escroquerie, les actes de l'agent provoquent un résultat qui est parfaitement concret, tangible. L'atteinte à la vie, les atteintes à l'intégrité physique, l'atteinte à la propriété sont toutes concrètes, perceptibles sans difficulté. Il n'en va pas de même de nombreuses autres infractions telles que la diffamation, l'injure, la dénonciation calomnieuse ou le faux témoignage. Dans ces autres exemples, le résultat des actes de l'agent n'est pas perceptible parce que l'intérêt protégé est lui-même abstrait par nature. Le cas de la diffamation se révèle particulièrement clair puisque le législateur exige dans le texte d'incrimination que les imputations diffamatoires portent atteinte à l'honneur ou à la considération de la victime. On peut donc en déduire qu'il existe des infractions de résultat concret et des infractions de résultat abstrait.

Les auteurs affirment en général que la majorité des infractions pénales sont de résultat ou matérielles et que les infractions formelles sont peu nombreuses. On peut citer comme exemple d'infractions formelles, l'empoisonnement *(C. pén., art. 221-5)*, la corruption *(C. pén., art. 433-1 et s., 432-11 et s., 434-9)* et ses formes dérivées telles que le trafic d'influence, l'attentat contre les institutions de la République *(C. pén., art. 412-1)* ou encore le harcèlement téléphonique *(C. pén., art. 222-16)*. Ce qui caractérise l'infraction formelle, selon la doctrine, c'est l'absence de résultat exigé pour la consommation. En réalité, il est possible de préciser sensiblement cette définition en observant que l'infraction formelle correspond à un schéma d'incrimination particulier qui s'identifie à celui de la tentative. Si l'on prend le cas de l'empoisonnement, ce qui est incriminé, c'est la seule administration du poison, c'est-à-dire un acte d'exécution, lequel est dirigé vers la recherche d'un but qui est la mort de la victime, ce but n'étant pas un élément constitutif de l'infraction nécessaire à sa consommation. En définitive, l'empoisonnement n'est rien d'autre qu'une tentative de meurtre érigée en infraction autonome. Ainsi, **on peut définir l'infraction formelle comme une tentative érigée en infraction consommée**. Si l'on prend l'exemple de la corruption, le schéma se vérifie aisément car, dans le cas de la corruption active, le particulier cherche à obtenir du fonctionnaire, en le rémunérant, un acte de sa fonction, favorable à l'auteur. Qu'il l'obtienne ou non, l'infraction sera consommée, quand bien même le fonctionnaire refuserait d'agir et n'accepterait pas le « cadeau » qu'on cherche à lui faire. Il s'agit donc d'une tentative d'obtention d'un acte de la fonction réprimée en elle-même.

Le législateur prévoit parfois l'incrimination de la tentative d'une infraction formelle, notamment lorsqu'il s'agit d'un crime comme l'empoisonnement. On parle alors **d'attentat** et ce type d'infraction consiste finalement à réprimer une tentative érigée en infraction consommée, elle-même susceptible d'être tentée. Un tel procédé d'incrimination est particulièrement répressif puisqu'il permet d'appréhender très tôt les actes criminels, bien avant qu'ils causent une atteinte, et au stade de ce qui serait des actes préparatoires si l'infraction se consommait par un résultat.

Jurisprudence

Par exemple, le fait de préparer un breuvage empoisonné est considéré par la jurisprudence comme une tentative punissable d'empoisonnement *(Cass. crim., 5 févr. 1958)* alors que le fait de charger une arme avant de s'en servir pour tirer sur une victime n'est encore qu'un acte préparatoire du meurtre, non punissable (V. Fiches n° 10 et n° 49).

On trouve **un autre exemple d'attentat dans le Code pénal avec le crime d'eugénisme,** défini par l'article 214-1 comme *« le fait de mettre en œuvre une pratique eugénique tendant à l'organisation de la sélection des personnes »* (V. Fiche n° 47). Il s'agit de réprimer uniquement des actes tendant vers un résultat, sans attendre que ce dernier soit réalisé et la tentative est punissable, s'agissant d'un crime.

Enfin, certains auteurs désignent encore une autre catégorie d'infractions, qui serait proche de celle d'infraction formelle, **les délits-obstacles**. Ces infractions **seraient l'incrimination de comportements dangereux, réprimés en eux-mêmes pour prévenir d'autres infractions plus graves**. Tel serait le cas de la conduite sous l'empire d'un état alcoolique ou en état d'ivresse ou le port d'armes prohibé. À dire vrai cette catégorie présente des contours particulièrement flous, les auteurs ne s'accordant pas sur le critère caractérisant ces délits.

§2 La consommation par une action ou par une omission

Au strict point de vue matériel, un comportement infractionnel ne peut se manifester que de deux manières différentes : soit par des actes positifs, soit par des omissions ou abstentions. La question de l'omission en droit pénal pose un certain nombre de difficultés parce qu'elle se subdivise en deux problèmes distincts, celui de la commission par omission et celui de l'incrimination autonome d'infractions d'omission.

I. La commission par omission

Cette première question se pose de la manière suivante : **face à un texte d'incrimination qui définit une infraction, peut-on considérer que cette dernière se consomme indifféremment par une action ou une omission** ? Par exemple, le Code pénal définit le vol comme la soustraction volontaire de la chose d'autrui. Est-ce que le terme « soustraction » signifie forcément « acte positif consistant à dérober la chose » ou est-ce que, dans certains cas, la soustraction ne pourrait pas se faire par une abstention, c'est-à-dire par la non-restitution de la chose remise préalablement ?

Les juges répressifs ont très tôt été confrontés à ces **problèmes qui relèvent de l'interprétation des termes utilisés par le législateur**. Il n'existe pas de position de principe dans la jurisprudence de la Cour de cassation ni de texte au sein du Code pénal, permettant de résoudre la difficulté. En revanche, on continue de se référer à un célèbre **arrêt de la Cour d'appel de Poitiers du 20 novembre 1901** (D. 1902, p. 81), arrêt dit de la **« séquestrée de Poitiers »**, dans lequel il s'agissait de savoir s'il était possible de punir des personnes qui avaient laissé sans soins et dans une situation sanitaire déplorable une personne aliénée mentale. À l'époque, faute d'incrimination de l'abstention de porter secours à personne en danger, le seul texte applicable était celui qui punit les violences intentionnelles. Or la cour d'appel a jugé qu'il ne pouvait y avoir de délit de violence sans violences, c'est-à-dire sans actes positifs comme des coups. Par conséquent, elle a relaxé le prévenu poursuivi pour complicité de violences et la doctrine en a déduit un **principe selon lequel il ne peut y avoir de commission par omission sauf lorsque le législateur prévoit spécialement l'équivalence entre l'acte positif et l'abstention**, autrement dit lorsqu'il utilise un terme suffisamment vague pour désigner indistinctement un acte positif ou une abstention.

À titre d'exemple, il a toujours été admis que l'homicide par imprudence ou négligence pouvait se consommer indifféremment par des actes positifs ou des omissions, la négligence consistant précisément à ne pas avoir fait ce que l'on aurait dû faire dans les circonstances données.

Jurisprudence

Cependant, une étude approfondie de la jurisprudence sur cette question peut conduire à remettre en cause l'idée selon laquelle la commission par omission serait seulement exceptionnelle. Il faut remarquer en effet que la jurisprudence, au cas par cas, admet assez souvent qu'une infraction puisse se consommer par une omission. C'est le cas du vol *(Cass. crim., 8 févr. 1993, n° 91-86.622 : refus de restitution d'objets détenus à titre précaire)* et du faux en écritures *(Cass. crim., 25 janv. 1982, n° 80-95.166)*, de l'abus de confiance *(Cass. crim., 2 mars 1994, n° 93-82.232, refus par un garagiste de restituer un véhicule volé qui avait été déposé dans son garage)* et même de l'outrage à agent de la force publique *(Cass. crim., 14 nov. 1989, n° 88-83.999)*. En définitive, il est possible de se demander s'il ne faut pas renverser la perspective habituelle et considérer que la consommation par une omission est possible sauf lorsque le texte d'incrimination l'interdit, c'est-à-dire lorsqu'il incrimine incontestablement des actes positifs. Un tel renversement présenterait l'avantage de correspondre à la jurisprudence même si elle est susceptible de remettre en question des affirmations traditionnelles.

Quoi qu'il en soit, **la commission par omission n'est admise que lorsque le législateur utilise, pour décrire l'acte matériel, des termes qui permettent d'englober à la fois les actions et les omissions.** Le problème consiste donc pour le juge à interpréter la loi d'incrimination, pour déterminer le sens précis du texte.

Cependant, le législateur a lui-même la faculté d'incriminer explicitement l'omission ou l'abstention.

II. Les délits d'omission

Pendant très longtemps, le droit pénal s'est montré méfiant envers la répression de simples omissions en vertu du principe selon lequel l'incrimination d'infractions consistant à accomplir un acte positif limite moins la liberté individuelle que l'incrimination d'abstentions. En effet, incriminer une omission consiste à obliger le justiciable à accomplir un acte déterminé. Ainsi, l'existence du délit d'abstention de porter secours a pour conséquence d'obliger les individus qui sont témoins d'un péril subi par une personne à porter assistance à cette dernière.

Une des premières incriminations d'un délit d'omission est issue d'une loi du 19 avril 1898 qui a créé l'infraction de privation de soins ou d'aliments à enfants par ascendant *(C. pén., art. 227-15 et 227-16)*, l'objectif étant de lutter contre la maltraitance des mineurs par leurs parents. Ensuite, c'est une ordonnance [n° 45-1391] du 25 juin 1945 qui est à l'origine d'une série de délits d'omission qui sont l'abstention de porter secours à une personne en péril *(C. pén., art. 223-6, al. 2)*, la non-dénonciation de crime à l'autorité judiciaire *(C. pén., art. 434-1 et 434-2)*, le non-obstacle à la commission d'un crime ou d'un délit contre l'intégrité physique *(C. pén., art. 223-6, al. 1)* et l'omission de témoigner en faveur d'un innocent *(C. pén., art. 434-11)*. Par la suite, les délits d'omission se sont multipliés et le Code pénal incrimine notamment l'abstention de combattre un sinistre dangereux pour la sécurité des personnes *(C. pén., art. 223-7)* et la non-représentation d'enfant *(C. pén., art. 227-5)*.

En définitive, **ce qui caractérise les délits d'omission, c'est le fait que leur élément matériel consiste dans une inaction ou plus exactement consiste à ne pas faire ce que la loi pénale prescrit.** En effet, l'abstention se manifeste en pratique le plus souvent par une action positive, comme le fait de s'éloigner du lieu où une personne est en train de se noyer. Pourtant, juridiquement, c'est cette action qui constitue ou du moins qui manifeste extérieurement l'abstention punissable.

On peut également noter que **ces délits sont consommés en général par la seule abstention, indépendamment de ses éventuelles conséquences**. Par exemple, si le spectateur d'une noyade n'a rien fait pour secourir la personne en péril mais qu'une autre lui a prêté assistance, le premier n'en reste pas moins coupable du délit d'abstention de porter secours. Inversement si la personne en péril décède, le spectateur inactif reste coupable du seul délit et non pas d'un meurtre. C'est bien l'abstention qui est incriminée pour elle-même.

§3 La consommation instantanée ou continue

La distinction entre infraction instantanée et continue s'avère très importante en pratique en raison de ses conséquences. Cette **distinction repose sur la durée de la consommation : l'infraction instantanée est celle qui se consomme en un seul trait de temps alors que l'infraction continue se consomme sur une certaine durée par la réitération constante de la volonté criminelle.** La plupart des infractions sont instantanées, comme le meurtre, le vol, les violences intentionnelles ou non. Plus rares sont les infractions continues mais l'on peut citer le recel par détention et la séquestration arbitraire. Si l'on raisonne sur le recel de choses volées *(C. pén., art. 321-1)*, l'infraction commence à se consommer au moment où le receleur entre en possession des choses et elle s'achève lorsqu'il se dessaisit de ces choses. Il en va de même de la séquestration arbitraire qui dure tant que la victime n'est pas libérée *(C. pén., art. 224-1)*.

Si l'on ajoute que la volonté coupable de l'agent doit se poursuivre pendant le temps de la consommation, c'est pour éviter de confondre l'infraction continue avec ce que certains auteurs appellent l'infraction permanente. Celle-ci consiste en une infraction instantanée ou continue dont les effets se poursuivent dans le temps, sans que l'agent ait besoin de réitérer sa volonté coupable. On peut prendre comme exemple la construction sans permis de construire *(C. urb., art. L. 480-4)*. Il s'agit d'une infraction continue car le texte incrimine le fait de construire, ce qui se prolonge nécessairement dans le temps, mais lorsque le bâtiment est édifié, la construction reste en place. Or, le fait pénalement réprimé est celui de construire sans autorisation et non de maintenir en place une construction irrégulière. Autrement dit, le délit de construction sans permis finit de se consommer lorsque la construction est terminée. Il s'agit donc d'une infraction continue car il faut un certain temps pour construire mais dès que la construction est achevée, le délit cesse de se consommer. En définitive, la doctrine majoritaire considère que la notion d'infraction permanente ne présente pas réellement d'intérêt.

Il est important de bien noter que **le critère de la distinction entre infraction instantanée et continue se trouve dans la notion de consommation**. En effet, il est fréquent que l'on décrive l'infraction instantanée comme celle qui « s'exécute en un trait de temps ». Cette définition est inexacte parce que **la durée de l'exécution**, c'est-à-dire des actes devant conduire à la consommation, **est totalement indifférente à la qualification d'infraction instantanée ou continue**. Par exemple, un cambriolage peut s'exécuter pendant un certain temps sans que le vol devienne pour autant une infraction continue. De la même manière, un assassin peut torturer sa victime pendant un certain temps avant de lui donner la mort mais l'homicide n'est consommé que lorsque la victime décède, la durée de l'exécution n'ayant juridiquement aucune importance.

Il est des hypothèses où la qualification d'infraction instantanée ou continue pose des difficultés. Par exemple, le vol d'énergie électrique au moyen d'un branchement frauduleux sur un compteur EDF constitue-t-il un délit instantané ou continu ? En l'occurrence, l'élément matériel tout comme l'intention coupable de l'agent se poursuivent dans le temps mais le vol est pourtant, en principe, une infraction instantanée. La tendance de la jurisprudence est d'assimiler ces hypothèses à l'infraction continue et l'on parle alors d'« infraction continuée ».

Les intérêts de la distinction entre infraction instantanée et infraction continue sont très importants. En premier lieu, les incidences sont d'ordre procédural. En principe, le **point de départ de la prescription de l'action publique** se situe au moment de la consommation des infractions. Cette règle est valable pour les infractions instantanées mais en revanche, ce point de départ est reporté, pour une infraction continue, au moment où a cessé l'état délictuel, c'est-à-dire la consommation de l'infraction.

Jurisprudence

Dans le cas du recel, la prescription ne commence à courir que lorsque le receleur se dessaisit des choses *(Cass. crim., 28 mars 1996, n° 95-80.395)*. De même, pour la construction sans permis, la prescription ne commence que lorsque la construction est achevée *(Cass. crim., 20 mai 1992, n° 90-87.350)*.

Toujours sur le plan procédural, la **juridiction pénale compétente** pour juger une infraction est en principe celle du lieu de commission de l'infraction *(CPP, art. 382, pour le tribunal correctionnel)*. S'agissant des infractions continues, il est possible que la consommation se soit déroulée en des endroits différents et il s'ensuit que plusieurs tribunaux peuvent être simultanément compétents. Il faut encore noter que le déclenchement d'une enquête de police de flagrance suppose que l'infraction soit en train de se commettre ou vienne de se commettre *(CPP, art. 53)*. La jurisprudence considère que si l'infraction est continue, elle est en train de se commettre et l'enquête de flagrance est donc toujours possible.

En second lieu, sur le plan du droit pénal, l'intérêt de la distinction se situe notamment en matière de **conflit de lois dans le temps**. Une loi nouvelle plus sévère ne pouvant s'appliquer qu'aux faits commis après son entrée en vigueur, lorsqu'une infraction a commencé à se consommer sous l'empire de la loi ancienne mais continue de se consommer après l'entrée en vigueur de la loi nouvelle plus sévère, c'est la loi nouvelle qui s'applique parce que les faits ont été également commis après cette entrée en vigueur.

§4 La consommation par un acte ou par une pluralité d'actes

La dernière distinction entre les infractions fondée sur le mode de consommation est relative au nombre d'actes matériels nécessaires pour que l'infraction soit consommée. Il existe à ce titre trois types d'infractions : les **infractions simples, complexes et d'habitude**.

L'infraction simple se consomme par un seul acte, autrement dit l'élément matériel tel qu'il est décrit par le texte d'incrimination, est unique. C'est le cas du vol, défini par le législateur comme la soustraction frauduleuse de la chose d'autrui ou du meurtre décrit comme le fait de donner la mort.

L'infraction complexe suppose la réalisation d'actes matériels différents qui doivent être cumulativement réalisés par l'agent pour que l'infraction soit consommée. Par exemple l'escroquerie suppose, selon l'article 313-1 du Code pénal l'usage d'un faux nom ou d'une fausse qualité ou l'abus d'une qualité vraie ou l'emploi de manœuvres frauduleuses pour tromper une personne et la déterminer à remettre des fonds, des valeurs ou un bien quelconque, à fournir un service ou à consentir un acte opérant obligation ou décharge. Il faut donc deux éléments matériels distincts, à savoir la mise en œuvre de moyens conduisant à un résultat qui est la remise. On peut citer, comme autre exemple, le viol qui suppose un acte de pénétration sexuelle commis par violence, contrainte, menace ou surprise *(C. pén., art. 222-23)*.

L'infraction d'habitude présente une autre particularité. Elle **se consomme par plusieurs actes de même nature dont seule la répétition est punissable.** Ainsi l'exercice illégal de la médecine *(CSP, art. L. 4161-1)* ou de la profession de banquier *(CMF, art. L. 511-5 et L. 571-3)* est consommé par le fait que la personne pratique habituellement des actes médicaux ou de banque. On peut citer également le délit d'appels téléphoniques malveillants qui suppose des « appels réitérés » *(C. pén., art. 222-16)*.

Les infractions complexes ou d'habitude peuvent se commettre en des endroits différents puisqu'elles exigent des actes multiples. Par conséquent, plusieurs tribunaux sont susceptibles d'être territorialement compétents. Par ailleurs, la prescription de l'action publique ne commence à courir que lorsque l'infraction complexe ou l'infraction d'habitude est consommée c'est-à-dire après l'accomplissement de tous les actes exigés par les textes d'incrimination.

⏭ POUR ALLER PLUS LOIN…

- D. MAYER, Plaidoyer pour la réhabilitation de la notion d'infraction permanente, D. 1979, chron. p. 23 ; La « charité mesurée » de l'article 63 al. 2 du Code pénal, JCP 1977, I, 2851
- J.-Y. MARÉCHAL, La place du résultat dans la matérialité de l'infraction *in* Faut-il rethéoriser le droit pénal ? LexisNexis 2017, p. 59 s.
- A. PROTHAIS, Plaidoyer pour le maintien de l'incrimination spéciale d'empoisonnement, D. 1982, chron. p. 107
- J. PRADEL et A. VARINARD, Les grands arrêts du droit pénal général, n° 28 et n° 29

Fiche n° 10 L'infraction tentée

⏭ L'ESSENTIEL

Le Code pénal incrimine la tentative en distinguant deux situations : la tentative interrompue et la tentative manquée. Un autre cas s'est présenté en jurisprudence, celui de la tentative d'infraction impossible.

La tentative interrompue suppose une intention de commettre l'infraction ainsi qu'un commencement d'exécution suivi d'une interruption pour des raisons indépendantes de la volonté de l'agent. La tentative manquée se distingue de la tentative interrompue par le fait que l'agent n'a pas réalisé seulement un commencement d'exécution mais tous les actes d'exécution, seule la consommation ayant fait défaut.

L'infraction impossible se rencontre dans les cas où, dès le départ, l'agent ne pourra parvenir à réaliser son dessein criminel, parce qu'une condition juridique de l'infraction fait défaut.
Cette situation est punissable au titre de la tentative si les conditions de celle-ci sont réunies.

⏭ LES CONNAISSANCES

La tentative consiste dans l'incrimination d'une activité infractionnelle qui n'est pas parvenue à son but, qui est restée inachevée. Le fondement de la tentative est l'intention de l'auteur qui s'est manifestée par des actes extérieurs proches de la consommation. Il faut d'abord étudier ce qu'est la tentative et dans quels cas elle est incriminée avant de voir comment le Code pénal la réprime.

§1 L'incrimination de la tentative

> (C. pén., art. 121-5)
> L'article 121-5 du Code pénal dispose que « *la tentative est constituée dès lors que, manifestée par un commencement d'exécution, elle n'a été suspendue ou n'a manqué son effet qu'en raison de circonstances indépendantes de la volonté de son auteur* »

Ce texte distingue deux hypothèses différentes : la tentative proprement dite, c'est-à-dire la tentative interrompue et la tentative qui a échoué ou tentative manquée.

En doctrine et en jurisprudence est apparue une troisième hypothèse originale, celle de l'infraction dite impossible.

I. La tentative proprement dite ou tentative interrompue

La doctrine a l'habitude de décrire un schéma théorique de déroulement de l'infraction, appelé *iter criminis* ou chemin du crime. Au premier stade de ce parcours se trouvent la pensée criminelle et la résolution de commettre une infraction. D'ordre psychologique, cette première phase échappe au droit pénal, sauf dans le cas où elle s'extériorise par des actes et si le législateur a prévu une infraction spéciale. Ainsi, les menaces de mort contre une personne constituent une infraction particulière parce qu'elles se manifestent extérieurement *(C. pén., art. 222-17 s.)*. Le deuxième stade est celui de la préparation de l'infraction. Ici encore le droit pénal n'intervient pas, en principe, les actes présentant souvent un caractère équivoque. Il existe cependant des exceptions lorsque la préparation s'est concrétisée par des actes matériels précis. C'est alors que trouvent à s'appliquer le texte réprimant l'association de malfaiteurs, par exemple, ou ceux punissant le trafic d'armes ou d'explosifs.

Ce n'est donc que lorsque l'agent « passe à l'acte », c'est-à-dire lorsqu'il commence à exécuter l'infraction que la tentative pourra être caractérisée. Selon le Code pénal, en effet, il faut, pour constituer la tentative, que l'agent ait commencé à exécuter l'infraction et qu'il ait été interrompu par des circonstances indépendantes de sa volonté. On notera que le texte, qui a repris celui de 1810, parle de « suspension », ce qui est juridiquement inexact. En effet, en droit, la suspension suppose que l'action peut reprendre, ce qui n'est évidemment pas le cas de la tentative. Le terme exact est donc celui d'interruption.

Il convient d'analyser les deux conditions cumulatives de la tentative.

A Le commencement d'exécution

Le Code pénal ne définissant pas la notion de commencement d'exécution, c'est à la doctrine et à la jurisprudence qu'est revenue la charge de le faire.

La doctrine a proposé deux conceptions très tranchées du commencement d'exécution. Une première, qualifiée d'objective, a considéré qu'il n'y avait commencement d'exécution qu'en présence d'un acte commençant l'élément matériel de l'infraction. Cette conception, restrictive, présentait naturellement l'inconvénient de ne permettre de réprimer que très tardivement.

À l'opposé, la théorie subjective proposait de voir un commencement d'exécution dès que l'intention de l'auteur des faits était suffisamment extériorisée et était irrévocable, quel que soit le stade matériel d'accomplissement de l'infraction. Cette deuxième conception avait le défaut inverse de permettre de réprimer trop tôt sur le chemin du crime. En revanche, elle avait l'avantage de mettre l'accent sur une donnée fondamentale de la tentative, l'intention. Celle-ci est une forme de culpabilité qui consiste à vouloir réaliser une infraction en connaissance de cause, en sachant que c'est une infraction (V. Fiche n° 11). Intention et tentative sont donc étroitement liées en ce sens que ces deux notions traduisent un effort de la volonté porté vers la réalisation d'un acte interdit par la loi pénale.

La jurisprudence n'a pris position en faveur d'aucune de ces deux théories mais a choisi une position intermédiaire. La Cour de cassation a proposé plusieurs formules pour définir le commencement d'exécution. On peut en retenir deux qui paraissent significatives des critères retenus par la chambre criminelle.

Jurisprudence

Dans un arrêt de 1970 *(Cass. crim., 29 déc. 1970, n° 70-90.981)*, la chambre criminelle affirmait que **le commencement d'exécution est caractérisé par des actes qui tendent directement au délit avec intention de le commettre**. Dans deux arrêts de 1962 *(Cass. crim., 25 oct. 1962, Bull. crim. n° 292 et 293, affaires Lacour et Benamar)*, elle a énoncé que « **le commencement d'exécution n'est caractérisé que par des actes devant avoir pour conséquence directe et immédiate de consommer le crime, celui-ci étant entré dans sa période d'exécution** ».

Dans la première affaire, dite des Magasins du Louvre, des individus étaient sur le point de s'attaquer à des convoyeurs de fonds et en avaient été empêchés par la police qui les surveillait de longue date. Les malfaiteurs, poursuivis pour tentative de vol aggravé, soutenaient qu'il n'y avait encore à ce stade que des actes préparatoires impunissables et non des actes d'exécution. La Cour de cassation rejeta cette argumentation.

Dans les affaires de 1962, l'hypothèse était très différente. Des personnes avaient recouru au service d'hommes de main afin de faire assassiner leurs victimes. Or ces exécutants n'étant jamais passés à l'acte, la question se posait de savoir si les donneurs d'ordre, autrement dit les instigateurs, pouvaient être poursuivis comme auteurs d'une tentative d'assassinat. La Cour de cassation a répondu par la négative en retenant que le commencement d'exécution n'était pas caractérisé.

De cette jurisprudence se déduisent **deux critères du commencement d'exécution : d'une part, l'intention et, d'autre part, des actes tendant directement à l'infraction et suffisamment proches de la consommation de l'infraction**. Il faut que soit établi un **lien de causalité** directe et immédiate entre les actes accomplis par l'agent et la consommation de l'infraction. Les actes doivent être proches de la consommation, au point de vue matériel, spatial et temporel. C'est la raison pour laquelle on ne peut retenir le commencement d'exécution lorsque l'agent fait commettre l'infraction par un tiers, comme dans le cas des arrêts de 1962. Il est évident, en effet, qu'en pareille hypothèse le lien de causalité entre les actes accomplis par l'agent et la consommation, n'est plus direct, puisqu'il faudra qu'une autre personne intervienne pour réaliser l'infraction *(V. égal., Cass. crim., 15 mai 1979, n° 78-93.914)*.

La tentative par personne interposée n'est donc pas punissable sauf exception comme dans le cas de l'empoisonnement.

Jurisprudence

Dans un arrêt ancien *(Cass. crim., 2 juill. 1886, S. 1887, I, p. 489)*, la chambre criminelle a retenu la tentative d'empoisonnement dans le cas où une personne avait confié à la nourrice de son enfant une tisane empoisonnée avec l'ordre de la faire prendre à la victime. La nourrice n'avait pas administré le produit en raison de son odeur suspecte. La mère de l'enfant fut poursuivie pour tentative d'empoisonnement et la chambre criminelle a admis que le commencement d'exécution était réalisé. Cette solution s'explique par le caractère formel du crime d'empoisonnement. Comme on l'a vu, l'empoisonnement se consomme au moment de l'administration des substances pouvant donner la mort. Par conséquent, le commencement d'exécution de l'empoisonnement se situe nécessairement à un stade antérieur à l'administration, par exemple au moment où l'agent prépare le breuvage empoisonné ou le met à la disposition de la victime. Tel était le cas en l'espèce, la tisane empoisonnée ayant été présentée à la victime par l'intermédiaire d'une tierce personne, naturellement de bonne foi, c'est-à-dire ignorant le rôle qu'on lui faisait jouer.

Cet exemple montre l'efficacité répressive de l'incrimination d'une infraction formelle. **La tentative d'une infraction formelle correspond à la répression d'actes qui seraient des actes préparatoires si l'infraction se consommait par un résultat.** La consommation de l'infraction formelle étant anticipée au stade de la tentative, du commencement d'exécution, la tentative de cette même infraction est également anticipée, au stade des actes préparatoires, ce qui permet de réprimer très tôt.

Il convient de noter ici que la loi n° 2004-204 du 9 mars 2004 a créé, à l'article 221-5-1 du Code pénal, un nouveau délit spécial incriminant l'instigation à l'assassinat et à l'empoisonnement, même non suivie d'effet, qui serait susceptible de trouver application dans des hypothèses telles que celles jugées en 1962.

En résumé, **le commencement d'exécution se définit comme des actes d'exécution qui tendent directement et immédiatement à la consommation de l'infraction, avec l'intention irrévocable de la commettre**. Cette notion d'irrévocabilité de l'intention prend tout son sens avec la deuxième condition légale de la tentative, l'interruption indépendante de la volonté de l'auteur.

B L'interruption involontaire

Le Code pénal ne réprime la tentative que si l'interruption de l'exécution a été indépendante de la volonté de l'agent. Cette condition, que la doctrine désigne souvent comme l'exigence de l'absence d'un désistement volontaire, pose deux difficultés. La première est celle du moment de l'interruption, la seconde celle de savoir quand considère-t-on que l'interruption est dépendante ou indépendante de la volonté de l'agent.

La première difficulté se résout assez simplement puisque **l'interruption de l'exécution doit intervenir avant la consommation de l'infraction**. À ce titre, il convient de bien **différencier désistement volontaire et repentir actif.** Le désistement volontaire correspond à l'interruption volontaire de l'exécution par l'agent. Par exemple, le cambrioleur a commencé à percer le coffre mais il s'arrête et repart sans rien emporter. Ici la tentative n'est pas constituée parce que, s'il y a bien eu commencement d'exécution, il y a également interruption volontaire (*a priori* du moins, V. *infra*), ce qui équivaut à l'impunité. **Le repentir actif se situe après la consommation de l'infraction** et ne signifie nullement l'impunité pour l'agent. C'est le cas du même cambrioleur qui emporte des objets mais qui, pris de remords, les ramène ensuite. Dans cette hypothèse, le vol est déjà consommé. **Le repentir actif consiste donc pour l'agent à essayer de réparer les conséquences de l'infraction qu'il a déjà commise**.

Il faut nuancer l'opposition entre désistement volontaire et repentir actif. En effet, si en cas de désistement, la tentative n'est pas juridiquement constituée, il est concevable que d'autres infractions soient, à ce stade, déjà réalisées. Dans le cas du cambriolage, le délit de violation de domicile est constitué, par exemple. À l'inverse, le repentir actif ne fait pas disparaître l'infraction consommée mais il est pris en compte par les juges répressifs, dans la détermination de la peine appliquée au délinquant.

La question la plus délicate est celle du **caractère volontaire ou involontaire de l'interruption**. Il s'agit de savoir dans quels cas et selon quels critères les juges retiennent le désistement volontaire, synonyme d'impunité. Selon les auteurs, il y a des hypothèses simples et d'autres plus complexes. On estime ainsi que lorsque l'agent a été interrompu par une cause externe à sa volonté, comme la résistance de la victime d'un viol ou l'intervention des forces de police durant un cambriolage, l'interruption est indépendante de sa volonté donc la tentative est punissable.

En revanche, si l'agent s'arrête de lui-même, sans aucune intervention extérieure, le désistement serait volontaire et la tentative non constituée. La difficulté surgit en présence d'une pluralité de causes de l'interruption, comme dans le cas où le détenu qui avait commencé à scier les barreaux de sa cellule, s'est arrêté de lui-même mais parce qu'il avait entendu le bruit provoqué par la découverte de la tentative d'évasion de son voisin de cellule *(Cass. crim., 11 juin 1975, n° 75-90.235)*. La doctrine dominante estime qu'il faut alors rechercher quelle a été la cause prédominante du désistement. Si la cause déterminante est la cause interne, le désistement serait volontaire et inversement.

La jurisprudence ne s'est jamais prononcée clairement sur les critères du désistement volontaire. On remarque seulement sa **grande sévérité** et sa tendance à estimer que seul un désistement spontané serait volontaire.

Jurisprudence

On cite cependant un arrêt de 1974 *(Cass. crim., 20 mars 1974, n° 73-92.699)* dans lequel la chambre criminelle a cassé un arrêt qui avait considéré que l'intervention d'un tiers, dissuadant l'agent de commettre le cambriolage qu'il avait commencé à réaliser, avait pour conséquence nécessaire que le désistement n'était pas volontaire. Le prévenu avait soutenu dans ses conclusions restées sans réponse que cette intervention l'avait convaincu d'arrêter ses actes et qu'ainsi le désistement était volontaire. Cet arrêt ne possède cependant qu'une portée relative dès lors que le motif de cassation était seulement le défaut de réponse à ces conclusions.

En définitive, la manière habituelle de présenter les choses n'est pas totalement pertinente. Il faut, en effet, s'interroger sur le fondement de l'impunité en cas de désistement volontaire. Comme on l'a dit, la raison d'être de l'incrimination de la tentative est l'intention manifestée par des actes. La tentative est la répression d'abord d'une intention. Or pourquoi le délinquant mérite-t-il l'impunité en cas d'interruption si ce n'est parce que son intention a disparu ?
En d'autres termes, **si le fondement de la répression de la tentative est la manifestation d'une intention, l'impunité en cas d'interruption ne saurait avoir pour fondement que la disparition ou plutôt la révocation de l'intention de l'agent.** Il n'y a plus de raison de punir en cas de révocation de l'intention même si l'agent a commencé à exécuter l'infraction. Dès lors, au lieu de rechercher les causes, externes ou internes, de l'interruption, il paraît plus logique de rechercher quel est l'effet de l'interruption. **Si l'interruption a pour effet la révocation de l'intention, elle doit signifier l'impunité**, même si un tiers est intervenu par exemple. Inversement, si l'agent s'arrête de lui-même, sans aucune influence externe, mais pour remettre à un moment plus propice sa tentative, il n'est pas certain qu'il faille considérer que le désistement est volontaire.

II. Les cas assimilés à la tentative

Deux situations sont assimilées à la tentative proprement dite. La première, visée par l'article 121-5, est celle de la tentative infructueuse ou manquée. La seconde, d'origine doctrinale, consiste dans le cas insolite de l'« infraction impossible ».

Le Code pénal prévoit que **la tentative manquée, c'est-à-dire celle qui a manqué son effet, est punissable au même titre que la tentative interrompue**. La différence théorique qui existe entre les deux situations réside dans le fait qu'en présence d'une tentative infructueuse, **l'agent est allé jusqu'au terme des actes d'exécution**. Il n'a donc pas, contrairement à ce que dit maladroitement le Code pénal, commencé à exécuter mais bien accompli la totalité des actes d'exécution. Ainsi, le meurtrier qui a tiré sur sa victime mais l'a manquée par maladresse a réalisé plus qu'un commencement d'exécution, il a effectué tous les actes devant normalement conduire à la consommation. En pratique, en présence d'une tentative manquée, il est très facile pour le ministère public de prouver les éléments de la tentative, puisque seule la consommation a fait défaut, tous les actes étant réalisés par l'agent. Parallèlement, il devient évidemment très difficile de soutenir que l'échec de la tentative serait volontaire, même si cela reste concevable en théorie.

À côté de cette hypothèse ne posant pas de réelles difficultés, un problème beaucoup plus épineux s'est posé, en présence de certaines situations, peu courantes, mais posant un problème de principe. Ces hypothèses sont celles dans lesquelles l'objectif visé par l'agent se révèle dès le départ impossible à atteindre, sans qu'il le sache. Le cambrioleur perce un coffre-fort dans lequel ne se trouve aucune valeur ou le meurtrier tire sur une personne qu'il croit endormie mais qui est morte dans son sommeil. Cette question, dite de **l'infraction impossible**, a longtemps fait l'objet d'un débat doctrinal, qui n'est d'ailleurs pas totalement clos aujourd'hui, malgré la prise de position de la jurisprudence en faveur de la répression de tels agissements, lorsque les conditions de la tentative sont réunies.

La doctrine s'est emparée de cette question, à partir de la fin du XIXe siècle, pour construire des théories complexes distinguant entre des cas où on pourrait réprimer l'infraction impossible et d'autres dans lesquels on ne pourrait pas. Ces théories étaient très contestables car les auteurs confondaient deux questions : la consommation et la tentative. En effet, **ce qui est impossible, dans ces situations, ce n'est pas la tentative mais seulement la consommation.** Il est vrai que l'on ne peut voler dans un coffre-fort vide ni tuer un cadavre. En revanche, **juridiquement, la tentative est toujours possible**, tant il est vrai que l'auteur d'une tentative ne peut jamais être certain d'atteindre son but à l'avance. Qu'il ne l'atteigne pas en raison d'une interruption de l'exécution ou parce que l'infraction est irréalisable ne change rien juridiquement : il s'agit toujours de circonstances indépendantes de sa volonté.

Jurisprudence

La Cour de cassation, après avoir été séduite par certaines théories proposées par les auteurs, **a réglé la question dès 1928** *(Cass. crim., 9 nov. 1928, JCP 1929, p. 239)*, dans une affaire d'avortement que des individus avaient essayé de procurer par des injections d'eau de Cologne et de vinaigre, moyens totalement inefficaces. L'avortement, qui était un crime à l'époque, était impossible à consommer mais la chambre criminelle a estimé que la tentative était caractérisée, l'inefficacité des moyens n'étant qu'une circonstance indépendante de la volonté des auteurs. Cette position n'a plus changé par la suite mais les auteurs ont continué de soutenir qu'il y avait des cas dans lesquels on ne pouvait pas réprimer, notamment celui du « meurtre du cadavre ». Or, ce cas s'est présenté dans un arrêt de 1986 *(Cass. crim., janv. 1986, n° 85-95.461, affaire Perdereau)* et la Cour de cassation a jugé que la tentative était punissable en considérant que le fait de commettre des actes homicides sur une personne que l'agent croyait encore en vie constitue une tentative de meurtre, le fait que la victime soit déjà décédée n'étant qu'une circonstance indépendante de la volonté de l'agent.

Par conséquent, **l'infraction impossible est réprimée au titre de la tentative dès lors que les conditions de celle-ci sont réunies**. Il faut donc, en premier lieu, que la tentative de l'infraction soit incriminée, ce qui n'est pas le cas de tous les délits (V. *infra* § 2). En second lieu, il faut un commencement d'exécution ou une exécution complète, selon les hypothèses. Enfin, l'agent doit avoir l'intention de consommer l'infraction. L'intention en la matière revêt une certaine originalité puisqu'**il sera nécessaire de prouver que l'auteur des actes croyait dans la possibilité de consommer l'infraction**.

Cette question s'avère importante dans **deux sortes d'hypothèses pour lesquelles on hésite encore aujourd'hui sur le point de savoir s'il faut réprimer ou non.** Le premier cas est celui de l'infraction surnaturelle. Il s'agit du cas où une personne chercherait, par exemple, à tuer sa victime en recourant à la sorcellerie. La doctrine considère unanimement qu'une telle situation échappe au droit pénal parce que le commencement d'exécution fait défaut faute d'un lien de causalité entre les actes de sorcellerie et le but recherché. On peut ajouter que l'intention n'est pas démontrée non plus parce que l'intention comporte une composante qui est la conscience criminelle, c'est-à-dire la conscience de réaliser une infraction. Or cette conscience criminelle doit s'apprécier par rapport à une certaine norme sociale moyenne. Autrement dit, le juge ne doit pas admettre qu'une personne qui pratique la sorcellerie dans un but criminel ait réellement l'intention correspondante, qu'elle ait véritablement la conscience de réaliser par de tels moyens une infraction pénale.

Le second cas correspond à ce qu'on appelle **l'infraction putative**, définie généralement comme l'infraction qui n'existe que dans l'esprit de l'agent qui réalise certains actes. Ainsi le Code pénal incrimine le détournement de mineur *(C. pén., art. 227-8)*, ce qui suppose naturellement que la personne soustraite à l'autorité parentale soit âgée de moins de 18 ans. La personne qui croirait enlever un mineur alors qu'il s'agit d'un majeur peut-elle être poursuivie ? On peut trouver un autre exemple dans le cas de la personne qui déroberait une chose qu'elle pense appartenir à autrui alors qu'il s'agit de sa propre chose. La réponse avancée généralement réside dans le fait que le principe de légalité s'oppose à une telle répression, parce que le Code pénal incrimine le détournement de mineur et non de majeur ou bien la soustraction de la chose d'autrui et non celle de sa propre chose. En réalité, la réponse n'est pas aussi simple car elle permet seulement de dire que l'infraction ne peut être consommée mais ne permet pas de résoudre la question de la tentative. **Ce qui doit guider ici le juge, c'est encore l'intention de l'agent et son existence réelle ou non**. Dans les cas évoqués, si l'agent a pu légitimement se tromper sur l'âge de la personne enlevée en raison de son apparence physique ou s'il a pu croire que la chose appartenait à autrui, la conscience d'accomplir une infraction peut être démontrée et dans ce cas la tentative pourrait être retenue, la question étant celle de savoir s'il faut ou non poursuivre de tels faits, ce qui constitue une question de procédure pénale et non plus de droit pénal.

En revanche, il y a des cas où, effectivement il sera impossible de réprimer même au titre de la tentative, mais en raison du défaut d'intention. Il suffit de songer au cas du violeur de cadavres. Si le violeur a des relations sexuelles avec une victime qu'il vient de tuer sans le savoir, parce qu'il l'a frappée avec une telle violence qu'elle en est morte, il n'y a aucun obstacle pour retenir la tentative de viol, parce que le criminel a pu avoir conscience d'accomplir un viol sur une personne vivante. En revanche, le nécrophile qui accomplit des actes sexuels sur des cadavres exhumés par lui, ne commet pas une tentative de viol parce que l'on ne peut pas admettre qu'il ait pu croire que ses victimes étaient vivantes.

En définitive, **les conditions de la répression de la tentative d'infraction impossible sont, d'une part, l'incrimination de la tentative et, d'autre part, la preuve de l'intention de l'agent, caractérisée par la croyance dans la possibilité de consommer l'infraction.**

§2 La répression de la tentative

Il convient d'abord de cerner le domaine de la répression de la tentative avant de voir les modalités de cette répression.

I. Le domaine de la répression

> (C. pén., art. 121-4)
> L'article 121-4 du Code pénal dispose qu'*« est auteur de l'infraction la personne qui (…) tente de commettre un crime ou, dans les cas prévus par la loi, un délit »*.

Le domaine de la tentative punissable comprend donc l'ensemble des crimes, sans que le législateur ait besoin de le prévoir pour chacun d'eux dans une disposition spéciale. En revanche, la tentative des délits n'est punissable que si le législateur le prévoit expressément. En pratique, la tentative de nombreux délits est incriminée mais il faut remarquer que le domaine de la tentative se trouve implicitement limitée par deux autres facteurs.

Premièrement, la tentative étant la répression d'une intention manifestée par des actes, elle est exclue, parce qu'inconcevable, pour les délits non intentionnels. Deuxièmement, les délits d'omission sont également exclus du champ d'application de la tentative parce qu'il est difficile de concevoir le commencement d'exécution d'une infraction d'omission.

S'agissant des contraventions, le législateur est muet. On en déduit qu'il exclut la possibilité de la tentative des contraventions, en raison de la faible gravité de celles-ci. Cependant, il faut noter qu'en théorie le législateur pourrait exceptionnellement prévoir la tentative dans un cas particulier, ce d'autant plus que certaines contraventions sont intentionnelles.

II. Les modalités de la répression

Le législateur assimile l'auteur d'une tentative à l'auteur d'une infraction consommée. Par conséquent, **les peines applicables sont les mêmes que l'agent ait accompli l'infraction en totalité ou non**. Le fondement de cette règle se trouve de nouveau dans l'intention, qui est naturellement la même pour l'auteur d'une infraction consommée ou seulement tentée. Cependant, ce sont les peines encourues qui sont identiques, le juge restant totalement libre d'adapter la sanction à la situation de fait et à la personnalité du délinquant, ainsi que le prévoit l'article 132-1, alinéa 3 du Code pénal.

SCHÉMA COMPARATIF DE LA CONSOMMATION MATÉRIELLE ET DE LA CONSOMMATION FORMELLE

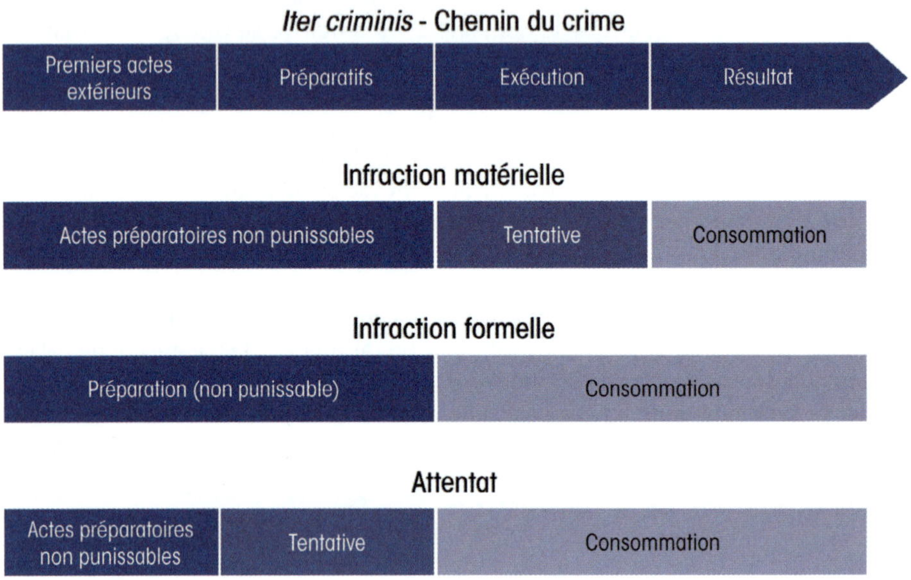

⏭ POUR ALLER PLUS LOIN...

- J.-Y. MARÉCHAL, Essai sur le résultat dans la théorie de l'infraction pénale, L'Harmattan 2003
- A. PROTHAIS, Tentative et attentat, LGDJ 1985
- J. PRADEL et A. VARINARD, Les grands arrêts du droit pénal général, n° 30, n° 31 et n° 32
- A. VARINARD, La théorie de l'infraction impossible : vers la disparition d'un mythe doctrinal, Mélanges Chavanne, Litec, p 165

SOUS-TITRE 2
LA FAUTE

La responsabilité pénale, contrairement à la responsabilité civile, se fonde nécessairement sur une faute. Il ne suffit donc pas qu'il y ait commission d'un fait prévu et réprimé par la loi pénale, pour que l'infraction soit constituée. L'action ou l'omission doit être coupable c'est-à-dire fautive.

L'article 121-3 du Code pénal présente les différentes formes de culpabilité pénale et détermine en même temps leur domaine d'application. Il évoque 4 fautes pénales : l'intention, la mise en danger délibérée de la personne d'autrui, l'imprudence ou la négligence et, enfin, la faute contraventionnelle.

Il est nécessaire de reprendre ces notions en distinguant la faute intentionnelle des fautes non-intentionnelles.

Fiche n° 11 La faute intentionnelle

⏭ L'ESSENTIEL

L'article 121-3, alinéa 1er, du Code pénal énonce que les crimes sont toujours intentionnels et que les délits sont intentionnels sauf lorsque le législateur prévoit une autre forme de culpabilité. L'intention coupable peut être définie comme la volonté de commettre l'élément matériel d'une infraction en ayant conscience qu'il s'agit d'une action interdite par la loi pénale. Il existe diverses modalités de l'intention. On distingue l'intention simple de l'intention renforcée ou spéciale et de l'intention aggravée ou préméditée. L'intention peut encore être déterminée ou indéterminée, voire dépassée.

⏭ LES CONNAISSANCES

L'article 121-3 dispose qu'**il n'y a point de crime ou de délit sans intention de le commettre**. Il faut commencer par présenter ce que recouvre cette notion d'intention et ses diverses formes avant d'examiner les problèmes de son domaine d'application et de sa preuve

§1 La notion et les modalités de l'intention

Après avoir défini l'intention, on verra qu'elle peut présenter des formes différentes.

I. Définition générale de l'intention

Si le législateur pose comme principe que les crimes et les délits sont intentionnels, il ne donne pas de définition de l'intention. C'est essentiellement la doctrine qui a proposé des définitions générales de l'intention. Celle qui est restée la plus célèbre émane du professeur Émile Garçon, qui enseignait que **l'intention suppose la volonté d'accomplir les faits constitutifs de l'infraction en ayant conscience de commettre une infraction**. Cette définition présente la particularité d'être abstraite, et non pas psychologique. Cet auteur distinguait donc deux composantes cumulatives de l'intention, la volonté criminelle et la conscience criminelle. **La volonté criminelle signifie que l'agent accomplit délibérément un acte qui constitue l'élément matériel d'une infraction**. L'agent veut dérober la chose d'autrui, dans le cas du vol, il veut tuer sa victime, dans le cas du meurtre. En d'autres termes, il agit en le faisant exprès, en dirigeant sa volonté vers la réalisation de l'infraction.

La conscience criminelle recouvre deux aspects différents. L'intention suppose en effet que l'auteur des faits se rende compte de ce qu'il fait c'est-à-dire qu'il ait bien conscience de réaliser un crime ou un délit. Ceci a pour conséquence que si l'agent se trompe sur la signification matérielle de son acte, il n'y a pas d'intention, donc pas d'infraction. C'est le problème de **l'erreur de fait**. La personne réalise bien l'élément matériel d'une infraction mais ne prend pas conscience de commettre celle-ci parce qu'elle commet une erreur sur l'acte réalisé. C'est le cas de la personne qui sort du restaurant en emportant un manteau qui n'est pas le sien, mais qui est identique au sien. Elle réalise bien, matériellement, la soustraction de la chose qui est l'élément matériel du vol. Cependant, elle ne commet pas le délit parce qu'elle est de bonne foi en ce qu'elle ignorait que le manteau n'était pas le sien. Ainsi, **l'erreur de fait empêche la constitution de l'intention**. Il convient cependant de préciser que seule l'erreur sur une circonstance de fait déterminante produit cet effet. Par exemple, le tueur qui se trompe de victime avait bien l'intention de tuer, l'erreur sur l'identité de la personne n'étant pas un obstacle à l'existence de l'intention.

L'autre aspect de la conscience criminelle concerne le problème de la connaissance de la loi. En effet, considérer que l'intention est la volonté d'accomplir les faits en sachant qu'ils constituent une infraction revient à exiger que l'agent ait su que ce qu'il faisait était bien une infraction. Par conséquent, en théorie, s'il l'a ignoré, il devrait bénéficier de l'impunité. Telle n'est pas la solution en droit français, du moins en général, parce qu'on oppose à ce raisonnement la **présomption de connaissance de la loi**. Nul n'est censé ignorer la loi, en particulier la loi pénale, ce qui a pour conséquence que **l'erreur sur le droit ne fait pas disparaître l'intention**. Cette règle n'est cependant plus intangible parce que **le Code pénal admet**, à certaines conditions strictes, **que la personne qui s'est trompée sur la signification juridique de son acte, en croyant accomplir un acte légal alors qu'il ne l'était pas, puisse être déclarée pénalement irresponsable** (*C. pén., art. 122-3* – V. Fiche n° 26).

La conception de l'intention en droit français étant abstraite, elle exclut de prendre en compte la psychologie du délinquant.

À ce titre, la Cour de cassation rappelle fréquemment la règle de **l'indifférence des mobiles pour la constitution de l'intention** *(V., par ex. Cass. crim., 21 févr. 2017, n° 16-83.047)*. Les mobiles sont les motifs d'ordre psychologique qui expliquent le comportement de l'agent, tels que la haine, la passion amoureuse, la cupidité etc. Si l'on ne prend pas en compte ces mobiles dans l'établissement de la faute intentionnelle, c'est surtout en raison de la difficulté à en démontrer la réalité, spécialement lorsqu'ils sont louables. Cependant, si les mobiles n'effacent pas l'intention, ils demeurent importants dans la recherche des auteurs d'infractions par la police ou le juge d'instruction. De plus, ils sont susceptibles d'influer sur la peine, du moins lorsqu'ils sont louables.

Enfin, un mobile est parfois pris en compte, implicitement, pour justifier l'absence de répression d'une infraction dont l'intention est pourtant caractérisée. Ainsi, la Cour de cassation a jugé que le délit d'exhibition sexuelle n'est pas punissable dans le cas d'une militante féministe qui a, dans un musée, dénudé sa poitrine sur laquelle était inscrit un message hostile à un chef d'État étranger, au motif que réprimer cet acte, relevant d'une démarche de protestation politique, porterait une atteinte excessive à la liberté d'expression garantie par l'article 10 de la Conv. EDH *(Cass. crim., 26 févr. 2020, n° 19/81.827)*.

Jurisprudence

On notera enfin que, depuis l'entrée en vigueur du Code pénal de 1994, **la chambre criminelle a proposé une définition de l'intention**, qu'elle applique très souvent, en ces termes : ***« la seule constatation de la violation en connaissance de cause d'une prescription légale ou réglementaire implique, de la part de son auteur, l'intention coupable exigée par l'article 121-3, alinéa 1er, du Code pénal »*** *(V. par ex., Cass. crim., 12 juill. 1994, n° 93-85.262 ; Cass. crim., 23 janv. 2018, n° 16-86.859)*.

II. Modalités de l'intention

On peut tout d'abord opposer **l'intention simple** à **l'intention spéciale**, souvent qualifiée de « dol spécial » en doctrine, laquelle correspond au cas où **le législateur prévoit expressément que l'infraction ne sera constituée que si l'agent a eu une attitude psychologique précise**. En pareille hypothèse**, le législateur inclut dans l'intention un mobile particulier devant animer l'agent**. Ainsi, l'article 434-4 du Code pénal incrimine le fait de modifier l'état des lieux d'un crime ou d'un délit par divers moyens, mais l'infraction n'existe que si la personne a agi *« en vue de faire obstacle à la manifestation de la vérité »*. On peut évidemment concevoir que de tels faits soient réalisés sans que ce but soit recherché. Dans ce cas, l'intention ne sera pas constituée. On trouve un autre exemple à l'article 322-4-1 du Code pénal qui incrimine le fait de s'installer en réunion, sur le terrain d'autrui *« en vue d'y établir une habitation, même temporaire »*.

Il est également possible de **distinguer l'intention simple et l'intention aggravée c'est-à-dire la préméditation**. Celle-ci est définie par l'article 132-72 comme une circonstance aggravante de l'infraction qui consiste dans un *« dessein formé avant l'action de commettre un crime ou un délit déterminé »*. L'exemple le plus célèbre est celui de l'assassinat qui consiste en un meurtre aggravé par la préméditation. Alors que le meurtre simple est puni de 30 ans de réclusion criminelle, l'auteur d'un assassinat encourt la réclusion criminelle à perpétuité *(C. pén., art. 221-3)*. La préméditation est également une circonstance aggravante des violences intentionnelles *(C. pén., art. 222-12, 9°)*.

Les auteurs opèrent encore une **distinction entre l'intention déterminée, l'intention indéterminée et l'intention dépassée.** Au premier cas correspond la situation où l'agent souhaite accomplir une infraction précise, par exemple un meurtre. **L'intention indéterminée suppose** en revanche **que l'auteur ne sait pas à l'avance quelles seront les conséquences des actes qu'il commet intentionnellement**. L'exemple est celui de l'agent qui porte des coups à une autre personne. En pratique, il est à peu près impossible de connaître à l'avance quel sera le résultat effectivement produit par les actes de violence et le problème qui se pose alors réside dans la qualification qui doit être retenue. Ce problème provient du fait qu'il existe un certain nombre d'infractions différentes, en matière de violences intentionnelles, dont la répression est précisément fondée sur la gravité de l'atteinte à l'intégrité physique subie par la victime. Le système appliqué par les juges consiste alors à retenir la qualification qui tient compte des conséquences effectivement produites et non pas de l'intention réelle de l'agent.

On enseigne qu'il faut appliquer l'adage « *dolus indeterminatus determinatur eventu* » c'est-à-dire que le dol (l'intention) indéterminé se détermine par l'événement (le résultat). Autrement dit, on considère que, **quelle que soit la gravité de l'atteinte effectivement réalisée, l'auteur des violences est censé l'avoir voulue ou du moins l'avoir prévue et acceptée par avance**.

Jurisprudence

C'est ainsi que la jurisprudence affirme fréquemment que *« le délit de coups ou violences volontaires est constitué dès lors qu'il existe un acte volontaire de violence, quel que soit le mobile qui l'ait inspiré et alors même que son auteur n'aurait pas voulu causer le dommage » (Cass. crim., 17 janv. 2017, n° 16-80.691).*

La notion d'intention dépassée est étroitement liée à celle d'intention indéterminée. C'est la **situation où l'agent, voulant réaliser une infraction, en réalise finalement une autre, plus grave que celle qu'il avait envisagée**. Par exemple, l'agent pratique clandestinement un avortement mais provoque la mort de la femme enceinte ou il frappe une personne qui décède des suites des coups, en raison par exemple d'une prédisposition de sa victime. Il s'agit, de nouveau, d'un problème de qualification des faits, la question étant de savoir s'il faut retenir la seule volonté initiale de l'agent ou prendre en compte le résultat finalement obtenu.

La solution de principe consiste à **tenir compte d'abord de l'intention réelle** mais, **lorsque le législateur a prévu une infraction spéciale, il est possible de retenir une qualification prenant en compte le dépassement de l'intention.** Le cas le plus connu est celui du crime de coups mortels. La personne qui porte des coups à une autre en voulant la blesser mais qui la tue finalement ne sera pas poursuivie pour meurtre mais pour le crime de violences intentionnelles ayant entraîné la mort sans intention de la donner. Ce crime particulier, incriminé à l'article 222-7 du Code pénal, tient compte de la différence entre l'intention réelle (intention de blesser) et le résultat survenu (mort de la victime), en aggravant les peines en raison de ce résultat plus grave que celui envisagé. En effet, alors que les violences intentionnelles sont en principe des délits, l'article 222-7 punit les coups mortels de 15 ans de réclusion criminelle. La doctrine désigne ce type d'infractions par l'appellation d'**infractions préterintentionnelles**.

On trouve plusieurs exemples d'infractions préterintentionnelles dans le Code pénal. Ainsi, l'enlèvement et la séquestration d'une personne sont punis en principe de 20 ans de réclusion criminelle *(C. pén., art. 224-1)* mais l'article 224-2 prévoit que lorsque la victime est décédée des suites de la séquestration, sans qu'il soit besoin de démontrer l'intention de tuer de l'agent, la peine est portée à la réclusion criminelle à perpétuité *(V. égal., C. pén., art. 224-6 et 224-7, pour le détournement d'aéronef ; C. pén., art. 227-1 et 227-2, pour le délaissement de mineur ; C. pén., art. 223-3 et 223-4, pour le délaissement d'une personne hors d'état de se protéger elle-même ; C. pén., art. 322-10, pour la destruction intentionnelle du bien d'autrui par un moyen dangereux entraînant la mort d'une personne).*

En résumé, en présence d'une intention dépassée, soit il existe un texte spécialement prévu par le législateur, lequel sera alors appliqué et on parlera d'infraction préterintentionnelle. Soit il n'existe aucun texte spécial, et l'on ne tient compte que de l'intention véritable de l'agent.

§2 Le domaine et la preuve de l'intention

I. Le domaine de l'intention

L'article 121-3, alinéa 1er prévoit que les **crimes** sont intentionnels, ainsi que les délits en principe. En réalité, le domaine d'application de l'intention doit être précisé. Il n'existe effectivement aucun crime non intentionnel en droit pénal français, l'idée étant que ces infractions étant les plus graves, doivent nécessairement avoir été réalisées avec une intention. Il s'en déduit que le législateur n'a pas à le préciser au cas par cas : dès lors que l'infraction est un crime, elle nécessite *ipso facto* une intention.

S'agissant des **délits**, la question est plus compliquée puisque le principe est l'intention, ce qui fait qu'ici également, lorsque le législateur ne précise pas la nature de l'élément moral du délit, celui-ci est forcément intentionnel. Cependant, le texte prévoit lui-même des exceptions qui sont la mise en danger délibérée, l'imprudence ou la négligence, simple ou aggravée. Par conséquent, s'il entend créer une infraction non-intentionnelle, le législateur doit préciser quelle est la nature de l'élément moral du délit.

Reste enfin le **cas des contraventions**. Contrairement à ce que laisse entendre le Code pénal, qui ne vise que les crimes et les délits, il existe bien des contraventions intentionnelles, ainsi d'ailleurs que de mise en danger délibérée ou de négligence et imprudence. On prendra pour exemple l'article R. 635-1 du Code pénal qui punit *« la destruction, la dégradation ou la détérioration volontaires d'un bien appartenant à autrui dont il n'est résulté qu'un dommage léger »*. On y reviendra en étudiant la faute requise en matière de contraventions.

II. Preuve de l'intention

C'est à l'autorité de poursuite d'établir les éléments constitutifs de l'infraction et donc son élément moral, en vertu de la présomption d'innocence. En effet, si le principe en matière pénale est l'intime conviction, cela ne signifie pas évidemment que l'on soit dispensé de prouver la culpabilité. En réalité, l'intime conviction signifie seulement que, l'infraction pouvant être prouvée par n'importe quel moyen, c'est la juridiction de jugement qui apprécie la valeur probante des éléments de preuve.

Il est fréquent que pour établir la preuve de l'intention, les juges utilisent les **présomptions de fait**, c'est-à-dire qu'ils tirent souvent des éléments de preuve de la manière dont les faits se sont déroulés. Ainsi va-t-on établir l'intention de tuer en relevant que l'agent a tiré sur sa victime en visant une partie vitale du corps, par exemple *(V. Cass. crim., 17 déc. 2019, n° 19-86.422)*. Si l'intention peut souvent être déduite de telles présomptions ou indices, ce n'est pas toujours possible. Ainsi, en matière d'infractions sexuelles, il existe le crime de viol et les délits d'agression sexuelle. Or, en pratique, les faits constitutifs d'une tentative de viol peuvent être identiques à ceux constitutifs d'un délit d'agression sexuelle, comme le fait d'arracher les vêtements de la victime et de pratiquer des attouchements sur son corps. Si l'agent commet un acte de pénétration sexuelle, le viol sera consommé mais si l'agent ne commet pas cet acte, s'agit-il d'une tentative de viol ou d'une agression sexuelle consommée ? Ici, le seul moyen de qualifier les faits est de rechercher, au-delà des actes commis, quelle était l'intention finale de l'auteur : s'il cherchait à avoir une relation sexuelle, il s'agit d'une tentative de viol, s'il cherchait seulement à avoir un contact physique impudique avec la victime, il s'agit d'une agression sexuelle consommée.

Il arrive que le Code pénal facilite la tâche du juge en créant des délits qui permettent de réprimer des présomptions de culpabilité. Par exemple, l'article 225-6 du Code pénal prévoit qu'est assimilé au proxénétisme le fait de vivre avec une personne qui se livre habituellement à la prostitution et de ne pouvoir justifier de ressources correspondant à son train de vie. Il suffit donc ici de constater que l'individu vit avec une prostituée et qu'il n'a pas de ressources propres pour pouvoir le condamner du chef de proxénétisme, délit intentionnel. Il y a bien alors un renversement de la charge de la preuve : c'est à la personne poursuivie de démontrer qu'elle possède des ressources personnelles et qu'elle ne profite pas des revenus de la prostitution. L'autorité de poursuite n'a pas à démontrer que l'individu profite intentionnellement de ces revenus.

⏭ POUR ALLER PLUS LOIN…

- Y. MAYAUD, La volonté à la lumière du nouveau Code pénal, Mélanges Larguier, 1993, p. 203 ; De l'article 121-3 du Code pénal à la théorie de la culpabilité en matière criminelle et délictuelle, D. 1997, chron. p. 37
- J. PRADEL et A. VARINARD, Les grands arrêts du droit pénal général, n° 39 et 44.
- M. PRALUS, Réflexions autour de l'élément moral des délits, Dr. pén. 2002, chron. n° 41

Fiche n° 12 Les fautes non intentionnelles

⏭ L'ESSENTIEL

L'article 121-3, alinéa 2 du Code pénal prévoit que le législateur peut créer des délits dont l'élément moral consiste en une mise en danger délibérée de la personne d'autrui. Il s'agit d'une forme de faute n'existant pas, légalement, avant 1994. En pratique, l'illustration de cette forme de culpabilité se trouve dans le délit d'exposition d'autrui à un risque grave. Le législateur prévoit aussi que la mise en danger délibérée est une circonstance aggravante de certains délits d'imprudence.

L'article 121-3, alinéas 3 et 4 détermine les conditions de la responsabilité pénale pour faute d'imprudence ou de négligence. Le dispositif actuel résulte de la loi [n° 2000-647] du 10 juillet 2000, qui a introduit une double distinction. Soit l'auteur des faits a causé directement le dommage et il est responsable si une faute ordinaire est démontrée. Soit l'auteur a causé indirectement le dommage et il sera nécessaire de prouver la commission d'une violation délibérée d'une obligation particulière de sécurité ou de prudence imposée par un texte ou d'une faute caractérisée exposant autrui à un risque particulièrement grave que l'agent ne pouvait pas ignorer.

Enfin, le dernier alinéa de l'article 121-3 évoque la faute contraventionnelle, c'est-à-dire la faute qu'il faut établir lorsque le règlement définissant la contravention ne donne aucune indication sur la nature de la faute requise. Cet élément moral résulte simplement de la violation du règlement, peu important que ce non-respect soit volontaire ou réalisé par imprudence.

⏭ LES CONNAISSANCES

Les alinéas 2 à 5 de l'article 121-3 du Code pénal décrivent 3 types de fautes qui se distinguent de l'intention. Il s'agit de la mise en danger délibérée, de l'imprudence et de la négligence, et enfin de la faute propre aux contraventions.

§1 La mise en danger délibérée

(C. pén., art. 121-3, al.2)
L'article 121-3, alinéa 2 dispose que « *lorsque la loi le prévoit, il y a délit en cas de mise en danger délibérée de la personne d'autrui* ». Il s'agit d'une forme de culpabilité créée par le Code pénal de 1994.

I. L'incrimination de la mise en danger délibérée

Selon beaucoup d'auteurs, la mise en danger délibérée correspondrait à une forme particulière de culpabilité, intermédiaire entre l'intention et l'imprudence. Il s'agirait de ce qu'on désigne parfois comme le « dol éventuel ». Par cette notion, on entend généralement la situation de la personne qui adopte un comportement volontaire qui présente un danger ou un risque pour autrui sans que cette personne souhaite que ce risque se réalise. Ainsi, le conducteur automobile qui dépasse sans visibilité en haut d'une côte agit bien volontairement, en sachant ce qu'il fait, mais il ne veut pas provoquer un accident et encore moins blesser ou tuer les autres usagers de la route.

La doctrine a, avant l'adoption du Code pénal, analysé cette forme de culpabilité en soulignant que le droit pénal était inadapté pour appréhender ce type d'agissements. En effet, dans notre exemple, soit le chauffard ne provoque aucun accident, et, au mieux on pourra le poursuivre pour diverses contraventions au Code de la route, infractions mineures. Soit il cause un accident, et dans ce cas il faut qu'il y ait des victimes pour que l'on puisse retenir un délit de blessures ou d'homicide par imprudence. Ainsi, le risque n'est jamais ici réprimé pour lui-même. Tel a été l'objectif du législateur de 1994. En réalité, la mise en danger délibérée est prise en compte de deux manières différentes.

D'une part, a été créé un **délit spécial**, destiné à punir le type d'agissements précédemment décrits. Il s'agit du délit **d'exposition d'autrui à un risque de mort ou de blessures graves par la violation manifestement délibérée d'une obligation de prudence ou de sécurité**, prévu par l'article 223-1 du Code pénal. Ce délit vise à réprimer uniquement la création du risque lorsqu'il n'a pas dégénéré en dommage pour les personnes. Il est souvent retenu à l'encontre des chauffards *(V., par ex., Cass. crim., 11 mars 1998, n° 96-80.026 ; Cass. crim., 23 juin 1999, n° 97-85.267)*. De même, existe un délit d'atteinte à l'intégrité physique en cas de commission d'une telle faute *(C. pén., art. 222-20)* ainsi qu'une contravention *(C. pén., art. R. 625-3 –* V. Fiche n° 54*)*.

D'autre part, le législateur a appliqué la mise en danger délibérée comme une **circonstance aggravante de plusieurs infractions**. Ainsi, l'homicide par imprudence encourt une peine de 3 ans d'emprisonnement quand la faute d'imprudence est simple, mais l'article 221-6, alinéa 2 prévoit qu'*« en cas de violation manifestement délibérée d'une obligation particulière de sécurité ou de prudence imposée par la loi ou le règlement »*, les peines encourues sont plus lourdes. De la même manière, l'article 222-19, alinéa 2 prévoit une aggravation des peines pour le délit de blessures par imprudence, en cas de faute délibérée.

Enfin, la loi du 10 juillet 2000 précitée relative aux délits non-intentionnels reprend une formule identique à celle figurant à l'article 223-1 ou 221-6, alinéa 2 pour désigner une faute d'imprudence aggravée (V. *infra* § 2).

II. La nature de la mise en danger délibérée

Pour la majorité de la doctrine, la mise en danger délibérée constituerait la consécration légale de la notion de « dol éventuel » et serait donc un type de faute autonome, intermédiaire entre l'intention et l'imprudence, et ce, parce que la mise en danger comporte nécessairement une part de volonté chez l'agent. Cette affirmation repose pour l'essentiel sur l'idée que la mise en danger ne pourrait pas être une forme d'intention parce que l'agent qui crée un risque ne veut nullement que ce risque se réalise, il ne veut créer aucun résultat. Or, l'on affirme assez souvent que l'intention suppose la volonté de réaliser un résultat. Il convient de se montrer prudent à l'égard d'une telle présentation.

Affirmer que l'intention correspondrait au désir de provoquer un résultat, suppose que l'on raisonne sur une infraction qui comporte en son élément matériel un tel résultat. Or, l'on a vu que ce n'était pas toujours le cas. Par conséquent, l'argument est insuffisant pour refuser de considérer que la mise en danger délibérée est une forme d'intention.

Si l'on s'en tient à la jurisprudence, on notera deux points non négligeables. D'une part, la chambre criminelle a qualifié le délit d'exposition d'autrui à un risque grave, de l'article 223-1, d'infraction intentionnelle *(Cass. crim., 9 mars 1999, n° 98-82.269)*. D'autre part, on a évoqué précédemment la définition souvent donnée depuis 1994 de l'intention par la Cour de cassation, en termes de « violation en connaissance de cause d'une prescription légale ou réglementaire ». Il est frappant d'observer que la mise en danger délibérée est toujours décrite par le législateur comme supposant la violation manifestement délibérée d'une obligation de sécurité ou de prudence imposée par la loi ou le règlement. Le rapprochement des deux formules peut parfaitement conduire à la conclusion que la mise en danger délibérée n'est rien d'autre qu'une forme d'intention, autrement dit une intention de mettre en danger. En effet, la « violation manifestement délibérée » d'une obligation de prudence ou de sécurité prévue par un texte semble correspondre à la « violation en connaissance de cause d'une prescription légale ou réglementaire ».

En conclusion, **la nature de la mise en danger délibérée est incertaine, sa nature non-intentionnelle relevant de l'affirmation plus que de la démonstration.**

§2 Les fautes non intentionnelles

Il convient d'analyser ici la faute d'imprudence ou de négligence ainsi que la faute dite contraventionnelle.

I. La faute d'imprudence ou de négligence

L'article 121-3 a été réformé à deux reprises sur la question de la faute par imprudence, ce qui rend la question beaucoup plus complexe qu'auparavant. S'agissant du domaine de l'imprudence, on rappellera que seuls les délits ou les contraventions peuvent être commis par imprudence, lorsque la loi le prévoit expressément. Il convient, après la loi du 10 juillet 2000 précitée, de distinguer la faute d'imprudence ordinaire et la faute d'imprudence aggravée.

A La faute d'imprudence ordinaire

(C. pén., art. 121-3)
L'article 121-3, alinéa 3 dispose qu'*« il y a également délit, lorsque la loi le prévoit, en cas de faute d'imprudence, de négligence ou de manquement à une obligation de prudence ou de sécurité prévue par la loi ou le règlement, s'il est établi que l'auteur des faits n'a pas accompli les diligences normales compte tenu, le cas échéant, de la nature de ses missions ou de ses fonctions, de ses compétences ainsi que du pouvoir et des moyens dont il disposait »*.

On peut en déduire à la fois des éléments de définition de la faute d'imprudence et des modalités de preuve et d'appréciation de cette faute.

L'imprudence et la négligence correspondent à des situations où la personne qui agit ne veut nullement réaliser une infraction et n'a même pas conscience que ses agissements constituent une infraction. Elle adopte un comportement qui n'est pas celui de « l'homme normalement diligent », et c'est précisément ce qui va lui être reproché, du moins si elle provoque un certain résultat dommageable. En effet, les infractions d'imprudence sont caractérisées par le fait d'avoir causé un dommage « sans le faire exprès ». Le législateur définit, par exemple, l'homicide par imprudence comme *« le fait de causer (…) par maladresse, imprudence, inattention, négligence ou manquement à une obligation de sécurité ou de prudence imposée par la loi ou le règlement la mort d'autrui »*. Il est évident que l'auteur des faits n'a pas recherché la mort d'autrui, sinon il s'agirait d'un meurtre. **La faute d'imprudence ou de négligence consiste donc dans un écart de conduite de la part de l'agent,**

qui n'a pas pris toutes les précautions nécessaires pour éviter le dommage. Par exemple, le conducteur de l'automobile ne s'est pas arrêté comme il aurait dû le faire, au stop ou au feu rouge, le chef d'entreprise n'a pas fait installer de système de sécurité sur une machine utilisée par un salarié ou le chirurgien anesthésiste n'a pas pratiqué tous les examens nécessaires avant l'opération.

La faute d'imprudence se manifeste indifféremment par une action ou une omission. Mais, se pose surtout le problème de savoir **comment prouver cette faute**. En pratique, plusieurs situations se rencontrent. Il arrive que l'agent soit soumis à une réglementation particulière en matière de sécurité notamment. Dans ce cas, s'il survient un accident à la suite du non-respect de cette réglementation, la faute d'imprudence sera démontrée, puisque la personne normalement diligente respecte toujours la réglementation.

En l'absence d'une telle réglementation, les juges procèdent à une comparaison entre le comportement adopté par la personne poursuivie pour homicide ou blessures par imprudence, par exemple, et celui de la personne normalement diligente. Ainsi on comparera le comportement du chirurgien avec celui qu'aurait adopté le « bon » chirurgien, celui qui ne commet pas de fautes. Si le comportement de la personne poursuivie est similaire à celui de l'homme normalement diligent, c'est que la faute n'est pas démontrée et si, au contraire, le prévenu a eu un comportement que n'aurait pas eu l'homme normalement diligent, c'est parce qu'il a commis une faute. En pratique, selon les domaines plus ou moins spécialisés, ce sont souvent des experts qui déterminent quel était le comportement qu'on pouvait attendre de l'agent.

Ce schéma traditionnel a été critiqué en raison de la sévérité à laquelle il aboutissait parfois. C'est la manière de comparer le comportement du prévenu à celui de l'homme normalement diligent qui a fait l'objet de critiques, et l'on a soutenu que les juges appréciaient *in abstracto* la faute d'imprudence alors qu'elle devait être, au contraire, appréciée *in concreto*. La différence qui existe entre ces deux formes d'appréciation tient à la prise en compte, dans l'appréciation de la faute, des aptitudes personnelles et capacités propres de l'agent. C'est la raison pour laquelle le texte de l'article 121-3 a été modifié, une première fois par une loi n° 96-393 du 13 mai 1996, qui a imposé aux juges répressifs de prendre en compte, dans l'appréciation de l'existence de la faute d'imprudence, la nature des missions et des fonctions, les compétences, le pouvoir et les moyens à la disposition de la personne poursuivie. L'objectif du législateur était de limiter les poursuites pour infractions par imprudence en adoptant une appréciation concrète de la faute. Cette modification législative n'a pas eu la portée escomptée par ses promoteurs, puisque la jurisprudence a maintenu sa manière habituelle de caractériser la faute, les juges soulignant parfois que l'appréciation concrète était déjà celle qu'ils pratiquaient avant la loi nouvelle *(V. Trib. corr. Toulouse, 19 févr. 1997, RSC 1997, p. 832)*. En pratique, les juridictions, avant comme après la loi de 1996, prennent comme modèle de référence, non pas un être fictif parfait, mais une personne placée dans les mêmes conditions que l'auteur des faits, dotée des mêmes pouvoirs, des mêmes compétences etc.

Cette première réforme n'ayant pas atteint son but, le législateur a procédé à une nouvelle modification de l'article 121-3 par **la loi n° 2000-647 du 10 juillet 2000** « tendant à préciser la définition des délits non intentionnels ». Cette réforme est beaucoup plus importante, puisqu'elle introduit une **distinction entre deux types de fautes d'imprudence, selon que l'auteur des faits a causé directement ou non le dommage**.

(C. pén., art. 121-3)
L'article 121-3, alinéa 4 prévoit en effet désormais que « *les personnes physiques qui n'ont pas causé directement le dommage, mais qui ont créé ou contribué à créer la situation qui a permis la réalisation du dommage ou qui n'ont pas pris les mesures permettant de l'éviter, sont responsables pénalement s'il est établi qu'elles ont, soit violé de façon manifestement délibérée une obligation particulière de prudence ou de sécurité prévue par la loi ou le règlement, soit commis une faute caractérisée et qui exposait autrui à un risque d'une particulière gravité qu'elles ne pouvaient ignorer* ».

Le schéma est donc désormais le suivant : soit l'auteur des faits a causé directement le dommage et, dans ce cas, il suffit d'une faute ordinaire pour retenir sa culpabilité pour le délit d'imprudence. Soit il n'a pas causé directement le dommage et il faut alors démontrer une faute aggravée, à défaut de laquelle il devra être relaxé.

B La faute d'imprudence aggravée

L'alinéa 4 de l'article 121-3 du Code pénal procède donc à une double distinction entre la causalité directe et indirecte et la faute ordinaire et aggravée. Il faut remarquer que cette nouvelle conception de la culpabilité par imprudence n'est pas applicable aux personnes morales, quand elles peuvent être responsables des mêmes faits. Autrement dit, la personne morale est toujours responsable pour une faute ordinaire, même en cas de causalité indirecte entre les faits et le dommage (V. Fiche n° 18, § 2, III).

Ce nouveau dispositif pose de nombreuses questions. Tout d'abord, il repose sur une **distinction entre la causalité directe et indirecte.** Or, l'application d'un tel critère paraît pour le moins malaisée.

De manière générale, on peut penser que le caractère direct ou indirect de la causalité est affaire d'appréciation des faits par les juges. Il y a des hypothèses où la solution est presque certaine. Ainsi, s'il y a un contact physique entre l'auteur et la victime, comme dans le cas d'un accident de la circulation, il est logique de considérer que les blessures sont la conséquence directe de la faute de l'automobiliste. Inversement, dans le cas des décideurs privés ou publics, tels que les chefs d'entreprise ou les élus, la causalité entre leurs actes et les dommages est presque toujours considérée comme indirecte *(V., par ex., Cass. crim., 5 déc. 2000, n° 00-82.108)*. De même, s'il n'existe qu'une seule cause au dommage, celle-ci est nécessairement directe.

Mais dans d'autres cas, la question reste très délicate parce que **la causalité doit être appréciée de manière juridique et non pas seulement scientifique**. Autrement dit, il ne s'agit pas de savoir si un fait est à l'origine d'un autre fait mais si le fait commis par une personne permet de la considérer comme responsable des conséquences de ce fait. Or, en pratique, dans certains domaines, il existe une pluralité de faits qui se conjuguent pour aboutir à un dommage comme la mort d'une personne. Ainsi, en cas de décès d'un patient qui a été opéré par un chirurgien, il est possible qu'une faute de ce dernier ait joué un rôle dans le processus mortel mais aussi que la négligence d'une infirmière, qui n'aura pas effectué les soins requis par l'état du patient, ait également joué un rôle. Dans un tel cas, les fautes du chirurgien et de l'infirmière sont-elles directes ou indirectes ? Faut-il considérer que la faute de l'infirmière qui est, dans le temps, la plus proche du décès, est directe (*causa proxima*) ? Ne faut-il pas considérer, au contraire, que c'est la faute du chirurgien qui est directe parce qu'elle a été déterminante dans le processus fatal (cause déterminante) ? Les réponses sont incertaines.

À ce premier constat, s'ajoute un second problème lié à la nature exacte de la faute aggravée qui doit être prouvée **en cas de causalité indirecte**. Le texte prévoit **deux types de fautes** : la violation manifestement délibérée d'une obligation particulière de prudence ou de sécurité prévue par la loi ou le règlement, qui s'apparente à la faute de mise en danger délibérée, et une nouvelle sorte de faute, la faute caractérisée qui expose autrui à un risque d'une particulière gravité que la personne ne pouvait ignorait.

Le premier type de faute suppose nécessairement l'existence d'un texte imposant une obligation de prudence et de sécurité et la volonté de l'agent de violer cette obligation. Elle est donc rare en jurisprudence parce qu'elle ne peut être établie que dans des cas particuliers.

Jurisprudence

On citera le cas d'un directeur de club de plongée, condamné du chef d'homicide involontaire, pour avoir méconnu de manière délibérée les obligations de sécurité et de prudence prescrites par un arrêté, en laissant des stagiaires sans compétence d'encadrement procéder seuls à des stages d'initiation à la plongée *(Cass. crim., 2 déc. 2014, n° 14-80.114 – V. égal., Cass. crim., 11 juin 2013, n° 12-84.499)*.

La notion de faute caractérisée est beaucoup plus floue en revanche. En effet, le terme « caractérisé » n'a pas de sens très précis et signifie seulement que la faute doit être grave ou lourde.

Jurisprudence

Ainsi **la faute est « caractérisée » en présence d'une accumulation de fautes**, qui, prises séparément sont des fautes ordinaires *(Cass. crim., 23 janv. 2018, n° 16-81.748)*. La seule indication complémentaire donnée par le texte consiste dans le fait que la faute doit exposer autrui à un risque qu'il ne pouvait ignorer. Il semble, à ce titre, qu'il ne soit pas indispensable que le prévenu ait eu conscience du risque et que cette condition est donc plutôt objective, liée à la fonction de l'agent notamment *(V., pour le cas d'une infirmière n'ayant pas surveillé une élève infirmière en stage, Cass. crim., 26 juin 2001, n° 00-87.816)*. On aurait pu penser que la Cour de cassation préciserait la notion de faute caractérisée. Or elle se contente d'approuver ou non les juges du fond et n'a jamais donné de critère de distinction entre la faute ordinaire et la faute caractérisée. Il n'existe donc que des exemples de faute délibérée ou caractérisée mais pas de définition précise de ces concepts. Cette position de la Cour de cassation contribue à maintenir un flou juridique important même si la chambre criminelle contrôle la qualification de la faute par les juges du fond *(Cass. crim., 16 févr. 2016, n° 15-80.474 – Cass. crim., 27 mai 2015, n° 13-87.616)*.

II. La faute contraventionnelle

(C. pén., art. 121-3, al. 5)
L'article 121-3, alinéa 5 du Code pénal affirme qu'*« il n'y a point de contravention en cas de force majeure »*.

Ce texte s'avère peu explicite sur la question de l'élément moral requis pour les contraventions. On rappellera tout d'abord que **certaines contraventions sont intentionnelles, d'imprudence ou de mise en danger délibérée, lorsque le règlement le prévoit.**
Autrement dit, en matière de contraventions, tous les types de fautes se rencontrent.

En premier lieu, le pouvoir réglementaire peut préciser que le fait qu'il incrimine est intentionnel (V., par ex., le fait de tuer volontairement un animal domestique : *C. pén., art. R. 655-1*).

En deuxième lieu, il peut indiquer que la contravention requiert une faute d'imprudence ou de négligence (V. l'atteinte involontaire à l'intégrité physique entraînant une ITT inférieure à trois mois : *C. pén., art. R. 625-2*) ou une mise en danger délibérée (V. l'atteinte à l'intégrité physique par violation manifestement délibérée d'une obligation particulière de sécurité ou de prudence prévue par la loi ou le règlement : *C. pén., art. R. 625-3*).

En troisième lieu, **le texte peut ne rien prévoir au titre de l'élément moral de l'infraction**. C'est dans ce cas seulement que la faute contraventionnelle est suffisante. Celle-ci a une consistance très réduite. **La contravention est en effet caractérisée dès que le contrevenant a accompli l'élément matériel constitutif de l'infraction**. La seule réalisation matérielle des faits, c'est-à-dire la violation du règlement, constitue donc la faute contraventionnelle. Celle-ci ne présente ainsi aucun caractère psychologique en ce sens qu'il importe peu que le contrevenant ait accompli volontairement les faits ou même qu'il ait commis une faute d'imprudence : le seul fait de violer la réglementation démontre la faute. Mais la contravention résultant de la seule violation de la réglementation**, le contrevenant ne peut pas démontrer qu'il n'a pas commis de faute**, celle-ci découlant des faits eux-mêmes.

L'alinéa 5 de l'article 121-3 indique néanmoins qu'il est possible de s'exonérer d'une faute contraventionnelle. Il évoque la « force majeure », c'est-à-dire, en droit pénal, la contrainte, qui est une cause d'irresponsabilité *(C. pén., art. 122-2)*. En réalité, ce n'est pas le seul moyen pour le contrevenant d'échapper à sa responsabilité car il peut invoquer n'importe quelle cause d'irresponsabilité, comme l'altération des facultés mentales *(C. pén., art. 122-1)* ou encore l'état de nécessité *(C. pén., art. 122-7)*.

En définitive, le dernier aliéna de l'article 121-3 est mal rédigé en ce qu'il exprime très mal ce qu'est la faute propre aux contraventions.

	Intention	Mise en danger délibérée	Imprudence	Faute contraventionnelle
Crimes	OUI Principe sans exception	NON	NON	NON
Délits	OUI Principe	OUI quand la loi le prévoit *(ex : C. pén., art. 223-1)*	OUI quand la loi le prévoit *(ex : C. pén., art. 221-6, al. 1)*	NON
Contraventions	OUI quand le règlement le prévoit *(ex : C. pén., art. R. 625-1)*	OUI quand le règlement le prévoit *(ex : C. pén., art. R. 625-3)*	OUI quand le règlement le prévoit *(ex : C. pén., art. R. 625-2)*	OUI quand le texte ne prévoit rien *(ex : C. pén., art. R. 645-1)*

⏭ POUR ALLER PLUS LOIN...

- M.-E. CARTIER, La nouvelle définition des délits non intentionnels par la loi du 10 juillet 2000, RSC 2001, p. 725
- P. CONTE, Le lampiste et la mort, Dr. pén. 2001, chron. n° 2
- Y. MAYAUD, Retour vers la culpabilité non intentionnelle en droit pénal, D. 2000, p. 603
- E. FORTIS, Les conséquences de la loi du 10 juillet 2000 en droit pénal, RSC 2001, p. 737
- A. PONSEILLE, La faute caractérisée en droit pénal, RSC 2003, p. 79
- M.-L. RASSAT, Du Code pénal en général et de l'article 121-3 en particulier, Dr. pén., 1996 chron. n° 28
- P. SALVAGE, La loi du 10 juillet 2000, retour vers l'imprudence pénale, JCP G 2001, I, 281

TITRE 5
LES CLASSIFICATIONS DES INFRACTIONS PÉNALES

Il existe de nombreux critères de distinction entre les infractions mais la plus importante classification est celle qui est fondée sur la gravité de la sanction encourue, permettant de distinguer crimes, délits et contraventions. La nature des infractions conduit également à les distinguer.

Fiche n° 13 La classification fondée sur la gravité de la sanction

⏭ L'ESSENTIEL

La classification des infractions la plus importante est celle qui repose sur la gravité de la peine encourue par l'auteur des faits. Les crimes sont les infractions les plus sévèrement réprimées, les délits étant de gravité intermédiaire tandis que les contraventions constituent les infractions les moins graves, au regard de la peine encourue. Cette distinction tripartite des infractions emporte de nombreuses conséquences, de droit pénal comme de procédure pénale.

⏭ LES CONNAISSANCES

La distinction la plus importante opérée entre les infractions est celle qui se fonde sur leur gravité. Il s'agit de la classification tripartite des infractions, qui entraîne de multiples conséquences.

§1 La classification tripartite des infractions

Cette classification très ancienne utilise le critère de la gravité de la peine, ce qui ne va pas sans poser certaines difficultés.

I. Le critère de la classification : la gravité de la peine encourue

Affirmer que les infractions sont classées en fonction de leur gravité n'est pas tout à fait exact. En effet, **c'est la peine qui permet de déterminer quelle est la nature de l'infraction**, et c'est donc par voie de conséquence que l'on peut dire que l'infraction pour laquelle une peine sévère est encourue est une infraction grave.

> (C. pén., art. 111-1)
> Pourtant le Code pénal maintient cette confusion en affirmant dans son article 111-1, que « *les infractions sont classées, suivant leur gravité, en crimes, délits et contraventions* ».

Il conviendrait mieux de dire que **les infractions sont classées, suivant la gravité de la peine applicable, en crimes, délits et contraventions.**

En définitive, il revient évidemment au législateur et à lui seul de décider de la gravité de la peine et donc de la nature de l'infraction. À ce titre, l'évolution de la société conduit parfois à des modifications très importantes de l'appréciation de la gravité de certains actes. Par exemple, l'avortement fut pendant très longtemps un crime, avant d'être correctionnalisé, c'est-à-dire transformé en délit, puis d'être presque dépénalisé aujourd'hui.

Le Code pénal actuel détermine précisément quelles sont les peines applicables aux crimes, aux délits et aux contraventions. **Les peines criminelles principales sont la réclusion ou la détention criminelle, à perpétuité ou à temps** (V. Fiche n° 29), **les peines correctionnelles ou délictuelles principales sont l'emprisonnement ou l'amende d'un minimum égal à 3 750 €** (V. Fiche n° 30). Enfin **les peines applicables aux contraventions sont l'amende et les peines privatives ou restrictives de droit** (V. Fiche n° 32).

Ces sanctions sont les peines encourues pour les infractions considérées, le juge ayant la faculté de prononcer une peine inférieure à celle prévue par le texte, en vertu de son pouvoir d'individualisation de la sanction. Par conséquent, **la détermination de la nature de l'infraction se fait par rapport au texte d'incrimination et non pas par rapport à la peine finalement prononcée**.

II. L'application du critère

A priori, le critère est aisément utilisable puisqu'il suffit de se reporter au texte pour savoir quelle est la nature de la peine donc de l'infraction. On ajoutera d'ailleurs qu'en matière de contravention, il existe un indice supplémentaire en ce sens que le domaine des contraventions relève, on l'a dit, du pouvoir réglementaire. Ainsi, les textes répressifs de nature réglementaire punissent nécessairement des contraventions. En revanche, l'inverse n'est pas vrai, le législateur au sens strict pouvant créer des contraventions (V., par ex. la contravention d'achat d'actes sexuels auprès d'une personne prostituée : *C. pén., art. 611-1*).

Il faut observer que les peines, telles qu'elles sont prévues par le Code pénal, peuvent être choisies par le législateur, c'est-à-dire que, pour un délit par exemple, le texte ne prévoit pas nécessairement cumulativement une peine d'emprisonnement et une peine d'amende, même si c'est le cas le plus souvent. Ainsi, certains délits ne sont punissables que d'une peine d'amende.

Cependant, si la nature de l'infraction se détermine par rapport aux peines prévues par le texte d'incrimination, **il est possible que le juge applique des peines qui ne correspondent pas à la nature de l'infraction**. Le problème se pose **en matière criminelle**. En effet, la Cour d'assises saisie de faits criminels dispose du pouvoir de fixer avec une grande liberté la peine applicable au condamné. Si l'on prend l'exemple d'un assassinat, crime punissable de la réclusion criminelle à perpétuité, l'article 132-18, alinéa 1er du Code pénal autorise la cour d'assises à prononcer une peine beaucoup plus faible, en descendant jusqu'à deux ans d'emprisonnement au minimum. S'il s'agit d'un meurtre, crime encourant la réclusion criminelle de 30 ans, les juges peuvent descendre jusqu'à un an d'emprisonnement, selon l'alinéa 2 du même texte. Par conséquent, il est possible que des crimes soient punis de peines correctionnelles et non criminelles.

De la même manière, **en matière correctionnelle**, si le minimum de la peine d'amende encourue est de 3 750 €, **les juges sont parfaitement libres de prononcer une peine d'un montant plus faible et ce, sans aucune limite**. Ainsi, le délit peut être puni en définitive d'une peine qui est encourue pour une contravention. Par conséquent, la nature de l'infraction est bien déterminée par référence à la peine encourue et non à la peine prononcée.

§2 Les conséquences de la classification tripartite

La classification tripartite des infractions entraîne des conséquences importantes de fond comme de forme.

I. Les conséquences de fond

Le Code pénal utilise fréquemment la distinction entre crimes, délits et contraventions pour déterminer le domaine d'application de certaines règles. Ainsi, la **tentative** est toujours incriminée en matière criminelle, elle peut l'être pour les délits si le législateur le prévoit mais elle ne l'est jamais en matière contraventionnelle. Il en va de même pour la **complicité**. La complicité par provocation ou instigation est punissable quelle que soit la nature de l'infraction principale, alors que la complicité par aide ou assistance n'est punissable qu'en matière de crimes ou de délits (V. Fiche n° 16).

S'agissant des peines, **la distinction entre crimes, délits et contraventions est utilisée pour fixer le délai de prescription de la peine**. Pour les crimes, ce délai est, en principe, de 20 ans, pour les délits, de 6 ans et pour les contraventions, de 3 ans (*C. pén., art. 133-2 à 133-4* – V. Fiche n° 44, § 1).

Les règles relatives à la récidive (V. Fiche n° 41) et au sursis (V. Fiche n° 38) dépendent également de la nature criminelle, délictuelle ou contraventionnelle de l'infraction.

II. Les conséquences de forme

La classification des infractions selon la gravité des peines est d'une importance considérable en procédure pénale. Elle fonde la **distinction entre les différentes juridictions pénales**. Le tribunal de police est compétent uniquement pour juger les contraventions, le tribunal correctionnel pour juger les délits et les contraventions connexes et la cour d'assises pour juger les crimes et toutes les infractions connexes.

De même les **voies de recours** ne sont pas les mêmes selon la gravité de l'infraction. Jusqu'à la loi [n° 2000-516] du 15 juin 2000, les verdicts de cour d'assises n'étaient susceptibles que d'un pourvoi en cassation. Depuis le 1er janvier 2001, un appel contre les décisions de condamnation est possible, les faits étant rejugés par une autre cour d'assises. Une décision d'acquittement peut aussi faire l'objet d'un appel, depuis la loi [n° 2002-307] du 4 mars 2002, mais par le seul procureur général *(CPP, art. 380-2)*. Par ailleurs, si l'appel en matière correctionnelle est toujours ouvert, tel n'est pas le cas pour les contraventions, l'article 546 du CPP ne l'autorisant que dans certains cas.

En outre, l'instruction préparatoire est toujours requise en matière criminelle et pour les délits commis par des mineurs, sauf exceptions *(V. Ord. n° 45-174, 2 févr. 1945, art. 5)*. Elle est facultative pour les délits commis par des majeurs et exceptionnelle pour les contraventions *(CPP, art. 79)*. De même les règles applicables en matière de détention provisoire varient selon qu'il s'agit d'un crime ou d'un délit *(CPP, art. 145-1 et s.)*.

Enfin, **les délais de prescription de l'action publique sont fixés en fonction de la gravité des infractions** : ils sont en principe de 20 ans pour les crimes, de 6 ans pour les délits et d'un an pour les contraventions depuis la loi n° 2017-242 du 27 février 2017 *(CPP, art. 7 à 9)*.

⏭ POUR ALLER PLUS LOIN...

– J. MOULY, La classification tripartite dans la législation contemporaine, RSC 1982, p. 3

– J.-H. ROBERT, La classification tripartite des infractions dans le nouveau Code pénal, Dr. pén.1995, chron. n° 1

Fiche n° 14 La classification fondée sur la nature des infractions

L'ESSENTIEL

Il existe de nombreuses distinctions selon la nature des infractions, parmi lesquelles celle entre infractions de droit commun, infractions politiques, infractions militaires et infractions terroristes.

L'infraction politique n'est pas définie dans le Code pénal. Le droit français considère qu'est politique l'infraction dont l'objet est politique, c'est-à-dire la contestation par des moyens illicites et souvent violents du pouvoir en place ou du régime politique. Le critère tiré du mobile politique est rejeté.

L'infraction militaire est celle qui est commise par un militaire et qui est incriminée dans le Code de justice militaire, comme la désertion. L'intérêt de la qualification réside dans le fait qu'il existe des juridictions spéciales pour juger ces infractions.

Les infractions terroristes sont des infractions de droit commun, comme le meurtre ou les destructions, ou des infractions spéciales, commises en relation avec une entreprise terroriste qui a pour but de troubler l'ordre public par l'intimidation ou la terreur. La qualification d'infraction terroriste a de nombreuses conséquences notamment procédurales, comme le jugement par une cour d'assises spéciales et de nombreuses règles dérogatoires défavorables, relatives à la garde à vue ou à la prescription de l'action publique.

LES CONNAISSANCES

Il n'est pas question ici de détailler l'ensemble des infractions en fonction de leur nature, ce qui relève du droit pénal spécial. On se contentera de mettre en lumière trois types d'infractions dont la spécificité apparaît tant dans leur nature que dans leur régime juridique. Il s'agit des infractions politiques, des infractions militaires et des infractions terroristes.

§1 Les infractions politiques

Il faut commencer par définir ce qu'on appelle infractions politiques avant de voir quel est le régime juridique de ces infractions

I. La définition des infractions politiques

La question des infractions politiques s'avère très sensible parce qu'elle sous-entend que des personnes mènent un combat violent contre l'autorité ou les structures de l'État, ce qui présente un danger social particulier. Dans les périodes de désordre, les auteurs d'infractions politiques sont souvent traités avec une grande sévérité alors que la tendance s'inverse plutôt dans les périodes de stabilité politique.

Deux conceptions peuvent être soutenues pour définir l'infraction politique. Soit on considère que l'infraction présente une nature politique en raison des mobiles qui ont animé l'auteur des faits. Dans ce cas, n'importe quelle infraction peut, selon les circonstances de sa commission, devenir une infraction politique, le meurtre d'un chef d'État par exemple. Soit on retient comme critère l'objet politique de l'infraction et, dans ce cas, seules certaines infractions spéciales peuvent avoir un caractère politique, telles que le mouvement insurrectionnel.

Le Code pénal n'a jamais donné de définition des infractions politiques. En revanche, celles-ci sont indirectement **définies en fonction de la peine applicable, du moins dans le cas des crimes.** En effet, le crime politique est celui qui est réprimé par une peine particulière, la **détention criminelle,** au lieu de la réclusion criminelle pour les crimes de droit commun. Par conséquent, le critère légal de l'infraction politique criminelle réside dans la nature de la peine et seuls sont politiques les crimes que le législateur désigne comme tels. Il s'agit d'un certain nombre de crimes prévus par le **Livre IV du Code pénal**, comme le fait d'organiser, de diriger ou de participer à un mouvement insurrectionnel *(C. pén., art. 412-3 à 412-6)*. En définitive, c'est le **critère de l'objet de l'infraction** qui est implicitement retenu par le législateur.

Le problème n'est cependant pas entièrement résolu parce qu'il n'y a **pas de peine spécifique pour les délits politiques**. Ici, c'est la jurisprudence qui se prononce sur le critère à retenir. En pratique, elle se réfère aussi à **l'objet de l'infraction** pour déterminer sa nature politique et rejette le critère subjectif tiré des mobiles de l'agent.

Jurisprudence

Elle a notamment décidé, en matière criminelle mais avant le Code pénal actuel, que l'assassinat d'un chef d'État restait une infraction de droit commun et ne devenait pas politique en raison des mobiles de l'agent (*Cass. crim., 20 août 1932*, Bull. crim. *n° 207, assassinat du Président de la République*

Paul Doumer par Gorguloff). La conséquence pratique de cette conception fut l'application de la peine de mort à l'assassin alors que celle-ci avait été abolie pour les crimes politiques en 1848. En définitive, cette position est conforme au principe de l'exclusion des mobiles pour déterminer l'intention coupable.

Dans un arrêt récent *(Cass. crim., 28 mars 2017, n° 15-84.940)*, la chambre criminelle a jugé que le délit de participation à un attroupement après sommation de se disperser *(C. pén., art. 431-4)* était un délit politique, sans donner aucune explication mais elle a manifestement appliqué le critère de l'objet de l'infraction.

II. Le régime juridique de l'infraction politique

Les intérêts de qualifier une infraction de politique sont d'importance inégale. Les infractions politiques figurant au Titre I du Livre IV du Code pénal sont jugées, pour certaines d'entre elles et en temps de paix, par des juridictions militaires spécialisées. Il s'agit de la cour d'assises spéciale sans jurés pour les crimes et du tribunal correctionnel spécialisé en matière militaire pour les délits *(CPP, art. 702)*. En temps de guerre, ces infractions sont jugées par les tribunaux des forces armées *(CPP, art. 701)*.

Pendant longtemps, on a insisté sur la différence de régime pénitentiaire entre les condamnés à des peines de droit commun et ceux condamnés pour infractions politiques. Aujourd'hui, cette différence subsiste mais de manière très limitée *(CPP, art. D. 490 et s.)*.

C'est surtout au titre du droit de l'extradition que la nature politique de l'infraction possède un intérêt. **L'article 696-4, 2° du CPP exclut en effet l'extradition par la France d'une personne pour une infraction politique.** Cependant, il convient de rappeler que cette règle ne s'applique qu'à défaut de convention internationale. Or, si la Convention européenne d'extradition de 1957 reprend la même règle dans son article 3, 1°, la Convention européenne pour la répression du terrorisme précise que les infractions terroristes ne sont pas considérées comme politiques au regard de l'extradition.

§2 Les infractions militaires

Il convient de nouveau de définir la notion d'infraction militaire avant de voir quelles sont les conséquences d'une telle qualification.

I. La définition des infractions militaires

La détermination des infractions militaires ne pose pas le même type de difficulté que celle des infractions politiques puisqu'il s'agit des **infractions qui sont définies dans le Titre II du Livre III du Code de justice militaire**. Il s'agit notamment de manquements par les militaires à la discipline ou à leurs obligations, comme la désertion *(CJM, art. L. 321-2 et s.)*, l'insoumission *(CJM, art. L. 321-1)* ou l'insubordination *(CJM, art. L. 323-1 et s.)* mais aussi d'infractions très graves telles que la capitulation devant l'ennemi, punie de la réclusion à perpétuité *(CJM, art. L. 322-1)*.

Cependant il faut noter que sont également des infractions militaires les infractions de droit commun, comme un vol ou des violences, commises par un militaire dans le cadre de son service.

II. Les conséquences de la qualification d'infraction militaire

La qualification d'infraction militaire emporte des conséquences de fond et de forme. **Sur le fond, il existe des peines exclusivement applicables aux militaires condamnés, comme la destitution ou la perte du grade** *(CJM, art. L. 311-4 et s.)*.

Sur la forme, les incidences sont importantes puisque les militaires sont jugés par des **juridictions spécialisées**. En temps de guerre, les infractions militaires sont de la compétence des tribunaux territoriaux des forces armées, si elles sont commises en France ou des tribunaux militaires aux armées si elles sont commises à l'étranger *(CJM, art. L. 1 et L. 2)*. En temps de paix, si les infractions sont commises en France, certaines juridictions de droit commun sont compétentes pour les juger. Un décret désigne en effet un certain nombre de tribunaux correctionnels et de cours d'assises compétents pour juger ces infractions militaires. Ces cours d'assises ont une composition spéciale puisqu'elles ne comportent pas de jury mais seulement 5 magistrats professionnels *(CPP, art. 698-6)*. Si les infractions sont commises, en temps de paix, hors du territoire de la République, elles relèvent de la compétence des juridictions de Paris *(CJM, art. L. 121-1)*.

§3 Les infractions terroristes

Le terrorisme, en tant que notion juridique, n'est apparu que récemment en droit pénal français. L'analyse de sa définition s'avère nécessaire avant d'en examiner le régime juridique (V. égal. Fiche n° 72).

I. La définition des infractions terroristes

Les infractions terroristes ont été introduites en droit français par une loi n° 86-1020 du 9 septembre 1986, de manière ambiguë. En effet, c'est au sein du CPP que le législateur a déterminé un régime spécial applicable à certaines infractions de droit commun, commises dans un but « terroriste ». L'objectif essentiel était de soumettre ces infractions à une cour d'assises spéciales sans jurés. Le législateur a clarifié les choses lors de la réforme du Code pénal en insérant les infractions de terrorisme au sein de ce dernier, aux articles 421-1 et suivants. Cependant, la technique reste semblable, à savoir que **le législateur énumère, le plus souvent, des infractions de droit commun qui deviennent terroristes lorsqu'*« elles sont intentionnellement en relation avec une entreprise individuelle ou collective ayant pour but de troubler gravement l'ordre public par l'intimidation ou la terreur*** ».

La liste des infractions est assez longue et comprend notamment les atteintes volontaires à la vie et à l'intégrité physique, l'enlèvement et la séquestration, le détournement d'aéronef, les vols, destructions et dégradations, les infractions en matière informatique, la vente, l'importation ou l'exportation de substances explosives etc.

Le législateur n'avait défini, à l'origine, qu'une seule infraction terroriste qui ne soit pas une infraction de droit commun. Il s'agit du crime prévu par l'article 421-2 qui réprime le fait d'introduire dans l'atmosphère, sur le sol, dans le sous-sol ou dans les eaux une substance de nature à mettre en péril la santé de l'homme ou des animaux ou le milieu naturel, si ces faits sont en relation avec une entreprise terroriste. D'autres infractions spéciales ont été créées depuis, notamment par des lois récentes *(V. C. pén., art. 421-2-4-1, 421-2-5-1 et 421-2-6)*.

La définition du terrorisme passe donc par celle de l'entreprise terroriste. La doctrine a souligné que le législateur n'avait pas réellement défini le terrorisme puisqu'il s'est contenté d'exiger un but chez les auteurs des actes, qui soit de troubler l'ordre public par l'intimidation ou la terreur. Or définir le terrorisme par la terreur qu'il provoque n'est guère éclairant. Autrement dit, ce sont les juges qui apprécient l'existence de ce but, lequel est moins celui des auteurs des actes que celui de « l'entreprise » terroriste.

II. Le régime juridique des infractions terroristes

Dès 1986, il s'est agi de traiter les infractions terroristes et leurs auteurs d'une manière spécifique, notamment au point de vue de la procédure. Cependant, au fond, ces infractions présentent également des spécificités, à savoir que **le Code pénal prévoit que les infractions commises par les terroristes, qui sont donc d'abord des infractions de droit commun, sont aggravées lorsqu'elles sont en relation avec une entreprise terroriste.** L'article 421-3 prévoit donc pour chacune d'entre elles la peine encourue, en fonction de celle prévue pour l'infraction de droit commun. Ainsi, le texte indique que lorsque l'infraction de droit commun encourt 30 ans de réclusion criminelle, comme un meurtre par exemple, la peine est portée à la perpétuité. Parallèlement, **le législateur a prévu une exemption de peine pour les « repentis »**.

(C. pén., art. 422-1)
En effet, l'article 422-1 dispose que *« toute personne qui a tenté de commettre un acte de terrorisme est exempte de peine si, ayant averti l'autorité administrative ou judiciaire, elle a permis d'éviter la réalisation de l'infraction et d'identifier, le cas échéant, les autres coupables »*.

On notera encore que **le délai de prescription de la peine est porté à 30 ans pour les crimes terroristes**, au lieu de 20 ans pour les crimes de droit commun et **à 20 ans pour les délits**, au lieu de 6 ans *(C. pén., art. 133-2 et 133-3)*.

Au titre de la procédure, le régime des infractions terroristes est très particulier même s'il a été largement intégré par la loi n° 2004-204 du 9 mars 2004 dans celui de la criminalité organisée, applicable à d'autres infractions. S'agissant des **pouvoirs d'investigations** confiées à la police, il faut noter que les articles 706-89 et suivants du CPP prévoient que, sur autorisation du juge des libertés et de la détention, les policiers peuvent, si les nécessités de l'enquête l'exigent, procéder à des perquisitions, dans le cadre d'une enquête de flagrance ou préliminaire, en dehors des heures légales, c'est-à-dire de nuit.

Le régime de la **garde à vue** est également différent. L'article 706-88 du CPP permet en effet une prolongation supplémentaire de la garde à vue de 48 heures sur autorisation du juge des libertés ou de la détention, ou du juge d'instruction si les policiers agissent sur commission rogatoire. Une prolongation de 48 heures supplémentaires peut même être décidée en cas de risque de commission imminente d'actes de terrorisme, ce qui porte la garde à vue à une durée totale de 6 jours. Dans le même temps, le droit de consulter un avocat est repoussé à la 72e heure alors que ce droit est accordé, en principe, dès le début de la garde à vue, pour une infraction de droit commun.

Les juridictions compétentes pour juger les criminels terroristes sont spécifiques. Les crimes terroristes sont de la compétence d'une cour d'assises spéciale sans jurés, composée de 5 magistrats professionnels *(CPP, art. 698-6 et 706-25)*. Les délits restent quant à eux de la compétence des juridictions de droit commun. Les procédures peuvent enfin être dès l'instruction centralisées à Paris, selon l'article 706-17 du CPP, la compétence des juridictions parisiennes étant concurrente de celle des juridictions « locales ».

La dernière spécificité tient au **délai de prescription de l'action publique** qui est porté à **30 ans pour les crimes**, au lieu de 20 ans en principe, et à **20 ans pour les délits**, au lieu de 6 ans pour les infractions de droit commun *(CPP, art. 7 et 8)*.

⏭ POUR ALLER PLUS LOIN...

- J.-J. LEMOULAND, Les critères jurisprudentiels de l'infraction politique, RSC 1988, p. 16
- J.-P. MARGUÉNAUD, La qualification pénale des actes de terrorisme, RSC 1990, p. 1
- M.-E CARTIER, Le terrorisme dans le nouveau Code pénal, RSC 1995, p. 225
- R. OLLARD et O. DESAULNAY, La réforme de la législation anti-terroriste ou le règne de l'exception pérenne, Dr. pén. 2015, étude 1

TITRE 6
LES PERSONNES PÉNALEMENT RESPONSABLES

Jusqu'au Code pénal de 1994, le droit pénal français n'envisageait que la responsabilité des personnes physiques, c'est-à-dire des êtres humains. Seules quelques lois particulières autorisaient le juge à condamner une personne morale pour une infraction. Depuis la refonte du Code pénal, il faut distinguer entre le régime applicable aux personnes physiques et celui applicable aux personnes morales, même si, comme on le verra, il n'existe pas de cloisonnement entre ces deux formes de responsabilité pénale, les personnes morales pouvant être auteurs ou complices et pouvant, au moins en théorie, bénéficier des mêmes causes d'irresponsabilité pénale que les personnes physiques.

SOUS-TITRE 1
LES PERSONNES PHYSIQUES

Une infraction peut être commise soit par une seule personne, soit par plusieurs, qui peuvent avoir un rôle identique ou différent dans la réalisation des faits. Le Code pénal distingue, à ce titre, l'auteur de l'infraction du complice. Il convient donc de reprendre cette distinction légale.

Fiche n° 15 L'auteur

⏭ L'ESSENTIEL

L'auteur matériel se distingue de l'auteur moral de l'infraction. Le premier accomplit chacun des éléments constitutifs matériel et intellectuel l'infraction alors que le second, également appelé instigateur, ne réalise pas lui-même les faits incriminés mais les fait accomplir par un exécutant. Le droit pénal français ne traite pas l'instigateur comme un auteur, de manière générale, mais comme un complice. Cela conduit à des lacunes dans la répression, puisqu'il arrive que l'exécutant ne passe pas à l'acte.

En droit pénal, nul ne peut être responsable pour le fait commis par autrui. Ce principe ne comporte que des exceptions apparentes, comme dans le cas de la responsabilité pénale du chef d'entreprise, qui est bien une responsabilité pour le fait personnel de ce dernier.

⏭ LES CONNAISSANCES

Théoriquement, la définition de l'auteur de l'infraction est simple puisqu'il s'agit de la personne qui a accompli les éléments constitutifs de l'infraction. En réalité, cette simplicité n'est qu'apparente en raison de l'existence de plusieurs sortes d'auteurs. Il est alors nécessaire de différencier l'auteur matériel, l'auteur moral et le cas de la responsabilité du chef d'entreprise.

§1 L'auteur matériel

(C. pén., art. 121-4)
Selon l'article 121-4 du Code pénal, « *est auteur de l'infraction la personne qui :*
1° commet les faits incriminés ;
2° tente de commettre un crime ou, dans les cas prévus par la loi, un délit ».

Le Code pénal définit donc l'auteur par rapport au rôle qu'il a joué dans la réalisation matérielle de l'infraction, soit qu'il ait consommé celle-ci, soit qu'il l'ait tentée. En principe, la détermination de l'auteur ne pose pas de difficultés mais parfois la Cour de cassation rappelle que seul l'auteur de l'infraction est responsable pénalement, ce qu'affirme l'article 121-1 du Code pénal.

(C. pén., art. 121-1) « ***Nul n'est responsable que de son propre fait*** ».

Jurisprudence

Ainsi, dans une affaire jugée en 2013 *(Cass. crim., 3 avr. 2013, n° 12-82.551)*, le président d'une société a été poursuivi pour paiement de salaires inférieurs à celui fixé par les stipulations d'une convention ou d'un accord collectif, infraction du Code du travail. La décision de condamnation a été cassée car le prévenu avait été nommé président de la société à une date postérieure à la commission des faits ce qui empêchait qu'il fût pénalement responsable des actes imputables au précédent dirigeant.

En pratique, il arrive que plusieurs personnes aient participé en même temps à l'infraction. C'est la situation dite de la coaction, les intéressés étant alors **coauteurs de l'infraction**. En principe, est coauteur celui qui, avec d'autres personnes, accomplit personnellement l'élément matériel de l'infraction tout en ayant l'état d'esprit correspondant, c'est-à-dire l'élément moral de l'infraction considérée. La question se pose parfois de savoir à partir de quand l'on devient auteur, sachant qu'en deçà d'une certaine participation matérielle, c'est la complicité qui doit être retenue. Ce sont les juges qui apprécient souverainement la qualité d'auteur ou de complice et il arrive parfois que la jurisprudence considère comme auteurs des agents qui manifestement n'étaient que complices.

Jurisprudence

Ainsi la Cour de cassation a admis que celui qui fait le guet pendant le cambriolage accompli par un autre est coauteur du vol, ce qui apparaît critiquable (*Cass. crim., 7 déc. 1954, Bull. crim. n° 375)*. Un tel raisonnement n'a d'intérêt que si la complicité n'est pas punissable (V. Fiche n° 16).

Le législateur prend parfois en compte le caractère collectif de l'infraction comme une circonstance aggravante de l'infraction. Ainsi, le vol commis « en réunion » est plus sévèrement puni par l'article 311-4, 1°.

(C. pén., art. 132-71)
Lorsque le caractère collectif présente une grande élaboration, on parle de « bande organisée », définie par l'article 132-71 comme *« tout groupement formé ou toute entente établie en vue de la préparation, caractérisée par un ou plusieurs faits matériels, d'une ou plusieurs infractions »*.

La bande organisée constitue également une circonstance aggravante de certaines infractions, comme le vol, l'escroquerie ou le trafic de stupéfiants. On observera que la circonstance peut être caractérisée même si une seule personne est poursuivie pour les faits puisqu'il s'agit d'appréhender une structure criminelle coordonnée même si les différents participants n'ont pu être poursuivis.

D'autres infractions sont, par nature, collectives, c'est-à-dire qu'elles ne peuvent être commises que par plusieurs personnes, comme la participation à un attroupement *(C. pén., art. 431-3, al. 1er)*, à une manifestation illicite *(C. pén., art. 431-9)* ou à une association de malfaiteurs *(C. pén., art. 450-1)*.

La difficulté qui peut parfois se présenter pour les juges consiste dans la détermination du rôle de chacun des participants à l'infraction. Le problème se pose notamment en cas de violences collectives, lorsqu'il n'est pas possible d'identifier avec précision qui a porté tel coup à la victime.

Jurisprudence

La Cour de cassation considère alors qu'il importe peu de ne pas pouvoir établir le rôle exact joué par chaque participant, tous étant considérés comme coauteurs d'une même infraction *(Cass. crim., 13 juin 1972, n° 71-92.246)*.

Enfin, se pose la question de **celui qui se sert d'une autre personne comme d'un instrument pour commettre une infraction**, le tiers étant de bonne foi, c'est-à-dire ignorant le rôle qu'on lui fait jouer. Dans cette hypothèse, il faudrait considérer que l'auteur est celui qui manipule le tiers même s'il n'accomplit pas matériellement les faits (V. Fiche n° 10, le cas de la tentative d'empoisonnement par personne interposée, *Cass. crim., 2 juill. 1886, S. 1887, I, p 489*).

La question de l'auteur matériel s'avère donc assez simple à résoudre et elle dépend essentiellement de la manière dont les textes sont rédigés et surtout de l'appréciation des circonstances faite par les juges du fond. La question de l'auteur moral ou instigateur apparaît beaucoup plus délicate.

§2 L'auteur moral ou instigateur

L'auteur moral ou intellectuel de l'infraction est celui qui ne réalise pas lui-même les faits incriminés par la loi pénale et les fait accomplir par un autre c'est-à-dire un exécutant. L'auteur moral peut donc être désigné comme l'instigateur, le « cerveau » de l'infraction, assez intelligent pour déterminer les conditions de réalisation de l'infraction sans se « salir les mains » en l'accomplissant lui-même. On perçoit que ce type de criminel ou de délinquant est particulièrement dangereux et très difficile à appréhender.

Juridiquement, **l'instigateur n'est pas auteur matériel des faits** même s'il possède incontestablement l'intention de faire réaliser ceux-ci. **Il arrive, exceptionnellement, qu'il soit néanmoins considéré par la Cour de cassation comme auteur**.

Jurisprudence

C'est le cas en matière de faux en écritures, infraction pour laquelle elle considère, depuis très longtemps, que celui qui donne les instructions pour réaliser un faux document en est l'auteur intellectuel *(Cass. crim., 21 mai 1963, Bull. crim. n° 180)*. Cela peut s'expliquer par le fait que le texte d'incrimination *(C. pén., art. 441-1)* réprime toute altération de la vérité par *« quelque moyen que ce soit »*, formule qui s'avère très large.

Cependant, **en général, le droit pénal français appréhende l'instigateur non comme un auteur mais comme un complice.** Or, cette solution est source de difficultés. En effet, l'instigateur ne peut être puni si l'exécutant n'est pas lui-même passé à l'acte, ce qui peut aboutir à une impunité fort critiquable.

Jurisprudence

Tel fut le cas dans deux affaires célèbres jugées en 1962 (*Lacour et Benamar*, V. Fiche n° 10), dans lesquelles des individus, souhaitant supprimer des personnes gênantes, avaient recouru aux services de tiers, à qui ils avaient donné toutes les instructions et renseignements nécessaires afin d'assassiner les victimes. Les exécutants n'étant pas passés à l'action, les instigateurs furent poursuivis au titre de la tentative d'assassinat. La Cour de cassation ne put que constater, d'une part, que la tentative n'était pas caractérisée, faute de commencement d'exécution, et, d'autre part, que la complicité par instigation ne l'était pas davantage, faute de fait principal punissable *(Cass. crim., 25 oct. 1962, Bull. crim. n° 292 et n° 293)*. Ainsi, **l'instigation non suivie d'effet n'est pas punissable en principe.**

Cette impunité scandaleuse conduisit la doctrine à proposer de réprimer l'instigation dans tous les cas, même en l'absence de réalisation par l'exécutant de l'infraction projetée. Le projet de Code pénal de 1986 avait introduit l'incrimination de l'instigation, même non suivie d'effet, en considérant l'instigateur comme un auteur mais les parlementaires ont rejeté cette innovation et la situation actuelle demeure : l'instigation non suivie d'effet n'est pas punissable en tant que telle.

Pour pallier cette lacune, la loi n° 2004-204 du 9 mars 2004 portant adaptation de la justice aux évolutions de la criminalité a créé un premier **délit spécial**, l'instigation non suivie d'effet à commettre un assassinat ou un empoisonnement.

(C. pén., art. 221-5-1)
Le nouvel article 221-5-1 dispose que *« le fait de faire à une personne des offres ou des promesses ou de lui proposer des dons, présents ou avantages quelconques afin qu'elle commette un assassinat ou un empoisonnement est puni, lorsque ce crime n'a été ni commis ni tenté de dix ans d'emprisonnement et de 150 000 € d'amende »*.

Le législateur a ensuite créé un autre texte *(C. pén., art. 227-28-3)*, réprimant l'instigation non suivie d'effet à commettre un viol, une agression ou une atteinte sexuelle sur mineur. Enfin, est également réprimée l'instigation non suivie d'effet à la participation à une association de malfaiteurs terroriste ou à la commission d'actes de terrorisme *(C. pén., art. 421-2-4)*.

Il existe de toute façon des **moyens pour réprimer même en l'absence de passage à l'acte**. Ainsi, des **infractions spéciales de provocation** à commettre des infractions sont parfois réprimées même si l'exécutant n'a pas agi.

(C. pén., art. 411-11)
L'article 411-11 du Code pénal est exemplaire à cet égard, même si son domaine d'application est assez restreint en pratique. Il dispose que « *le fait, par promesses, offres, pressions, menaces ou voies de fait, de provoquer directement à commettre l'un des crimes prévus au présent chapitre (infractions de trahison et d'espionnage), lorsque la provocation n'est pas suivie d'effet en raison de circonstances indépendantes de la volonté de son auteur, est puni de 7 ans d'emprisonnement* ».

On peut également citer la provocation publique à commettre des infractions, telles que les atteintes volontaires à la vie, à l'intégrité physique, les agressions sexuelles, les vols etc. *(L. 29 juill. 1881, art. 24)* ou la provocation à l'usage de stupéfiants *(CSP, art. L. 3421-4)*, réprimées toutes deux quand bien même elles ne seraient pas suivies d'effet.

Jurisprudence

De même, les personnes qui se sont mises d'accord pour réaliser une infraction peuvent être poursuivies pour le **délit d'association de malfaiteurs** de l'article 450-1 du Code pénal *(V. Cass. crim., 30 avr. 1996, n° 94-86.107)*.

Le législateur peut encore **réprimer comme auteur celui qui fait commettre l'infraction**. Ainsi, l'article 211-1 réprime le génocide, archétype du crime contre l'humanité, en le définissant comme le fait de commettre certains actes ou « *de faire commettre* » ces actes. L'article 223-8 incrimine, quant à lui, l'expérimentation sur la personne humaine comme « *le fait de pratiquer ou de faire pratiquer* » une recherche biomédicale sans le consentement de la personne. On trouve même des textes qui visent spécialement l'instigateur en prévoyant les mêmes peines que pour l'auteur matériel. Par exemple, les articles L. 323-2 et L. 323-3 du CJM, réprimant l'infraction de « révolte », qui consiste en une concertation entre militaires pour refuser d'obéir ou pour agir contre les ordres reçus, visent les « instigateurs » et, dans le premier cas (révolte en temps de paix), ils sont punis plus sévèrement que les auteurs matériels.

Il reste que ces textes ne règlent que ponctuellement la difficulté de l'instigation et il apparaît regrettable d'avoir abandonné l'incrimination générale de l'instigation, suivie ou non d'effet, ce qui aurait permis de considérer juridiquement l'instigateur comme ce qu'il apparaît criminologiquement, c'est-à-dire comme le véritable auteur de l'infraction matériellement commise par un autre.

Cette même idée se retrouve lorsqu'il s'agit de se demander si l'on peut être pénalement responsable pour le fait infractionnel commis par autrui.

§3 La responsabilité pénale du dirigeant d'entreprise

> (C. pén., art. 121-1)
> L'article 121-1 du Code pénal prévoit que *« nul n'est responsable que de son propre fait »*.

Ainsi, le **principe de la responsabilité du fait personnel** suppose que l'on ne peut condamner une personne que pour des faits qu'elle a réalisés elle-même. On notera que si l'on admettait la responsabilité de l'instigateur comme auteur de l'infraction, il ne s'agirait pas d'une exception à ce principe puisque l'instigateur serait puni pour son fait personnel, c'est-à-dire pour des actes de provocation à l'infraction.

Ce principe de la responsabilité du fait personnel est associé étroitement à celui de la **personnalité des peines** qui impose que la personne qui subit la peine ne peut être que celle qui a été déclarée coupable de l'infraction. Cependant, ce second principe connaît des exceptions assez importantes. Ainsi, l'article L. 121-3 du Code de la route permet de mettre à la charge du titulaire de la carte grise les amendes prononcées pour les infractions en matière de dépassement de la vitesse autorisée. Plus généralement, s'il n'est pas possible d'emprisonner les héritiers du coupable de l'infraction qui aurait été condamné à une peine privative de liberté, le Code pénal prévoit que les amendes infligées au condamné ultérieurement décédé se transmettent à ses héritiers qui sont donc tenus de les payer alors qu'ils ne sont pas coupables de l'infraction *(C. pén., art. 133-1)*.

Dans plusieurs domaines spécialisés existent des exceptions apparentes au principe de la responsabilité du fait personnel et la doctrine a longtemps parlé de responsabilité pénale du fait d'autrui. Or, comme on va le voir, une telle responsabilité n'existe pas et dans les cas où elle apparaît, la personne déclarée coupable est bien condamnée pour son fait personnel.

Certains textes permettent d'imputer des infractions directement au chef d'entreprise lorsque ces infractions ont été réalisées dans le cadre du travail.

(C. transports, art. L. 3315-6)
C'est le cas, en matière de transport routier, de l'article L. 3315-6 du Code des transports, qui énonce que tout dirigeant d'entreprise de transport peut être condamné pour certaines infractions, notamment en matière de durée du temps de conduite des poids lourds, soit s'il a, par un acte personnel méconnu les prescriptions légales, soit s'il a, *« en tant que commettant, laissé contrevenir à ces dispositions ou commettre ces faits toute personne relevant de son autorité ou de son contrôle, en ne prenant pas les dispositions de nature à en assurer le respect »*.

Ainsi, le chef d'entreprise peut être responsable des faits commis par ses salariés comme, par exemple, le fait de détériorer le dispositif de contrôle du temps de travail *(C. transports, art. L. 3315-4)*.

On trouve une autre illustration dans le Code du travail à l'article L. 4741-1 qui rend responsables l'employeur ou son préposé pour les infractions en matière de sécurité et d'hygiène commises au sein de l'entreprise même si elles sont le fait d'un salarié.

La question est alors de savoir **dans quelles conditions il est possible de rendre responsable pénalement une personne qui, apparemment, n'a pas commis les faits**.

En pratique, deux conditions sont systématiquement exigées : une infraction commise par le préposé ou le salarié et une faute personnelle du dirigeant. S'agissant de la première condition, l'infraction du préposé consiste normalement soit en un délit d'imprudence ou de négligence, soit en une contravention, et elle prend indifféremment la forme d'un acte positif ou d'une omission. Tel sera le cas du chef de chantier qui n'aura pas veillé à ce que les ouvriers mettent systématiquement leur casque, ce qui est une violation de la réglementation en matière de sécurité. Le fait infractionnel se trouve donc réalisé par le préposé mais on va rechercher une faute personnelle de l'employeur qui permette de le rendre responsable pénalement. Ainsi, pour le droit pénal du travail, l'article L. 4741-1 du Code du travail exige une faute personnelle de l'employeur, sans laquelle il n'est pas possible de le condamner pour le délit. Il faut noter que cette faute est assez facile à démontrer, notamment dans ce dernier cas, en raison des prescriptions légales et réglementaires très nombreuses qui pèsent sur l'employeur dans le domaine de l'hygiène et de la sécurité. En raison de cette facilité de la preuve, on a parfois parlé d'une présomption de faute ou de responsabilité. Il faut nuancer une telle idée parce qu'il est admis que le dirigeant peut échapper à sa responsabilité, notamment en montrant que le dommage qu'a subi la victime est dû à sa faute exclusive. On peut imaginer l'ouvrier qui, malgré les ordres du chef de chantier, a retiré son harnais de protection avant de faire une chute.

Par ailleurs, il existe un autre moyen pour le dirigeant de s'exonérer de toute responsabilité en démontrant l'existence d'une **délégation de pouvoirs**. Celle-ci consiste, dans une entreprise d'une certaine taille, à confier à un préposé la responsabilité de veiller à l'application de la réglementation dans un domaine précis, qui peut être celui de l'hygiène et de la sécurité, par exemple. Si cette délégation de pouvoirs répond à certaines conditions fixées par la jurisprudence, elle aboutit à un transfert de la responsabilité pénale sur la tête du titulaire de la délégation, le dirigeant étant pour sa part relaxé.

Jurisprudence

La délégation de pouvoirs est reconnue valable si le salarié qui en est titulaire est pourvu de la compétence, de l'autorité et des moyens nécessaires pour l'assumer *(Cass. crim., 11 mars 1993, n° 92-80.773)*.

LA RESPONSABILITÉ PÉNALE AU SEIN DE L'ENTREPRISE

Société (personne morale)

Conditions de la responsabilité pénale :
infraction commise pour le compte de la société et par organe ou représentant

Dirigeant de la société
(personne physique)

Conditions de la responsabilité pénale :
infraction commise à titre personnel

Engagement de la responsabilité de la société

Délégation de pouvoirs

Préposé (salarié)

Conditions de la responsabilité pénale :
Existence d'une délégation de pouvoirs de la part du chef d'entreprise
(compétence, autorité, moyens)

En définitive, **cette responsabilité du chef d'entreprise répond bien à la règle selon laquelle on ne peut être rendu coupable que de son propre fait**. Les auteurs ont longtemps considéré que le « fait » du chef d'entreprise se limitait à la faute personnelle qui constitue le fondement de la responsabilité, mais on peut ajouter que cette faute repose, matériellement, sur une **omission.** En effet, on reproche au chef d'entreprise de ne pas avoir veillé au respect par les préposés de la réglementation, de ne pas avoir empêché les préposés de commettre les infractions.

⏭ POUR ALLER PLUS LOIN...

- A. COEURET, La responsabilité pénale en droit du travail, continuité et rupture, RSC 1982, p. 488.
- S. DETRAZ, La responsabilité pénale du fait d'autrui existe-t-elle ? in Faut-il rethéoriser le droit pénal ? LexisNexis 2017, p. 93
- J.-Y. LASSALLE, Réflexions à propos de l'article 121-1 du Code pénal consacrant le principe de la personnalité de la responsabilité pénale, JCP G 1993, I, 3685
- J. PRADEL et A. VARIANRD, Les grands arrêts du droit pénal général, n° 37
- A. PONSEILLE, L'incrimination du mandat criminel ou l'article 221-5-1 du Code pénal issu de la loi n° 2004-204 du 9 mars 2004, Dr. pén. 2004, étude 10.

Fiche n° 16 Le complice

⏭ L'ESSENTIEL

Le droit français retient la théorie de l'emprunt de criminalité, qui signifie que le complice n'a pas de criminalité autonome. Il faut donc, pour le punir, établir d'abord l'existence d'un fait principal punissable. Le complice doit, ensuite, commettre des actes de complicité correspondant à ceux incriminés par l'article 121-7 du Code pénal. En outre, il doit avoir l'intention de s'associer à l'infraction principale.

Le Code pénal prévoit que la **complicité par aide ou assistance** est punissable lorsque l'infraction principale est un crime ou un délit. La **complicité par instigation** est en revanche punissable pour toutes les infractions, même les contraventions.

La détermination de la peine applicable au complice a posé des difficultés dans le cadre de la réforme du Code pénal qui a institué la responsabilité pénale des personnes morales en prévoyant des peines spécifiques pour celles-ci. Désormais, il faut se demander quelle peine serait applicable au complice s'il était auteur des faits pour savoir quelle peine encourt le complice. Le système de l'emprunt de pénalité a donc été abandonné.

⏭ LES CONNAISSANCES

Les différents participants à une infraction ne le sont pas toujours au même degré ou au même titre. Les auteurs peuvent avoir été assistés par des complices. L'incrimination de la complicité sera étudiée avant d'en voir la répression.

§1 L'incrimination de la complicité

L'article 121-7 du Code pénal détermine les conditions de répression de la complicité, du moins les conditions qui sont propres au complice. Mais, la conception de la complicité en droit pénal français conduit à commencer par étudier une condition primordiale, sous-entendue par le texte, qui est celle de la nécessité d'un fait principal punissable.

I. La condition préalable d'un fait principal punissable

Il existe plusieurs conceptions théoriques de la complicité. On peut réprimer le complice uniquement au regard de ce qu'il a accompli personnellement pour faciliter la commission d'une infraction. Il s'agit de la théorie de la « complicité délit distinct » qui considère le complice comme l'auteur d'une infraction autonome de complicité, indépendante de l'infraction principale. Ce n'est pas le système retenu en droit français. En effet, la jurisprudence a toujours admis une autre conception, qui lie la responsabilité du complice à ce qu'a fait l'auteur de l'infraction principale, et que l'on appelle **l'emprunt de criminalité**.

Le juge doit relever l'existence d'un fait principal punissable avant de pouvoir condamner le complice. Cependant, ce fait principal n'a pas à être effectivement puni. Par conséquent **la condition du fait principal punissable est nécessaire et suffisante.**

Le fait principal punissable doit être **une infraction**, donc il ne saurait y avoir de complicité de faits qui ne sont pas incriminés, tels que le suicide par exemple. En revanche, la provocation au suicide, lorsqu'elle est suivie au moins d'une tentative de suicide, est un délit autonome *(C. pén., art. 223-13)*.

Les **faits doivent être objectivement punissables** c'est-à-dire qu'ils doivent pouvoir théoriquement être poursuivis.

Jurisprudence

Cependant, un arrêt *(Cass. crim., 8 janv. 2003, n° 01-88.065)* a jugé que le complice par instigation d'exportation illicite de stupéfiants est punissable alors que l'auteur principal a été relaxé faute d'intention parce qu'il ignorait qu'il transportait de la drogue. Or, s'il n'y a pas d'intention, il n'y a pas d'infraction principale punissable et l'on ne devrait pas pouvoir retenir la complicité. Cet arrêt paraît donc contraire à la théorie de l'emprunt de criminalité mais il peut s'expliquer par le fait qu'en réalité, dans cette affaire, l'auteur étant de bonne foi, celui qui était poursuivi comme complice par instigation aurait dû l'être comme auteur des faits. En d'autres termes, le donneur d'instructions était, en réalité, l'auteur intellectuel de l'infraction.

Lorsque **l'infraction principale est prescrite** parce que l'action publique n'a pas été exercée en temps utile (20 ans en matière criminelle, 6 ans en matière délictuelle, 1 an en matière contraventionnelle), la jurisprudence estime que le fait n'est plus punissable *(Cass. crim., 27 oct. 1993, n° 92-82.374)*, et on en déduit que le complice bénéficie de cette circonstance. Il en va de même en cas d'amnistie réelle, c'est-à-dire lorsque la loi procède à l'amnistie en raison de la nature des faits. Ceux-ci ne peuvent plus être punis et le complice échappe également à la répression. Enfin, en présence d'une **cause objective d'irresponsabilité** dont peut se prévaloir l'auteur principal, il n'est plus possible de poursuivre non plus le complice. Tel est le cas de la légitime défense, de l'état de nécessité et de l'ordre de la loi et du commandement de l'autorité légitime. Ainsi, le complice d'une infraction commise en état de légitime défense échappe également à la répression.

En revanche, **il n'est pas nécessaire que l'infraction principale soit effectivement punie**. Dès lors, il importe peu que l'auteur de l'infraction principale ne soit pas connu, n'ait pas été arrêté, ne soit pas poursuivi pour une raison d'opportunité ou qu'il soit décédé. De même, s'il bénéficie d'une **cause subjective d'irresponsabilité**, comme la contrainte ou le trouble mental, cela n'empêche pas de poursuivre le complice. L'amnistie personnelle n'est pas non plus un obstacle à la condamnation du complice parce qu'elle ne concerne que certaines personnes et non pas les faits qu'ils ont commis.

Il reste une condition fondamentale, qui réside dans la nécessité que l'auteur principal ait au moins tenté l'infraction. Le fait principal est soit une infraction consommée, soit une infraction tentée et si l'agent n'est pas passé à l'acte, c'est-à-dire n'a pas commencé à exécuter l'infraction, on se trouve devant une situation d'impunité appelée « instigation non suivie d'effet ». Faute de fait principal punissable dans cette hypothèse, on ne peut réprimer les actes du complice. Par conséquent **la complicité d'une tentative est punissable mais l'inverse n'est pas vrai, la « tentative de complicité », au sens d'instigation non suivie d'effet, n'est pas punissable**, sous réserve de ce qui a été dit précédemment.

II. Les conditions de constitution de la complicité

Le comportement du complice doit répondre à certaines exigences légales pour pouvoir être réprimé. Le complice doit accomplir certains actes et doit avoir une attitude psychologique particulière.

A La matérialité de la complicité

L'article 121-7 prévoit deux formes de complicité : la complicité par aide ou assistance et la complicité par provocation ou instigation.

1 L'aide ou l'assistance

(C. pén., art. 121-7)
L'alinéa 1er de l'article 121-7 dispose qu'*« est complice d'un crime ou d'un délit la personne qui sciemment, par aide ou assistance, en a facilité la préparation ou la consommation »*.

Il s'agit ici de la complicité proprement dite, la plus courante en pratique. Au point de vue matériel, il est nécessaire, en principe, que le complice réalise un **acte positif**. En effet, la jurisprudence rejette, en général, la complicité par abstention. La personne qui reste passive devant la commission d'une infraction ne peut donc normalement être poursuivie pour complicité. En réalité, il faut nuancer le principe parce qu'**il arrive que les juges retiennent qu'une attitude passive s'assimile à une aide ou une assistance**.

Jurisprudence

Tel est le cas de l'amant qui assiste moralement sa maîtresse durant l'avortement illégal pratiqué sur celle-ci (*Cass. crim., 5 nov. 1941, S. 1942, I, p. 89)*. De même, une mère a été considérée comme complice de son fils, lequel avait tué son père, parce qu'elle avait laissé une arme à la disposition de l'auteur et qu'elle « avait sur ses enfants un empire total » *(Cass. crim., 19 déc. 1989, n° 89-85.743)*. La Cour de cassation a également jugé que se rend complice de tapage nocturne la personne qui, présente à son domicile, laisse se perpétrer des bruits troublant la tranquillité d'autrui *(Cass. crim., 26 févr. 2020, n° 19-80.641)*. Il existe également des cas où la personne, considérée comme complice, a promis, à l'avance, de ne pas s'opposer à la commission de l'infraction (*Cass. crim., 27 oct. 1971, n° 71-90.754* : douanier qui ne s'oppose pas au vol commis dans des entrepôts qui sont sous sa surveillance).

On peut toutefois se demander ici si cette promesse d'abstention n'est pas elle-même un acte positif. **La jurisprudence se montre également très sévère à l'égard des professionnels** qui ne mettent pas obstacle à une infraction réalisée par d'autres.

Jurisprudence

Ainsi, condamne-t-elle pour complicité d'escroquerie à la TVA, l'expert-comptable qui atteste de la sincérité des comptes sociaux de son client alors que la fictivité de ceux-ci ne peut pas lui échapper *(Cass. crim., 25 févr. 2004, n° 03-81.173)*.

L'acte de complicité doit être antérieur ou concomitant à l'infraction principale, ce qui exclut donc les actes de complicité postérieurs. Ce principe, certes logique, a néanmoins créé des difficultés sérieuses notamment pour réprimer le recel de choses volées avant l'incrimination spéciale de ce délit en 1915. En effet, par hypothèse, le recel est nécessairement postérieur à l'acte principal. La jurisprudence parvenait dans certains cas à contourner la difficulté en retenant le receleur comme complice, si l'on pouvait démontrer l'existence d'un accord antérieur entre le voleur et le receleur. Cette jurisprudence reste toujours applicable en dehors du recel.

Jurisprudence

Ainsi, le chauffeur qui attend le retour des cambrioleurs n'agit qu'après l'infraction principale mais il est complice parce que sa présence résulte d'un accord préalable (*Cass. crim., 30 avr. 1963, Bull. crim. n° 157)*. En revanche, en l'absence d'accord préalable, il ne peut y avoir de complicité mais il existe un délit spécial dit de « recel de malfaiteurs » (*C. pén., art. 434-6*, réprimant le fait de fournir à l'auteur ou au complice d'un crime ou d'un acte de terrorisme puni d'au moins dix ans d'emprisonnement un logement, un lieu de retraite, des subsides, des moyens d'existence ou tout autre moyen de le soustraire aux recherches ou à l'arrestation).

2 La provocation ou la fourniture d'instructions

(C. pén., art. 121-7)
L'article 121-7, alinéa 2 dispose qu'*« est également complice la personne qui par don, promesse, menace, ordre, abus d'autorité ou de pouvoir aura provoqué à une infraction ou donné des instructions pour la commettre »*.

Ce second cas de complicité, l'**instigation**, recouvre deux réalités souvent mêlées, à savoir la provocation notamment par don, c'est-à-dire contre rémunération, et la fourniture d'instructions, qui accompagne en général la provocation.

Par hypothèse, **la provocation et la fourniture d'instruction sont nécessairement des actes positifs antérieurs à la commission de l'infraction**. La provocation par abstention semble inconcevable. Il faut cependant noter une évolution législative récente importante concernant certaines infractions. En effet, la loi n° 2010-930 du 9 août 2010 portant adaptation du droit pénal à l'institution de la Cour pénale internationale a inséré un article 213-4-1 dans le Code pénal relatif aux crimes contre l'humanité (V. égal., *C. pén., art. 462-7*, pour les crimes de guerre ; *C. pén., art. 221-13*, pour le crime de disparition forcée). Le texte prévoit qu'est considéré comme complice d'un crime contre l'humanité *« commis par des subordonnés placés sous son autorité et son contrôle effectifs le chef militaire ou la personne qui en faisait fonction, qui savait ou, en raison des circonstances, aurait dû savoir que ces subordonnés commettaient ou allaient commettre ce crime et qui n'a pas pris toutes les mesures nécessaires et raisonnables qui étaient en son pouvoir pour en empêcher ou en réprimer l'exécution ou pour en référer aux autorités compétentes aux fins d'enquête et de poursuites »*. De même, est complice d'un crime contre l'humanité *« commis par des subordonnés placés sous son autorité et son contrôle effectifs le supérieur hiérarchique, n'exerçant pas la fonction de chef militaire, qui savait que ces subordonnés commettaient ou allaient commettre ce crime ou a délibérément négligé de tenir compte d'informations qui l'indiquaient clairement et qui n'a pas pris toutes les mesures nécessaires et raisonnables qui étaient en son pouvoir pour en empêcher ou en réprimer l'exécution ou pour en référer aux autorités compétentes aux fins d'enquête et de poursuites, alors que ce crime était lié à des activités relevant de sa responsabilité ou de son contrôle effectifs »* (V. Fiche n° 46 sur les crimes contre l'humanité).
Ce qu'il faut retenir ici, c'est que **le législateur assimile le non-empêchement de l'infraction à la complicité**, ce qui est contraire à la position habituelle du droit français qui incrimine spécialement le non-empêchement d'une infraction *(C. pén., art. 434-1)*.

La provocation doit s'adresser à une ou plusieurs personnes déterminées pour être retenue comme forme de complicité. En outre, une des circonstances prévues par le Code pénal doit être relevée par le juge : don, promesse de don, menace etc. Un simple conseil s'avère donc insuffisant pour constituer la complicité par instigation. De la même manière, les instructions données doivent avoir un minimum de précision pour pouvoir être retenues comme complicité, des renseignements vagues étant insuffisants. Les juges du fond possèdent un large pouvoir d'appréciation sur tous ces aspects matériels.

Jurisprudence

Ainsi, il a été jugé qu'était complice d'assassinat celui qui a donné des instructions et des renseignements pour supprimer la victime, chauffeur de taxi, par strangulation dans son véhicule, alors que, finalement, elle fut tuée par électrocution à son domicile *(Cass. crim., 31 janv. 1974, n° 73-92.681)*. Le fait que le mode d'exécution du crime n'ait pas été celui qui était envisagé au départ n'a pas constitué un obstacle pour la constitution de la complicité.

Une dernière question se pose quant au point de savoir si **le complice indirect ou au second degré,** peut être puni.

Jurisprudence

Le Code pénal n'excluant pas cette possibilité, la jurisprudence l'a admise, dans un premier temps, pour la fourniture d'instructions (*Cass. crim., 30 mai 1989, n° 89-81.578)*, la chambre criminelle ayant retenu que l'article 60 ancien du Code pénal « n'exige pas que les instructions soient données directement par leur auteur pour que la complicité de celui-ci soit légalement constituée ». Elle a, de même, considéré, dans une affaire de complicité d'escroquerie *(Cass. crim., 15 déc. 2004, n° 04-81.684)*, que l'aide ou l'assistance apportée en connaissance de cause à l'auteur, même par l'intermédiaire d'un autre complice, constitue la complicité. La complicité indirecte peut donc être réprimée dans tous les cas, si les conditions habituelles de la complicité sont réunies.

B Le caractère intentionnel de la complicité

L'article 121-7 indique que **le complice doit agir intentionnellement**. En effet, au titre de l'aide ou l'assistance, l'alinéa 1er énonce que la personne doit agir *« sciemment »*, c'est-à-dire en connaissance de cause. S'agissant de l'instigation, il paraît inconcevable que l'on puisse provoquer sans le vouloir et le texte prévoit que le complice doit donner des instructions « pour » commettre l'infraction. Si le principe du caractère intentionnel de la complicité ne paraît pas discutable, encore faut-il savoir quel doit être le contenu précis de cette intention.

L'intention du complice ne doit pas être assimilée à l'intention de l'auteur principal. Le complice a seulement **l'intention de réaliser les actes de complicité et de s'associer à l'infraction commise par l'auteur principal**. Mais une difficulté peut alors se présenter s'il survient une **divergence entre l'intention du complice et l'infraction effectivement réalisée** par l'auteur du fait principal. Cette question fait l'objet d'un certain nombre de solutions jurisprudentielles. Tout d'abord, lorsque la divergence est très importante, c'est-à-dire lorsque l'infraction effectivement réalisée diffère totalement de celle qui était prévue par le complice, la complicité ne peut être retenue.

Jurisprudence

Ainsi l'individu qui confie une arme à un tiers afin que celui-ci l'utilise pour obtenir d'un débiteur qu'il paie ses dettes, n'est pas complice du meurtre commis par l'exécutant sur une personne totalement étrangère à l'affaire, en l'occurrence le concierge de l'immeuble du débiteur *(Cass. crim., 13 janv. 1955, n° 55-01.694).*

Il se peut cependant que la discordance ne soit que partielle. Par exemple, l'instigateur va demander qu'on « prenne à partie » un tiers pour lui « faire une grande frayeur ». Si les exécutants commettent un délit de violences aggravées par l'usage d'une arme, la jurisprudence considère que la complicité est celle du délit aggravé.

Jurisprudence

Elle décide en pareil cas que « le complice encourt la responsabilité de toutes les circonstances qui qualifient l'acte poursuivi, sans qu'il soit nécessaire que celles-ci aient été connues de lui » *(Cass. crim., 21 mai 1996, n° 95-84.252).*

Le raisonnement consiste à faire supporter au complice les circonstances aggravantes du fait principal dès lors qu'elles étaient normalement prévisibles. On peut estimer qu'il s'agit ici de l'application de la théorie de l'intention indéterminée.

Jurisprudence

Dans une autre affaire, un détenu avait projeté de s'évader en prévoyant la suppression des gardiens « si nécessaire ». Le projet fut mis à exécution et le frère du détenu, chargé de le faire évader, tira sur des gardiens. Le détenu fut poursuivi pour complicité de tentative d'assassinat et la Cour de cassation admit que son intention ne se limitait pas à l'évasion mais s'étendait à l'assassinat du fait qu'il avait prévu la possibilité de supprimer les gardiens *(Cass. crim., 23 mai 1973, n° 73-90.536).*

La question se pose également **de savoir s'il est possible de se rendre complice d'une infraction non-intentionnelle.** La difficulté vient du fait que le législateur n'a pas limité la complicité aux seules infractions intentionnelles puisqu'il prévoit de manière générale la complicité de tous les délits, qui ne sont pas forcément intentionnels. En général, la doctrine exclut cette possibilité au motif qu'il doit y avoir une communauté de pensée entre l'auteur et le complice.

Jurisprudence

Un arrêt récent *(Cass. crim., 13 sept. 2016, n° 15-85.046)* a admis la complicité de blessures involontaires dans le cas d'un médecin, travaillant pour un institut de beauté, qui n'est intervenu à aucun moment avant ou pendant des séances d'opérations d'épilation comme il en avait l'obligation, l'épilation au laser étant un acte médical devant être effectué par un médecin. Cet arrêt ne résout pas réellement les difficultés car il n'explique pas en quoi le médecin s'est rendu intentionnellement complice du délit non intentionnel. Un autre arrêt a ensuite admis la complicité d'homicide involontaire dans le cas d'un accident du travail, les juges ne donnant pas davantage d'explication sur l'intention du complice, ce qui n'embarrasse pas la Cour de cassation *(Cass. crim., 27 nov. 2018, n° 17-82.773)*. Avant ces arrêts, la jurisprudence considérait plutôt, à juste titre, les différents participants à l'infraction d'imprudence comme des coauteurs *(Cass. crim., 24 oct. 1956, Bull. crim. n° 675)*.

§2 La répression de la complicité

Le domaine de la répression de la complicité doit être cerné avant d'en examiner les modalités, le Code pénal ayant quelque peu modifié les solutions traditionnelles.

I. Le domaine de la répression

Aux termes de l'article 121-7, alinéa 1er, la complicité par aide ou assistance est applicable pour les crimes ou les délits. Par conséquent, **le législateur a exclu par principe la complicité par aide ou assistance des contraventions**. Cependant, le pouvoir réglementaire peut, pour certaines contraventions, réprimer cette forme de complicité, mais le texte doit le prévoir expressément (V., par ex., *C. pén., art. R. 623-2*).

L'article 121-7, alinéa 2 détermine un domaine d'application plus large pour la complicité par provocation ou fourniture d'instructions. En effet, il évoque seulement l'« infraction », ce dont il faut déduire que cette forme de complicité est applicable pour toutes les infractions, y compris les contraventions.

(C. pén., art. R. 610-2)
L'article R. 610-2 confirme d'ailleurs cette affirmation puisqu'il énonce que *« le complice d'une contravention au sens du second alinéa de l'article 121-7 est puni conformément à l'article 121-6 »*.

Cette règle peut s'expliquer par le fait que la complicité par instigation ou fourniture d'instructions est plus grave et mérite donc d'être incriminée pour toutes les infractions mêmes contraventionnelles. Cependant, **parfois les juges ont recours à la coaction pour réprimer le complice par aide ou assistance d'une contravention**, lorsque cette forme de complicité n'est pas incriminée.

II. Les modalités de la répression

L'article 59 du Code pénal de 1810 prévoyait que le complice encourait les mêmes peines que l'auteur principal. Il s'agissait du principe de l'emprunt de pénalité, conçu comme la conséquence de celui de l'emprunt de criminalité. Cette solution ne pouvait être maintenue dans le Code pénal de 1994 en raison de l'introduction de la responsabilité des personnes morales. En effet, admettre cette responsabilité obligeait à imaginer des peines spécifiques applicables aux personnes morales dès lors que certaines peines classiques, comme la privation de liberté, n'étaient pas adaptées à ces personnes. Cela ne pouvait rester sans conséquence sur la répression de la complicité puisqu'il devenait impossible de maintenir le principe selon lequel le complice était puni des mêmes peines que l'auteur.

(C. pén., art. 121-6)
Le législateur a donc supprimé le système de l'emprunt de pénalité en énonçant à l'article 121-6 que *« sera puni comme auteur* [et non plus comme "l'auteur"] *le complice de l'infraction, au sens de l'article 121-7 ».*

Cette formule doit être comprise comme signifiant que **le complice est puni comme s'il était l'auteur de l'infraction c'est-à-dire des peines qui lui seraient applicables si lui-même était l'auteur de cette infraction**. Ceci permet de régler le problème des peines applicables aux personnes morales complices d'une personne physique ou aux personnes physiques complices d'une personne morale. Chaque catégorie de personne encourt seulement des peines qui lui sont propres.

Jurisprudence

Cependant, ce mécanisme a créé de nouvelles difficultés à l'égard des seules personnes physiques. Une première série de cas est assez facile à résoudre. Il s'agit de la difficulté liée aux circonstances aggravantes du fait principal. La jurisprudence admet que ces circonstances, lorsqu'elles sont liées uniquement aux faits, se transmettent au complice, c'est-à-dire qu'il sera jugé complice de l'infraction aggravée. Tel est le cas, par exemple, de l'effraction ou du port d'une arme en matière de vol. Mais qu'en est-il de certaines circonstances aggravantes liées à la fois aux faits mais aussi à la personne de l'auteur principal ? Par exemple, quelle est la peine applicable au complice d'un meurtre commis par un fils sur la personne de son père. Le lien de filiation est une circonstance aggravante du meurtre et l'auteur principal encourt donc la réclusion criminelle à perpétuité. Mais le complice n'a pas de lien de parenté avec la victime et s'il était l'auteur de l'infraction, il serait auteur d'un meurtre simple et non pas aggravé. On doit donc en déduire que le complice n'encourt ici qu'une peine de 30 ans de réclusion, prévue pour le meurtre simple. Mais la difficulté s'accentue en présence d'infractions qui ne peuvent être commises que par certaines personnes, qualifiées d'« infractions attitrées » par la doctrine. C'est le cas notamment de la corruption passive prévue par l'article 432-11, délit qui ne peut être commis que par une personne dépositaire de l'autorité publique, chargée d'une mission de service public ou investie d'un mandat électif public. De quelle sanction punir le complice, n'ayant pas une de ces qualités, de la corruption passive ? Si l'on applique l'article 121-6 à la lettre, il est impossible de déterminer la peine applicable parce que le complice ne peut pas être auteur de l'infraction. La doctrine, de manière pragmatique, considère qu'il faut faire abstraction de la règle et de l'impossibilité pour le complice d'être auteur. Autrement dit, il faut en revenir au système de l'emprunt de pénalité et appliquer les mêmes peines au complice qu'à l'auteur.

⏭ POUR ALLER PLUS LOIN...

- S. FOURNIER, Le nouveau Code pénal et le droit de la complicité, RSC 1995, p. 475
- J.-Y. MARÉCHAL, Réflexions sur la complicité des délits non intentionnels, Dr. pén. 2016, étude 27 ; La complicité indirecte par aide ou assistance est punissable, JCP G 2005, II, 10050
- J. PRADEL et A. VARINARD, Les grands arrêts du droit pénal général, n° 33 à n° 36
- F. ROUSSEAU, Complice ou auteur indirect d'une infraction non intentionnelle ? Dr. pén. 2007, étude 11

SOUS-TITRE 2
LES PERSONNES MORALES

Une personne morale est, en principe, un groupement de personnes ou de biens doté de la capacité juridique lui conférant notamment des droits, comme celui d'ester en justice, ainsi qu'un patrimoine propre et des obligations, comme celle de répondre de ses actes lorsqu'ils créent des dommages. La notion de personne morale est reconnue dans toutes les branches du droit, privé ou public.

Il existe des conceptions différentes des personnes morales et l'on oppose la théorie de la fiction à celle de la réalité. Dans le cadre de la première, la personne morale est considérée comme une création de la loi uniquement ce qui a pour conséquence que les groupements qui ne sont pas dotés de la personnalité juridique par le droit ne constituent pas une personne morale. Dans le cadre de la théorie de la réalité, on considère que la personne morale n'est pas une création du législateur mais qu'elle existe par elle-même si certains critères sont réunis.

Jurisprudence

La Cour de cassation a pris parti pour la seconde position, notamment dans un arrêt célèbre de la chambre civile du 28 janvier 1954, reconnaissant la personnalité morale des comités d'établissement, dans lequel elle a jugé que « la personnalité civile n'est pas une création de la loi » mais « appartient, en principe, à tout groupement pourvu d'une possibilité d'expression collective pour la défense d'intérêts licites, dignes, par suite, d'être juridiquement protégés » *(Cass. 2è civ., 28 janv. 1954, n° 54-07.081).*

Un long débat doctrinal a porté sur le point de savoir s'il était concevable et opportun de rendre responsables pénalement des personnes morales. La responsabilité civile de ces êtres fictifs était admise depuis longtemps et les obstacles ne paraissaient pas insurmontables, la question des peines applicables, par exemple, pouvant être facilement résolue par la création de sanctions spécifiques. C'est à l'occasion de la réforme du Code pénal que le législateur a choisi d'introduire cette responsabilité pénale à l'article 121-2. Le texte détermine le champ d'application de cette responsabilité et les conditions particulières de sa mise en œuvre.

Fiche n° 17 Le domaine de la responsabilité pénale des personnes morales

L'ESSENTIEL

Les personnes morales susceptibles d'engager leur responsabilité pénale sont toutes les personnes morales de droit privé et public, à l'exclusion de l'État. Les collectivités territoriales peuvent être pénalement responsables si une infraction est commise dans le cadre d'une activité relevant de leur compétence et susceptible de faire l'objet d'une délégation de service public.

Lors de l'entrée en vigueur du Code pénal, les personnes morales étaient responsables lorsque le législateur le prévoyait expressément. Mais la loi n° 2004-204 du 9 mars 2004 a supprimé cette restriction, à compter du 31 décembre 2005.

LES CONNAISSANCES

L'article 121-2 du Code pénal délimite le champ d'application de la responsabilité pénale des personnes morales. Toutes les personnes morales ne sont pas susceptibles d'être pénalement responsables. En revanche, elles peuvent l'être pour toute infraction, depuis la loi du 9 mars 2004, ayant supprimé le principe dit « de spécialité », prévu initialement par le texte.

§1 Le domaine d'application quant aux personnes

> (C. pén., art. 121-2)
> L'article 121-2 dispose que *« les personnes morales, à l'exclusion de l'État, sont responsables pénalement (...). Toutefois, les collectivités territoriales et leurs groupements ne sont responsables pénalement que des infractions commises dans l'exercice d'activités susceptibles de faire l'objet de conventions de délégations de service public ».*

S'agissant d'abord des **personnes morales de droit privé**, le texte ne pose **aucune restriction** à la mise en jeu de leur responsabilité morale. Par conséquent, tous les groupements dotés de la personnalité juridique sont concernés : associations, sociétés civiles ou commerciales, partis politiques, syndicats, institutions représentatives du personnel (comité économique et social notamment), etc. Les seuls groupements exclus sont ceux qui ne possèdent pas la personnalité morale, comme les sociétés en participation *(C. civ., art. 1871)* ou encore les groupes de sociétés. En revanche, certaines peines ne sont pas applicables à toutes les personnes morales : l'article 131-39, alinéa 2 interdit au juge de prononcer les peines de dissolution et de placement sous surveillance judiciaire à l'encontre des partis ou groupements politiques et des syndicats professionnels. La peine de dissolution n'est pas davantage applicable aux institutions représentatives du personnel. Ces limitations s'expliquent, d'une part, par la nécessité de ne pas porter atteinte à la liberté d'opinion et à la liberté syndicale et, d'autre part, par le fait que les institutions représentatives constituent des groupements dont la loi impose l'existence.

En ce qui concerne les **personnes de droit public**, le domaine est plus restreint, puisque **l'État ne peut voir sa responsabilité pénale engagée**. La raison avancée pour cette exclusion réside dans le fait que c'est l'État qui dispose du monopole du droit de punir et qu'il ne saurait donc se punir lui-même. Cependant, cette exclusion totale n'est pas totalement convaincante. En effet, la responsabilité des collectivités territoriales, c'est-à-dire essentiellement des communes, départements et régions est, quant à elle, susceptible d'être engagée, au moins pour certaines de leurs activités. Il s'agit de celles susceptibles de faire l'objet de conventions de délégation de service public, autrement dit, des activités qui peuvent être déléguées à des personnes ou des entreprises privées qui vont les exercer à la place de la personne publique. Par exemple, une commune peut organiser elle-même le ramassage des déchets ménagers ou déléguer cette activité à une société privée. Si la commune effectue elle-même la collecte et qu'un camion renverse un piéton au cours d'une tournée, la commune pourra être poursuivie du chef d'homicide ou blessures par imprudence parce que l'activité aurait pu être déléguée à une société de droit privé spécialisée *(V. Cass. crim., 12 juill. 2016, n° 15-81.924)*. Par opposition, les activités qui relèvent exclusivement des prérogatives de puissance publique, comme les décisions du maire en matière de réglementation de la circulation par exemple, ne peuvent faire l'objet de poursuites pénales parce qu'elles ne sont pas délégables.

Jurisprudence

Ainsi, la Cour de cassation a jugé que « l'exécution même du service public communal d'animation des classes de découverte suivies par les enfants des écoles publiques et privées pendant le temps scolaire, qui participe du service de l'enseignement public, n'est pas, par nature, susceptible de faire l'objet de conventions de délégation de service public » *(Cass. crim., 12 déc. 2000, n° 98-83.969)*. Elle a également considéré qu'était une activité susceptible d'être déléguée la gestion d'un abattoir par un syndicat intercommunal

(Cass. crim., 23 mai 2000, n° 98-83.969) ou l'activité d'entretien des digues d'un fleuve *(Cass. crim., 24 oct. 2017, n° 16-85.975)*. En définitive, c'est le juge qui apprécie si l'activité est délégable ou pas.

En tout cas, **ce schéma prévu pour les collectivités territoriales aurait pu être appliqué à l'État**, parce qu'il arrive qu'il exerce des activités qui ne relèvent pas de la puissance publique. Il semble donc inéquitable qu'une commune puisse être poursuivie pour une infraction commise dans le cadre de son activité de cantine scolaire mais qu'un ministère ne puisse l'être pour son activité de restauration pour le personnel, par exemple.

En dehors de l'État et des collectivités territoriales, qui possèdent un statut particulier, **toutes les autres personnes morales de droit public sont responsables pénalement sans aucune restriction**. Il s'agit des établissements publics, industriels ou commerciaux ou non (comme les universités ou les hôpitaux publics), groupements d'intérêts publics et entreprises nationalisées.

Jurisprudence

À titre d'illustration, la SNCF a été poursuivie du chef d'homicide involontaire dans une affaire d'accident mortel *(Cass. crim., 18 janv. 2000, n° 99-80.318)*.

On observera cependant que certaines peines ne sont pas applicables aux personnes publiques, telles que la dissolution ou le placement sous surveillance judiciaire, pour des raisons tirées de la séparation des pouvoirs, l'autorité judiciaire ne pouvant s'immiscer dans l'activité des personnes morales de droit public.

Le problème s'est déjà posé de savoir si l'on pouvait condamner une société qui en avait absorbé une autre, laquelle était poursuivie pénalement. Autrement dit, la société absorbante pouvait-elle se voir imputer les infractions commises par la société absorbée ?

Jurisprudence

La Cour de cassation a rejeté cette possibilité *(Cass. crim., 20 juin 2000, n° 99-86.742 – Cass. crim., 25 oct. 2016, n° 16-80.366)* au nom du principe de la responsabilité du fait personnel *(C. pén., art. 121-1)*.

Cette solution est logique car on ne peut condamner une personne pour l'infraction commise par une autre mais elle pose un problème car elle a pour conséquence qu'une personne morale peut échapper à sa responsabilité pénale en décidant de disparaître avant d'être définitivement condamnée et elle peut ensuite se reconstituer sans qu'on puisse exercer de nouvelles poursuites.

Il faut noter que si la dissolution intervient après la condamnation, l'article 133-1 dispose que la dissolution empêche ou arrête l'exécution de la peine. Il s'agit donc d'une cause d'extinction de la peine mais le texte réserve le cas de l'amende ainsi que celui de la confiscation, qui peuvent être mis à exécution après la dissolution jusqu'à la clôture des opérations de liquidation.

§2 Le domaine d'application quant aux infractions

L'article 121-2 disposait à l'origine que les personnes morales sont pénalement responsables *« dans les cas prévus par la loi ou le règlement »*. Le législateur avait souhaité limiter la responsabilité pénale des personnes morales à certaines infractions seulement, celles pour lesquelles il l'a prévue expressément. On aurait pu penser que cette règle était inévitable parce qu'il est inconcevable que certaines infractions soient « commises » par des personnes morales, c'est-à-dire des êtres qui ne sont pas de chair et de sang. Ainsi, il peut apparaître absurde de reprocher à une personne morale un meurtre ou un viol. Il convient de bien noter que cet argument est inexact car il néglige les conditions dans lesquelles une personne morale peut être pénalement responsable. La responsabilité de la personne morale suppose en effet que l'infraction soit commise par un organe ou représentant. Par conséquent, il n'est nullement inconcevable, dans un tel système, qu'une personne morale soit responsable d'un meurtre.

Il s'agissait, en réalité, pour le législateur, de procéder à un contrôle étroit des hypothèses de mise en cause de la responsabilité des personnes morales. Cependant cette technique présentait un inconvénient majeur qui était d'obliger ce dernier à passer en revue tous les textes d'incrimination pour prévoir ou non la responsabilité des personnes morales.

Ce principe dit « de spécialité » a été abrogé par la loi n° 2004-204 du 9 mars 2004, qui a supprimé, dans l'article 121-2, à compter du 31 décembre 2005, l'expression *« dans les cas prévus par la loi ou le règlement »*.

> **Attention** Cependant, il existe des exceptions légales, c'est-à-dire des infractions pour lesquelles le législateur exclut la mise en jeu de la responsabilité pénale des personnes morales, à savoir les infractions de presse c'est-à-dire diffamation ou injures publiques notamment *(L. 29 juill. 1881, art. 43-1)*.

Il en résulte que n'importe quelle infraction pénale peut désormais être, en théorie, reprochée à une personne morale. Le législateur, cependant, n'a pas supprimé pour autant tous les textes qui prévoyaient, au cas par cas, que telle infraction pouvait être imputée à une personne morale car ces textes présentent un intérêt pour déterminer les peines applicables aux personnes morales. La réforme signifie donc que, dans tous les cas où la responsabilité des personnes morales n'était pas prévue avant le 31 décembre 2005, elle peut être retenue. Comme on le verra, ce dispositif pose des problèmes, mal résolus par le législateur, s'agissant des peines encourues par les personnes morales dans le cas où l'infraction ne pouvait pas, avant cette date, leur être imputée (V. Fiche n° 33, § 1).

La suppression du principe de spécialité signifie-t-elle que la responsabilité pénale des personnes morales est générale, c'est-à-dire que toute infraction est imputable à une personne morale ? La réponse est négative même si la plupart des auteurs ne le disent pas clairement. En effet, même après la suppression du principe de spécialité, certaines infractions ne peuvent pas être reprochées à une personne morale. Il s'agit de celles qui sont définies par des textes désignant expressément, comme auteur des faits, une personne physique présentant une qualité ou une fonction particulière que ne peut pas avoir une personne morale. Tel est le cas de la qualité de père ou mère de la victime (V., par ex., *C. pén., art. 227-15*) ou de celle de personne dépositaire de l'autorité publique (V., par ex., *C. pén., art. 432-12*), l'infraction ne pouvant être commise que par une personne physique ayant cette qualité et ne pouvant donc pas être imputée à une personne morale, du moins en tant qu'auteur. En effet, la personne morale pourrait éventuellement être considérée comme complice mais seulement si les conditions de la complicité sont remplies. Par conséquent, la suppression du principe de spécialité n'a pas pour conséquence de rendre la responsabilité pénale des personnes morales « générale » quant aux infractions. **Cette analyse a été reprise par la Cour de cassation** dans un arrêt du 19 décembre 2018 *(Cass. crim., 19 déc. 2018, n° 1881.328)* dans lequel elle considère que le délit de favoritisme peut être reproché à un syndicat intercommunal à vocations multiples, pris en qualité d'auteur, parce que ce dernier revêt la qualité de personne chargée d'une mission de service public exigée par l'article 432-14 du Code pénal.

⏭ POUR ALLER PLUS LOIN…

– E. DREYER, Irresponsabilité ou responsabilité pénale des personnes morales de droit public ? JCP G 2016, 1256

– J.-Y. MARÉCHAL, L'imputation malaisée à une commune de la pollution d'un cours d'eau, Lexbase Pénal juin 2019, p. 11 ; Les limites de la responsabilité pénale des collectivités territoriales et de leurs groupements, Gaz. Pal. 5 févr. 2019, p. 19

– J.-C. PLANQUE, La détermination de la personne morale pénalement punissable, L'Harmattan, 2003 ; Plaidoyer pour une suppression réfléchie de la spécialité de la responsabilité pénale des personnes morales, Petites affiches, 7 janv. 2004, p. 3 ; Comment limiter le recours aux techniques d'évitement de la responsabilité pénale des personnes morales ? Dr. pén. 2018, étude 25

– M.-C. SORDINO, La disparition du principe de spécialité de la responsabilité pénale des personnes morales : une fin espérée… adoptée dans la plus grande discrétion, Gaz. pal. 10 sept. 2004, doc. p. 13

– J. PRADEL et A. VARINARD, Les grands arrêts du droit pénal général, n° 38

Le point sur…
La responsabilité pénale
des personnes morales

Fiche n° 18 Les conditions de la responsabilité pénale des personnes morales

L'ESSENTIEL

La mise en œuvre de la responsabilité pénale des personnes morales exige la commission, par un organe ou représentant, d'une infraction pour le compte de la personne morale. Cela suppose donc, en général, que l'infraction soit réalisée par une personne physique, organe ou représentant, qui devra accomplir les éléments matériel et moral de l'infraction. Cette personne physique peut être poursuivie cumulativement avec la personne morale, mais ce n'est pas une condition de la responsabilité de cette dernière.

LES CONNAISSANCES

(C. pén., art. 121-2, al. 1er et 3)
L'alinéa 1er de l'article 121-2 du Code pénal prévoit deux conditions pour que la personne morale soit pénalement responsable. L'infraction doit être commise pour le compte de la personne morale par un organe ou représentant. Cependant, l'alinéa 3 du même texte ajoute que *« la responsabilité pénale des personnes morales n'exclut pas celle des personnes physiques auteurs ou complices des mêmes faits, sous réserve des dispositions du quatrième alinéa de l'article 121-3 »*.

Les deux alinéas ne peuvent être séparés pour parfaitement comprendre comment s'applique ce mécanisme de responsabilité. En outre, la loi [n° 2000-647] du 10 juillet 2000 sur la faute pénale d'imprudence pose des difficultés particulières.

§1 La commission d'une infraction pour le compte de la personne morale

Cette première condition légale a suscité des interrogations en doctrine mais pratiquement aucune en jurisprudence. **Elle suppose qu'on puisse rattacher rationnellement l'infraction à la personne morale.** Par conséquent, l'infraction qui serait commise dans l'intérêt exclusif de la personne physique, organe ou représentant, ne peut être imputée à la personne morale. Par exemple, un dirigeant de société qui abuse de sa qualité pour commettre une escroquerie à son seul profit personnel, n'engage pas la responsabilité pénale de la société. Cependant, dans une affaire dans laquelle deux sociétés ont été condamnées pour complicité d'une fraude fiscale commise, en qualité d'auteur, par leur organe ou représentant, la Cour de cassation a estimé que le fait que ce dernier ait agi dans son propre intérêt n'exclut pas qu'il l'ait fait également pour le compte des personnes morales *(Cass. crim., 29 janv. 2020, n° 17-83.577)*.

La commission de l'infraction pour le compte de la personne morale signifie-t-elle que celle-ci doit tirer un bénéfice de l'infraction, quelle que soit la nature de ce bénéfice ? Il est des cas où l'infraction va effectivement profiter à la personne morale, comme la corruption d'un fonctionnaire aux fins d'obtenir un marché de travaux publics. Cependant, il est difficile d'en dire autant pour d'autres délits comme l'homicide par imprudence commis dans le cadre d'un accident du travail dont est victime un salarié de la société. Or en pratique, non seulement la responsabilité pénale des personnes morales est prévue pour cette infraction, mais encore elle est fréquemment reprochée à des personnes morales. Il faut donc comprendre différemment l'expression « pour le compte » de la personne morale. Les auteurs s'accordent pour considérer qu'il faut entendre par-là que **l'infraction doit être commise dans le cadre d'une activité accomplie pour le compte de la personne morale**. Ainsi, l'accident de chantier au cours duquel un ouvrier trouve la mort peut être reproché, au titre de l'homicide par imprudence, à la société employeur, même si elle n'y trouve aucun profit, parce que l'accident s'est déroulé au cours d'une activité accomplie pour le compte de la personne morale.

En réalité, il y a un rapport très étroit entre l'accomplissement de l'infraction pour le compte de la personne morale et la commission de cette infraction par un organe ou un représentant, seconde condition prévue par le texte.

§2 La commission d'une infraction par un organe ou représentant de la personne morale

Cette condition doit être dissociée en deux problèmes distincts. Tout d'abord, il est nécessaire de comprendre les notions d'organe et de représentant utilisées par le législateur. Il faut ensuite s'interroger sur le sens de la condition selon laquelle l'infraction doit être commise par cet organe ou représentant.

I. La notion d'organe ou représentant

Le premier problème qui se pose ici consiste à savoir si les deux termes utilisés par le législateur sont synonymes ou s'ils désignent des entités différentes. La doctrine a très vite considéré qu'il convenait de distinguer les deux notions, même si elles se recoupent partiellement. Ainsi, **par organe, il faut entendre les organes de droit, c'est-à-dire, les personnes désignées par la loi ou les statuts comme ayant**

le pouvoir de diriger la personne morale. Dans les sociétés, par exemple, la loi définit les organes alors que dans une association, ce sont les statuts qui doivent le faire. Les organes peuvent être constitués d'une personne physique, président d'une société ou d'une association ou maire d'une commune, mais ils peuvent aussi être collectifs, comme le conseil d'administration ou l'assemblée générale d'une société ou d'une association ou encore le conseil municipal, parce que ces organes sont également dotés d'un pouvoir décisionnel au sein du groupement.

Jurisprudence

Il existe de rares exemples de responsabilité pénale d'une personne morale engagée par un **organe collectif** *(V. Cass. crim., 11 juill. 2017, n° 16-82.426 : commission d'attribution d'une société d'HLM – Cass. crim., 14 mars 2018, n° 16-82.117, «comité exécutif» d'une société).*

Le deuxième problème est celui posé par **l'organe de fait,** c'est-à-dire de la personne qui va, par exemple, effectivement gérer la société alors qu'elle n'en est pas le dirigeant officiel. Les auteurs sont divisés sur cette question mais la jurisprudence a pris position en retenant que le dirigeant de fait qui commet l'infraction pour le compte de la personne morale, engage bien la responsabilité pénale de cette dernière, en tant que représentant plutôt qu'en tant qu'organe.

Jurisprudence

Telle est la solution adoptée dans un arrêt de 2003, dans lequel la chambre criminelle approuve la condamnation pour escroquerie d'une société, fondée sur le constat que l'auteur des actes intervenait en tant que dirigeant de fait de la société et la représentait, notamment, dans ses relations avec une autre société, le pourvoi soutenant que l'intéressé était un simple salarié non pourvu d'une délégation de pouvoirs ayant été rejeté *(Cass. crim., 17 déc. 2003, n° 00-87.872).* Cette jurisprudence a été confirmée plusieurs fois *(Cass. crim., 13 avr. 2010, n° 09-86.429 – Cass. crim., 16 oct. 2013, n° 03-83.910 – Cass. crim., 15 déc. 2015, n° 14-85.638 – Cass. crim., 16 oct. 2018, n° 17-86.459).*

Il paraît donc acquis que le dirigeant de fait puisse engager la responsabilité pénale de la personne morale dès lors qu'il agit en son nom et pour son compte à l'égard des tiers.

Le terme de **représentant** possède un sens plus large que celui d'organe, à savoir que si les organes de la personne morale sont ses représentants, l'inverse n'est pas vrai. Ainsi, le mandataire d'une personne morale la représente pour une opération donnée mais n'est pas forcément un organe de celle-ci. En pratique, le problème se pose surtout à l'égard des **personnes salariées de l'entreprise mais titulaires d'une**

délégation de pouvoirs. On a vu que cette délégation de pouvoirs permettait au chef d'entreprise d'échapper en principe à sa responsabilité personnelle liée à sa qualité de chef d'entreprise. Mais celui qui en est titulaire peut-il engager la responsabilité pénale de la personne morale ?

Jurisprudence

Pour la chambre criminelle, « le salarié d'une société titulaire d'une délégation de pouvoirs en matière d'hygiène et de sécurité est un représentant de la personne morale au sens de l'article 121-2. Il engage donc la responsabilité pénale de celle-ci en cas d'atteinte involontaire à la vie ou à l'intégrité physique trouvant sa cause dans un manquement aux règles qu'il était tenu de faire respecter en vertu de sa délégation » *(Cass. crim., 30 mai 2000, n° 99-84.212)*. Il importe peu, d'ailleurs, que la délégation soit de droit ou de fait *(Cass. crim., 30 mars 2016, n° 14-84.994)* mais la jurisprudence récente insiste sur le fait qu'un salarié dépourvu d'une délégation de pouvoirs n'est pas un représentant, même s'il joue un rôle important dans l'entreprise *(Cass. crim., 13 oct. 2015, n° 14-84.760 – Cass. crim., 1er déc. 2015, n° 14-84.740)*.

Le rapport entre commission pour le compte et par un organe ou représentant est très étroit.

Jurisprudence

Cela se vérifie en jurisprudence, notamment dans un arrêt de 2008. Dans cette affaire, un office du tourisme a été poursuivi du chef de discrimination raciale après qu'une salariée a rédigé des documents comportant une liste d'établissements dans lesquels l'accueil de clients ayant des noms à consonance maghrébine n'était pas souhaité. La décision de relaxe de la personne morale était fondée sur le fait que la salariée, non titulaire d'une délégation de pouvoirs, avait rédigé ces documents de sa propre initiative, sans en référer à sa hiérarchie. Le pourvoi a été rejeté aux motifs que « l'infraction n'a pas été commise pour le compte de l'office municipal de tourisme, par l'organe ou un représentant de celui-ci » *(Cass. crim., 29 janv. 2008, n° 07-80.264)*.

Cet arrêt illustre donc le fait que, faute d'être commise par un organe ou un représentant, l'infraction ne peut être réalisée pour le compte de la personne morale. Plus précisément, **si l'infraction est commise pour le compte de l'être moral, c'est nécessairement par un organe ou un représentant,** c'est-à-dire par une personne ayant le pouvoir d'engager juridiquement la personne morale, alors que les faits peuvent être commis par une personne qui a la qualité d'organe ou représentant sans que ce soit pour le compte de l'être moral parce que cette personne agira seulement dans son intérêt personnel.

II. La commission de l'infraction par une personne physique et le problème du cumul des responsabilités

La question qui se pose ici est fondamentale parce que sa réponse implique une prise de position sur la nature exacte de la responsabilité pénale des personnes morales. Deux conceptions sont possibles : soit on considère que la personne morale n'est responsable que de manière indirecte ou « par ricochet », c'est-à-dire qu'elle l'est uniquement parce que l'organe ou le représentant est lui-même responsable. Soit, au contraire, on admet qu'elle soit capable de commettre dans une certaine mesure l'infraction elle-même et au moins qu'elle possède une culpabilité, c'est-à-dire une faute, qui lui est propre.

Les conséquences du choix de l'une ou l'autre des solutions sont cruciales : si la personne morale est responsable par elle-même il faut pouvoir démontrer que c'est elle qui a eu l'intention de commettre l'infraction, si celle-ci était intentionnelle ou que c'est elle qui a commis la faute de négligence ou d'imprudence, si le délit est non intentionnel. Dans le cas contraire, c'est la personne physique, organe ou représentant qui commet les faits et qui accomplit la faute, intentionnelle ou non, et la responsabilité n'est attribuée que dans un second temps à la personne morale. Mais dans ce cas, comment comprendre le dernier alinéa de l'article 121-2 qui prévoit que la responsabilité pénale des personnes morales n'exclut pas celles des personnes physiques auteurs ou complices des mêmes faits ? Ce texte signifie que la responsabilité de la personne morale peut se cumuler avec celle de la personne physique mais que ce cumul n'est pas obligatoire. Or ces « personnes physiques » dont parle le texte seront, la plupart du temps, les organes ou représentants de la personne morale. Dès lors faut-il établir la responsabilité de l'organe ou du représentant pour établir celle de la personne morale ?

Jurisprudence

Dans un premier temps, les juges du fond se sont référés implicitement à l'une ou l'autre des conceptions, jusqu'à ce que la chambre criminelle prenne position en faveur de la **thèse de la responsabilité indirecte** *(Cass. crim., 2 déc. 1997, n° 96-85.484)*. Dans cette affaire de production de fausses attestations en justice par le directeur général d'une société, la Cour de cassation a censuré les juges du fond qui avaient considéré que la société elle-même avait eu connaissance de la fausseté des attestations, ce qui revenait à juger que la société avait eu l'intention requise pour le délit. La chambre criminelle a alors affirmé que la cour d'appel aurait dû rechercher si le directeur général de la société, organe de celle-ci, avait eu personnellement connaissance des faits relatés dans les attestations. Pour la Cour de cassation, la responsabilité de la personne morale suppose donc nécessairement que soit établie d'abord la culpabilité de l'organe ou du représentant, la plupart du temps une personne physique.

Par conséquent, la lecture adoptée par la Cour de cassation, dans un premier temps, était la suivante : l'infraction, quelle que soit sa nature, doit être matériellement réalisée par un organe ou un représentant, en général une personne physique, et l'élément moral de l'infraction doit être constaté chez cet organe ou représentant, et non pas chez la personne morale elle-même.

Cette conception a été remise en cause et la Cour de cassation s'est orientée, pendant plusieurs années, vers une conception de la responsabilité pénale des personnes morales plus autonome. Le problème qui se posait était de savoir si l'organe ou le représentant doit être identifié de manière précise par les juges du fond. Si l'on se réfère à la conception d'une responsabilité indirecte, cela semble nécessaire car comment constater l'élément moral de l'infraction chez une personne que l'on n'a pas identifiée ?

Jurisprudence

Un premier arrêt de la Cour de cassation *(Cass. crim., 20 juin 2006, n° 05-85.255)* a approuvé la condamnation d'une société pour homicide involontaire alors que la cour d'appel avait relevé une faute d'imprudence commise par la société et non par son organe ou représentant. La chambre criminelle a affirmé qu'il importait peu que les juges n'aient pas précisé l'identité de l'auteur des manquements constitutifs du délit, dès lors que « l'infraction n'a pu être commise, pour le compte de la société, que par ses organes ou représentants ». En d'autres termes, la Cour de cassation semblait instituer une présomption de commission de la faute par l'organe ou le représentant, ce qui permettait de réprimer plus facilement. Cette jurisprudence a été confirmée *(Cass. crim., 26 juin 2007, n° 06-84.821)*.

Dans ces arrêts, il s'agissait d'infractions d'imprudence. Or, la Cour de cassation est allée plus loin puisqu'elle a admis la même solution pour des infractions intentionnelles *(Cass. crim., 25 juin 2008, n° 07-80.261)*. Elle a ainsi approuvé la condamnation de sociétés pour faux et complicité de faux en écritures privées, en affirmant que ces infractions « s'inscrivent dans le cadre de la politique commerciale des sociétés en cause et ne peuvent, dès lors, avoir été commises, pour le compte des sociétés, que par leurs organes ou représentants ». La référence à la politique commerciale de la société semblait signifier que cette dernière possédait une volonté propre, indépendante de celles de ses organes ou représentants, et que la personne morale pouvait donc commettre des fautes elles-mêmes.

Cette jurisprudence s'est maintenue jusqu'en 2012. En effet, **la chambre criminelle a de nouveau changé de position** puisqu'elle a cassé un arrêt de condamnation d'une personne morale pour blessures involontaires en reprochant aux juges de ne pas avoir recherché si les manquements relevés avaient été commis par un organe ou un représentant et s'ils avaient été commis pour le compte de la personne morale *(Cass. crim., 11 avr. 2012, n° 10-86.974)*.

De nombreux arrêts postérieurs ont confirmé cette nouvelle orientation qui consiste en un retour à la jurisprudence antérieure à 2006. **Il s'agit donc de considérer que la responsabilité pénale des personnes morales est indirecte, passant nécessairement par celle d'une personne physique ou d'un ensemble de personnes physiques, dûment identifiés.**

Jurisprudence

En dernier lieu, la jurisprudence exige des juges du fond qu'ils vérifient, au besoin par un supplément d'information, si l'infraction dont ils constatent l'existence a bien été commise par un organe ou un représentant *(Cass. crim., 31 oct. 2017, n° 16-83.683)*.

Quoi qu'il en soit, **le problème de l'interprétation de l'alinéa 3 de l'article 121-2 reste posé.** S'il faut établir la culpabilité d'une personne physique afin de rendre responsable la personne morale, comme semble l'exiger l'article 121-2, ne faut-il pas nécessairement condamner à la fois la personne physique et la personne morale, contrairement à ce que laisse entendre le texte ?

Ce problème ne peut se résoudre qu'indirectement, pour l'essentiel par le biais du principe de l'opportunité des poursuites, qui relève du pouvoir du procureur de la République. En pratique, il appartient au ministère public de déclencher des poursuites contre la personne morale seule ou contre celle-ci et son représentant. Dans les deux cas, il faut établir la culpabilité de la personne physique d'abord mais dans le premier cas, seule la personne morale peut être condamnée, puisqu'elle seule est l'objet des poursuites. On ajoutera que même lorsque la personne morale est poursuivie en même temps que son organe ou représentant, la relaxe de ce dernier n'implique pas nécessairement celle de la personne morale, comme l'atteste un arrêt du 24 septembre 2019 *(Cass. crim., 24 sept. 2019, n° 18-85.348)*, l'absence de condamnation du dirigeant de la société également poursuivie s'expliquant ici pour une raison d'ordre procédural, à savoir une erreur dans la citation des textes d'incrimination.

Une difficulté supplémentaire s'ajoute, dans le domaine des infractions non-intentionnelles, en raison de l'application de la loi du 10 juillet 2000 précitée.

III. L'incidence de la loi du 10 juillet 2000 tendant à préciser la définition des délits non intentionnels

Ainsi qu'il a été dit, le 4e alinéa de l'article 121-3 prévoit désormais une double distinction, entre l'auteur direct et indirect et entre la faute d'imprudence ordinaire et la faute aggravée (V. Fiche n° 12). L'auteur indirect ne peut voir sa responsabilité engagée que s'il a commis une faute aggravée. Mais, cette double distinction ne s'applique, aux termes du texte, qu'aux seules personnes physiques. **Le législateur a**

donc souhaité mieux répartir les responsabilités entre personne physique et personne morale, en permettant de ne pas punir l'auteur, personne physique, qui a causé indirectement le dommage, tout en maintenant, dans cette hypothèse, la possibilité de punir la personne morale. En effet, **pour condamner celle-ci, même en cas de dommage causé indirectement, il suffit, aujourd'hui comme avant la loi du 10 juillet 2000, d'une faute ordinaire.**

Par exemple, si le maire et la commune sont poursuivis en même temps du chef d'homicide par imprudence et si les juges considèrent que le dommage n'a été causé que de manière indirecte, ils relaxeront le maire, personne physique et organe de la personne morale, en vertu de l'article 121-3, alinéa 4, parce qu'il n'a commis qu'une faute ordinaire et non pas aggravée. Mais ils pourront condamner la commune, personne morale, parce qu'une faute simple suffit pour engager sa responsabilité.

Jurisprudence

Ce nouveau schéma a déjà été retenu par la chambre criminelle *(Cass. crim., 24 oct. 2000, n° 00-80.378)* qui affirme qu'« il résulte des articles 121-2, 121-3 et 222-19 du Code pénal, tant dans leur rédaction antérieure à la loi du 10 juillet 2000 que dans celle issue de cette loi, que les personnes morales sont responsables pénalement de toute faute non intentionnelle de leurs organes ou représentants ayant entraîné une atteinte à l'intégrité physique constitutive du délit de blessures involontaires, alors même qu'en l'absence de faute délibérée ou caractérisée au sens de l'article 121-3, alinéa 4, nouveau, la responsabilité pénale des personnes physiques ne pourrait être recherchée ».

La Cour de cassation applique donc le texte conformément à l'objectif du législateur mais il est permis de douter que sa position soit conforme au texte de l'article 121-2, qui dit que l'infraction doit être commise par l'organe ou le représentant. Si celui-ci ne peut être condamné faute d'élément moral, on voit mal comment on pourrait condamner la personne morale parce qu'en définitive, il n'existe plus aucune infraction commise par quiconque. Ainsi, dans le cas où le dommage a été causé indirectement, on peut imaginer que le maire et la commune soient poursuivis pour homicide par imprudence *(C. pén., art. 221-6)*. Le maire, personne physique auteur indirect, ne peut être condamné que s'il a commis une faute délibérée ou caractérisée *(C. pén., art. 121-3, al. 4)*. Si ce n'est pas le cas, il sera relaxé parce que le délit d'homicide par imprudence n'est pas juridiquement constitué, en l'absence d'élément moral. Autrement dit, la loi du 10 juillet 2000 a pour objectif une dépénalisation des faits d'imprudence commis indirectement par les personnes physiques, en renforçant l'exigence relative à la faute, qui doit être grave. En l'absence d'une telle faute, les faits ne sont plus considérés comme une infraction pénale. Il devient alors difficile de comprendre comment cette infraction, non constituée, pourrait être imputée à la commune, personne morale.

On notera enfin que certaines questions relatives à la responsabilité pénale des personnes morales ne sont pas réglées. Notamment, on peut se demander si les causes d'irresponsabilité pénale sont applicables aux personnes morales et comment les appliquer alors que certaines sont conçues manifestement pour les personnes physiques, comme le trouble mental.

⏭ POUR ALLER PLUS LOIN...

– J.-Y. MARÉCHAL, Plaidoyer pour une responsabilité pénale directe des personnes morales, JCP G 2009, 249 ; Effet de la relaxe du représentant d'une société sur la responsabilité pénale de cette dernière, Lexbase Pénal, octobre 2019, p. 3

– L. SAENKO, De l'imputation par amputation ou le mode allégé d'engagement de la responsabilité pénale des personnes morales, Dr. pén. 2009, étude 14

– J.-C. SAINT-PAU, La responsabilité pénale d'une personne physique agissant en qualité d'organe ou représentant d'une personne morale, Mélanges Bouloc, Dalloz 2007, p. 1011 ; Faut-il repenser la responsabilité pénale des personnes morales ? *in* Faut-il rethéoriser le droit pénal ? LexisNexis 2017, p. 101

TITRE 7
LES CAUSES D'IRRESPONSABILITÉPÉNALE

La commission d'une infraction ne suffit pas à rendre son auteur responsable. En effet, il existe des situations dans lesquelles la personne ne peut être rendue responsable des faits punissables qu'elle a pourtant commis. Les causes d'irresponsabilité pénale figurent aux articles 122-1 à 122-8 du Code pénal et il est habituel de distinguer celles qui sont objectives, c'est-à-dire liées aux faits ou au contexte de leur commission, comme la légitime défense, de celles qui sont subjectives, c'est-à-dire liées à la personne de l'agent, telles que la contrainte ou le trouble mental. Cette distinction entre causes objectives et subjectives présente un intérêt non négligeable au titre de la complicité (V. Fiche n° 16). Cette distinction doctrinale en recoupe une autre plus ancienne entre causes de non-imputabilité, causes de non-culpabilité et faits justificatifs. Ces derniers sont les causes objectives d'irresponsabilité, tandis que les causes subjectives regroupent les deux premières catégories. Le Code pénal se contente, pour sa part, de la notion de cause d'irresponsabilité ou d'atténuation de la responsabilité. On ajoutera que toutes les situations qui seront analysées n'ont pas pour effet de rendre l'agent irresponsable, certaines, comme la minorité, pouvant aussi avoir pour effet, plus limité, d'atténuer la responsabilité pénale, sans la supprimer.

SOUS-TITRE 1
LES CAUSES OBJECTIVES D'IRRESPONSABILITÉ PÉNALE

Les causes objectives d'irresponsabilité pénale sont relatives aux faits commis par l'agent, qui, compte tenu du contexte de leur réalisation, ne sont plus considérés comme des infractions pénales mais apparaissent justifiés. Autrement dit, dans ces cas et aux conditions prévues par le Code pénal, les faits ne doivent plus être jugés contraires au droit mais au contraire conformes à ce dernier. C'est la raison pour laquelle certains auteurs parlent d'élément injuste de l'infraction car si l'élément matériel est bien réalisé, ainsi que l'élément moral d'ailleurs, les faits ne sont pas, exceptionnellement, considérés comme illicites. Cependant, cette explication est purement doctrinale et pose le problème de ne pas correspondre au Code pénal qui traite ensemble toutes les causes d'irresponsabilité sans reprendre aucune des distinctions habituelles. Une autre difficulté provient du fait que ce concept d'« élément injuste » a pour effet d'occulter les rapports étroits qui existent entre certaines causes objectives et subjectives d'irresponsabilité. Autrement dit, le passage de l'une à l'autre peut, parfois, se faire assez facilement, comme on le verra.

On dénombre 5 causes objectives d'irresponsabilité, qui sont la légitime défense, l'état de nécessité, l'ordre de la loi et le commandement de l'autorité légitime et, depuis 2016, le cas particulier des lanceurs d'alerte. Il convient également de se demander si le consentement de la victime constitue une cause d'irresponsabilité pénale.

Fiche n° 19 La légitime défense

⏭ L'ESSENTIEL

La légitime défense consiste dans le droit pour une personne victime d'une atteinte injustifiée envers elle-même, autrui ou un bien, de riposter à celle-ci en commettant une infraction. L'agression doit être réelle, injustifiée et actuelle ou imminente. La riposte à l'agression consiste dans la commission d'une infraction rendue nécessaire en raison des circonstances. Le Code pénal exige une proportion entre l'atteinte subie et les moyens mis en œuvre pour riposter. En matière d'atteinte aux biens, la riposte ne peut pas consister en un homicide volontaire. Enfin, le Code pénal prévoit des cas privilégiés de légitime défense, qui doivent être considérés comme des présomptions légales simples.

⏭ LES CONNAISSANCES

La légitime défense est sans aucun doute la cause d'irresponsabilité la plus connue et aussi la plus souvent invoquée devant les juridictions pénales.

> (C. pén., art. 122-5)
> Selon l'article 122-5 du Code pénal, *« n'est pas pénalement la personne qui, devant une atteinte injustifiée envers elle-même ou autrui, accomplit, dans le même temps, un acte commandé par la nécessité de la légitime défense d'elle-même ou d'autrui, sauf s'il y a disproportion entre les moyens de défense employés et la gravité de l'atteinte ».*
>
> Le second alinéa est consacré au problème de la légitime défense des biens et énonce que *« n'est pas pénalement responsable la personne qui, pour interrompre l'exécution d'un crime ou d'un délit contre un bien, accomplit un acte de défense, autre qu'un homicide volontaire, lorsque cet acte est strictement nécessaire au but poursuivi dès lors que les moyens employés sont proportionnés à la gravité de l'infraction ».*

L'article 122-6 est, quant à lui, consacré à la preuve de la légitime défense et pose une présomption de légitime défense dans deux situations.

Après avoir exposé les conditions de la légitime défense, on s'intéressera à la question de ses effets et de sa preuve.

§1 Les conditions de la légitime défense

Ces conditions tiennent, d'une part, à l'agression ou atteinte et, d'autre part, à la riposte.

I. Les conditions relatives à l'agression

L'agression, qui va provoquer chez l'agent une réaction sous la forme d'une infraction, peut être dirigée indifféremment contre une personne ou contre un bien. Le texte n'évoque d'ailleurs pas une agression mais une **« atteinte »**, ce qui signifie qu'il n'est même **pas nécessaire qu'il s'agisse d'une infraction**, du moins en cas de légitime défense des personnes.

Jurisprudence

La victime de cette atteinte peut être la personne qui va riposter mais aussi un tiers, la légitime défense pouvant être la défense d'autrui contre une agression *(Cass. crim., 9 janv. 2018, n° 16-86.552).*

Ceci est logique compte tenu du fait que, parallèlement, le Code pénal punit le fait de ne pas porter secours à une personne en péril *(C. pén., art 223-6).*

Si l'idée de permettre à la personne agressée de réagir par la violence n'a jamais été mise en doute, la question de savoir si l'on pouvait commettre une infraction pour défendre ses biens a été beaucoup plus discutée. Même si les textes ne la visaient pas à proprement parler, la jurisprudence l'a admis assez tôt, dès le début du XXe siècle, en se fondant sur les textes qui prévoyaient déjà, à l'époque, des cas présumés de légitime défense et qui évoquaient, et évoquent toujours aujourd'hui, la défense d'un lieu habité *(C. pén., art. 122-6)*. Néanmoins, la question est restée discutée, notamment au regard de la gravité de l'acte de défense.

Si le législateur admet, depuis 1994, la **légitime défense des biens,** c'est à des **conditions plus restrictives que la légitime défense des personnes**. Le texte prévoit en effet que la défense du bien n'est autorisée que si l'on agit « ***pour interrompre l'exécution d'un crime ou d'un délit contre un bien*** ». Ici, l'atteinte est nécessairement une infraction, crime (par ex., vol avec arme ou avec violences entraînant une mutilation ou une infirmité, *C. pén., art. 311-7 et 311-8*) ou délit dirigé contre le bien. Il ne peut s'agir d'une contravention comme celle de l'article R. 635-1. Ceci pose un problème parce que ce texte punit les dégradations n'ayant entraîné qu'un « dommage léger », ce qui est nécessairement apprécié, *a posteriori,* par le juge. Le propriétaire ne doit donc pas réagir violemment de manière systématique en cas de dégradation d'un bien dès lors qu'il n'est pas certain de bénéficier de la légitime défense.

Attention En outre**, si l'infraction est déjà consommée et que l'on a donc dépassé le stade de l'exécution, la défense n'est plus autorisée**. Par exemple, on ne devrait pas admettre la légitime défense pour la personne qui cherche à arrêter par la force le cambrioleur qui est déjà sorti de la maison et qui s'enfuit dans le jardin.

Jurisprudence

De manière générale, la jurisprudence exige que **l'agression soit réelle et actuelle ou imminente, et non pas éventuelle ou imaginaire**. Ce sont les juges du fond qui apprécient l'existence de cette agression et ils rejettent l'agression putative, c'est-à-dire celle qui n'existe que dans l'esprit de l'agent (*Cass. crim., 21 déc. 1954, Bull. crim. n° 423).*

Il faut donc, pour bénéficier de la légitime défense, pouvoir prouver qu'il existait des indices sérieux qui ont fait penser à la personne qui a commis l'infraction qu'elle était sur le point d'être agressée. En principe, les juges tiennent compte de l'ensemble des circonstances de fait pour décider, après coup, si la riposte paraissait légitime ou non. On notera également que **l'atteinte est, en général, une agression physique mais quelle peut aussi être une atteinte morale.** Ainsi, il est concevable qu'une injure constitue une agression pouvant justifier une riposte, le problème devenant cependant celui de la proportionnalité de celle-ci.

Jurisprudence

À titre d'exemple, un enseignant, insulté par une élève en des termes particulièrement grossiers, qui lui a donné un léger coup de pied peut bénéficier de la légitime défense *(Cass. crim., 18 juin 2002, n° 01-88.062).*

L'agression doit aussi être injustifiée ainsi que le précise expressément l'article 122-5. En pratique, l'agression est souvent une infraction elle-même mais **le problème qui se pose est de savoir si l'on peut résister par la force à une « agression » conforme ou apparemment conforme au droit**, comme une interpellation par des policiers au cours d'une manifestation sur la voie publique par exemple.

Jurisprudence

La jurisprudence considère qu'il n'est pas possible d'invoquer ici la légitime défense, quand bien même les forces de l'ordre agiraient illégalement. Ce n'est que si l'acte constitue une atteinte manifestement illégale, comme un passage à tabac par exemple, que la cause d'irresponsabilité pourrait être admise. Ainsi, la Cour de cassation a admis la légitime défense dans le cas où la prévenue avait utilisé une bombe lacrymogène contre un huissier qui commettait une violation de domicile et une séquestration *(Cass. crim., 20 oct. 1993, n° 92-85.736)*.

II. Les conditions relatives à la riposte

Le Code pénal prévoit textuellement trois conditions : **l'infraction commise en riposte doit être concomitante à l'agression** (« dans le même temps »), ce qui signifie qu'elle doit être immédiate et non pas tardive, auquel cas il ne s'agirait plus de défense mais de vengeance. La deuxième consiste dans le fait **que la défense n'est légitime que si elle est « nécessaire » ou « strictement nécessaire »**. Ce point est important parce que la cause d'irresponsabilité consiste à accorder un droit pour la personne de se défendre quand c'est nécessaire et non pas de manière systématique. En pratique, cette idée se traduit par le fait que lorsqu'il est possible d'échapper à l'agression autrement qu'en utilisant la force, cette voie doit être préférée.

Jurisprudence

Ainsi, si l'agresseur est ivre et ne peut se tenir debout, la riposte n'apparaît pas nécessaire *(Cass. crim., 30 mai 2017, n° 16-82.470)*.

La troisième et la plus importante des conditions concerne la **proportionnalité qui doit exister entre l'atteinte et les moyens utilisés pour réagir contre celle-ci.** Il faut souligner que cette proportionnalité s'apprécie, pour la légitime défense des personnes, dans les moyens mis en œuvre et non pas dans le résultat de la mise en œuvre des moyens.

Jurisprudence

Par exemple, la Cour de cassation a admis qu'il n'y a pas de disproportion entre une agression physique violente au domicile de l'agressé et la riposte qui a consisté à tirer un coup de feu qui a atteint l'agresseur en plein cœur *(Cass. crim., 21 févr. 1996, n° 94-85.108)*.

On notera d'ailleurs que l'article 2, 2° de la Conv. EDH admet que la mort peut être infligée dans le cadre d'une défense nécessaire de la personne contre une agression.

Jurisprudence

La chambre criminelle souligne que le résultat de l'action de défense importe peu, même s'il est très grave *(Cass. crim., 17 janv. 2017, n° 15-86.481)*. L'appréciation de la proportionnalité est une question de fait mais la Cour de cassation vérifie que les juges respectent cette exigence *(V. Cass. crim., 9 janv. 2018 précité)*.

S'agissant de la **légitime défense des biens**, le législateur a mis une limite à ce principe en indiquant **que la riposte à l'atteinte contre un bien ne peut pas consister dans un homicide volontaire**. Il s'agit évidemment de rappeler qu'un bien, quel qu'en soit le prix ne vaut jamais la vie d'un homme. Cependant, **en pratique il n'est pas certain que cette limite soit facile à mettre en application**. En effet, le législateur est parti de l'idée théorique qu'il était aisé de distinguer la légitime défense des biens de celle des personnes. Si l'on prend l'exemple banal du cambriolage, il est clair qu'il s'agit d'une atteinte contre les biens. Cependant, si l'on imagine que le propriétaire surprend le voleur en action, et que celui-ci devient menaçant à son égard, il ne s'agit plus de légitime défense des biens mais des personnes. Ceci conduit donc à remarquer que la distinction entre les deux formes d'atteinte, contre les personnes et contre les biens, est relativement artificielle. On ne trouve d'ailleurs pas de jurisprudence relative à ce problème particulier.

Jurisprudence

Il reste une dernière condition relative à la riposte, qui a été ajoutée par la jurisprudence. La Cour de cassation a en effet affirmé à plusieurs reprises que **la légitime défense est inconciliable avec le caractère involontaire de l'infraction commise en riposte** *(Cass. crim., 16 févr. 1967, n° 66-92.071 – Cass. crim., 28 nov. 1991, n° 90-87.572)*.

Par exemple, il n'y a pas légitime défense si l'on repousse violemment un agresseur qui tombe et se fait une fracture du crâne en heurtant le sol. En effet, en général, les juges qualifient cet acte de blessures par imprudence, pour éviter une sanction trop sévère, mais ils empêchent ainsi le prévenu de bénéficier de la cause d'irresponsabilité. Cette jurisprudence a été critiquée par la doctrine parce qu'elle confond la volonté de riposter à l'atteinte et la volonté de réaliser un résultat précis *(V. C. Mascala, JCl. Pénal Code, Art. 122-5 et 122-6, fasc. 20, n° 27 à 32)*. Les auteurs considèrent que, dès lors que l'acte a été voulu, la légitime défense doit être admise, même si les conséquences n'ont pas été souhaitées. On peut ajouter que cette jurisprudence est d'autant plus étonnante qu'en matière de violences intentionnelles, les juges considèrent que seul l'acte doit être voulu et non le dommage. Par conséquent, il s'agit là d'un **problème de qualification des faits** et le fait de repousser un agresseur devrait être considéré comme un acte volontaire constitutif d'un délit intentionnel.

Depuis l'entrée en vigueur du Code pénal, la Cour de cassation n'a pas été amenée à se prononcer et il est difficile de savoir quelle serait aujourd'hui sa position.

§2 La preuve et les effets de la légitime défense

Une cause d'irresponsabilité constitue naturellement un moyen de défense qu'il appartient donc à la personne poursuivie de démontrer. Il faut donc, en principe, que le prévenu prouve les conditions relatives tant à l'agression qu'à la riposte.

(C. pén., art. 122-6)
Cependant, l'article 122-6, reprenant l'ancien article 329 du Code pénal de 1810, institue des cas présumés de légitime défense. Il dispose qu'*« est présumé avoir agi en état de légitime défense celui qui accomplit l'acte :*
1° pour repousser, de nuit, l'entrée par effraction, violence ou ruse dans un lieu habité ;
2° pour se défendre contre les auteurs de vols ou de pillages exécutés avec violence ».

Ces deux hypothèses concernent plutôt la légitime défense des biens, et ce texte a servi à la jurisprudence pour admettre celle-ci. En pratique, **si la personne a commis une infraction dans les circonstances décrites par le texte, elle est présumée avoir agi en légitime défense donc elle n'a pas à démontrer les conditions de celle-ci, et notamment la réalité de l'agression**.

Cependant, il existe deux types de présomptions, celles qui sont simples, en ce sens qu'elles admettent la preuve contraire et celles qui sont irréfragables, c'est-à-dire qui ne permettent pas de démontrer le contraire de ce que le texte affirme. Pendant un certain temps, la jurisprudence, a considéré que l'article 329 du Code pénal de 1810 avait institué une présomption irréfragable. Mais les juges ont été confrontés à des situations dans lesquelles des personnes avaient tué des individus qui s'introduisaient chez eux, la nuit et par effraction, mais qui n'avaient commis aucune agression ni contre les personnes ni contre les biens. Il s'agissait notamment d'hypothèses où des hommes s'introduisaient au domicile du père de leur jeune maîtresse pour retrouver cette dernière. Admettre une présomption irréfragable de légitime défense revient à autoriser à tuer alors même que l'on sait qu'il n'y a pas d'agression.

Jurisprudence

La Cour de cassation a donc modifié sa position *(Cass. crim., 19 févr. 1959, n° 58-91.898)* pour finalement considérer que le texte ne créait qu'une présomption simple de légitime défense.

Le ministère public ou la victime de l'infraction peuvent donc démontrer, par exemple, l'absence d'atteinte contre les personnes ou les biens.

Le Code pénal de 1994 s'est contenté de reprendre les mêmes dispositions et la jurisprudence continue de juger que la présomption de légitime défense n'est pas irréfragable.

Jurisprudence

Ainsi, elle admet la légitime défense sur le fondement de l'article 122-6, 1° dans le cas d'une personne qui a tiré des coups de feu sur des cambrioleurs armés d'un pied de biche, qui s'étaient introduits de nuit dans un lieu habité mais les juges constatent que la riposte était proportionnée à l'agression, donc que la présomption n'est que simple et que les conditions de l'article 122-5 étaient réunies *(Cass. crim., 8 juill. 2015, n° 15-81.986).*

POUR ALLER PLUS LOIN...

– D. LEGEAIS, Légitime défense et protection des biens : aperçu de droit comparé, RSC 1980, p. 325

– J. PRADEL, La défense automatique des biens, Mélanges Bouzat, Pédone, 1980, p. 217

– J. PRADEL et A. VARINARD, Les grands arrêts du droit pénal général, n° 21 à 23

Fiche n° 20 L'état de nécessité

⏭ L'ESSENTIEL

L'état de nécessité est une cause d'irresponsabilité pénale introduite dans le Code pénal seulement en 1994 mais elle était admise par la jurisprudence auparavant. L'état de nécessité est proche de la légitime défense et consiste à commettre une infraction pour échapper à un danger menaçant la personne, autrui ou un bien. La personne choisit de sacrifier un intérêt pour en sauvegarder un autre, plus important. Il faut démontrer l'existence d'un danger réel, actuel ou imminent, quelle qu'en soit l'origine. L'infraction commise en état de nécessité doit être proportionnée au péril subi.

⏭ LES CONNAISSANCES

L'admission de l'état de nécessité en tant que cause d'irresponsabilité pénale constitue une des innovations du Code pénal, puisque c'est seulement la jurisprudence qui, dans certaines situations, avait considéré qu'une infraction pouvait être justifiée parce qu'elle était nécessaire. Cette idée de nécessité rapproche étroitement cette cause d'irresponsabilité de la légitime défense, le fondement étant identique. Cependant, il existe un certain nombre de différences qu'il convient d'analyser. Après avoir cerné la notion d'état de nécessité, l'on s'arrêtera sur ses conditions légales mais on remarquera aussi que la notion de nécessité est utilisée par la jurisprudence de manière particulière, dans certains cas, pour justifier des infractions alors que les conditions de l'état de nécessité ne semblent pas remplies.

§1 La notion d'état de nécessité

La situation de la personne qui se trouve dans la nécessité de commettre une infraction présente des similitudes avec celle de la personne en état de légitime défense. En effet, **il s'agit, face à un danger qui menace la personne, autrui ou un bien, de réagir en commettant une infraction, parce que c'est le seul moyen d'échapper au péril.** La personne se trouve confrontée à un choix : soit elle laisse le danger se transformer en dommage ; soit elle évite ce danger en accomplissant un acte qui prend la nature d'une infraction. Il faut donc choisir entre deux intérêts, et en sacrifier l'un pour en sauvegarder un autre. L'exemple le plus simple est celui de la personne qui, n'ayant pas les moyens d'acheter de la nourriture, se trouve dans la nécessité de la voler. L'agent sacrifie la propriété privée d'autrui pour sauvegarder un intérêt supérieur, la santé ou la vie d'une personne.

Jurisprudence

C'est précisément cette situation qui donna naissance à la théorie jurisprudentielle de l'état de nécessité, au travers de l'affaire de la « femme Ménard » que le « bon juge Magnaud » relaxa alors qu'elle avait volé du pain pour nourrir ces enfants *(Trib. corr. Château-Thierry, 4 mars 1898 et CA Amiens, 22 avr. 1898 : S. 1899, II, p. 1 ; D. 1899, II, p. 329).*

En réalité, il faut attendre les années 1950, les problèmes de logement de l'après-guerre et la question des squatters investissant des immeubles non occupés pour s'abriter, pour voir se multiplier les décisions de relaxe par les tribunaux correctionnels et pour que la Cour de cassation soit amenée à se prononcer et à affirmer l'autonomie de cette cause d'irresponsabilité pénale, non prévue par un texte.

Le **Code pénal a légalisé la construction prétorienne** en consacrant l'état de nécessité comme cause légale d'irresponsabilité, à l'article 122-7. Cependant, il faut noter qu'il avait admis, antérieurement, l'état de nécessité pour certaines infractions. Il s'agit des infractions commises contre les animaux domestiques, comme le fait de les tuer ou de leur infliger des mauvais traitements, les textes prévoyant depuis 1959 que les faits ne sont pas punissables si l'auteur a agi par nécessité *(C. pén., art. R. 654-1 et 655-1).*

(C. pén., art. 462-9)

On notera aussi que, très récemment, a été inséré dans le Code pénal un cas particulier d'état de nécessité prévu, en matière de crimes de guerre, par l'article 462-9 selon lequel *« n'est pas pénalement responsable d'un crime ou d'un délit de guerre visé par le présent livre la personne qui a agi raisonnablement pour sauvegarder des biens essentiels à sa survie ou à celle d'autrui ou essentiels à l'accomplissement d'une mission militaire contre un recours imminent et illicite à la force, sauf s'il y a disproportion entre les moyens de défense employés et la gravité du danger couru ».*

Attention Il faut noter que **l'état de nécessité ne doit pas être confondu avec** une autre cause d'irresponsabilité, plus classique, qui est **la contrainte**. La confusion a été faite parfois par les juges eux-mêmes, comme dans l'affaire Ménard. Comme on le verra, la contrainte suppose des conditions très strictes parce que le fondement de l'irresponsabilité consiste dans la disparition du libre arbitre. Tel n'est pas le cas dans l'hypothèse de l'état de nécessité puisque, au contraire, la personne va ici choisir de sacrifier un intérêt pour en sauvegarder un autre. Dès lors, **les conditions sont différentes, l'état de nécessité se fondant essentiellement sur des considérations objectives, et l'appréciation faite par les juges est plutôt restrictive en matière de contrainte.**

§2 Les conditions de l'état de nécessité

(C. pén., art. 122-7)
Aux termes de l'article 122-7, « *n'est pas pénalement responsable la personne qui, face à un danger actuel ou imminent qui menace elle-même, autrui ou un bien, accomplit un acte nécessaire à la sauvegarde de la personne ou du bien, sauf s'il y a disproportion entre les moyens employés et la gravité de la menace* ».

Tout comme en matière de légitime défense, il faut se trouver face à un « danger » auquel on répond par une infraction rendue nécessaire par les circonstances, et les moyens utilisés doivent être proportionnés au danger. **On peut finalement considérer que la légitime défense n'est rien d'autre qu'un cas particulier d'état de nécessité**, caractérisé par le fait que son domaine d'application est plus restreint, l'article 122-7 n'évoquant qu'un « danger », terme plus vague que celui d'« atteinte » utilisé à l'article 122-5. Par conséquent, lorsque le danger est une agression, la cause d'irresponsabilité sera la légitime défense, alors que l'état de nécessité recouvrira les autres hypothèses de péril.

Le Code pénal exige donc d'abord un **danger actuel ou imminent**. Il faut que le péril soit réel et non simplement éventuel.

Jurisprudence

Une affaire de vols répétés de nourriture dans des grands magasins, similaire à l'affaire Ménard, a donné l'occasion à une cour d'appel de juger que des difficultés financières, et non pas une absence totale de ressources, n'étaient pas suffisantes pour caractériser un péril réel pour les enfants de la prévenue, qui ne souffraient pas de malnutrition *(CA Poitiers, 11 avr. 1997, D. 1997, p. 512 ; JCP G 1997, II, 22933)*.

De la même manière, la Cour de cassation a jugé que seul un danger actuel et imminent peut justifier l'infraction *(Cass. crim., 1er juin 2005, n° 05-80.351)*. Il s'agissait ici d'un délit prévu en droit des sociétés, consistant à ne pas déposer au greffe du tribunal de commerce, dans le mois suivant l'approbation des comptes annuels, les documents comptables de la société. La prévenue avait prétendu qu'elle n'avait pas déposé les comptes parce que son commerce de bijouterie était très exposé aux vols et agressions et que la publicité des comptes avait pour conséquence de permettre aux malfaiteurs de rechercher les commerces à attaquer. Les juges du fond avaient admis le raisonnement et jugé que la prévenue avait agi en état de nécessité. La Cour de cassation a censuré au motif que le danger n'était qu'éventuel.

Plus récemment, le problème s'est posé au sujet des faucheurs de maïs transgéniques qui ont invoqué l'état de nécessité, qui a été admis par des juges du fond, mais que la Cour de cassation a rejeté en raison de l'absence de péril imminent *(Cass. crim., 18 févr. 2004, n° 03-82.951 – Cass. crim., 7 févr. 2007, n° 06-80.108)*.

Le **danger peut revêtir n'importe quelle forme, physique ou morale**, et viser n'importe qui, la personne, autrui ou même un bien.

Jurisprudence

Par exemple, il a été jugé que le père qui viole le domicile de son ex-épouse pour soustraire ses enfants à la vie de débauche menée par cette dernière est justifié par l'état de nécessité *(CA Colmar, 6 déc. 1957, D. 1958, p. 357).*

La personne qui commettrait des infractions au Code de la route pour mener un malade ou un blessé grave à l'hôpital se trouverait également en état de nécessité, tout comme la personne qui enfoncerait une porte et pénétrerait dans un domicile pour en sauver les occupants en cas d'incendie.

Jurisprudence

En revanche, la Cour de cassation a estimé que l'état de nécessité ne pouvait être invoqué par les auteurs du délit d'entrave à l'interruption volontaire de grossesse, qui prétendaient agir pour sauvegarder l'intérêt supérieur que représente la vie des fœtus, au motif que cette interruption de grossesse est autorisée, sous certaines conditions, par la loi *(Cass. crim., 31 janv. 1996, n° 95-81.319).*

La Cour de cassation a ajouté, avant l'entrée en vigueur du Code pénal en 1994, une condition supplémentaire qui consiste dans le fait que **la situation de péril ne doit pas avoir pour origine une faute antérieure de l'agent**.

Jurisprudence

Elle a ainsi estimé que le conducteur d'une automobile qui avait fait un écart pour éviter d'écraser sa femme et son enfant qui venaient de tomber par la portière avant droite, ne pouvait invoquer l'état de nécessité qui l'avait amené à provoquer une collision avec un autre usager de la route. Elle a considéré que les juges devaient rechercher si le prévenu n'avait pas lui-même créé un état de péril en emmenant ses passagers dans une voiture dont les portières pouvaient s'ouvrir de manière intempestive *(Cass. crim., 28 juin 1958, Bull. crim. n° 499).*

Le texte de l'article 122-7 ne reprend pas cette condition mais la Cour de cassation a maintenu son exigence *(Cass. crim., 22 sept. 1999, n° 98-84.520 – Cass. crim., 1er juin 2010, n° 09-87.159).*

Celui qui est à l'origine du danger qu'il invoque ne peut donc pas bénéficier de l'état de nécessité.

Outre l'existence d'un danger, il faut, pour bénéficier de l'état de nécessité, démontrer la **proportion entre les moyens utilisés pour échapper au péril et la gravité de celui-ci**. Il s'agit pour les juges de procéder à une appréciation des intérêts en présence, celui qui a été sacrifié par la commission de l'infraction devant avoir une valeur moindre ou au moins égale à celui sauvegardé *(Cass. crim., 28 juin 1958 précité)*.

Enfin, on retrouve, comme pour la légitime défense, l'idée selon laquelle **la commission de l'infraction doit être absolument nécessaire et qu'il n'existe aucune autre solution pour éviter le péril**. Par exemple, la cause d'irresponsabilité n'est pas démontrée par le prévenu, poursuivi pour conduite sans permis de conduire, qui invoque le fait qu'il était le passager d'une personne victime d'un malaise.

Jurisprudence

La chambre criminelle retient que d'autres solutions que la commission de cette infraction s'offrait à l'intéressé pour regagner son domicile *(Cass. crim., 4 mars 1998, n° 96-85.690)*. De même, certains invoquent le fait que l'usage du cannabis est nécessaire pour lutter contre la dtouleur liée à une maladie mais la chambre criminelle approuve les juges du fond qui rejettent cet argument en retenant qu'il existe des traitements médicamenteux, ce qui exclut une réelle nécessité *(Cass. crim., 16 déc. 2015, n° 14-86.860)*.

On terminera par deux indications : d'une part, **contrairement à la légitime défense, l'état de nécessité peut être invoqué aussi bien par l'auteur d'une infraction intentionnelle que non-intentionnelle** *(Cass. crim., 28 juin 1958 précité)*. D'autre part, le problème se pose de savoir si l'état de nécessité supprime la responsabilité pénale et la responsabilité civile de l'auteur de l'infraction. En effet, en pratique, il est fréquent que celui qui est victime de l'infraction nécessaire soit totalement étranger au péril subi. Ainsi le commerçant qui se fait dérober des marchandises par une personne en état de nécessité n'est pas responsable de cette situation et il a donc droit à être indemnisé. La doctrine est partagée et il n'existe pas de jurisprudence connue sur ce problème *(V. C. Mascala, JCl. Pénal Code, Art. 122-7, fasc. 20, n° 58 à 64)*.

Il reste à observer que **la chambre criminelle admet que certaines infractions peuvent être justifiées par la nécessité mais en dehors de l'état de nécessité**, le texte du Code pénal n'étant d'ailleurs pas invoqué et les conditions n'étant pas remplies. C'est le cas, en particulier, lorsqu'une personne commet une infraction afin de pouvoir assurer sa défense en justice.

Jurisprudence

Ainsi, la Cour de cassation considère que le vol par un salarié de documents appartenant à l'employeur, afin de produire ces documents au cours du procès qui l'oppose à ce dernier devant le conseil de prud'hommes, peut être justifié si ces documents sont strictement nécessaires à l'exercice des droits de la défense *(Cass. crim., 11 mai 2004, n° 03-80.254)*.

De même, un journaliste peut être poursuivi pour diffamation ou complicité de ce délit, lequel n'est pas constitué lorsque l'on peut établir certaines circonstances particulières comme la vérité des faits diffamatoires. Est-ce que le journaliste peut, pour cela, produire devant les juges des pièces d'un dossier d'instruction pénale en cours ? S'il le fait, il peut être poursuivi pour recel de violation du secret de l'instruction.

Jurisprudence

La Cour de cassation a jugé *(Cass. crim., 11 févr. 2003, n° 01-86.685 et 01-86.696)*, que le journaliste peut produire, pour les nécessités de la défense, des pièces couvertes par le secret. Le délit de recel de violation du secret est donc justifié. Ici, la condition d'un danger préalable à l'infraction ne peut être remplie, puisque le recel est antérieur à la poursuite pour diffamation.

⏭ POUR ALLER PLUS LOIN...

- J.-Y. CHEVALLIER, L'état de nécessité, Mélanges Bouzat, Pédone, 1980, p. 117
- F. DEBOVE, La faim ne justifie pas les moyens, Dr. pén. 1998, chron. n° 4
- J. PRADEL et A. VARINARD, Les grands arrêts du droit pénal général, n° 24

Fiche n° 21 L'ordre de la loi et le commandement de l'autorité légitime

L'ESSENTIEL

Il arrive qu'un texte ordonne ou autorise à commettre des faits qui, normalement, constituent des infractions mais qui seront justifiés dans les circonstances définies par ledit texte. Si l'hypothèse de l'ordre de commettre une infraction est assez rare, celle de l'autorisation est assez fréquente. Le texte peut avoir une origine légale ou réglementaire. En revanche, une simple tolérance de l'administration ne constitue pas une cause d'irresponsabilité pénale.

Dans certains cas, c'est une autorité qui commande de commettre une infraction. Le commandement de l'autorité est une cause d'irresponsabilité, s'il s'agit d'une autorité publique et si le commandement n'est pas manifestement illégal.

LES CONNAISSANCES

Au premier abord, il peut sembler étrange que l'ordre de la loi puisse justifier la commission d'une infraction, puisque cela signifie que la loi impose ou permet dans certains cas de commettre une infraction, c'est-à-dire un fait illicite. Pourtant, cette situation peut se rencontrer parce que des impératifs contraires peuvent s'opposer, qui font que la personne ne pourra éviter d'accomplir l'infraction. À côté des textes qui imposent ou autorisent parfois à réaliser des faits infractionnels, se rencontre le problème du commandement donné par une autorité de commettre un acte qui sera illégal, la question étant de savoir si la personne qui obéit à un tel commandement peut échapper à sa responsabilité pénale.

§1 L'ordre ou l'autorisation de la loi

(C. pén., art122-4)
L'article 122-4 du Code pénal prévoit que *« n'est pas pénalement responsable la personne qui accomplit un acte prescrit ou autorisé par des dispositions législatives ou réglementaires ».*

Le texte assimile l'ordre, c'est-à-dire l'injonction de commettre un fait pénalement punissable, à l'autorisation donnée par un texte de loi ou un règlement. Ainsi, **un règlement peut justifier une infraction**, *a priori* de toute nature, c'est-à-dire non seulement une contravention mais aussi un délit voire un crime.

Jurisprudence

On en trouve une illustration dans une affaire dans laquelle un véhicule de secours transportant un blessé est passé à un feu rouge et a percuté un cyclomoteur dont le pilote a été tué. Poursuivi pour homicide involontaire, le conducteur du véhicule de secours a été relaxé, les juges retenant qu'il avait franchi le feu rouge comme l'y autorisait l'article R. 432-1 du Code de la route et qu'il n'avait pas commis de faute *(Cass. crim., 8 févr. 2011, n° 09-88.773)*. Le délit est donc ici justifié par l'autorisation du règlement.

L'exemple le plus simple d'**ordre de la loi** se trouve à l'article 226-14 du Code pénal qui dispose que l'article 226-13, c'est-à-dire le texte réprimant la violation du secret professionnel, n'est pas applicable lorsque la loi impose ou autorise la révélation du secret. Ainsi l'article L. 3113-1 du CSP oblige les médecins à avertir les autorités sanitaires de cas de certaines maladies contagieuses dont ils auraient connaissance. Le médecin est donc tenu de violer le secret professionnel ici.

Il est plus fréquent que la loi pénale autorise la commission de certains actes constitutifs normalement d'une infraction. Tel est le cas des pouvoirs de coercition exercés par les policiers en cours d'enquête. Les perquisitions ne constituent pas, si elles sont conformes aux textes du CPP, une violation de domicile et les gardes à vue ne sont pas davantage des séquestrations arbitraires.

On trouve un autre exemple dans le **cas de l'usage des armes par les forces de l'ordre**. Il existe aujourd'hui deux textes réglementant cette question. À l'origine, il existait un texte spécial pour les gendarmes leur permettant d'utiliser leurs armes dans certaines circonstances, qui ne relevaient pas exactement de la légitime défense. Ce texte existe toujours à l'article L. 2338-3 du Code de la défense mais il renvoie, depuis une loi de 2017, à un autre texte du Code de la sécurité intérieure, applicable aux gendarmes et aux policiers.

(CSI, art. L. 435-1)
L'article L. 435-1 de ce Code énonce que « *dans l'exercice de leurs fonctions et revêtus de leur uniforme ou des insignes extérieurs et apparents de leur qualité, les agents de la police nationale et les militaires de la gendarmerie nationale peuvent, outre les cas mentionnés à l'article L. 211-9, faire usage de leurs armes en cas d'absolue nécessité et de manière strictement proportionnée :*

1° lorsque des atteintes à la vie ou à l'intégrité physique sont portées contre eux ou contre autrui ou lorsque des personnes armées menacent leur vie ou leur intégrité physique ou celles d'autrui ;
2° lorsque, après deux sommations faites à haute voix, ils ne peuvent défendre autrement les lieux qu'ils occupent ou les personnes qui leur sont confiées ;
3° lorsque, immédiatement après deux sommations adressées à haute voix, ils ne peuvent contraindre à s'arrêter, autrement que par l'usage des armes, des personnes qui cherchent à échapper à leur garde ou à leurs investigations et qui sont susceptibles de perpétrer, dans leur fuite, des atteintes à leur vie ou à leur intégrité physique ou à celles d'autrui ;
4° lorsqu'ils ne peuvent immobiliser, autrement que par l'usage des armes, des véhicules, embarcations ou autres moyens de transport, dont les conducteurs n'obtempèrent pas à l'ordre d'arrêt et dont les occupants sont susceptibles de perpétrer, dans leur fuite, des atteintes à leur vie ou à leur intégrité physique ou à celles d'autrui ;
5° dans le but exclusif d'empêcher la réitération, dans un temps rapproché, d'un ou de plusieurs meurtres ou tentatives de meurtre venant d'être commis, lorsqu'ils ont des raisons réelles et objectives d'estimer que cette réitération est probable au regard des informations dont ils disposent au moment où ils font usage de leurs armes ».

On retrouve également ici l'exemple de la violation du secret professionnel. L'article 226-14 du Code pénal énonce que le délit n'est pas constitué notamment lorsqu'une personne informe les autorités judiciaires, médicales ou administratives de privations ou de sévices sur mineur de 15 ans ou sur une personne hors d'état de se protéger elle-même. **Il n'y a plus ici d'ordre pour le professionnel**, comme un enseignant par exemple, **mais seulement une permission de la loi**. Il faut cependant observer qu'en même temps, dans ce domaine, il peut être reproché à la personne qui n'aura pas agi, le délit de non-dénonciation de privations ou de mauvais traitements, défini par l'article 434-3 du Code pénal. Cependant, ce dernier texte prévoit lui-même, dans son dernier alinéa que, sauf lorsque la loi en dispose autrement, les personnes astreintes au secret professionnel ne sont pas obligées de dénoncer. Par conséquent, ces professionnels, s'ils dénoncent des faits, ne peuvent pas être poursuivis pour violation du secret professionnel, et s'ils ne dénoncent pas, ne peuvent davantage être poursuivis pour le délit de non-dénonciation de l'article 434-3.

Si la loi pénale permet de justifier ainsi la commission d'une infraction, la jurisprudence admet que **certaines lois civiles constituent aussi des permissions de la loi**. Ainsi, le chirurgien qui opère un malade et l'ampute d'une jambe ne se rend pas coupable de violences intentionnelles aggravées parce qu'il agit conformément à l'article 16-3 du Code civil, qui dispose qu'il peut être porté atteinte à l'intégrité du corps humain en cas de nécessité médicale pour la personne, le fondement étant ici à la fois l'état de nécessité et l'autorisation de la loi. Cependant, le médecin n'est pas systématiquement justifié. S'il n'y a pas de nécessité médicale, comme dans le cas de la chirurgie esthétique par exemple, le chirurgien redevient pénalement responsable s'il cause un dommage à la personne et que celle-ci dénonce l'infraction.

La question qui se pose est celle de savoir si **une simple permission de la coutume** et non plus de la loi pourrait justifier une infraction. Cette difficulté se rencontre lorsqu'un enseignant se voit poursuivi pour avoir infligé une correction physique à un jeune élève ou lorsque des parents sont poursuivis pour des violences commises sur leur enfant. Les prévenus invoquent parfois un **droit de correction** qui serait lié à leur rôle éducatif. Cependant, ce prétendu droit, qui n'a jamais eu de fondement légal, est expressément exclu par l'article 371-1, alinéa 3, du Code civil, issu d'une loi n° 2019-721 du 10 juillet 2019, selon lequel *« l'autorité parentale s'exerce sans violences physiques ou psychologiques »*. Les juges ont parfois admis un tel droit, avant la loi de 2019, sur le seul fondement des usages ou de la coutume, mais seulement dans le cas de violences sans aucune conséquence. Cependant, il faut rappeler que le Code pénal réprime spécialement les violences sur les mineurs commises par les parents ou les personnes ayant autorité, comme les enseignants, ce qui paraît contradictoire et a pour conséquence que ce « droit de correction » ne peut avoir qu'un domaine très limité.

Jurisprudence

Ainsi, la Cour de cassation a récemment approuvé la condamnation d'une enseignante d'école maternelle du chef de violences aggravées dès lors que les violences « excédaient le pouvoir disciplinaire dont disposent les enseignants » *(Cass. crim., 7 nov. 2017, n° 16-84.329)*.

En revanche, **la permission de la coutume peut trouver un support légal**, autrement dit être insérée dans un texte. C'est le cas, notamment, de l'article 521-1, alinéa 3, du Code pénal, selon lequel il n'y pas de délit de sévices envers les animaux dans le cadre des courses de taureaux et les combats de coqs, lorsqu'une tradition locale ininterrompue peut être invoquée.

Jurisprudence

Cette disposition a fait l'objet d'une décision du Conseil constitutionnel ayant jugé qu'elle n'était pas contraire au principe d'égalité *(Cons. const., 21 sept. 2012, n° 2012-271 QPC, JO 22 sept. 2012)*.

Enfin, il est de principe **qu'une simple autorisation de l'administration ou une tolérance administrative ne peuvent jamais justifier une infraction.**

Jurisprudence

Par exemple, une circulaire ministérielle recommandant une tolérance dans les contrôles de transporteurs routiers ne crée pas une cause d'irresponsabilité pour ces derniers qui restent coupables des infractions à la réglementation qu'ils commettent *(Cass. crim., 12 oct. 1993, n° 92-81.743)*. De même, une tolérance des autorités administratives, contraire à des textes en vigueur instituant des infractions à la police de la chasse, ne saurait faire disparaître ces dernières, s'agissant, en l'occurrence, de la chasse aux ortolans *(Cass. crim., 16 oct. 2018, deux arrêts, n° 17-86.802 et 17-86.805 – Cass. crim., 14 mai 2019, n° 18-82.647)*.

§2 Le commandement de l'autorité légitime

(C. pén., art. 122-4)
Selon l'article 122-4, alinéa 2 *« n'est pas pénalement responsable la personne qui accomplit un acte commandé par l'autorité légitime, sauf si cet acte est manifestement illégal »*.

La situation diffère ici quelque peu de la précédente parce que c'est **une autorité** qui **va donner un ordre de commettre un acte qui est pénalement réprimé.** L'exemple par excellence est celui du militaire qui tue l'ennemi ou du bourreau qui actionne la guillotine, commettant un meurtre dont il n'est pas pénalement responsable. **La difficulté posée ici consiste à savoir si tous les ordres ainsi donnés constituent des causes d'exonération de responsabilité**. En pratique, la situation de la personne qui reçoit l'ordre est délicate parce qu'elle doit normalement obéir à un ordre de l'autorité. Mais si cet ordre est illégal, doit-elle l'accomplir aveuglément ? Par ailleurs, se pose également la question de savoir ce qu'est une « autorité légitime » au sens du texte.

La **notion d'autorité légitime** a été précisée par la jurisprudence. Il s'agit exclusivement de l'autorité publique, et jamais d'une autorité privée, aussi élevée soit-elle.

Jurisprudence

Ainsi l'ordre donné par un chef d'entreprise à un employé de commettre un acte délictueux ne peut pas exonérer cet employé, la Cour de cassation ayant souvent affirmé que l'ordre du supérieur hiérarchique ne constituait pas une cause d'irresponsabilité pénale pour le subordonné *(Cass. crim., 13 mars 1997, n° 96-81.081)*. En revanche, le préfet constitue une autorité légitime *(Cass. crim., 13 oct. 2004, n° 00-86.726)*. Une question, à la fois historique et juridique, s'est posée concernant les fonctionnaires recevant des ordres du gouvernement de Vichy pendant l'occupation allemande. Ce gouvernement était-il une autorité légitime ? La Cour de cassation a répondu indirectement, dans l'affaire Maurice Papon, secrétaire général de la préfecture de la Gironde de 1942 à mai 1944, et condamné pour complicité de crimes contre l'humanité *(Cass. crim., 23 janv. 1997, n° 96-84.822)*. Elle a approuvé les juges du fond d'avoir dit que l'intéressé ne pouvait invoquer le commandement de son supérieur hiérarchique parce que ce commandement était illégal. Implicitement, cela revient à dire que le gouvernement de Vichy était une autorité légitime.

Comme le Code pénal le prévoit, **il ne suffit pas que le commandement émane d'une autorité légitime, encore faut-il qu'il ne soit pas « manifestement illégal ».** Le législateur a, de la sorte, tranché un débat doctrinal qui opposait deux théories. Soit on admet que le subordonné doit toujours obéir aux commandements de l'autorité légitime, même si ces ordres sont illégaux et l'on privilégie ainsi l'obéissance au détriment de la légalité, l'obéissance pouvant constituer parfois une donnée fondamentale, comme en matière militaire par exemple. On parle ici d'« obéissance passive ». Soit, à l'inverse, on privilégie la légalité sur la discipline et l'on autorise le subordonné à ne pas respecter les ordres lorsqu'ils sont illégaux. C'est la théorie dite des « baïonnettes intelligentes ». Le problème devient alors de maintenir la discipline et de faire respecter l'autorité, ce d'autant plus que le subordonné n'a pas toujours la capacité de juger sur le moment si l'ordre est légal ou non.

Aucune de ces deux théories n'est pleinement satisfaisante, ni en théorie ni en pratique. Aussi **le Code pénal utilise une troisième voie en permettant au subordonné d'invoquer la cause d'irresponsabilité lorsqu'il a accompli une infraction sur ordre de l'autorité légitime. Mais il ne bénéficiera de l'irresponsabilité que si l'ordre n'était pas manifestement illégal.** À titre d'exemple, le militaire qui obéit à l'officier qui lui ordonne de torturer des prisonniers, ne sera pas justifié parce que cet ordre sera considéré comme manifestement illégal. Le problème réside donc dans la détermination de ce qui est « seulement » illégal et de ce qui est « manifestement » illégal. Ce sont naturellement les juges qui sont susceptibles de donner un sens précis à l'expression, et ce ne peut être qu'en fonction de l'ensemble des circonstances (ex. d'ordre d'un maire à un fonctionnaire, jugé manifestement illégal, *Cass. crim., 25 févr. 1998, n° 97-82.732*).

Jurisprudence

Dans l'affaire Papon, la chambre criminelle de la Cour de cassation a considéré que l'ordre de se rendre complice de crimes contre l'humanité était manifestement illégal, compte tenu de l'extrême gravité des faits *(Cass. crim., 23 janv. 1997 précité)*. Au demeurant, le problème n'est pas nouveau puisque cette cause d'irresponsabilité avait déjà été invoquée par les criminels nazis au procès de Nuremberg (V. Fiche n° 46).

Une autre illustration peut être trouvée dans l'affaire dite « des paillottes corses », dans laquelle le commandement donné par le préfet à un colonel de gendarmerie de détruire des biens immobiliers a été jugé comme étant manifestement illégal *(Cass. crim., 13 oct. 2004 précité)*. On peut encore citer l'affaire dite des « écoutes de l'Élysée », dans laquelle il était question d'une « cellule » créée pour mettre en place des écoutes téléphoniques illégales, sur ordre du président de la République.
Les prévenus ayant invoqué le commandement de l'autorité légitime, la Cour de cassation a jugé que le Président n'avait pas le pouvoir d'ordonner des écoutes de ce type et que ces ordres étaient donc manifestement illégaux, les intéressés étant des hauts fonctionnaires et un officier supérieur de gendarmerie, capables d'apprécier l'illégalité de ces ordres *(Cass. crim., 30 sept. 2008, n° 07-82.249)*.
De même, droit être condamné pour détournement de fonds publics, le directeur général de la police nationale qui invoque un commandement du directeur de cabinet du ministre de l'intérieur de lui remettre des fonds dont il disposait, ce commandement étant manifestement illégal *(Cass. crim., 16 janv. 2019, n° 17-81.529)*.

⏭ POUR ALLER PLUS LOIN...

– J.-Y. MARÉCHAL, La tradition tauromachique devant le Conseil constitutionnel, Dr. pén. 2012, étude 25

– J. PRADEL et A. VARINARD, Les grands arrêts du droit pénal général, n° 25

– J. LAGOUTTE, L'arbre qui cache la forêt - Commentaire de la loi du 10 juillet 2019 relative à l'interdiction des violences éducatives ordinaires, Dr. pén. 2019, étude 18

Fiche n° 22 Le lanceur d'alerte

L'ESSENTIEL

Une nouvelle cause d'irresponsabilité pénale a été créée en faveur des lanceurs d'alerte, tels qu'ils sont définis par la loi [n° 2016-1691] du 9 décembre 2016. Il s'agit de personnes qui dénoncent des faits dont ils ont connaissance, en général dans le cadre de leur activité professionnelle, et qui constituent une infraction pénale ou un fait gravement préjudiciable. Le législateur a encadré précisément les conditions dans lesquelles l'alerte peut être lancée, la dénonciation publique, par voie de presse, apparaissant comme l'ultime possibilité. Dans ce cadre, le Code pénal a été complété par un texte qui rend le lanceur d'alerte irresponsable pénalement à des conditions très strictes.

LES CONNAISSANCES

Une loi n° 2016-1691 du 9 décembre 2016 a inséré un nouvel article 122-9 au sein du Code pénal afin de prendre en compte la situation particulière des lanceurs d'alerte. Il s'agit de personnes qui dénoncent des faits illicites dont ils ont connaissance mais qui, ce faisant, risquent des poursuites pénales. Il existe plusieurs exemples médiatiques comme l'affaire Snowden ou, en France, celle du Médiator. La notion a peu à peu émergé, notamment dans la jurisprudence de la CEDH *(V. CEDH, 12 févr. 2008, affaire Guja c. Moldova, req. n° 14277/04 – CEDH, 21 juill. 2011, Heinisch c. Allemagne, req. n° 28274/08)* puis en droit interne *(Loi n° 2013-316 du 16 avril 2013 relative à l'indépendance de l'expertise en matière de santé et d'environnement et à la protection des lanceurs d'alerte)*.

Depuis plusieurs années, une protection de ces personnes s'est mise en place, notamment en droit social, mais le législateur a décidé de créer un statut juridique cohérent du lanceur d'alerte, dans la loi de 2016. Il convient de donner une définition du lanceur d'alerte avant de voir à quelles conditions il peut être irresponsable pénalement.

§1 La définition du lanceur d'alerte

(L. n° 2016-1691, 9 déc. 2016, art. 6)
L'article 6 de la loi du 9 décembre 2016 définit le lanceur d'alerte comme une ***« personne physique qui révèle ou signale, de manière désintéressée et de bonne foi, un crime ou un délit, une violation grave et manifeste d'un engagement international régulièrement ratifié ou approuvé par la France, d'un acte unilatéral d'une organisation internationale pris sur le fondement d'un tel engagement, de la loi ou du règlement, ou une menace ou un préjudice graves pour l'intérêt général, dont elle a eu personnellement connaissance »***.
Le texte précise que *« les faits, informations ou documents, quel que soit leur forme ou leur support, couverts par le secret de la défense nationale, le secret médical ou le secret des relations entre un avocat et son client sont exclus du régime de l'alerte défini par le présent chapitre »*.

Autrement dit, tout ne peut pas être dévoilé impunément par le lanceur d'alerte, certaines informations devant rester absolument secrètes au risque pour celui qui les révèle de ne pas être protégé par le droit.

La loi prévoit également **de quelle manière l'alerte doit être donnée**. L'article 8 indique un processus que doit suivre le lanceur d'alerte : il doit commencer par informer son supérieur hiérarchique ou son employeur. Si ce dernier ne réagit pas *« dans un délai raisonnable »*, la personne peut s'adresser à l'autorité judiciaire, à l'autorité administrative ou aux ordres professionnels. En dernier ressort, à défaut de traitement de l'alerte par tous ces organismes, dans un délai de trois mois, le signalement peut être rendu public. Cependant, le même texte indique qu'en cas de danger grave et imminent ou en présence d'un risque de dommages irréversibles, le signalement peut être porté directement à la connaissance des organismes publics susmentionnés et il peut être rendu public.

§2 La protection pénale du lanceur d'alerte

(C. pén., art. 122-9)
L'article 122-9 du Code pénal, issu de la loi de 2016 précitée, prévoit une cause d'irresponsabilité particulière. Il énonce que *« n'est pas pénalement responsable la personne qui porte atteinte à un secret protégé par la loi, dès lors que cette divulgation est nécessaire et proportionnée à la sauvegarde des intérêts en cause, qu'elle intervient dans le respect des procédures de signalement définies par la loi et que la personne répond aux critères de définition du lanceur d'alerte prévus à l'article 6 de la loi n° 2016-1691 du 9 décembre 2016 relative à la transparence, à la lutte contre la corruption et à la modernisation de la vie économique »*.

Ainsi, **la cause d'irresponsabilité ne vaut que si le lanceur d'alerte en est bien un selon la loi** et s'il a respecté le schéma décrit précédemment. En outre, **elle joue en cas d'atteinte à un secret protégé par la loi.** On a vu que certains secrets sont inviolables. En dehors de ces cas, cela signifie, semble-t-il, que le texte ne joue **qu'en cas de commission de certaines infractions**. On pense à la violation du secret professionnel ou à l'atteinte au secret des correspondances.

> **Attention** En revanche, si le lanceur d'alerte commet une violation de la vie privée, il ne devrait pas être jugé irresponsable *a priori*.

Enfin, le texte ajoute encore une **condition de nécessité et de proportionnalité** à la sauvegarde des intérêts en cause. Cette condition est commune aux différentes causes d'irresponsabilité objectives et elle est sujette à appréciation par les juges qui seraient saisis de la poursuite contre l'individu. Cette cause d'irresponsabilité emprunte donc à la fois à l'autorisation de la loi et à l'état de nécessité et devrait être difficile à démontrer.

Jurisprudence

La chambre criminelle a, dans un arrêt du 17 octobre 2018, considéré que **l'article 122-9 du Code pénal constitue une disposition pénale plus douce, immédiatement applicable aux faits commis avant l'entrée en vigueur de la loi**, ce qui rend nécessaire le réexamen de la situation d'un inspecteur du travail, poursuivi notamment du chef de violation du secret professionnel, à l'aune dudit texte *(Cass. crim., 17 oct. 2018, n° 17-80.485).*

⏭ POUR ALLER PLUS LOIN…

- F. BARRIÈRE, Les lanceurs d'alerte, Droit des sociétés 2017, p. 191
- J.-B. BOUSQUET, Salarié mis en cause par un lanceur d'alerte, Dr. pén. 2019, étude 6
- D. LOCHAK, L'alerte éthique, entre dénonciation et désobéissance, AJDA 2014, p. 2236
- J.-Y. MARÉCHAL, Application immédiate de l'article 122-9 du Code pénal relatif à l'irresponsabilité pénale du lanceur d'alerte, Lexbase Pénal, novembre 2018 ; Le statut de l'employé dénonçant des infractions commises au sein de l'entreprise, Lexbase Pénal Avril 2020
- B. QUERENET-HAHN et A. RENARD, Le régime de protection des lanceurs d'alerte issu de la loi Sapin 2, Cahiers de droit de l'entreprise, janvier 2018, dossier 3
- M.-C. SORDINO, Droit pénal et lanceur d'alerte : entre méfiance et protection ? Droit des sociétés 2017, p. 198

Fiche n° 23 La question du consentement de la victime

⏭ L'ESSENTIEL

Le consentement de la victime apparaît dans certains cas comme un obstacle à la mise en œuvre de la responsabilité pénale. Cependant, juridiquement, il n'est jamais une cause d'irresponsabilité autonome. En effet, il arrive que l'absence de consentement soit un élément constitutif de l'infraction auquel cas le consentement exclut l'infraction elle-même et non pas la responsabilité pénale. Dans d'autres cas, le consentement de la victime consiste en réalité dans une autorisation de la loi ou n'a aucun effet, parce que le droit pénal protège avant tout l'ordre public et non les intérêts privés.

⏭ LES CONNAISSANCES

On se demande parfois quel peut être l'effet du consentement que, dans certains cas, donne une victime à la perpétration d'une infraction sur sa personne ou contre ses biens. En principe, ce consentement à l'infraction ne produit aucun effet pour l'auteur des actes. Ainsi le fait qu'une personne accepte de recevoir des coups n'exonère pas, sauf cas particulier, l'auteur de ceux-ci *(V. Cass. crim., 25 juin 2019, n° 18-84.200)* tout comme le fait que le propriétaire d'un bien accepte qu'un tiers dégrade ou détruise celui-ci. Ceci s'explique aisément par le fait que **le droit pénal a pour objet la protection de l'ordre social et non pas celle des intérêts particuliers. Le justiciable ne peut donc pas faire de lui-même obstacle à l'application de la loi pénale.**

Cependant, parfois, le consentement de la victime entraîne l'impunité de l'auteur. Ceci s'explique soit parce que l'infraction n'est pas constituée, soit parce qu'une cause d'irresponsabilité peut être appliquée à ce dernier.

§1 Consentement et constitution de l'infraction

La première hypothèse qui se rencontre est celle où **l'absence de consentement de la victime est un élément constitutif de l'infraction** comme dans le cas des infractions sexuelles (*C. pén., art. 222-22 et s.* – V. Fiche n° 58 et 59) ou de l'expérimentation sur la personne humaine *(C. pén., art. 223-8)*. En effet, ici, **l'infraction**

n'est consommée que dans le cas où la victime ne consent pas aux actes parce que le principe est la licéité de ces actes sauf lorsque la personne concernée est non consentante. Ainsi, en matière de rapports sexuels, le principe est la liberté et c'est seulement lorsque le partenaire n'est pas consentant que le droit pénal intervient en réprimant le viol ou les agressions sexuelles. Donc, dans cette hypothèse, en cas de consentement, il n'existe pas d'infraction ni de responsabilité pénale et il est inutile de faire référence à une irresponsabilité. L'explication est identique dans le cas du délit d'expérimentation sur la personne humaine *(C. pén., art. 223-8)*, qui ne constitue une infraction que lorsque l'on n'a pas recueilli le *« consentement libre, éclairé et exprès »* de l'intéressé. Ceci s'explique par le fait que les expérimentations avec l'accord des personnes sont non seulement possibles mais mêmes obligatoires notamment avant la mise sur le marché des nouveaux médicaments. Ce n'est donc que l'expérimentation à l'insu de la personne qui est punissable.

Au contraire, lorsque l'absence de consentement n'est pas un élément constitutif, comme dans le cas des violences volontaires ou du meurtre, si la victime consent aux actes, l'auteur reste responsable, comme dans le cas, ancien, du duel.

§2 Consentement et cause d'irresponsabilité pénale

La deuxième hypothèse est celle où **le consentement est pris en compte mais de manière indirecte c'est-à-dire au travers d'une autre cause d'irresponsabilité qui est prévue par le Code pénal, et non pas en lui-mêm**e. Ainsi, en matière d'euthanasie, l'éventuel consentement du malade en fin de vie à ce qu'on mette fin à ses souffrances reste étranger à la constitution de l'infraction qui consiste soit en un assassinat, soit en un empoisonnement. Cependant, le Code de la santé publique permet de prendre en compte la volonté des malades de ne pas se voir appliquer des traitements médicaux lorsqu'ils ne sont plus susceptibles de conduire à une guérison. Il sera alors possible pour les médecins de décider l'arrêt de ces traitements en leur substituant des soins palliatifs destinés à permettre de faire disparaître ou d'atténuer les souffrances du malade *(CSP, art. L. 1110-5-1 et L. 1110-5-2)*. Ainsi, dans ce dernier cas, si le médecin est irresponsable pénalement, ce n'est pas en raison du consentement ou de la volonté du malade mais parce que la loi autorise à pratiquer certains actes qui peuvent conduire à la mort de ce dernier. L'explication est donc ici **l'autorisation de la loi**.

Plus généralement, cette explication se retrouve en matière médicale. On a vu que le chirurgien n'était autorisé à porter atteinte à l'intégrité physique du patient qu'en cas de nécessité médicale et avec son consentement. Le consentement à des actes de chirurgie qui ne seraient pas justifiés par une nécessité médicale ne constitue jamais une cause d'impunité du médecin.

Jurisprudence

Ainsi il a été jugé que la castration d'une personne désirant changer de sexe constitue une infraction de violences intentionnelles aggravées, même si c'est le patient qui a demandé l'opération *(Cass. crim., 30 mai 1991, n° 90-84.420).*

En matière médicale, ce n'est donc pas le consentement qui peut exonérer le médecin mais soit l'autorisation de la loi, c'est-à-dire le Code civil, **soit l'état de nécessité**, à savoir la nécessité de sauvegarder la vie ou l'intégrité physique du patient, elle-même rappelée par l'article 16-3 du Code civil.

En matière de sports violents tels que **les sports de combat**, ce n'est pas davantage le consentement ou l'acceptation des risques qui est source de l'irresponsabilité mais, de nouveau, **l'autorisation de la loi**. **C'est parce que les règles du sport prévoient la commission d'actes de violences que l'infraction n'est pas caractérisée, ou qu'elle est justifiée**. Ces règles sont fixées par des instances variées souvent étrangères mais le législateur français encourage la pratique du sport et donc, il valide nécessairement les règles des sports même violents et il les autorise.

> **Attention** Il faut d'ailleurs noter que **lorsque les actes de violence dépassent ce que les règles du jeu autorisent, il redevient possible de poursuivre pénalement leurs auteurs**. Ainsi le footballeur blesse un autre joueur par un geste contraire aux règles du jeu commet une infraction de violences.

En définitive, le consentement de la victime n'est jamais, en soi, une cause d'irresponsabilité autonome. Soit il ne produit aucun effet et la responsabilité de l'auteur subsiste ; soit il possède un effet exonératoire mais parce qu'il s'insère dans le cadre d'une cause d'irresponsabilité légale.

⏭ POUR ALLER PLUS LOIN…

– F. ARCHER, Le consentement en droit pénal de la vie humaine, L'Harmattan, 2003

– P. SALVAGE, Le consentement en droit pénal, RSC 1991, p. 699

– A. PROTHAIS, Accompagnement de la fin de vie et droit pénal, JCP G 2004, I, 130

SOUS-TITRE 2
LES CAUSES SUBJECTIVES D'IRRESPONSABILITÉ PÉNALE

Il existe, au sein du Code pénal, des causes subjectives d'irresponsabilité pénale ainsi que des causes subjectives d'atténuation de la responsabilité. Les premières sont le trouble mental qui abolit le discernement de la personne, la contrainte irrésistible et l'erreur sur le droit. Le trouble mental qui altère le discernement sans l'abolir conduit à atténuer la responsabilité.

Enfin, la minorité est, selon les cas, une cause d'irresponsabilité ou seulement d'atténuation de responsabilité.

Dans toutes ces situations, l'éventuelle irresponsabilité ou atténuation de responsabilité de l'auteur tient à sa personne et plus particulièrement à sa psychologie. Soit le discernement lui manque pour comprendre la portée de ses actes, soit il a perdu sa liberté d'action, soit encore il s'est trompé sur le droit applicable et n'a donc pas eu conscience de commettre des faits illicites.

Fiche n° 24 Le trouble mental

⏭ L'ESSENTIEL

Le trouble mental peut soit supprimer soit atténuer la responsabilité pénale. Il consiste en un trouble psychique ou neuropsychique se manifestant au moment de la commission de l'infraction. Il fait disparaître la responsabilité s'il a pour conséquence d'abolir le discernement ou le contrôle des actes, ce qui constitue une question essentiellement médicale.

S'il ne fait qu'altérer le discernement ou entraver le contrôle des actes, la condamnation pénale peut être prononcée mais le juge doit tenir compte de ce trouble dans la fixation de la sanction, une cause légale de diminution de peine étant prévue.

Si l'auteur est reconnu irresponsable, les juridictions ont le pouvoir de prendre à son égard des mesures de sûreté tel qu'un placement en établissement psychiatrique.

⏭ LES CONNAISSANCES

Le trouble mental constitue une cause d'irresponsabilité traditionnelle même si elle reste en pratique malaisée à appréhender. En effet, le problème se pose de savoir ce qu'est la « folie criminelle » et ensuite que faire des personnes déclarées pénalement irresponsables. Le Code pénal a repris à l'article 122-1 une distinction qu'avait faite la jurisprudence entre les cas où la personne a totalement perdu la conscience de ses actes, et qui est donc irresponsable pénalement, et les cas où le trouble mental n'a été que partiel, en ce sens qu'il n'a pas totalement privé la personne de conscience, la responsabilité pénale étant alors maintenue mais atténuée.

Il faut voir, dans un premier temps, quelles sont les conditions d'admission de cette cause d'irresponsabilité et d'atténuation de responsabilité avant d'en analyser, dans un second temps, les effets.

§1 Les conditions d'admission du trouble mental

(C. pén., art. 122-1)
L'article 122-1, alinéa 1er, dispose que *« n'est pas pénalement responsable la personne qui était atteinte, au moment des faits, d'un trouble psychique ou neuropsychique ayant aboli son discernement ou le contrôle de ses actes »*. L'alinéa 2 du texte prévoit que *« la personne qui était atteinte, au moment des faits, d'un trouble psychique ou neuropsychique ayant altéré son discernement ou entravé le contrôle de ses actes demeure punissable »*.

Dans les deux situations, il est question de « **trouble psychique ou neuropsychique** ». Le Code pénal ne donne bien évidemment **pas de définition** d'une telle notion, qui relève par nature du domaine médical. Au point de vue juridique, le texte apporte cependant quelques critères sur l'application de cette cause d'irresponsabilité. Tout d'abord, il est précisé que **le trouble mental doit se manifester au moment des faits.** Il appartient au prévenu qui invoque cette circonstance d'établir que le trouble est bien survenu à ce moment, ce qui peut évidemment s'avérer complexe. Il arrive fréquemment que la personne invoque des troubles qui ont précédé l'infraction, ce qui est plus aisé à démontrer, mais ce qui ne suffit pas juridiquement, du moins en théorie. Inversement, il arrive que l'auteur des actes n'ait pas agi sous l'empire d'un trouble mental mais qu'il soit atteint par ce trouble au moment d'être jugé.

Jurisprudence

Cette situation n'est pas prévue par le Code pénal mais la Cour de cassation estime que le trouble psychique postérieur empêche un jugement équitable de la personne. Ainsi, le juge d'instruction ne peut pas renvoyer le mis en examen en jugement *(Cass. crim., 19 sept. 2018, n° 18-83.868)* et la juridiction de jugement ne peut ni le condamner ni le relaxer *(Cass. crim., 5 sept. 2018, deux arrêts, n° 17-84.402 et n° 17-83.683)*, la seule solution étant de surseoir à statuer dans l'attente que l'intéressé recouvre ses facultés et puisse se défendre.

Afin que la paralysie de la procédure ne préjudicie pas aux parties civiles, **le législateur a complété l'article 10 du CPP** par un alinéa qui dispose que **lorsque l'état mental ou physique d'une personne citée ou renvoyée devant une juridiction de jugement rend durablement impossible sa comparution personnelle dans des conditions lui permettant d'exercer sa défense et que la prescription de l'action publique se trouve ainsi suspendue, le président de cette juridiction peut, d'office, ou à la demande du ministère public ou des parties, décider, après avoir ordonné une expertise permettant de constater cette impossibilité, qu'il sera tenu une audience publique pour statuer uniquement sur l'action civile.** La personne doit alors être représentée à cette audience par un avocat. Comme on le constate, le texte ne concerne pas l'instruction mais seulement la phase de jugement. En outre, il aboutit à permettre de statuer sur l'action civile indépendamment de l'action publique, au risque de conduire à des solutions contradictoires, dans le cas où le prévenu ou l'accusé retrouverait ses facultés et ne serait pas condamné sur l'action publique alors qu'il l'aurait été antérieurement sur l'action civile.

S'agissant de la nature même du trouble, d'une part, **le Code pénal n'exclut aucune forme de trouble mental** mais, d'autre part, le juge répressif n'est guère apte, par ses compétences propres, à en apprécier l'existence et la teneur. Aussi, une **expertise médicale par un psychiatre** est, le plus souvent, prescrite par lui afin de déterminer la réalité du trouble mental. De nouveau, la difficulté se situe dans le fait que l'expertise intervient après les faits, à un moment où le prévenu n'est pas forcément atteint par le trouble. En tout cas, **le rapport d'expertise ne lie pas le juge**, qui reste libre d'apprécier juridiquement l'existence d'un trouble rendant la personne irresponsable. En effet, le Code pénal indique que **le trouble doit avoir soit aboli le discernement ou le contrôle des actes, et dans ce cas la personne est irresponsable ; soit avoir altéré le discernement ou entravé le contrôle des actes, et dans cette hypothèse la personne reste responsable.** La distinction entre le trouble mental qui abolit le discernement et celui qui l'altère est une question d'appréciation des circonstances, mais cette appréciation n'appartient qu'au juge répressif.

Jurisprudence

Par exemple la Cour de cassation a considéré qu'une chambre d'accusation avait justifié un non-lieu contre une personne auteur d'un meurtre aggravé, décision motivée par le fait qu'il résultait des expertises médicales que cette personne était atteinte d'une « psychose dissociative de type schizophrénique » *(Cass. crim., 18 févr. 1998, n° 97-81.702).*

Il existe cependant des situations dans lesquelles la personne perd effectivement son discernement et le contrôle de ses actes, sans pour autant pouvoir bénéficier de l'irresponsabilité pénale. Ainsi, la personne qui cause un accident mortel de la circulation alors qu'elle était en **état d'ivresse ou sous l'effet de médicaments ou de stupéfiants** ne saurait s'exonérer de sa responsabilité pénale même si l'on peut considérer que, dans ce genre de cas, elle a perdu son discernement, au moins en partie. Bien au contraire, le législateur prévoit que la conduite sous l'empire d'un état alcoolique constitue une cause d'aggravation de la sanction de nombreuses infractions *(V. C. pén., art. 221-6-1, 222-13, 222-19-1, 222-20-1, 222-24 etc.)*. L'idée qui prévaut ici est que la personne ne peut se prévaloir d'une situation qu'elle a elle-même créée, autrement dit elle ne bénéficie pas de la cause d'irresponsabilité en présence d'une faute antérieure de sa part, tout comme dans le cas de l'état de nécessité (V. Fiche n° 20) et de la contrainte (V. Fiche n° 25).

Jurisprudence

Ainsi, il a été jugé que la prévenue ayant blessé un piéton avec son véhicule dont elle a perdu le contrôle, devait être condamnée pour blessures involontaires, le fait qu'elle prenne un médicament à base de morphine n'étant pas une circonstance empêchant la constitution de l'infraction *(CA Chambéry, 16 déc. 2015, JurisData n° 2015-029757).*

Par conséquent, il redevient possible d'invoquer la cause d'irresponsabilité si la personne n'est pas elle-même responsable de son état, par exemple en cas d'ingestion forcée d'alcool ou de drogue.

Une autre question se pose au sujet des maladies de la volonté : pyromanie, kleptomanie etc. Il semble que si ce trouble peut être démontré, il est susceptible d'entraîner l'irresponsabilité puisque la personne perd le contrôle de ses actes. On peut s'interroger également sur la personne qui commet des infractions en état de somnambulisme ou d'hypnose, la jurisprudence n'ayant cependant pas eu l'occasion de se prononcer sur ces situations voisines du trouble mental.

§2 Les effets de l'admission du trouble mental

L'admission du trouble mental produit des effets différents selon qu'il fait totalement perdre à la personne sa conscience et sa volonté ou qu'il n'aboutit qu'à une perte partielle des facultés et du contrôle des actes. L'irresponsabilité n'est acquise que dans le premier cas, le Code pénal ayant consacré, à l'alinéa 2 de l'article 122-1, une pratique jurisprudentielle selon laquelle en présence d'un trouble ne faisant pas disparaître totalement le discernement et le contrôle des actes, le juge peut tenir compte de ces circonstances dans la fixation de la peine et de son régime.

Cependant, **le législateur impose aux juridictions qui souhaitent condamner à une peine privative de liberté, l'auteur dont l'altération des facultés a été reconnue, de prononcer une peine moins grave.**

La loi n° 2014-896 du 15 août 2014 a complété l'article 122-2, alinéa 2 du Code pénal, en indiquant que : « *si est encourue une peine privative de liberté, celle-ci est réduite du tiers ou, en cas de crime puni de la réclusion criminelle ou de la détention criminelle à perpétuité, est ramenée à trente ans. La juridiction peut toutefois, par une décision spécialement motivée en matière correctionnelle, décider de ne pas appliquer cette diminution de peine. Lorsque, après avis médical, la juridiction considère que la nature du trouble le justifie, elle s'assure que la peine prononcée permette que le condamné fasse l'objet de soins adaptés à son état* ».

Il est important de remarquer que **l'obligation de prononcer une peine plus faible n'existe que s'il s'agit d'une peine privative de liberté.** Les pouvoirs des juges restent donc importants. En outre, il existe un effet pervers possible de ce texte : les juridictions pourraient préférer ne pas retenir l'existence du trouble mental afin de conserver leur totale liberté dans le prononcé de la peine.

Si l'irresponsabilité de l'auteur des faits est admise, le problème du devenir de celui-ci reste posé. La loi [n° 2008-174] du 25 février 2008, « relative à la rétention de sûreté et à la déclaration d'irresponsabilité pénale pour cause de trouble mental » a apporté, sur ce point, des innovations importantes. En premier lieu, elle instaure une procédure particulière pour le prononcé de l'irresponsabilité pénale en cas de constat d'un trouble psychique ou neuropsychique ayant aboli le discernement. La juridiction d'instruction ou de jugement ne prononce plus un non-lieu, une relaxe ou un acquittement mais une « décision d'irresponsabilité pénale pour cause de trouble mental » qui suppose le constat que la personne est bien l'auteur des faits *(CPP, art. 706-119 et s.)*. Mais la loi prévoit également que **l'autorité judiciaire qui constate l'irresponsabilité pénale de ce chef peut, désormais, imposer des mesures de sûreté à l'auteur des faits**.
La première de ces mesures consiste dans la **possibilité**, pour la chambre de l'instruction ou la juridiction de jugement, de prononcer une **hospitalisation sans le consentement** s'il est établi par une expertise psychiatrique que les troubles mentaux de l'intéressé nécessitent des soins et compromettent la sûreté des personnes ou portent atteinte, de façon grave, à l'ordre public *(CPP, art. 706-135)*. Il s'agit d'une innovation importante, seul le préfet ayant, jusqu'alors, le pouvoir de prononcer cette hospitalisation. Il convient cependant de noter que les médecins spécialistes restent, encore aujourd'hui, exclusivement compétents pour décider de la fin de l'hospitalisation, en vertu de l'article L. 3213-8 du CSP et l'autorité judiciaire n'intervient à aucun moment. Cela semble logique parce qu'une fois interné, l'auteur de l'infraction devient un malade à soigner et que seuls les médecins sont compétents pour dire s'il est guéri. Le problème vient du fait que la psychiatrie ne possède pas de méthodes de guérison parfaites et il existe des exemples tragiques d'auteurs d'infractions jugés pénalement irresponsables et qui en commettent de nouvelles une fois qu'ils sont sortis et qu'ils sont censés être guéris.

La loi permet également de prononcer d'autres mesures à l'encontre de la personne atteinte de troubles mentaux et déclarée irresponsable *(CPP, art. 706-136)*. La juridiction peut ordonner, pour une durée qu'elle fixe et qui ne peut excéder 10 ans en matière correctionnelle et 20 ans si les faits commis constituent un crime ou un délit puni de 10 ans d'emprisonnement :

- une interdiction d'entrer en relation avec la victime de l'infraction ou certaines personnes ou catégories de personnes, et notamment les mineurs, spécialement désignées ;

- une interdiction de paraître dans tout lieu spécialement désigné ;
- une interdiction de détenir ou de porter une arme ;
- une interdiction d'exercer une activité professionnelle ou bénévole spécialement désignée, dans l'exercice de laquelle ou à l'occasion de laquelle l'infraction a été commise ou impliquant un contact habituel avec les mineurs, sans faire préalablement l'objet d'un examen psychiatrique déclarant la personne apte à exercer cette activité ;
- une suspension ou une annulation du permis de conduire.

Le texte précise que ces interdictions, qui ne peuvent être prononcées qu'après une expertise psychiatrique, ne doivent pas constituer un obstacle aux soins dont la personne est susceptible de faire l'objet.

On notera que la loi n° 2014-896 du 15 août 2014 a complété ce dispositif concernant les personnes déclarées responsables mais atteintes d'un trouble mental ayant altéré leur discernement. Un nouvel article 706-136-1 du CPP énonce que lorsqu'une personne condamnée dans ces circonstances n'a pas été condamnée à un suivi socio-judiciaire, le juge de l'application des peines (JAP) peut ordonner, à la libération de cette personne, si son état le justifie et après avis médical, une obligation de soins pendant une durée qu'il fixe et qui ne peut excéder 5 ans en matière correctionnelle ou 10 ans si les faits commis constituent un crime ou un délit puni de 10 ans d'emprisonnement.

⏭ POUR ALLER PLUS LOIN...

- J. DANET et C. SAAS, Le fou et sa dangerosité, un risque spécifique pour la justice pénale, RSC 2007, p. 779
- P.-J. DELAGE, La dangerosité comme éclipse de l'imputabilité et de la dignité, RSC 2007, p. 797
- J. PRADEL, Une double révolution en droit pénal français avec la loi du 25 février 2008 sur les criminels dangereux, D. 2008, p. 1000 ; Nature et application dans le temps des mesures créées par la loi du 25 février 2008 à l'égard des criminels atteints d'un trouble mental, D. 2010, p. 471

Fiche n° 25 La contrainte

⏭ L'ESSENTIEL

La contrainte est une force ou un événement qui fait disparaître toute liberté d'action chez l'auteur qui se trouve forcé de commettre une infraction. Elle peut avoir des origines très diverses, être externe ou interne, physique ou morale. Elle ne constitue une cause d'irresponsabilité que si l'agent prouve qu'elle était irrésistible et imprévisible, cette dernière condition n'étant pas légale mais prétorienne.

⏭ LES CONNAISSANCES

La contrainte correspond à ce qu'on désigne dans les autres branches de la responsabilité et spécialement en droit civil, sous l'appellation de force majeure.

> (C. pén., art. 122-2)
> L'article 122-2 du Code pénal énonce que *« n'est pas pénalement responsable la personne qui a agi sous l'empire d'une force ou d'une contrainte à laquelle elle n'a pas pu résister ».*

Il est nécessaire d'analyser ce qu'il faut entendre par force ou contrainte, avant de voir à quelles conditions la contrainte constitue une cause d'irresponsabilité. On notera que la contrainte peut être aussi, en droit pénal, l'élément constitutif d'infractions, telles que les agressions sexuelles (*C. pén., art. 222-22* – V. Fiche n° 58 et 59) ou l'extorsion *(C. pén., art. 312-1)*.

§1 La notion de contrainte, cause d'irresponsabilité pénale

Le Code pénal reste assez vague sur ce que recouvre la notion de contrainte. Une double distinction est souvent opérée entre contrainte externe ou interne et contrainte physique ou morale.

La première situation se trouve lorsque la contrainte consiste en une **force qui agit physiquement sur la personne et qui lui est externe**. La contrainte physique externe correspond exactement à la notion de force majeure. Il s'agit, par exemple, de la force de la nature, telle que la tempête qui déracine un arbre et le couche sur la chaussée, ce qui oblige l'automobiliste à se déporter sur le côté gauche de la route où il percute un autre véhicule et cause des blessures à ses occupants. Cette contrainte peut provenir aussi du fait d'un tiers. Par exemple, le militaire qui ne rejoint pas sa caserne parce qu'il est séquestré, subit aussi une contrainte physique externe et ne peut être condamné pour désertion.

La seconde hypothèse qui peut se présenter est celle de la **contrainte physique interne**. Dans cette situation, la force contraignante ne provient pas de l'extérieur mais de la personne elle-même sans pour autant dépendre de sa volonté. Il s'agit du cas de la maladie ou de la défaillance physique qui conduit une personne à commettre une infraction, telle l'automobiliste pris d'un malaise au volant ou l'auteur d'un abandon pécuniaire de famille qui arrête de travailler en raison de graves problèmes de santé.

La contrainte peut encore être morale et non plus physique. La **contrainte morale externe** consiste pour la personne à être forcée par les circonstances ou par un tiers d'accomplir un acte pénalement punissable. Il s'agit essentiellement de **menaces** et elle est donc d'ordre psychologique et non physique. Ainsi, la personne qui rédige un faux document sous la menace d'une arme est l'objet d'une telle contrainte. Il faut noter que la menace qui constitue le plus souvent la contrainte morale peut être dirigée soit contre la personne qui agit, soit contre un tiers. Par exemple, le caissier de la banque qui est forcé d'ouvrir le coffre parce qu'en cas de refus, un otage sera abattu, subit une contrainte qui empêche de le considérer comme le complice des malfaiteurs. Ce qui distingue la contrainte physique de la contrainte morale, c'est l'objet de la contrainte, à savoir que dans le premier cas, la force contraignante s'exerce sur la personne même de l'agent, alors qu'en cas de contrainte morale, c'est sur sa volonté. Ceci explique d'ailleurs que les juridictions pénales sont assez réticentes à admettre une contrainte morale externe parce qu'il peut subsister une parcelle de choix chez l'agent, auquel cas la contrainte n'est pas caractérisée.

Il reste un dernier cas qui est celui de la **contrainte morale interne**. Cela recouvre des hypothèses comme la passion, les convictions morales, philosophiques, politiques ou religieuses, qui sont susceptibles de peser sur la volonté d'une personne. Ce type de contrainte n'a jamais été retenu par les juridictions pénales *(Cass. crim., 11 avr. 1908, D. 1908, I, p. 261 ; CA Colmar, 8 déc. 1987, D. 1988, p. 131, pour le cas de passions nées d'évènements politiques)* pour plusieurs raisons. En premier lieu, il est difficile de prouver que des convictions politiques, par exemple, puissent revêtir le caractère d'une force contraignante, parce que, par définition, il s'agit de ce que pense la personne en son for interne. En second lieu, le fondement de l'irresponsabilité en cas de contrainte réside dans la disparition du libre-arbitre. Dès lors, les convictions, les passions ou autres idées philosophiques étant théoriquement choisies à un moment ou à un autre par les personnes, comment considérer qu'elles puissent faire disparaître la volonté libre de la personne ? Il existe ici une incompatibilité qui fait obstacle à la reconnaissance de la contrainte morale interne en tant que cause d'irresponsabilité.

§2 Les conditions de la contrainte, cause d'irresponsabilité pénale

Le Code pénal prévoit que **la contrainte doit être irrésistible**. Ainsi, la force contraignante doit être telle que l'agent perd son libre-arbitre, soit qu'elle pèse sur la personne même, soit qu'elle annihile la volonté, ou plus exactement la liberté d'action. Ce caractère irrésistible est naturellement une question de fait mais la Cour de cassation opère un contrôle sur la manière dont les juges statuent. Or, il ressort de la jurisprudence en général une grande sévérité, la contrainte étant finalement assez rarement admise.

Jurisprudence

S'agissant par exemple, de la force de la nature, ne constitue pas, en principe, une contrainte irrésistible la présence sur la chaussée d'une flaque d'eau à la suite d'un orage violent *(Cass. crim., 14 oct. 1975, n° 75-90.017)*. Un ancien arrêt de la Cour de cassation *(Cass. crim., 8 févr. 1936, D. 1936, I, p. 44)* montre la rigueur de celle-ci au sujet de l'appréciation de l'irrésistibilité. Il s'agissait d'une affaire d'expulsion à laquelle la personne s'était soustraite, ce qui constitue un délit. Le prévenu avait soutenu qu'il se trouvait dans l'impossibilité physique de quitter le territoire national, parce que tous les pays limitrophes de la France avaient refusé de l'accueillir sur leur territoire. La chambre criminelle a refusé d'admettre qu'il y avait une contrainte irrésistible dans cette situation dès lors que d'autres pays étaient susceptibles d'accepter de recevoir le prévenu. Les juges ont donc apprécié de manière abstraite l'irrésistibilité, sans tenir compte des circonstances propres à l'affaire et à la personne du prévenu, ce qui ne peut aboutir qu'à admettre rarement la contrainte.

De même, dans un autre arrêt ancien *(Cass. crim., 20 avr. 1934, S. 1935, I, p. 138)*, un civil avait, au début de la première guerre mondiale, été forcé par les allemands d'aller vérifier si le village voisin n'était pas occupé par l'armée française, sous la menace d'exécuter d'autres habitants. L'intéressé a été condamné pour intelligences avec l'ennemi après que la contrainte ait été écartée parce qu'elle n'était pas suffisamment pressante ni assez directe.

Si le Code pénal ne prévoit qu'une seule condition pour admettre la contrainte, la jurisprudence en a retenu une seconde, en **imposant que l'événement contraignant soit également imprévisible**.

Jurisprudence

Cette condition a été expressément rappelée dans une affaire où une conductrice, enceinte de 8 mois, s'était garée sur un emplacement réservé aux personnes handicapées et a invoqué un malaise l'obligeant à s'arrêter, la contrainte étant jugée prévisible ici *(Cass. crim., 15 nov. 2006, n° 06-80.087)*. Ce caractère trouve son origine dans la force majeure, telle qu'elle est conçue par exemple en droit civil. Appliquée au droit pénal, elle **revient finalement à exiger que l'agent n'ait commis aucune faute préalable qui soit à l'origine de la situation de contrainte**. Ainsi, les tribunaux rejettent la contrainte pour l'automobiliste qui a conduit toute une journée en tractant une caravane et qui a causé un accident du fait d'un malaise cardiaque alors qu'il se savait atteint d'une affection cardio-vasculaire *(CA Bourges, 6 mai 1999, JurisData n° 1999-043597 – V. égal. Cass. crim., 27 oct. 2015, n° 14-86.983)*. De même, on considère en jurisprudence que l'automobiliste ne peut jamais se prévaloir d'une défaillance mécanique du véhicule parce qu'il doit toujours en vérifier le fonctionnement avant usage *(Cass. crim., 8 juill. 1971, n° 70-92.991 ; Cass. crim., 6 nov. 2013, n° 12-82.182)*.

En revanche, le conducteur pris d'un malaise qui lui fait perdre le contrôle de son véhicule mais qu'il n'a jamais ressenti auparavant peut bénéficier de la contrainte, cet évènement étant imprévisible *(CA Douai, 24 oct. 2000, JCP G 2002, II, 10012 – Cass. crim., 15 nov. 2005, n° 04-87.813)*.
Un autre arrêt célèbre a montré que la prise en compte d'une faute antérieure pouvait poser des difficultés au point de vue théorique. Il s'agissait d'un marin qui s'était enivré et n'avait pas rejoint son navire parce qu'il avait été placé en détention au commissariat de police. Poursuivi du chef de désertion, il avait plaidé la contrainte physique irrésistible mais la Cour de cassation a retenu que l'événement contraignant n'était pas imprévisible, l'individu sachant ce qu'il risquait en se mettant en état d'ivresse (*Cass. crim., 29 janv. 1921, S. 1922, I, p. 185)*. Cette décision pose un problème parce qu'on relève ici une faute de négligence chez l'agent mais on le rend coupable d'un délit qu'il n'a pas voulu commettre. Autrement dit, retenir une faute antérieure lorsque l'infraction poursuivie est non-intentionnelle ne paraît pas contestable mais il n'en va plus de même si l'infraction est intentionnelle.

En réalité, il convient de poser les questions dans le bon ordre : en premier lieu, les juges doivent caractériser l'infraction en tous ses éléments constitutifs, y compris la faute intentionnelle ou non. Dans un second temps seulement, ils doivent se demander si la contrainte a été ou pas imprévisible et donc rechercher si le prévenu a commis une faute antérieure.

On terminera en précisant que si la contrainte est admise par le juge répressif, l'auteur des faits est irresponsable tant sur le plan pénal que civil, la force majeure étant aussi une cause d'exonération de la responsabilité civile.

⏭ POUR ALLER PLUS LOIN...

- J.-Y. MARECHAL, Irresponsabilité pénale pour cause de contrainte issue d'une défaillance physique, JCP G 2002, II, 10012 ; Conditions de l'irresponsabilité pénale pour contrainte physique, JCP G 2007, II, 10062
- J. PRADEL et A. VARINARD, Les grands arrêts du droit pénal général, n° 44

Fiche n° 26 L'erreur sur le droit

L'ESSENTIEL

L'erreur sur le droit ne constitue une cause d'irresponsabilité pénale que depuis la réforme du Code pénal en 1994. En principe, nul n'est censé ignorer la loi, ce qui exclut qu'on puisse prétendre avoir commis une erreur sur le caractère punissable des faits commis. Cependant, le Code pénal prévoit que l'erreur sur le droit constitue une cause d'irresponsabilité, à condition que l'erreur soit inévitable et que l'agent ait pu légitimement croire qu'il pouvait accomplir l'acte sans commettre une infraction. En pratique, cette cause d'irresponsabilité n'est presque jamais admise.

LES CONNAISSANCES

L'admission de l'erreur sur le droit en tant que cause d'irresponsabilité pénale apparaît, au premier abord, comme une innovation majeure de la réforme du Code pénal. En effet, le principe admis jusqu'en 1994 était qu'il existait une présomption irréfragable de connaissance de la loi et que le prévenu ne pouvait pas bénéficier d'une impunité au prétexte qu'il ignorait le sens de la règle de droit. Avec le recul, il faut fortement nuancer le propos en raison de l'appréciation restrictive qui est faite des conditions par la jurisprudence, rendant extrêmement difficile l'établissement de cette cause d'irresponsabilité.

Il faut rappeler en quoi consiste la présomption de connaissance de la loi avant de voir quelles sont les conditions d'admission de l'erreur sur le droit.

§1 La présomption de connaissance de la loi

En droit pénal comme dans toutes les branches du droit existe un principe en vertu duquel « nul n'est censé ignorer la loi », le terme de loi étant entendu au sens large, c'est-à-dire qu'il englobe les textes réglementaires. Ce principe a pour conséquence que **l'auteur d'une infraction ne peut échapper à sa responsabilité en arguant du fait qu'il ne savait que ce qu'il faisait était une infraction.** Ce principe se justifie en particulier en droit pénal par le principe de la légalité. En effet, si, de son côté, le législateur détermine les actes qui sont pénalement punissables en les inscrivant dans des textes, le justiciable doit, en contrepartie, prendre connaissance de la loi afin de ne pas commettre les faits interdits par la loi pénale.

Au point de vue théorique, **le principe paraît indiscutable mais, en pratique, il est apparu, avec l'évolution juridique, comme une fiction**, de plus en plus éloignée de la réalité. En effet, il existe un phénomène d'inflation de textes souvent complexes, qui a pour conséquence que non seulement le justiciable se trouve dans l'impossibilité de connaître la multitude des normes applicables en droit français, mais encore le professionnel du droit rencontre lui-même de grandes difficultés parfois pour savoir quels sont les textes applicables à telle situation. Le problème se pose essentiellement dans les disciplines techniques du droit pénal, comme en matière d'urbanisme, d'environnement ou de droit du travail.

Jurisprudence

Pourtant cette situation n'empêchait pas la Cour de cassation de maintenir une inflexibilité presque totale en refusant systématiquement de prendre en compte l'erreur sur le droit *(Cass. crim., 2 mars 1976, n° 74-93.546 – Cass. crim. 12 oct. 1993, n° 92-81.743).*

C'est dans le but de rendre plus réaliste la présomption de connaissance de la loi que le législateur a souhaité permettre au prévenu de plaider l'erreur sur le droit. Mais, cette cause d'irresponsabilité a été strictement encadrée.

§2 Les conditions d'admission de l'erreur sur le droit

(C. pén., art. 122-3)
L'article 122-3 du Code pénal énonce que *« n'est pas pénalement responsable la personne qui justifie avoir cru, par une erreur sur le droit qu'elle n'était pas en mesure d'éviter, pouvoir légitimement accomplir l'acte ».*

En visant un « acte », **le législateur permet d'invoquer l'erreur pour toute infraction, quelle que soit sa gravité et sa nature, intentionnelle ou non.** Il ressort également du texte que l'erreur de droit doit être démontrée par le prévenu, qui doit « justifier » l'avoir commise.

Jurisprudence

Par conséquent, le juge répressif ne doit pas soulever d'office ce moyen de défense qui appartient à la seule personne poursuivie *(Cass. crim., 15 nov. 1995, n° 94-85.414).*

En outre, deux conditions sont indispensables : il faut une erreur inévitable ainsi qu'une croyance légitime dans la possibilité d'accomplir l'acte sans enfreindre la loi pénale.

Avant d'examiner ces deux conditions, il convient de préciser que l'erreur sur le droit consiste rarement pour le prévenu à soutenir qu'il ignorait purement et simplement l'existence d'un texte prohibant l'acte accompli par lui. En pratique, il s'agit essentiellement de difficultés pour connaître le sens précis de la règle de droit applicable, en raison de la multiplicité et de la complexité voire de l'obscurité des textes par exemple.

La première condition consiste donc dans le **caractère inévitable ou invincible que doit présenter l'erreur**. Face à une règle difficile à comprendre, le législateur attend du justiciable qu'il recherche le sens du texte avant d'agir, sinon l'erreur éventuelle ne pourra pas être jugée inévitable.

Jurisprudence

Ainsi, la Cour de cassation considère que l'interprétation de textes en matière de réglementation de la durée du travail pouvant être donnée par l'inspection du travail, le prévenu qui agit sans avoir consulté cette administration ne peut prétendre avoir commis une erreur inévitable *(Cass. crim., 5 mars 1997, n° 95-83.492).*

Mais, même lorsque l'auteur des faits aura consulté préalablement une personne susceptible de l'éclairer, la Cour de cassation n'admet pas nécessairement l'erreur fondée sur la fausse information donnée par la personne consultée.

Jurisprudence

Par exemple, il a été jugé que la consultation d'un professionnel du droit, comme un avoué, sur le sens d'une décision de justice n'exonère pas le prévenu, si le professionnel donne une fausse interprétation, parce qu'il est toujours possible de demander l'interprétation de la décision au juge qui l'a rendue *(Cass. crim., 11 oct. 1995, n° 94-83.735).* Plus radicalement encore, la chambre criminelle a énoncé *(Cass. crim., 7 janv. 2004, n° 03-82.337)*, qu'**un simple avis donné par un professionnel du droit ne saurait être constitutif d'une erreur de droit**. Il s'agissait en l'espèce d'un prévenu, poursuivi pour abandon pécuniaire de famille, qui s'était fondé sur une lettre du représentant des créanciers chargé de son redressement judiciaire, lui enjoignant de cesser de payer la pension alimentaire, faute de déclaration de cette créance au passif de la procédure.

Cette position de la jurisprudence montre une **grande sévérité dans l'appréciation du caractère inévitable** et le parallèle s'impose avec le caractère irrésistible de la contrainte, lui aussi apprécié *in abstracto*. Il semble que pour la Cour de cassation, seule l'information erronée fournie par l'administration compétente ou l'autorité judiciaire pourrait faire échapper le prévenu à sa responsabilité pénale. Autrement dit, **il faut que l'erreur soit provoquée par l'autorité publique pour qu'elle soit admise.**

Jurisprudence

En témoigne le **premier arrêt de la chambre criminelle dans lequel l'erreur a été admise**, le prévenu ayant bénéficié de l'erreur parce qu'il avait appliqué un accord professionnel élaboré sous l'autorité d'un médiateur désigné par le gouvernement, la chambre criminelle retenant l'existence d'une information erronée fournie par l'administration, représentée aux négociations préalables à la signature de l'accord illicite *(Cass. crim., 24 nov. 1998, n° 97-85.378).*

Jurisprudence

La Cour de cassation, dans un arrêt déjà évoqué précédemment *(Cass. crim., 11 mai 2004, n° 03-80.254)* a affirmé **que l'erreur de droit ne pouvait être invoquée en présence d'une divergence de jurisprudence,** parce qu'elle n'est pas invincible. Il s'agissait en l'espèce du problème du vol par un salarié de documents appartenant à l'employeur. Or, la chambre sociale de la Cour de cassation estime que de tels documents peuvent être valablement produits comme moyen de défense devant le Conseil de prud'hommes alors que la chambre criminelle a toujours considéré qu'il s'agissait d'un vol, le mobile des actes étant indifférent. Dans cet arrêt, la Cour de cassation, si elle rejette l'erreur ajoute cependant que les juges confrontés à ce type de litige, doivent rechercher si les documents sont strictement nécessaires à l'exercice des droits de la défense du salarié, auquel cas, celui-ci serait donc exonéré.

La question qui reste posée est, comme on l'a vu, celle de savoir quel est le fondement de cette exonération, dès lors que les conditions de l'état de nécessité, et notamment l'existence d'un péril imminent, ne sont certainement pas réunies. Il semble que ce fondement soit le principe de la protection des droits de la défense, prévu par l'article 6 de la Conv. EDH, texte de valeur supérieure à la loi interne et qui permet donc d'écarter celle-ci.

Jurisprudence

La Cour de cassation a admis une deuxième fois l'erreur sur le droit, dans le cas d'un conducteur poursuivi pour conduite d'un véhicule malgré invalidation du permis résultant de la perte de la totalité des points *(Cass. crim., 11 mai 2006, n° 05-87.099)*. En l'occurrence, une attestation avait été remise au prévenu par un agent de police judiciaire, agissant conformément aux instructions du vice-procureur de la République, selon laquelle la situation administrative du prévenu était parfaitement régulière parce qu'il possédait un permis de conduire international. Le problème, dans cette affaire, réside dans le fait qu'il est très facile de se renseigner sur la validité d'un permis international, pour constater qu'il n'a aucune valeur juridique en France mais seulement à l'étranger parce que ce n'est que la traduction du permis national. Autrement dit, on comprend mal pourquoi les juges ont estimé que l'erreur était inévitable. La seule raison tient à l'information erronée donnée par le parquet mais était-ce l'autorité compétente pour donner cette information ?

Quoi qu'il en soit, il ne suffit pas que l'erreur soit inévitable. **Il faut également que l'auteur des faits ait cru légitimement pouvoir les accomplir sans commettre une infraction**. En d'autres termes, il faut que l'agent, après s'être renseigné sur le sens de la règle de droit, soit convaincu qu'il peut agir sans enfreindre la loi pénale, il doit donc être de bonne foi. **Dès lors s'il subsiste le moindre doute dans l'esprit de l'agent, l'erreur de droit ne peut lui bénéficier**.

Jurisprudence

Ainsi, dans une affaire d'urbanisme où les prévenus avaient édifié des constructions sans respecter le plan d'occupation des sols, les juges du fond avaient retenu la croyance légitime dans la possibilité d'accomplir l'acte en raison de l'existence d'un arrêté préfectoral qui avait modifié le plan d'occupation des sols et qui rendait licite la construction. La Cour de cassation a cassé l'arrêt de la cour d'appel en relevant que l'arrêté préfectoral avait été lui-même annulé par le tribunal administratif avant la reprise des travaux. Par conséquent, les prévenus étaient nécessairement de mauvaise foi et ne pouvaient que douter de la licéité de l'opération *(Cass. crim. 15 nov. 1995 précité)*.

De même, en présence d'une divergence de jurisprudence (*V. supra*), il ne peut pas y avoir de bonne foi puisqu'il est impossible de connaître ce qui est légal. Dans un tel cas, la seule solution est de ne pas agir.

En résumé, **le prévenu ne peut bénéficier d'une irresponsabilité que s'il prouve avoir recherché le sens des règles de droit applicables avant d'agir et seulement s'il est de bonne foi,** c'est-à-dire s'il n'a eu aucun doute sur la licéité de son action, après avoir pris les renseignements nécessaires. Ceci permet de faire apparaître que si la présomption de connaissance de la loi n'est plus irréfragable, elle demeure un principe fondamental et la preuve d'une erreur sur le droit s'avère finalement difficile.

En pratique, l'erreur n'est plus que rarement invoquée en tant que telle mais parfois, elle l'est de manière indirecte, en invoquant l'absence d'intention coupable, fondée sur l'ignorance du caractère punissable des faits.

Jurisprudence

La chambre criminelle n'admet pas non plus ce raisonnement *(Cass. crim., 7 janv. 2014, n° 12-87.576 : exercice illégal de la pharmacie en cas de vente en France d'un produit acheté dans une grande surface en Allemagne).*

⏭ POUR ALLER PLUS LOIN...

- O. FARDOUX, L'erreur sur le droit du professionnel assisté de juristes qualifiés, JCP G 1998, II, 10095 ; Conduite malgré un permis annulé et erreur de droit, JCP G 2006, II 10207
- J. HERMANN, Quel avenir pour l'erreur de droit ? Dr. pén. 2016, étude 6
- N. HOSNI, L'erreur de droit et son influence sur la responsabilité pénale, RSC 1999, p. 711
- J. PRADEL et A. VARINARD, Les grands arrêts du droit pénal général, n° 46

Fiche n° 27 La minorité

⏭ L'ESSENTIEL

Le Code pénal prévoit, depuis la loi [n° 2002-1138] du 9 septembre 2002, que les mineurs auteurs d'infractions pénales sont responsables de celles-ci à condition qu'ils soient capables de discernement, ce qui est admis par la jurisprudence depuis 1956. Si tel est le cas, ce qui est une question d'appréciation au cas par cas, ils peuvent faire l'objet de mesures de protection ou d'éducation, de sanctions éducatives s'ils ont 10 ans au moins, ou même de sanctions pénales s'ils sont âgés d'au moins 13 ans. L'ordonnance [n° 45-174] du 2 février 1945 édictait les règles spéciales applicables aux mineurs, sur le fond comme sur la forme, et elle prévoit donc les procédures particulières dont sont objet les mineurs délinquants devant des juridictions pénales spécialisées. Elle est remplacée, à compter du 1er octobre 2020, par le Code de la justice pénale des mineurs (CJPM), issu d'une ordonnance n° 2019-950 du 11 septembre 2019.

⏭ LES CONNAISSANCES

Le droit pénal des mineurs était essentiellement contenu dans une ordonnance n° 45-174 du 2 février 1945 qui a été abrogée, à compter du 1er octobre 2020, par une ordonnance du 11 septembre 2019 instituant le CJPM.

Après avoir analysé l'article 122-8 du Code pénal, on évoquera le dispositif de l'ordonnance de 1945 puis celui du CJPM.

§1 La responsabilité pénale conditionnée des mineurs

(C. pén., art. 122-8, rédaction en vigueur jusqu'au 30 septembre 2020)
« Les mineurs capables de discernement sont pénalement responsables des crimes, délits ou contraventions dont ils ont été reconnus coupables, dans des conditions fixées par une loi particulière qui détermine les mesures de protection, d'assistance, de surveillance et d'éducation dont ils peuvent faire l'objet. Cette loi détermine également les sanctions éducatives qui peuvent être prononcées à l'encontre des mineurs de dix à dix huit ans ainsi que les peines auxquelles peuvent être condamnés les mineurs de treize à dix-huit ans, en tenant compte de l'atténuation de responsabilité dont ils bénéficient en raison de leur âge ».

(C. pén., art. 122-8, rédaction en vigueur à partir du 1er octobre 2020)
« Les mineurs capables de discernement sont pénalement responsables des crimes, délits ou contraventions dont ils ont été reconnus coupables, en tenant compte de l'atténuation de responsabilité dont ils bénéficient en raison de leur âge, dans des conditions fixées par le Code de la justice pénale des mineurs. »

Pour qu'un mineur, quel que soit son âge au moment des faits, soit pénalement responsable, il est indispensable qu'il possède un discernement, c'est-à-dire qu'il ait un niveau d'intelligence suffisant pour avoir compris la portée de ses actes et qu'il soit capable de faire la différence entre des faits licites et illicites.

Jurisprudence

La Cour de cassation a, dans un célèbre arrêt *(Cass. crim., 13 déc. 1956, n° 55-05.772)*, énoncé que le mineur auteur d'une infraction doit, pour qu'on puisse prononcer à son encontre une simple mesure d'éducation, avoir compris et voulu son acte. Elle a ajouté dans un attendu d'une portée considérable que « toute infraction, même non-intentionnelle, suppose en effet que son auteur ait agi avec intelligence et volonté ». Cette décision signifie donc que **le mineur n'est pas pénalement irresponsable, puisqu'il répond pénalement de ses actes à condition de posséder un minimum de discernement**, tout comme un majeur. En pratique, seul le très jeune enfant, celui qui n'a pas de discernement, est irresponsable pénalement, comme l'a rappelé la Cour de cassation s'agissant d'un mineur de 5 ans *(Cass. crim., 14 nov. 2017, n° 17-80.893)*.

L'ordonnance de 1945 prévoyait donc seulement un système particulier de responsabilité pénale atténuée pour le mineur et non pas un système d'irresponsabilité pénale. L'article 122-8 reprend expressément ce point de vue puisqu'il dispose que les mineurs doivent être « reconnus coupables d'infractions pénales » et qu'ils sont « pénalement responsables » sous réserve d'avoir une capacité de discernement, c'est-à-dire la compréhension de leurs actes.

Le **CJPM** n'apporte pas de modification sur ce point **mais instaure une présomption d'absence de discernement**. L'article L. 11-1, alinéa 2, énonce que les mineurs de treize ans sont présumés ne pas être capables de discernement alors que les mineurs âgés d'au moins treize ans sont présumés être capables de discernement. Cette règle s'explique par le fait que la Convention internationale relative aux droits de l'enfant, signée et ratifiée par la France, énonce, en son article 40 que les États signataires s'engagent à établir un âge minimum au-dessous duquel les enfants seront présumés n'avoir pas la capacité d'enfreindre la loi pénale. Cependant, ces présomptions sont simples, ce qui signifie qu'un mineur de 13 ans pourrait être pénalement responsable si sa capacité de discernement est démontrée alors qu'un mineur âgé de plus de 13 ans pourrait ne pas l'être s'il était établi qu'il est privé de cette capacité de discernement.

§2 Le traitement de la délinquance des mineurs sous l'empire de l'ordonnance de 1945

L'ordonnance de 1945, tout comme le Code de la justice pénale des mineurs, prévoit un système particulier de mesures et de sanctions applicables au mineur qui a été reconnu pénalement responsable, dont l'objectif principal est de favoriser l'éducation et l'insertion du mineur plutôt que la répression des infractions qu'il a commises.

Jurisprudence

Le Conseil constitutionnel a d'ailleurs considéré qu'il existait un **principe fondamental reconnu par les lois de la République** en vertu duquel les mineurs doivent principalement faire l'objet de mesures d'éducation plutôt que de sanctions pénales *(Cons. const., 29 août 2002, n° 2002-461 DC, JO 10 sept. 2002)*, principe dit de primauté de l'éducation sur la répression.

La loi du 9 septembre 2002 a cependant modifié des dispositions de fond, d'une part, en créant des « sanctions éducatives », et, d'autre part, en abaissant à 10 ans l'âge à partir duquel le tribunal pour enfants pourra prononcer ces nouvelles sanctions.

Celles-ci sont énumérées par le nouvel article 15-1 de l'ordonnance de 1945 et il s'agit, notamment, de la confiscation d'un objet détenu par un mineur et ayant servi à la commission de l'infraction, de l'interdiction de paraître dans le lieu de commission de l'infraction, de l'interdiction de rencontrer la victime ou les coauteurs ou complices, de l'obligation de suivre un stage de formation civique destiné à rappeler au mineur les obligations résultant de la loi etc.

Le dispositif de l'ordonnance de 1945 modifiée conduit à **distinguer plusieurs cas, en fonction de l'âge du mineur auteur des faits**. Il existe aujourd'hui **4 tranches d'âge** : les mineurs âgés de moins de 10 ans, les mineurs de 10 à 13 ans, les mineurs de 13 à 16 ans et les mineurs de 16 à 18 ans.

Les **délinquants mineurs âgés de moins de 10 ans, dotés d'une capacité de discernement**, ne peuvent être condamnés ni à des sanctions pénales ni à des « sanctions éducatives ». Ils ne peuvent donc faire l'objet que de mesures éducatives définies à l'article 8 de l'ordonnance, et prononcées par le juge des enfants, à savoir :

- la remise aux parents, au tuteur, à la personne qui en avait la garde ou à une personne digne de confiance ;
- la mise sous protection judiciaire pour une durée n'excédant pas cinq années *(Ord. n° 45-174, 2 févr. 1945, art. 16 bis)* ;

– le placement dans un établissement d'éducation spécialisé *(Ord. n° 45-174, 2 févr. 1945, art. 15 et 16)* ;
– une mesure d'activité de jour *(Ord. n° 45-174, 2 févr. 1945, art. 16 ter)*.

Les **mineurs de 10 à 13 ans,** reconnus coupables d'infractions pénales, peuvent faire l'objet soit d'une **mesure éducative** décidée par le juge des enfants, soit être condamné à une **sanction éducative**, prévue par l'article 15-1 de l'ordonnance et prononcée par le tribunal pour enfants. En revanche, **ils ne peuvent être condamnés à une peine**.

Le mineur de 13 à 16 ans, reconnu coupable d'une infraction, peut faire l'objet d'une **mesure d'éducation** ou de protection, prévue par l'article 16 de l'ordonnance, ou d'une **sanction éducative** ou même d'une **sanction pénale** telle que celle applicable au majeur. Cependant, **la sanction éducative comme la peine ne peuvent être décidées que par le tribunal pour enfants et non par le juge des enfants.**

En outre, **le mineur bénéficie obligatoirement de « l'excuse de minorité » ou plus exactement d'une réduction légale de la peine encourue,** ainsi que le rappelle l'article 122-8, alinéa 2. Celle-ci est prévue par l'article 20-2, alinéa 1er, de l'ordonnance selon lequel la peine privative de liberté encourue par un mineur est, en principe, divisée par deux par rapport à celle prévue pour un majeur. Si la peine encourue est la réclusion à perpétuité, elle est ramenée à 20 ans. La solution est identique pour la peine d'amende, celle-ci ne pouvant, dans tous les cas, dépasser 7 500 € *(Ord. n° 45-174, 2 févr. 1945, art. 20-3)*. **Pour les mineurs âgés de moins de 16 ans, il n'existe pas d'exception à cette règle.**

Enfin, **le mineur de 16 à 18 ans**, reconnu coupable d'une infraction, **peut être l'objet d'une mesure éducative ou d'une sanction éducative ou d'une peine mais l'excuse de minorité peut être ici écartée**, c'est-à-dire que le mineur peut être jugé comme un majeur. **Le principe de l'excuse de minorité est maintenu**, les juridictions ne pouvant prononcer à l'encontre des mineurs âgés de plus de 16 ans une peine privative de liberté supérieure à la moitié de la peine encourue. Cependant, **l'excuse peut être écartée**, **à titre exceptionnel et compte tenu des circonstances de l'espèce et de la personnalité du mineur** ainsi que de sa situation et une telle décision, si elle est prise par le tribunal pour enfants, requiert une disposition spécialement motivée. Cela signifie donc que **le mineur encourt les mêmes peines qu'un majeur sauf dans un cas** : si la peine encourue est la réclusion criminelle à perpétuité, elle ne pourra être supérieure à 30 ans après exclusion de l'excuse de minorité.

On ajoutera que le mineur de 16 à 18 ans, auteur d'un crime, sera jugé par une cour d'assises des mineurs, conformément à l'article 20 de l'ordonnance.

§3 Le traitement de la délinquance des mineurs sous l'empire du Code de la justice pénale des mineurs

Le CJPM commence par énoncer un certain nombre de **principes fondamentaux relevant du droit pénal**, existant déjà auparavant. Il affirme ainsi que les décisions prises à l'égard des mineurs tendent à leur relèvement éducatif et moral ainsi qu'à la prévention de la récidive et à la protection de l'intérêt des victimes *(CJPM, art. L. 11-2)*, que les mineurs déclarés coupables d'une infraction pénale peuvent faire l'objet de mesures éducatives et, si les circonstances et leur personnalité l'exigent, de peines *(CJPM, art. L. 11-3)*, qu'aucune peine ne peut être prononcée à l'encontre d'un mineur de 13 ans *(CJPM, art. L. 11-4)* et que les peines encourues par les mineurs sont diminuées conformément aux dispositions du code *(CJPM, art. L. 11-5)*. Sur ce dernier point, on notera que la cause légale de diminution de peine prévue dans l'ordonnance de 1945 est maintenue dans les mêmes termes *(CJPM, art. L. 121-5 à L. 121-7)*.

De manière plus significative, le législateur simplifie, en apparence du moins, le **dispositif des mesures éducatives**. Selon l'article L. 111-1, **il n'en existe que deux : l'avertissement judiciaire et la mesure éducative judiciaire**. On notera également que les **sanctions éducatives sont supprimées** en tant que telles dans le CJPM.

L'avertissement judiciaire n'est pas défini par le code mais il peut être prononcé par toute juridiction, y compris le tribunal de police pour les contraventions des 4 premières classes. Il semble donc qu'il s'agisse de la nouvelle dénomination de l'admonestation telle qu'elle existe dans l'ordonnance de 1945.

La **mesure éducative judiciaire** est définie par l'article L. 112-2 comme un accompagnement individualisé du mineur construit à partir d'une évaluation de sa situation personnelle, familiale, sanitaire et sociale. Elle peut comporter un module d'insertion, un module de réparation, un module de santé et un module de placement. Ces modules peuvent être prononcés alternativement ou cumulativement, sauf exception *(CJPM, art. L. 112-3)*.

La **mesure éducative judiciaire ne peut excéder une durée de 5 ans** *(CJPM, art. L. 112-4)* et, **outre les modules, les juridictions peuvent prononcer d'autres mesures** *(CJPM, art. L. 112-2)* :
- interdiction de paraître dans certains lieux (un an maximum) ;
- interdiction d'entrer en contact avec la victime ou les coauteurs ou complices (un an maximum) ;
- interdiction d'aller et venir sur la voie publique entre 23 heures et 6 heures sans être accompagné de l'un de ses représentants légaux (6 mois maximum) ;

- obligation de remettre un objet détenu ou appartenant au mineur et ayant servi à la commission de l'infraction ou qui en est le produit ;
- obligation de suivre un stage de formation civique, d'une durée qui ne peut excéder un mois, ayant pour objet de rappeler au mineur les obligations résultant de la loi.

Le contenu des différents modules est décrit précisément par le législateur.

Le **module d'insertion** consiste en une orientation du mineur vers une prise en charge scolaire ou visant à son insertion sociale, scolaire ou professionnelle, adaptée à ses besoins. Il peut également consister en un accueil de jour, un placement dans un internat scolaire ou un placement dans une institution ou un établissement public ou privé d'enseignement ou de formation professionnelle, habilité *(CJPM, art. L. 112-5)*.

Le **module de réparation** peut consister en une activité d'aide ou de réparation à l'égard de la victime ou dans l'intérêt de la collectivité ou une médiation entre le mineur et la victime *(CJPM, art. L. 112-8)*.

Le **module de santé** peut consister en une orientation du mineur vers une prise en charge sanitaire adaptée à ses besoins, un placement dans un établissement de santé, à l'exclusion des services de psychiatrie ou un placement dans un établissement médico-social *(CJPM, art. L. 112-11)*.

Enfin, le **module de placement** consiste dans la possibilité de confier le mineur à un membre de sa famille ou une personne digne de confiance ainsi qu'au service de l'aide sociale à l'enfance, à un établissement du secteur public de la protection judiciaire de la jeunesse ou à une institution ou un établissement éducatif privé habilité *(CJPM, art. L. 112-14)*.

Concernant les **peines applicables aux mineurs**, l'article L. 121-1 du CJPM interdit le prononcé à leur encontre de l'interdiction du territoire français, la peine de jour amende, les peines d'interdiction des droits civiques, civils et de famille, d'interdiction d'exercer une fonction publique ou une activité professionnelle ou sociale, d'interdiction de séjour, de fermeture d'établissement, d'exclusion des marchés publics, les peines d'affichage ou de diffusion de la condamnation. Le texte précise qu'aucune interdiction, déchéance ou incapacité ne peut résulter de plein droit d'une condamnation pénale prononcée à l'encontre d'un mineur.

On notera que **le juge des enfants qui, sous l'empire de l'ordonnance de 1945, ne pouvait prononcer que des mesures éducatives, a désormais le pouvoir de prononcer certaines peines** à l'encontre d'un mineur âgé d'au moins 13 ans au moment des faits. Il s'agit de la confiscation de l'objet ayant servi à commettre l'infraction, d'un stage et du TIG, si le mineur est âgé d'au moins 16 ans au moment du prononcé de la peine.

En outre, **le juge des enfants n'est plus chargé de l'instruction, le principe de l'instruction obligatoire pour les faits commis par des mineurs étant supprimé au profit du principe général, à savoir que l'instruction n'est obligatoire qu'en matière criminelle** *(CJPM, art. L. 423-2 et L. 423-3)*. Cela signifie donc que, comme pour les majeurs, c'est le procureur de la République qui décide seul de l'orientation d'une affaire (alternatives aux poursuites, instruction, renvoi devant le juge des enfants ou devant le tribunal pour enfants).

En cas de renvoi devant une juridiction de jugement, le principe voulu par le législateur est celui de la césure du procès. Ainsi, l'article L. 521-1 du CJPM énonce que le juge des enfants ou le tribunal pour enfants statue selon la procédure de mise à l'épreuve éducative qui comporte une audience d'examen de la culpabilité, une période de mise à l'épreuve éducative, d'une durée de 6 à 9 mois, et une audience de prononcé de la sanction *(V. également CJPM, art. L. 521-7 et suivants)*.

Par exception, c'est-à-dire en cas de renvoi par un juge d'instruction devant la juridiction de jugement ou en cas de renvoi devant cette juridiction après déferement devant le procureur (aux conditions prévues par l'article L. 423-4, al. 3), **le mineur peut être jugé en audience unique, la juridiction se prononçant en une seule décision sur la culpabilité et la sanction** *(CJPM, art. L. 521-26 et suivants)*.

Le mécanisme de la césure ne s'applique donc pas en matière criminelle, que ce soit devant la cour d'assises des mineurs, compétente pour juger les mineurs criminels âgés de plus de 16 ans au moment des faits, ou devant le tribunal pour enfants lorsqu'il juge un crime commis par un mineur de 16 ans, dès lors que l'instruction est obligatoire dans ces cas et que la juridiction est donc saisie par ordonnance de renvoi du juge d'instruction.

TABLEAU COMPARATIF DES CAUSES D'IRRESPONSABILITÉ

	Nature	Prise en compte de la faute antérieure	Condition de proportionnalité
Trouble psychique	Subjective	**Oui** (prise de médicaments, d'alcool ou de drogues)	Non
Contrainte		**Oui** (imprévisibilité)	Non
Erreur sur le droit		**Oui** (nécessité de se renseigner avant d'agir)	Non
Minorité		**Non**	Non
Légitime défense	Objective	**Oui** (provocation)	Oui
Etat de nécessité		**Oui**	Oui
Ordre ou autorisation de la loi		**Non**	Non
Commandement de l'autorité légitime		**Oui** (absence d'interrogation sur la légalité du commandement)	Non
Lanceur d'alerte		**Non**	Oui

⏭ POUR ALLER PLUS LOIN…

- F. ARCHER, La réforme du droit des mineurs délinquants, Dr. pén. 2011, étude 24
- P. BONFILS, La primauté de l'éducation sur la répression, Dr. pén. 2012, étude 18 ; Première approche du Code de la justice pénale des mineurs, AJ pénal 2019, p. 476
- E. GALLARDO, Les grands axes de la réforme du droit pénal des mineurs, JCP G 2019, 1132
- L. GREGOIRE, La condition de discernement en droit pénal des mineurs, Dr. pén., 2020, étude 6
- C. MARGAINE, L'atténuation de la responsabilité pénale des mineurs, Dr. pén. 2012, étude 19

TITRE 8
LES PEINES APPLICABLES

Lorsque la responsabilité de l'auteur d'une infraction est établie, ce qui fait l'objet de la première partie du procès pénal, il reste à la juridiction à décider de la peine qui lui sera infligée. Le juge répressif dispose aujourd'hui de possibilités extrêmement variées tant dans le choix de la peine elle-même que dans son mode d'exécution. Le juge détermine la peine en disposant d'un grand pouvoir d'appréciation, peu de contraintes s'imposant finalement à lui.

L'étude de la peine doit débuter par l'examen et l'énumération des peines applicables en doit français, en fonction de la nature des infractions.

Avant d'entrer dans le détail de cette analyse, il convient de s'arrêter sur la question de la notion même de peine et sur les distinctions légales entre les peines.

Fiche n° 28 La notion de peine et la classification des peines

⏭ L'ESSENTIEL

On distingue plusieurs conceptions de la peine, en fonction du rôle qui lui est attribué. La plus classique est la fonction rétributive mais la peine a aussi, traditionnellement, une fonction préventive. Plus récemment, l'on a mis en avant le fait que la peine devait tendre vers la resocialisation du délinquant, en lui permettant de se réinsérer dans la société, ce qui suppose la création de nouvelles formes de sanctions. On distingue ainsi les peines des mesures de sûreté, visant à lutter contre l'état dangereux et à protéger la société.

Au point de vue juridique, le Code pénal ne parle que de « peine » et il distingue les peines principales, de substitution et complémentaires.

⏭ LES CONNAISSANCES

La doctrine oppose les peines proprement dites aux mesures de sûreté. Cette distinction théorique se retrouve parfois, dans les textes sans pour autant être consacrée par le législateur qui utilisent d'autres distinctions.

§1 Peines et mesures de sûreté

La distinction entre peines et mesures de sûreté provient de l'émergence des doctrines positivistes qui ont proposé de concevoir des mesures qui ne soient pas à proprement parler des sanctions, mais qui sont de nature à juguler la criminalité ou la délinquance.

La peine, dans son acception traditionnelle, constitue le châtiment consécutif à la commission d'une infraction pénale. La peine comporte donc une connotation répressive accentuée, elle consiste à infliger à l'auteur des faits contraires à la loi pénale, une punition à hauteur du trouble social qu'il a créé. On parle ainsi de la **fonction rétributive de la peine**. Ainsi, conçue, la sanction pénale suppose nécessairement une faute, parfaitement établie et caractérisée et elle en constitue le pendant, la conséquence inéluctable.

La peine ne possède cependant pas qu'une fonction rétributive puisqu'elle est censée avoir également un **rôle préventif ou d'intimidation**. On distingue à ce titre la **prévention générale** de la **prévention spéciale**. La peine possède une fonction de prévention générale en ce sens que le fait d'infliger une sanction pénale à l'auteur d'une infraction doit décourager les autres justiciables d'imiter le comportement du condamné. La justice pénale en frappant un délinquant montre le chemin à ne pas suivre aux autres membres de la société. La prévention spéciale, quant à elle, consiste, plus modestement, à infliger une peine qui découragera la personne condamnée de commettre de nouveau des faits contraires à la loi pénale.

À ces fonctions traditionnelles de la peine s'est ajoutée plus récemment une fonction, qui est peut-être la plus importante, au moins du point de vue juridique, à savoir **la resocialisation du délinquant.** L'idée consiste à faire de la peine, non pas une simple punition, mais aussi et surtout, une occasion de remettre le délinquant dans le droit chemin, en l'aidant et en l'encourageant par des mesures comme le sursis probatoire.

La loi n° 2014-896 du 15 août 2014 a inscrit, à **l'article 130-1 du Code pénal**, ces différentes fonctions de la peine, le texte énonçant qu'afin d'assurer la protection de la société, de prévenir la commission de nouvelles infractions et de restaurer l'équilibre social, dans le respect des intérêts de la victime, la peine a pour fonctions :
1° de sanctionner l'auteur de l'infraction ;
2° de favoriser son amendement, son insertion ou sa réinsertion.

Les doctrines positivistes et de défense sociale ont remis en cause le rôle de la peine, et notamment son rapport avec la faute commise par l'auteur des faits. Ces doctrines considèrent que l'agent n'est pas réellement responsable de ses actes parce qu'il est, au moins en partie, déterminé notamment par son milieu social. Elles proposent de considérer que l'important est moins l'effet de la sanction sur le délinquant que son effet sur la société. Autrement dit, ce qui importe, c'est de protéger la société contre les personnes qui causent des troubles à l'ordre public, en neutralisant ces personnes dangereuses. Il s'ensuit une **conception entièrement renouvelée de la sanction qui n'est plus reliée à la faute voire même à l'infraction**. En effet, il s'agit avant tout de lutter contre l'état dangereux de certaines personnes. **Ce qui caractérise la mesure de sûreté au sens strict, c'est, d'une part, qu'elle est indéterminée dans sa durée**, puisqu'elle devra se perpétuer jusqu'à la disparition de l'état dangereux de la personne. D'autre part, **il faut que la mesure prise soit révisable à tout moment**, en fonction de l'évolution de cet état dangereux, révision en faveur ou non de la personne.

On trouve peu de mesures de sûreté ainsi conçues en droit français, la notion s'opposant à la plupart des principes fondamentaux du droit pénal. **Certaines sanctions**

s'apparentent cependant à des mesures de sûreté, telles que les mesures éducatives que peut prendre le juge des enfants à l'égard des mineurs délinquants. Cependant, comme on l'a dit, la Cour de cassation a refusé d'admettre que ces mesures puissent être prononcées sans avoir d'abord reconnu la culpabilité du mineur délinquant. On peut citer le traitement des usagers de stupéfiants, prévu par les articles L. 3413-1 et suivants du CSP. L'autorité sanitaire ou judiciaire peut enjoindre au toxicomane, auteur d'une infraction, de subir une cure de désintoxication, ce qui a pour effet soit l'absence de poursuites *(CSP, art. L. 3423-1)*, soit l'absence de prononcé d'une peine *(CSP, art. L. 3424-2)*.

Cette distinction entre peine et mesure de sûreté n'a pas été reprise, initialement par le Code pénal, qui n'utilisait que le terme « peine ». Pourtant, **certaines privations de droits, comme la suspension du permis de conduire ou de chasser s'apparentent à des mesures de sûreté** puisque l'objectif est moins la punition que la protection de la société, au moins lorsqu'il s'agit d'infractions commises à l'occasion de la conduite d'un véhicule ou de la chasse.

Mais, depuis quelques années, le problème a repris une grande importance parce que **le législateur a redécouvert la notion de mesure de sûreté**. Par exemple, une loi du 17 juin 1998 a créé le suivi socio-judiciaire *(C. pén., art. 131-36-1 et s.)* qui consiste, lorsque c'est prévu par la loi pour l'infraction considérée, à soumettre une personne condamnée à diverses mesures de surveillance et d'assistance destinées à prévenir la récidive, pour une durée déterminée par le juge mais qui débutent après la fin de l'exécution de la peine privative de liberté quand celle-ci est prononcée *(C. pén., art. 131-36-5)*. **Le suivi socio-judiciaire s'apparente clairement à une mesure de sûreté même si le législateur n'utilise par le terme.**

Dans d'autres cas, il n'hésite pas à le faire. Ainsi, la loi du 12 décembre 2005 a créé « le placement sous surveillance électronique mobile à titre de mesure de sûreté » *(C. pén., art. 131-36-9 et s.)*. Il s'agit du dispositif du « bracelet électronique mobile » qui peut être imposé dans le cadre du suivi socio-judiciaire lorsque la personne est jugée dangereuse. Le bracelet doit être porté en permanence, pendant une durée limitée, et permet de localiser en temps réel la personne. On citera encore la **rétention de sûreté** *(CPP, art. 706-53-13 et s.)* et les **mesures applicables aux personnes jugées irresponsables pour trouble mental** *(CPP, art. 706-135 à 706-140)*.

L'enjeu de la classification de ces nouvelles sanctions comme peine ou mesure de sûreté se trouve essentiellement dans le domaine de l'application de la loi dans le temps. **La jurisprudence considère, en effet, que le principe de non-rétroactivité de la loi pénale plus sévère ne s'applique pas aux mesures de sûreté parce que ce ne sont pas des peines**. Or, l'intention du législateur est toujours de rendre les nouvelles mesures immédiatement applicables.

Jurisprudence

À titre d'exemple, la Cour de cassation s'est prononcée sur les mesures applicables aux personnes atteintes de troubles mentaux mais en montrant une grande indécision. Dans un premier arrêt *(Cass. crim., 21 janv. 2009, n° 08-83.492)*, elle a dit qu'il s'agissait de peines qui n'étaient pas immédiatement applicables aux faits commis antérieurement, alors que le législateur les qualifie expressément de mesures de sûreté *(CPP, art. 706-136)* mais dans un arrêt ultérieur *(Cass. crim., 16 déc. 2009, n° 09-85.153)*, elle a dit le contraire, à savoir qu'il s'agit de mesures de sûreté immédiatement applicables, et non pas de peines.
On notera, sur ce point, que la CEDH a approuvé cette qualification en considérant que ces mesures sont préventives et ne sont donc pas des peines auxquelles s'applique l'article 7 de la Conv. EDH *(CEDH, 3 sept. 2015, req. n° 42875/10, Berland c/ France)*.

En tout cas, la notion de mesure de sûreté tend à devenir une notion légale mais les frontières entre peine et mesure de sûreté sont difficiles à déterminer.

§2 La distinction entre peines principales, de substitution et complémentaires

Cette autre distinction n'est pas théorique mais technique, et donc très importante en pratique. Elle se fonde sur la manière dont les peines sont encourues pour l'infraction considérée.
La peine principale est celle que le législateur prévoit spécialement pour l'infraction qu'il détermine. Ces peines principales sont celles qui permettent de savoir quelle est la nature de l'infraction. Par exemple, un crime est nécessairement puni de réclusion ou de détention criminelle, lorsqu'il concerne les personnes physiques. Le fait que l'infraction soit punie de cette peine permet de dire par exemple qu'il s'agit d'un crime.

À côté de ces peines principales, il arrive que l'on trouve des **peines de substitution**. Celles-ci **ne sont pas spécialement prévues par le texte qui incrimine l'infraction**, mais par des textes généraux qui établissent comment il est possible pour le juge de substituer à la peine principale une autre peine. Ces peines peuvent donc s'appliquer à la place de la peine principale et elles sont apparues en 1975 en droit pénal français, en matière correctionnelle. L'objectif était et demeure de lutter contre les courtes peines d'emprisonnement, en leur substituant des peines originales comme le travail d'intérêt général ou la suspension du permis de conduire.

Enfin, le législateur peut ajouter aux peines principales des peines complémentaires que le juge peut décider de prononcer ou non, en plus de la peine principale ou de substitution. En pratique, le plus souvent, le législateur ne détermine pas pour chaque infraction les peines complémentaires applicables. Il prévoit, dans un texte situé en fin de chapitre, que les infractions définies et réprimées dans celui-ci peuvent être punies de peines complémentaires, qu'il énumère. Par conséquent, il n'est pas toujours très facile de savoir quelles peines sont applicables à une infraction, parce que, outre la ou les peines principales prévues au texte d'incrimination, des peines complémentaires sont souvent prévues, à un autre endroit, et, en matière correctionnelle notamment, il faut encore tenir compte des peines de substitution.

Dans le Code pénal actuel n'existent que ces trois sortes de peines. Certaines peines, qualifiées d'accessoires, étaient prévues avant 1994, mais elles ont disparu du Code pénal, ainsi qu'on le reverra ultérieurement.

⏭ POUR ALLER PLUS LOIN...

– H. MATSOPOULOU, Le renouveau des mesures de sûreté, D. 2007, p. 1607 ; L'application des « peines », puis des « mesures de sûreté », aux personnes atteintes de troubles mentaux : l'incohérence jurisprudentielle et ses conséquences, Dr. pén. 2010, étude 4

– P. SALVAGE, La grande délinquance est-elle une maladie ? Dr. pén. 2010, étude 3

SOUS-TITRE 1
LES PEINES APPLICABLES AUX PERSONNES PHYSIQUES

Les peines qui peuvent être appliquées aux personnes physiques auteurs ou complices d'infractions diffèrent selon la nature des faits commis. Il existe donc des peines criminelles, des peines correctionnelles et des peines contraventionnelles qu'il faut analyser successivement.

Fiche n° 29 Les peines criminelles principales

L'ESSENTIEL

La peine de mort, longtemps applicable en matière criminelle, a été abolie en 1981 et ne pourrait plus être rétablie aujourd'hui. La peine de référence pour les crimes est donc devenue la peine privative de liberté appelée réclusion ou détention criminelle. L'amende peut aussi parfois être encourue pour un crime.

LES CONNAISSANCES

Pendant très longtemps, a existé une peine capitale et radicale, applicable à certains crimes : la peine de mort. Elle a été abolie mais il convient de l'étudier au regard de la question de savoir si elle peut être rétablie. Les peines criminelles applicables en droit positif sont la réclusion ou la détention criminelle ainsi que la peine d'amende, dans certains cas.

§1 La question de la peine de mort

La peine criminelle la plus sévère a longtemps été la peine de mort, la suppression physique de l'auteur de faits étant nécessairement la sanction la plus radicale qui soit concevable. Elle présente l'avantage d'être la plus efficace sur le plan de la prévention spéciale mais elle pose un grave problème en cas d'erreur judiciaire. La peine de mort a été abolie en 1981 mais la question reste posée de son rétablissement puisqu'on sait que nombre de pays, considérés comme très évolués, la prévoient et la pratiquent encore aujourd'hui.

En matière de crimes politiques, la peine de mort fut abolie dès 1848 puis, en toute autre matière, par la loi [n° 81-908] du 9 octobre 1981. Il faut savoir qu'elle n'était plus souvent prononcée ni appliquée avant cette date alors qu'elle était assez fréquemment prévue, pour les crimes aggravés. Il faut cependant se demander si elle pourrait être rétablie. La difficulté résulte de l'adhésion de la France à plusieurs conventions internationales proclamant le droit à la vie. S'agissant des mineurs par exemple, l'article 6 paragraphe 2 du Pacte international relatif aux droits civils et politiques interdit d'appliquer la peine de mort aux criminels de moins de 18 ans. Plus généralement, la France a signé et ratifié, en 1985, le protocole n° 6 additionnel à la Conv. EDH, lequel abolit la peine de mort de manière générale pour les majeurs comme pour les mineurs.

La question d'un éventuel rétablissement de la peine de mort est désormais réglée par l'adhésion de la France au 2e protocole facultatif se rapportant au Pacte international relatif aux droits civils et politiques, visant à abolir la peine de mort et par la ratification du protocole n° 13 additionnel à la Conv. EDH relatif à l'abolition de la peine de mort en toutes circonstances. En effet, avant de procéder à cette adhésion et à cette ratification, par deux lois n° 2007-1164 et n° 2007-1165 du 1er août 2007, le Conseil constitutionnel a été saisi afin de savoir si ces textes étaient compatibles avec la Constitution. Il a jugé que le 2e protocole facultatif se rapportant au Pacte international relatif aux droits civils et politiques ne pouvait pas être dénoncé et que l'adhésion à ce texte entraînait une atteinte aux conditions essentielles d'exercice de la souveraineté nationale *(Cons. const., 13 oct. 2005, n° 2005-524/525 DC, JO 20 oct. 2005)*. Il était donc nécessaire de modifier la Constitution, ce qui a été fait par une loi constitutionnelle n° 2007-239 du 23 février 2007 relative à l'interdiction de la peine de mort, qui a créé un **article 66-1 de la Constitution, en vertu duquel « nul ne peut être condamné à la peine de mort »**.

Par **conséquent, l'abolition de la peine de mort est désormais inscrite dans la Constitution, ce qui signifie que son rétablissement est devenu juridiquement presque impossible depuis l'adhésion, en 2007, au 2e protocole facultatif se rapportant au Pacte international relatif aux droits civils et politiques.** Même si la Constitution était modifiée en sens contraire, rétablir la peine de mort équivaudrait à une violation par la France d'un engagement international, ce qui semble difficilement concevable.

§2 La réclusion et la détention criminelles

La différence entre réclusion et détention ne tient qu'à la nature politique de l'infraction, les crimes de droit commun étant punissables de réclusion criminelle. **La loi de 1981 qui a supprimé la peine de mort a entraîné un désordre au sein de l'échelle des peines criminelles**. En effet, le législateur s'est contenté de supprimer la peine capitale sans prévoir une peine de remplacement. Il en résultait une incohérence, les crimes les plus graves étant punis de la peine immédiatement inférieure à la peine de mort, c'est-à-dire la réclusion à perpétuité, mais ces crimes pouvaient être aggravés par certaines circonstances. Ainsi, le meurtre simple comme le meurtre aggravé (l'assassinat par exemple) étaient punis des mêmes peines.

Le législateur de 1994 a remédié à cette difficulté en rétablissant une échelle des peines criminelles cohérente au moyen de la création d'une nouvelle peine de trente ans de réclusion.

Désormais, l'échelle des peines en matière de crimes est déterminée par l'article 131-1 du Code pénal qui prévoit, par ordre décroissant de gravité :
- la réclusion ou la détention à perpétuité
- la réclusion ou la détention de 30 ans
- la réclusion ou la détention de 20 ans
- la réclusion ou la détention de 15 ans

Le texte précise encore que la durée de la réclusion ou de la détention criminelle à temps est de 10 ans au moins.

Par conséquent, le législateur qui crée un crime peut choisir de l'assortir, à titre principal, d'une de ces quatre peines, la juridiction pénale restant libre de prononcer une peine inférieure. On notera que la peine de référence consiste désormais dans la peine de 30 ans de réclusion, les crimes les plus graves étant punis de cette peine, comme le meurtre ou l'empoisonnement. La réclusion à perpétuité est, quant à elle, réservée à certains crimes très graves comme le génocide, mais est utilisée surtout comme peine applicable aux crimes accompagnés de circonstances aggravantes.

L'avantage de la nouvelle échelle des peines réside encore dans le fait qu'il n'existe plus, comme dans le Code pénal antérieur, de peines criminelles inférieures à 10 ans. Ce seuil de 10 ans constitue donc à la fois le minimum de la réclusion applicable à un crime et le maximum de l'emprisonnement pour un délit (sauf en cas de récidive, V. Fiche n° 41).

§3 L'amende

(C. pén., art. 131-2)
L'article 131-2 prévoit que « *les peines de réclusion ou de détention criminelle ne sont pas exclusives d'une peine d'amende et d'une ou de plusieurs des peines complémentaires prévues à l'article 131-10* ».

Avant 1994, l'amende n'était pas une peine prévue en matière criminelle. Aujourd'hui, elle l'est, à titre de peine principale, pour un certain nombre de crimes, comme par exemple le « terrorisme écologique » *(C. pén., art. 421-2 et 421-4)* ou l'attentat contre les institutions de la République ou l'intégrité du territoire *(C. pén., art. 412-1)*. L'amende est également souvent encourue lorsqu'un délit, comme le vol ou l'extorsion, devient criminel en raison de circonstances aggravantes *(C. pén., art. 311-7 à 311-10, pour le vol ; art. 312-3 à 312-7 pour l'extorsion)*.

POUR ALLER PLUS LOIN...

- R. BADINTER, Beccaria, l'abolition de la peine de mort et la Révolution française, RSC 1989, p. 235

Fiche n° 30 Les peines correctionnelles principales et de substitution

⏭ L'ESSENTIEL

Les peines encourues pour un délit sont, à titre principal, l'emprisonnement et l'amende, ainsi que, pour quelques infractions, le travail d'intérêt général. Il existe une échelle des peines d'emprisonnement mais pas des peines d'amende. Les peines principales peuvent être remplacées par des peines de substitution, comme, par exemple, la détention à domicile sous surveillance électronique, les peines privatives et restrictives de droit et de libertés ou le travail d'intérêt général. La loi [n° 2019-222] du 23 mars 2019 a modifié sensiblement, depuis le 24 mars 2020, les peines correctionnelles applicables.

La loi [n° 2019-222] du 23 mars 2019 a modifié sensiblement, depuis le 24 mars 2020, les peines correctionnelles applicables, notamment en supprimant la contrainte pénale et en créant la détention à domicile sous surveillance électronique.

⏭ LES CONNAISSANCES

Les peines prévues pour réprimer les délits sont déterminées par l'article 131-3 du Code pénal, modifié par la loi n° 2019-222 du 23 mars 2019, à compter du 24 mars 2020, énumère, dans cet ordre, l'emprisonnement, la détention à domicile sous surveillance électronique, le travail d'intérêt général, l'amende, le jour-amende, les peines de stage, les peines privatives ou restrictives de droits et la sanction-réparation. En réalité, cette liste comprend des peines principales qui sont l'emprisonnement et l'amende, et des peines de substitution. On notera que la loi du 23 mars 2019 a supprimé la contrainte pénale, en tant que peine autonome, pour l'insérer au sein du sursis probatoire (V. Fiche n° 38) .

§1 L'emprisonnement

L'emprisonnement correctionnel reste la peine correctionnelle de référence, même si le législateur a souhaité diversifier sensiblement la nature des sanctions en matière de délits, en prévoyant des peines alternatives. Jusqu'à la loi du 9 septembre 2002 précitée, tout délit était puni soit d'un emprisonnement, soit d'une amende, soit des deux à la fois, ce qui était le plus fréquent. Cette loi a introduit une nouveauté en prévoyant que certains délits encourent uniquement, comme peine principale, un travail d'intérêt général, sanction qui a la nature d'une peine de substitution à l'emprisonnement en principe. Tel est le cas du délit consistant à tracer des « tags » sur les murs ou les voitures *(C. pén., art. 322-1, al. 2)*.

Certains délits ne sont punis que d'amende, comme l'outrage *(C. pén., art. 433-5, al. 1er)* ou la diffamation et l'injure *(L. 29 juill. 1881, art. 32 et 33)* **alors que d'autres ne sont punis que d'un emprisonnement** *(C. pén., art. 224-4, al. 3)*.

Le Code pénal établit une **échelle des peines d'emprisonnement**. L'article 131-4 du Code pénal prévoit que la durée de l'emprisonnement peut être de : 10 ans ; 7 ans ; 5 ans ; 3 ans ; 2 ans ; 1 an ; 6 mois ; 2 mois. Le problème est que **le législateur ne respecte pas lui-même cette échelle**. En effet, il existe, par exemple, des peines de 4 ans d'emprisonnement *(C. envir., art. L. 428-5-1)*, de 8 mois, de 4 mois, de 3 mois et d'un mois d'emprisonnement.

Cette échelle est donc purement indicative et la seule règle réellement impérative est celle selon laquelle l'emprisonnement encouru ne peut pas dépasser 10 ans.

En pratique, l'emprisonnement reste souvent prononcé même si le législateur a multiplié les possibilités pour les juges de prononcer d'autres peines.

§2 L'amende

Le Code pénal ne comporte aucune disposition particulière relative à l'amende en matière correctionnelle. Il faut se référer au CPP pour savoir que le minimum d'une peine d'amende pour un délit est de 3 750 €. En effet, l'article 381 du CPP prévoit ce seuil pour déterminer la compétence matérielle ou d'attribution du tribunal correctionnel. Une infraction qui serait donc punie d'une peine d'amende inférieure serait obligatoirement une contravention. En dehors de ce seuil minimal, il faut noter qu'aucun maximum n'est prévu, ce qui laisse une marge d'appréciation particulièrement grande au législateur lorsqu'il crée un délit.

L'amende constitue une obligation imposée au condamné de payer une certaine somme d'argent au Trésor public. Le montant de l'amende est décidé librement par la juridiction, puisque les textes fixent seulement un maximum à ne pas dépasser. Parfois, le montant de l'amende n'est pas fixé de manière intangible par le texte. Ainsi, pour le recel de choses, l'article 321-3 du Code pénal prévoit que le montant de l'amende de 375 000 €, prévu par les textes, peut être élevé jusqu'à la moitié de la valeur des biens recelés.

En cas de non-paiement de l'amende, le CPP prévoit un mécanisme appelé « contrainte judiciaire » qui permet de faire emprisonner le condamné qui ne paie pas volontairement *(CPP, art. 749 et s.)*.

§3 Les peines de substitution

Les peines de substitution ont été introduites en droit pénal français par les lois [n° 75-624] du 11 juillet 1975 et [n° 83-466] du 10 juin 1983, l'objectif étant à cette époque d'éviter le plus possible le prononcé des courtes peines d'emprisonnement, jugées plus néfastes que bénéfiques pour les délinquants. Dans le Code pénal actuel, le législateur a voulu accorder une place plus importante à ces peines, qui ne sont plus destinées seulement à se substituer à l'emprisonnement, mais parfois aussi à l'amende.

La loi du 23 mars 2019 a sensiblement modifié cette catégorie des peines de substitution, notamment en créant la détention à domicile sous surveillance électronique (DDSE) et en supprimant la contrainte pénale, qui avait été instituée par la loi du 15 août 2014 mais qui était très rarement utilisée par les juridictions.

La notion de peine de substitution signifie que ces sanctions ne sont pas prévues à titre de peine principale, mais que le juge peut, s'il le souhaite, les prononcer à la place d'une peine principale.

I. La détention à domicile sous surveillance électronique

Cette peine, créée par la loi [n° 2019-222] du 23 mars 2019, figure, à l'article 131-3 du Code pénal, immédiatement après l'emprisonnement. On notera, d'une part, que la surveillance électronique était déjà et demeure une modalité d'aménagement de la peine d'emprisonnement *(V. C. pén., art. 132-26,* Fiche n° 39*)*, d'autre part, que, pour les peines d'emprisonnement d'une durée inférieure à un an, il existe, depuis le 24 mars 2020, une obligation d'aménagement de la peine, pouvant consister dans le prononcé d'une DDSE *(C. pén., art. 132-25,* V. Fiche n° 39*)*.

La DDSE constitue, selon l'article 131-4-1 du Code pénal, une **peine de substitution à l'emprisonnement pour les délits punis de cette peine, quelle que soit la durée de l'emprisonnement encouru**. Elle est applicable aux majeurs et aux mineurs âgés de plus de 13 ans *(Ord. n° 45-174, 2 févr. 1945, art. 20-2-1 ; CJPM, art. L. 122-6)*.

Elle peut être prononcée pour une **durée de 15 jours à 6 mois**, sans pouvoir excéder la durée de l'emprisonnement encouru, cette limite valant donc pour les délits punis de moins de 6 mois d'emprisonnement. Concernant les **mineurs**, l'article 20-2-1 de l'ordonnance du 2 février 1945 énonce que *« sous réserve de l'application du deuxième alinéa de l'article 20-2 de la présente ordonnance, le tribunal pour enfants et la cour d'assises des mineurs ne peuvent prononcer à leur encontre une peine* *de détention à domicile sous surveillance électronique supérieure à la moitié de la peine encourue »*. Ce texte est d'une grande ambiguïté en ce qu'il fait référence à la *« peine encourue »* sans qu'on sache s'il s'agit de l'emprisonnement ou de la détention à domicile elle-même. L'article L. 122-6 du CJPM, applicable à partir du 1er octobre 2020, est plus clair puisqu'il énonce que la durée de DDSE ne pourra être supérieure à la moitié de la *« peine d'emprisonnement encourue »* sous réserve de l'application de la diminution légale de peine. Cela signifie donc que si le mineur encourt, par exemple, une peine de 6 mois d'emprisonnement, la DDSE ne pourra pas excéder 3 mois sauf si la juridiction écarte l'excuse de minorité.

En outre, la peine ne peut être prononcée sans l'accord des titulaires de l'autorité parentale, sauf carence de ces derniers ou impossibilité de donner leur consentement. Enfin, elle doit être assortie d'une mesure éducative confiée à la protection judiciaire de la jeunesse, ces conditions étant reprises dans le CJPM.

La DDSE consiste à **imposer au condamné de demeurer dans son domicile ou tout autre lieu** désigné par la juridiction ou le juge de l'application des peines et de **porter un dispositif intégrant un émetteur permettant de vérifier le respect de l'obligation de résidence**. Le condamné peut être autorisé à quitter son domicile pendant des périodes déterminées par la juridiction ou le JAP, pour le temps nécessaire à l'exercice d'une activité professionnelle, au suivi d'un enseignement, d'un stage, d'une formation ou d'un traitement médical, à la recherche d'un emploi, à la participation à la vie de famille ou à tout projet d'insertion ou de réinsertion. Le législateur précise que la juridiction peut décider que le condamné bénéficiera de mesures d'aide ayant pour objet de seconder ses efforts en vue de son reclassement social.

La peine supposant la mise en place d'un dispositif sur la personne du condamné, ce dernier est avisé de la nécessité de son consentement mais aussi du fait que le refus de cette installation constitue une violation de ses obligations et peut donner lieu à la mise à exécution de l'emprisonnement prévu à l'article 713-44 *(CPP, art. 713-42, al. 2, renvoyant à l'article 723-8)*.

La loi n° 2019-1480 du 28 décembre 2019 a complété l'article 131-4-1 du Code pénal en énonçant que la juridiction de jugement peut également soumettre le condamné à une ou plusieurs des obligations ou interdictions prévues aux articles 132-44 et 132-45, c'est-à-dire les obligations du sursis probatoire.

Si le condamné respecte l'ensemble de ses obligations, il peut bénéficier d'un **achèvement anticipé** de la DDSE. En effet, l'article 713-43 du CPP prévoit que s'il a satisfait aux mesures, obligations et interdictions qui lui étaient imposées pendant une durée au moins égale à la moitié de la peine prononcée, que son reclassement paraît acquis et qu'aucun suivi ne paraît plus nécessaire, le JAP peut, d'office ou sur requête du condamné, décider de mettre fin de façon anticipée à la peine. Le JAP peut également, tout en mettant fin à l'obligation de résidence et aux interdictions liées à celle-ci, décider que le condamné restera placé sous son contrôle jusqu'à la date prévue d'expiration de la peine en étant soumis aux obligations du sursis probatoire.

En cas d'inobservation par le condamné des interdictions ou obligations qui lui sont imposées, d'inconduite notoire, de nouvelle condamnation ou de refus d'une modification nécessaire des conditions d'exécution, le JAP peut soit limiter ses autorisations d'absence, soit ordonner son emprisonnement pour la durée de la peine restant à exécuter *(C. pén., art. 131-4-1, al. 5 ; CPP, art. 713-44).*

II. Le travail d'intérêt général

Selon l'article 131-8, **lorsqu'un délit est puni d'une peine d'emprisonnement**, la juridiction peut prescrire, **à la place de l'emprisonnement**, que le condamné accomplira, pour une **durée de 20 à 400 heures**, un travail d'intérêt général (TIG) non rémunéré au profit soit d'une personne morale de droit public, soit d'une personne morale de droit privé chargée d'une mission de service public ou d'une association habilitée, à mettre en œuvre des travaux d'intérêt général.

La loi du 23 mars 2019 a modifié les modalités du prononcé du TIG afin de permettre d'y recourir plus facilement, ces modifications s'appliquant immédiatement. L'article 131-8 prévoit désormais **3 situations différentes.**

- Lorsque **le prévenu est présent à l'audience, la peine ne peut être prononcée si celui-ci la refuse**. Le président du tribunal, avant le prononcé du jugement, informe le prévenu de son droit de refuser l'accomplissement d'un TIG et reçoit sa réponse.
- Lorsque **le prévenu n'est pas présent à l'audience mais y est représenté par son avocat, le TIG peut être prononcé si le prévenu a fait connaître par écrit son accord.**
- Lorsque **le prévenu n'est pas présent à l'audience et n'a pas fait connaître son accord, le TIG ne peut être prononcé que si le tribunal** fait application des dispositions du deuxième alinéa de l'article 131-9, c'est-à-dire s'il **prononce, par anticipation, une peine d'emprisonnement que le délinquant devra accomplir ou une amende qu'il devra régler s'il n'exécute pas la peine de TIG prononcée. Dans ce cas, avant la mise à exécution du TIG, le JAP informe le condamné de son droit de refuser l'accomplissement d'un travail** et reçoit sa réponse. En cas de refus, tout ou partie de l'emprisonnement ou de l'amende fixé par la juridiction peut être mis à exécution.

En définitive, si le principe de la possibilité de refuser le TIG est maintenu, le législateur fait en sorte d'exercer une pression sur le délinquant afin qu'il accepte, s'il n'était pas présent lors de sa condamnation.

Le TIG est applicable aux mineurs de 16 à 18 ans, s'ils étaient âgés d'au moins 13 ans au jour des faits, selon l'article 20-5 de l'ordonnance n° 45-174 du 2 février 1945 et l'article L. 122-1 du CJPM, dans les mêmes conditions de durée, c'est-à-dire jusqu'à 400 heures.

Il faut noter que la juridiction qui décide de prononcer un TIG doit fixer un **délai dans lequel ce travail sera effectué**, délai qui **ne peut excéder 18 mois** mais qui peut être suspendu pour motifs graves d'ordre médical ou professionnel par exemple *(C. pén., art. 131-22)*. Ce délai n'est qu'un maximum à savoir que la peine cesse dès que le condamné a accompli la totalité des heures de TIG prévues, même avant l'expiration du délai.

Le JAP est chargé de veiller à l'exécution des TIG et décide d'une éventuelle suspension du délai. Le condamné doit également être soumis à des mesures de contrôle, qui sont celles prévues par les articles 132-44 et 132-45 en matière de sursis avec obligation d'accomplir un TIG.

Le non-accomplissement volontaire du TIG est un délit *(C. pén., art. 434-42)*.

III. Les jours-amende

(C. pén., art. 131-5)
L'article 131-5 du Code pénal dispose que « *lorsqu'un délit est puni d'une peine d'emprisonnement, la juridiction peut prononcer une peine de jours-amende consistant pour le condamné à verser au Trésor une somme dont le montant global résulte de la fixation par le juge d'une contribution quotidienne pendant un certain nombre de jours. Le montant de chaque jour-amende est déterminé en tenant compte des ressources et des charges du prévenu ; il ne peut excéder 1 000 €. Le nombre de jours-amende est déterminé en tenant compte des circonstances de l'infraction ; il ne peut excéder trois cent soixante* ».

L'originalité de la sanction réside dans le fait que l'amende prononcée ne l'est pas par référence au montant prévu par le texte d'incrimination, mais de manière totalement autonome. Il s'agit donc **de fixer une somme ne pouvant excéder 1 000 € pendant une durée ne pouvant dépasser 360 jours**, ce qui aboutit à un montant maximum de 360 000 €. Le juge détermine ces deux paramètres en tenant compte de la situation du délinquant et des circonstances de l'infraction. Le paiement de ces sommes ne se fait pas chaque jour mais seulement à l'expiration du délai fixé par le juge.

On notera que cette peine est inapplicable aux mineurs *(Ord. n° 45-174, 2 févr. 1945, art. 20-4 ; CJPM, art. L. 121-1)*.

À l'origine, la peine de jour-amende était une sanction de substitution à l'emprisonnement. Désormais, la place exacte de cette peine est difficile à déterminer. En effet, à la lecture de l'article 131-5, on pourrait penser qu'il s'agit d'une peine de substitution à l'emprisonnement. Mais en réalité, l'article 131-9, qui interdit de prononcer en même temps certaines peines correctionnelles, n'interdit pas au juge de prononcer cumulativement un emprisonnement et des jours-amende. Le même texte précise, en revanche, qu'il n'est pas possible de cumuler l'amende et les jours-amendes, ce qui apparaît assez logique. **Par conséquent, l'objectif du législateur semble avoir été de faire des jours-amendes une peine de substitution à l'amende** mais il n'est, ici encore, pas allé au bout de sa logique, puisque cette sanction ne peut être prononcée qu'en cas de délit puni d'emprisonnement.

En d'autres termes, si le délit encourt à la fois un emprisonnement et une amende, le juge peut prononcer l'emprisonnement et substituer à l'amende des jours-amendes. Mais, si le délit n'est puni que d'une peine d'amende, il est interdit au juge de lui substituer une peine de jours-amende, ce qui n'est guère logique. Au surplus, si le délit encourt seulement de l'emprisonnement, le jour-amende peut être prononcé cumulativement avec l'emprisonnement et, dans ce cas, cette peine joue le rôle d'une peine complémentaire et non plus alternative.

En conclusion, **la peine de jours-amende, officiellement peine de substitution, n'a pas un statut très précis en droit pénal français, étant soit une peine de substitution, dans certains cas, soit une peine complémentaire dans d'autres.**

En cas de non-paiement des jours-amende à l'échéance, l'article 131-25, alinéa 2 prévoit que le condamné est incarcéré pour le nombre de jours correspondant mais le JAP peut aussi décider de substituer aux jours-amende impayés une peine d'emprisonnement avec sursis et obligation d'accomplir un TIG *(CPP, art. 747-1-2)*.

IV. Les peines de stage

Après avoir multiplié les formes de stages constitutifs de peines principales ou complémentaires, le législateur a décidé de modifier les textes en donnant un régime juridique unitaire à ces peines, ce dispositif s'appliquant à partir du 24 mars 2020.

Alors qu'avant la loi [n° 2019-222] du 23 mars 2019, seul le stage de citoyenneté était une peine de substitution à l'emprisonnement, l'article 131-5-1 du Code pénal énonce que **lorsqu'un délit est puni d'une peine d'emprisonnement, la juridiction peut, à la place ou en même temps que l'emprisonnement, prescrire que le condamné devra**

accomplir, pendant une durée ne pouvant excéder un mois, un stage dont elle précise la nature, les modalités et le contenu eu égard à la nature du délit et aux circonstances dans lesquelles il a été commis. Il s'agit donc d'une **sanction qui est en même temps une peine de substitution à l'emprisonnement et une peine complémentaire de ce dernier à chaque fois qu'il est encouru**. On notera donc que, si le délit est puni seulement d'amende, la peine de stage ne peut être prononcée.

Ce stage, sauf décision contraire de la juridiction, est d'un coût maximum de 450 € qui est supporté par le condamné. Il doit être exécuté dans un délai de 6 mois à compter de la date à laquelle la condamnation est définitive, sauf impossibilité résultant du comportement ou de la situation du condamné.

Cette peine de stage est applicable aux majeurs ainsi qu'aux mineurs de 13 à 18 ans, en vertu de l'article 20-4-1 de l'ordonnance n° 45-174 du 2 février 1945, modifié par la loi du 23 mars 2019. Ce dernier texte précise toutefois, d'une part, que son contenu est adapté à l'âge du condamné, et, d'autre part, que les frais du stage, supportés par le condamné majeur selon l'article 131-5-1, ne peuvent être mis à la charge du mineur. Ces règles figurent également à l'article L. 122-5 du CJPM.

La juridiction détermine la nature du stage en choisissant entre :
- le stage de citoyenneté, tendant à l'apprentissage des valeurs de la République et des devoirs du citoyen ;
- le stage de sensibilisation à la sécurité routière ;
- le stage de sensibilisation aux dangers de l'usage de produits stupéfiants ;
- le stage de responsabilisation pour la prévention et la lutte contre les violences au sein du couple et sexistes ;
- le stage de sensibilisation à la lutte contre l'achat d'actes sexuels ;
- le stage de responsabilité parentale ;
- le stage de lutte contre le sexisme et de sensibilisation à l'égalité entre les femmes et les hommes.

On notera que **l'article 131-5-1 du Code pénal ne prévoit plus, comme pour le stage de citoyenneté avant la loi de 2019, que la peine de stage doit être prononcée en présence du délinquant qui peut la refuser**.

V. Les peines privatives ou restrictives de droit

L'article 131-6 du Code pénal dispose que lorsqu'un délit est puni d'une peine d'emprisonnement, la juridiction peut prononcer, à la place de l'emprisonnement, une ou plusieurs des peines suivantes :
- la suspension pour une durée de 5 ans au plus, du permis de conduire ;
- l'interdiction de conduire certains véhicules pendant une durée de 5 ans au plus ;
- l'annulation du permis de conduire avec interdiction de solliciter la délivrance d'un nouveau permis pendant 5 ans au plus ;

– la confiscation d'un ou plusieurs véhicules appartenant au condamné ;
– l'immobilisation, pour une durée d'un an au plus, d'un ou plusieurs véhicules appartenant au condamné ;
– l'interdiction, pendant une durée de 5 ans au plus, de conduire un véhicule qui ne soit pas équipé, par un professionnel agréé ou par construction, d'un dispositif homologué d'anti-démarrage par éthylotest électronique. Lorsque cette interdiction est prononcée en même temps que la peine d'annulation ou de suspension du permis de conduire, elle s'applique, pour la durée fixée par la juridiction, à l'issue de l'exécution de cette peine ;
– l'interdiction de détenir ou de porter, pour une durée de 5 ans au plus, une arme soumise à autorisation ;
– la confiscation d'une ou plusieurs armes ;
– le retrait du permis de chasser avec interdiction de solliciter la délivrance d'un nouveau permis pendant 5 ans au plus ;
– l'interdiction pour une durée de 5 ans au plus d'émettre des chèques et d'utiliser des cartes de paiement ;
– la confiscation de la chose qui a servi ou était destinée à commettre l'infraction ou de la chose qui en est le produit ;
– l'interdiction pour une durée de 5 ans au plus d'exercer une activité professionnelle ou sociale ;
– l'interdiction, pour une durée de 3 ans au plus, de paraître dans certains lieux ou catégories de lieux déterminés par la juridiction et dans lesquels l'infraction a été commise ;
– l'interdiction, pour une durée de 3 ans au plus, de fréquenter certains condamnés spécialement désignés par la juridiction, notamment les auteurs ou complices de l'infraction ;
– l'interdiction, pour une durée de 3 ans au plus, d'entrer en relation avec certaines personnes, spécialement désignées par la juridiction, notamment la victime de l'infraction ;
– l'interdiction, pour une durée de 5 ans au plus, d'exercer une profession commerciale ou industrielle, de diriger, d'administrer, de gérer ou de contrôler une entreprise commerciale ou industrielle ou une société commerciale.

Le juge dispose donc de multiples sanctions qu'il peut substituer à l'emprisonnement lorsque le délit est puni de cette peine à titre principal. L'article 131-9 précise que l'emprisonnement ne peut être prononcé cumulativement avec une de ces *peines privatives ou restrictives de droits*. Mais l'article 131-7 du Code pénal prévoit que **les peines privatives ou restrictives de droit peuvent être prononcées, à la place de l'amende, pour les délits punis uniquement d'une peine d'amende à titre principal**.

La sanction du non-respect d'une peine privative ou restrictive de droit consiste dans un délit spécial *(C. pén., art. 434-41).*

VI. La sanction-réparation

Cette sanction est issue de la loi n° 2007-297 du 5 mars 2007 relative à la prévention de la délinquance, qui s'inspire de celle prévue pour les mineurs par l'article 12-1 de l'ordonnance [n° 45-174] du 2 février 1945. L'article 131-8-1 prévoit que **lorsqu'un délit est puni d'une peine d'emprisonnement, la juridiction peut prononcer, à la place ou en même temps que la peine d'emprisonnement, la peine de sanction-réparation. Il en est de même lorsqu'un délit est puni à titre de peine principale d'une seule peine d'amende**. Cette sanction est donc à la fois **une peine de substitution à l'emprisonnement et à l'amende et une peine complémentaire pouvant s'ajouter à l'emprisonnement ou à l'amende**.

Elle est définie comme **l'obligation pour le condamné de procéder**, dans le délai et selon les modalités fixées par la juridiction, **à l'indemnisation du préjudice de la victime**. Avec l'accord de la victime et du prévenu, la réparation peut être exécutée en nature. Elle peut alors consister dans la remise en état d'un bien endommagé à l'occasion de la commission de l'infraction. L'exécution de la réparation est constatée par le procureur de la République ou son délégué.

Lorsqu'elle prononce la peine de sanction-réparation, la juridiction fixe la durée maximum de l'emprisonnement, qui ne peut excéder 6 mois, ou le montant maximum de l'amende, qui ne peut excéder 15 000 €, dont le JAP pourra ordonner la mise à exécution si le condamné ne respecte pas l'obligation de réparation. Si le délit n'est puni que d'une peine d'amende, la juridiction ne fixe que le montant de l'amende, qui ne peut excéder 15 000 €, qui pourra être mis à exécution. Le président de la juridiction en avertit le condamné après le prononcé de la décision.

⏭ POUR ALLER PLUS LOIN…

- E. BONIS, Peines de stages ou stage comme peine unique ? Dr. pén. 2019, étude 2
- M. GIACOPELLI, Libres propos sur la sanction-réparation, D. 2007, p. 1551 ; Approche critique de la courte peine d'emprisonnement, Dr. pén. 2014, étude 4
- L. GRIFFON-YARZA, La contrainte pénale : premiers éléments d'analyse pratique, Dr. pén. 2014, étude 18
- J.-H. ROBERT, Punir dehors, Dr. pén. 2014, étude 16

Le point sur…
La loi du 23 mars 2019

Fiche n° 31 Les peines criminelles et correctionnelles complémentaires

L'ESSENTIEL

Les peines complémentaires sont les mêmes en matière criminelle et délictuelle et il n'en existe pas de liste exhaustive. Il peut s'agir d'atteintes au patrimoine, de privations de droits, de restrictions de liberté ou d'obligations de faire.

LES CONNAISSANCES

Après avoir exposé le mécanisme des peines complémentaires, on s'intéressera à leur nature

§1 Le mécanisme des peines complémentaires

Les articles 131-2 et 131-3, relatifs aux peines criminelles et correctionnelles, renvoient à l'article 131-10, qui décrit les peines complémentaires pouvant être encourues pour les crimes et les délits. Ce dernier texte prévoit qu'un crime ou un délit peut être sanctionné d'une ou plusieurs peines complémentaires.

> (C. pén., art. 131-10)
> Celles-ci sont définies de manière générale par le texte comme des sanctions *« qui, frappant les personnes physiques, emportent interdiction, déchéance, incapacité ou retrait d'un droit, injonction de soins ou obligation de faire, immobilisation ou confiscation d'un objet, fermeture d'un établissement ou affichage de la décision prononcée ou diffusion de celle-ci soit par la presse écrite, soit par tout moyen de communication au public par voie électronique ».*

Il n'existe **pas de liste limitative de ces peines complémentaires** dans le Code pénal. Le législateur a donc toute latitude pour créer ces peines au fur et à mesure de l'évolution de la délinquance et des nouveaux procédés de son traitement. Ces peines ont fréquemment la même nature que certaines peines de substitution : la suspension ou l'annulation du permis de conduire, par exemple, constitue à la fois une peine de substitution, privative ou restrictive de droit, et une peine complémentaire très souvent prévue par le législateur.

Par définition, ces peines complémentaires ont vocation à se cumuler avec les peines principales ou de substitution, le juge étant totalement libre de décider si une ou plusieurs peines s'ajouteront à la peine principale ou de substitution. Il n'est naturellement tenu que par les textes et il ne peut donc prononcer une peine complémentaire qui ne serait pas prévue pour l'infraction considérée, sans violer le principe de la légalité des peines.

Il convient cependant de préciser qu'**en matière correctionnelle, l'article 131-11 prévoit que lorsqu'un délit est puni de peines complémentaires, la juridiction peut ne prononcer que la ou les peines complémentaires, à titre de peine principale**. Autrement dit, le législateur complète le système des peines de substitution en permettant de substituer à une peine principale une peine complémentaire. La juridiction peut, lorsqu'elle utilise ce mécanisme, fixer la durée maximum de l'emprisonnement ou le montant maximum de l'amende dont le JAP pourra décider la mise à exécution en cas d'inobservation, par le condamné, des obligations découlant des peines prononcées.

§2 La nature des peines complémentaires

Les peines complémentaires peuvent consister en des atteintes au patrimoine, autres que l'amende, en des privations de droits, en des restrictions de liberté ou encore en des obligations de faire.

I. Les atteintes au patrimoine

Il s'agit principalement de la confiscation qui est très souvent prévue en toutes matières, soit comme peine complémentaire, soit comme peine de substitution pour les délits et les contraventions.

L'article 131-21 prévoit qu'elle encourue dans les cas prévus par la loi ou le règlement. Elle est également encourue de plein droit pour les crimes et pour les délits punis d'une peine d'emprisonnement d'une durée supérieure à un an, à l'exception des délits de presse.

La confiscation porte sur tous les biens meubles ou immeubles, quelle qu'en soit la nature, ayant servi à commettre l'infraction ou qui étaient destinés à la commettre, et dont le condamné est propriétaire ou, sous réserve des droits du propriétaire de bonne foi, dont il a la libre disposition.

Elle porte également sur tous **les biens qui sont l'objet ou le produit direct ou indirect de l'infraction**, à l'exception des biens susceptibles de restitution à la victime. La confiscation peut en outre porter sur tout bien meuble ou immeuble défini par la loi ou le règlement qui réprime l'infraction.

S'il s'agit d'un crime ou d'un délit puni d'au moins 5 ans d'emprisonnement et ayant procuré un profit direct ou indirect, la confiscation porte également sur les biens meubles ou immeubles appartenant au condamné lorsque celui-ci, mis en mesure de s'expliquer sur les biens dont la confiscation est envisagée, n'a pu en justifier l'origine.

Lorsque la loi qui réprime le crime ou le délit le prévoit, la confiscation peut aussi porter sur tout ou partie des biens appartenant au condamné, quelle qu'en soit la nature. Elle s'applique dans les mêmes conditions à tous les droits incorporels, quelle qu'en soit la nature, divis ou indivis.

Enfin, **la confiscation est obligatoire pour les objets qualifiés de dangereux ou nuisibles par la loi ou le règlemen**t, ou dont la détention est illicite, que ces biens soient ou non la propriété du condamné.

Le Code pénal permet également la confiscation d'un animal qui a été utilisé pour commettre ou tenter de commettre l'infraction, à l'encontre duquel l'infraction a été commise ou encore dont le condamné est propriétaire ou dont il a la libre disposition, si l'animal était susceptible d'être utilisé pour commettre l'infraction ou si l'infraction aurait pu être commise à son encontre *(C. pén., art. 131-21-1)*. La juridiction qui prononce la confiscation de l'animal doit prévoir sa remise à une fondation ou à une association de protection animale reconnue d'utilité publique ou déclarée, qui pourra librement en disposer.

II. Les privations de droits

Il peut s'agir de **la privation des droits civiques, civils et de famille**.

> (C. pén., art. 131-26)
> Aux termes de l'article 131-26, « *l'interdiction des droits civiques, civils et de famille porte sur :*
> *1° le droit de vote ;*
> *2° l'éligibilité ;*
> *3° le droit d'exercer une fonction juridictionnelle ou d'être expert devant une juridiction, de représenter ou d'assister une partie devant la justice ;*
> *4° le droit de témoigner en justice autrement que pour y faire de simples déclarations ;*
> *5° le droit d'être tuteur ou curateur (...)* »

Le texte précise également que cette peine complémentaire en matière criminelle et correctionnelle, ne peut excéder une durée de 10 ans pour les crimes et de 5 ans pour les délits. La juridiction peut prononcer l'interdiction de tout ou partie de ces droits et l'interdiction du droit de vote ou l'inéligibilité emportent l'interdiction d'exercer une fonction publique.

Cette peine ne peut être prononcée à l'encontre des mineurs pour lesquels elle n'aurait guère d'intérêt (*Ord. n° 45-174, 2 févr. 1945, art. 20-4 ; CJPM, art. L. 121-1)*.

On notera encore que la peine d'inéligibilité est traitée spécialement par les articles 131-26-1 et 131-26-2 du Code pénal et qu'elle est, en principe, obligatoirement prononcée en cas de condamnation aux infractions qu'énumère le second de ces textes (violences volontaires, discriminations, escroquerie, abus de confiance, atteintes à la probité etc.).

Le juge répressif peut aussi prononcer à titre de peine complémentaire la privation de nombreux autres droits. On en citera quelques-uns parmi les plus significatifs.

L'interdiction d'exercer une activité professionnelle ou sociale, peine de substitution en matière correctionnelle ou peine complémentaire en matière de crime ou de délit, est applicable seulement aux majeurs *(Ord. n° 45-174, 2 févr. 1945, art. 20-4 ; CJPM, art. L. 121-1)*. Si elle est prononcée comme peine complémentaire, l'article 131-27 précise qu'elle peut être soit définitive, soit temporaire et dans ce dernier cas elle ne peut excéder 5 ans. L'interdiction doit avoir un rapport avec l'infraction commise. En effet, l'article 131-28 indique qu'elle peut porter sur l'activité dans l'exercice de laquelle ou à l'occasion de laquelle l'infraction a été commise, soit sur toute activité définie par la loi qui réprime l'infraction. En réalité cette limitation du pouvoir du juge n'est qu'apparente parce que cette peine est prévue pour des infractions qui ne précisent nullement la nature des activités, comme par exemple pour l'ensemble des infractions portant atteinte à l'intégrité physique ou psychique de la personne (violences, viol, proxénétisme etc.).

L'article 131-27 prévoit également **une interdiction d'exercer une profession commerciale ou industrielle, de diriger, administrer gérer ou contrôler une entreprise commerciale ou industrielle ou une société**. Elle est soit définitive, soit temporaire, pour une durée de 10 ans au maximum dans cette dernière hypothèse.

Les peines relatives au droit de conduire sont fort prisées du législateur moderne. On trouve à la fois la **suspension du permis de conduire et son annulation** ainsi que l'interdiction de conduire certains véhicules. Ces sanctions sont soit des peines de substitution en matière correctionnelle ou contraventionnelle, soit des peines complémentaires en toutes matières. On peut ajouter qu'une forme de sanction s'ajoute à ces peines prononcées par le juge, qui résulte de la perte des points du permis de conduire, pouvant aboutir à l'annulation de celui-ci. Cependant, la particularité réside dans le fait que la perte des points n'est pas décidée par le juge mais elle se fait de plein droit.

III. Les restrictions de liberté

Les peines qui restreignent la liberté d'aller et venir consistent à interdire au condamné de se rendre dans certains endroits ou sur le l'ensemble du territoire, lorsqu'il s'agit d'un étranger.
Dans le premier cas, il s'agit de l'interdiction de séjour et dans le second, de l'interdiction du territoire français.

A L'interdiction de séjour

C'est une peine complémentaire prévue en matière criminelle et correctionnelle pour de nombreuses infractions (meurtre, violences, agressions sexuelles, trafic de stupéfiants etc.). Elle consiste à empêcher le condamné de paraître dans certains lieux définis par la juridiction *(C. pén., art. 131-31)*. Ces lieux peuvent être ceux de la commission de l'infraction dans lesquels le condamné pourrait rencontrer ses victimes, ou des lieux où il pourrait entretenir de mauvaises fréquentations. La durée de cette peine ne peut excéder 5 ans en matière délictuelle et 10 ans en matière criminelle, selon la décision des juges. Elle ne peut pas être prononcée à l'encontre des mineurs *(Ord. n° 45-174, 2 févr. 1945, art. 20-4 ; CJPM, art. L. 121-1)* et elle cesse de s'appliquer automatiquement lorsque le condamné atteint l'âge de 65 ans *(C. pén., art. 131-32)*.

B L'interdiction du territoire

Cette peine n'est applicable qu'aux criminels ou délinquants étrangers. Selon l'article 131-30, **elle entraîne de plein droit la reconduite à la frontière du condamné**, le cas échéant à l'expiration de la peine privative de liberté qui a pu être prononcée. Sa durée peut être limitée, et, dans ce cas, elle ne peut dépasser 10 ans ou elle peut être encourue à titre définitif. Cette peine ne peut être appliquée aux mineurs *(Ord. n° 45-174, 2 févr. 1945, art. 20-4 ; CJPM, art. L. 121-1)*.

La loi n° 2003-1119 du 26 novembre 2003 relative à la maîtrise de l'immigration a modifié les règles applicables en la matière afin de réduire l'effet dit de la « double peine », consistant pour les étrangers à subir une reconduite à la frontière après avoir purgé une peine d'emprisonnement.

L'article 131-30-1 prévoit que **la juridiction qui prononce cette peine, en matière correctionnelle, doit la motiver spécialement au regard de la gravité de l'infraction et de la situation de l'étranger**. Il s'agit par exemple de la situation où l'étranger condamné, non polygame, père ou mère d'un enfant français mineur résidant en France, démontre qu'il contribue à l'entretien et à l'éducation de l'enfant depuis la naissance de celui-ci ou depuis au moins un an. Le législateur souhaite donc éviter dans la mesure du possible cette sanction en pareil cas, parce qu'elle porterait préjudice à d'autres que le condamné lui-même.

L'article 131-30-2 va plus loin en **excluant le prononcé de l'interdiction du territoire dans 5 cas**, comme celui où l'étranger réside régulièrement en France depuis plus de 20 ans. Cependant, la peine peut être prononcée, même dans ces cas, si l'infraction pour laquelle l'étranger a été condamné a pour victime le conjoint ou les enfants ou s'il s'agit de faits de terrorisme notamment.

D Les obligations de faire

Outre le travail d'intérêt général, qui est parfois une peine complémentaire en matière délictuelle, le suivi socio-judiciaire illustre la peine consistant à imposer au condamné des obligations de faire. Il est défini par l'article 131-36-1 comme **l'obligation pour le condamné de se soumettre**, sous le contrôle du JAP, **pendant une durée déterminée par la juridiction de jugement, à des mesures de surveillance et d'assistance destinées à prévenir la récidive.** Cette mesure est applicable aux mineurs, dans le silence de l'ordonnance de 1945, le CJPM étant plus explicite sur ce point *(CJPM, art. L. 122-3)* ne peut excéder 10 ans en matière correctionnelle et 20 ans pour les crimes punis de 15 ans ou 20 ans de réclusion criminelle. Cependant, en matière correctionnelle, elle peut aussi être portée à 20 ans par décision spécialement motivée. Lorsqu'il s'agit d'un crime puni de 30 ans de réclusion, cette durée est de 30 ans et lorsqu'il s'agit d'un crime puni de la réclusion à perpétuité, la cour d'assises peut décider que le suivi socio-judiciaire s'appliquera sans limite de durée, sous réserve de la possibilité pour le tribunal de l'application des peines d'y mettre fin après une durée de 30 ans.

Le point de départ du délai se situe à la fin de l'incarcération du condamné *(C. pén., art. 131-36-5)*. Le fait de ne pas se soumettre aux obligations du suivi socio-judiciaire entraîne une privation de liberté pour une durée de 3 ans, lorsque la mesure est prononcée pour un délit ou de 7 ans lorsqu'elle est prononcée par un crime. Il faut noter que la durée de cet emprisonnement doit être fixée par la juridiction qui condamne le criminel ou le délinquant pour l'infraction sexuelle, même si c'est le JAP qui pourra décider de sa mise à exécution *(C. pén., art. 131-36-1)*.

Les obligations incluses dans la mesure sont celles prévues pour un sursis probatoire *(C. pén., art. 131-36-2)*. En outre, l'article 131-36-4 prévoit une **injonction de soins à l'encontre du condamné, sauf décision contraire de la juridiction**, dès lors qu'il est établi que la personne est susceptible de faire l'objet d'un traitement, après une expertise médicale ordonnée conformément aux dispositions du CPP. Si ce traitement

s'avère possible, le président de la juridiction doit avertir le condamné que les soins ne peuvent lui être imposés, mais que s'il les refuse, il encourt la peine d'emprisonnement évoquée précédemment.
Il est également **possible d'intégrer au suivi socio-judiciaire le placement sous surveillance électronique mobile**, qui consiste, pour le condamné, dans l'obligation de porter pour une durée de deux ans, renouvelable une fois en matière délictuelle et deux fois en matière criminelle, un émetteur permettant à tout moment de déterminer à distance sa localisation sur l'ensemble du territoire national *(C. pén., art. 131-36-12)*. Une telle mesure requiert le consentement du condamné mais, à défaut ou si l'intéressé ne respecte les obligations du suivi-socio-judiciaire, l'emprisonnement prononcé en vertu de l'article 131-36-1 pourra être mis à exécution.

Ce placement sous surveillance électronique mobile n'est applicable qu'aux personnes majeures condamnées à une peine d'une durée minimale de 7 ans d'emprisonnement ou, lorsque la personne a été condamnée pour un crime ou un délit commis une nouvelle fois en état de récidive légale, d'une durée égale ou supérieure à 5 ans et dont une expertise médicale a constaté la dangerosité, son but étant de prévenir la récidive *(C. pén., art. 131-36-10)*. Cependant, il peut être imposé à un majeur condamné à 2 ans d'emprisonnement pour des violences ou menaces punies d'au moins 5 ans, si ces actes ont été commis contre l'autre membre du couple ou les enfants du condamné ou de l'autre membre du couple *(C. pén., art. 131-36-12-1)*. Il est prononcé par une décision spécialement motivée ou, en cour d'assises, avec une majorité qualifiée.

⏭ POUR ALLER PLUS LOIN...

– E. CAMOUS, La confiscation en valeur. Une peine en devenir, Dr. pén. 2017, dossier, 5

– A. DADOUN, L'intensité variable de la proportionnalité de la peine de confiscation, Dr. pén. 2017, dossier, 6

– M. HERZOG-EVANS, Récidive : surveiller et punir plus plutôt que prévenir et guérir, AJ pénal 2005, p. 305

– S. LIENARD, La surveillance électronique mobile : la réponse à la récidive ? RPDP 2008, p. 509

Fiche n° 32 Les peines contraventionnelles

L'ESSENTIEL

La seule peine contraventionnelle de référence est l'amende dont l'échelle est prévue par le législateur qui divise les contraventions en 5 classes en fonction de leur gravité. Il existe parfois également des peines de substitution et des peines complémentaires.

LES CONNAISSANCES

Les peines encourues pour les contraventions sont les moins sévères, l'emprisonnement ayant été supprimé, quelques mois avant l'entrée en vigueur du Code pénal. Par conséquent, la seule peine principale applicable est la peine d'amende. Il existe ensuite, comme pour les délits, des peines de substitution et des peines complémentaires. La liste de ces peines figure à l'article 131-12.

§1 L'amende, peine principale

La peine d'amende est l'unique peine principale applicable en matière de contraventions. Par conséquent, toute contravention est nécessairement punie, à titre principal, d'une amende qui ne peut pas excéder 3 000 €. Le Code pénal prévoit une échelle des peines d'amende, en fonction de la classe de la contravention. L'article 131-13 dispose que le montant de l'amende est de :

- 38 € au plus pour les contraventions de la 1re classe
- 150 € au plus pour les contraventions de la 2e classe
- 450 € au plus pour les contraventions de la 3e classe
- 750 € au plus pour les contraventions de la 4e classe
- 1 500 € au plus pour les contraventions de la 5e classe

S'agissant des contraventions de la 5e classe, le Code pénal indique que le montant peut être porté à 3 000 € en cas de récidive si le règlement le prévoit, en dehors des cas où la loi prévoit que la récidive de la contravention constitue un délit. Tel est le cas, par exemple, du recours à la prostitution, qui est une contravention de la 5e classe, selon l'article 611-1 du Code pénal mais qui devient un délit en cas de récidive selon l'article 225-12-1.

Le pouvoir réglementaire est donc tenu de respecter ces montants, en ce sens qu'il n'a pas la possibilité de les dépasser puisqu'il ne peut que choisir la classe de la contravention qu'il crée.

Il faut noter ici que, pour certaines contraventions des 4 premières classes, s'applique une procédure spéciale appelée « amende forfaitaire », qui consiste à demander le paiement immédiat d'une amende au contrevenant, qui reconnaît ainsi sa culpabilité et éteint l'action publique s'il paie. Or, les montants prévus dans ce cadre sont différents de ceux prévus par le Code pénal *(V. CPP, art. R. 49)*.

§2 Les peines de substitution

L'article 131-14 dispose que **pour toutes les contraventions de la 5e classe**, une ou plusieurs peines privatives ou restrictives de droits peuvent être prononcées :
- la suspension, pour une durée d'un an au plus, du permis de conduire
- l'immobilisation pour une durée de 6 mois au plus, d'un ou plusieurs véhicules appartenant au condamné
- la confiscation d'une ou plusieurs armes
- le retrait du permis de chasser, avec interdiction de solliciter un nouveau permis pendant un an au plus
- l'interdiction, pour une durée d'un an au plus, d'émettre des chèques et d'utiliser des cartes de paiement
- la confiscation de la chose qui a servi ou était destinée à commettre l'infraction ou de la chose qui en est le produit.

Ces peines restrictives ou privatives de droit sont **des peines de substitution à l'amende** puisque l'article 131-15 indique qu'elles ne peuvent se cumuler avec l'amende contraventionnelle. En revanche, elles peuvent se cumuler entre elles.

En outre, l'article 131-15-1 prévoit que, pour les contraventions de la 5e classe, la juridiction peut prononcer à la place ou en même temps que l'amende, la peine de sanction réparation. Celle-ci est donc à la fois une peine de substitution à l'amende et une peine complémentaire.

§3 Les peines complémentaires

Les articles 131-16 et 131-17 prévoient également des peines complémentaires en matière contraventionnelle. Cependant, d'une part, la liste de ces peines est ici fixée limitativement, ce qui est logique puisque c'est le pouvoir réglementaire qui doit choisir dans cette liste les peines applicables lorsqu'il crée une nouvelle contravention. D'autre part le Code pénal distingue selon la gravité des contraventions.

L'article 131-16 énumère les **peines complémentaires applicables pour toutes les contraventions, y compris celles de 5e classe**. Il s'agit de :
- la suspension pour une durée de 3 ans au plus du permis de conduire ;
- l'interdiction de détenir ou de porter, pour une durée de 3 ans au plus, une arme soumise à autorisation ;
- la confiscation d'une ou plusieurs armes ;
- le retrait du permis de chasser, avec interdiction de solliciter la délivrance d'un nouveau permis pendant 3 ans au plus ;
- la confiscation de la chose qui a servi ou était destinée à commettre l'infraction ou de la chose qui en est le produit ;
- l'interdiction de conduire certains véhicules, pour une durée de 3 ans au plus ;
- les peines de stage prévues à l'article 131-5-1 ;
- la confiscation de l'animal utilisé pour commettre l'infraction ou à l'encontre duquel l'infraction a été commise ;
- l'interdiction, pour une durée de 3 ans au plus, de détenir un animal ;
- le retrait pour une durée d'un an au plus des titres de conduite en mer des navires de plaisance à moteur et, à l'encontre de toute personne embarquée sur un navire étranger, l'interdiction pour un an au plus de pratiquer la navigation dans les eaux territoriales ou les eaux intérieures maritimes françaises.

L'article 131-17 complète cette liste pour les contraventions de la 5e classe uniquement. Deux peines complémentaires s'ajoutent, à savoir l'interdiction pour une durée de 3 ans au plus, d'émettre des chèques et le TIG pour une durée de 20 à 120 heures.

Il faut encore noter que l'article 131-18 prévoit que **les peines complémentaires encourues pour une contravention peuvent être prononcées également à titre de peine principale**. Il s'agit donc d'une extension du système prévu en matière délictuelle, par l'article 131-11.

TABLEAU SIMPLIFIÉ DES PEINES ENCOURUES PAR LES PERSONNES PHYSIQUES

	Crimes	Délits	Contraventions
Peines principales	- réclusion ou détention criminelle à temps ou à perpétuité - amende	- emprisonnement de deux mois à 10 ans - amende supérieure à 3 750 € - TIG	- amende de 38 € à 1 500 €
Peines complémentaires	- peines prévues par l'article 131-10	- peines prévues par l'article 131-10	- peines prévues par l'article 131-16 - peines prévues par l'article 131-17 (contraventions de 5e classe uniquement)
Peines de substitution	Néant	- TIG - détention à domicile sous surveillance électronique - jours-amende - peines de stage - peines privatives ou restrictives de droit - sanction-réparation	- peines privatives et restrictives de droits prévues par l'article 131-14 - sanction-réparation pour les contraventions de 5e classe uniquement

⏭ POUR ALLER PLUS LOIN...

– J.-H. ROBERT, Pour une restauration de la contravention de police *in* Mélanges Pradel, Cujas, 2006, p. 161

SOUS-TITRE 2
LES PEINES APPLICABLES AUX PERSONNES MORALES

L'institution de la responsabilité pénale des personnes morales a contraint le législateur à innover tant il est évident que la peine privative de liberté, très prisée pour les personnes physiques, s'avère inconcevable pour les êtres moraux.

Il convient d'étudier les peines criminelles et correctionnelles, qui ne sont pas distinguées dans le Code pénal, puis les peines contraventionnelles encourues par les personnes morales.

Fiche n° 33 Les peines criminelles et correctionnelles

⏭ L'ESSENTIEL

Les peines encourues par les personnes morales en matière criminelle et délictuelle sont, d'une part, l'amende et, d'autre part, des peines spécifiques que les textes peuvent prévoir en complément de l'amende. Il s'agit, par exemple, de la dissolution ou de l'interdiction d'exercer une profession. Une difficulté particulière se pose lorsqu'aucun texte ne prévoit de peines pour les personnes morales.

⏭ LES CONNAISSANCES

L'article 131-37 du Code pénal dispose que les peines criminelles ou correctionnelles encourues par les personnes morales sont l'amende et, dans les cas prévus par la loi, les peines énumérées aux articles 131-39 et 131-39-2. En matière correctionnelle, la sanction-réparation prévue par l'article 131-39-1 est également encourue.

Il faut donc comprendre qu'**en principe, les personnes morales peuvent toujours être punies d'une amende, qui apparaît comme la peine de référence**, mais que le législateur peut, dans un texte particulier, prévoir que telle infraction sera punie d'une ou plusieurs autres des peines énumérées par le texte.

L'amende apparaît donc comme la peine principale pour les crimes et les délits reprochés aux personnes morales. Le législateur prévoit cependant d'autres sanctions susceptibles d'être encourues.

§1 L'amende

L'amende est, en théorie, systématiquement prévue pour tous les crimes et délits pour lesquels des personnes morales peuvent engager leur responsabilité. L'article 131-38 indique quel est **le taux de l'amende applicable aux personnes morales**. Le législateur a simplement prévu que **ce taux serait égal à celui de l'amende encourue par les personnes physiques, multiplié par 5**. Par conséquent, l'amende pour les personnes morales n'est jamais prévue de manière spécifique, puisqu'il suffit de pratiquer l'opération décrite pour connaître le montant maximum applicable. Ce procédé veut tenir compte du fait que les personnes morales sont censées avoir des capacités financières beaucoup plus importantes que les personnes physiques. En pratique, les montants peuvent donc être très élevés, comme en matière de trafic de stupéfiants, où les personnes morales encourent une amende de 37 500 000 €. Cependant, ces montants sont les *maxima* que le juge ne peut dépasser, ce qui veut dire qu'il peut naturellement prononcer des amendes d'un montant inférieur.

On a vu que le législateur a supprimé, à compter du 31 décembre 2005, le principe de spécialité. Par conséquent, la plupart des infractions pénales peuvent désormais être imputées aux personnes morales, ce qui pose problème pour la détermination des peines applicables, faute de texte particulier.

En effet, lorsque la responsabilité des personnes morales est spécialement prévue, les textes précisent quelles peines pouvaient être infligées à celles-ci. Aujourd'hui, il existe toujours des textes particuliers énonçant les peines applicables, pour les infractions qui pouvaient déjà être reprochées aux personnes morales en vertu du principe de spécialité, avant la réforme. Mais pour les autres infractions, il n'y a pas de texte. Or, il est bien évident que l'on ne peut infliger à la personne morale la même peine qu'à la personne physique. De plus, la plupart des crimes prévus dans le Code pénal encourent seulement la peine de réclusion criminelle, inapplicable à une personne morale. Le législateur a donc ajouté un alinéa à l'article 131-38, qui énonce déjà que **le taux maximum de l'amende applicable aux personnes morales est égal au quintuple de celui prévu pour les personnes physiques par la loi qui réprime l'infraction.** Ce nouvel alinéa dispose que **lorsqu'il s'agit d'un crime pour lequel aucune peine d'amende n'est prévue à l'encontre des personnes physiques, l'amende encourue par les personnes morales est de 1 000 000 €.**

Ce dispositif permet donc de déterminer une peine applicable pour toute infraction imputée à une personne morale. Mais il apparaît **critiquable** puisque certaines infractions dont les personnes morales peuvent être rendues responsables encourent plusieurs peines différentes alors que d'autres, celles pour lesquelles il n'existe pas de texte particulier, ne peuvent être punies que d'une peine d'amende. On peut penser qu'il y a là une **atteinte par le législateur au principe constitutionnel d'individualisation de la sanction par le juge pénal**. Ce dernier aura le choix de la nature de la peine dans certains cas et pas dans d'autres.

De surcroît, cette règle, applicable de manière générale, se heurte au fait que certains délits ne sont pas punis d'une amende, ce qui a pour conséquence que, si on les reproche à une personne morale, aucune peine ne sera applicable (sauf s'il existe un texte spécial prévoyant d'autres peines que l'amende). C'est le cas, par exemple, des articles 224-3 et 224-4 du Code pénal qui répriment des cas particuliers de séquestration et qui prévoient seulement des peines d'emprisonnement. **Aucun texte ne prévoyant de peines applicables aux personnes morales pour ces**

infractions, il est impossible de déterminer une peine applicable à une personne morale qui en serait déclarée coupable, ce qui est une grave lacune.

Pour les crimes, soit une peine d'amende est prévue et on applique le même système, soit, et c'est le cas le plus fréquent, aucune peine d'amende n'est prévue et la peine applicable aux personnes morales sera de 1 000 000 €. Ce **système est très contestable car presque tous les crimes encourent cette même peine sans distinction de gravité.** Ainsi, en présence d'une circonstance aggravante, la peine encourue pour une personne physique est toujours plus élevée mais cela ne s'applique pas aux personnes morales.

En outre, la peine pour un crime, dans le cas où aucune amende n'est prévue, est toujours de 1 000 000 € alors que, pour les délits, le principe est de multiplier par 5 l'amende encourue pour la personne physique**. Ce système aboutit à ce que des délits soient punis plus sévèrement que des crimes** lorsqu'ils sont imputés à des personnes morales. C'est le cas de l'escroquerie dont la peine d'amende pour les personnes morales est de 1 875 000 (5 fois 375 000 €) alors que l'enlèvement ou la séquestration (sans libération avant le 7e jour, *C. pén., art. 224-1*) ou le détournement d'aéronef ou de navire *(C. pén., art. 224-6)* ne sont punis que de 1 000 000 € d'amende. **Cette solution est gravement incohérente**. En, conclusion, une réforme est indispensable pour établir une véritable échelle des peines criminelles notamment, pour les personnes morales.

§2 La dissolution

L'article 131-39 énumère les autres peines que le législateur peut prévoir pour les personnes morales. On y trouve d'abord la dissolution.

D'une certaine manière, la peine de dissolution s'apparente à la peine de mort des personnes morales. En réalité, cette peine n'est prévue que pour les infractions les plus graves, compte tenu de la portée qu'elle est susceptible d'avoir sur les tiers, comme les salariés de la personne morale, *a priori* totalement étrangers à l'infraction commise par celle-ci. Il faut noter également que cette peine est **exclue pour les personnes morales de droit public, les partis politiques et groupements politiques, les syndicats et les institutions représentatives du personnel** *(C. pén., art. 131-39, al. 3)*.

Le Code pénal prévoit **qu'elle ne peut être décidée que si la personne morale a été créée pour commettre l'infraction ou, s'il s'agit d'un crime ou d'un délit puni pour les personnes physiques d'une peine d'emprisonnement supérieure ou égale à 3 ans, si la personne morale a été détournée de son objet pour commettre les faits incriminés**. Il faut déduire de ce texte que pour les délits les moins graves, punis de moins de 3 ans d'emprisonnement, la personne morale ne peut être dissoute que si l'on peut démontrer qu'elle a été créée dans le seul but de commettre les infractions.

Jurisprudence

En pratique, cette peine est très rarement prononcée. On peut citer un exemple en matière de blanchiment du produit d'un trafic de stupéfiants, dans le cas d'une société ayant été détournée de son objet pour permettre de blanchir une somme d'argent *(Cass. crim., 16 déc. 2015, n° 14-85.667)*.

L'article 131-45 du Code pénal indique que la décision qui prononce la dissolution comporte le renvoi de la personne morale devant le tribunal compétent pour procéder à sa liquidation.

§3 Les autres peines

L'article 131-39 énumère, outre la dissolution, d'autres peines applicables aux personnes morales. Il s'agit de :
- l'interdiction, à titre définitif ou pour une durée de 5 ans au plus, d'exercer directement ou indirectement une ou plusieurs activités professionnelles ou sociales ;
- le placement, pour une durée de 5 ans au plus, sous surveillance judiciaire ;
- la fermeture définitive ou pour une durée de 5 ans au plus des établissements ou de l'un des établissements de l'entreprise ayant servi à commettre les faits ;
- l'exclusion des marchés publics à titre définitif ou pour une durée de 5 ans au plus ;
- l'interdiction, à titre définitif ou pour une durée de 5 ans au plus, de procéder à une offre au public de titres financiers ou de faire admettre ses titres financiers aux négociations sur un marché réglementé ;
- l'interdiction, pour une durée de 5 ans au plus, d'émettre des chèques ou d'utiliser des cartes de paiement ;
- la peine de confiscation, dans les conditions et selon les modalités prévues à l'article 131-21 ;
- l'affichage de la décision de condamnation ou la diffusion de celle-ci, par la presse écrite ou par un moyen de communication au public par voie électronique ;
- la confiscation de l'animal ayant été utilisé pour commettre l'infraction ou à l'encontre duquel l'infraction a été commise ;
- l'interdiction, à titre définitif ou pour une durée de 5 ans au plus, de détenir un animal ;
- l'interdiction, pour une durée de 5 ans au plus de percevoir toute aide publique attribuée par l'État, les collectivités territoriales, leurs établissements ou leurs groupements ainsi que toute aide financière versée par une personne privée chargée d'une mission de service public.

Certaines de ces peines sont applicables également aux personnes physiques alors que d'autres sont spécifiques. Par ailleurs, il faut noter que la liste n'est pas exhaustive. Le législateur a parfois créé d'autres peines pour des infractions particulières. Par exemple, en matière de proxénétisme, l'article 225-22 prévoit la peine de retrait définitif de la licence de débit de boissons ou de restaurant et l'article 225-24, le remboursement des frais de rapatriement de la victime.

La **peine de surveillance judiciaire** est originale, n'existant pas pour les personnes physiques. Cette sanction peut être comparée au sursis probatoire applicable aux personnes physiques puisque son objectif est essentiellement de prévenir la récidive. Cette peine est très souvent prévue par le Code pénal pour les personnes morales. Cependant elle ne peut être appliquée à toutes les personnes morales. Elle **est exclue pour les personnes morales de droit public, les partis politiques et les syndicats.**

Elle consiste en la désignation d'un mandataire de justice qui sera chargé d'une mission déterminée par la juridiction de jugement, cette mission ne pouvant, selon les textes, porter que sur l'activité dans l'exercice ou à l'occasion de l'exercice de laquelle l'infraction a été commise *(C. pén., art. 131-46)*. Le mandataire doit faire un rapport au JAP tous les 6 mois. Ce dernier peut alors saisir la juridiction qui a prononcé le placement sous surveillance judiciaire qui soit y mettra fin, soit prononcera une peine, c'est-à-dire une sanction qui aurait pu être prononcée pour l'infraction initialement.

S'agissant de la confiscation, il faut noter que le législateur précise que *« la peine complémentaire de confiscation est également encourue de plein droit pour les crimes et pour les délits punis d'une peine d'emprisonnement d'une durée supérieure à un an, à l'exception des délits de presse »*. **Cela signifie que la peine de confiscation est très souvent prévue pour les personnes morales même en l'absence de texte particulier.**

La sanction-réparation est également toujours encourue en matière correctionnelle seulement. L'article 131-39-1 prévoit que, dans ce domaine, la juridiction peut prononcer à la place ou en même temps que l'amende encourue par la personne morale la peine de sanction-réparation. Dans ce cas, la juridiction fixe le montant maximum de l'amende, qui ne peut excéder ni 75 000 € ni l'amende encourue par la personne morale pour le délit considéré, dont le JAP pourra ordonner la mise à exécution si le condamné ne respecte pas l'obligation de réparation.

Il faut ajouter que **la loi [n° 2016-1691] du 9 décembre 2016 a créé une nouvelle peine applicable aux personnes morales mais seulement pour certaines infractions**. Elle est prévue par l'article 131-39-2. Il s'agit de **l'obligation de se soumettre**, sous le contrôle de l'Agence française anticorruption, pour une durée maximale de 5 ans**,**

à un programme de mise en conformité destiné à s'assurer de l'existence et de la mise en œuvre en son sein des mesures et procédures suivantes :

1° un Code de conduite définissant et illustrant les différents types de comportements à proscrire comme étant susceptibles de caractériser des faits de corruption ou de trafic d'influence ;

2° un dispositif d'alerte interne destiné à permettre le recueil des signalements émanant d'employés et relatifs à l'existence de conduites ou de situations contraires au Code de conduite de la personne morale ;

3° une cartographie des risques prenant la forme d'une documentation régulièrement actualisée et destinée à identifier, analyser et hiérarchiser les risques d'exposition de la personne morale à des sollicitations externes aux fins de corruption, en fonction notamment des secteurs d'activités et des zones géographiques dans lesquels la personne morale exerce son activité ;

4° des procédures d'évaluation de la situation des clients, fournisseurs de premier rang et intermédiaires au regard de la cartographie des risques ;

5° des procédures de contrôles comptables, internes ou externes, destinées à s'assurer que les livres, registres et comptes ne sont pas utilisés pour masquer des faits de corruption ou de trafic d'influence ;

6° un dispositif de formation destiné aux cadres et aux personnels les plus exposés aux risques de corruption et de trafic d'influence ;

7° un régime disciplinaire permettant de sanctionner les salariés de la personne morale en cas de violation du Code de conduite de la personne morale.

Cette peine est prévue, pour l'instant, pour la corruption active et le trafic d'influence *(C. pén., art. 433-1 et 433-2)*, **la corruption active de magistrats et personnes assimilées** *(C. pén., art. 434-9)* **ou encore celle de personnes privées** *(C. pén., art. 445-1 et s.)*.

TABLEAU SIMPLIFIÉ DES PEINES ENCOURUES PAR LES PERSONNES MORALES EN MATIÈRE CRIMINELLE ET DÉLICTUELLE

	Responsabilité spécialement prévue	Responsabilité non spécialement prévue
Peines de référence	- amende = 5 fois le montant applicable aux personnes physiques - confiscation si emprisonnement ≥ un an prévu pour les personnes physiques	- crimes : amende = 1 000 000 € - délits : amende = 5 fois le montant applicable aux personnes physiques - confiscation si emprisonnement ≥ un an prévu pour les personnes physiques
Autres peines susceptibles d'être prévues spécialement	- peines de l'article 131-39 - peine de mise en conformité pour certains délits	X
Peine de substitution et complémentaire	- sanction-réparation en matière délictuelle	- sanction-réparation en matière délictuelle

⏭ POUR ALLER PLUS LOIN...

- E. BREEN, La « peine de mise en conformité » dans le projet de loi Sapin II : l'habit est beau, mais il a été mis à l'envers ! JCP G 2016, 651
- J.-Y. MARÉCHAL, JCl. Pénal Code, Art. 131-37 à 131-49, fasc. 10
- J.-C. PLANQUE, Plaidoyer pour une suppression réfléchie de la spécialité de la responsabilité pénale des personnes morales, Petites affiches, 7 janv. 2004, p. 3

Fiche n° 34 Les peines contraventionnelles

⏭ L'ESSENTIEL

En matière contraventionnelle, le législateur reprend la distinction entre la peine principale qui est l'amende, des peines de substitution, qui sont des peines privatives ou restrictives de droits et des peines complémentaires.

⏭ LES CONNAISSANCES

Selon l'article 131-40 du Code pénal, les peines encourues par les personnes morales pour les contraventions sont l'amende, les peines privatives ou restrictives de droits prévues à l'article 131-42 et les peines complémentaires prévues par l'article 131-43. Il faut y ajouter la sanction-réparation pour les contraventions de 5e classe.

§1 L'amende

L'amende est, comme pour les personnes physiques, la seule peine principale applicable aux contraventions reprochées à des personnes morales. Le taux de l'amende est calculé de la même manière que pour les crimes et les délits : l'article 131-41 indique en effet que ce taux est égal au quintuple de celui applicable aux personnes physiques. Par conséquent, il est de :

- 190 € pour les contraventions de 1re classe ;
- 750 € pour celles de la 2e classe ;
- 2 250 € pour celles de la 3e classe ;
- 3 750 € pour celles de la 4e classe ;
- 7 500 € pour celles de la 5e classe.

§2 Les peines de substitution et les peines complémentaires

Le Code pénal a créé des **peines de substitution à l'amende** pour les personnes morales auteurs de **contraventions de la 5e classe.**

(C. pén., art. 131-42)
L'article 131-42 dispose que « *pour toutes les contraventions de la cinquième classe, la peine d'amende peut être remplacée par une ou plusieurs peines privatives ou restrictives de droit suivantes :*
*1° **l'interdiction**, pour une durée d'un an au plus, **d'émettre des chèques** autres que ceux qui permettent le retrait de fonds par le tireur auprès du tiré ou ceux qui sont certifiés ou d'utiliser des cartes de paiement ;*
*2° **la confiscation de la chose** qui a servi ou était destiné à commettre l'infraction ou de la chose qui en est le produit* ».

L'article 131-43 prévoit la possibilité pour l'auteur du règlement de sanctionner la contravention de **peines complémentaires** qui sont la confiscation de la chose ayant servi ou destinée à commettre l'infraction ou qui en est le produit, la confiscation de l'animal utilisé pour commettre l'infraction ou à l'encontre duquel elle a été commise ou l'interdiction, pour 3 ans maximum, de détenir un animal, et ce quelle que soit la classe de la contravention. Il peut également, pour les contraventions de 5e classe seulement, prévoir la peine d'interdiction d'émettre des chèques pour une durée de 3 ans au plus.

L'article 131-44 complète le dispositif en permettant au juge de prononcer l'une de ces peines complémentaires à titre de peine principale, c'est-à-dire ici, à la place de l'amende.

Enfin, pour les **contraventions de la 5e classe**, la juridiction peut prononcer à la place ou en même temps que l'amende encourue par la personne morale la peine de **sanction-réparation** *(C. pén., art. 131-44-1)*. Dans ce cas, elle fixe le montant maximum de l'amende, qui ne peut excéder 7 500 €, dont le JAP pourra ordonner la mise à exécution si le condamné ne respecte pas l'obligation de réparation.

TABLEAU SIMPLIFIÉ DES PEINES ENCOURUES PAR LES PERSONNES MORALES EN MATIÈRE CONTRAVENTIONNELLE

	Responsabilité spécialement prévue	Responsabilité non spécialement prévue
Peine principale	- amende = 5 fois le montant applicable aux personnes physiques	- amende = 5 fois le montant applicable aux personnes physiques
Peines complémentaires susceptibles d'être prévues par le texte	- confiscation si spécialement prévue par le règlement - confiscation et interdiction de détenir un animal si spécialement prévues par le règlement - interdiction d'émettre des chèques si spécialement prévue par le règlement pour les contraventions de 5e classe seulement	X
Peines de substitution	**Contraventions de 5e classe** - interdiction d'émettre des chèques ou d'utiliser des cartes paiement - confiscation - sanction-réparation	**Contraventions de 5e classe** - interdiction d'émettre des chèques ou d'utiliser des cartes paiement - confiscation - sanction-réparation

⏭ POUR ALLER PLUS LOIN...

– J.-Y. MARÉCHAL, JCl. Pénal Code, Art. 131-37 à 131-49, fasc. 20

TITRE 9
LE PRONONCÉ DES PEINES

Le système français confère à la juridiction pénale un pouvoir très important dans le choix de la sanction, puisque l'objectif recherché est la personnalisation de la peine. Ce libre choix de la peine subit néanmoins quelques limites, le juge devant parfois tenir compte de circonstances particulières relatives aux faits ou à leur commission.

La fonction essentielle de la peine n'est plus seulement répressive aujourd'hui. Il faut faire en sorte que le condamné tire un profit de la sanction, dans la mesure du possible, et pour cela le Code pénal prévoit que les sanctions qui lui sont infligées doivent être adaptées à sa personnalité et choisies en tenant compte des circonstances de l'infraction. C'est le principe de l'individualisation de la sanction qui suppose la faculté d'utiliser un certain nombre de techniques spécifiques.

SOUS-TITRE 1
LE PRINCIPE DE LA PERSONNALISATION DES PEINES

Il faut commencer par cerner ce que recouvre précisément ce principe avant d'en analyser les conséquences pour les juridictions pénales. On notera, à titre liminaire, que les termes individualisation et personnalisation sont synonymes. Le second a été, un temps, préféré par le législateur en raison de l'institution de la responsabilité pénale des personnes morales. Il semblait, en effet, inapproprié de parler d'« individualisation » pour ces dernières. Cependant, les textes comme la jurisprudence utilisent les deux termes de manière équivalente *(V. C. pén., art. 132-1 et art. 132-24).*

Fiche n° 35 La signification du principe

L'ESSENTIEL

La sanction pénale doit être personnalisée ou individualisée, selon l'article 132-1 du Code pénal, c'est-à-dire qu'elle doit être adaptée par le juge à la personnalité de l'auteur de l'infraction et aux circonstances de celle-ci. Celui-ci détermine donc librement la nature et le *quantum* de la peine, dans les limites fixées par les textes réprimant l'infraction, ceux-ci ne fixant que des *maxima*.

LES CONNAISSANCES

Le principe de l'individualisation de la sanction signifie en premier lieu que c'est la juridiction pénale qui a reconnu la culpabilité de l'auteur des faits qui choisit la ou les peines, dans leur nature et dans leur quantum.

§1 Le choix de la nature et du *quantum* des peines

(C. pén., art. 132-1)
L'article 132-1 énonce que ***« toute peine prononcée par la juridiction doit être individualisée.***
Dans les limites fixées par la loi, la juridiction détermine la nature, le quantum et le régime des peines prononcées en fonction des circonstances de l'infraction et de la personnalité de son auteur ainsi que de sa situation matérielle, familiale et sociale, conformément aux finalités et fonctions de la peine énoncées à l'article 130-1 ».

Ce dernier texte énonce qu'*« afin d'assurer la protection de la société, de prévenir la commission de nouvelles infractions et de restaurer l'équilibre social, dans le respect des intérêts de la victime, la peine a pour fonctions :*
1° de sanctionner l'auteur de l'infraction ;
2° de favoriser son amendement, son insertion ou sa réinsertion ».

L'article 132-1 consacre un principe qui était déjà admis sans être exprimé aussi clairement dans le Code pénal antérieur à 1994. **Ce principe, en outre, s'est vu conféré une valeur constitutionnelle,** ce qui empêche donc le législateur de lui porter atteinte, sous réserve de l'appréciation du Conseil constitutionnel *(Cons. const., 22 juill. 2005, n° 2005-520 DC, JO 27 juill. 2005).*

Il confère, en premier lieu, un **pouvoir souverain de la juridiction sur le choix des peines et du *quantum* de celles-ci** et, en second lieu, **il impose au juge de tenir compte d'un certain nombre de données, comme la personnalité de l'auteur ou les circonstances de commission des faits.** Les juges doivent motiver le choix de la peine en fonction de ces critères mais la Cour de cassation ne contrôle pas la réalité de l'adéquation de la peine puisqu'il s'agit d'une question de circonstances.

Concrètement, le juge peut donc choisir n'importe quelle peine dès lors qu'elle est prévue par la loi pour l'infraction considérée. L'article 132-17, alinéa 2, dispose que la juridiction peut ne prononcer que l'une des peines encourues pour l'infraction dont elle est saisie.

Jurisprudence

Jusqu'à des arrêts du 1er février 2017, il était admis que les juges n'avaient pas à justifier le choix des peines et de leur *quantum* c'est-à-dire qu'il s'agissait d'un pouvoir discrétionnaire. Depuis cette date *(Cass. crim., 1er févr. 2017, n° 15-85.199, n° 15-84.511 et n° 15-83.984)*, la chambre criminelle a modifié sa jurisprudence en affirmant **qu'en matière correctionnelle, toute peine doit être motivée au regard de la gravité des faits, de la personnalité de leur auteur et de sa situation personnelle.** Cela vaut pour la peine d'amende, qui doit être motivée au regard des circonstances de l'infraction, de la personnalité et de la situation personnelle de son auteur, en tenant compte de ses ressources et de ses charges *(V., par ex., Cass. crim., 15 mars 2017, n° 16-83.838 – Cass. crim., 30 janv. 2018, n° 16-87.072)* et pour les peines complémentaires *(V., par ex., Cass. crim., 1er févr. 2017, n° 15-85.199 – Cass. crim., 5 déc. 2018, n° 17-87.508 – Cass. crim., 7 nov. 2018, n° 17-86.188).*

Cette exigence de motivation s'applique également aux personnes morales *(Cass. crim., 9 janv. 2018, n° 17-80.200).*

En revanche, dans trois arrêts du 8 février 2017 *(Cass. crim., 8 févr. 2017, n° 16-80.391, n° 16-80.389 et 15-86.914)*, **la Cour de cassation avait affirmé qu'en matière criminelle, aucun texte ne prévoit de motivation des peines,** seule une motivation de la décision sur la culpabilité étant exigée par l'article 365-1 du CPP. Cependant, elle a renvoyé une question prioritaire de constitutionnalité portant sur ce point au **Conseil constitutionnel, qui a jugé, dans une décision du 2 mars 2018** *(Cons. const. 2 mars 2018, n° 2017-694 QPC, JO 3 mars 2018)*, que **l'article 365-1 était contraire au principe de l'individualisation de la sanction**. Le texte a été modifié par l'article 63 de la loi n° 2019-222 du 23 mars 2019 et prévoit, notamment, que **la motivation consiste dans l'énoncé des principaux éléments ayant convaincu la cour d'assises dans le choix de la peine**, au vu des éléments exposés au cours de la délibération. Le législateur ajoute cependant que la motivation des peines complémentaires obligatoires, de la peine de confiscation du produit ou de l'objet de l'infraction ou des obligations particulières du sursis probatoire n'est pas nécessaire.

Jurisprudence

Enfin, tirant les conséquences de la décision précitée du Conseil constitutionnel, **la** Cour de cassation a jugé, dans un arrêt du 30 mai 2018 *(Cass. crim., 30 mai 2018, n° 16-85.777)*, que la **juridiction qui prononce une peine d'amende contraventionnelle doit également motiver sa décision** au regard des mêmes critères qu'en matière délictuelle. Cependant, la chambre criminelle a ajouté, en se fondant sur le principe constitutionnel d'une bonne administration de la justice, que la nouvelle solution n'avait pas d'effet rétroactif et ne devait s'appliquer qu'aux décisions prononcées à compter de l'arrêt du 30 mai.

En résumé, **toutes les peines doivent désormais être motivées** y compris l'emprisonnement sans sursis *(V. Cass. crim., 9 janv. 2019, n° 18-81.720)* et la chambre criminelle a précisé *(Cass. crim., 27 juin 2018, n° 16-87.009)*, afin de guider les juges du fond dans cette tâche, qu'ils doivent se référer aux éléments qui résultent du dossier et à ceux qu'ils ont sollicités et recueillis lors des débats mais qu'il revient au prévenu, à la demande du juge ou d'initiative, d'exposer sa situation et de produire, éventuellement, des justificatifs de celle-ci. Enfin, lorsque le prévenu n'a pas comparu et n'a pas fourni ni fait fournir d'éléments sur sa situation, il n'incombe pas au juge d'en rechercher d'autres que ceux dont il dispose.

S'agissant de l'emprisonnement, le Code pénal se montre plus exigeant à l'égard des juges correctionnels. L'article 132-19, modifié par la loi du 23 mars 2019, prévoit en effet, dans son premier alinéa, que la juridiction peut prononcer une peine d'emprisonnement pour une durée inférieure à celle qui est encourue **sans pouvoir cependant condamner le délinquant à une peine d'emprisonnement ferme d'une durée inférieure ou égale à un mois**.

Le texte poursuit en énonçant que **toute peine d'emprisonnement ferme ne peut être prononcée qu'en dernier recours si la gravité de l'infraction et la personnalité de son auteur rendent cette peine indispensable et si toute autre sanction est manifestement inadéquate**. Dans ce cas, si la peine est inférieure ou égale à six mois, elle doit, sauf impossibilité résultant de la personnalité ou de la situation du condamné, faire l'objet d'une des mesures d'aménagement prévues à l'article 132-25 du Code pénal, c'est-à-dire la DDSE, la semi-liberté ou le placement à l'extérieur. Dans les autres cas prévus au même article 132-25, elle doit également être aménagée si la personnalité et la situation du condamné le permettent, et sauf impossibilité matérielle.

Enfin, le tribunal doit spécialement motiver sa décision, au regard des faits de l'espèce et de la personnalité de leur auteur ainsi que de sa situation matérielle, familiale et sociale conformément aux dispositions de l'article 464-2 du CPP.

On peut donc synthétiser ces règles de la manière suivante :

- **interdiction de tout emprisonnement ferme d'une durée inférieure à un mois** *(C. pén., 132-19, al. 1er)* ;
- **pour les peines inférieures ou égales à 6 mois : devoir d'aménager la peine** par le recours à une DDSE, une semi-liberté ou un placement à l'extérieur, sauf impossibilité *(C. pén., 132-25, al. 1er)* ;
- **pour les peines de 6 mois à un an : devoir d'envisager un aménagement** par le recours à une DDSE, une semi-liberté ou un placement à l'extérieur, **si la personnalité et la situation du condamné le permettent** *(C. pén., 132-25, al. 2)* ;
- **pour les peines supérieures à un an : aménagement exclu**, seuls le sursis ou le fractionnement de la peine étant possibles *(V. également* Fiche n° 39*)*.

§2 Le choix du mode d'exécution des peines

Le pouvoir du juge d'individualiser la sanction signifie également qu'il peut prévoir des modalités particulières pour l'exécution de celle-ci. Par exemple, il peut prononcer un emprisonnement ou une amende assortis du sursis simple *(C. pén., art. 132-29 et s.)* ou un emprisonnement avec sursis probatoire *(C. pén., art. 132-40 et s.)*. Il peut aussi prévoir le fractionnement de la peine d'amende et d'emprisonnement *(C. pén., art. 132-27 et s.)* ou décider que la peine d'emprisonnement qu'il prononce sera exécutée sous le régime de la semi-liberté, du placement à l'extérieur ou de la DDSE *(C. pén., art. 132-25 et s.)*. Le juge a même la possibilité de dispenser le coupable de toute peine *(C. pén., art. 132-59)*. Ces différents modes d'exécution des peines répondent à des conditions précises qui seront étudiées (V. Fiches n° 38 et 39), mais ils illustrent l'étendue du pouvoir du juge sur la sanction.

⏭ POUR ALLER PLUS LOIN…

- E. DREYER, La motivation des peines : quoi et comment ? JCP G 2018, 330
- J. FRINCHABOY, Le sens et l'efficacité des peines dans la loi de programmation 2018-2022 et de réforme pour la justice : AJ pénal 2019, p. 198
- J. LEBLOIS-HAPPE, JCl. Pénal Code, Art. 132-1, fasc. 20 et Art. 132-17 à 132-22, fasc. 20
- J. PRADEL et A. VARINARD, Les grands arrêts du droit pénal général, n° 50

Le point sur…
La motivation des peines

Fiche n° 36 Les conséquences et limites du principe

L'ESSENTIEL

En vertu du pouvoir d'individualisation de la sanction par le juge, aucune sanction pénale ne peut s'appliquer si le juge ne la prononce pas. Pourtant, certaines sanctions, appelées peines accessoires, qui devraient avoir disparu en application de cette règle, subsistent encore aujourd'hui.

Par ailleurs, le législateur impose parfois aux juridictions de prononcer des peines minimales ou leur interdit de prononcer certaines peines simultanément.

LES CONNAISSANCES

Le Code pénal donne à la juridiction pénale le pouvoir de décider quelles sanctions pénales seront appliquées au coupable. Ceci a pour conséquence importante qu'il ne peut y avoir, en principe, de sanctions pénales qui soient automatiques. De telles peines, qualifiées d'accessoires avant 1994, ont donc disparu, sauf exception.

Le législateur limite parfois le pouvoir des juges en leur imposant de respecter un minimum qu'il fixe ou en leur interdisant de cumuler certaines peines.

§1 La question des peines accessoires

I. Le principe de la disparition des peines accessoires

(C. pén., art. 132-17)
L'article 132-17, alinéa 1er énonce qu'« *aucune peine ne peut être appliquée si la juridiction ne l'a expressément prononcée* ».

Une telle affirmation peut apparaître évidente dès lors qu'on admet que le juge doit personnaliser la sanction, ce qu'il ne peut faire si la peine est automatique, c'est-à-dire si elle s'applique alors même qu'elle n'aura pas été prononcée par la juridiction. Cependant, le législateur a par cet article, supprimé la catégorie des peines accessoires. On trouvait en effet, dans le droit antérieur, des sanctions qui étaient la conséquence automatique du prononcé d'une condamnation à une peine criminelle. Ces peines, applicables alors même que les juges ne les prononçaient pas, ont donc disparu du Code pénal.

> **Attention** Cependant, **il ne faut pas confondre les peines accessoires et les peines complémentaires obligatoires.** En effet, parfois le législateur impose au juge de prononcer une peine complémentaire à l'encontre de l'auteur d'une infraction reconnu coupable. Ainsi, la peine de confiscation des objets dangereux ou nuisibles est obligatoire *(C. pén., art. 131-21)*. Le législateur a d'ailleurs tendance actuellement à multiplier ces peines obligatoires. Ainsi, le prononcé des peines complémentaires d'interdiction de détenir ou de porter une arme, de confiscation d'une ou plusieurs armes et de retrait du permis de chasser est obligatoire pour les atteintes volontaires à la vie notamment *(C. pén., art. 221-8)*. Il en va de même de la peine d'inéligibilité en cas de condamnation pour certaines infractions *(C. pén., art. 131-26-2)*. Cependant, le législateur prévoit ici que la juridiction peut ne pas prononcer la peine par une décision spécialement motivée.

La différence entre peine accessoire et peine complémentaire obligatoire tient au fait que la peine obligatoire doit être prononcée par le juge et si elle ne l'est pas, elle ne peut être exécutée.

Si la suppression des peines accessoires est générale pour les dispositions figurant dans le Code pénal, il n'en va pas de même pour les lois pénales qui ne sont pas codifiées.

II. Le maintien de certaines peines accessoires

Le législateur n'est pas allé au terme de son affirmation parce que, s'il a bien supprimé les peines automatiques dans le Code pénal, afin de respecter l'article 132-17, alinéa 1er, il a maintenu de nombreuses peines accessoires dans des textes extérieurs au Code pénal.

La question de la survie de ces peines accessoires se pose aujourd'hui par l'intermédiaire du contrôle de constitutionnalité. Le Conseil constitutionnel a statué sur plusieurs textes posant problème au regard du principe de l'individualisation de la sanction, qui possède une valeur constitutionnelle, comme on l'a vu. Par exemple, l'article L. 234-13 du Code de la route prévoit l'annulation « de plein droit » du permis de conduire en cas de conduite sous l'empire d'un état alcoolique en récidive.

Jurisprudence

Le Conseil constitutionnel a jugé que cette peine n'était pas une sanction accessoire mais obligatoire et qu'elle n'est pas contraire au principe d'individualisation de la sanction (*Cons. const., 29 sept. 2010, n° 2010-40 QPC, JO 30 sept. 2010*).

Inversement, il a jugé *(Cons. const., 10 déc. 2010, n° 2010-72/75/82 QPC, JO 11 déc. 2010)* que la peine d'affichage et de publication obligatoire des jugements de condamnation pour fraude fiscale était contraire à la Constitution parce que le juge est privé de tout pouvoir d'adaptation de la sanction et d'individualisation, son seul pouvoir étant de décider que l'affichage se fait intégralement ou par extraits, ce qui insuffisant pour garantir le principe d'individualisation. Le législateur a modifié le texte par la suite en faisant de cette sanction une peine complémentaire facultative.

S'agissant des peines accessoires proprement dites, on en trouve encore aujourd'hui, par exemple dans le cadre de la réglementation de l'exercice de certaines professions ou activités. Ainsi, le Code de la santé publique crée une incapacité, perpétuelle ou temporaire, d'exploiter un débit de boissons, à l'encontre des personnes qui sont condamnées pour certaines infractions énumérées par l'article L. 3336-2 du CSP.

Jurisprudence

Le Conseil constitutionnel a jugé que cette mesure n'est pas une sanction ayant le caractère d'une punition et que le législateur a adopté des mesures propres à assurer une conciliation entre le principe de la liberté d'entreprendre et l'objectif de valeur constitutionnelle de sauvegarde de l'ordre public *(Cons. const., 20 mai 2011, n° 2011-132 QPC, JO 21 mai 2011)*.

En d'autres termes, il s'agit d'une mesure préventive et non d'une sanction pénale, selon le Conseil constitutionnel, même si elle est bien la conséquence automatique d'une condamnation pénale.

Quoi qu'il en soit**, il faut nuancer la notion même de « peine automatique ».** En effet, si dans ces situations, le juge n'a pas le choix de ne pas prononcer la peine, en revanche, il lui est toujours possible d'en relever le condamné.

(C. pén., art. 132-21, al. 2)
L'article 132-21, alinéa 2 dispose en effet que « *toute personne frappée d'une interdiction, déchéance ou incapacité quelconque qui résulte de plein droit, en application de dispositions particulières, d'une condamnation pénale, peut, par le jugement de condamnation ou par jugement ultérieur, être relevée en tout ou partie, y compris en ce qui concerne la durée, de cette interdiction, déchéance ou incapacité, dans les conditions fixées par le Code de procédure pénale* ».

Ainsi, si la juridiction n'a pas le pouvoir de ne pas prononcer la sanction, elle dispose de celui d'en empêcher l'application, ce qui, finalement montre qu'il n'existe pas de véritable automaticité de ces peines.

§2 Les contraintes imposées au juge dans le prononcé des peines

I. L'obligation de respecter un minimum

Le Code pénal prévoit seulement des peines maximales que la juridiction répressive se doit de respecter en ne les dépassant pas. Pourtant, le législateur n'a pas accordé une totale liberté à la juridiction répressive. En effet, **pour les crimes, le Code pénal maintient deux seuils minima en dessous desquels la juridiction criminelle ne peut descendre**. Ces seuils figurent à l'article 132-18.

Le premier alinéa du texte prévoit que **lorsque le crime est puni de la réclusion ou de la détention criminelle à perpétuité, la cour d'assises peut prononcer une peine de réclusion ou de détention à temps ou une peine d'emprisonnement qui ne peut être inférieure à 2 ans**. Le second alinéa prévoit que **si le crime est puni de réclusion ou détention criminelle à temps,** c'est-à-dire d'une peine de 30 ans, 20 ans ou 15 de réclusion ou détention, **la juridiction peut prononcer une peine de réclusion ou détention d'une durée inférieure à celle encourue ou une peine d'emprisonnement ne pouvant être inférieure à un an.**

Pour bien comprendre cette règle, il faut d'abord rappeler qu'il existe, dans l'échelle des peines privatives de liberté un seuil de 10 ans qui constitue en même temps, le minimum de la réclusion et le maximum de l'emprisonnement. Ceci a pour conséquence que la cour d'assises peut descendre sous ce seuil, mais si elle le fait, elle ne peut prononcer une peine criminelle mais seulement une peine correctionnelle. Un criminel peut donc être condamné à de l'emprisonnement, qui est une peine de nature correctionnelle. En vertu de l'article 132-18, une cour d'assises peut donc descendre très bas dans l'échelle des peines privatives de liberté mais sans pouvoir dépasser un certain plancher.

Si ces seuils minima paraissent logiques s'agissant d'infractions très graves, il faut cependant observer que la juridiction peut encore individualiser la sanction par le biais de son mode d'exécution. Par exemple, une cour d'assises pourrait condamner un meurtrier à un an d'emprisonnement avec sursis, si les conditions de ce dernier sont remplies. Ces limites minimales ne font donc pas réellement obstacle à la liberté de la juridiction pénale dans le prononcé de la sanction.

Pour les délits, une loi de 2011 avait créé des peines minimales pour certaines infractions de violences mais le texte qui les prévoyait, l'article 132-19-2, a été abrogé par la loi n° 2014-896 du 15 août 2014, en même temps que les peines minimales encourues par les récidivistes. On rappellera également que l'article 132-19 impose, en cas de prononcé d'un emprisonnement sans sursis, une durée minimale d'un mois.

Enfin, dans des domaines particuliers du droit pénal, comme en matière fiscale, il arrive que les textes imposent des sanctions pécuniaires minimales *(V. CGI, art. 1791 et 1791 ter)*, qui ont une nature particulière de « sanctions fiscales ».

II. L'interdiction de cumuler certaines peines

Comme on l'a vu, le Code pénal prévoit un dispositif de peines de substitution, en matières délictuelle et contraventionnelle. Ceci a pour conséquence que la juridiction qui procède à une substitution de peines ne peut pas les prononcer en même temps. C'est ce que rappelle, en matière correctionnelle, l'article 131-9, en vertu duquel, d'une part, l'emprisonnement ne peut être prononcé cumulativement avec une des peines privatives ou restrictives de droits prévues à l'article 131-6 ni avec la peine de TIG, d'autre part, la peine de jours-amende ne peut être prononcée cumulativement avec la peine d'amende.

On notera seulement que ces règles ne s'appliquent que dans le cas où la juridiction utilise le mécanisme de la substitution de peines. En effet, il arrive que certaines peines de substitution, telles que le TIG ou un stage, soient encourues non pas comme peines de substitution mais comme peines complémentaires. Par exemple, l'article L. 223-5 du Code de la route réprime le refus de restituer son permis sur injonction de l'administration, suite à la perte de la totalité des points. Or, ce délit est puni, à titre de peine complémentaire, d'un TIG. Par conséquent, la juridiction pourrait, ici, prononcer une peine d'emprisonnement, qui est effectivement encourue, et un TIG, à titre de peine complémentaire, les dispositions de l'article 131-9 ne s'appliquant pas.

⏭ POUR ALLER PLUS LOIN...

- L. LETURMY, Constitutionnalité des peines accessoires et des peines complémentaires obligatoires, une conception à repenser du principe d'individualisation, AJ pénal 2011, p. 280
- V. PELTIER, L'individualisation de la peine dans les décisions liées aux questions prioritaires de constitutionnalité, Dr. pén. 2011, étude 4

SOUS-TITRE 2
LES MODES DE PERSONNALISATION

Le pouvoir de personnaliser la sanction pénale ne se limite pas au seul choix des peines et de leur montant ou *quantum*, il implique l'existence de techniques particulières mise à la disposition du juge au moment du prononcé de la sanction. On compte parmi ces modes d'individualisation l'ajournement et la dispense de peine, le sursis à l'exécution de celle-ci, le fractionnement de la peine, la semi-liberté le placement sous surveillance électronique. Il convient d'analyser ces différents mécanismes devant permettre une meilleure adaptation de la sanction à l'auteur de l'infraction.

Fiche n° 37 La dispense de peine

L'ESSENTIEL

La dispense de peine est une mesure très favorable à la personne reconnue coupable d'un délit ou d'une contravention mais elle ne peut être prononcée que si des conditions, dépendant de l'appréciation des juges, sont réunies.

Elle peut être précédée d'un ajournement de la décision sur la peine afin de permettre à l'intéressé de réunir les conditions. Il a été créé récemment une autre forme d'ajournement destiné à permettre aux juges de faire réaliser des investigations sur la personnalité de l'auteur des faits, afin de favoriser l'individualisation de la sanction.

LES CONNAISSANCES

L'ajournement et la dispense de peine consistent en un procédé qui peut conduire, si certaines conditions sont réunies, à ne prononcer aucune sanction pénale. Ces techniques supposent l'établissement de la culpabilité de l'auteur des faits, personne physique ou morale, **et sont applicables en matière délictuelle et en matière contraventionnelle**, sauf l'ajournement avec mise à l'épreuve qui s'appliquer seulement pour les délits.

§1 L'ajournement du prononcé de la peine

Il existe plusieurs types d'ajournement. Le premier, qu'on peut qualifier d'ordinaire, peut être simple, avec mise à l'épreuve ou avec injonction. Le second a pour objectif de mieux connaître la personnalité de l'auteur dans la perspective de l'individualisation de la peine. Il faut distinguer l'ajournement ordinaire de cet ajournement spécial.

I. L'ajournement ordinaire

A Conditions

Il existe **3 conditions** fondamentales qui sont communes aux trois types d'ajournement ordinaire.

> (C. pén., art. 132-60)
> Selon l'article 132-60 du Code pénal, *« la juridiction peut ajourner le prononcé de la peine lorsqu'il apparaît que* ***le reclassement du coupable est en voie d'être acquis,*** *que* ***le dommage causé est en voie d'être réparé et*** *que* ***le trouble résultant de l'infraction va cesser*** *».*

Ces trois conditions relèvent naturellement de l'appréciation des juges du fond et on notera seulement qu'elles **limitent implicitement mais nécessairement le domaine d'application de l'ajournement**. On voit mal, par exemple, comment ces conditions pourraient être remplies dans le cas d'un délit de violences aggravées ou dans le cas du trafic de stupéfiants, lorsqu'il est un délit.

On notera que les textes prévoient que l'ajournement simple et avec mise à l'épreuve ne peuvent être prononcés que si le délinquant est présent à l'audience, alors que l'ajournement avec injonction peut être décidé même en son absence *(C. pén., art. 132-68)*.

B Effets

Si les conditions sont remplies, la juridiction peut ajourner le prononcé de la peine, c'est-à-dire qu'elle va fixer un délai destiné à permettre à l'auteur des faits de réussir à remplir les trois conditions. En effet, **l'objectif de l'ajournement est d'inciter le prévenu à mériter une dispense de peine,** dont les conditions sont fixées à l'article 132-59, conditions qui sont proches de celles de l'ajournement (V. *infra,* § 2).

En cas **d'ajournement simple**, la juridiction fixe donc seulement un **délai** à l'issue duquel, elle statuera à nouveau pour décider soit d'ajourner à nouveau sa décision sur la peine, soit de prononcer une peine ou soit de dispenser de peine le délinquant *(C. pén., art. 132-61).* L'article 132-62 précise seulement que la décision sur la peine intervient au plus tard un an après la première décision d'ajournement.

En cas **d'ajournement avec mise à l'épreuve**, la juridiction accentue sa pression sur l'auteur des faits. En effet, elle ne se contente pas de lui donner un délai pour satisfaire aux conditions de la dispense de peine, elle le place sous le **régime de la mise à l'épreuve**, applicable en matière de sursis, au plus pour une durée d'un an *(C. pén., art. 132-63).* À l'issue du délai, le juge tiendra compte du comportement du prévenu dans le cadre de la mise à l'épreuve avant de se prononcer dans les mêmes conditions que pour l'ajournement simple *(C. pén., art. 132-65).*

(C. pén., art. 132-66)
Enfin, le juge peut utiliser la technique de l'injonction de faire, l'article 132-66 énonçant que « ***dans les cas prévus par les lois ou les règlements*** *qui répriment des manquements à des obligations déterminées, la* ***juridiction*** *qui ajourne le prononcé de la peine* ***peut enjoindre à la personne physique ou à la personne morale déclarée coupable de se conformer à une ou plusieurs des prescriptions prévues par ces lois ou règlements*** ».

L'intention du législateur était par exemple d'appliquer ce type d'ajournement en matière d'infractions économiques ou sociales, pour lesquelles l'essentiel apparaît d'éviter le renouvellement des faits, par la prise de mesures adéquates, comme des mesures de sécurité dans l'entreprise. On peut citer, comme exemple, la totalité des délits prévus par le Code de l'environnement *(C. envir., art. L. 173-9)* et la discrimination fondée sur le sexe ou la situation de famille réprimée par le Code du travail *(C. trav., art. L. 1146-2)*.

II. L'ajournement aux fins d'investigation sur la personnalité

Ce cas d'ajournement est **destiné permettre une meilleure individualisation de la sanction par la juridiction de jugement en procédant à une enquête sur la personnalité de l'auteur**.

L'article 132-70-1 prévoit donc que la juridiction peut ajourner le prononcé de la peine à l'égard d'une personne physique lorsqu'il apparaît nécessaire d'ordonner à son égard des investigations complémentaires sur sa personnalité ou sa situation matérielle, familiale et sociale, lesquelles peuvent être confiées au SPIP ou à une personne morale habilitée.

La décision sur la peine doit être rendue au plus tard dans un délai de 4 mois après la décision d'ajournement, en principe. Ce délai peut être prolongé pour une nouvelle durée maximale de 4 mois.

> Le texte, modifié par la loi [n° 2019-222] du 23 mars 2019, prévoit, que la juridiction doit fixer, dans sa décision, la date à laquelle il sera statué sur la peine et elle peut ordonner le placement de la personne jusqu'à cette date sous contrôle judiciaire, sous assignation à résidence avec surveillance électronique ou, si celle-ci comparait détenue ou selon la procédure de comparution immédiate, en détention provisoire. La décision devra toujours intervenir dans un délai de 4 mois.

Ici, l'ajournement ne vise pas à prononcer une dispense de peine même si cela n'est pas exclu. Il peut permettre, par exemple, de déterminer les mesures particulières d'une contrainte pénale, cette peine supposant une connaissance précise de la personnalité de l'auteur du délit.

On notera que lorsque la juridiction ajourne le prononcé de la peine, elle peut octroyer immédiatement à la victime des dommages et intérêts soit à titre provisionnel, soit à titre définitif *(C. pén., art. 132-70-2)*.

On signalera un autre cas d'ajournement, également créé par la loi de 2014, qui est prévu uniquement pour permettre à la personne de consigner une somme d'argent en vue de garantir le paiement d'une éventuelle peine d'amende *(C. pén., art. 132-70-3).* La décision sur la peine intervient au plus tard dans un délai d'un an après la décision d'ajournement.

§2 La dispense de peine

La dispense de peine se trouve en étroite relation avec l'ajournement ordinaire ce qui explique la proximité des conditions de fond.

I. Conditions

(C. pén., art. 132-59)
Selon l'article 132-59, ***« la dispense de peine peut être accordée lorsqu'il apparaît que le reclassement du coupable est acquis, que le dommage causé est réparé et que le trouble résultant de l'infraction a cessé ».***

On retrouve donc les trois conditions de l'ajournement mais elles doivent ici être remplies et non pas en voie d'accomplissement. Ces conditions relèvent de l'appréciation souveraine des juges du fond et on notera seulement que celle relative à la réparation du dommage est la plus aisée à remplir et dépend exclusivement du coupable.

II. Effets

La dispense de peine produit un effet radical puisqu'elle consiste, alors même que la juridiction a reconnu la responsabilité pénale de l'auteur des faits, à ne prononcer aucune sanction pénale. Le Code pénal prévoit même que les juges peuvent décider que la décision qui établit la culpabilité peut n'être pas inscrite au casier judiciaire, et donc ne laisser aucune trace pour les tiers. Il faut néanmoins noter que le juge doit obligatoirement statuer, s'il y a lieu, sur la confiscation des objets nuisibles ou dangereux.

On terminera en rappelant que **si l'ajournement est conçu comme précédant la dispense de peine, celle-ci peut être décidée immédiatement**, sans ajournement. Inversement, après un ajournement il n'y a pas nécessairement de dispense, si les conditions ne sont pas remplies.

⏭ POUR ALLER PLUS LOIN…

– D. CARON, JCl. Pénal Code, Art. 132-58 à 132-70-3, fasc. 20

– J. PRADEL et A. VARINARD, Les grands arrêts du droit pénal général, n° 53

Fiche n° 38 Le sursis à l'exécution de la peine

L'ESSENTIEL

Certaines peines peuvent être prononcées avec sursis, ce qui signifie qu'elles ne seront pas exécutées, totalement ou partiellement. Le sursis simple répond à des conditions strictes notamment liées aux antécédents judiciaires du prévenu. Il peut être révoqué si le condamné commet, dans un certain délai, une infraction entraînant une condamnation à certaines peines. S'il n'est pas révoqué, la condamnation sera réputée non avenue.

Le sursis probatoire consiste à exercer une pression supplémentaire sur le condamné en lui imposant certaines obligations. Ce sursis ne peut porter que sur une peine d'emprisonnement et il n'est pas tenu compte des antécédents judiciaires du condamné. Il peut être révoqué en cas de commission d'une nouvelle infraction et en cas de non-respect des obligations de la probation. Il peut comporter l'obligation spéciale d'accomplir un travail d'intérêt général.

LES CONNAISSANCES

Le sursis à l'exécution de la peine fut introduit par la loi Bérenger du 26 mars 1891, qui ne concernait que le sursis simple. L'objectif du mécanisme réside dans une incitation pour l'auteur des faits, condamné à une peine, à ne pas réitérer son comportement infractionnel, auquel cas, la condamnation sera considérée comme non avenue, c'est-à-dire qu'elle sera effacée.

Le sursis a connu plusieurs perfectionnements visant à accentuer son aspect incitatif. La loi n° 2019-222 du 23 mars 2019 remplace, depuis le 24 mars 2020, le sursis avec mise à l'épreuve par le sursis probatoire, lequel absorbe à la fois le sursis avec obligation d'accomplir un TIG et la contrainte pénale, qui disparaissent tous les deux.

§1 Le sursis simple

Les règles applicables au sursis simple figurent aux articles 132-29 à 132-39 du Code pénal. Il faut distinguer les conditions d'octroi du sursis de ses effets.

I. Les conditions du sursis

A Les conditions applicables aux personnes physiques

Les conditions du sursis applicable aux personnes physiques tiennent à la peine prononcée par la juridiction ainsi qu'aux antécédents judiciaires du condamné.

1 Peine prononcée

Lorsque la personne est condamnée pour un crime ou un délit, le sursis est applicable à l'emprisonnement, si la peine prononcée est inférieure ou égale à 5 ans *(C. pén., art. 132-31)*. Par conséquent, le sursis dépend de la peine que souhaite infliger la juridiction au condamné et non pas de la nature de l'infraction. Un criminel peut ainsi être condamné à une peine d'emprisonnement avec sursis, si la peine prononcée est inférieure ou égale à 5 ans.

Le sursis est encore applicable, selon le même texte, **à l'amende et aux jours-amende, ainsi qu'aux peines privatives ou restrictives de droit prononcées comme peine alternative, sauf en ce qui concerne la confiscation, et même aux peines complémentaires, sauf pour la confiscation, la fermeture d'établissement et l'affichage.**

Lorsque la personne est condamnée pour une contravention, le sursis est applicable à l'amende de 5e classe seulement, aux peines privatives ou restrictives de droit prononcées comme peines de substitution, sauf la confiscation, ainsi qu'aux peines complémentaires de suspension du permis de conduire, d'interdiction de détenir une arme et de retrait du permis de chasser. Il est encore applicable à la peine complémentaire d'interdiction d'émettre des chèques, qui ne peut être prévue que pour les contraventions de la 5e classe, selon l'article 131-17 *(C. pén., art. 132-34)*.

2 Antécédents judiciaires

Le sursis ne peut être prononcé qu'en l'absence de condamnation antérieure du coupable dans un certain délai. Il faut en fait distinguer les situations, qui sont assez complexes.

Le condamné ne peut pas bénéficier du sursis, quelle que soit la peine prononcée, s'il a déjà été condamné au cours des 5 ans précédant les faits pour un crime ou un délit de droit commun à une peine de réclusion ou d'emprisonnement, assortie ou non du sursis *(C. pén., art. 132-30, al. 1er et art. 132-33, al. 1er)*.

Selon l'article 132-31, alinéa 2, le sursis simple ne peut être prononcé que pour une peine d'emprisonnement si le prévenu a été condamné dans les 5 années précédant les faits à une autre peine que la réclusion ou l'emprisonnement, par exemple une amende. Par conséquent, il est impossible d'assortir du sursis une peine autre que l'emprisonnement, si le prévenu a été condamné antérieurement à une peine quelconque. Cette limite n'est toutefois pas valable pour les contraventions.

En résumé, **la condamnation à une peine privative de liberté dans les 5 ans précédant les faits empêche le prononcé de tout sursis, dans tous les cas. En revanche, la condamnation à une autre peine dans les 5 ans avant les faits n'empêche pas le prononcé du sursis mais seulement sur l'emprisonnement.**

B Les conditions applicables aux personnes morales

Les personnes morales condamnées pénalement peuvent également bénéficier du sursis. Celui-ci est applicable **à l'amende prononcée pour crime, délit ou contravention mais uniquement de la 5e classe.** Le sursis est également applicable à l'interdiction d'exercer une activité professionnelle, l'exclusion des marchés publics, l'interdiction de procéder à une offre au public de titres financiers ou de faire admettre ses titres financiers aux négociations sur un marché réglementé, l'interdiction d'émettre des chèques et d'utiliser des cartes bancaires *(C. pén., art. 132-32 et 132-34, al. 2)*. Le sursis partiel est applicable à la peine d'amende.

S'agissant des antécédents judiciaires de la personne morale condamnée, si la peine prononcée est criminelle ou correctionnelle, il faut que la personne n'ait pas été condamnée dans les 5 ans précédant les faits à une amende d'un montant supérieur à 60 000 €, pour un crime ou un délit de droit commun *(C. pén., art. 132-30, al. 2)*. Si la peine prononcée est contraventionnelle, le sursis est possible seulement si la personne n'a pas été condamnée précédemment à une amende supérieure à 15 000 €, pour crime ou délit de droit commun *(C. pén., art. 132-33, al. 2)*.

II. Les effets du sursis

Le prononcé du sursis a pour conséquence soit l'inexécution de la peine, soit l'inexécution de la partie de la peine sur laquelle il porte, s'il s'agit d'un sursis partiel. Dans ce dernier cas, la partie sur laquelle il ne porte pas est exécutée.

La condamnation avec sursis fait courir un délai de suspension de la peine, qui est appelé le délai d'épreuve. Ce délai est **de 5 ans s'il s'agit d'une condamnation pour crime ou délit** *(C. pén., art. 132-35)* et de **2 ans s'il s'agit d'une condamnation pour contravention** *(C. pén., art. 132-37)*. Le point de départ du délai est le moment où la condamnation devient définitive ou, si le sursis est partiel et porte sur une peine d'emprisonnement, le point de départ est reporté par la jurisprudence à la fin de l'exécution de la partie ferme de l'emprisonnement *(Cass. crim., 9 févr. 1988, n° 87-83.853)*. **Pendant ce délai, le condamné, qui n'exécute donc pas sa peine, ne doit pas commettre une nouvelle infraction, sinon le sursis pourrait être révoqué.**

Cependant, le principe est que la nouvelle condamnation ne révoque pas le sursis sauf si le juge décide cette révocation spécialement. En outre, toute nouvelle condamnation ne permet pas de révoquer le sursis. Il faut distinguer deux cas.

(C. pén., art. 132-36)
L'article 132-36 prévoit que « *la juridiction peut, par décision spéciale, révoquer totalement ou partiellement, pour une durée ou un montant qu'elle détermine, le sursis antérieurement accordé, quelle que soit la peine qu'il accompagne, lorsqu'elle prononce une nouvelle condamnation à une peine de réclusion ou à une peine d'emprisonnement sans sursis.*
La juridiction peut, par décision spéciale, révoquer totalement ou partiellement, pour une durée ou un montant qu'elle détermine, le sursis antérieurement accordé qui accompagne une peine quelconque autre que la réclusion ou l'emprisonnement lorsqu'elle prononce une nouvelle condamnation d'une personne physique ou morale à une peine autre que la réclusion ou l'emprisonnement sans sursis ».

En d'autres termes, **le prononcé d'une peine de prison ferme permet de révoquer n'importe quel sursis et le prononcé d'une peine autre que la prison ferme permet de révoquer le sursis portant sur une peine autre que la prison.**

En matière contraventionnelle, le sursis peut être révoqué en cas de commission d'un crime ou délit de droit commun ou d'une contravention de 5e classe, suivie d'une condamnation sans sursis ayant ordonné cette révocation *(C. pén., art. 132-37)*.

En cas de révocation du sursis, les peines sur lesquelles il portait deviennent exécutoires et elles doivent s'exécuter sans pouvoir se confondre avec la peine prononcée pour la nouvelle infraction ayant entraîné la révocation.

La loi du 23 mars 2019 a ajouté qu'en cas de révocation totale ou partielle du sursis, la juridiction peut, par décision spéciale et motivée, exécutoire par provision, faire incarcérer le condamné *(C. pén., art. 132-36, al. 3)*.

Si le bénéficiaire du sursis ne commet pas, pendant le délai d'épreuve, d'infraction entraînant une condamnation qui a révoqué le sursis, la condamnation est réputée non-avenue *(C. pén., art. 132-35)*. Cela signifie que la condamnation est considérée comme n'ayant jamais existé et ceci permet notamment à l'intéressé de pouvoir bénéficier à nouveau, pour l'avenir d'un sursis.

Jurisprudence
La jurisprudence a longtemps jugé que la condamnation avec sursis non-avenue ne pouvait être prise en compte pour la récidive. Cette solution a été modifiée par un arrêt dans lequel la Cour de cassation juge que le non-avenu n'empêche pas la prise en compte de la condamnation pour la récidive *(Cass. crim., 11 janv. 2011, n° 10-81.781)*.

§2 Le sursis probatoire

Le sursis probatoire a remplacé le sursis avec mise à l'épreuve, depuis le 24 mars 2020. Il suppose la réunion de conditions qui diffèrent de celles du sursis simple. Sa mise en œuvre passe par l'instauration d'un régime de probation auquel doit se soumettre le condamné.

I. Les conditions du sursis probatoire

En matière de sursis probatoire, le législateur **ne prend pas en compte les antécédents judiciaires, sauf en cas de récidive** (V. *infra*) **mais le domaine du mécanisme est plus restreint que celui du sursis simple** puisqu'il ne peut bénéficier qu'aux personnes condamnées à un **emprisonnement d'une durée inférieure ou égale à 5 ans** *(C. pén., 132-41)*, ce qui le rend donc inapplicable aux personnes morales.

Lorsque la personne est en état de récidive légale, le sursis probatoire est applicable aux condamnations à l'emprisonnement prononcées pour une durée de 10 ans au plus. Cependant, **il n'est pas possible pour les récidivistes de cumuler indéfiniment les sursis avec mise à l'épreuve.** Plus précisément, la juridiction saisie ne peut prononcer ce sursis à l'encontre d'une personne ayant déjà fait l'objet de 2 condamnations assorties d'un tel sursis pour des délits identiques ou assimilés au titre de la récidive. Lorsqu'il s'agit d'un crime ou de certains délits tels que les violences volontaires ou les agressions sexuelles, la juridiction ne peut prononcer le sursis avec mise à l'épreuve à l'encontre de la personne, récidiviste et déjà condamnée avec un tel sursis pour les mêmes infractions ou des infractions assimilées *(C. pén., art. 132-41, al. 3)*. Ces règles ne s'appliquent que si le premier sursis portait sur la totalité de la peine. Leur objectif est évidemment de contraindre les juridictions à prononcer de l'emprisonnement ferme à l'encontre de ces récidivistes. Cependant, on notera que si la juridiction choisit d'imposer un suivi renforcé au sursitaire (V. infra), elle peut le faire même s'il s'agit d'un récidiviste *(C. pén., art. 132-41-1, al. 2)*.

II. Le régime de la probation

Tout comme pour le sursis simple, **le prononcé du sursis probatoire ouvre un délai** pendant lequel le condamné ne doit pas commettre une nouvelle infraction, sous peine de voir le sursis révoqué. Mais l'originalité de ce sursis réside naturellement dans le contenu de la probation, anciennement dénommée mise à l'épreuve. La loi du 23 mars 2019 conduit à distinguer la probation avec suivi ordinaire et celle avec suivi renforcé.

A La probation avec un suivi ordinaire

La personne condamnée avec sursis probatoire subit nécessairement un certain nombre de **mesures de contrôle**, énumérées par l'article 132-44 du Code pénal. Il s'agit, notamment, de répondre aux convocations du JAP ou du SPIP, de recevoir les visites d'un conseiller d'insertion et de probation, de le prévenir de ses changements d'emploi etc. Mais, en outre**, la juridiction peut prévoir d'autres mesures** choisies par elle dans la liste de l'article 132-45 : obligation de suivre une formation ou un enseignement, obligation de se soumettre à un traitement médical, obligation de réparer les dommages causés par l'infraction, s'abstenir de conduire certains véhicules, s'abstenir de paraître en certains lieux, effectuer à ses frais un stage etc.

La liste des mesures s'allonge régulièrement et on notera que la n° 2019-1480 du 28 décembre 2019 visant à agir contre les violences au sein de la famille a créé une nouvelle obligation de respecter l'interdiction de se rapprocher d'une victime de violences commises au sein du couple, contrôlée par un dispositif électronique mobile anti-rapprochement. L'article 132-45-1 précise que ce dispositif peut être appliqué en cas d'infraction punie d'au moins trois ans d'emprisonnement commise contre le conjoint, concubin ou partenaire lié par un pacte civil de solidarité, ou par l'ancien conjoint ou concubin de la victime ou par la personne ayant été liée à elle par un pacte civil de solidarité.

Il faut noter également **que la loi du 23 mars 2019 a abrogé le mécanisme du sursis avec obligation d'accomplir un TIG, en intégrant cette obligation parmi celles de l'article 132-45**. Cependant, le législateur n'a pas mesuré la portée exacte de cette modification. Ainsi, alors que le sursis avec obligation d'accomplir un TIG n'était possible que si le sursis portait sur la totalité de la peine d'emprisonnement *(C. pén., ancien art. 132-56)*, ce qui paraissait logique en raison de l'incompatibilité entre exécution d'une peine d'emprisonnement et TIG, cette règle n'existe plus. Le condamné peut donc devoir subir une partie de l'emprisonnement puis exécuter le TIG.

Le délai de la probation diffère de celui prévu pour le sursis simple. Il est fixé par la juridiction et il **ne peut être inférieur à 12 mois ni supérieur à 3 ans** *(C. pén., art. 132-42)*. Cependant, si la personne est en état de récidive, le délai peut être porté à 5 ans voire à 7 ans en cas de nouvelle récidive. On notera que le sursis probatoire peut être partiel, comme le sursis simple *(C. pén., art. 132-42, al. 2)*.

B La probation avec un suivi renforcé

Cette nouvelle forme de **probation intègre l'ancienne contrainte pénale**, supprimée par la loi du 23 mars 2019 en tant que peine correctionnelle de substitution.

L'article 132-41-1 du Code pénal énonce que lorsque la personnalité et la situation matérielle, familiale et sociale de l'auteur d'un crime ou délit puni d'emprisonnement et les faits de l'espèce justifient un accompagnement socio-éducatif individualisé et soutenu, **la juridiction peut décider que le sursis probatoire consistera en un suivi renforcé, pluridisciplinaire et évolutif, faisant l'objet d'évaluations régulières par le SPIP, afin de prévenir la récidive en favorisant l'insertion ou la réinsertion de la personne au sein de la société**. Dans ce cas, comme on l'a vu, le sursis probatoire est applicable aux récidivistes sans tenir compte du fait qu'il aurait déjà été prononcé antérieurement plusieurs fois.

Il faut remarquer que la seule différence entre probation ordinaire et renforcée tient à l'intensité du suivi et non au contenu du dispositif, le suivi renforcé ne comportant aucune mesure particulière.

Si la juridiction de jugement dispose d'éléments d'information suffisants sur la personnalité du condamné et sur sa situation matérielle, familiale et sociale, elle peut définir les obligations et interdictions particulières auxquelles celui-ci est astreint. Sinon, ces obligations et interdictions sont déterminées par le JAP, après évaluation de la personnalité et de la situation matérielle, familiale et sociale du condamné par le SPIP, et dans un délai de 4 mois après la décision de condamnation *(CPP, art. 741-2)*.

La situation du condamné est réévaluée à chaque fois que nécessaire au cours de l'exécution de la peine, et au moins une fois par an, par le SPIP et **le JAP**. Dans ce cadre, ce dernier **peut modifier ou compléter les obligations et interdictions** imposées au condamné ou **supprimer certaines d'entre elles**. Il peut également, s'il estime que la personnalité et la situation matérielle, familiale et sociale du condamné ne le justifient plus, **ordonner la fin du suivi renforcé. Inversement** si le tribunal a prononcé une probation simple, le JAP peut **imposer un suivi renforcé** *(CPP, art. 741-2)*.

III. Les effets du sursis probatoire

Si le sursis permet au condamné de ne pas subir sa peine, en revanche il oblige celui-ci à respecter les obligations fixées par la juridiction, sous peine de révocation. Par conséquent, il existe ici deux causes de révocation :
- la commission d'une nouvelle infraction, à savoir un crime ou un délit de droit commun suivi d'une condamnation à une peine privative de liberté sans sursis *(C. pén., art. 132-48)* ;
- l'inexécution des obligations de la probation ou des mesures de contrôle.

Dans le premier cas, c'est la juridiction saisie pour la nouvelle infraction qui peut décider la révocation. Dans le second cas, c'est le JAP *(C. pén., art. 132-47)*.

En tout cas, **la juridiction n'est pas obligée de révoquer le sursis** *(C. pén., art. 132-47)* et elle peut prononcer seulement la révocation partielle et non pas totale du sursis *(C. pén., art. 132-48)*. En cas d'inexécution des mesures de la probation, le JAP peut également prolonger le délai de probation *(CPP, art. 742, al. 1er)*.

Enfin, **en l'absence de révocation du sursis, le condamné bénéficie du non-avenu**, comme dans le cas du sursis simple, avec les mêmes conséquences.

TABLEAU SIMPLIFIÉ DES CONDITIONS ET EFFETS DU SURSIS SIMPLE POUR LES PERSONNES PHYSIQUES

	CONDITIONS	EFFETS
CRIME OU DÉLIT	• **peines pouvant bénéficier du sursis** – emprisonnement ≤ à 5 ans – amende, jours-amende, peines privatives ou restrictives de droits, peines complémentaires • **antécédents judiciaires si application à une peine d'emprisonnement** – pas de condamnation dans les 5 ans précédant les faits pour crime ou délit de droit commun à une peine privative de liberté avec ou sans sursis • **antécédents judiciaires si application à une autre peine** • pas de condamnation dans les 5 ans précédant les faits pour crime ou délit de droit commun à une peine quelconque avec ou sans sursis	• **non-avenu** si absence de nouvelle condamnation pour crime ou délit de droit commun sans sursis dans un délai de 5 ans • **révocation possible** si le sursis s'applique à une peine d'emprisonnement pour crime ou délit en cas de nouvelle condamnation à une peine de réclusion ou d'emprisonnement sans sursis dans les 5 ans • **révocation possible** si le sursis s'applique à une peine autre que l'emprisonnement en cas de nouvelle condamnation à une peine quelconque sans sursis dans les 5 ans
CONTRAVENTIONS	• **peines pouvant bénéficier du sursis** - amende de 5e classe - peines privatives ou restrictives de droits - peines complémentaires • **antécédents judiciaires** • pas de condamnation dans les 5 ans précédant les faits pour crime ou délit de droit commun à une peine privative de liberté avec ou sans sursis	- **non-avenu** si absence de nouvelle condamnation pour crime ou délit de droit commun ou contravention de 5e classe sans sursis dans un délai de 2 ans - **révocation possible** en cas de nouvelle condamnation à une peine quelconque sans sursis dans un délai de 2 ans

TABLEAU SIMPLIFIÉ DES CONDITIONS ET EFFETS DU SURSIS PROBATOIRE

	CONDITIONS	EFFETS
CRIME OU DÉLIT	**• peines pouvant bénéficier du sursis** - emprisonnement ≤ à 5 ans - emprisonnement ≤ à 10 ans en cas de récidive **• antécédents judiciaires** - pas plus de 2 condamnations assorties du sursis avec mise à l'épreuve pour des délits identiques - pour les crimes et certains délits : pas de condamnation assortie du sursis avec mise à l'épreuve pour la même infraction	**• non-avenu si :** - absence de nouvelle condamnation à une peine privative de liberté sans sursis pour crime ou délit de droit commun dans un délai de 12 mois à 3 ans ou 5 ans en cas de récidive - et respect des mesures de mise à l'épreuve **• révocation** totale ou partielle et facultative si : - non-respect des mesures de mise à l'épreuve - ou condamnation dans le délai d'épreuve pour crime ou délit de droit commun à une peine privative de liberté sans sursis

⏭ POUR ALLER PLUS LOIN...

– L. GRIFFON, Révocation partielle d'un sursis au-delà du délai d'épreuve et caractère non-avenu de la condamnation, Dr. pén. 2012, étude 10

– J.-Y. MARÉCHAL, JCl. Pénal Code, Art. 132-40 à 132-53, fasc. 20

– J. PRADEL et A. VARINARD, Les grands arrêts du droit pénal général, n° 54

– P. SALVAGE, JCl. Pénal Code, Art. 132-29 à 132-39, fasc. 20 ; Le sursis d'épreuve avec injonction de soins, Dr. pén. 2009, étude 2 ; La mise à l'épreuve, une notion d'avenir *in* Mélanges Pradel, Cujas, 2006, p. 525

Le point sur...
Le sursis probatoire

Fiche n° 39 Les autres modes de personnalisation

⏭ L'ESSENTIEL

Outre le sursis, le législateur donne au juge répressif d'autres moyens d'individualiser la sanction, pour l'essentiel la peine privative de liberté, dès son prononcé, en accordant un régime d'exécution qui sera favorable au condamné. Sont applicables la semi-liberté, le placement à l'extérieur, le fractionnement de la peine et la détention sous surveillance électronique.

La loi du 23 mars 2019 modifie les textes applicables afin d'inciter la juridiction de jugement à aménager la peine d'emprisonnement qu'elle prononce, le cas échéant, les règles nouvelles s'appliquant depuis le 24 mars 2020.

⏭ LES CONNAISSANCES

La juridiction pénale dispose, au moment de prononcer la peine à l'encontre de l'auteur des faits, d'autres moyens de personnalisation de la sanction que le sursis même si ce dernier est sans aucun doute le plus souvent utilisé. Les juges peuvent ainsi décider qu'une peine privative de liberté s'exécutera sous le régime de la semi-liberté, du placement à l'extérieur ou de la surveillance électronique. L'exécution de l'emprisonnement et d'autres peines peut également être fractionnée. La loi du 23 mars 2019 instaure un principe d'aménagement et modifie les modalités de ce dernier, la peine d'emprisonnement étant au centre de ces règles.

§1 Le principe de l'aménagement de l'emprisonnement ferme

Selon l'article 132-25 du Code pénal, dans sa rédaction issue de la loi n° 2019-222 du 23 mars 2019, **en cas de prononcé d'une peine d'emprisonnement dont une partie au moins est ferme, le principe applicable est celui d'un aménagement de cette peine dès le stade de son prononcé. Cependant le texte opère une distinction en fonction de la durée de la peine ferme à exécuter**.

Lorsque la juridiction prononce une peine inférieure ou égale à 6 mois d'emprisonnement, un emprisonnement partiellement assorti du sursis ou du sursis probatoire et lorsque la partie ferme de la peine est inférieure ou égale à 6 mois, ou lorsque la juridiction prononce une peine pour laquelle la durée de l'emprisonnement restant à exécuter à la suite d'une détention provisoire est inférieure ou égale à 6 mois, elle doit, sauf impossibilité résultant de la personnalité ou de la situation du condamné, ordonner que la peine sera exécutée en totalité sous le régime de la DDSE, de la semi-liberté ou du placement à l'extérieur.

Si la peine prononcée ou la partie ferme de la peine prononcée est supérieure à 6 mois et inférieure ou égale à un an d'emprisonnement, la juridiction de jugement doit décider, si la personnalité et la situation du condamné le permettent, que la peine sera exécutée en tout ou partie sous le régime de la DDSE, de la semi-liberté ou du placement à l'extérieur.

Autrement dit, **si la peine ferme à exécuter est inférieure ou égale à 6 mois, il existe une obligation pour la juridiction de jugement d'aménager cette peine dès son prononcé, qui ne cède que devant une impossibilité liée à la personnalité ou la situation du condamné. Si la peine ferme est supérieure à 6 mois et inférieure ou égale à un an, la juridiction peut aménager la peine d'emprisonnement ferme, si la personnalité et la situation du condamné le permettent, ce qui redonne donc un certain pouvoir d'appréciation aux juges.** Enfin, le texte étant muet au sujet des peines d'une durée supérieure à un an ferme, il faut en déduire que les juges sont libres d'aménager ou non ladite peine.

Enfin, les peines d'une durée supérieure à un an ferme, non évoquées par le texte, ne peuvent faire l'objet d'aucun aménagement, ce qui constitue une évolution par rapport au dispositif antérieur à la loi du 23 mars 2019, qui permettait un aménagement (surveillance électronique, par exemple) pour les peines d'une durée maximale de 2 ans.

En pratique, ce dispositif sera tributaire des éléments liés à sa personnalité et sa situation que le condamné ou son avocat pourra produire dès l'audience de jugement. **Faute d'éléments, les juridictions se trouveront dans l'impossibilité de se prononcer sur un aménagement, quelle que soit la durée de la peine**.

§2 Les modes d'aménagement de l'emprisonnement

Il s'agit de la semi-liberté, du placement à l'extérieur et de la DDSE.

I. Semi-liberté et placement à l'extérieur

Le condamné qui bénéficie de la semi-liberté est astreint à rejoindre l'établissement pénitentiaire pendant les périodes déterminées par le JAP, en fonction du temps nécessaire pour que le condamné puisse exercer une activité professionnelle, suivre un enseignement, un stage, une formation ou un traitement, rechercher un emploi ou participer à la vie de famille ou à tout projet d'insertion ou de réinsertion. Le condamné doit également répondre aux convocations de toute autorité publique désignée par le JAP et il peut être soumis aux mesures de probation prévues aux articles 132-43 à 132-46 *(C. pén., art. 132-26)*.

Le bénéfice de la semi-liberté peut être retiré au condamné si les raisons pour lesquelles la mesure a été accordée ont disparu, si le condamné ne respecte les obligations fixées par le JAP ou pour mauvaise conduite *(CPP, art. 723-2)*.

Si le condamné bénéficie d'un placement à l'extérieur, il est astreint, sous le contrôle de l'administration, à effectuer des activités ou à faire l'objet d'une prise en charge sanitaire en dehors de l'établissement pénitentiaire *(C. pén., art. 132-26)*.

II. La détention à domicile sous surveillance électronique (DDSE)

La DDSE ne constitue pas seulement une peine de substitution à l'emprisonnement mais aussi un mode d'aménagement de ce dernier. Selon l'article 132-26 du Code pénal, le condamné placé sous DDSE est soumis aux obligations prévues aux deuxième et troisième alinéas de l'article 131-4-1 (V. Fiche n° 30). Il doit, en outre, répondre aux convocations de toute autorité publique désignée par le JAP et peut être soumis à des mesures de probation.

On rappellera que **le condamné est avisé que l'installation sur sa personne du dispositif de surveillance électronique suppose son consentement**, mais que le fait de refuser cette installation constitue une violation des obligations qui lui incombent et peut donner lieu au retrait de la mesure d'aménagement *(CPP, art. 723-8, al. 3)*.

L'aménagement de la peine sous forme de DDSE peut être retiré par le JAP en cas :
- d'inobservation des interdictions ou obligations imposées au condamné ;
- d'inconduite notoire :
- de nouvelle condamnation ou de refus par le condamné d'une modification nécessaire des conditions d'exécution ;
- à la demande du condamné *(CPP, art. 723-13, al. 1er)*.

Dans ce cas, le condamné devra accomplir sa peine *(CPP, art. 723-13, al. 2)*.

§3 Le fractionnement de la peine

La juridiction de jugement peut décider de fractionner la peine d'emprisonnement ou d'amende *(C. pén., art. 132-27 et 132-28)*. **Les peines sont, dans cette hypothèse, exécutées en plusieurs périodes, sur un temps qui ne peut dépasser 4 ans.**

Pour la peine d'emprisonnement, le fractionnement n'est possible que si elle est d'une durée inférieure ou égale à 2 ans ou à un an s'il s'agit d'un récidiviste et si elle a été prononcée pour un délit.

En outre, il faut que le condamné justifie de motifs graves d'ordre médical, familial, professionnel ou social. Le Code pénal précise que les périodes d'exécution de la peine ne peuvent être inférieures à 2 jours *(C. pén., art. 132-27)*.

Pour les mêmes motifs, **en matière de délits et de contraventions**, l'article 132-28 prévoit la possibilité de **fractionner, sur une durée maximum de 3 ans, la peine d'amende**, celle de jours-amende ainsi que la suspension du permis de conduire.

⏭ POUR ALLER PLUS LOIN...

– C. AUBERTIN, JCl. Pénal Code, Art. 132-27 et 132-28, fasc. 20

– D. CARON, JCl. Pénal Code, Art. 132-24 à 132-26, fasc. 20

– J.-P. VICENTINI, Les aménagements de peines dans la loi pénitentiaire, Gaz. Pal., 28 janv. 2010, n° 28, p. 25

SOUS-TITRE 3
LES PEINES APPLICABLES EN CAS DE PLURALITÉ D'INFRACTIONS

Le droit pénal considère que le délinquant qui persévère, en continuant de commettre des infractions alors qu'il a déjà été condamné, doit être réprimé avec plus de sévérité. Il faut cependant distinguer plusieurs situations dont les conséquences juridiques sont très différentes.

La première situation qui peut se rencontrer est celle du concours réel d'infractions. Dans cette hypothèse, l'agent a réalisé plusieurs infractions qui n'ont pas été séparées par un jugement définitif. En d'autres termes, l'individu a successivement commis plusieurs infractions sans que la justice soit intervenue et donc, sans qu'il ait reçu la mise en garde solennelle que constitue le jugement établissant la culpabilité. Cette situation diffère sensiblement de celle de la récidive, dans laquelle, au contraire, l'individu a commis une nouvelle infraction alors qu'il avait été précédemment condamné. Le droit va considérer le récidiviste de façon beaucoup moins bienveillante que l'auteur d'infractions en cumul réel.

Enfin, il convient de noter que la récidive n'est retenue que dans des cas précisément déterminés. Par conséquent, si ces conditions ne sont pas réunies, l'agent qui aura commis une infraction après avoir déjà été condamné, sera dans la situation de la réitération d'infractions qui fait désormais l'objet d'un texte dans le Code pénal. L'on étudiera successivement le concours d'infractions et la récidive.

Fiche n° 40 Le concours d'infractions

⏭ L'ESSENTIEL

Le concours d'infractions suppose la commission de plusieurs infractions qui ne sont pas séparées par une condamnation définitive. Soit la personne est jugée une seule fois par la même juridiction pour l'ensemble des infractions en concours, soit elle est jugée séparément par plusieurs juridictions.

En cas d'unité de poursuites, chaque peine encourue pour les infractions en concours peut être prononcée. Si plusieurs peines de même nature sont encourues, les juges ne peuvent prononcer qu'une seule peine de cette nature, dans la limite du maximum le plus élevé.

En cas de pluralité de poursuites, les différentes peines prononcées par les juridictions s'exécutent cumulativement dans la limite du maximum légal le plus élevé. La confusion totale ou partielle des peines de même nature peut être ordonnée si le requérant le demande.

Le principe de non-cumul des peines de même nature ne s'applique pas pour les amendes contraventionnelles, qui peuvent se cumuler entre elles et avec les amendes prononcées pour les délits.

⏭ LES CONNAISSANCES

> (C. pén., art. 132-2)
> Selon l'article 132-2 du Code pénal, « *il y a concours d'infractions lorsqu'une infraction est commise par une personne avant que celle-ci ait été définitivement condamnée pour une autre infraction* ».

Le critère du concours consiste donc dans **l'absence d'une condamnation définitive séparant dans le temps deux infractions.**

Sous l'empire du Code pénal de 1810, le principe applicable était celui du non-cumul des peines, l'article 5 déclarant que seule la peine la plus forte pour les infractions en concours pouvait être prononcée. Ce principe a été sensiblement modifié par le législateur en 1994, qui admet le cumul des peines dans une certaine mesure et il est désormais difficile de continuer d'affirmer un principe de non-cumul des peines.

Deux situations se rencontrent, en pratique, qui appellent des solutions différentes. Soit la personne qui a commis les différentes infractions est poursuivie pour toutes les infractions en concours devant une seule juridiction, soit elle a été condamnée par plusieurs juridictions différentes parce que, par exemple, les infractions ont été commises en des lieux différents. Il faut donc distinguer les règles applicables en cas d'unité de procédure et celles qui gouvernent la pluralité de procédures. De plus, il existe des cas particuliers, notamment en matière contraventionnelle.

§1 Les règles applicables en cas d'unité de procédure

(C. pén., art. 132-3)
L'article 132-3 dispose que *« lorsque, à l'occasion d'une même procédure, la personne poursuivie est reconnue coupable de plusieurs infractions en concours, chacune des peines encourues peut être prononcée. Toutefois, lorsque plusieurs peines de même nature sont encourues, il ne peut être prononcé qu'une seule peine de cette nature dans la limite du maximum le plus élevé »*.

Pour comprendre la règle, il suffit de prendre un exemple. Si l'on imagine qu'un délinquant a commis un délit passible de 3 ans d'emprisonnement et de 15 000 € d'amende puis un autre délit encourant un emprisonnement de 5 ans et une amende de 7 500 €, la juridiction saisie des 2 infractions peut prononcer à la fois une peine d'emprisonnement et une peine d'amende. Mais elle ne peut déterminer le montant de la peine que par rapport aux maximums les plus élevés. Dans cet exemple, elle pourra prononcer un emprisonnement de 5 ans au maximum et une amende maximale de 15 000 €.

Par « peines encourues », il faut entendre également les peines de substitution et les peines complémentaires, ces dernières pouvant donc se cumuler dès lors qu'elles ne sont pas de même nature. Ainsi, **le principe de non-cumul des peines ne vaut que pour les peines de même nature**, une seule peine d'emprisonnement ou d'amende pouvant être prononcée, par exemple, en cas de concours.

On ajoutera que le législateur a prévu que **l'emprisonnement et la réclusion ou la détention criminelle doivent être assimilées au titre du concours d'infractions** *(C. pén., art. 132-5)*. Par exemple, si un individu est poursuivi pour un crime passible de 15 ans de réclusion criminelle et pour un délit commis en récidive, passible de 20 ans d'emprisonnement, la juridiction pourra prononcer une peine allant jusque 20 ans d'emprisonnement, même si, en théorie, l'emprisonnement est une peine moins sévère que la réclusion.

(C. pén., art. 132-2, al. 2)
L'article 132-2, alinéa 2 précise que « ***chaque peine prononcée est réputée commune aux infractions en concours dans la limite du maximum légal applicable à chacune d'entre elles*** ».

Cette règle est destinée à donner une solution au problème qui peut se poser lorsque la juridiction condamne la personne pour les deux infractions et qu'un événement fait ultérieurement disparaître la condamnation pour l'une des infractions. En pratique, il peut s'agir de l'intervention d'une loi d'amnistie. La solution est donc la suivante : chaque peine est réputée prononcée pour chaque infraction, dans la limite du maximum prévu pour chacune des peines applicables pour chaque infraction. Par exemple, si l'individu a commis un vol aggravé par des violences, passible de 10 ans d'emprisonnement, en concours avec une escroquerie, encourant une peine de 5 ans d'emprisonnement, et si la juridiction a prononcé une peine de 7 ans, celle-ci est réputée commune aux deux infractions mais pour l'escroquerie, seulement à hauteur de 5 ans. Dès lors, si la condamnation pour vol aggravé est amnistiée, la peine ne peut être exécutée que dans la limite de 5 ans. Si au contraire, c'est la condamnation pour l'escroquerie qui est effacée, il n'y a aucune conséquence pour le condamné.

§2 Les règles applicables en cas de pluralité de procédures

L'hypothèse de la pluralité de procédures est assez fréquente en pratique, essentiellement en raison du lieu de commission des infractions. La difficulté qui se pose ici est différente parce que, par définition, la question du concours ne pourra pas être réglée au moment du prononcé de la sanction. On sera donc en présence, par exemple, de 2 décisions prononçant des sanctions pour des infractions en concours et ce n'est qu'au stade de l'exécution de la peine que la situation pourra être réglée.

Le Code pénal prévoit donc des règles spécifiques qui sont, d'une part, l'exécution cumulée des différentes peines dans la limite du maximum légal le plus élevé, d'autre part, le cas échéant, la confusion totale ou partielle des peines de même nature.

I. Règle de l'exécution cumulée des peines

Si l'on imagine une personne condamnée, une première fois, pour abus de confiance à 3 ans d'emprisonnement et à 300 000 € d'amende, puis, une seconde fois, dans une autre procédure, pour extorsion de fonds aggravée, à 9 ans d'emprisonnement et à 100 000 € d'amende, les peines prononcées s'exécutent à hauteur de 10 ans d'emprisonnement, maximum le plus élevé pour l'emprisonnement *(C. pén., art. 312-2, pour l'extorsion aggravée)* et à hauteur de 375 000 €, maximum de l'amende *(C. pén., art. 314-1, pour l'abus de confiance).* Il s'agit donc de **respecter le maximum légal encouru pour chacune des peines.**

(C. pén., art. 132-5, al. 3)
L'article 132-5, alinéa 3 précise que « ***lorsque la réclusion criminelle à perpétuité, encourue pour l'une ou plusieurs des infractions en concours, n'a pas été prononcée, le maximum légal est fixé à trente ans de réclusion criminelle*** ».

Cette disposition était indispensable pour régler la situation du condamné à une peine de réclusion à temps alors que la peine perpétuelle était encourue. En effet, dans ce cas de figure, il serait possible, en cas de condamnation à d'autres peines privatives de liberté pour des infractions en concours, de cumuler les peines sans limite. Par exemple, si l'auteur d'un empoisonnement prémédité, crime encourant la réclusion à perpétuité, est condamné à 30 ans de réclusion criminelle et s'il est condamné pour une autre infraction en concours à 10 ans d'emprisonnement, l'application de la règle du cumul dans la limite du maximum le plus élevé aboutirait à la peine de 40 ans, puisque ce maximum le plus élevé est ici illimité. Pour éviter ce résultat fâcheux, puisque la peine de 40 ans de réclusion n'existe pas dans l'échelle des peines, le législateur ne permet de cumuler que dans la limite de 30 ans.

Une situation différente se pose **lorsque la réclusion à perpétuité a été prononcée pour une des infractions en concours**. Dès lors qu'il est impossible de cumuler quelque chose avec la perpétuité, l'article 132-5, alinéa 1er prévoit que dans ce cas, **toute autre peine privative de liberté doit être confondue avec la réclusion à perpétuité**. En d'autres termes, seule la peine perpétuelle est mise à exécution.

II. La confusion possible des peines

Le dispositif légal autorise le cumul dans la limite du maximum le plus élevé pour chaque peine mais il permet également une confusion, totale ou partielle des peines de même nature, ce qui constitue une manière d'individualiser la sanction. **La confusion consiste à considérer que la peine absorbée s'exécute en même temps que la peine absorbante**. Cette confusion **doit donc être demandée par l'intéressé soit à la dernière juridiction qui statue sur une des infractions en concours, soit, ultérieurement par requête spéciale** à cette juridiction ou, s'il s'agissait d'une cour d'assises, à la chambre de l'instruction.

Jurisprudence

La confusion peut être décidée par la juridiction soit totalement, soit partiellement. Par exemple, si le condamné doit subir une peine de 3 ans d'emprisonnement et une autre de 7 ans, la juridiction dispose de trois possibilités : soit elle refuse la confusion, et le condamné subira les peines cumulativement, dans la limite du maximum le plus élevé, qui peut être 10 ans dans la limite du maximum le plus élevé, qui peut être 10 ans dans notre exemple. Soit la juridiction accepte une confusion totale des peines et dans ce cas, seule la plus élevée sera exécutée (7 ans). Soit enfin la confusion n'est que partielle parce que la juridiction accorde la confusion de la peine de 3 ans dans celle de 7 ans à concurrence de 2 ans, par exemple. Le condamné subira donc une peine de 9 ans d'emprisonnement. L'article 132-4 prévoit que **toutes les peines de même nature peuvent être confondues entre elles**, à savoir la privation de liberté, l'amende, les peines complémentaires etc.

Il convient de préciser que **l'absorption éventuellement accordée n'a pas pour effet de faire disparaître les peines absorbées**. Par exemple, les peines absorbées peuvent être prises en considération pour la récidive. En outre, si la peine absorbante vient à s'effacer, par l'effet de l'amnistie, par exemple, la confusion disparaît et la peine absorbée peut être de nouveau exécutée.

§3 Les cas particuliers

Le régime du concours d'infraction qui vient d'être analysé ne s'applique pas de manière générale.

(C. pén., art. 132-7)
En effet, l'article 132-7 prévoit une exception particulièrement importante puisqu'il énonce que « ***les peines d'amende pour contraventions se cumulent entre elles et avec celles encourues ou prononcées pour des crimes ou délits en concours*** ».

En cas de **concours entre plusieurs contraventions, les peines d'amende peuvent donc se cumuler sans limite**, ce qui peut aboutir d'ailleurs à des montants plus élevés que ceux encourus pour des délits. **Si le concours existe entre des contraventions et un délit, le juge peut prononcer une peine d'amende pour le délit et une peine d'amende pour la contravention.**

Jurisprudence

Cependant, la jurisprudence considère que si les infractions procèdent de la même faute, le cumul des peines n'est pas possible. Par exemple, si la personne a, dans un accident de la circulation, causé des blessures à plusieurs victimes, il peut y avoir un délit et une contravention de blessures involontaires. Ici, une seule peine pourra être prononcée selon la Cour de cassation *(Cass. crim., 26 oct. 2010, n° 09-88.033)*. La solution est identique dans le cas où l'auteur est déclaré coupable d'un délit d'homicide involontaire et d'une contravention de blessures involontaires, une seule peine devant être prononcée *(Cass. crim., 21 nov. 2017, n° 16-85.968)*.

Il existe également des **régimes spéciaux de cumul des peines de même nature** pour des infractions particulières. Par exemple, la peine prononcée pour évasion ou rébellion se cumule sans confusion possible avec la peine pour l'exécution de laquelle le détenu se trouvait en prison *(C. pén., art. 433-9 et art. 434-31).*

⏭ POUR ALLER PLUS LOIN...

- D.K. AL BECHRAOUI, La confusion des peines assorties du sursis avant et après le nouveau Code pénal, RSC 1999, p. 769 ; Le contentieux de la confusion des peines, RSC 2002, p. 531 ; Le cumul illimité des amendes contraventionnelles, RPDP 2009, p. 551
- P. SALVAGE, JCl. Pénal Code, Art. 132-1 à 132-7, fasc. 20
- J. PRADEL et A. VARINARD, Les grands arrêts du droit pénal général, n° 51 et 52

Fiche n° 41 La récidive

⏭ L'ESSENTIEL

La récidive est une cause d'aggravation de la sanction qui découle de la commission d'une nouvelle infraction après une condamnation pour une précédente infraction. Elle répond à des conditions précises relatives à la première condamnation et à l'infraction commise en récidive.

Les cas de récidive sont prévus de manière limitative et les effets de la récidive consistent dans le fait que le maximum de la peine encourue est plus élevé.

⏭ LES CONNAISSANCES

La récidive est une circonstance aggravante générale, donc applicable, en principe, à toutes les infractions, et qui est propre à la personne poursuivie. En effet, elle implique que celle-ci ait déjà été condamnée définitivement pour une infraction précédemment commise et elle va encourir de ce fait des peines plus lourdes pour la commission de la nouvelle infraction. Il faut bien noter cependant que la récidive en tant que circonstance aggravante répond à des exigences juridiques précises. Le législateur est intervenu à plusieurs reprises ces dernières années afin de lutter contre la récidive en créant, par exemple, le placement sous surveillance électronique mobile *(C. pén., art. 131-36-9)*. Il a également pris en compte la réitération d'infractions, en la définissant, à l'article 132-16-7 comme le fait pour une personne déjà condamnée définitivement pour un crime ou un délit de commettre une nouvelle infraction qui ne répond pas aux conditions de la récidive légale. Le texte prévoit que les peines prononcées pour l'infraction commise en réitération se cumulent sans limitation de quantum et sans possibilité de confusion avec les peines définitivement prononcées lors de la condamnation précédente.

Il est nécessaire de voir quelles sont les conditions de la récidive avant d'en analyser les effets sur la peine puis la mesure de rétention de sûreté.

§1 Les conditions de la récidive

Les règles applicables à la récidive figurent aux articles 132-8 et suivants. Les conditions de cette circonstance aggravante sont relatives au premier terme de la récidive, c'est-à-dire à la première condamnation de l'individu, et au second terme, c'est-à-dire à la nouvelle infraction commise par lui.

Le premier terme de la récidive consiste dans une condamnation pénale définitive et existante. Par cette dernière précision, on entend une condamnation qui n'est pas effacée par l'effet de l'amnistie. En vertu de l'article 132-23-1, **les condamnations prononcées par les juridictions pénales d'un État membre de l'Union européenne sont prises en compte dans les mêmes conditions que les condamnations prononcées par les juridictions pénales françaises** et produisent les mêmes effets juridiques que ces condamnations. Par conséquent, elles peuvent être prises en considération comme premier terme de la récidive.

Jurisprudence

La Cour de cassation a jugé que l'article 132-23-1 du Code pénal est d'application immédiate ce qui a pour effet qu'il suffit, pour retenir l'état de récidive, que l'infraction constitutive du second terme soit postérieure à son entrée en vigueur *(Cass. crim., 24 mars 2015, n° 15-80.023)*.

Le second terme de la récidive consiste en une infraction. Il faut ici distinguer ici selon que la récidive est générale ou spéciale. **La récidive est dite générale lorsqu'elle peut être constituée par la commission d'une infraction nouvelle différente de celle qui a donné lieu à la première condamnation.** Au contraire, **elle est spéciale si elle ne peut être constituée que par une infraction identique à celle qui a donné lieu à la première condamnation**. En réalité, la récidive spéciale peut aussi résulter de la commission d'une infraction que le législateur assimile expressément à la première.

Une autre distinction peut être opérée entre la récidive perpétuelle et la récidive temporaire. **La récidive est perpétuelle lorsqu'elle est constituée quel que soit le délai dans lequel la nouvelle infraction a été commise. Elle est temporaire si elle n'est constituée que lorsque la nouvelle infraction est commise dans un certain délai**. On notera à ce titre que le point de départ du délai est fixé, non pas à la date de la décision de condamnation définitive, mais à la date de l'expiration de la peine ou de sa prescription, ce qui allonge sensiblement le délai *(C. pén., art. 132-9 et 132-10)*.

§2 Les cas de récidive

Les conditions générales étant fixées, il faut déterminer dans quel cas le législateur prend en compte la circonstance aggravante de récidive. Il faut ici distinguer entre les personnes physiques et les personnes morales.

I. Les cas prévus pour les personnes physiques

A Commission d'un crime en récidive

Selon l'article 132-8, **lorsqu'une personne physique a déjà été condamnée définitivement pour un crime ou pour un délit puni de 10 ans d'emprisonnement et qu'elle commet un crime, le maximum de la peine criminelle encourue est porté à la perpétuité si le nouveau crime est puni normalement de 20 ou 30 ans de réclusion. Le maximum est porté à 30 ans si le crime encourt normalement 15 ans de réclusion**. Ici, la récidive est perpétuelle puisqu'aucun délai n'est prévu.

Une loi n° 2007-1198 du 10 août 2007 avait instauré des peines minimales dites « plancher » en obligeant les juridictions à les prononcer sauf si elles motivaient spécialement leur décision de condamner à une peine inférieure. Ce mécanisme, contesté et, en réalité, peu contraignant a été abrogé par la loi n° 2014-896 du 15 août 2014.

B Commission d'un délit en récidive

Il existe trois cas différents.

Le premier est celui de la **personne physique déjà condamnée définitivement pour un crime ou pour un délit puni de 10 ans d'emprisonnement et qui commet un délit puni de 10 ans d'emprisonnement** *(C. pén., art. 132-9, al. 1er)*. Le **maximum des peines d'emprisonnement et d'amende encouru pour ce délit est alors doublé**, c'est-à-dire que le maximum de l'emprisonnement est porté à 20 ans. Ce cas de récidive est temporaire car le nouveau délit doit être commis dans les 10 ans à compter de l'expiration ou de la prescription de la précédente peine. On remarquera que dans cette hypothèse le nouveau délit encourt une peine d'emprisonnement supérieure à 10 ans, par exception à l'échelle des peines prévue par l'article 131-4 selon laquelle toute peine supérieure à 10 ans est nécessairement criminelle. Il faut donc comprendre **que la récidive ne modifie pas la nature des peines et de l'infraction**, qui reste ici correctionnelle.

Le deuxième cas est prévu par l'alinéa 2 du même texte selon lequel **si la personne condamnée dans les mêmes conditions commet dans un délai de 5 ans un délit puni d'une peine d'emprisonnement supérieure à un an** (= entre 1 et moins de 10 ans), **les peines d'emprisonnement et d'amende encourues pour ce délit sont doublées.**

Le troisième cas est celui prévu par l'article 132-10, la récidive étant ici à la fois spéciale et temporaire. Le texte dispose que **lorsqu'une personne physique a déjà été condamnée définitivement pour un délit et qu'elle commet, dans un délai de 5 ans à compter de l'expiration de la précédente peine ou de sa prescription, soit le même délit, soit un délit assimilé par la loi, le maximum des peines pour le nouveau délit est doublé.**

Pour ce cas de récidive spéciale, l'article 132-16 prévoit que le vol, l'extorsion, le chantage, l'escroquerie et l'abus de confiance sont considérés comme une même infraction. L'article 132-16-1 énonce, de la même manière, que les délits d'agressions sexuelles et d'atteintes sexuelles sont également considérés comme une même infraction. En matière de « violence routière », un article 132-16-2 dispose que les délits d'homicide ou blessures involontaires commis par le conducteur d'un véhicule, prévus par les articles 221-6-1, 222-19-1 et 222-20-1 sont considérés comme une même infraction. Les articles 132-16-3 et 132-16-4 énoncent que les délits de traite des êtres humains et de proxénétisme sont assimilés au titre de la récidive et que les délits de violences volontaires aux personnes ainsi que tout délit commis avec la circonstance aggravante de violence sont assimilés. Enfin, selon l'article 132-16-4-1, les délits relatifs au trafic d'armes prévus aux articles 222-52 à 222-67 sont également assimilés entre eux.

C Commission d'une contravention en récidive

(C. pén., art. 132-11)
En matière contraventionnelle, *« dans les cas où le règlement le prévoit, lorsqu'une personne physique, déjà condamnée définitivement pour une contravention de la 5e classe, commet, dans le délai d'un an à compter de l'expiration ou de la prescription de la précédente peine, la même contravention, le maximum de la peine d'amende encourue est porté à 3 000 € »*.

Par conséquent, **la récidive pour les contraventions doit être expressément prévue par le règlement qui définit la contravention et ne se conçoit que pour les contraventions de la 5e classe,** donc les plus graves. De plus, elle est **nécessairement spéciale et temporaire**.

On rappellera qu'il arrive que le législateur érige en délit des contraventions de 5e classe commises en récidive. Dans ce cas, la récidive est constituée si les faits sont commis dans un délai de trois ans à compter de l'expiration ou de la prescription de la précédente peine *(C. pén., art. 132-11, al. 2)*. Par conséquent, la loi, plus sévère en allongeant le délai, accroît les possibilités de constater juridiquement la récidive qui transforme la contravention en délit.

II. Les cas prévus pour les personnes morales

Les articles 132-12 à 132-15 prévoient des cas de récidive pour les personnes morales qui sont la transposition de ceux prévus pour les personnes physiques. Seuls **2 critères sont modifiés**.

Tout d'abord, là où les textes applicables aux personnes physiques font référence aux délits punis de 10 ans d'emprisonnement, ceux applicables aux personnes morales se réfèrent aux délits punis pour les personnes physiques de 100 000 € d'amende. De même la référence aux délits punis d'un an emprisonnement est remplacée par celle à une peine d'au moins 15 000 € d'amende (V. tableau *infra*).

Ainsi, l'article 132-12 du Code pénal énonce que lorsqu'une personne morale, déjà condamnée définitivement pour un crime ou pour un délit puni par la loi en ce qui concerne les personnes physiques de 100 000 euros d'amende, engage sa responsabilité pénale par un crime, le taux maximum de l'amende applicable est doublé, ce qui signifie qu'il est égal à 10 fois celui qui est prévu par la loi qui réprime ce crime. Il faut rappeler, en effet, que la personne morale encourt déjà, hors récidive, une peine qui est 5 fois plus élevé que celle prévue pour les personnes physiques.

Dans les cas de récidive prévus par les articles 132-12 (commission d'un crime après condamnation pour un crime ou un délit puni de 100 000 € d'amende) et 132-13 (commission d'un délit après condamnation pour un crime ou un délit puni de 100 000 € d'amende), la personne morale encourt, outre une amende doublée, l'ensemble des peines prévues par l'article 131-39.

TABLEAU DES CAS DE RÉCIDIVE PRÉVUS POUR LES PERSONNES PHYSIQUES

	1er terme de la récidive (condamnation)	2d terme de la récidive (infraction)	Peine maximale encourue pour la nouvelle infraction	Délai de commission de la nouvelle infraction
Art. 132-8	Crime ou délit puni de 10 ans d'emprisonnement	Crime puni de 20 ans ou de 30 ans de réclusion criminelle	Réclusion criminelle à perpétuité	Néant (récidive perpétuelle)
Art. 132-8	Crime ou délit puni de 10 ans d'emprisonnement	Crime puni de 15 ans de réclusion criminelle	Réclusion criminelle de 30 ans	Néant (récidive perpétuelle)
Art. 132-9 al. 1	Crime ou délit puni de 10 ans d'emprisonnement	Délit puni de 10 ans d'emprisonnement	Peines d'emprisonnement et d'amende doublées	10 ans (récidive temporaire)
Art. 132-9 al. 2	Crime ou délit puni de 10 ans d'emprisonnement	Délit puni d'emprisonnement > 1 an et < 10 ans	Peines d'emprisonnement et d'amende doublées	5 ans (récidive temporaire)
Art. 132-10	Délit puni d'une peine d'emprisonnement < 10 ans	Délit identique ou assimilé par la loi (récidive spéciale)	Peines d'emprisonnement et d'amende doublées	5 ans (récidive temporaire)
Art. 132-11	Contravention de la 5e classe*	Contravention identique (récidive spéciale)	Peine d'amende doublée = 3 000 €	1 an (récidive temporaire)

* seulement dans les cas expressément prévus par le règlement.

TABLEAU DES CAS DE RÉCIDIVE PRÉVUS POUR LES PERSONNES MORALES

	1er terme de la récidive (condamnation)	2d terme de la récidive (infraction)	Peine encourue pour la nouvelle infraction	Délai de commission de la nouvelle infraction
Art. 132-12	Crime ou délit puni d'une amende de 100 000 €	Crime	Peine d'amende doublée et peines prévues par l'art.131-39 CP	Néant (récidive perpétuelle)
Art. 132-13 al. 1	Crime ou délit puni d'une amende de 100 000 €	Délit puni d'une amende de 100 000 €	Peine d'amende doublée et peines prévues par l'art.131-39 CP	10 ans (récidive temporaire)
Art. 132-13 al. 2	Crime ou délit puni d'une amende de 100 000 €	Délit puni d'une amende < 100 000 € et > 15 000 €	Peine d'amende doublée et peines prévues par l'art.131-39 CP	5 ans (récidive temporaire)
Art. 132-14	Délit puni d'une amende < 100 000 €	Délit identique ou assimilé (récidive spéciale)	Peine d'amende doublée	5 ans (récidive temporaire)
Art. 132-15	Contravention de la 5e classe*	Contravention identique (récidive spéciale)	Peine d'amende doublée	1 an (récidive temporaire)

* seulement dans les cas expressément prévus par le règlement.

⏭ POUR ALLER PLUS LOIN...

– J.-H. ROBERT, Les murailles de silicium. Commentaire de la loi n° 2005-1549 du 12 décembre 2005 relative au traitement de la récidive des infractions pénales, JCP G 2006, I, 116 ; Dr. pén. 2006, étude 2 ; Récidive législative. Commentaire de la loi n° 2010-242 du 10 mars 2010 tendant à amoindrir les risques de récidive criminelle et portant diverses dispositions de procédure pénale, Dr. pén. 2010, étude 8

– J.-F. SEUVIC, À propos de la loi n° 2005-1549 du 12 décembre 2005 relative au traitement de la récidive des infractions pénales, Pluralité d'infractions : concours, récidive, réitération, RSC 2006, p. 352 et s

– D. THOMAS, Quelques réflexions de politique criminelle à propos de certains aspects de la loi n° 2005-1549 du 12 décembre 2005 relative au traitement de la récidive des infractions pénales, Mélanges Bouloc, Dalloz, 2007, p. 1119 et s

TITRE 10
L'EXTINCTION DES PEINES ET L'EFFACEMENT DES CONDAMNATIONS

En principe, la peine s'éteint par son exécution par le condamné. Cependant il existe d'autres causes d'extinction des peines qui sont prévues par l'article 133-1 du Code pénal à savoir le décès de la personne physique ou la dissolution de la personne morale, la grâce, l'amnistie et la prescription de la peine. Cependant, il convient de bien distinguer la disparition de la peine et celle de la condamnation. En effet, il est fréquent que la peine ne soit plus exécutoire sans pour autant que la condamnation soit effacée, c'est-à-dire qu'elle continue de figurer au casier judiciaire et qu'elle peut être prise en compte pour la récidive ou pour exclure le condamné du bénéfice d'un sursis. Dès lors, il est nécessaire de distinguer les hypothèses où l'extinction de la peine entraîne en même temps l'effacement de la condamnation et les cas où, au contraire, elle laisse subsister celle-ci. Pour compléter l'exposé, il faudra étudier les moyens qui permettent au condamné dont la peine est éteinte de faire effacer la condamnation.

À titre préliminaire, on présentera les règles afférentes au casier judiciaire, qui constitue un outil très important.

Fiche n° 42 Le casier judiciaire

⏭ L'ESSENTIEL

Le casier judiciaire sert à conserver la trace des condamnations des personnes, physiques ou morales. Il est composé de 3 bulletins comprenant des indications variables et ne pouvant être délivrés qu'à certaines personnes ou autorités. Ces indications sont effacées par le décès, l'amnistie, la réhabilitation notamment ou encore par l'écoulement du temps. Il existe des règles spéciales pour le casier judiciaire des mineurs prévoyant un retrait automatique, à la majorité, des fiches relatives aux sanctions ou mesures prononcées à leur encontre ainsi qu'un retrait facultatif pouvant être décidé par le tribunal pour enfants.

⏭ LES CONNAISSANCES

Le casier judiciaire est destiné à permettre de reconstituer le passé judiciaire des personnes, physiques ou morales. Il est, en quelque sorte, la mémoire des peines même sil contient aussi, aujourd'hui, des mentions relatives à des mesures non pénales. Son utilisation est fondamentale au point de vue juridique puisque des mesures telles que le sursis, la récidive ou la confusion des peines supposent que l'on connaisse les antécédents du condamné. On étudiera les règles générales puis celles spécifiques applicables aux mineurs.

§1 Les règles générales

Le casier judiciaire est prévu tant pour les personnes physiques que pour les personnes morales.

Le casier judiciaire de chaque **personne physique** peut recevoir un certain nombre d'indications énoncées par l'article 768 du CPP. Il s'agit :

1° des condamnations prononcées pour crime, délit ou contravention de la cinquième classe, ainsi que les déclarations de culpabilité assorties d'une dispense de peine ou d'un ajournement du prononcé de la peine sauf si la mention de la décision au bulletin n° 1 a été expressément exclue ;

2° les condamnations pour les contraventions des quatre premières classes dès lors qu'est prise, à titre principal ou complémentaire, une mesure d'interdiction, de déchéance ou d'incapacité ;

3° les décisions prononcées par application des articles 8, 15, 15-1, 16, 16 *bis* et 28 de l'ordonnance n° 45-174 du 2 février 1945 relative à l'enfance délinquante *(à compter du 1er octobre 2020 : décisions prononçant à l'égard d'un mineur une mesure éducative, une dispense de mesure éducative ou une déclaration de réussite éducative en application du titre Ier du livre Ier du Code de justice pénale des mineurs)* ;

4° les décisions disciplinaires prononcées par l'autorité judiciaire ou par une autorité administrative lorsqu'elles entraînent ou édictent des incapacités ;

5° les jugements prononçant la faillite personnelle ou l'interdiction prévue par l'article L. 653-8 du Code de commerce ;

6° les jugements prononçant la déchéance de l'autorité parentale ou le retrait de tout ou partie des droits y attachés ;

7° les arrêtés d'expulsion pris contre les étrangers ;

8° les condamnations prononcées par les juridictions étrangères qui, en application d'une convention ou d'un accord internationaux, ont fait l'objet d'un avis aux autorités françaises ou ont été exécutées en France à la suite du transfèrement des personnes condamnées ;

9° les compositions pénales dont l'exécution a été constatée par le procureur de la République ;

10° les décisions d'irresponsabilité pénale pour cause de trouble mental lorsqu'une hospitalisation d'office a été ordonnée en application de l'article 706-135 ou lorsqu'une ou plusieurs des mesures de sûreté prévues par l'article 706-136 ont été prononcées.

Concernant les **personnes morales**, l'article 768-1 énonce que le casier judiciaire comporte :

1° les condamnations pour crime, délit ou contravention de la cinquième classe ;

2° les condamnations pour les contraventions des quatre premières classes, dès lors qu'est prise, à titre principal ou complémentaire, une mesure d'interdiction, de déchéance, d'incapacité, ou une mesure restrictive de droit ;

3° les déclarations de culpabilité assorties d'une dispense de peine ou d'un ajournement, avec ou sans injonction, du prononcé de la peine ;

4° les condamnations prononcées par les juridictions étrangères qui, en application d'une convention ou d'un accord internationaux, ont fait l'objet d'un avis aux autorités françaises.

Les mentions du casier judiciaire figurent sur 3 bulletins différents.

Le bulletin n° 1 comporte le relevé intégral des fiches, selon l'article 774 du CPP. Ce bulletin, très complet, ne peut être **communiqué qu'aux seules autorités judiciaires**.

Le bulletin n° 2 ne comprend qu'un certain nombre d'indications, énumérées par l'article 775 du CPP *(pour les personnes morales, V. CPP, art. 775-1, A)*. **N'y figurent pas notamment, les mesures concernant les mineurs délinquants, les condamnations pour contraventions ou les condamnations ayant fait l'objet d'une réhabilitation de plein droit ou judiciaire**. Ce bulletin peut être diffusé auprès d'un certain nombre de personnes prévues par l'article 776 *(CPP, art. 776-1, pour les personnes morales)* notamment la personne elle-même et les administrations. Il faut noter que **la loi autorise la juridiction pénale à décider que la condamnation ne sera pas mentionnée au bulletin n° 2, à la demande du condamné** *(CPP, art. 775-1)*.

Enfin, **au bulletin n° 3, qui n'existe que pour les personnes physiques,** ne sont inscrites que les mentions :

1° des condamnations à des peines privatives de liberté d'une durée supérieure à deux ans qui ne sont assorties d'aucun sursis ou qui doivent être exécutées en totalité par l'effet de révocation du sursis ;

2° des condamnations à des peines privatives de liberté de la nature de celles visées au 1° ci-dessus et d'une durée inférieure ou égale à 2 ans, si la juridiction en a ordonné la mention au bulletin n° 3 ;

3° des condamnations à des interdictions, déchéances ou incapacités prononcées sans sursis, en application des articles 131-6 à 131-11 du Code pénal, pendant la durée des mesures ;

4° des décisions prononçant le suivi socio-judiciaire ou l'interdiction d'exercer une activité professionnelle ou bénévole impliquant un contact habituel avec des mineurs, pendant la durée de la mesure *(CPP, art. 777)*.

Ce bulletin n° 3 ne peut être communiqué qu'à la personne concernée.

Les mentions du casier judiciaire ne sont pas éternelles. Il existe donc un **système d'apurement du casier judiciaire**. Les mentions sont effacées notamment lorsque le condamné atteint l'âge de 120 ans *(CPP, art. R. 70)*, en cas de décès du condamné ou de dissolution de la personne morale, d'amnistie, de réhabilitation, de révision pour cause d'erreur judiciaire etc. En tout état de cause, après 40 ans comptés à partir de la condamnation, il y a automatiquement effacement de toutes les mentions sauf en cas de condamnation pour des faits imprescriptibles et si, naturellement, il n'y a pas eu de nouvelle condamnation depuis *(CPP, art. 769, al. 2)*.

Il existe enfin des règles particulières relatives à certaines mentions, comme celles des dispenses de peines ou des condamnations pour contravention à l'expiration d'un délai de 3 ans à compter du jour où la condamnation est devenue définitive *(CPP, art. 769, al. 4, 5°)*.

§2 Les règles spéciales applicables aux mineurs

Comme on l'a vu, l'article 768 du CPP prévoit l'inscription au casier judiciaire des mesures prononcées à l'égard des mineurs. Il existe cependant un **mécanisme de retrait automatique du casier judiciaire** des fiches relatives aux mesures prononcées à l'encontre du mineur, à l'expiration d'un délai de 3 ans à compter du jour où la mesure a été prononcée si la personne n'a pas, pendant ce délai, soit subi de condamnation à une peine criminelle ou correctionnelle, soit exécuté une composition pénale, soit fait l'objet d'une nouvelle mesure prononcée en application de l'ordonnance de 1945.

Les fiches effacées sont celles concernant les mesures de placement dans divers établissements, prévues par les articles 8, 15, 15-1, 16, 16 *bis* et 28 de l'ordonnance [n° 45-174] du 2 février 1945 *(CPP, art. 769, al. 4, 7°)*.

À compter du 1er octobre 2020, date d'entrée en vigueur du CJPM, le texte prévoit l'effacement des fiches relatives aux mesures éducatives, aux dispenses de mesure éducative et aux déclarations de réussite éducative prononcées à l'encontre d'un mineur.

Outre ce système de retrait de plein droit, l'article 770 du CPP a prévu un retrait facultatif et judiciaire des fiches concernant les condamnations de mineurs. **Jusqu'au 1er octobre 2020**, le texte prévoit que ce retrait peut être demandé par le mineur ou le ministère public mais aussi décidé d'office par le tribunal pour enfants. Il suppose d'une part que la rééducation du mineur apparaisse comme acquise et d'autre part qu'un délai de 3 ans se soit écoulé depuis la décision de condamnation. La décision peut être prise même si le condamné est devenu majeur et le tribunal statue en dernier ressort, c'est-à-dire sans appel. Le texte prévoit que la fiche relative à la condamnation est détruite.

L'article 770, alinéa 4, du CPP étend ce système aux jeunes majeurs, c'est-à-dire aux condamnations prononcées pour des faits commis par une personne âgée de 18 à 21 ans. Le texte précise toutefois que cette suppression de la condamnation ne peut intervenir qu'après que les peines privatives de liberté ont été subies et que les amendes ont été payées et après l'accomplissement des peines complémentaires qui auraient été prononcées pour une durée déterminée.

À partir du 1er octobre 2020, l'article 770 énonce que le retrait du casier judiciaire d'une décision concernant un mineur peut être décidé dans les conditions prévues à l'article L. 631-4 du CJPM. Ce texte reprend le dispositif énoncé ci-dessus et l'article 770, alinéas 2 et 3, maintient la possibilité du retrait des fiches concernant les condamnations prononcées pour des faits commis entre 18 et 21 ans.

POUR ALLER PLUS LOIN…

– G. LORHO, JCl. Procédure pénale, Art. 768 à 781, fasc. 20

Fiche n° 43 L'extinction de la peine entraînant l'effacement de la condamnation

⏭ L'ESSENTIEL

Dans certains cas, l'extinction de la peine a pour conséquence l'effacement de la condamnation. Deux situations produisent cet effet : le décès de la personne physique ou la dissolution de la personne morale ainsi que l'amnistie.

L'amnistie est une mesure de clémence prise par le législateur en faveur de certaines personnes auteurs d'infractions, qui retire aux faits commis leur caractère d'infraction punissable. Elle efface les condamnations prononcées et entraîne la remise de toutes les peines, qui ne peuvent être exécutées parce que la condamnation est censée n'avoir jamais existé. Elle ne peut cependant préjudicier aux tiers, notamment aux victimes des faits.

⏭ LES CONNAISSANCES

Il existe deux causes d'extinction de la peine qui entraînent également l'effacement des condamnations : le décès de la personne physique ou la dissolution de la personne morale et l'amnistie.

§1 Le décès de la personne physique et la dissolution de la personne morale

Selon l'article 133-1, alinéa 1er, **le décès du condamné ou la dissolution de la personne morale reconnue pénalement responsable empêchent ou arrêtent l'exécution de la peine.** L'article R. 70 du CPP précise que ces évènements ont pour effet d'effacer la condamnation du casier judiciaire. Cet effet du décès ou de la dissolution s'explique par le principe de la personnalité des peines, en vertu duquel une peine ne saurait être exécutée par un autre que le condamné.

> **Attention** Cependant, **cet effet extinctif ne s'applique pas aux peines pécuniaires ni à la confiscation.**

(C. pén., art. 133-1)
En effet, l'article 133-1 dispose que « *toutefois, il peut être procédé au recouvrement de l'amende et des frais de justice ainsi qu'à l'exécution de la confiscation après le décès du condamné ou après la dissolution de la personne morale jusqu'à la clôture des opérations de liquidation* ».

L'explication de cette disposition repose sur le principe de la transmission successorale du patrimoine du défunt, pour les personnes physiques du moins. Il existe ainsi une dette formée par l'amende, qui est transmise aux héritiers.

On ajoutera que la référence aux frais de justice est dépourvue de portée pour les personnes physiques dès lors que, depuis la loi n° 93-2 du 4 janvier 1993, les frais de justice criminelle sont à la charge de l'État. En revanche, les personnes morales sont redevables de ces frais, sauf décision contraire des juges *(CPP, art. 800-1, al. 3)*.

§2 L'amnistie

L'amnistie consiste dans une mesure spéciale de clémence décidée par le législateur en faveur de certaines personnes ayant commis des infractions, qui a pour effet de retirer aux faits commis leur caractère d'infraction punissable. Elle peut avoir pour objectif d'effacer un passé récent troublé (évènements insurrectionnels ou faits commis dans le cadre d'un conflit armé).

Un second but possible peut être la mise à plat d'une situation juridique confuse dans un domaine précis. On peut citer, par exemple, la loi n° 90-55 du 15 janvier 1990 dont l'article 19 a amnistié les faits relatifs au financement des partis politiques.

Enfin, il existe une troisième sorte d'amnistie, qui n'avait aucun fondement autre qu'une soi-disant tradition, à savoir les amnisties consécutives aux élections du président de la République.

Les règles générales relatives à l'amnistie figurent aux articles 133-9 à 133-11 du Code pénal, mais il faut préciser qu'elles ne s'appliquent qu'à défaut de dispositions contraires de la loi d'amnistie. L'on verra successivement les conditions puis les effets de l'amnistie.

I. Les conditions de l'amnistie

Il existe deux sortes d'amnistie : **l'amnistie réelle**, accordée en fonction de la nature ou de la gravité des infractions et **l'amnistie personnelle**, accordée en prenant en considération une qualité ou une attitude particulière du délinquant. En pratique, il est fréquent que, dans une même loi d'amnistie, figurent des dispositions relevant des deux types d'amnistie en même temps.

Le critère le plus souvent utilisé par le législateur est la nature des infractions, comme par exemple, les contraventions au Code de la route ou les délits de presse. En général, la loi exclut de son domaine d'application les infractions les plus graves, comme la conduite en état d'ivresse ou les infractions fiscales. Parfois, le critère est celui de la gravité de la peine encourue. Par exemple, peuvent être amnistiées les infractions punies d'une peine inférieure à 2 ans d'emprisonnement.

L'amnistie personnelle est plus rare. Il s'agit par exemple d'amnistier toutes les infractions accomplies par des mineurs ou par des combattants dans un conflit armé. Dans ce cas, la cause d'extinction de la peine ne profite qu'aux personnes remplissant les qualités visées, à l'exclusion des coauteurs ou complices, contrairement à l'amnistie réelle.

II. Les effets de l'amnistie

Aux termes de l'article 133-9 du Code pénal, **l'amnistie efface les condamnations prononcées et elle entraîne la remise de toutes les peines**. Les peines, de quelque nature qu'elles soient, ne peuvent donc être exécutées parce que la condamnation est censée n'avoir jamais existé. L'effet extinctif de l'amnistie est donc plus puissant que celui du décès ou de la dissolution, qui laissent la possibilité de faire recouvrir les amendes. À ce titre, le texte précise seulement que l'amnistie ne peut donner lieu à restitution, ce qui signifie que si le condamné a déjà acquitté l'amende, il ne peut en réclamer le remboursement au Trésor public.

La disparition de la condamnation produit un autre effet non négligeable indiqué par le texte : l'amnistie *« rétablit l'auteur ou le complice de l'infraction dans le bénéfice du sursis qui avait pu lui être accordé lors d'une condamnation antérieure »*. Cette disposition vise donc le cas où la condamnation amnistiée a été la cause de la révocation d'un sursis.

Il faut noter également que **l'amnistie empêche une poursuite qui n'aurait pas encore débuté puisqu'elle constitue une cause d'extinction de l'action publique** *(CPP, art. 6)*.

> (C. pén., art. 133-11)
> Le Code pénal prévoit également, à l'article 133-11, qu'*« il est interdit à toute personne qui, dans l'exercice de ses fonctions, a connaissance de condamnations pénales, de sanctions disciplinaires ou professionnelles ou d'interdictions, déchéances et incapacités effacées par l'amnistie, d'en rappeler l'existence sous quelque forme que ce soit ou d'en laisser subsister la mention dans un document quelconque »*.

Cette disposition est destinée à donner toute son efficacité à l'amnistie. La condamnation amnistiée est donc effacée du casier judiciaire *(CPP, art. 769, al. 3)*. En revanche, l'article 133-11 précise expressément que cet effacement de la condamnation ne peut aller jusqu'à faire disparaître les minutes des jugements ou arrêts de condamnation. En pratique, **les lois d'amnistie créent systématiquement un délit consistant précisément dans le rappel des condamnations amnistiées.**

Enfin, il faut noter que l'amnistie ne peut préjudicier aux tiers *(C. pén., art. 133-10)*. Notamment, la mesure de publication de la condamnation, ordonnée à titre de réparation pour la victime, doit être exécutée nonobstant l'amnistie *(C. pén., art. 133-11)*. Plus généralement, cela signifie que si l'amnistie fait disparaître la condamnation pénale, elle n'empêche pas l'exécution des condamnations civiles. Si l'amnistie intervient en cours de procès, les lois d'amnistie prévoient en général que la juridiction pénale reste compétente pour statuer sur les intérêts civils.

⏭ POUR ALLER PLUS LOIN...

- J.-M. GONNARD, JCl. Pénal Code, Art. 133-9 à 133-11, fasc. 20
- B. PY, Rép. pén. Dalloz, *V°* Amnistie
- C. SAAS, JCl. Pénal Code, Art. 133-1, fasc. 20

Fiche n° 44 L'extinction de la peine sans effacement de la condamnation

L'ESSENTIEL

Dans certaines situations, l'extinction de la peine n'entraîne pas l'effacement de la condamnation. C'est le cas de la prescription de la peine, de la grâce et du relèvement.

La prescription consiste dans l'écoulement d'un certain temps après la condamnation qui empêche, pour l'avenir, l'exécution de la peine. Lorsque la prescription est acquise, la peine ne peut plus être exécutée mais la condamnation ne disparaît pas.

Le droit de grâce est un pouvoir conféré au seul Président de la République, par la Constitution, de dispenser le condamné d'exécuter en tout ou partie sa peine ou de substituer à celle-ci une autre sanction. La grâce est accordée ou non, de manière discrétionnaire et elle peut être individuelle ou collective.

Le relèvement est une cause d'extinction des peines accessoires et complémentaires consistant en des interdictions, incapacités ou déchéances. Il doit être demandé au juge qui décide de manière discrétionnaire de l'accorder ou non.

LES CONNAISSANCES

Trois évènements ont pour conséquence d'empêcher l'exécution de la peine sans pour autant effacer la condamnation. Il s'agit de la prescription de la peine, de la grâce et du relèvement.

§1 La prescription

La prescription est un **mécanisme juridique qui fait produire des effets à l'écoulement du temps. En l'occurrence, cet effet est extinctif, l'écoulement d'un certain temps après la condamnation ayant pour conséquence de faire obstacle à la mise à exécution de la peine.**

On invoque divers arguments pour justifier cette cause d'extinction de la peine. L'on affirme d'abord qu'il est nécessaire d'oublier, après un certain temps, les faits commis dans le passé. Par conséquent, si la peine n'a pas été exécutée, son exécution tardive perd sa signification. En outre, l'inexécution de la peine résulte *a priori* d'une carence de l'autorité publique qui est chargée de l'exécution. La prescription serait donc une sorte de sanction de cette carence. La dernière justification consiste à dire que si la peine n'a pas été exécutée, c'est parce que le condamné s'est dissimulé pour y échapper. Ici la prescription apparaît comme une sorte de prime pour le condamné qui s'est puni lui-même en devant vivre clandestinement.

Ces arguments sont plus ou moins convaincants et on notera simplement que certaines infractions échappent à la prescription, tant de l'action publique que de la peine, comme les crimes contre l'humanité *(CPP, art. 7, al. 3)*. En outre, **seules les peines qui supposent un acte de mise à exécution sont prescriptibles**. Aussi, les peines privatives de droit telles que les interdictions, déchéances ou incapacités, s'appliquent de plein droit au moment de la condamnation définitive et ne sont donc pas soumises à la prescription.

Les délais de prescription de la peine varient en fonction de la nature de l'infraction. Ils sont, en principe, de 20 ans pour les crimes *(C. pén., art. 133-2)*, **6 ans pour les délits** *(C. pén., art. 133-3)* **et 3 ans pour les contraventions** *(C. pén., art. 133-4)*. Certaines infractions sont traitées d'une manière particulière, telles que le terrorisme et le trafic de stupéfiants, pour lesquels le délai est de 30 ans s'il s'agit de crimes et 20 ans s'il s'agit de délits *(C. pén., art. 133-2, al. 2, et 133-3, al. 2)*. **Le point de départ du délai est le jour où la condamnation est devenue définitive.**

La **prescription peut être interrompue par les actes ou décisions** du ministère public, des juridictions de l'application des peines et, pour les peines d'amende ou de confiscation relevant de leur compétence, du Trésor ou de l'Agence de gestion et de recouvrement des avoirs saisis et confisqués (AGRASC), **qui tendent à son exécution** *(CPP, art. 707-1, al. 5)*. Si tel est le cas, le délai recommence à zéro à chaque acte d'exécution.

> **Attention** Dès lors que la prescription est acquise, la peine ne peut plus être mise à exécution mais en revanche la condamnation n'est pas effacée par la prescription. Par conséquent elle compte pour la récidive et peut empêcher l'octroi du sursis. L'effacement de la condamnation ne peut être obtenu que par la voie de la réhabilitation légale ou judiciaire.

§2 La grâce

Le droit de grâce est un **pouvoir conféré au seul Président de la République**, par l'article 17 de la Constitution de la Ve République, **de dispenser le condamné d'exécuter en tout ou partie sa peine ou de substituer à celle-ci une autre sanction**. Il s'agit d'une survivance historique issue de l'ancien Régime, le Roi disposant à cette époque d'un pouvoir d'agir directement dans le fonctionnement de la justice. Le droit de grâce a revêtu une **importance fondamentale à l'époque où la peine de mort était prévue** en droit français, puisque, lorsque le condamné à mort voyait son pourvoi en cassation rejeté, il ne pouvait plus échapper à la peine capitale qu'en sollicitant la grâce présidentielle.

La grâce ne peut bénéficier qu'aux personnes qui sont définitivement condamnées et dont la peine est exécutoire. Elle ne peut donc s'appliquer à une peine avec sursis ou prescrite par exemple. Hormis cette précision, **ce droit régalien n'est pas encadré et la grâce peut donc porter sur une peine d'une nature quelconque, et le Président de la République n'a pas à justifier sa décision d'octroi ou de refus de la mesure de clémence**. La **décision** qui est un décret n'est, de toute façon, **susceptible d'aucun recours**. En pratique, il peut s'agir de libérer une personne âgée ou malade ou un condamné dans une affaire où une erreur judiciaire est suspectée. Par ailleurs, la grâce peut être pure et simple ou soumise à condition comme l'absence d'une nouvelle condamnation dans un certain délai par exemple.

La grâce peut être individuelle et, dans ce cas, elle ne répond à aucune forme précise. Les demandes sont examinées d'abord par le ministère de la Justice qui effectue une sélection, et seuls les cas sérieux sont présentés au Président de la République. **La grâce peut aussi être collective** et dans ce cas, c'est le Président de la République qui prend l'initiative.

L'article 133-7 du Code pénal indique que **la grâce emporte seulement dispense d'exécuter la peine**. Il s'en déduit que la condamnation n'est pas effacée du casier judiciaire, qu'elle compte pour la récidive et peut empêcher l'obtention d'un sursis. L'effacement de la condamnation ne peut être obtenu que par réhabilitation.

En outre, la grâce ne fait obstacle au droit pour la victime d'obtenir l'indemnisation de son préjudice, ce qui est logique *(C. pén., art. 133-8)*.

§3 Le relèvement

(C. pén., art. 132-21, al. 2)
Selon l'article 132-21, alinéa 2, *« toute personne frappée d'une interdiction, déchéance ou incapacité quelconque qui résulte de plein droit, en application*

de dispositions particulières, d'une condamnation pénale, peut, par le jugement de condamnation ou par jugement ultérieur, être relevée en tout ou partie, y compris en ce qui concerne la durée, de cette interdiction, déchéance ou incapacité, dans les conditions fixées par le Code de procédure pénale ».

Le relèvement possède un champ d'application limité puisqu'il **ne peut s'appliquer qu'aux interdictions, déchéances, incapacités résultant de plein droit de la condamnation, ou prononcées à titre de peines complémentaires** *(CPP, art. 702-1)*. En d'autres termes, il s'agit d'une cause d'extinction qui **ne s'applique qu'aux peines accessoires et complémentaires,** si elles consistent en des interdictions, incapacités ou déchéances. On peut citer par exemple une interdiction de séjour, une interdiction d'exercice d'une activité professionnelle ou une suspension du permis de conduire.

Le Code pénal a supprimé, en principe les peines accessoires, mais, en pratique, elles subsistent dans des textes ne faisant pas partie du Code pénal (V. Fiche n° 36). C'est la raison pour laquelle le relèvement, en tant que procédé d'extinction des peines, a été maintenu. **Le condamné peut donc solliciter le relèvement dès le stade de la condamnation, auquel cas celui-ci apparaît davantage comme un obstacle au prononcé de la peine plutôt qu'une cause de son extinction. Il peut être sollicité postérieurement** par le condamné, la demande devant être portée devant la juridiction qui a rendu la décision de condamnation *(CPP, art. 702-1)*.

Il faut noter que si la demande porte sur une peine accessoire, résultant de plein droit de la condamnation, elle peut être faite sans aucun délai. En revanche, si le relèvement vise une interdiction ou une incapacité prononcée à titre de peine complémentaire, l'article 702-1, alinéa 3 du CPP impose un délai minimum de 6 mois après la décision de condamnation.

Le juge dispose d'une grande liberté d'appréciation puisque le Code pénal l'autorise à y faire droit en totalité ou partiellement ou encore à modifier la durée de la peine accessoire ou complémentaire. Il n'a pas à motiver d'une manière particulière sa décision, favorable ou non au délinquant. Il s'agit donc d'une mesure discrétionnaire.

Il est évident que le relèvement qui ne porte que sur certaines peines ne saurait avoir pour effet de faire disparaître la condamnation elle-même. Ici encore, seule la réhabilitation permet l'effacement de la condamnation.

⏭ POUR ALLER PLUS LOIN...

– D. DASSA-LE DEIST, JCl. Pénal Code, Art. 133-2 à 133-6, fasc. 20

– C. ÉTIENNE et J.-B. PERRIER, JCl. Pénal Code, Art. 133-7 et 133-8, fasc. 20

Fiche n° 45 La réhabilitation

L'ESSENTIEL

La réhabilitation permet, dans les cas où la peine est éteinte sans effacement de la condamnation, de faire disparaître celle-ci du casier judiciaire. Elle suppose une extinction réelle ou fictive de la peine. Elle peut être légale et automatique par l'effet de l'écoulement du temps ou judiciaire, sans que le juge soit obligé de l'accorder. La réhabilitation produit des effets proches de l'amnistie mais est moins favorable que celle-ci.

LES CONNAISSANCES

Comme on l'a vu, certaines causes d'extinction de la peine laissent subsister la condamnation : il s'agit de l'exécution de la peine, de la prescription, de la grâce et du relèvement. L'effacement de la condamnation du casier judiciaire ne peut, dans toutes ces situations, avoir lieu que par le moyen de la réhabilitation. On rappellera seulement, avant d'étudier plus précisément cette institution, que lorsqu'une peine est assortie du sursis, il existe une cause particulière d'effacement de la condamnation qui est le non-avenu.

On peut définir, de manière générale, **la réhabilitation comme la technique qui permet au condamné d'être rétabli dans son honneur, du fait de l'effacement de la condamnation et de toutes les déchéances, interdictions et incapacités qui lui sont liées.**

Il convient d'analyser les conditions puis les effets de la réhabilitation.

§1 Les conditions de la réhabilitation

En théorie, la réhabilitation suppose l'exécution préalable de la peine principale à laquelle l'agent a été condamné.

> (C. pén., art. 133-17)
> Cependant, le législateur prévoit que *« pour l'application des règles sur la réhabilitation, la remise gracieuse d'une peine équivaut à son exécution »*.

Il faut comprendre que le législateur se contente du fait que la peine ait été exécutée même fictivement. Par conséquent, la réhabilitation des peines prescrites est possible.

Il existe **2 sortes de réhabilitation**. La première joue automatiquement alors que la seconde, judiciaire, suppose une requête du condamné en ce sens.

I. La réhabilitation légale de plein droit

La réhabilitation légale est prévue par le Code pénal. Elle suppose **l'écoulement d'un délai après la condamnation, à l'issue duquel la réhabilitation sera acquise de plein droit**. Ces délais varient en fonction de la nature de l'infraction qui a été l'objet de la condamnation. Bien entendu, la réhabilitation ne bénéficie qu'aux personnes qui, pendant ce délai, n'auront pas de nouveau été condamnées à une peine criminelle ou correctionnelle *(C. pén., art. 133-13, al. 1er)*. Le point de départ du délai est la date à laquelle la peine a été exécutée complètement, que l'exécution soit réelle ou fictive. Lorsqu'il s'agit de condamnations assorties en tout ou partie du sursis, du sursis probatoire ou du sursis avec obligation d'accomplir un TIG, les délais de réhabilitation courent à compter de la date à laquelle la condamnation est non avenue *(C. pén., art. 133-13, al. 6)*.

Ces **délais** sont, aux termes de l'article 133-13 du Code pénal, de :
- **3 ans en cas de condamnation à une amende ou à des jours-amende** ;
- **5 ans en cas de condamnation unique à une peine d'emprisonnement n'excédant pas un an ou à une peine autre que pécuniaire ou privative de liberté ;**
- **10 ans en cas de condamnation unique à un emprisonnement de 10 ans au plus ou en cas de condamnations multiples dont l'ensemble ne dépasse pas 5 ans.**

Ces délais sont doublés lorsque la personne a été condamnée pour des faits commis **en état de récidive légale.**

Pour les personnes morales, l'article 133-14 prévoit un seul délai de 5 ans, en cas de condamnation à l'amende ou en cas de condamnation à une peine autre que l'amende ou la dissolution. Le délai est également doublé lorsque la personne a été condamnée pour des faits commis en état de récidive légale.

Comme on le remarque, **toutes les peines ne sont pas susceptibles de réhabilitation légale et c'est notamment le cas de la réclusion criminelle**. C'est pourquoi le législateur a prévu la possibilité d'une réhabilitation judiciaire, qui suppose une requête du condamné et qui n'est donc pas automatique. Même si la réhabilitation légale peut avoir lieu, l'intérêt de la réhabilitation judiciaire peut tenir aux délais, qui sont plus courts.

II. La réhabilitation judiciaire

En principe, c'est le condamné lui-même qui fait la requête en réhabilitation mais le CPP permet, en cas de décès de celui-ci, à son conjoint, ses descendants et ascendants de poursuivre la procédure que le condamné avait engagée de son vivant *(CPP, art. 785)*. Cependant, dans cette hypothèse ces personnes doivent agir au plus tard dans l'année du décès.

L'article 785, alinéa 2 du CPP précise que la demande en réhabilitation doit porter sur l'ensemble des condamnations prononcées qui n'ont pas été effacées par une réhabilitation antérieure.

La réhabilitation judiciaire suppose que le condamné a exécuté sa peine, mais en outre, il doit ici avoir payé les amendes et les dommages-intérêts auxquels il a pu être condamné *(CPP, art. 788)*. Cette condition n'existe pas pour la réhabilitation légale. Dans le cas particulier de la prescription de la peine, cette condition n'est pas exigée mais le législateur se montre plus sévère par ailleurs. L'article 787, alinéa 4 du CPP prévoit en effet que les condamnés qui ont prescrit contre l'exécution de leur peine sont tenus de justifier l'absence pendant le délai de prescription de toute condamnation pour crime ou délit et d'une « conduite irréprochable ».

Il existe également des délais pour former la demande en réhabilitation *(CPP, art. 786)*. Ils sont pour les personnes physiques de :
- **5 ans pour les condamnés à une peine criminelle ;**
- **3 ans pour les condamnés à une peine correctionnelle ;**
- **1 an pour les condamnés à une peine contraventionnelle.**

Ce délai commence à courir, pour les condamnés à une amende, du jour où la condamnation est devenue irrévocable et, pour les condamnés à une peine privative de liberté, du jour de leur libération définitive ou conditionnelle *(CPP, art. 786)*.

Pour les personnes morales, le délai unique est de 2 ans *(CPP, art. 799)*.

C'est la chambre de l'instruction qui est seule compétente pour statuer sur les demandes de réhabilitation judiciaire *(CPP, art. 783)*. La demande doit être adressée au procureur de la République qui l'instruit puis transmet la demande au procureur général, avec son avis, aux fins de saisine de la chambre de l'instruction. La décision de cette juridiction peut faire l'objet d'un pourvoi en cassation *(CPP, art. 795)* et en cas de rejet de la demande, il n'est pas possible de la réitérer avant 2 ans *(CPP, art. 797)*.

§2 Les effets de la réhabilitation

Selon l'article 133-16 du Code pénal, modifié à plusieurs reprises, la réhabilitation produit les mêmes effets que ceux qui sont prévus par les articles 133-10 et 133-11 du Code pénal, c'est-à-dire les effets de l'amnistie, et elle efface toutes les incapacités et déchéances qui résultent de la condamnation. Cependant, **la réhabilitation n'interdit pas la prise en compte de la condamnation, par les seules autorités judiciaires, en cas de nouvelles poursuites, pour l'application des règles sur la récidive légale**.

De plus, **en cas de condamnation à une peine de suivi socio-judiciaire ou d'interdiction d'exercer une activité professionnelle ou bénévole impliquant un contact habituel avec des mineurs, la réhabilitation ne produit ses effets qu'à la fin de la mesure** et elle ne produit ses effets qu'à l'issue d'un délai de 40 ans lorsqu'a été prononcée, comme peine complémentaire, une interdiction, incapacité ou déchéance à titre définitif *(C. pén., art. 133-16, al. 2)*.

Il résulte donc de ces dispositions que **la condamnation n'est pas, par l'effet de la réhabilitation, effacée du casier judiciaire, contrairement à celle qui est amnistiée**. Ceci est confirmé par le fait que le législateur énonce que l'effacement de la condamnation n'est possible, en cas de réhabilitation judiciaire, que si la juridiction saisie ordonne la suppression de la condamnation du casier judiciaire *(CPP, art. 769, al. 4, 8°)*. Il pourra aussi être demandé, en cas de réhabilitation légale, en vertu de l'article 798-1 du CPP, qui énonce que la personne qui bénéficie de la réhabilitation légale peut demander à la chambre de l'instruction que cette condamnation soit retirée du casier judiciaire et ne soit plus mentionnée au bulletin n° 1.

On terminera en évoquant le sort des condamnations qui ne bénéficient pas de la réhabilitation légale ou judiciaire, parce que cette dernière a été rejetée, par exemple. L'article 775-2 du CPP prévoit que la mention des condamnations ne pouvant donner lieu à réhabilitation de plein droit peut être exclue du bulletin n° 2 du casier judiciaire sur simple requête du condamné mais après un délai de 20 ans à compter de sa libération définitive ou de sa libération conditionnelle non révoquée, et à condition de ne pas avoir été condamné, dans ce délai à une peine criminelle ou correctionnelle.

⏭ POUR ALLER PLUS LOIN…

– J.-F. DREUILLE, JCl. Pénal Code, Art. 133-12 à 133-17, fasc. 20

– M. HERZOG-EVANS, Rép. pén. Dalloz, *V°* Réhabilitation

P@RTIE 2

LES INFRACTIONS CONTRE LES PERSONNES

Le Livre II du Code pénal, consacré aux infractions dirigées contre les personnes, est divisé en deux titres respectivement intitulés *« Des crimes contre l'humanité et contre l'espèce humaine »* et *« Des atteintes à la personne humaine »*. On remarquera, d'une part, que le législateur a mis l'accent, symboliquement, sur la protection de la personne humaine alors que le code pénal antérieur commençait par définir les infractions « contre la chose publique », c'est-à-dire les intérêts fondamentaux de la Nation et de l'État, d'autre part, que les intérêts protégés sont ceux des personnes physiques uniquement même si certaines des infractions définies par le Livre II peuvent avoir des personnes morales comme victimes. Ainsi, les discriminations ou la dénonciation calomnieuse ne protègent pas que les humains mais aussi les être moraux.

En premier lieu, **c'est la vie humaine, valeur sociale supérieure à toute autre, qui est l'objet d'une protection** contre les actes qui y portent atteinte. En deuxième lieu, le législateur **incrimine les actes qui atteignent l'intégrité physique des personnes**, dans le prolongement de la protection de la vie elle-même. Sont ainsi réprimés tous les actes, intentionnels ou non, qui ont pour conséquence ou qui sont seulement susceptibles d'entraîner des blessures, physiques ou psychologiques, pour les personnes. En troisième lieu, c'est **l'intimité ou l'intégrité sexuelle** qui est protégée par les textes, le consentement des personnes jouant ici un rôle fondamental dans la constitution des infractions telles que le viol ou les agressions sexuelles. Le Code pénal réprime ensuite la **liberté d'aller et venir, la dignité ainsi que la personnalité**, par diverses infractions qui pour certaines ont une valeur essentiellement symbolique comme la réduction en esclavage par exemple.

LA PROTECTION DE LA VIE HUMAINE

LA PROTECTION DE L'INTÉGRITÉ PHYSIQUE

LA PROTECTION DE L'INTÉGRITÉ SEXUELLE

LES ATTEINTES AUX LIBERTÉS

LES ATTEINTES À LA DIGNITÉ

TITRE 1

LA PROTECTION DE LA VIE HUMAINE

La vie constitue indéniablement la valeur sociale la plus importante qui soit, en droit français mais aussi en droit international, comme en atteste le fait que l'article 2 de la Conv. EDH et l'article 6 du Pacte international relatif aux droits civils et politiques de l'ONU proclament un droit à ne pas être privé de la vie, sauf exceptions limitées.

Le législateur la protège au travers de diverses incriminations qui, lorsqu'elles sont intentionnelles, sont toutes punies de peines criminelles. Certaines sont très anciennes, comme le meurtre, l'empoisonnement ou l'homicide involontaire, alors que d'autres ont une origine plus récente, liée, soit à des événements historiques, comme les crimes contre l'humanité, soit aux progrès scientifiques, comme les crimes contre l'espèce humaine, les évolutions techniques étant sont susceptibles de donner de nouveaux moyens de porter atteinte à la vie.

On remarquera cependant que **la protection de la vie n'est pas absolue** comme en témoigne le fait que l'interruption de la grossesse, qui consiste à supprimer la vie de l'embryon, soit largement autorisée par le Code de la santé publique *(CSP, art. L. 2211-1 et s.)*, même si le Code pénal a maintenu un délit d'interruption de la grossesse sans le consentement de la femme enceinte *(C. pén., art. 223-10 et 223-11)*, le Code de la santé publique contenant également des textes répressifs dans ce domaine, qui n'ont, semble-t-il, jamais reçu la moindre application *(CSP, art. L. 222-1 à L. 222-4)*. On rappellera également que la légitime défense, reconnue par l'article 2 de la Conv. EDH, conduit à admettre la possibilité pour la victime d'une agression de tuer l'auteur de celle-ci (V. Fiche 19).

Ces différentes infractions seront étudiées, dans l'ordre retenu par le Code pénal.

Fiche n° 46 Les crimes contre l'humanité

L'ESSENTIEL

L'incrimination des crimes contre l'humanité s'est faite à l'issue d'un processus historique et juridique complexe dont le point de départ a été le procès des grands criminels nazis devant le Tribunal de Nüremberg. Les infractions figurant aujourd'hui dans le Code pénal possèdent une nature originale, leur origine de droit international influençant tant leur définition même que leur régime juridique.

Outre les crimes contre l'humanité proprement dits, il existe des infractions complémentaires, au sein et en dehors du Code pénal, comme la contestation de ces crimes.

LES CONNAISSANCES

L'incrimination des crimes contre l'humanité constitue une innovation de la partie spéciale du Code pénal de 1994. Le particularisme de ces infractions impose une étude spécifique qui doit débuter par le rappel de l'origine historique de ces incriminations et se poursuivre par l'analyse des éléments constitutifs des différents crimes contre l'humanité et de leur régime juridique.

§1 L'origine de la répression des crimes contre l'humanité

C'est l'horreur suscitée par la découverte, à la fin de la seconde guerre mondiale, des camps d'extermination nazis qui est à l'origine de la création des crimes contre l'humanité par un traité international, **l'Accord de Londres, signé le 8 août 1945** par les États-Unis, l'URSS, la Grande-Bretagne et la France. Il est apparu nécessaire de punir de manière particulière une criminalité d'une telle ampleur, les incriminations classiques d'assassinat, de violences ou de viols apparaissant insuffisantes. L'accord de Londres, en même temps qu'il créait le **Tribunal de Nüremberg**, destiné à juger les criminels nazis, définissait ces crimes comme *« l'assassinat, l'extermination, la réduction en esclavage, la déportation et tout autre acte inhumain commis contre toutes populations civiles, avant ou pendant la guerre ; ou bien les persécutions pour des motifs politiques, raciaux ou religieux » (art. 6, c du statut du Tribunal de Nüremberg).*

L'originalité de l'infraction apparaît déjà au travers de sa source, exclusivement de droit international, dans un premier temps. Cette particularité s'est perpétuée puisque de nombreux autres textes internationaux ont repris la notion de crime contre l'humanité. Outre le statut du Tribunal militaire international de Tokyo, destiné à juger les crimes commis par les japonais pendant la seconde guerre mondiale, on peut citer la Convention de l'ONU du 9 décembre 1948 pour la prévention et la répression du génocide, ratifiée par la France en 1950 ou celle de l'ONU du 26 décembre 1968 sur l'imprescriptibilité des crimes de guerre et des crimes contre l'humanité.

Une deuxième originalité consiste dans le fait que **l'infraction apparaissait, dès l'origine, comme possédant une nature internationale, supposant une criminalité d'État réprimée par une juridiction internationale**. Or, le Tribunal de Nüremberg et celui de Tokyo n'avaient qu'une compétence temporaire et limitée. Aussi la question se posait de savoir si l'on pourrait poursuivre devant les juridictions internes des personnes pour crimes contre l'humanité. Cette question s'est révélée très grave en raison du fait que de nombreux criminels nazis avaient échappé à la répression. Le problème fut donc d'abord d'ordre procédural, consistant à savoir si les crimes contre l'humanité devaient se voir appliquer le régime de droit commun de la prescription de l'action publique.

C'est à cette question de forme qu'a voulu répondre le législateur par une **loi [n° 64-1326] du 26 décembre 1964, qui est venue préciser que les crimes contre l'humanité étaient imprescriptibles par nature, sans pour autant les réprimer expressément**.

Jurisprudence

C'est au moyen de cette seule disposition que **la chambre criminelle de la Cour de cassation a construit une véritable théorie des crimes contre l'humanité**, à l'occasion de la poursuite de K. Barbie et de P. Touvier. Elle a d'abord affirmé que ces crimes étaient « des crimes de droit commun commis dans certaines circonstances et pour certains motifs précisés dans le texte qui les définit » *(Cass. crim., 6 févr. 1975, n° 74-91.949)*, ce qui permettait de les poursuivre devant des juridictions internes. Puis elle a donné une définition générale, dont le législateur s'est par la suite inspiré, en énonçant que **constituent des crimes contre l'humanité « les actes inhumains et les persécutions qui, au nom d'un État pratiquant une politique d'hégémonie idéologique, ont été commis de façon systématique non seulement contre des personnes en raison de leur appartenance à une collectivité raciale ou religieuse, mais aussi contre les adversaires de cette politique, quelle que soit la forme de leur opposition »** *(Cass. crim., 20 déc. 1985, n° 85-95.166)*.

La jurisprudence a encore précisé que cette définition n'était applicable qu'aux crimes commis lors de la seconde guerre mondiale « pour le compte d'un pays européen de l'Axe » *(Cass. crim., 27 nov. 1992, n° 92-82.409)*.

Cette précision conduit à considérer que la qualification de crime contre l'humanité ne peut s'appliquer à d'autres faits, quelle que soit leur gravité, commis en dehors de ce contexte particulier. Par exemple, une poursuite pour des faits commis pendant la guerre d'Algérie est impossible et l'entrée en vigueur du Code pénal, qui incrimine désormais expressément ces infractions, ne change pas la solution, en vertu du principe de la non-rétroactivité des lois pénales de fond plus sévères. Cette position de la jurisprudence imposait que le législateur prévoit dans le Code pénal la répression des crimes contre l'humanité, afin de permettre de punir les faits commis après le 1er mars 1994.

§2 Les éléments constitutifs des crimes contre l'humanité

Le législateur, qui s'est largement inspiré de la construction jurisprudentielle de la Cour de cassation, distingue le crime de génocide des autres crimes contre l'humanité et il prévoit des délits complémentaires.

I. Le génocide

Le crime de génocide constitue le plus grave des crimes contre l'humanité.

(C. pén., art. 211-1)

Il est défini, par l'article 211-1, comme « *le fait, en exécution d'un plan concerté tendant à la destruction totale ou partielle d'un groupe national, ethnique, racial ou religieux, ou d'un groupe déterminé à partir de tout autre critère arbitraire, de commettre ou de faire commettre, à l'encontre de membres de ce groupe, l'un des actes suivants :*
- *atteinte volontaire à la vie ;*
- *atteinte grave à l'intégrité physique ou psychique ;*
- *soumission à des conditions d'existence de nature à entraîner la destruction totale ou partielle du groupe ;*
- *mesure visant à entraver les naissances ;*
- *transfert forcé d'enfants* ».

Cette définition est la reprise de celle figurant à l'article 2 de la Convention **pour la prévention et la répression du crime de génocide du 9 décembre 1948,** ce qui montre que l'infraction demeure une infraction de droit international d'abord.

Le génocide est le plus significatif des crimes contre l'humanité parce que c'est l'élimination totale et massive d'un ensemble de personnes appartenant à un même groupe qui est l'objet de la répression même s'il n'est pas nécessaire que cette élimination soit totalement réalisée. **L'élément matériel de l'infraction se concrétise soit**

par des faits qui sont déjà réprimés en droit commun (meurtre, atteintes graves à l'intégrité physique), soit par des faits qui ne sont réprimés qu'au titre de cette infraction, comme la soumission à des conditions d'existence pouvant entraîner la destruction du groupe, formule relativement vague qui pourrait correspondre au fait d'affamer une population, par exemple.

Il faut noter également que les personnes responsables sont celles qui commettent ou qui font commettre ces actes. Ainsi, **le donneur d'ordre ou l'instigateur est punissable au même titre que les exécutants**.

Au titre de l'élément moral, **l'infraction est intentionnelle** comme tous les crimes. Il semble que **cette intention ne suppose pas seulement la conscience et la volonté d'accomplir les actes ou de les faire accomplir mais qu'une intention spéciale ou renforcée soit exigée, puisque le texte fait référence à un plan concerté tendant à la destruction du groupe considéré.** Il apparaît logique d'exiger que soit vérifiée chez le criminel cette **intention de s'associer à une telle entreprise de destruction du groupe**. En ce sens, la **Cour de cassation** a jugé, dans une affaire où les textes du Code pénal ont été appliqués à des faits commis au Rwanda en 1994, que **le génocide exige la preuve de l'intention de détruire, en tout ou partie, un groupe national, ethnique, racial ou religieux** tandis que le crime contre l'humanité exige la preuve que le crime a été commis dans le cadre d'une attaque généralisée ou systématique dirigée contre une population civile *(Cass. crim., 16 oct. 2019, n° 18-84.608).*

En pratique, il sera souvent difficile pour l'agent de nier l'intention, en raison de la nature des actes perpétrés et de leur caractère systématique et massif. On notera encore que ce plan concerté peut être celui d'un État, comme c'était le cas de l'Allemagne nazie, mais qu'il peut être celui d'une simple organisation, dès lors qu'elle présente une certaine importance et des moyens de mettre en œuvre ce plan.

II. Les autres crimes contre l'humanité

> (C. pén., art. 212-1)
> L'article 212-1 complète la répression en incriminant d'autres actes qui doivent également être commis en exécution d'un plan concerté, ***« à l'encontre d'un groupe de population civile dans le cadre d'une attaque généralisée ou systématique ».***

Les actes visés sont le meurtre, l'extermination, la réduction en esclavage, la déportation ou le transfert forcé de population, l'emprisonnement ou toute autre forme de privation grave de liberté physique en violation des dispositions fondamentales du droit international, la torture, le viol, la prostitution forcée, la grossesse forcée, la stérilisation forcée ou toute autre forme de violence sexuelle de gravité comparable, la persécution de tout groupe ou de toute collectivité identifiable pour des motifs d'ordre politique, racial, national, ethnique, culturel, religieux ou sexiste ou en fonction d'autres critères universellement reconnus comme inadmissibles en droit international, la disparition forcée, les actes de ségrégation commis dans le cadre d'un régime institutionnalisé d'oppression systématique et de domination d'un groupe racial sur tout autre groupe racial ou tous autres groupes raciaux et dans l'intention de maintenir ce régime, les autres actes inhumains de caractère analogue causant intentionnellement de grandes souffrances ou des atteintes graves à l'intégrité physique ou psychique.

De nouveau, ces formules sont issues ou inspirées de textes internationaux, et notamment du Statut de la Cour pénale internationale de La Haye (art. 7), qui est compétente pour juger les crimes contre l'humanité et les crimes de guerre. Elles renvoient donc à des crimes qui existent en droit français, comme le meurtre ou le viol, mais aussi à des actes qui ne sont pas incriminés en tant que tel comme les *« actes de ségrégation commis dans le cadre d'un régime institutionnalisé d'oppression systématique etc. »*. Cependant, le point commun réside dans le **caractère de persécution systématique d'une population civile** que doivent présenter ces actes.

En outre, selon l'article 212-2, ces crimes contre l'humanité peuvent être commis, non seulement contre une population civile par hypothèse non combattante, mais aussi, en temps de guerre, en exécution d'un plan concerté contre ceux qui combattent le système idéologique au nom duquel sont perpétrés ces crimes. En d'autres termes, les victimes des actes peuvent être soit des civils, soit des personnes qui combattent ou résistent à ceux qui mettent en œuvre le plan concerté.

Jurisprudence

Selon la Cour de cassation, **le crime contre l'humanité exige la preuve que les faits ont été commis dans le cadre d'une attaque généralisée ou systématique dirigée contre une population civile** *(Cass. crim., 16 oct. 2019, n° 18-84.608)*.

L'intention requise suppose que les auteurs s'associent à un plan concerté, comme pour le génocide.

III. Les infractions complémentaires

Le Code pénal comprend 2 incriminations complémentaires.

La première concerne le génocide seulement et réprime la **provocation publique et directe, par tous moyens, à commettre un génocide** si cette provocation a été suivie d'effet (*C. pén., art. 211-2)*. Il n'est pas certain que cette incrimination présente un réel intérêt dès lors que la provocation suivie d'effet peut être réprimée en tant que complicité *(C. pén., art. 121-7, al. 2)*. En revanche, **le texte réprime également la provocation non suivie d'effet**, ce qui est d'un intérêt répressif indéniable.

La seconde incrimination complémentaire figure à l'article 212-3 et concerne le génocide et les autres crimes contre l'humanité. Il s'agit de la participation à un groupement formé ou à une entente établie en vue de la préparation, caractérisée par un ou plusieurs faits matériels, de l'un des crimes. Autrement dit, est réprimée **l'association de malfaiteurs en vue de commettre des crimes contre l'humanité.**

Il convient d'ajouter que, en dehors du Code pénal, d'autres délits complètent la répression. Il s'agit, en premier lieu, de la **contestation des crimes contre l'humanité, tels qu'ils sont définis par le statut du Tribunal de Nüremberg**, délit prévu par l'article 24 *bis*, alinéa 1er, de la loi du 29 juillet 1881 sur la liberté de la presse (un an d'emprisonnement et 45 000 € d'amende).

Jurisprudence

Ce délit a été retenu notamment à l'encontre des « révisionnistes », prétendant nier, par exemple, l'existence des camps d'extermination nazis durant la seconde guerre mondiale ou le nombre des victimes qui y ont trouvé la mort *(Cass. crim., 17 juin 1997, n° 94-85.126)*.

Le même texte, en son alinéa 2, incrimine, depuis la loi n° 2017-86 du 27 janvier 2017, le fait de nier, minorer ou banaliser de façon outrancière l'existence d'un crime de génocide autre que ceux mentionnés au premier alinéa, d'un autre crime contre l'humanité, d'un crime de réduction en esclavage ou d'exploitation d'une personne réduite en esclavage ou d'un crime de guerre défini aux articles 6, 7 et 8 du statut de la Cour pénale internationale signé à Rome le 17 juillet 1998 et aux articles 211-1 à 212-3, 224-1 A à 224-1 C et 461-1 à 461-31 du Code pénal, lorsque ce crime a donné lieu à une condamnation prononcée par une juridiction française ou internationale. **Le but du législateur a donc été d'élargir le domaine d'application de la contestation de crimes contre l'humanité en visant ceux qui ont été commis après la seconde guerre mondiale, à condition qu'ils aient fait l'objet d'une condamnation.**

§3 Le régime juridique des crimes contre l'humanité

I. Règles de fond

Les crimes contre l'humanité visés par les articles 211-1, 212-1 et 212-2 sont tous punis, pour **les personnes physiques**, de la même peine, à savoir la **réclu-**

sion criminelle à perpétuité. Cette même peine est également encourue en cas de provocation suivie d'effet à commettre un génocide et en cas de participation à une association de malfaiteurs en vue de commettre un crime contre l'humanité. Il n'existe qu'un seul délit dans le Code pénal : la provocation non suivie d'effet, punie de 7 ans d'emprisonnement et de 100 000 € d'amende *(C. pén., art. 211-2, al. 2)*.

Les peines complémentaires sont prévues aux articles 213-1 et 213-2 et le législateur prévoit une période de sûreté sauf pour la provocation aux crimes.

S'agissant des **personnes morales**, l'article 213-3 énonce qu'elles encourent une peine d'amende, qui est ici d'un million d'euros *(C. pén., art. 131-38)*, ainsi que les peines mentionnées à l'article 131-39 et la confiscation de tout ou partie des biens leur appartenant (confiscation du patrimoine).

La **tentative est incriminée** dans tous les cas où les faits sont criminels, y compris pour l'association de malfaiteurs ou la provocation suivie d'effet alors qu'elle n'est guère concevable pour ces infractions.

La complicité de droit commun peut être retenue mais l'article 213-4-1 réprime une hypothèse très originale **de complicité par abstention du supérieur hiérarchique** (V. Fiche n° 16). Ce texte énonce qu'est considéré comme complice d'un crime contre l'humanité commis par des subordonnés placés sous son autorité et son contrôle effectifs, « *le chef militaire ou la personne qui en faisait fonction, qui savait ou, en raison des circonstances, aurait dû savoir que ces subordonnés commettaient ou allaient commettre ce crime et qui n'a pas pris toutes les mesures nécessaires et raisonnables qui étaient en son pouvoir pour en empêcher ou en réprimer l'exécution ou pour en référer aux autorités compétentes aux fins d'enquête et de poursuites* ». Le texte traite de la même manière le « *supérieur hiérarchique, n'exerçant pas la fonction de chef militaire* » qui, notamment, n'a pas empêché ses subordonnés de commettre les crimes contre l'humanité. Ces textes ont été introduits afin de mettre le droit français en adéquation avec l'article 28 du statut de la Cour pénale internationale, qui réprime cette forme de complicité se caractérisant par un « non-empêchement » des actes commis par les subordonnés.

Le Code pénal précise également un point, qui fit l'objet de discussion lors du procès de Nüremberg, où certains criminels prétendirent n'avoir fait qu'exécuter des ordres émanant de leurs supérieurs. L'article 213-4 précise en effet que **le fait justificatif tiré de l'ordre de la loi ou du commandement de l'autorité légitime ne peut exonérer le criminel de sa responsabilité**. En réalité, cette précision ne s'imposait pas dès lors que l'article 122-4 du Code pénal, applicable à toutes les infractions, indique que la personne qui commet une infraction en exécution d'un commandement de l'autorité légitime n'est irresponsable que si l'ordre n'est pas manifestement illégal (V. Fiche n° 21).

Jurisprudence

Or, il semble évident que **l'ordre de commettre un crime contre l'humanité est manifestement illégal,** ce qu'a d'ailleurs jugé la Cour de cassation, dans l'affaire Papon, à propos de l'exécution de directives concernant la déportation de juifs, émanant du gouvernement de Vichy *(Cass. crim., 23 janv. 1997, n° 96-84.822).*

II. Règles procédurales

L'action publique afférente aux crimes contre l'humanité prévus par les articles 211-1 à 212-3 est imprescriptible *(CPP, art. 7, al. 3)* et que **les peines prononcées contre les auteurs ou complices sont également imprescriptibles** *(C. pén., art. 133-2, al. 3).*

En outre, le législateur a créé un article 689-11 au sein du CPP afin de **faciliter la répression des crimes contre l'humanité et de compléter le rôle normalement tenu par la Cour pénale internationale**. Ce texte énonce que peut être poursuivie et jugée par les juridictions françaises toute personne qui réside habituellement sur le territoire de la République et qui s'est rendue coupable à l'étranger de l'un des crimes relevant de la compétence de la Cour pénale internationale, si les faits sont punis par la législation de l'État où ils ont été commis ou si cet État ou l'État dont elle a la nationalité est partie à la convention précitée. Il ne s'agit donc pas d'une hypothèse de compétence universelle car des conditions relatives à l'État sur le territoire duquel les crimes ont été commis, sont prévues.

La poursuite ne peut être exercée qu'à la requête du ministère public si aucune juridiction internationale ou nationale ne demande la remise ou l'extradition de la personne. À cette fin, le ministère public s'assure auprès de la Cour pénale internationale qu'elle décline expressément sa compétence et vérifie qu'aucune autre juridiction internationale compétente pour juger la personne n'a demandé sa remise et qu'aucun autre État n'a demandé son extradition.

Enfin, on notera que certaines associations sont habilitées, par l'article 2-4 du CPP, à exercer les droits reconnus à la partie civile en cas de poursuite de crimes contre l'humanité. Il s'agit des associations régulièrement déclarées depuis au moins 5 ans à la date des faits, qui ont pour objet de combattre les crimes contre l'humanité ou les crimes de guerre ou de défendre les intérêts moraux et l'honneur de la Résistance ou des déportés. Le même droit est accordé aux fondations reconnues d'utilité publique.

POUR ALLER PLUS LOIN…

- O. BEAUVALLET, JCl. Pénal Code, Art. 211-1 à 213-5, fasc. 20
- B. BEIGNIER, Le bon grain et l'ivraie : le négationnisme, contrefaçon de l'histoire, JCP G 2017, 2050
- J. FRANCILLON, La pénalisation des discours apologétiques et négationnistes, RSC 2015, p. 877
- M. MASSÉ, Le crime contre l'humanité à la croisée des chemins, RSC 1991, p. 404

Fiche n° 47 Les crimes contre l'espèce humaine

L'ESSENTIEL

Il existe deux principaux crimes contre l'espèce humaine : l'eugénisme et le clonage reproductif, l'objectif du législateur étant d'empêcher les dérives de la science pouvant conduire à chercher à sélectionner les êtres humains dès leur conception et donc à éliminer ceux qui ne correspondraient pas à des critères déterminés. La participation à une association de malfaiteurs en vue de préparer ces crimes est également réprimée sévèrement.

LES CONNAISSANCES

Les crimes contre l'espèce humaine ont été intégrés au sein du Livre II du Code pénal par la loi n° 2004-800 du 6 août 2004 relative à la bioéthique, l'eugénisme existant déjà depuis une loi n° 94-653 du 29 juillet 1994 mais figurant dans le Livre V. Le législateur a donc souhaité symboliquement donner une place plus importante à ces crimes en les plaçant au même rang que les crimes contre l'humanité. Deux infractions principales sont prévues, l'eugénisme et le clonage reproductif.

§1 Analyse des infractions

Il convient de décrire successivement le crime d'eugénisme, celui de clonage reproductif et l'association de malfaiteurs en vue de commettre ces crimes.

I. Le crime d'eugénisme

Ce crime consiste dans le **fait de mettre en œuvre une pratique eugénique tendant à l'organisation de la sélection des personnes** *(C. pén., art. 214-1)*. L'élément matériel suppose donc des actes ayant un but déterminé, ce qui permet de considérer qu'il s'agit d'une **infraction formelle parce qu'elle constitue l'incrimination spéciale d'une tentative de sélection eugénique**. En outre, s'agissant d'un crime, la tentative est elle-même punissable et la répression peut donc être mise en œuvre très tôt, ce qui correspond à la notion d'attentat (V. Fiche n° 9).

Cependant, une difficulté importante résulte de l'imprécision des termes utilisés. Celui d'eugénisme renvoie à des techniques scientifiques destinées à l'amélioration de la race humaine et peut recouvrir aussi bien des procédés positifs visant à développer des éléments génétiques considérés comme meilleurs que des procédés négatifs consistant à supprimer des éléments jugés néfastes. En réalité, le législateur a eu pour **objectif d'incriminer les manipulations génétiques faites dans le but d'améliorer l'espèce humaine**, sans pour autant interdire toute intervention d'ordre génétique, lorsqu'il s'agit de lutter contre les maladies génétiques, comme le précise l'article 16-4, alinéa 4, du Code civil.

En outre, le crime suppose que la pratique eugénique soit organisée, ce qui implique, semble-t-il, des actes visant une pluralité de personnes.

S'agissant de l'élément moral, **l'intention est requise** et elle comprend la **volonté de commettre les actes dans le but particulier qui est l'organisation de la sélection des personnes** mais on peut penser, en pratique, que la nature même des actes ne laisse guère de doute sur leur finalité. Aucune précision n'est donnée sur les auteurs de l'infraction, qui peuvent être aussi bien des scientifiques pratiquant des manipulations génétiques interdites que d'autres personnes, se trouvant, en tant qu'auteur moral, à l'origine d'une pratique eugénique.

II. Le crime de clonage reproductif

Le deuxième crime contre l'espèce humaine consiste dans le **fait de procéder à une intervention ayant pour but de faire naître un enfant génétiquement identique à une autre personne vivante ou décédée** *(C. pén., art. 214-2)*. De nouveau, l'infraction recouvre des actes dirigés vers une finalité et constitue un **crime formel**, consommé même si aucun enfant cloné n'est obtenu par l'intervention parce que celle-ci serait, par exemple, inefficace.

L'élément matériel est décrit de manière très vague et peut donc recouvrir toute technique ou procédé matériel ou non.

> Le but recherché doit être la naissance d'un enfant génétiquement identique à une autre personne, vivante ou morte. Si la technique du clonage a déjà été mise en œuvre sur des animaux, elle semble n'être pas encore applicable à l'être humain et c'est précisément le but du législateur de l'empêcher en le réprimant. Le texte vise, apparemment, le clone parfait ce qui pose la question de savoir s'il est applicable dans l'hypothèse où existeraient des différences minimes entre l'être créé et le modèle. Enfin, ce dernier doit être une personne, ce qui a pour conséquence que le clonage d'un embryon, par utilisation de cellules souches embryonnaires, ne constitue pas le crime mais un délit *(C. pén., art. 511-19-1 ou 511-19-2)*.

Le crime est intentionnel et peut être commis par toute personne, qu'il s'agisse d'un scientifique ou non.

III. L'association de malfaiteurs

Un troisième crime est prévu par l'article 214-4 du Code pénal. Il s'agit de la participation à un groupement formé ou à une entente établie en vue de la préparation, caractérisée par un ou plusieurs faits matériels, du crime d'eugénisme ou du crime de clonage reproductif. Il s'agit, comme pour les crimes contre l'humanité, d'une déclinaison de l'infraction d'association de malfaiteurs, prévu par l'article 450-1 du Code pénal ne présentant pas de particularités (V. Fiche n° 74).

§2 Régime juridique des infractions

I. Répression

Les crimes d'eugénisme et de clonage reproductif sont punis, pour les **personnes physiques**, de **30 ans de réclusion criminelle et de 7 500 000 € d'amende**. La participation à l'association de malfaiteurs est punie de la réclusion à perpétuité et de la même peine d'amende.

Si les **faits sont commis en bande organisée, la peine encourue est portée à la réclusion à perpétuité** alors que la peine d'amende reste identique *(C. pén., art. 214-3)*.

Une période de sûreté est prévue seulement en cas de crime commis en bande organisé et pour l'association de malfaiteurs.

Les peines complémentaires sont prévues par les articles 215-1 et 215-2.

Pour les personnes morales, la peine d'amende est d'un montant maximum de 37 500 000 € et les peines énumérées par l'article 131-39 sont également applicables, tout comme la confiscation de tout ou partie des biens, meubles ou immeubles, divis ou indivis de la personne morale ainsi que l'interdiction d'exercer une fonction de prestataire de formation professionnelle continue pour une durée de 5 ans *(C. pén., art. 215-3)*.

La **tentative est incriminée**, s'agissant de crimes, et elle peut aisément se concevoir.

II. Prescription de l'action publique

Par dérogation au droit commun, **l'action publique relative aux crimes contre l'espèce humaine ainsi que les peines prononcées, se prescrivent par 30 ans** *(CPP, art. 7, al. 2 et C. pén., art. 133-2, al. 2)*.

En outre, pour le crime de clonage reproductif, le délai de prescription de l'action publique ne commence à courir, lorsque le clonage a conduit à la naissance d'un enfant, qu'à partir de la majorité de cet enfant *(CPP, art. 9-1)*.

POUR ALLER PLUS LOIN...

- C. BYK, JCl. Pénal Code, Art. 214-1 à 215-4, fasc. 20
- A. DORSNER-DOLIVET, De l'interdiction du clonage à la réification de l'être humain, JCP G 2004, I, 172
- A. PROTHAIS, « Tribulations d'un pénaliste au royaume de l'éthique biomédicale », JCP G 1999, I, 129 ; Un droit pénal pour les besoins de la bioéthique, RSC 2000, p. 39

Fiche n° 48 Le meurtre

L'ESSENTIEL

Le législateur réprime le meurtre, qui suppose de donner la mort à un être humain vivant, avec l'intention de le tuer. Si cette intention est renforcée par la préméditation, les peines sont plus lourdes. De même, le meurtre peut être aggravé par de nombreuses circonstances tenant aux faits ou à la personne de la victime.

En complément, le Code pénal réprime de peines correctionnelles la provocation non suivie d'effet à l'assassinat.

LES CONNAISSANCES

L'homicide intentionnel est réprimé par le Code pénal qui distingue le meurtre simple, l'assassinat, c'est-à-dire le meurtre prémédité, et les meurtres aggravés. En complément, est incriminé l'instigation non suivie d'effet à l'assassinat et à l'empoisonnement.

On analysera successivement les crimes et le délit d'instigation non suivie d'effet.

§1 Les homicides intentionnels

Le Code pénal de 1994 n'a pas maintenu l'incrimination spéciale de certains meurtres, comme le parricide ou l'infanticide, choisissant de transformer ces homicides spéciaux en meurtres aggravés. Il n'a conservé qu'un seul crime particulier, qui est l'assassinat.

I. Le meurtre simple

A Conditions d'existence de l'homicide intentionnel

Le meurtre constituant une atteinte à la vie humaine, il requiert une **condition préalable** liée à la victime. L'**acte homicide doit, en effet, être dirigé contre un être humain vivant**.

Cette condition pose le problème **de savoir si un fœtus ou un embryon, être humain qui n'a pas encore la personnalité juridique, peut être la victime du crime**. En pratique, il pourrait s'agir de coups portés à une femme enceinte dans l'intention de faire mourir l'enfant qu'elle porte. Il n'y a pas de réponse directe à cette question mais la Cour de cassation considère que l'homicide involontaire ne peut être retenu contre un enfant non encore né *(Cass. ass. plén., 29 juin 2001, n° 99-85.973 ;* V. Fiche n° 50*)*. Il semble donc qu'il faut en déduire l'exclusion de toute qualification, intentionnelle ou non, lorsque les actes sont dirigés vers un fœtus ou un embryon.

Le second problème posé est celui des actes qui sont commis, intentionnellement, contre une personne déjà décédée.

Jurisprudence

Cette question, dite de « **l'infraction impossible** », a trouvé sa solution en jurisprudence dans le sens de la répression de tels actes par le recours à la théorie de la tentative, la Cour de cassation jugeant que **le fait que la personne soit décédée alors que l'auteur la croit encore vivante, ne constitue qu'une circonstance indépendante de la volonté de l'agent**, qui n'empêche pas la constitution de la tentative *(Cass. crim., 16 janv. 1986, n° 85-95.461)*.

On rappellera enfin que l'homicide consiste à tuer autrui et non à se tuer soi-même, ce qui pour conséquence que le suicide n'est pas punissable, ce qui d'ailleurs n'aurait aucun intérêt, en pratique, en cas de réussite. En revanche, la provocation au suicide constitue un délit si elle est suivie au moins d'une tentative de suicide *(C. pén., art. 223-13 :* 3 ans d'emprisonnement et 45 000 € d'amende*)*.

L'élément matériel du meurtre consiste en un acte homicide, c'est-à-dire susceptible de causer la mort. Faute de précision légale, le moyen utilisé est indifférent, abstraction faite de l'utilisation d'un poison, auquel cas c'est la qualification spéciale d'empoisonnement qui doit être retenue, en vertu du principe d'interprétation selon lequel les lois spéciales dérogent aux lois générales. **Le meurtre peut donc se commettre par des moyens très divers** tels que l'utilisation d'armes à feu ou d'armes blanches, la strangulation ou les violences. La doctrine considère généralement que ces actes doivent être des actes positifs, ce qui exclurait donc le **meurtre par omission ou inaction**. Cependant, cette solution est discutable en raison des termes vagues utilisés par le législateur (« le fait de donner la mort ») et la seule difficulté véritable tient au lien de causalité à établir entre les actes et le résultat mortel, ce qui paraît plus difficile pour des omissions, mais il s'agit là d'un problème de preuve et non de fond. On peut remarquer, d'ailleurs, que l'homicide involontaire est très souvent causé par une omission (V. Fiche n° 50). En outre, l'argument fréquemment avancé, tiré de l'existence de délits d'omission comme l'abstention de porter secours *(C. pén., art. 223-6)* ou la privation de soins ou d'aliments envers un mineur de 15 ans *(C. pén., art. 227-15)*, qui devraient s'appliquer en présence d'une simple inaction, manque de pertinence parce que ces délits ne requièrent pas une intention de tuer mais seulement une volonté de ne pas porter secours ou de s'abstenir d'une action déterminée.

En tout état de cause, **il n'existe aucune jurisprudence affirmant que le meurtre ne peut pas être commis par une omission**.

Le meurtre exige la preuve d'une intention de tuer parfois appelée *animus necandi.* Cette intention se compose de la volonté d'accomplir des actes homicides et de la connaissance que ces derniers vont ou peuvent tuer. **Cette intention n'implique pas que l'agent ait voulu tuer une personne déterminée** dès lors qu'il est certain que son geste va tuer.

Jurisprudence

Il importe donc peu que l'intention soit indéterminée, notamment quant au nombre des victimes *(Cass. crim., 23 janv. 1985, n° 84-93.163)*. De même, l'erreur commise par l'auteur sur l'identité de la victime est sans incidence, le crime consistant à tuer une personne, quelle qu'elle soit *(Cass. crim., 4 janv. 1978, n° 77-90.947)*.

Comme pour toutes les infractions intentionnelles, s'applique la règle selon laquelle **les mobiles de l'agent sont indifférents**. Ainsi, même si les raisons du geste homicide pourraient apparaître comme non blâmables (cas de « l'euthanasie »), les faits restent un crime et les circonstances qui l'entourent peuvent seulement avoir une influence sur la peine prononcée, dans un sens favorable à l'auteur (V. Fiche n° 23).

S'agissant de la preuve de l'intention, les juges se réfèrent, notamment, aux constatations objectives telles que le moyen utilisé ou la partie du corps visée. *(V. Cass. crim., 17 déc. 2019, n° 19-86.422)*. Le problème peut cependant se poser lorsque l'auteur soutient qu'il ne voulait pas tuer mais seulement blesser car, si cette intention particulière peut être démontrée, les faits doivent être qualifiés de violences volontaires ayant entraîné la mort sans l'intention de la donner, crime puni de 15 ans de réclusion criminelle, et non de meurtre *(C. pén., art. 222-7,* V. Fiche n° 52, § 2, I*)*.

B Régime juridique

Le meurtre simple est puni, pour les personnes physiques, à titre principal de la **peine de 30 ans de réclusion criminelle**. Les peines complémentaires sont énumérées par les articles 221-8 à 221-9-1 et 221-11.

Le meurtre étant un crime, sa **tentative est punissable**, l'auteur devant avoir commis des actes d'exécution du crime sans parvenir au résultat escompté. La question de l'intention est ici primordiale car, dans le cas de coups de couteau portés à la victime, par exemple, l'hésitation est possible entre des violences avec arme et la tentative de meurtre. Il appartient alors aux juges de **rechercher quelle était l'intention réelle de l'agent**.

Pour les personnes morales, une amende est encourue, qui est d'un montant d'un million d'euros *(C. pén., art. 221-5-2 et 131-38, al. 2)*. On notera immédiatement que **ce montant reste identique pour l'assassinat et les meurtres aggravés, ce qui est critiquable** puisque ces crimes entraînent des peines plus lourdes pour les personnes physiques. Les peines prévues par l'article 131-39 du Code pénal sont également applicables.

En matière **de prescription de l'action publique**, le délai est de **20 ans** à compter de la commission du meurtre *(CPP, art. 7, al. 1er)*. Cependant, l'article 9-1 du CPP prévoit un **report du point de départ du délai en cas de dissimulation du crime jusqu'au jour où l'infraction est apparue et a pu être constatée dans des conditions permettant la mise en mouvement ou l'exercice de l'action publique**, sans toutefois que le délai de prescription puisse excéder 30 ans.

Jurisprudence

Cette question de la dissimulation du meurtre a posé des difficultés en raison du fait qu'avant la loi n° 2017-242 du 27 février 2017, la jurisprudence n'admettait pas, sans aucune raison logique, un tel report du point de départ du délai alors qu'elle l'admettait pour de simples délits. Face à cette difficulté, l'assemblée plénière de la Cour de cassation a considéré qu'en cas de dissimulation de cadavres de nouveau-nés par l'auteur de meurtres aggravés, la prescription est suspendue en raison d'un obstacle insurmontable à l'exercice des poursuites *(Cass. ass. plén., 7 nov. 2014, n° 14-83.739)*. Plus récemment, la chambre criminelle, reprenant ce principe, a jugé que la seule dissimulation d'un cadavre ne suffit pas à caractériser un tel obstacle insurmontable, la différence des solutions étant fondée sur le fait que dans la première affaire, il s'agissait de nouveau-nés tués à la naissance dont personne ne connaissait l'existence sauf la meurtrière alors que, dans la seconde, il s'agissait d'un adulte qui avait disparu *(Cass. crim., 13 déc. 2017, n° 17-83.330)*.

On ajoutera qu'en cas de condamnation pour meurtre commis par le père ou la mère sur la personne de son enfant ou de l'autre parent, la juridiction de jugement se prononce sur le retrait total ou partiel de l'autorité parentale ou sur le retrait de l'exercice de cette autorité *(C. pén., art. 221-5-5)*.

II. L'assassinat

L'assassinat diffère du meurtre simple uniquement en ce qu'il est prémédité ou commis avec guet-apens, la matérialité du crime étant identique.

A Notion de préméditation et de guet-apens

Aux termes de l'article 221-3 du Code pénal, l'assassinat est un meurtre commis avec préméditation ou guet-apens et l'article 132-72 définit la préméditation comme *« le **dessein formé avant l'action** de commettre un crime ou un délit déterminé »*. L'assassinat consiste donc à tuer en ayant réfléchi au préalable aux modalités des actes qui vont être commis.

Cependant, il n'est pas nécessaire que cette réflexion ait duré longtemps avant le passage à l'acte. Il s'agit essentiellement d'une question de fait laissée à l'appréciation des juges ou du jury criminel.

La notion **de guet-apens**, qui avait disparu en tant que telle du Code pénal au titre du meurtre, a été réintroduite à l'article 132-71-1, par une loi n° 2007-297 du 5 mars 2007. Elle a été ajoutée, en complément de la préméditation, à l'article 221-3. Selon l'article 132-71-1, le guet-apens consiste dans le **fait d'attendre un certain temps une ou plusieurs personnes dans un lieu déterminé pour commettre à leur encontre une ou plusieurs infractions**. Il ne constitue finalement qu'une forme particulière de préméditation.

B Régime juridique de l'assassinat

L'assassinat est puni, pour les personnes physiques, de la **réclusion criminelle à perpétuité** *(C. pén., art. 221-3)* et son auteur encourt les mêmes peines complémentaires que celles applicables au meurtre. Pour les personnes morales, les peines sont les mêmes que pour le meurtre.

Le texte prévoit également une période de sûreté. Lorsque la victime est un mineur de 15 ans et que l'assassinat est précédé ou accompagné d'un viol, de tortures ou d'actes de barbarie ou lorsque l'assassinat a été commis sur un magistrat, un fonctionnaire de la police nationale, un militaire de la gendarmerie, un membre du personnel de l'administration pénitentiaire ou toute autre personne dépositaire de l'autorité publique, à l'occasion de l'exercice ou en raison de ses fonctions, la cour d'assises peut, par décision spéciale, soit porter la période de sûreté jusqu'à 30 ans, soit, si elle prononce la réclusion criminelle à perpétuité, décider qu'elle s'appliquera sur la totalité de la durée de la peine. **Une telle qualification peut donc entraîner une peine dite de « perpétuité réelle ».**

Le législateur prévoit un **cas d'exemption de peine** au profit de l'auteur d'une tentative d'assassinat qui, ayant averti l'autorité administrative ou judiciaire, a permis d'éviter la mort de la victime et d'identifier, le cas échéant, les autres auteurs ou complices *(C. pén., art. 221-5-3 al. 1er)*.

Enfin, en cas de condamnation pour assassinat commis par le père ou la mère sur la personne de son enfant ou de l'autre parent, la juridiction de jugement se prononce sur le retrait total ou partiel de l'autorité parentale ou sur le retrait de l'exercice de cette autorité *(C. pén., art. 221-5-5)*.

III. Les meurtres aggravés

Le législateur prévoit un certain nombre de circonstances aggravantes du meurtre qui ont pour conséquence de faire encourir à l'auteur la peine de réclusion criminelle à perpétuité. Ces causes d'aggravation tiennent soit à la commission du meurtre avec d'autres infractions, soit à la qualité de la victime.

A Pluralité d'infractions

Le meurtre qui précède, accompagne ou suit un autre crime est puni de la réclusion criminelle à perpétuité *(C. pén., art. 221-2, al. 1er)*. Cette **circonstance aggravante de concomitance** n'existe que si l'autre infraction est également un crime, nécessairement différent du premier, en ce sens que si le même acte tue deux personnes, il n'y a pas concomitance mais concours réel d'infractions. Cet autre crime doit être commis par le même auteur et doit être réalisé soit en même temps, soit avant, soit après le meurtre. Il pourrait s'agir, par exemple, du criminel qui tue sa victime après l'avoir violée.

Une autre **circonstance aggravante dite de corrélation** est également prévue avec le même effet sur la peine *(C. pén., art. 221-2, al. 2)*. Il s'agit du cas où le meurtre a pour objet soit de préparer ou de faciliter un délit, soit de favoriser la fuite ou d'assurer l'impunité de l'auteur ou du complice d'un délit. Le meurtre n'est ici que l'accessoire d'une autre infraction moins grave. Il s'agit, par exemple, du vol au cours duquel le propriétaire des lieux est tué. La différence avec la concomitance réside dans le fait, d'une part, qu'il n'est pas nécessaire que l'auteur du meurtre soit celui du délit, puisque le meurtre peut être commis pour permettre la fuite ou l'impunité du délinquant. D'autre part, le texte n'impose pas qu'il y ait unité de temps et de lieu entre les infractions, le meurtre pouvant être commis plusieurs jours après le délit par exemple.

B Circonstances aggravantes liées à la qualité de la victime

De nombreuses circonstances aggravantes du meurtre sont liées à la qualité de la victime *(C. pén., art. 221-4)*. Est ainsi réprimé de la réclusion à perpétuité le meurtre :

- sur un mineur de 15 ans ;
- sur un ascendant légitime ou naturel ou sur les père ou mère adoptifs ;
- sur une personne dont la particulière vulnérabilité, due à son âge, à une maladie, à une infirmité, à une déficience physique ou psychique ou à un état de grossesse, est apparente ou connue de son auteur ;

- sur un magistrat, un juré, un avocat, un officier public ou ministériel, un militaire de la gendarmerie nationale, un fonctionnaire de la police nationale, des douanes, de l'administration pénitentiaire ou toute autre personne dépositaire de l'autorité publique, un sapeur-pompier professionnel ou volontaire, un gardien assermenté d'immeubles ou de groupes d'immeubles ou un agent exerçant pour le compte d'un bailleur des fonctions de gardiennage ou de surveillance des immeubles à usage d'habitation, dans l'exercice ou du fait de ses fonctions, lorsque la qualité de la victime est apparente ou connue de l'auteur ;
- sur un enseignant ou tout membre des personnels travaillant dans les établissements d'enseignement scolaire, sur un agent d'un exploitant de réseau de transport public de voyageurs ou toute personne chargée d'une mission de service public, ainsi que sur un professionnel de santé, dans l'exercice ou du fait de ses fonctions, lorsque la qualité de la victime est apparente ou connue de l'auteur ;
- sur le conjoint, les ascendants ou les descendants en ligne directe ou sur toute autre personne vivant habituellement au domicile des personnes mentionnées dans les deux cas précédents, en raison des fonctions exercées par ces dernières ;
- sur un témoin, une victime ou une partie civile, soit pour l'empêcher de dénoncer les faits, de porter plainte ou de déposer en justice, soit en raison de sa dénonciation, de sa plainte ou de sa déposition ;
- par plusieurs personnes agissant en bande organisée ;
- par le conjoint ou le concubin de la victime ou le partenaire lié à la victime par un pacte civil de solidarité ou l'ancien conjoint, concubin ou partenaire *(C. pén., art. 132-80, al. 2)* ;
- contre une personne en raison de son refus de contracter un mariage ou de conclure une union.

Le texte précise ici également qu'une période de sûreté est applicable avec la même possibilité que dans le cas de l'assassinat, de la porter à 30 ans ou de l'appliquer à la totalité de la peine, dans les mêmes hypothèses (V. *supra*).

Il faut encore noter que la loi n° 2017-86 du 27 janvier 2017 a généralisé **deux circonstances aggravantes liées à un mobile raciste ou discriminatoire, ou lié à l'orientation sexuelle**.

Ces circonstances étaient déjà applicables à certaines infractions comme le meurtre mais elles possèdent désormais un domaine d'application très large. Le dispositif figure aux articles 132-76 et 132-77 du Code pénal.

Le premier de ces textes énonce que **lorsqu'un crime ou un délit est précédé, accompagné ou suivi de propos, écrits, images, objets ou actes de toute nature qui soit portent atteinte à l'honneur ou à la considération de la victime ou d'un groupe de personnes dont fait partie la victime à raison de son appartenance ou de sa non-appartenance, vraie ou supposée, à une prétendue race, une ethnie,**

une nation ou une religion déterminée, soit établissent que les faits ont été commis contre la victime pour l'une de ces raisons, le maximum de la peine privative de liberté encourue est relevé ainsi qu'il suit :

1° il est porté à la réclusion criminelle à perpétuité lorsque l'infraction est punie de 30 ans de réclusion criminelle ;

2° il est porté à 30 ans de réclusion criminelle lorsque l'infraction est punie de 20 ans de réclusion criminelle ;

3° il est porté à 20 ans de réclusion criminelle lorsque l'infraction est punie de 15 ans de réclusion criminelle ;

4° il est porté à 15 ans de réclusion criminelle lorsque l'infraction est punie de 10 ans d'emprisonnement ;

5° il est porté à 10 ans d'emprisonnement lorsque l'infraction est punie de 7 ans d'emprisonnement ;

6° il est porté à 7 ans d'emprisonnement lorsque l'infraction est punie de 5 ans d'emprisonnement ;

7° il est porté au double lorsque l'infraction est punie de 3 ans d'emprisonnement au plus.

S'agissant donc du meurtre, les peines sont portées à la réclusion à perpétuité et on remarquera que ce mécanisme n'est applicable qu'aux personnes physiques puisqu'ils n'aggravent que les peines privatives de liberté.

L'article 132-77 prévoit un **système d'aggravation identique** lorsqu'un crime ou un délit est précédé, accompagné ou suivi de propos, écrits, images, objets ou actes de toute nature qui soit portent atteinte à l'honneur ou à la considération de la victime ou d'un groupe de personnes dont fait partie la victime **à raison de son sexe, son orientation sexuelle ou identité de genre vraie ou supposée,** soit établissent que les faits ont été commis contre la victime pour l'une de ces raisons.

Deux particularités concernant certains meurtres aggravés méritent d'être signalées.

En premier lieu, selon l'article 221-5-4, dans le cas où le meurtre est commis contre une personne en raison de son refus de contracter un mariage ou de conclure une union et à l'étranger mais à l'encontre d'une personne résidant habituellement sur le territoire français, la loi française est applicable par dérogation aux dispositions de l'article 113-7.

En second lieu, en cas de condamnation pour meurtre commis par le père ou la mère sur la personne de son enfant ou de l'autre parent, la juridiction de jugement se prononce sur le retrait de l'autorité parentale ou de l'exercice de cette autorité *(C. pén., art. 221-5-5).*

§2. Le délit d'instigation non suivie d'effet à l'assassinat

La loi n° 2004-204 du 9 mars 2004 a créé un nouveau délit figurant à l'article 221-5-1 afin de remédier, au moins en partie, à un problème ancien resté sans solution, celui de l'instigation non suivie d'effet au meurtre (V. Fiche n° 15).

I. Éléments constitutifs

Le législateur incrimine le « ***fait de faire à une personne des offres ou des promesses ou de lui proposer des dons, présents ou avantages quelconques*** ». Le texte emprunte une partie de l'article 121-7, alinéa 2, relatif à la complicité par provocation ou par fourniture d'instructions. Les juges doivent donc relever des circonstances de fait précises correspondant à ces termes et l'on peut remarquer qu'il suffit que l'auteur ait fait les offres, promesses ou propositions sans qu'il soit nécessaire de constater que l'interlocuteur les ait effectivement acceptées.

Les actes de l'auteur doivent avoir pour but la réalisation par le tiers d'un assassinat ou d'un empoisonnement et non d'un autre crime contre les personnes.

C'est exclusivement ce but qui est l'objet de la répression, le texte précisant que le crime ne doit avoir été ni commis ni tenté. En effet, si tel était le cas, la répression pourrait se faire par la complicité par provocation ou fourniture d'instructions du crime ou de sa tentative. Le délit constitue donc une **infraction formelle** c'est-à-dire une infraction qui réprime de manière autonome une tentative. On peut penser que le délit serait constitué si l'exécutant commettait une autre infraction que celle souhaitée par l'auteur, comme de simples menaces de mort par exemple.

L'auteur des actes doit avoir une **intention**, c'est-à-dire la volonté de les accomplir, en connaissance de cause, dans le but que le tiers réalise le crime. Des difficultés de preuve peuvent naturellement se présenter, en pratique.

En revanche, **l'intention de l'exécutant est indifférente** et s'il a simulé une acceptation du projet criminel uniquement pour recevoir une rémunération, par exemple, l'auteur de l'instigation n'en reste pas moins punissable. Dans tous les cas, le tiers est nécessairement de mauvaise foi, en ce sens qu'il connaît l'intention de l'auteur, même s'il ne la partage pas.

II. Répression

Le délit est puni pour les personnes physiques de 10 ans d'emprisonnement et de 150 000 € d'amende. Les personnes morales encourent une amende de 750 000 € et toutes les peines de l'article 131-39 *(C. pén., art. 221-5-2)*. Les peines complémentaires applicables aux personnes physiques sont les mêmes que pour le meurtre ou l'empoisonnement et si le délit est commis par le père ou la mère sur la personne de son enfant ou de l'autre parent, les juges se prononcent sur le retrait de l'autorité parentale ou de l'exercice de cette autorité *(C. pén., art. 221-5-5)*.

⏭ POUR ALLER PLUS LOIN...

– A. PONSEILLE, L'incrimination du mandat criminel ou l'article 221-5-1 du Code pénal issu de la loi n° 2004-204 du 9 mars 2004, Dr. pén. 2004, étude 10

– A. PROTHAIS, Notre droit pénal permet plus qu'il n'interdit en matière d'euthanasie, JCP G 2011, 536 et Dr. pén. 2011, étude 7

– J. SAINTE-ROSE, Une dépénalisation jurisprudentielle : l'enfant à naître ne peut jamais être victime d'homicide, Dr. famille, 2015, étude 13

– A. VITU, Le meurtre d'un cadavre et la théorie de l'infraction impossible, RSC 1986, p. 839

Fiche n° 49 L'empoisonnement

L'ESSENTIEL

Le crime d'empoisonnement ne constitue pas une atteinte à la vie proprement dite mais un attentat, c'est-à-dire qu'il est consommé par la seule administration d'une substance de nature à donner la mort, que la victime décède ou non. Il s'agit de l'archétype de l'infraction formelle, dont la tentative est, de surcroît, punissable. La jurisprudence considère que l'intention requise est celle de tuer mais cette interprétation est contestable.

L'empoisonnement est réprimé de la même manière que le meurtre.

LES CONNAISSANCES

Le crime d'empoisonnement, prévu par l'article 221-5 du Code pénal, était déjà réprimé dans l'ancien droit et a toujours été particulièrement redouté en raison de son caractère insidieux. Ce crime a fait l'objet d'un regain d'intérêt à l'occasion de l'affaire dite du « sang contaminé », conduisant la jurisprudence à se prononcer notamment sur son élément moral.

Les conditions préalables sont identiques à celles du meurtre (V. Fiche n° 48) et on s'intéressera donc ici à ses éléments constitutifs et à son régime juridique.

§1 Éléments constitutifs de l'empoisonnement

I. Actes matériels

L'article 221-5 du Code pénal définit l'empoisonnement comme le **fait d'attenter à la vie d'autrui par l'emploi ou l'administration de substances de nature à entraîner la mort**.

S'agissant de la notion de *« substance de nature à entraîner la mort »*, le législateur ne limite pas l'empoisonnement à la seule administration d'un poison au sens toxicologique du terme (arsenic ou strychnine, par exemple). Par conséquent, seule importe **la capacité de la substance administrée à tuer, plus ou moins rapidement, davantage que sa nature propre**.

Jurisprudence

Il peut donc s'agir d'un produit quelconque, de nature minérale ou végétale *(Cass. crim., 8 juin 1993, n° 93-81.372)*, et même de l'inoculation d'un virus dès lors qu'il est mortel.

La substance doit être administrée par n'importe quel moyen à la victime. L'auteur peut ainsi lui faire ingérer un aliment, lui faire boire un liquide, lui injecter un produit avec une seringue ou encore lui inoculer un virus lors de rapports sexuels non protégés.

L'empoisonnement se définit comme un « **attentat à la vie d'autrui** » et se consomme par l'emploi ou l'administration de la substance. Le terme d'attentat correspond à une **tentative érigée en infraction consommée**. Ainsi, l'empoisonnement apparaît comme une tentative de meurtre érigée en crime consommé, ce qui signifie que les effets de l'administration de la substance sont indifférents, l'empoisonnement étant constitué si la victime meure ou si elle survit grâce à une intervention médicale rapide. Ceci a pour conséquence de permettre une répression anticipée, avant la mort de la victime et même pour des actes antérieurs dès lors que, l'empoisonnement étant un crime, sa tentative est punissable.

Jurisprudence

Par exemple, le fait de mélanger le poison aux aliments qu'on destine à la victime n'est pas un simple acte préparatoire mais déjà une tentative d'empoisonnement (*Cass. crim., 5 févr. 1958, Bull. crim. n° 126).*

Réprimer la tentative d'empoisonnement permet donc, en définitive de punir une « tentative de tentative », ce qui est exceptionnel (V. Fiches n° 9 et 10).

II. Intention

Pendant longtemps, la question de l'intention en matière d'empoisonnement a été très peu discutée parce qu'en pratique, les auteurs poursuivis avaient toujours l'intention de tuer. C'est à l'occasion du scandale du « sang contaminé », au cours duquel la qualification d'empoisonnement a été envisagée pour poursuivre certaines personnes, que d'importantes réflexions ont été menées sur la teneur exacte de cette intention, qui ont conduit à deux conceptions. Soit on considère que l'empoisonnement est une forme de meurtre et il faut caractériser une intention de tuer ; soit on considère que ce n'est pas le cas et l'intention correspond alors à la volonté d'administrer des substances mortifères en sachant qu'elles sont capables de tuer, ce qui ne signifie pas nécessairement que l'agent veut précisément causer la mort d'autrui.

Jurisprudence

Dans **l'affaire du sang contaminé**, si les juges du fond ont pris parti en faveur de la thèse de l'intention de tuer, la Cour de cassation a évité de prendre une position claire *(V. Cass. crim., 22 juin 1994, n° 93-83.900)* jusqu'à un arrêt *(Cass. crim., 18 juin 2003, n° 02-85.199)* dans lequel elle a affirmé que « **le crime d'empoisonnement ne peut être caractérisé que si l'auteur a agi avec l'intention de donner la mort, élément moral commun à l'empoisonnement et aux autres crimes d'atteinte volontaire à la vie de la personne** ». Cette position jurisprudentielle, critiquable, semble fondée davantage sur des raisons de politique criminelle, à savoir la volonté d'en finir avec un scandale embarrassant, que sur des raisons juridiques puisqu'en imposant une intention de tuer en matière d'empoisonnement, **la Cour de cassation fait abstraction du caractère formel du crime**, en exigeant, au point de vue de l'intention, que l'agent souhaite obtenir un résultat alors que, du point de vue matériel, ce résultat est indifférent à la consommation.

Cette position jurisprudentielle conduit nécessairement à restreindre le domaine du crime et, s'agissant des cas de transmission du VIH par des relations sexuelles non protégées, la qualification d'empoisonnement est aujourd'hui systématiquement écartée au profit de celle, délictuelle, d'administration de substances nuisibles *(V. Cass. crim., 10 janv. 2006, n° 05-80.787 ;* Fiche n° 53, § 1*)*.

§2 Régime juridique de l'empoisonnement

Les auteurs personnes physiques encourent la peine de **30 ans de réclusion criminelle**, qui est portée à la **réclusion à perpétuité** lorsque sont établies les mêmes circonstances aggravantes que celles prévues pour le meurtre. Les peines complémentaires applicables aux personnes physiques sont également identiques à celles du meurtre et une période de sûreté est prévue *(C. pén., art. 221-5)*.

Les personnes morales encourent une amende d'un million d'euros ainsi que toutes les peines prévues par l'article 131-39 *(C. pén., art. 221-5-2)*.

Comme pour l'assassinat, une exemption de peine est prévue au profit de l'auteur d'une tentative d'empoisonnement qui, ayant averti l'autorité administrative ou judiciaire, a permis d'éviter la mort de la victime et d'identifier, le cas échéant, les autres auteurs ou complices *(C. pén., art. 221-5-3, al. 1er)*. En outre, aux mêmes conditions, la peine encourue par l'auteur ou le complice d'un empoisonnement consommé est ramenée à 20 ans de réclusion criminelle.

Comme on l'a dit, la tentative est incriminée, ce qui permet une grande précocité de la répression.

On notera également que si le crime est commis par le père ou la mère sur la personne de son enfant ou de l'autre parent, les juges se prononcent sur le retrait de l'autorité parentale ou de l'exercice de cette autorité (*C. pén., art. 221-5-5)*.

Enfin, la provocation non suivie d'effet à l'empoisonnement est punissable aux mêmes conditions que celles de l'instigation à l'assassinat (V. Fiche n° 48).

⏭ POUR ALLER PLUS LOIN...

- J.-P. DELMAS SAINT-HILAIRE, Sang contaminé et qualification pénale avariée, Gaz. Pal. 1992, 2, doctr. p. 673 ; L'homicide assassiné, Gaz. Pal. 1994, 1, doctr. p. 173 ; L'affaire du sang contaminé, la triple ambiguïté de l'arrêt de la chambre criminelle du 22 juin 1994 : Gaz. Pal. 1994, 2, doctr. p. 1135

- A. PROTHAIS, Tentative et attentat, LGDJ 1985 ; Dialogue de pénalistes sur le Sida, D. 1988, chron. p. 25 ; Plaidoyer pour le maintien de l'incrimination spéciale d'empoisonnement, D. 1982, chron. p. 107 ; N'empoisonnez donc plus à l'arsenic, D. 1998, chron. p. 334 ; Le Sida ne serait-il plus, au regard du droit pénal, une maladie mortelle ? D. 2001, chron. p. 2053 ; Sang contaminé, justice malade, droit pénal avili, D. 2005, p. 195

Fiche n° 50 L'homicide involontaire

L'ESSENTIEL

L'homicide non intentionnel consiste à causer une atteinte à la vie d'une personne par un comportement fautif. La nature de la faute varie en fonction du lien de causalité, direct ou indirect, existant entre les actes et la mort de la victime, la répression étant plus difficile lorsque la causalité est indirecte puisque les juges doivent alors établir une faute délibérée ou caractérisée.

LES CONNAISSANCES

L'homicide non intentionnel est une infraction de résultat, qui suppose qu'une victime décède des suites d'actes commis par l'auteur. Il requiert la commission d'une faute d'imprudence ou de négligence. Après avoir vu les éléments nécessaires à sa caractérisation, on exposera les règles relatives à la répression.

§1 Les éléments constitutifs de l'homicide non intentionnel

Sur le plan matériel, le délit suppose la mort d'un être humain causée par des actes fautifs. Il faut donc distinguer ces 3 conditions constitutives de l'infraction.

I. L'atteinte à la vie d'un être humain

L'article 221-6 du Code pénal réprime le fait de causer la mort d'autrui par imprudence, négligence etc. Comme en matière de meurtre, il est évident que **la victime doit être vivante au moment des actes** *(Cass. crim., 12 déc. 1972, Gaz. Pal. 1973, 1, p. 285)*. Cependant, si elle est déjà décédée, la répression est exclue contrairement au cas du meurtre (V. Fiche n° 48), parce que la tentative du délit n'est pas incriminée, ce qui est d'ailleurs inconcevable s'agissant d'une infraction non intentionnelle. Autrement dit, si le « meurtre du cadavre » est punissable par le recours à la tentative, tel n'est pas le cas de « l'homicide involontaire du cadavre ».

Jurisprudence

Comme on l'a vu, la Cour de cassation affirme, en se fondant sur le principe d'interprétation stricte de la loi pénale, que **l'infraction d'homicide involontaire ne peut être retenue si la victime est un fœtus** *(Cass. ass. plén., 29 juin*

2001, n° 99-85.973). Cependant, elle admet que, lorsque l'enfant a survécu une heure après sa naissance, provoquée par les actes d'imprudence commis par le prévenu sur la femme enceinte, le délit est punissable *(Cass. crim., 2 déc. 2003, n° 03-82.344)*, ce qui a donc pour conséquence de faire dépendre la répression du hasard. Cette jurisprudence s'avère donc contestable et mal fondée juridiquement dès lors qu'elle fait obstacle à une protection effective de la vie humaine avant la naissance, les arguments avancés, liés à la législation sur l'interruption volontaire de grossesse, ne pouvant convaincre de la pertinence de la solution.

II. Le lien de causalité

Un lien de causalité certain doit être établi mais il peut être direct ou indirect, ce qui a d'importantes conséquences sur la nature de la faute.

A Causalité certaine

L'homicide involontaire étant une infraction de résultat, il est nécessaire d'établir un rapport de cause à effet entre les actes de l'auteur et l'atteinte à la vie de la victime. L'article 221-6 ne précise pas la nature des actes objet de la répression, ce dont il faut déduire qu'ils peuvent présenter n'importe quelle forme. Il est notamment indifférent qu'il s'agisse d'actes positifs ou de simples omissions ou inactions, la jurisprudence admettant très souvent que ces dernières puissent causer la mort *(V. par ex. Cass. crim., 19 déc. 2017, n° 17-80.506)*.

Cette question de la causalité présente une grande importance depuis la loi n° 2000-647 du 10 juillet 2000 tendant à préciser la définition des délits non intentionnels qui a modifié l'article 121-3 pour y introduire une distinction entre causalités directe et indirecte (V. *infra*). Dans tous les cas, les juges doivent établir que la faute non intentionnelle a été, de manière certaine, la cause ou l'une des causes du dommage.

Le problème se pose dans le cas d'une pluralité de causes du résultat c'est-à-dire lorsque plusieurs évènements ont conduit au décès ou à l'atteinte à l'intégrité physique. Il est ainsi concevable que le résultat ait pour origine un autre fait que la faute du prévenu et il peut s'agir, par exemple, de la faute d'une autre personne.

Jurisprudence

Dans le cas où c'est la victime qui a commis une faute en rapport avec l'atteinte qu'elle a subie, la responsabilité du prévenu ne disparaît que lorsque cette faute est la cause unique et exclusive du dommage *(Cass. crim., 28 juin 2005, n° 04-84.328 - Cass. crim., 19 févr. 2013, n° 12-81.108 - Cass. crim., 27 févr. 2018, n° 16-87.147)*.

Une autre difficulté se présente lorsque la faute cause des lésions corporelles qui, par la suite, entraînent le décès de la victime. Le problème est alors de savoir si celui-ci est la conséquence logique des lésions ou s'il a pour origine un évènement étranger à la faute. Dans le premier cas, les faits constituent un homicide involontaire *(Cass. crim., 23 oct. 2001, n° 01-81.227)* alors que, dans le second, ils restent une atteinte involontaire à l'intégrité *(Cass. crim., 5 oct. 2004, n° 03-86.169)*.

Dans tous les cas, **si un lien de causalité certain ne peut être établi, le délit ne peut être retenu** et l'on trouve des illustrations en matière de responsabilité médicale *notamment (V. Cass. crim., 17 janv. 2017, n° 15-85.155)*.

B Causalité directe ou indirecte

Avant la loi n° 2000-647 du 10 juillet 2000, la cause du résultat pouvait être directe ou indirecte, sans que cela ait de conséquences sur la responsabilité des auteurs des fautes.

Depuis cette loi, l'article 121-3, alinéa 4 procède à une **distinction entre le cas où l'auteur a causé directement le dommage et celui où il a seulement créé ou contribué à créer la situation qui a permis la réalisation du dommage ou n'a pas pris les mesures permettant de l'éviter.** Dans la première situation, une faute d'imprudence ou de négligence ordinaire suffit pour engager la responsabilité de l'auteur alors que, dans la seconde, ce dernier doit avoir commis une « faute qualifiée » (V. Fiche n° 12 et *infra*). On précisera cependant que **cette distinction n'a lieu d'être que pour les personnes physiques, les personnes morales restant responsables dans les mêmes conditions quelle que soit la nature du lien de causalité** (V. *infra*).

L'article 121-3, alinéa 4 décrit **la causalité indirecte comme la situation des personnes qui n'ont pas causé directement le dommage, mais qui ont créé ou contribué à créer la situation qui a permis la réalisation du dommage ou qui n'ont pas pris les mesures permettant de l'éviter**. Ce sont les juges du fond qui doivent déterminer quelle est la nature directe ou indirecte du rapport de causalité mais la Cour de cassation opère un contrôle sur ce point *(Cass. crim., 12 sept. 2006, n° 05-86.700)*.

L'hypothèse la plus simple semble être celle où l'auteur entre en contact physique avec la victime sans qu'aucun autre évènement n'intervienne. Ainsi, le conducteur d'une automobile qui renverse un piéton est l'auteur direct des blessures ou de la mort. Cependant, la jurisprudence adopte une conception assez large de la causalité directe en la retenant alors même que le fait reproché à l'auteur a seulement déclenché le processus causal conduisant au résultat ou a joué un rôle important dans celui-ci.

Jurisprudence

Ainsi, est jugé coupable d'homicide involontaire, le conducteur qui, circulant en excès de vitesse, heurte un sanglier puis perd le contrôle de son véhicule et entre en collision avec une automobile circulant en sens inverse, la vitesse excessive étant qualifiée de « paramètre déterminant » *(Cass. crim., 25 sept. 2001, n° 01-80.100)*. Ce type de raisonnement se retrouve également en matière de responsabilité médicale *(Cass. crim., 10 févr. 2009, n° 08-80.679 – V. égal., pour le propriétaire d'un chien ayant agressé une victime, Cass. crim., 21 janv. 2014, n° 13-80.267)*.

La formule légale relative à la causalité indirecte paraît désigner la situation des personnes qui prennent ou devraient prendre des décisions susceptibles d'avoir une influence sur le résultat qui sera provoqué matériellement par quelqu'un d'autre.

Jurisprudence

Tel est le cas, notamment, des chefs d'entreprise ou employeurs *(Cass. crim., 25 nov. 2008, n° 08-81.995)* ainsi que des décideurs publics comme les maires *(Cass. crim., 22 janv. 2008, n° 07-83.877)*.

En pratique, **il est difficile de dégager des critères précis de distinction entre causalité directe et indirecte**, la jurisprudence étant surtout faite de cas d'espèce et le passage de l'une à l'autre s'avérant possible. Ce constat ne peut que laisser sceptique sur la pertinence de la distinction voulue par le législateur qui donne un pouvoir très important aux juges, qui se retrouve lorsqu'il s'agit d'établir la faute.

III. La faute non intentionnelle

Le législateur utilise plusieurs termes pour décrire la faute non intentionnelle : imprudence, négligence, manquement à une obligation de prudence ou de sécurité prévue par la loi ou le règlement *(C. pén., art. 121-3, al. 3)*, maladresse ou inattention *(C. pén., art. 221-6, al. 1er, et 222-19, al. 1er)*. Tous ces termes désignent l'attitude de la personne qui a causé un résultat dommageable parce qu'elle n'a pas adopté les diligences que l'on pouvait normalement attendre d'elle dans des circonstances données. **La faute est donc une défaillance ou un écart de conduite** et elle se trouve aujourd'hui définie par l'article 121-3, alinéa 3 qui précise qu'il faut établir que ***« l'auteur des faits n'a pas accompli les diligences normales »***.

Parfois, un texte légal ou réglementaire prévoit une règle de prudence ou de sécurité devant être respectée par l'agent dans le cadre de son activité. La faute résulte alors du seul fait que l'intéressé a méconnu ce texte dès lors que le manquement à une obligation de prudence ou de sécurité prévue par la loi ou le règlement constitue une faute d'imprudence.

Jurisprudence

C'est le cas, par exemple, des conducteurs d'automobiles qui sont soumis à de nombreuses règles de prudence et qui, s'ils ont violé le texte les prévoyant, ne peuvent établir qu'ils ont accompli les diligences normales *(Cass. crim., 2 avr. 1997, n° 95-85.564)*.

En l'absence d'une réglementation de l'activité de l'agent, les juges doivent procéder à une comparaison entre le comportement adopté par le prévenu et celui qu'aurait eu une personne normalement diligente ou prudente. Le Code pénal précise cependant qu'il doit être tenu compte de la nature des missions ou des fonctions du prévenu, de ses compétences ainsi que du pouvoir et des moyens dont il disposait.

Comme on l'a déjà vu, le dispositif issu de la loi [n° 2000-647] du 10 juillet 2000 repose sur une double distinction entre, d'une part, des causes directes et indirectes, et, d'autre part, des fautes ordinaires et qualifiées. **Si le résultat a été causé directement, la faute ordinaire de négligence ou d'imprudence suffit** pour établir la responsabilité pénale de l'auteur alors que, **si l'atteinte a été causée indirectement, l'auteur, personne physique, doit avoir, soit violé de façon manifestement délibérée une obligation particulière de sécurité ou de prudence prévue par la loi ou le règlement, soit commis une faute caractérisée et qui exposait autrui à un risque d'une particulière gravité que l'auteur ne pouvait ignorer** *(C. pén., art. 121-3, al. 4)*. On renverra donc à ce qui a été dit au sujet de ces fautes (V. Fiche n° 12).

Il reste à préciser que **ce dispositif ne s'applique qu'aux personnes physiques ce qui signifie qu'en cas de poursuite d'une personne morale, on ne distingue pas entre cause directe ou indirecte.** Par conséquent, lorsque la personne morale est poursuivie en même temps que son organe ou représentant, personne physique, ce dernier peut être relaxé parce qu'il est considéré comme auteur indirect n'ayant pas commis de faute qualifiée, alors que la personne morale reste responsable pour la faute ordinaire de son organe.

Jurisprudence

La Cour de cassation affirme que « les personnes morales sont responsables pénalement de toute faute non intentionnelle de leurs organes ou représentants ayant entraîné une atteinte à l'intégrité physique, même en l'absence de faute délibérée ou caractérisée de la personne physique » *(Cass. crim., 24 oct. 2000, n° 00-80.378 – Cass. crim., 5 nov. 2013, n° 12-85 380)*.

§2 La répression de l'homicide non intentionnel

On présentera le régime applicable aux personnes physiques puis aux personnes morales.

I. Personnes physiques

Le délit est puni, à titre principal, de 3 ans d'emprisonnement et de 45 000 € d'amende *(C. pén., art. 221-6, al. 1er)*. En cas de violation manifestement délibérée d'une obligation particulière de sécurité ou de prudence imposée par la loi ou le règlement, l'auteur encourt un emprisonnement de 5 ans et une amende de 75 000 € *(C. pén., art. 221-6, al. 2)*.

Les peines sont portées à 5 ans d'emprisonnement et à 75 000 € d'amende lorsque **l'homicide involontaire est commis par le conducteur d'un véhicule terrestre à moteur** *(C. pén., art. 221-6-1)*. Les peines sont élevées à **7 ans d'emprisonnement et à 100 000 € d'amende** lorsque :

1° le conducteur a commis une violation manifestement délibérée d'une obligation particulière de sécurité ou de prudence prévue par la loi ou le règlement autre que celles mentionnées ci-après ;

2° le conducteur se trouvait en état d'ivresse manifeste ou était sous l'empire d'un état alcoolique ou a refusé de se soumettre aux vérifications destinées à établir l'existence d'un état alcoolique ;

3° le conducteur a fait usage de substances ou de plantes classées comme stupéfiants, ou a refusé de se soumettre aux vérifications destinées à établir s'il conduisait en ayant fait usage de stupéfiants ;

4° le conducteur n'était pas titulaire du permis de conduire ou son permis avait été annulé, invalidé, suspendu ou retenu ;

5° le conducteur a commis un dépassement de la vitesse maximale autorisée égal ou supérieur à 50 km/h ;

6° le conducteur, sachant qu'il vient de causer ou d'occasionner un accident, ne s'est pas arrêté et a tenté ainsi d'échapper à la responsabilité pénale ou civile qu'il peut encourir (délit de fuite).

Enfin, les peines sont portées **à 10 ans d'emprisonnement et à 150 000 € d'amende** lorsque l'homicide involontaire a été commis avec 2 ou plusieurs des circonstances aggravantes énumérées.

Une autre série de circonstances aggravantes est prévue par l'article 221-6-2 qui énonce que lorsque **l'homicide involontaire résulte de l'agression commise par un chien**, le propriétaire ou celui qui détient le chien au moment des faits est puni de 5 ans d'emprisonnement et de 75 000 € d'amende.

Les peines sont portées à **7 ans d'emprisonnement et à 100 000 €** d'amende lorsque :
1° la propriété ou la détention du chien est illicite en application de dispositions législatives ou réglementaires ou d'une décision judiciaire ou administrative ;
2° le propriétaire ou le détenteur du chien se trouvait en état d'ivresse manifeste ou sous l'emprise manifeste de produits stupéfiants ;
3° le propriétaire ou le détenteur du chien n'avait pas exécuté les mesures prescrites par le maire pour prévenir le danger présenté par l'animal ;
4° le propriétaire ou le détenteur du chien n'était pas titulaire du permis de détention prévu pour certains chiens dangereux ;
5° le propriétaire ou le détenteur du chien ne justifie pas d'une vaccination antirabique de son animal en cours de validité lorsqu'elle est obligatoire ;
6° il s'agissait d'un chien de la première ou de la 2e catégorie qui n'était pas muselé ou tenu en laisse par une personne majeure ;
7° il s'agissait d'un chien ayant fait l'objet de mauvais traitements de la part de son propriétaire ou de son détenteur.

Les peines sont enfin portées à **10 ans d'emprisonnement et à 150 000 €** d'amende lorsque l'homicide involontaire a été commis avec deux ou plusieurs des circonstances aggravantes.

Les **peines complémentaires** sont énumérées par les articles 221-8 et 221-10.

On rappellera que la complicité des délits non intentionnels pourrait être retenue dans le cas des délits non intentionnels et donc de l'homicide involontaire, selon la Cour de cassation (V. Fiche n° 16).

Concernant les **causes d'irresponsabilité**, il convient de rappeler que la légitime défense ne semble pas pouvoir être invoquée en cas d'homicide involontaire (V. Fiche n° 19) alors que l'état de nécessité peut l'être *(Cass. crim., 28 juin 1958, Bull. crim. n° 499).*

II. Personnes morales

Les personnes morales peuvent être déclarées responsables d'un homicide involontaire mais il convient d'observer que certaines circonstances aggravantes ne semblent pas applicables.
Ainsi, celles édictées par l'article 221-6-1 sont liées à la qualité de conducteur d'un véhicule de l'auteur de l'infraction, ce qui ne peut pas être le cas d'une personne morale.

Hormis cette hypothèse, l'article 221-7 dispose que les personnes morales encourent, outre l'amende quintuplée, les peines prévues par les 2°, 3°, 8° et 9° de l'article 131-39, à savoir une interdiction professionnelle, un placement sous surveillance judiciaire, la confiscation et l'affichage de la décision. Dans le cas d'un homicide aggravé par une faute délibérée, est encourue également la peine de fermeture d'établissement.

⏭ POUR ALLER PLUS LOIN...

- M. BENILLOUCHE, La subjectivisation de l'élément moral de l'infraction : plaidoyer pour une nouvelle théorie de la culpabilité, RSC 2005, p. 529
- B. COTTE et D. GUIHAL, La loi Fauchon, cinq ans de mise en œuvre jurisprudentielle, Dr. pén. 2006, étude 6
- E. DREYER, La causalité directe de l'infraction, Dr. pén. 2007, étude 9
- Y. MAYAUD, De l'article 121-3 du Code pénal à la théorie de la culpabilité en matière criminelle et délictuelle, D. 1997, chron. p. 37 ; Retour sur la culpabilité non intentionnelle en droit pénal, D. 2000, chron. p. 603
- J. SAINTE-ROSE, Une dépénalisation jurisprudentielle : l'enfant à naître ne peut jamais être victime d'homicide, Dr. famille 2015, étude 13

TITRE 2
LA PROTECTION DE L'INTÉGRITÉ PHYSIQUE

Après la vie elle-même, le législateur accorde logiquement une protection pénale à l'intégrité physique, c'est-à-dire au corps humain, auquel, en vertu de l'article 16-3 du Code civil, il ne peut être porté atteinte qu'en cas de nécessité médicale pour la personne ou à titre exceptionnel dans l'intérêt thérapeutique d'autrui.

Cette protection pénale ne se borne pas, cependant, à réprimer des actes portant directement atteinte au corps, comme les actes de torture ou les violences. Le législateur incrimine également des comportements qui sont susceptibles d'aboutir à un tel résultat, tels que le fait de créer un risque grave pour autrui ou de le harceler moralement.

Fiche n° 51 Les actes de torture et de barbarie

⏭ L'ESSENTIEL

Depuis l'entrée en vigueur du Code pénal en 1994, les tortures et actes de barbarie sont devenus un crime autonome alors qu'ils constituaient jusqu'alors une circonstance aggravante. Les termes légaux ne sont pas définis et les juges apprécient donc souverainement ce que recouvrent ces notions. Le critère réside dans le degré élevé de souffrance infligée à la victime, qui dépasse le seuil des violences ordinaires.

⏭ LES CONNAISSANCES

Les actes de torture et de barbarie font l'objet d'une réprobation universelle, qui se manifeste par leur interdiction par plusieurs textes internationaux tels que l'article 3 de la Conv. EDH, l'article 7 du Pacte international relatif aux droits civils et politiques ou encore la Convention ONU contre la torture et autres peines ou traitements cruels, inhumains ou dégradants du 10 décembre 1984. De tels actes ont été longtemps, en droit français, des circonstances aggravantes de certains crimes ou délits avant que le Code pénal de 1994 les incrimine spécialement.

Après avoir présenté les éléments constitutifs de ce crime, on en étudiera les modalités de la répression.

§1 Éléments constitutifs

L'article 222-1 du Code pénal punit le fait de soumettre une personne à des tortures ou à des actes de barbarie. Il n'existe pas de définition légale de ces notions, les juges devant donc les interpréter et fixer des critères de distinction avec les violences ordinaires.

Les **actes de barbarie consistent à infliger une souffrance extrême à la victime et dénotent chez l'auteur une grande cruauté et une forme de sauvagerie**.

Jurisprudence

À titre d'exemple, la chambre criminelle a approuvé une condamnation du chef de tortures ayant entraîné la mort sans intention de la donner, dans une affaire de prétendue séance de désenvoûtement ayant duré plus de 5 heures, au cours de laquelle la victime a été flagellée de manière répétée sur les pieds et a été contrainte d'ingurgiter une grande quantité d'eau salée *(Cass. crim., 3 sept. 1996, n° 96-82.633)*. Les auteurs lui ont serré la gorge avec vigueur, lui ont enfoncé une serviette dans la bouche et l'ont forcée à plusieurs reprises à plonger la tête dans une bassine d'eau, sans se préoccuper de ses cris et de ses souffrances, du sang qui coulait de sa bouche et de son nez, ni de son visage qui devenait bleu. La mort a été ici le résultat de l'ingestion massive d'eau salée. Le critère est donc celui de l'intensité des souffrances infligées à la victime, ce qui dépend de l'appréciation de la nature des actes commis *(Cass. crim., 4 avr. 2002, n° 02-80.328 - Cass. crim., 2 sept. 2005, n° 05-80.423 - Cass. crim., 10 janv. 2006, n° 05-86.216)*. On ajoutera que, d'une part, les juges ne font pas de différence entre « tortures » et « actes de barbarie », les 2 notions étant assimilées, et, d'autre part, si le législateur utilise le pluriel, il est concevable qu'un seul acte puisse constituer le crime, s'il est particulièrement grave, comme le fait de crever les yeux de la victime *(Cass. crim., 4 avr. 2002 précité)*.

S'agissant de l'élément moral, l'auteur doit être animé d'une **intention particulière de faire souffrir la victime**, qui dépasse donc la simple volonté de commettre un acte de violence. On peut ici faire le parallèle, sur le plan juridique, avec la jurisprudence relative au délit de sévices et actes de cruauté envers les animaux domestiques, réprimé par l'article 521-1 du Code pénal, qui exige une telle intention d'infliger des souffrances afin de distinguer ce délit de la contravention de mauvais traitements envers un animal domestique (*C. pén., art. R. 654-1)*. Les mobiles sont indifférents comme l'illustre l'arrêt précité relatif à la séance de « désenvoûtement ».

§2 Modalités de la répression

Les tortures ou actes de barbarie sont punies, pour les personnes physiques, à titre principal, d'une peine de **15 ans de réclusion criminelle**. Une période de sûreté est encourue de plein droit.

En outre, l'article 222-3 énumère des circonstances aggravantes ayant pour effet de porter la peine à **20 ans de réclusion criminelle**. Il s'agit du cas où le crime est commis :
- sur un mineur de 15 ans ;
- sur une personne particulièrement vulnérable ;

- sur un ascendant légitime ou naturel ou sur les père ou mère adoptifs ;
- sur un magistrat, un juré, un avocat, un officier public ou ministériel, un membre ou un agent de la Cour pénale internationale, un militaire de la gendarmerie nationale, un fonctionnaire de la police nationale, des douanes, de l'administration pénitentiaire ou toute autre personne dépositaire de l'autorité publique, un sapeur-pompier professionnel ou volontaire, un gardien assermenté d'immeubles ou de groupes d'immeubles ou un agent exerçant pour le compte d'un bailleur des fonctions de gardiennage ou de surveillance des immeubles à usage d'habitation, dans l'exercice ou du fait de ses fonctions, lorsque la qualité de la victime est apparente ou connue de l'auteur ;
- sur un enseignant ou tout membre des personnels travaillant dans les établissements d'enseignement scolaire, sur un agent d'un exploitant de réseau de transport public de voyageurs ou toute personne chargée d'une mission de service public, ainsi que sur un professionnel de santé, dans l'exercice ou du fait de ses fonctions, lorsque la qualité de la victime est apparente ou connue de l'auteur ;
- sur le conjoint, les ascendants ou les descendants en ligne directe ou sur toute autre personne vivant habituellement au domicile des personnes mentionnées aux deux alinéas précédents, en raison des fonctions exercées par ces dernières ;
- sur un témoin, une victime ou une partie civile, soit pour l'empêcher de dénoncer les faits, de porter plainte ou de déposer en justice, soit en raison de sa dénonciation ou de sa plainte, soit à cause de sa déposition devant une juridiction nationale ou devant la Cour pénale internationale ;
- sur une personne qui se livre à la prostitution, y compris de façon occasionnelle, si les faits sont commis dans l'exercice de cette activité ;
- par le conjoint ou le concubin de la victime ou le partenaire lié à la victime par un pacte civil de solidarité ou ancien conjoint, concubin ou partenaire *(C. pén., art. 132-80, al. 2)* ;
- contre une personne afin de la contraindre à contracter un mariage ou à conclure une union ou en raison de son refus de contracter ce mariage ou cette union ;
- par une personne dépositaire de l'autorité publique ou chargée d'une mission de service public dans l'exercice ou à l'occasion de l'exercice de ses fonctions ou de sa mission ;
- par plusieurs personnes agissant en qualité d'auteur ou de complice ;
- avec préméditation ou guet-apens ;
- avec usage ou menace d'une arme.

S'y ajoutent les circonstances aggravantes liées à l'origine ou à l'orientation sexuelle de la victime, vues précédemment (V. Fiche n° 48) et au fait que le crime soit accompagné d'agressions sexuelles autres que le viol *(C. pén., art. 222-3, al. 16)*.

La peine est portée à **30 ans de réclusion criminelle** lorsque le crime est commis sur un mineur de 15 ans par un ascendant légitime, naturel ou adoptif ou par toute autre personne ayant autorité sur le mineur *(C. pén., art. 222-3, al. 17)*.

La même peine est encourue lorsque le crime est commis en bande organisée ou de manière habituelle sur un mineur de 15 ans ou sur une personne particulièrement vulnérable *(C. pén., art. 222-4)* et lorsque les actes ont entraîné une mutilation ou une infirmité permanente *(C. pén., art. 222-5* – sur la notion d'infirmité permanente, V. Fiche n° 52*)*.

Enfin, la **réclusion criminelle à perpétuité** est encourue lorsque les actes ont entraîné la mort sans intention de la donner *(C. pén., art. 222-6)* et lorsque le crime précède, accompagne ou suit un crime autre que le meurtre ou le viol *(C. pén., art. 222-2)*, cette exclusion s'expliquant par le fait que la concomitance du meurtre avec tout crime est prévue par l'article 221-2 et que la concomitance du viol avec les actes de tortures et de barbarie est également incriminée par l'article 222-26.

On notera encore que l'article 222-48-2 prévoit qu'en cas de condamnation pour tortures ou actes de barbarie commis par le père ou la mère sur la personne de son enfant ou de l'autre parent, la juridiction de jugement se prononce sur le retrait total ou partiel de l'autorité parentale ou sur le retrait de l'exercice de cette autorité.

Les **personnes morales** encourent, dans tous les cas, une amende d'un million d'euros et toutes les peines prévues par l'article 131-39 *(C. pén., art. 222-6-1)*, solution très contestable puisqu'elle conduit à ne tenir aucun compte des circonstances aggravantes.

L'article 222-6-2 institue **une exemption de peine en cas de dénonciation**, par l'auteur de la tentative des crimes d'actes de tortures ou de barbarie, à l'autorité administrative ou judiciaire, permettant d'éviter la réalisation de l'infraction et d'identifier, le cas échéant, les autres auteurs ou complices. En outre, une **diminution de peine** de moitié bénéficie à l'auteur ou au complice si, ayant averti l'autorité administrative ou judiciaire, il a permis de faire cesser l'infraction ou d'éviter que l'infraction n'entraîne mort d'homme ou infirmité permanente et d'identifier, le cas échéant, les autres auteurs ou complices. Lorsque la peine encourue est la réclusion criminelle à perpétuité, celle-ci est ramenée à 20 ans de réclusion criminelle.

L'infraction étant criminelle, sa **tentative est incriminée**.

> **Attention** Le délai de **prescription de l'action publique** du crime d'actes de torture ou de barbarie commis sur un mineur, d'une durée de 30 ans, court à compter de la majorité de ce dernier *(CPP, art.7, al. 3)*.

Au titre de l'**action civile**, certaines associations sont spécialement habilitées à exercer l'action civile dans le cadre de poursuites pour actes de tortures ou de barbarie *(CPP, art. 2-2, 2-6, 2-8 et 2-20)*.

Enfin, l'article 222-6-3 prévoit une **extension de compétence de la loi française dans l'espace** lorsque des tortures ou actes de barbarie sont commis contre une personne afin de la contraindre à contracter un mariage ou à conclure une union ou en raison de son refus de contracter ce mariage ou cette union. Si ce crime est commis à l'étranger à l'encontre d'une personne résidant habituellement sur le territoire français, la loi française est applicable par dérogation aux dispositions de l'article 113-7.

⏭ POUR ALLER PLUS LOIN...

– R. OLLARD, JCl. Pénal Code, Art. 222-1 à 222-6-2, fasc. 20

– C. SEVELY, Réflexions sur l'inhumain et le droit. Le droit en quête d'humanité, RSC 2005, p. 483

Fiche n° 52 Les violences intentionnelles

L'ESSENTIEL

Les violences commises intentionnellement sont réprimées essentiellement en fonction de l'importance de l'atteinte à l'intégrité physique ou psychique causée à la victime. Toute forme de violence est réprimée à condition de revêtir la forme d'actes positifs et de causer un dommage. L'intention se limite à la volonté de commettre l'acte sans que soit exigée une volonté de blesser ou de causer une atteinte. De nombreuses circonstances aggravantes prennent en compte, notamment, la qualité de la victime des violences.

LES CONNAISSANCES

Le dispositif légal de répression des violences intentionnelles est complexe en raison de la multiplicité et de la dispersion des textes d'incrimination, qui s'expliquent notamment par le critère de la répression, résidant dans l'importance de l'atteinte à l'intégrité physique causé par les actes.

Il convient d'étudier les éléments constitutifs de ces infractions avant d'examiner quel en est le régime juridique.

§1 Les éléments constitutifs des infractions

Quelle que soit leur gravité, les violences supposent la réalisation d'un acte matériel et une attitude psychologique de l'auteur.

I. Matérialité des infractions

Le législateur décrit l'infraction par le seul terme de « violences », sans autre précision.

Jurisprudence

Ceci a pour conséquence que la jurisprudence adopte une conception très large de la notion en affirmant que « **le délit de violences est constitué, même sans atteinte physique de la victime, par tout acte de nature à impressionner vivement celle-ci et à lui causer un choc émotif** » *(Cass. crim., 18 mars 2008, n° 07-86.075).*

Il s'en déduit qu'aucune forme de violence physique ou psychologique n'échappe à la répression, quelle qu'en soit la manifestation.

Jurisprudence

À titre d'exemple, avant la création d'un délit spécial d'appels téléphoniques malveillants *(C. pén., art. 222-16)*, la chambre criminelle avait considéré que ce type d'actes devait être qualifié de violences dès lors qu'est démontrée une atteinte physique ou psychologique consécutive à ces actes *(Cass. crim., 3 janv. 1969, n° 68-91.288)*. De même, le fait d'envoyer de multiples lettres anonymes, contenant des croix gammées et des cercueils, constitue toujours l'infraction de violences intentionnelles *(Cass. crim., 13 juin 1991, n° 90-84.103)*.

Le législateur a confirmé cette interprétation extensive de la notion de violence puisque l'article 222-14-3 énonce que les **violences sont réprimées quelle que soit leur nature, y compris s'il s'agit de violences psychologiques**. Il a d'ailleurs créé un délit spécial, prévu à l'article 222-33-2-1, qui réprime le harcèlement du conjoint, concubin ou partenaire du pacte civil de solidarité (V. Fiche n° 55, § 1, II).

L'élément matériel du délit de violences consiste donc dans un **acte matériel quelconque de violence qui cause un dommage physique ou psychique à la personne concernée**.

Jurisprudence

L'interprétation jurisprudentielle, aussi large soit-elle, ne permet pourtant pas d'appréhender n'importe quel acte paraissant relever de la violence au sens large. Ainsi, la Cour de cassation a refusé d'admettre l'existence d'un délit de violences dans le cas d'un individu qui, alors qu'il se trouvait dans une cabine d'une piscine publique, observait, à l'aide d'un miroir de poche passé sous la cloison séparant les cabines, une femme et une jeune fille mineure qui se changeaient dans la pièce adjacente *(Cass. crim., 5 oct. 2010, n° 10-80.050)*.

L'infraction se consomme par l'obtention d'un résultat mais **la tentative n'est pas punissable** lorsqu'il s'agit d'un délit. On remarquera toutefois que **la tentative est théoriquement incriminée lorsque les violences sont criminelles** mais qu'il n'existe aucun exemple en jurisprudence.

Jurisprudence

À vrai dire, les juridictions pénales répriment parfois au titre de violences consommées des actes qui relèvent davantage d'une tentative, comme dans le cas de l'automobiliste qui, pour effrayer un passant, fonce délibérément dans sa direction pour s'écarter au dernier moment *(Cass. crim., 13 avr. 2005, n° 04-82.647)*.

L'acte de violence peut être unique ou non et la jurisprudence n'exige pas qu'il y ait nécessairement eu un contact entre l'auteur de l'acte et sa victime. Ainsi, le fait de causer délibérément une grande frayeur à la victime, par exemple en frappant son véhicule avec une barre de fer *(Cass. crim., 18 mars 2008 précité)*, est considéré comme un acte de violence. En pratique, il faut et il suffit de démontrer l'existence d'une atteinte à l'intégrité physique ou psychique de la victime pour que l'infraction soit caractérisée *(Cass. crim., 27 oct. 1999, n° 98-86.017)*.

Les actes doivent, en outre, présenter la nature d'actes positifs. En effet, un célèbre arrêt de la cour d'appel de Poitiers a énoncé que **le délit de violences intentionnelles suppose un acte matériel positif et que, par conséquent, une abstention ne peut constituer l'élément matériel de l'infraction** *(CA Poitiers, 20 nov. 1901, D. 1902, II, p. 81* – V. Fiche n° 9*)*. Le fait de ne pas intervenir alors qu'une personne est victime d'une atteinte à son intégrité physique, ne constitue donc pas des violences mais, si les conditions sont réunies, une non-assistance à personne en péril *(C. pén., art. 223-6)* ou, s'il s'agit d'un mineur de 15 ans et que les auteurs sont des ascendants, le délit de privation de soins ou d'aliments *(C. pén., art. 227-15)*. À certaines conditions, il serait concevable de retenir également une complicité par abstention de violences commises par un tiers (V. Fiche n° 16, § 1, II).

II. Psychologie de l'auteur

Si les textes d'incrimination *(C. pén., art. 222-11 et s.)* sont muets au sujet de l'élément moral de l'infraction**, l'intention coupable est exigée**, en vertu de l'article 121-3, alinéa 1er, selon lequel il n'y a pas de crime ni de délit sans intention de le commettre. Selon la définition générale de l'intention, celle-ci consiste dans la volonté d'accomplir l'acte matériel en ayant conscience qu'il s'agit d'une infraction pénale. Cependant, la difficulté qui se pose ici est de savoir s'il suffit d'avoir voulu accomplir l'acte de violence ou s'il faut, en plus, avoir voulu précisément causer une atteinte à l'intégrité de la victime. Or, en pratique, il arrive que l'auteur des actes cherche à se disculper en prétendant ne pas avoir souhaité causer des blessures aussi graves que celles effectivement infligées à la victime.

Jurisprudence

La jurisprudence considère sur ce point que **l'infraction est constituée dès qu'il existe un acte volontaire de violence, quel que soit le mobile qui l'ait inspiré et alors même que son auteur n'aurait pas voulu causer le dommage qui en est résulté** *(Cass. crim., 29 nov. 1972, n° 72-90.309)*.

Les mobiles, tels que le jeu ou la plaisanterie, sont donc indifférents, comme pour toute infraction intentionnelle et les tribunaux n'exigent pas que l'auteur ait voulu blesser la victime dès lors qu'il a voulu commettre l'acte de violence. Il se déduit de cette position jurisprudentielle que **si les conséquences de l'acte ont dépassé les prévisions de l'agent, le délit reste constitué** et peut même être aggravé en fonction du résultat. On peut voir ici une application de la théorie du « **dol indéterminé** » en vertu de laquelle l'agent est responsable de toutes les conséquences de son acte voulu, si ces conséquences sont normalement prévisibles (V. Fiche n° 11). C'est la raison pour laquelle est réprimé spécialement le crime de coups mortels, c'est-à-dire les violences intentionnelles ayant entraîné la mort sans intention de la donner *(C. pén., art. 222-7)*. En effet, dans cette situation, l'agent porte volontairement des coups ou commet des violences mais il ne souhaite pas la mort de la victime et il ne l'envisage même pas comme une possibilité. Le Code pénal prévoit donc une répression particulière de ces actes, en tenant compte de l'intention qui n'est pas de tuer, mais en prenant aussi en considération le résultat mortel survenu, qui a dépassé les prévisions de l'agent. Ce crime est puni moins sévèrement que le meurtre mais plus sévèrement que les violences intentionnelles simples qui sont délictuelles (V. *infra*).

§2 Régime juridique

La répression des violences intentionnelles est organisée en fonction de la gravité de l'atteinte portée à l'intégrité physique de la victime et, parfois, de la qualité des victimes. On notera, de manière générale, que de nombreuses peines complémentaires sont applicables aux délits et aux crimes analysés ici *(C. pén., art. 222-44, 222-45, 222-47, 222-48, 222-48-1)*. Le problème des violences dans un cadre sportif a été évoqué précédemment (Fiche n° 23) tout comme celui du « droit de correction » des parents ou enseignants (Fiche n° 21).

I. Gravité de l'atteinte

Lorsque la victime ne subit **aucune incapacité totale de travail** (ITT, sur cette notion, V. Fiche n° 54), les faits constituent une contravention de 4e classe *(C. pén., art. R. 624-1)* punie de 750 € d'amende, à titre principal, pour les personnes physiques et de 3 750 € pour les personnes morales. Le texte prévoit la possibilité de retenir la complicité par aide ou assistance, ce qui est nécessaire s'agissant d'une contravention (V. Fiche n° 16). Des peines complémentaires sont prévues par le texte.

Si les actes causent une **ITT d'une durée inférieure ou égale à 8 jours**, les faits constituent une contravention de la 5e classe *(C. pén., art. R. 625-1)* punie, pour les personnes physiques, de 1 500 € d'amende, à titre principal et, pour les personnes morales, de 7 500 €. La complicité par aide ou assistance ainsi que la récidive s'appliquent.

Si les violences n'entraînent **aucune ITT ou si elles entraînent une ITT d'une durée inférieure ou égale à 8 jours**, les faits peuvent constituer un **délit** *(C. pén., art. 222-13)* **en présence d'une des circonstances aggravantes suivantes :**
- victime mineur de 15 ans ;
- victime personne particulièrement vulnérable ;
- victime ascendant légitime ou naturel ou père ou mère adoptifs ;
- victime magistrat, juré, avocat, officier public ou ministériel, membre ou un agent de la Cour pénale internationale, militaire de la gendarmerie nationale, fonctionnaire de la police nationale, des douanes, de l'administration pénitentiaire ou toute autre personne dépositaire de l'autorité publique, sapeur-pompier professionnel ou volontaire, gardien assermenté d'immeubles ou de groupes d'immeubles ou agent exerçant pour le compte d'un bailleur des fonctions de gardiennage ou de surveillance des immeubles à usage d'habitation, dans l'exercice ou du fait de ses fonctions, lorsque la qualité de la victime est apparente ou connue de l'auteur ;
- victime enseignant ou membre des personnels travaillant dans les établissements d'enseignement scolaire, agent d'un exploitant de réseau de transport public de voyageurs ou personne chargée d'une mission de service public, professionnel de santé, dans l'exercice ou du fait de ses fonctions, lorsque la qualité de la victime est apparente ou connue de l'auteur ;
- victime conjoint, ascendant ou descendant en ligne directe ou autre personne vivant habituellement au domicile des personnes mentionnées aux deux alinéas précédents, en raison des fonctions exercées par ces dernières ;
- victime témoin, victime ou partie civile, soit pour l'empêcher de dénoncer les faits, de porter plainte ou de déposer en justice, soit en raison de sa dénonciation ou de sa plainte, soit à cause de sa déposition devant une juridiction nationale ou devant la Cour pénale internationale ;
- faits commis à raison de l'appartenance ou de la non-appartenance, vraie ou supposée, de la victime à une ethnie, une nation, une prétendue race ou une religion déterminée ;
- faits commis à raison du sexe, de l'orientation sexuelle ou de l'identité de genre vraie ou supposée de la victime ;
- victime personne qui se livre à la prostitution, y compris de façon occasionnelle, si les faits sont commis dans l'exercice de cette activité ;
- auteur conjoint ou concubin de la victime ou partenaire lié à la victime par un pacte civil de solidarité ou ancien conjoint, concubin ou partenaire *(C. pén., art. 132-80, al. 2)* ;
- faits commis contre une personne, en raison de son refus de contracter un mariage ou de conclure une union ou afin de la contraindre à contracter un mariage ou à conclure une union ;

- auteur personne dépositaire de l'autorité publique ou chargée d'une mission de service public dans l'exercice ou à l'occasion de l'exercice de ses fonctions ou de sa mission ;
- faits commis par plusieurs personnes agissant en qualité d'auteur ou de complice ;
- préméditation ou guet-apens ;
- faits commis avec usage ou menace d'une arme ;
- faits commis dans les établissements d'enseignement ou d'éducation ou dans les locaux de l'administration, ainsi que, lors des entrées ou sorties des élèves ou du public ou dans un temps très voisin de celles-ci, aux abords de ces établissements ou locaux ;
- auteur majeur agissant avec l'aide ou l'assistance d'un mineur ;
- faits commis dans un moyen de transport collectif de voyageurs ou dans un lieu destiné à l'accès à un moyen de transport collectif de voyageurs ;
- auteur en état d'ivresse manifeste ou sous l'emprise manifeste de produits stupéfiants ;
- auteur dissimulant volontairement en tout ou partie son visage afin de ne pas être identifié.

En présence de l'une de ces circonstances aggravantes, le délit est puni, pour les personnes physiques, d'un **emprisonnement de 3 ans et d'une amende de 45 000 €** et, pour les personnes morales, d'une amende de 225 000 € et de toutes les peines de l'article 131-39.

En outre, **la combinaison des circonstances aggravantes** conduit à une aggravation des peines. Ainsi, les peines sont portées à **5 ans d'emprisonnement et à 75 000 €** d'amende lorsque l'infraction est commise sur un mineur de 15 ans par un ascendant ou une personne ayant autorité sur le mineur. Les mêmes peines sont encourues lorsqu'un mineur assiste aux faits et que ceux-ci sont commis par le conjoint ou le concubin de la victime ou le partenaire lié à la victime par un pacte civil de solidarité ou, si la victime est mineure, par un ascendant légitime, naturel ou adoptif ou par toute autre personne ayant autorité sur le mineur victime. Cette dernière circonstance aggravante, créée par la loi n° 2018-703 du 3 août 2018, vise donc à punir plus lourdement lorsqu'un mineur a été témoin des violences.

Les peines sont élevées au même niveau lorsque l'infraction est commise avec deux des circonstances aggravantes précédemment énoncées et elles sont portées à **7 ans d'emprisonnement et 100 000 €** d'amende lorsqu'elle est commise avec 3 de ces circonstances. Pour les personnes morales, l'amende est quintuplée dans tous ces cas.

Lorsque les violences entraînent une **ITT supérieure à 8 jours**, l'infraction est un **délit** *(C. pén., art. 222-11)*, dont les peines sont, pour les personnes physiques, un emprisonnement **de 3 ans et une amende de 45 000 €** et, pour les personnes morales, une amende de 225 000 € ainsi que toutes les peines de l'article 131-39.

Dans le même cas, le délit peut être aggravé par les mêmes circonstances que celles prévues à l'article 222-13. On notera seulement qu'ici s'applique le mécanisme d'aggravation liée à l'origine ou à l'orientation sexuelle de la victime et prévu par les articles 132-76 et 132-77 (V. Fiche n° 48, § 1, III, B) alors qu'il ne s'applique pas dans le cas de l'article 222-13 (ITT inférieure ou égale à 8 jours), ce texte prévoyant déjà une circonstance aggravante proche.

Dans ce cas des **violences aggravées entraînant une ITT supérieure à 8 jours**, l'infraction est punie, pour les personnes physiques, de **5 ans d'emprisonnement et de 75 000 € d'amende** et, pour les personnes morales, d'une amende de 375 000 € et de toutes les peines de l'article 131-39 *(C. pén., art. 222-12)*.

Ces peines sont portées à **10 ans d'emprisonnement et à 150 000 € d'amende** lorsque **l'infraction est commise sur un mineur de 15 ans par un ascendant ou une personne ayant autorité sur le mineur ou alors qu'un mineur assiste aux faits et que ceux-ci sont commis par le conjoint ou le concubin de la victime ou le partenaire lié à la victime par un pacte civil de solidarité ou, si la victime est mineure, par un ascendant légitime, naturel ou adoptif ou par toute autre personne ayant autorité sur le mineur victime** *(C. pén., art. 222-12, al. 21)*.

Elles sont portées à **7 ans d'emprisonnement et 100 000 € d'amende lorsque l'infraction est commise avec 2 des circonstances aggravantes** et à **10 ans d'emprisonnement et 150 000 € d'amende lorsqu'elle est commise avec 3 de ces circonstances**.

Si les violences entraînent une mutilation ou une infirmité permanente, le délit devient punissable de **10 ans d'emprisonnement et de 150 000 € d'amende** *(C. pén., art. 222-9)*.

Jurisprudence

L'infirmité permanente consiste dans la perte d'un sens ou d'une fonction physique ou intellectuelle *(Cass. crim., 14 janv. 2020, n° 19-80.779 - Cass. crim., 21 mars 2006, n° 05-87.683)* tandis que la mutilation correspond à l'ablation d'un membre ou d'un organe *(Cass. crim., 16 nov. 2004, n° 04-85.318* : castration *– Cass. crim., 9 mai 1990, n° 90-80.973* : excision*)*.

Ces mêmes **violences deviennent criminelles** en présence d'une des circonstances aggravantes énumérées par l'article 222-10 et sont alors punies de 15 ans de réclusion criminelle. Ces circonstances aggravantes sont celles prévues pour les tortures et actes de barbarie (V. Fiche n° 51).

Les peines sont portées à 20 ans lorsque l'infraction est commise sur un mineur de 15 ans par un ascendant ou par toute autre personne ayant autorité sur le mineur ou alors qu'un mineur assiste aux faits et que ceux-ci sont commis par le conjoint ou le concubin de la victime ou le partenaire lié à la victime par un pacte civil de solidarité ou, si la victime est mineure, par un ascendant légitime, naturel ou adoptif ou par toute autre personne ayant autorité sur le mineur victime *(C. pén., art. 222-10, al. 16)*. Les personnes morales encourent dans cette situation une amende d'un million d'euros ainsi que toutes les peines de l'article 131-39.

Enfin, **si les violences ont eu pour conséquence de causer la mort de la victime sans intention de la donner**, l'article 222-7 prévoit une peine de **15 ans de réclusion criminelle**.

Ce crime de coups mortels peut être aggravé par les mêmes circonstances aggravantes que celles prévues pour les violences entraînant une mutilation *(C. pén., art. 222-8)*. Les faits sont alors punis de 20 ans de réclusion criminelle. Si le crime de coups mortels est commis par un ascendant ou une personne ayant autorité sur un mineur de 15 ans ou s'il est commis alors qu'un mineur assiste aux faits et que ceux-ci sont commis par le conjoint ou le concubin de la victime ou le partenaire lié à la victime par un pacte civil de solidarité ou, si la victime est mineure, par un ascendant légitime, naturel ou adoptif ou par toute autre personne ayant autorité sur le mineur victime, il est puni de 30 ans de réclusion criminelle *(C. pén., art. 222-8, al. 16)*.

Dans tous ces cas, les personnes morales encourent une amende d'un million d'euros et toutes les peines de l'article 131-39.

II. Qualité de la victime

Si la minorité de la victime est déjà une circonstance aggravante prise en compte par le législateur, l'article 222-14 réprime plus spécialement les **violences habituelles sur mineur de 15 ans ou sur une personne particulièrement vulnérable**. Ces faits sont punis de :
- 30 ans de réclusion lorsqu'ils ont entraîné la mort de la victime ;
- 20 ans de réclusion s'ils ont entraîné une mutilation ou une infirmité permanente ;
- 10 ans d'emprisonnement et de 150 000 € d'amende lorsqu'ils ont entraîné une ITT supérieure à 8 jours ;
- 5 ans d'emprisonnement et de 75 000 € d'amende lorsque l'ITT est inférieure à 8 jours.

Ces peines sont également applicables aux **violences habituelles commises par le conjoint ou le concubin de la victime ou par le partenaire lié à celle-ci par un pacte civil de solidarité** ou par l'ancien conjoint, concubin ou partenaire *(C. pén., art. 222-14 et 132-80)*.

En outre, le Code pénal réprime spécialement les **violences graves sur les représentants de la force publique.**

L'article 222-14-1 prévoit ainsi que lorsqu'elles sont commises en bande organisée ou avec guet-apens, les violences commises avec usage ou menace d'une arme sur un fonctionnaire de la police nationale, un militaire de la gendarmerie, un membre du personnel de l'administration pénitentiaire ou toute autre personne dépositaire de l'autorité publique, ou sur un sapeur-pompier civil ou militaire ou un agent d'un exploitant de réseau de transport public de voyageurs dans l'exercice, à l'occasion de l'exercice ou en raison de ses fonctions ou de sa mission, sont punies de :

1° 30 ans de réclusion criminelle lorsqu'elles ont entraîné la mort de la victime ;
2° 20 ans de réclusion criminelle lorsqu'elles ont entraîné une mutilation ou une infirmité permanente ;
3° 15 ans de réclusion criminelle lorsqu'elles ont entraîné une ITT de plus de 8 jours ;
4° 10 ans d'emprisonnement et de 150 000 € d'amende lorsqu'elles n'ont pas entraîné une ITT de plus de 8 jours.

(C. pén., art. 222-15-1)
Dans le même ordre d'idées, le législateur a incriminé **le délit d'embuscade** consistant dans *« le fait d'attendre un certain temps et dans un lieu déterminé un fonctionnaire de la police nationale, un militaire de la gendarmerie, un membre du personnel de l'administration pénitentiaire ou toute autre personne dépositaire de l'autorité publique, ainsi qu'un sapeur-pompier civil ou militaire ou un agent d'un exploitant de réseau de transport public de voyageurs, dans le but, caractérisé par un ou plusieurs faits matériels, de commettre à son encontre, à l'occasion de l'exercice de ses fonctions ou de sa mission, des violences avec usage ou menace d'une arme »*.

Il s'agit donc de **réprimer des actes préparatoires à des violences**, ce qui est original puisque la tentative de violences n'est pas elle-même incriminée.

Jurisprudence

Le délit est caractérisé par le fait d'attirer, en leur signalant par téléphone un incendie de voiture imaginaire, des gendarmes en un lieu déterminé où des coups de feu sont tirés sur leur véhicule *(Cass. crim., 4 janv. 2011, n° 10-85.520)*.

Ce délit est puni de 5 ans d'emprisonnement et de 75 000 € d'amende et, lorsque les faits sont commis en réunion, de 7 ans d'emprisonnement et à 100 000 € d'amende.

Il convient de noter l'existence d'un autre délit particulier figurant à l'article 222-33-3, destiné à réprimer le phénomène dit de **« happy slapping »**. Ce texte énonce qu'est constitutif d'un acte de complicité des infractions prévues par les articles 222-1 à 222-14-1 (tortures et actes de barbarie, violences volontaires), 222-23 à 222-31 (viol et agressions sexuelles) et 222-33 (harcèlement sexuel) et est puni des peines prévues par ces articles le fait d'enregistrer sciemment, par quelque moyen que ce soit, sur tout support que ce soit, des images relatives à la commission de ces infractions. La diffusion de l'enregistrement de telles images est puni de cinq ans d'emprisonnement et de 75 000 € d'amende.

III. Autres aspects du régime juridique

Le législateur a étendu la compétence de la loi pénale française pour certaines infractions de violences.

L'article 222-16-2 énonce que, dans le cas où les crimes et délits prévus par les articles 222-8, 222-10 ou 222-12 sont commis à l'étranger sur une victime mineure résidant habituellement sur le territoire français, la loi française est applicable par dérogation aux dispositions de l'article 113-7. S'il s'agit d'un délit, une plainte préalable de la victime ou une dénonciation officielle de l'autorité étrangère ne sont pas exigées.

L'article 222-16-3 dispose, de manière similaire, que, dans le cas où les infractions prévues par le 6° *bis* des articles 222-8, 222-10, 222-12 et 222-13 (violences contre une personne afin de la contraindre à contracter un mariage ou à conclure une union ou en raison de son refus de contracter ce mariage ou cette union) sont commises à l'étranger à l'encontre d'une personne résidant habituellement sur le territoire français, la loi française est applicable. De nouveau, s'il s'agit d'un délit, aucune plainte préalable ou dénonciation officielle n'est requise.

On notera également que l'article 222-48-2 prévoit qu'en cas de condamnation pour violences commises par le père ou la mère sur la personne de son enfant ou de l'autre parent, la juridiction de jugement se prononce sur le retrait total ou partiel de l'autorité parentale ou sur le retrait de l'exercice de cette autorité.

En outre, il existe des règles particulières relatives à la **prescription de l'action publique**.

L'article 8, alinéa 3, du CPP prévoit que le délit de l'article 222-12 (violences avec ITT supérieure à 8 jours et circonstance aggravante) commis sur un mineur, se prescrit par 20 années à compter de la majorité de la victime.

De même, le crime de violences sur un mineur de 15 ans ayant entraîné une mutilation ou une infirmité permanente prévu à l'article 222-10 du Code pénal, se prescrit par 30 ans à partir de la majorité de la victime *(CPP, art. 7, al. 3).*

Il convient de rappeler que **l'éventuel consentement de la victime des violences ne constitue pas une cause de justification** de l'infraction pour l'auteur *(Cass. crim., 25 juin 2019, n° 18-84.200)*.

Enfin, certaines associations sont spécialement habilitées à exercer l'action civile dans le cadre de poursuites pour violences intentionnelles *(CPP, art. 2-2, 2-3, 2-6, 2-8, 2-17 et 2-20)*.

TABLEAU SIMPLIFIÉ DE LA RÉPRESSION DES VIOLENCES INTENTIONNELLES COMMISES PAR LES PERSONNES PHYSIQUES

Gravité de l'atteinte	Texte	Emprisonnement ou réclusion	Amende	Nature de l'infraction
Pas d'ITT	R. 624-1	NON	750 €	Contravention de 4e classe
Pas d'ITT + 1 circonstance aggravante	222-13	3 ans	45 000 €	Délit
Pas d'ITT sur mineur de 15 ans par ascendant ou personne ayant autorité	222-13	5 ans	75 000 €	Délit
ITT ≤ à 8 jours	R. 625-1	NNON	1 500 €	Contravention de 5e classe
ITT ≤ à 8 jours + 1 circonstance aggravante	222-13	3 ans	45 000 €	Délit
ITT ≤ à 8 jours + 2 circonstances aggravantes	222-13	5 ans	75 000 €	Délit
ITT ≤ à 8 jours + 3 circonstances aggravantes	222-13	7 ans	100 000 €	Délit
ITT > 8 jours	222-11	3 ans	45 000 €	Délit
ITT > 8 jours + 1 circonstance aggravante	222-12	5 ans	75 000 €	Délit
ITT > 8 jours + 2 circonstances aggravantes	222-12	7 ans	100 000 €	Délit

Gravité de l'atteinte	Texte	Emprisonnement ou réclusion	Amende	Nature de l'infraction
ITT > 8 jours + 3 circonstances aggravantes	222-12	10 ans	150 000 €	Délit
Mutilation ou infirmité permanente	222-9	10 ans	150 000 €	Délit
Mutilation ou infirmité permanente + 1 circonstance aggravante	222-10	15 ans	NON	Crime
Mutilation ou infirmité permanente sur mineur de 15 ans par ascendant ou personne ayant autorité	222-10	20 ans	NON	Crime
Mort sans intention de la donner	222-7	15 ans	NON	Crime
Mort sans intention de la donner + 1 circonstance aggravante	222-8	20 ans	NON	Crime
Mort sans intention de la donner sur mineur de 15 ans par ascendant ou personne ayant autorité	222-8	30 ans	NON	Crime

⏭ POUR ALLER PLUS LOIN…

- P. CONTE, La loi sur la prévention de la délinquance (loi n° 2007-297 du 5 mars 2007), présentation des dispositions de droit pénal, Dr. pén. 2007, étude 7
- S. DETRAZ, L'enregistrement d'images de violence : un cas de présomption légale de complicité, Dr. pén. 2007, étude 23
- C. DE JACOBET DE NOMBEL, L'originalité de la circonstance aggravante de guet-apens, RSC 2010, p. 545

Fiche n° 53 L'administration de substances nuisibles et les appels téléphoniques malveillants

L'ESSENTIEL

L'administration de substances nuisibles présente des rapports avec le crime d'empoisonnement mais s'en distingue par sa structure matérielle, qui en fait une infraction de résultat. Par ailleurs, le législateur incrimine spécialement les appels téléphoniques malveillants et les agressions sonores, qui étaient qualifiés de violences intentionnelles avant 1994, le délit semblant présenter la nature d'une infraction formelle.

LES CONNAISSANCES

On étudiera successivement l'infraction d'administration de substances nuisibles puis le délit d'appels téléphoniques malveillants et d'agressions sonores.

§1 L'administration de substances nuisibles

I. Les conditions légales de l'infraction

L'article 222-15 incrimine l'administration de substances nuisibles ayant porté atteinte à l'intégrité physique ou psychique d'autrui. Le législateur considère donc l'infraction comme une forme particulière d'atteinte à l'intégrité physique en raison du moyen employé, qui n'est pas un acte de violence. Pourtant, le **rapprochement avec le crime d'empoisonnement** s'impose dès lors que l'acte incriminé consiste ici aussi dans **l'administration d'une substance**. On ne reviendra pas sur la notion d'administration, qui est identique à celle qui constitue l'élément matériel de l'empoisonnement (V. Fiche n° 49, § 1, I).

L'infraction présente une première originalité au regard de la **substance** administrée qui, contrairement à l'empoisonnement, n**e doit pas être capable de tuer mais seulement être nuisible à la santé.** Il revient aux juges du fond d'apprécier la nature de la substance et les solutions dégagées pour le crime d'empoisonnement, au sujet de la nature végétale, minérale ou autre de la substance et des modalités de l'administration, sont transposables.

Jurisprudence

La jurisprudence récente a admis, à plusieurs reprises, que l'administration volontaire du virus VIH par le moyen de relations sexuelles non protégées constitue le délit *(Cass. crim., 10 janv. 2006, n° 05-80.787 - Cass. crim., 5 oct. 2010, n° 09-86.209).*

On peut considérer qu'il s'agit là d'une qualification réductrice dès lors que le virus en question déclenche une maladie qui, à l'heure actuelle, constitue toujours une maladie mortelle, même si les progrès de la médecine permettent de retarder l'issue fatale chez beaucoup de malades. C'est donc le crime d'empoisonnement qui devrait plutôt être retenu mais on sait que le problème posé est alors celui de l'intention, la Cour de cassation exigeant une intention de tuer, qui serait certainement difficile à établir dans ce genre de cas (V. Fiche n° 49, § 1, II).

Le délit d'administration de substances nuisibles constitue une **infraction de résultat** dès lors qu'il se consomme lorsque la victime subit une atteinte à son intégrité physique, quelle que soit la forme de cette atteinte. Il en résulte que **si le prévenu a eu des relations sexuelles avec la victime sans l'informer du fait qu'il était atteint du virus du VIH mais que cette dernière n'a finalement pas été contaminée, le délit n'est pas constitué** *(Cass. crim., 5 mars 2019, n° 18-82.704).*

Jurisprudence

Par exemple, le délit est consommé par l'administration de valium contenu dans des bouteilles d'eau mises à la disposition de sportifs, les victimes ayant subi une altération de leurs facultés physiques et donc une atteinte à leur santé *(Cass. crim., 14 juin 1995, n° 94-83.025).*

Il est évident qu'un lien de causalité doit être établi entre l'administration des substances et le résultat.

L'**intention** requise pour le délit suppose que **l'agent veuille administrer la substance en connaissance de cause c'est-à-dire en sachant qu'elle est nuisible à la santé.**

Par conséquent, si la substance est administrée par imprudence ou négligence, le délit n'est pas caractérisé mais des poursuites pourraient avoir lieu, par exemple, du chef de blessures involontaires. Il est parfois soutenu que le fait pour l'auteur d'administrer une substance qu'il pense de nature à tuer mais qui est devenue inoffensive ou seulement nuisible doit recevoir la qualification d'administration de substances nuisibles. Cette analyse est contestable dès lors que l'intention de l'agent n'est pas, en pareil cas, de causer seulement une altération de la santé de la victime mais de l'empoisonner. En réalité, ces faits paraissent devoir recevoir la qualification d'empoisonnement, l'intention étant déterminante.

Jurisprudence

Pour cette raison, il semble contestable de retenir le délit d'administration de substances nuisibles dans le cas où l'agent dissimule dans le véhicule de sa victime des substances radioactives, alors même que les juges relèvent que les radiations sont de nature à provoquer la mort si elles sont administrées en grande quantité *(TGI Cherbourg, 31 mars 1981, D. 1981, p. 536)*.

II. La répression de l'infraction

La **tentative** du délit n'est **pas incriminée** alors qu'elle est concevable.

L'article 222-15 énonce que l'infraction est punie des peines mentionnées aux articles 222-7 à 222-14-1 suivant les distinctions prévues par ces articles. Par conséquent, les sanctions et les circonstances aggravantes sont celles prévues en matière de violences intentionnelles et il suffit de se reporter à ce qui a été dit (V. Fiche n° 52, § 2).

§2 Les appels téléphoniques malveillants et agressions sonores

Depuis l'entrée en vigueur du Code pénal de 1994, l'article 222-16 incrimine ce qu'il est convenu d'appeler le « harcèlement téléphonique », antérieurement réprimé au titre des violences intentionnelles. Après avoir présenté les éléments constitutifs du délit, on exposera les modalités de sa répression.

I. Les éléments constitutifs

(C. pén., art. 222-16)
L'article 222-16 réprime « *les appels téléphoniques malveillants réitérés, les envois réitérés de messages malveillants émis par la voie des communications électroniques ou les agressions sonores en vue de troubler la tranquillité d'autrui* ».

On peut remarquer **que les deux premières formes du délit supposent une réitération des actes, c'est-à-dire une répétition, alors que cette condition n'est pas expressément requise pour les agressions sonores, même si le terme est utilisé au pluriel**.

Jurisprudence

La jurisprudence estime que 2 appels téléphoniques successifs suffisent à caractériser la réitération *(Cass. crim., 4 mars 2003, n° 02-86.172)* même si des poursuites sont généralement exercées lorsque leur nombre est beaucoup plus important *(V., pour des centaines d'appels, Cass. crim., 25 oct. 2000, n° 99-87.371)*.

Les envois réitérés de messages visent essentiellement les textos ou SMS envoyés par téléphone mobile, lesquels peuvent aussi générer un trouble à la tranquillité.

En outre, le législateur appréhende ces actes non pas comme une atteinte à l'intégrité physique mais en eux-mêmes, indépendamment de leurs effets ou conséquences possibles, ce qui permet de considérer que l'infraction est formelle.

Jurisprudence

Le délit vise également les agressions sonores, et il est caractérisé dans le cas d'un établissement de nuit qui génère une musique excessivement bruyante pour le voisinage *(Cass. crim., 30 mars 2004, n° 03-84.984)* ou le propriétaire de chiens qui les laisse aboyer jour et nuit malgré les plaintes du voisinage *(CA Aix-en-Provence, 19 mars 2012, JurisData n° 2012-009871)*.

L'élément moral de l'infraction est l'**intention** et il était admis qu'elle était identique, quelle que soit la forme matérielle du délit, pour consister en une intention de troubler la tranquillité de la personne.

Jurisprudence

Cependant, selon un arrêt du 28 mars 2018 *(Cass. crim., 28 mars 2018, n° 17-81.232)*, le texte, dans sa rédaction issue de la loi du 18 mars 2003, n'exige pas, pour réprimer les appels téléphoniques malveillants réitérés, qu'ils aient été émis en vue de troubler la tranquillité d'autrui.

Autrement dit, l'intention de troubler la tranquillité n'est exigée que pour les agressions sonores et non pas pour les deux premières formes matérielles de l'infraction. Il reste cependant que les appels téléphoniques et les envois de messages doivent être *« malveillants »*, ce qui semble impliquer une certaine intention de nuire chez l'auteur.

II. La répression

Les personnes physiques encourent **une peine d'emprisonnement d'un an et une amende de 15 000 €**, c'est-à-dire des peines relativement modérées comparées à celles prévues en matière de violences intentionnelles.

Les personnes morales encourent une peine d'amende de 75 000 € ainsi que toutes les peines de l'article 131-39, ce qui, au contraire, paraît totalement disproportionné à la gravité de l'infraction *(C. pén., art. 222-16-1)*.

Il n'existe pas de circonstance aggravante et les peines complémentaires sont celles prévues par l'article 222-44 et 222-45.

La tentative du délit n'est pas incriminée.

⏭ POUR ALLER PLUS LOIN...

– J. LASSERRE-CAPDEVILLE, Appels téléphoniques malveillants par SMS, JCP G 2009, 587

– J.-Y. MARÉCHAL, Harcèlement téléphonique : quand la perversité devient malveillance, JCP G 2003, II, 10112

– R. MESA, HIV non révélé : pas de contamination, pas d'infraction, Gaz. Pal. 23 avr. 2019, n° 16, p. 16

– A. PROTHAIS, Le Sida ne serait-il plus, au regard du droit pénal, une maladie mortelle ? D. 2001, chron. p. 2053 ; N'empoisonnez plus à l'arsenic, D. 1998, chron. p. 334

Fiche n° 54 Les blessures involontaires

L'ESSENTIEL

L'incrimination des atteintes à l'intégrité physique par imprudence ou négligence complète celle de l'homicide non intentionnel. Elle présente des points communs quant à la faute requise et aux circonstances aggravantes. La répression est organisée, comme en matière de violences intentionnelles, essentiellement en fonction de la gravité de l'atteinte causée.

LES CONNAISSANCES

Il existe plusieurs textes réprimant les atteintes non intentionnelles à l'intégrité physique, qui peuvent être des contraventions ou des délits. L'exposé des conditions constitutives des infractions précèdera celui de leur régime juridique.

§1 Les conditions légales des infractions

A La faute

Les différents textes d'incrimination ont pour point commun d'exiger la démonstration d'une faute d'imprudence ou de négligence. La question se pose dans les mêmes termes que pour l'homicide involontaire et on se reportera donc à ce qui a déjà été dit sur ce point et sur celui du lien de causalité (V. Fiche n° 50, § 1, III).

On notera seulement que **les blessures involontaires sont parfois réprimées seulement en présence d'une violation manifestement délibérée d'une obligation particulière de sécurité ou de prudence prévue par la loi ou le règlement** *(C. pén., art. R. 625-3 et 222-20)*, ce qui est une **originalité** dès lors que, dans le cas de l'homicide involontaire, cette forme de faute est une circonstance aggravante du délit et jamais son élément moral propre (V. notamment, *C. pén., art. 221-6, al. 2*).

B L'atteinte à l'intégrité physique

Elle se mesure, juridiquement, au moyen de la **notion d'ITT**, utilisée pour grader la répression. L'incapacité de travail n'est pas liée seulement à l'inaptitude à exercer une profession mais plus généralement à exercer une activité quelconque, en raison des blessures subies. L'appréciation de cette incapacité est une question de fait et résulte souvent d'expertises médicales.

Jurisprudence

Si, avant le jugement définitif, l'incapacité de la victime s'aggrave ou si elle conduit au décès, une requalification des faits est possible *(Cass. crim., 22 nov. 1956, Bull. crim. n° 772)*.

Le seuil d'ITT que le législateur prend en compte est celui de 3 mois, les actes constituant une contravention si l'ITT est inférieure à cette durée, un délit dans le cas contraire (V. *infra*).

L'atteinte peut avoir pour origine des coups ou un contact physique violent entre l'auteur ou un objet qu'il utilise et le corps de la victime mais **le moyen de générer l'atteinte s'avère indifférent dès lors que la causalité peut être établie**. Ainsi, l'exposition à des radiations ou un virus peuvent être pris en compte. On notera que le législateur a pris en considération, pour des raisons répressives (V. *infra*), deux moyens particuliers qui sont l'usage d'un véhicule *(C. pén., art. 222-19-1)* ou l'agression d'un chien dont le prévenu est propriétaire ou détenteur *(C. pén., art. 222-19-2)*. Dans tous les cas, l'atteinte peut consister en des blessures mais aussi en une maladie contractée par la victime à la suite des actes de l'auteur.

§2 La répression

Elle se fonde principalement sur la gravité de l'ITT.

A Les contraventions

Lorsque **les actes ne provoquent aucune ITT** et que l'auteur a commis une **faute ordinaire**, il s'agit d'une contravention de 2e classe punie d'une amende de 150 € *(C. pén., art. R. 622-1)*. Pour les personnes morales, l'amende est quintuplée et la confiscation peut être prononcée *(C. pén., art. R. 622-1)*.

Lorsque **les actes ne provoquent aucune ITT** mais que l'auteur a commis une **faute délibérée**, il s'agit d'une **contravention de 5e classe** punie d'une amende de 1 500 € *(C. pén., art. R. 625-3)*.

Lorsque **l'atteinte consiste en une ITT d'une durée inférieure ou égale à 3 mois** et que l'auteur a commis une **faute ordinaire**, il s'agit également d'une **contravention de la 5e classe** punie de la même peine *(C. pén., art. R. 625-2)*.

Pour ces deux contraventions, les personnes morales encourent une peine d'amende quintuplée et la confiscation de la chose ayant servi à commettre l'infraction *(C. pén., art. R. 625-5)*.

B Les délits

En cas d'**ITT d'une durée inférieure ou égale à 3 mois** et de commission d'une **faute délibérée**, l'article 222-20 prévoit une peine d'un an d'emprisonnement et une amende de 15 000 €.

En présence de la même ITT, le législateur prévoit 2 cas particuliers qui conduisent à alourdir les peines.

La première situation est celle où **l'atteinte est causée par la faute ordinaire du conducteur d'un véhicule terrestre à moteur**, les peines étant alors portées **à 2 ans d'emprisonnement** et 30 000 € d'amende *(C. pén., art. 222-20-1, al. 1er)*.

Mais des **circonstances aggravantes permettent de porter les peines à 3 ans d'emprisonnement et 45 000 € d'amende** *(C. pén., art. 222-20-1, al. 2)* ou même **à 5 ans d'emprisonnement et 75 000 € d'amende** en cas de cumul d'au moins 2 circonstances aggravantes *(C. pén., art. 222-20-1, al. 3)*. Les circonstances aggravantes sont celles prévues pour l'homicide involontaire commis par un conducteur *(V. C. pén., art. 221-6-1*, Fiche n° 50, § 2, I*)*.

La seconde situation est celle où **l'atteinte résulte de l'agression commise par un chien** et le même dispositif d'aggravation par paliers est prévu avec des peines identiques *(C. pén., art. 222-20-2)*.

Si **l'ITT est supérieure à 3 mois**, l'atteinte causée par une **faute ordinaire** est punie de 2 ans d'emprisonnement et de 30 000 € d'amende *(C. pén., art. 222-19, al. 1er)*. Si l'auteur a commis une **faute délibérée**, les peines sont portées à 3 ans d'emprisonnement et à 45 000 € d'amende *(C. pén., art. 222-19, al. 2)*.

Le législateur a créé un régime plus répressif dans les mêmes situations que celles qui viennent d'être évoquées. En effet, lorsque l'auteur est le conducteur d'un véhicule terrestre à moteur, il encourt 3 ans d'emprisonnement et 45 000 € d'amende *(C. pén., art. 222-19-1, al. 1er)*, les peines étant portées à 5 ans d'emprisonnement et à 75 000 € d'amende en présence des circonstances aggravantes énumérées par le texte *(C. pén., art. 222-19-1, al. 2)*. Enfin, l'auteur encourt 7 ans d'emprisonnement et 100 000 € d'amende en présence de plusieurs circonstances aggravantes *(C. pén., art. 222-19-1, al. 3)*.

Le même mécanisme est prévu lorsque l'infraction résulte de l'agression commise par un chien *(C. pén., art. 222-19-2)*.

TABLEAU SIMPLIFIÉ DE LA RÉPRESSION DES ATTEINTES NON INTENTIONNELLES À L'INTÉGRITÉ PHYSIQUE

Gravité de l'atteinte	Texte	Emprisonnement ou réclusion	Amende	Nature de l'infraction
Pas d'ITT + faute ordinaire	R. 622-1	NON	150 €	Contravention de 2e classe
Pas d'ITT + faute délibérée	R. 625-3	NON	1 500 €	Contravention de la 5e classe
ITT ≤ à 3 mois + faute ordinaire	R. 625-2	NON	1 500 €	Contravention de la 5e classe
ITT ≤ à 3 mois + faute délibérée	222-20	1 an	15 000 €	Délit
ITT > à 3 mois + faute ordinaire	222-19	2 ans	30 000 €	Délit
ITT > à 3 mois + faute délibérée	222-19	3 ans	45 000 €	Délit

⏭ POUR ALLER PLUS LOIN…

– V. Fiche n° 50

Fiche n° 55 Le harcèlement moral

L'ESSENTIEL

Le droit pénal français réprime aujourd'hui le harcèlement par plusieurs textes du Code pénal en fonction du contexte des faits. Le premier délit concerne le harcèlement dans le cadre d'une relation de travail alors que les deux autres concernent les faits commis au sein d'un couple ou ceux commis en dehors de toute relation particulière entre auteur et victime. Ces délits présentent des points communs mais aussi des différences notamment quant à la matérialité de l'infraction, c'est-à-dire aux conséquences effectives ou potentielles des actes.

LES CONNAISSANCES

C'est une loi n° 2002-73 du 17 janvier 2002 qui a créé le premier délit de harcèlement moral en droit français, cette incrimination visant le harcèlement dans le cadre d'une relation de travail. Par la suite, le législateur a complété le dispositif en créant deux autres délits de harcèlement au sein du couple puis en dehors de tout contexte particulier. Cette technique de l'empilement des textes n'est guère satisfaisante et il serait plus pertinent de créer un délit unique compte tenu de la proximité de certaines des conditions légales des infractions.

Après avoir exposé ces conditions, on présentera le régime répressif de ces délits.

§1 Les éléments constitutifs des délits

On analysera successivement ces infractions en distinguant le harcèlement dans le cadre du travail du harcèlement en dehors de ce cadre.

I. Le harcèlement dans le cadre du travail

A Les éléments constitutifs

L'article L. 1152-1 du Code du travail énonce qu'aucun salarié ne doit subir les agissements répétés de harcèlement moral qui ont pour objet ou pour effet une dégradation de ses conditions de travail susceptible de porter atteinte à ses droits et à sa dignité, d'altérer sa santé physique ou mentale ou de compromettre son avenir professionnel. C'est au sein du Code pénal que se trouve l'incrimination du **harcèlement moral**, ce qui peut paraître contestable puisqu'il **ne se conçoit que dans le cadre d'une relation de travail**, comme l'a rappelé la Cour de cassation *(Cass. crim.,*

13 déc. 2016, n° 16-81.253). Autrement dit, il serait plus logique que l'incrimination figure dans le Code du travail, l'argument tiré du caractère symbolique de l'incrimination par le Code pénal étant sans portée juridique.

(C. pén., art. 222-33-2)
C'est donc l'article 222-33-2 qui réprime *« le fait de harceler autrui par des propos ou comportements répétés ayant pour objet ou pour effet une dégradation des conditions de travail susceptible de porter atteinte à ses droits et à sa dignité, d'altérer sa santé physique ou mentale ou de compromettre son avenir professionnel »*.

Jurisprudence

Si ce texte a été beaucoup critiqué en raison de sa formulation sibylline et vague, **la Cour de cassation a refusé de renvoyer une question prioritaire de constitutionnalité fondée sur son imprécision** *(Cass. crim., 11 juill. 2012, n° 11-88.114)*. Elle a également jugé que le texte ne méconnaissait pas le principe de la légalité en ce qu'il exige que les incriminations soient définies en termes clairs et précis *(Cass. crim., 15 mars 2011, n° 09-88.627)*.

Si le Code du travail ne vise que le salarié comme victime du harcèlement, le Code pénal est plus vague et le statut juridique exact de celle-ci importe peu dès lors que les faits sont commis dans le cadre d'une relation de travail.

Jurisprudence

L'auteur n'est pas davantage décrit par les textes ce qui permet d'appréhender n'importe quel supérieur hiérarchique, ce qui, en pratique, est le cas le plus fréquent *(V., par exemple, Cass. crim., 25 nov. 2008, n° 08-81.727 - Cass. crim., 2 oct. 2012, n° 11-82.239)*, mais aussi un autre salarié ou collègue de la victime *(CA Paris, 19 juin 2012, JurisData n° 2012-020359)*. **Le harcèlement peut donc être tant « vertical » qu'« horizontal ». Il est même concevable que le délit soit commis par un subordonné à l'encontre d'un supérieur** *(Cass. crim., 6 déc. 2011, n° 10-82.266)*.

La matérialité de l'infraction s'avère complexe. En premier lieu, **le texte impose des comportements répétés.**

Jurisprudence

Mais il importe peu qu'il s'agisse du même comportement reproduit plusieurs fois *(Cass. crim., 26 janv. 2016, n° 14-80.455)* **ou d'actes différents** *(Cass. crim., 19 nov. 2013, n° 12-85.262)*.

La nature des actes n'est pas précisément définie, le texte indiquant seulement qu'il peut s'agir de **propos** ou de **comportements**.

Jurisprudence

Il s'agit souvent, en pratique, d'insultes, de propos déplacés, d'un dénigrement constant, d'une « mise au placard », consistant à priver la victime de toute responsabilité ou activité au sein de l'entreprise etc. *(V., par exemple, Cass. crim., 25 nov. 2008 préc.- Cass. crim., 2 oct. 2012, n° 11-82.239).*

La jurisprudence a cependant considéré que l'auteur du harcèlement doit avoir lui-même participé activement à de tels actes et le fait que l'employeur ait laissé des salariés en harceler d'autres sans intervenir ne constitue pas le délit, ce qui revient à juger qu'**il s'agit d'un délit qui ne peut pas se commettre par omission, c'est-à-dire par le fait de ne pas empêcher le harcèlement commis par un tiers** *(Cass. crim., 16 sept. 2014, n° 13-82.468).*

Le législateur s'intéresse davantage aux suites des actes qu'à leur nature exacte. En effet, le texte énonce que ces derniers doivent avoir **« pour objet ou pour effet »** une dégradation des conditions de travail susceptible de porter atteinte à ses droits et à sa dignité, d'altérer sa santé physique ou mentale ou de compromettre son avenir professionnel.

Jurisprudence

Il s'en déduit, comme l'a rappelé à plusieurs reprises la Cour de cassation, que l'infraction peut être constituée si une dégradation des conditions de travail est constatée mais aussi dès lors que les actes étaient susceptibles d'avoir un tel *effet (Cass. crim., 6 déc. 2011 préc.).* **La simple possibilité d'une dégradation des conditions de travail suffit** donc et il n'est pas exigé de constater une altération de la santé de la victime *(Cass. crim., 14 janv. 2014, n° 11-81.362).*

On peut donc en déduire **que le délit peut être soit de résultat, soit formel**, selon que les actes auront ou non produit un effet sur la victime.

La suite de la formule est très vague et particulièrement large, laissant une marge d'appréciation très grande aux juges.

Jurisprudence

En pratique, le plus souvent, les victimes produisent des certificats médicaux établissant l'existence d'une pathologie, consistant le plus souvent dans un syndrome dépressif, ce qui permet de prouver l'existence d'un problème de santé *(Cass. crim., 19 juin 2012, n° 11-87.963).*

Cependant, le législateur vise également l'hypothèse de la compromission de l'avenir professionnel, ce qui peut être caractérisé par un licenciement par exemple (même arrêt).

Dans tous les cas, **il suffit de prouver, en théorie du moins, une simple possibilité de dégradation des conditions de travail**.

Jurisprudence

La jurisprudence a été confrontée à l'argument selon lequel le supérieur hiérarchique n'avait pas commis de harcèlement parce qu'il se bornait à exercer son pouvoir de direction sur ses subordonnés. La Cour de cassation a affirmé, sur ce point que ce pouvoir n'était pas illimité et que **les actes qui dépassent les limites de l'exercice du pouvoir de direction constituent un harcèlement moral** *(Cass. crim., 8 juin 2010, n° 10-80.570 - Cass. crim., 5 févr. 2013, n° 11-89.125)*, ce qui relève naturellement de l'appréciation des circonstances et de la nature des actes commis.

Le législateur ne donne pas d'indication quant à **l'intention de l'auteur**. Celle-ci est exigée puisqu'il s'agit d'un délit et la **volonté doit nécessairement porter sur les actes eux-mêmes. En outre, l'auteur doit avoir conscience que ceux-ci sont au moins susceptibles d'avoir pour effet une dégradation des conditions de travail de la victime.**

Jurisprudence

En revanche, il n'est pas nécessaire d'établir une intention de nuire ou une volonté précise de causer une atteinte à la santé de la victime, par exemple *(Cass. crim., 13 déc. 2016, n° 15-81.853)*.

B La répression

Le harcèlement moral au travail est puni de 2 ans d'emprisonnement et de 30 000 € d'amende. L'auteur encourt également les peines complémentaires des articles 222-44 et 222-45.
Il n'existe pas de circonstance aggravante et la tentative n'est pas punissable, ce qui serait assez difficile à caractériser.

On ajoutera que le Code du travail prévoit, en complément du Code pénal, la répression (un an d'emprisonnement et amende de 3 750 €) de faits de discriminations commis à la suite d'un harcèlement moral ou sexuel *(C. trav., art. L. 1155-2 et L. 1152-2)*.

S'agissant des personnes morales, la responsabilité pénale est concevable *(CA Saint-Denis de la Réunion, 26 juill. 2012, JurisData n° 2012-023235)* et les peines d'amende encourues sont quintuplées. En vertu de l'article 222-50-1, elles encourent la peine d'affichage ou de diffusion de la décision.

II. Le harcèlement en dehors du cadre du travail

A Les éléments constitutifs

Le Code pénal comprend **deux autres délits de harcèlement**, prévus par les articles 222-33-2-1 et 222-33-2-2 du Code pénal. Ces deux textes présentent de grandes similitudes entre eux et avec le harcèlement moral au travail.

En premier lieu, sont incriminés les actes de harcèlement consistant en des **propos ou comportements répétés**, formule identique à celle utilisée pour le harcèlement au travail (V. *supra*).

Cependant, la loi n° 2018-703 du 3 août 2018 a complété l'article 222-33-2-2 du Code pénal, qui réprime le harcèlement en dehors du couple, en indiquant que l'infraction est également constituée :

a) lorsque ces propos ou comportements sont imposés à une même victime par plusieurs personnes, de manière concertée ou à l'instigation de l'une d'elles, alors même que chacune de ces personnes n'a pas agi de façon répétée ;
b) lorsque ces propos ou comportements sont imposés à une même victime, successivement, par plusieurs personnes qui, même en l'absence de concertation, savent que ces propos ou comportements caractérisent une répétition.

Il s'agit donc, comme en matière de harcèlement sexuel (V. Fiche n° 60), de **faciliter la répression en n'exigeant pas que la pluralité des actes soit le fait de la même personne**. Désormais, les propos ou comportements peuvent être commis par des personnes différentes, chacune étant susceptible de ne commettre qu'un seul acte, à condition soit qu'elles agissent de manière concertée, soit qu'elles aient conscience qu'il y a répétition des actes même sans concertation.

Jurisprudence

Concernant le harcèlement du conjoint, prévu par l'article 222-33-2-1, la Cour de cassation a jugé que l'envoi concomitant de courriers identiques ou similaires à des collègues de la victime, sur leur lieu de travail commun, ne caractérise qu'un fait unique et non pas la répétition d'actes nécessaire à la caractérisation de l'infraction *(Cass. crim., 8 mai 2018, n° 17-83.623)*.

En deuxième lieu, les deux textes exigent que **ces actes aient « *pour objet ou pour effet* » une dégradation des conditions de vie de la victime qui doit se « *traduire* » par une altération de sa santé physique ou mentale.** Ainsi, contrairement à ce que laisse entendre la première partie de la formule (actes ayant « *pour objet* »), **les actes doivent avoir des conséquences avérées en termes d'atteinte à la santé**, et c'est une **différence avec le harcèlement moral** *(V. CA Douai, 8 avr. 2015, JurisData n° 2015-029146)*. Ceci est confirmé par le fait que la répression dépend de l'ampleur de ces conséquences qui doivent se mesurer en ITT (V. *infra*).

Jurisprudence

Il a été jugé, au sujet du harcèlement en dehors du couple, que le fait pour un père d'envoyer à sa fille plusieurs textos faisant constamment référence à un contentieux parental douloureux ne suffisait pas à caractériser le délit, faute pour les juges d'avoir précisé en quoi ces actes ont eu pour objet ou pour effet une dégradation des conditions de vie de la victime se traduisant par une atteinte à sa santé physique ou mentale *(Cass. crim., 8 mai 2018, n° 17-83.623)*.

La différence entre les deux délits réside dans la qualité des auteurs et victimes. L'article 222-33-2-1 impose que les protagonistes soient conjoints, partenaires liés par un pacte civil de solidarité ou concubins ou encore ancien conjoints, concubins ou partenaires. En revanche, l'article 222-33-2-2 ne prévoit aucune qualité particulière de l'auteur ou de la victime, ni aucun lien entre eux.

Jurisprudence

Il peut donc s'appliquer, par exemple, pour des faits commis par un voisin de la victime *(CA Douai, 16 juin 2016, JurisData n° 2016-527540)*.

L'intention requise suppose la volonté de commettre les actes de harcèlement en ayant conscience de leur portée sur la santé physique ou mentale.

B) La répression

Le délit de harcèlement au sein du couple est puni de 3 ans d'emprisonnement et de 45 000 € d'amende lorsque les actes ont causé une ITT inférieure ou égale à 8 jours ou n'ont entraîné aucune incapacité de travail et de 5 ans d'emprisonnement et de 75 000 € d'amende lorsqu'ils ont causé une ITT supérieure à 8 jours ou ont été commis alors qu'un mineur était présent et y a assisté *(C. pén., art. 222-33-2-1)*.

Le délit de harcèlement en dehors du couple est puni d'un an d'emprisonnement et de 15 000 € d'amende lorsque les actes ont causé une ITT inférieure ou égale à

8 jours ou n'ont entraîné aucune incapacité de travail. Il est puni de 2 ans d'emprisonnement et de 30 000 € d'amende :
1° lorsque l'ITT est supérieure à 8 jours ;
2° lorsque a victime est un mineur de 15 ans ;
3° lorsque la victime est une personne particulièrement vulnérable ;
4° lorsque les actes ont été commis par l'utilisation d'un service de communication au public en ligne ou par le biais d'un support numérique ou électronique ;
5° lorsqu'un mineur était présent et y a assisté.

Enfin, les peines sont de 3 ans d'emprisonnement et de 45 000 € d'amende en cas de cumul de 2 circonstances aggravantes.

On notera encore que l'article 222-48-2 prévoit qu'en cas de condamnation pour harcèlement commis par le père ou la mère sur la personne de son enfant ou de l'autre parent, la juridiction de jugement se prononce sur le retrait total ou partiel de l'autorité parentale ou sur le retrait de l'exercice de cette autorité.

La responsabilité pénale des personnes morales est concevable, les peines d'amende étant alors quintuplées.

⏭ POUR ALLER PLUS LOIN...

– M. BENILLOUCHE, Pour la création d'une qualification unique de harcèlement, Dr. pén. 2015, étude 18

– V. MALABAT, À la recherche du sens du droit pénal du harcèlement, Droit social 2003, p. 491

– E. MONTEIRO, Le concept de harcèlement moral, RSC 2003, p. 277

Fiche n° 56 L'exposition d'autrui à un risque grave

⏭ L'ESSENTIEL

L'exposition d'autrui à un risque consiste à réprimer un comportement particulièrement dangereux avant qu'il ait provoqué des conséquences dommageables pour la vie ou l'intégrité de la personne. Un tel comportement est donc réprimé en lui-même mais il doit s'accompagner d'une faute particulière, consistant à violer délibérément un texte prévoyant une obligation particulière de prudence ou de sécurité.

⏭ LES CONNAISSANCES

Le délit d'exposition d'autrui à un risque de mort ou de blessures graves constitue une innovation du Code pénal de 1994, permettant de réprimer en elle-même une mise en danger de la personne, avant qu'elle ne cause un dommage à une victime (V. Fiche n° 12). On présentera les conditions de constitution de ce délit avoir d'en exposer la répression.

§1 La constitution du délit

I. Élément matériel

(C. pén., art. 223-1)
L'article 223-1 du Code pénal réprime le fait *« d'exposer directement autrui à un risque immédiat de mort ou de blessures de nature à entraîner une mutilation ou une infirmité permanente par la violation manifestement délibérée d'une obligation particulière de sécurité ou de prudence imposée par la loi ou le règlement »*.

Le délit est donc consommé par le seul fait d'exposer directement autrui à un risque immédiat de mort ou de blessures de nature à entraîner une mutilation ou une infirmité permanente. Il est donc nécessaire d'établir que les actes pouvaient causer une atteinte grave alors que cette dernière ne s'est pas réalisée, ce qui revient à analyser la capacité causale des actes commis en se demandant ce qu'ils auraient produire comme résultat. Il s'agit dès lors d'une infraction de mise en danger.

Seul le risque d'une atteinte à la vie ou à l'intégrité physique est à, prendre en considération, ce qui conduit à se demander si une victime potentielle doit être identifiée.

Jurisprudence

Les juges du fond relèvent souvent l'existence de personnes susceptibles d'être des victimes des actes mais la Cour de cassation n'a jamais répondu expressément à la question *(Cass. crim., 12 mars 1997, n° 96-83.205).*

Le **problème de la gravité du risque** se pose également car il est difficile de savoir, au stade de la commission des actes, s'ils étaient ou non susceptibles de causer une atteinte à la vie, une mutilation ou une infirmité permanente. Il appartient donc aux juges de faire une telle appréciation, quelque peu arbitraire.

Jurisprudence

Il faut noter ici que les juges du fond ne peuvent déduire l'existence d'un risque du seul constat de la violation d'une prescription légale ou réglementaire, comme un texte limitant la vitesse des automobiles *(Cass. crim., 3 avr. 2001, n° 00-85.546 – Cass. crim., 16 déc. 2015, n° 15-80.916)* mais qu'ils doivent cependant vérifier que le risque a été créé de manière directe par la violation de cette prescription *(Cass. crim., 16 févr. 1999, n° 97-86.290).*

Ainsi, il a été jugé que le délit était constitué dans le cas d'une surcharge de passagers sur un navire, en violation d'une prescription réglementaire, alors que les conditions météorologiques étaient pourtant favorables *(Cass. crim., 11 févr. 1998, n° 96-84.929)*. De même, caractérise le délit le fait de faire travailler des salariés sur un chantier en les exposant aux risques liés aux poussières d'amiante, les juges estimant que « le degré de probabilité de développer un cancer du poumon ou un cancer de la plèvre dans les 30 à 40 ans de l'inhalation de poussières d'amiante est certain » *(Cass. crim., 19 avr. 2017, n° 16-80.695).*

II. La faute

Le délit suppose la **commission d'une faute particulière** puisque l'auteur doit violer de manière manifestement délibérée une obligation particulière de sécurité imposée par la loi ou le règlement. La doctrine considère qu'il s'agit d'une **faute de mise en danger délibérée**, au sens de l'article 121-3, alinéa 2 (V. Fiche n° 12, § 1).

Le texte violé doit prévoir une obligation particulière et non pas seulement une obligation générale de sécurité, ce que vérifie la Cour de cassation.

Jurisprudence

Elle a ainsi jugé que les obligations déontologiques des médecins définies par les articles R. 4127-32 et R. 4127-33 du Code de la santé publique ne constituent pas des obligations particulières *(Cass. crim., 18 mars 2008, n° 07-83.067).*

En revanche, l'article R. 414-4, IV du Code de la route, qui impose au conducteur de se déporter suffisamment pour ne pas risquer de heurter l'usager qu'il veut dépasser, impose une obligation de cette nature *(Cass. crim., 23 juin 1999, n° 97-85.267)*. En outre, la chambre criminelle a jugé **qu'il incombe au juge de rechercher, au besoin d'office** et sans qu'il soit tenu par les mentions ou l'absence de mention de la citation pour mise en danger sur ce point, **l'existence d'une obligation particulière de prudence ou de sécurité imposée par la loi ou le règlement dont la violation est susceptible de permettre la caractérisation du délit**. Il doit ensuite apprécier le caractère immédiat du risque créé, puis rechercher si le manquement relevé ressort d'une violation manifestement délibérée de l'obligation de sécurité *(Cass. crim., 13 nov. 2019, n° 18-82.718)*.

La faute elle-même consiste dans une « violation manifestement délibérée » de l'obligation textuelle. Cette formule a été inscrite également, par la loi [n° 2000-647] du 10 juillet 2000, à l'article 121-3, alinéa 4, comme une des modalités possibles de la faute d'imprudence en cas de dommage causé indirectement (V. Fiche n° 12, § 2, I).

Jurisprudence

Concernant le délit de risques causés à autrui, la Cour de cassation considère que les juges n'ont pas à vérifier que le prévenu avait connaissance de la nature du risque particulier causé par les manquements aux obligations de sécurité qu'il a commis *(Cass. crim., 16 févr. 1999 préc.)*.

§2 La répression du délit

Pour les personnes physiques, les peines encourues sont d'**un an d'emprisonnement** et de **15 000 € d'amende**, des peines complémentaires étant prévues *(C. pén., art. 223-18)*.

Les personnes morales encourent outre l'amende d'un montant quintuplé, les peines prévues par les 2°, 3°, 8° et 9° de l'article 131-39 *(C. pén., art. 223-2)*.

La tentative n'est pas incriminée mais la **complicité** de l'infraction, par fourniture d'instructions, **a déjà été retenue** *(Cass. crim., 6 juin 2000, n° 99-85.937 - Cass. crim., 4 nov. 2003, n° 02-86.108)*.

⏭ POUR ALLER PLUS LOIN...

– G. ACCOMANDO et Ch. GUÉRY, Le délit de risque causé à autrui, RSC 1994, p. 681
– V. MALABAT, Le délit dit de mise en danger : la lettre et l'esprit, JCP G 2000, I, 208
– M. PRALUS, Le délit de risques causés à autrui dans ses rapports avec les infractions voisines, JCP G 1995, I, 3830

Fiche n° 57 L'abus de faiblesse

L'ESSENTIEL

Le délit d'abus de faiblesse d'une personne vulnérable ou en état de sujétion psychologique ou physique consiste à réprimer les actes consistant à profiter d'une situation de la victime qui ne la met pas en mesure de réaliser la portée des actes ou abstentions qu'elle va elle-même réalisés au profit de l'auteur. Ce dernier doit avoir conscience de cette vulnérabilité et si le texte exige que la victime accomplisse des actes ou abstentions gravement préjudiciables, la jurisprudence se montre peu exigeante sur cette condition.

LES CONNAISSANCES

L'abus frauduleux de l'état d'ignorance ou de faiblesse était, lors de l'entrée en vigueur du Code pénal, considéré comme une infraction voisine de l'escroquerie et figurait à l'article 313-4 du Code pénal. Le texte a été modifié et transféré à l'article 223-15-2 par la loi n° 2001-504 du 12 juin 2001 tendant à renforcer la prévention et la répression des mouvements sectaires portant atteinte aux droits de l'homme et aux libertés fondamentales. Il constitue donc désormais une infraction contre les personnes, étant classé parmi les délits de mise en danger de la personne. L'intention du législateur en 2001 a été de réprimer particulièrement des actes commis au sein des mouvements sectaires, ce qui explique que l'objet de la protection pénale n'est plus seulement le patrimoine de la victime, même, si, en pratique, le délit est appliqué essentiellement dans des cas d'abus conduisant à un appauvrissement matériel de celle-ci.

L'analyse de l'incrimination sera faite avant l'exposé de son régime juridique.

§1 L'incrimination de l'abus frauduleux de faiblesse

Le délit suppose l'existence d'une victime se trouvant dans une situation particulière susceptible d'en faire la proie de personnes peu scrupuleuses qui vont tirer parti de celle-ci. Il suppose également la commission d'un abus conduisant la victime à un acte ou une abstention gravement préjudiciable.

I. La condition préalable relative à la victime

L'article 223-15-2 punit l'abus frauduleux de l'état d'ignorance ou de la situation de faiblesse soit d'un mineur, soit d'une personne dont la particulière vulnérabilité due à son âge, à une maladie, à une infirmité, à une déficience physique ou psychique ou à un état de grossesse, est apparente ou connue de son auteur. La victime peut également être, depuis la loi du 12 juin 2001, *« une personne en état de sujétion psychologique ou physique résultant de l'exercice de pressions graves ou réitérées ou de techniques propres à altérer son jugement »*.

S'agissant des personnes particulièrement vulnérables, il convient de noter que cette qualité est souvent une circonstance aggravante d'autres infractions contre les personnes (meurtre, violences, viol etc.) ou les biens (vol, escroquerie, abus de confiance etc.). Le législateur précise, à chaque fois, quels sont les critères de la vulnérabilité, à savoir **l'âge**, la **maladie**, l'**infirmité**, la **déficience physique ou mentale ou un état de grossesse**. Il est fréquent que ces critères se conjuguent, comme dans le cas d'une personne âgée dont les facultés physiques ou intellectuelles sont altérées.

Jurisprudence

La Cour de cassation retient, par exemple, l'état de faiblesse pour une personne âgée de 89 ans et souffrant d'une importante surdité *(Cass. crim., 17 janv. 2001, n° 00-84.466)*. Cet état de la victime doit être démontré et il ne suffit pas de relever qu'elle est âgée pour que l'état de vulnérabilité en résulte nécessairement *(Cass. crim., 23 juin 1999, n° 98-84.158)*. Il est évident également que l'état de la victime doit exister au moment où l'infraction est commise *(Cass. crim., 26 mai 2009, n° 08-85.601)*.

La **notion de victime en « état de sujétion psychologique ou physique »** pose davantage de difficultés. La sujétion implique une domination de la victime par une autre personne, domination qui peut être psychologique ou physique, selon le texte. Pour tenter de préciser la formule, **le législateur impose de constater que cet état de sujétion soit le résultat de pressions graves ou réitérées ou de techniques propres à altérer le jugement**. Autrement dit, la situation de la personne ne devrait donc pas être ici préexistante comme dans le cas de la vulnérabilité, mais devrait être le fruit d'actes préalables de l'auteur. L'idée est donc de réprimer l'emprise exercée par exemple par les « dirigeants » de mouvements sectaires, qui conditionnent les victimes avant de profiter d'elles.

Jusqu'à présent, on trouve peu d'applications de cette notion de victime en état de sujétion.

Jurisprudence

Cependant, on peut citer 2 exemples récents. Le premier est celui d'une aide-ménagère dont la victime était très âgée et vivait avec un fils handicapé de 60 ans. Elle avait obtenu une procuration sur le compte bancaire de la victime et utilisait sa carte bancaire, obtenant ainsi une somme de 400 000 € en 3 ans, étant, en outre, instituée légataire universelle de la victime *(Cass. crim., 5 janv. 2017, n° 15-81.079)*. Les juges ont retenu que la prévenue avait su créer un état de dépendance affective et psychique chez la victime, et donc un état de sujétion psychologique empêchant celle-ci d'admettre qu'elle ait pu être abusée par la prévenue qui a su se rendre indispensable en profitant de l'isolement de la victime qui n'entretenait plus de lien avec sa famille et qui avait placé en elle toute sa confiance.

Un autre exemple est d'autant plus intéressant qu'il correspond à l'intention du législateur de réprimer des pratiques sectaires *(Cass. crim., 26 oct. 2016, n° 15-85.956)*. Le prévenu, s'intitulant « pasteur psychanalyste », dirigeait une communauté de personnes fragiles psychologiquement et il a exercé sur elles une emprise qui a provoqué un état d'enfermement physique et psychique, les rendant totalement dépendantes.

II. L'élément matériel du délit

L'auteur doit d'abord abuser de la faiblesse ou de la vulnérabilité de la victime pour, ensuite, la conduire à un acte ou à une abstention qui lui est gravement préjudiciable.

Le législateur ne donne pas de précision sur ce que recouvre l'**abus de la faiblesse ou de la vulnérabilité**. Il peut s'agir de **tirer profit de la situation de la victime** mais il est nécessaire de distinguer l'élément matériel du délit de celui de l'escroquerie et de l'extorsion. En effet, si l'agent trompe la victime par des manœuvres frauduleuses ou l'usage d'un faux nom ou d'une fausse qualité, la qualification qui doit être retenue est celle d'escroquerie aggravée par l'état de particulière vulnérabilité de la victime *(C. pén., art. 313-2, 4° – V. Fiche n° 62, § 2)*. Si l'agent use de violences, de menace de violences ou de contrainte, le délit commis est celui d'extorsion aggravée par la particulière vulnérabilité de la victime *(C. pén., art. 312-2, 2°)*. Il faut donc en déduire que **le délit d'abus de faiblesse est constitué dans le cas où l'agent obtient ce qu'il convoite par de simples mensonges** qui ne suffisent pas en principe pour retenir l'escroquerie **ou par des pressions psychologiques** trop faibles pour permettre de retenir l'extorsion.

L'article 223-15-2 précise que l'abus de faiblesse ou d'ignorance doit « conduire » la victime à un acte ou à une abstention, ce qui signifie qu'un lien de causalité doit être établi avec cet acte ou cette abstention de la victime dont le texte exige qu'il lui soit **gravement préjudiciable**. Aucune précision n'est donnée sur ce que peut être l'acte ou l'abstention. Par conséquent, peuvent constituer le délit **tous les actes matériels ou juridiques qui sont dommageables pour la victime**, qu'il s'agisse d'actes constitutifs d'atteintes au patrimoine de la victime ou d'actes touchant à sa propre intégrité physique. On pourrait ainsi imaginer qu'un « gourou » abuse de la faiblesse d'une personne gravement malade pour la conduire à ne plus prendre son traitement médical, ce qui serait gravement préjudiciable.

Jurisprudence

De même, le fait que le prévenu obtienne des actes sexuels de la part de la victime constitue le délit *(Cass. crim., 19 fév. 2014, n° 12-87.558)*.

La jurisprudence a été confrontée au problème posé par la **signification de l'expression « gravement préjudiciable »**. Dans une affaire où un médecin avait obtenu un acte de vente d'un terrain appartenant à son patient, en abusant de son état de faiblesse, la Cour de cassation a affirmé que **le texte n'exige pas que l'acte de la victime soit valable, ni que le dommage se soit réalisé** *(Cass. crim., 12 janv. 2000, n° 99-81.057)*. La question se posait de savoir si le délit était consommé alors que, d'une part, le contrat conclu par la victime abusée, assorti de conditions suspensives, n'avait jamais été mis à exécution et, d'autre part, sa validité était incertaine. La Cour de cassation a donc considéré que le délit était consommé même en l'absence de tout préjudice réel. En d'autres termes, **le délit suppose la réalisation d'un résultat qui consiste dans l'acte ou l'abstention de la victime, potentiellement dommageables ou de nature à lui causer un préjudice.** Le problème s'est reposé dans le cas, fréquent, dans lequel l'auteur obtient de la victime d'être institué légataire universel. Or, en soi, ce seul fait de la victime ne lui est pas préjudiciable dès lors que le testament peut toujours être révoqué jusqu'au décès du testateur. Pour autant, la Cour de cassation a jugé ici encore que le délit est consommé par le seul fait de se faire désigner comme légataire *(Cass. crim., 15 nov. 2005, n° 04-86.051 – Cass. crim., 16 déc. 2014, n° 13-86.620)*. Il en va de même de la modification de la clause relative au bénéficiaire d'un contrat d'assurance-vie *(Cass. crim., 18 sept. 2019, n° 18-85.038)*.

III. L'intention délictuelle

Le délit est intentionnel, ce qui signifie que **l'agent doit**, en premier lieu, **avoir conscience de l'état de faiblesse ou de vulnérabilité de la victime mais il suffit que cet état soit apparent**, ce qui est une question de fait.

Jurisprudence

En pratique, l'agent peut rarement soutenir qu'il ne s'était pas rendu compte de la faiblesse de la victime et il a été jugé que le prévenu, ayant des connaissances médicales, ne peut ignorer cet état résultant d'une sénilité de la victime entraînant des troubles des fonctions cognitives supérieures, des fonctions mémorielles et une tendance à l'incurie et au laisser-aller *(Cass. crim., 7 oct. 2009, n° 09-80.175)*.

En second lieu, le prévenu **doit volontairement abuser de cette situation et chercher à obtenir l'acte ou l'abstention de la victime.** Comme en règle générale, les mobiles, tels que la cupidité par exemple, restent indifférents, même s'ils peuvent aider à mieux cerner l'état d'esprit de l'agent.

§2 Le régime juridique du délit

Le délit est puni, pour les personnes physiques, d'un **emprisonnement de 3 ans** ainsi que d'une **amende de 375 000 €.** Sa tentative n'est pas incriminée.

L'article 223-15-2, alinéa 2 prévoit une circonstance aggravante lorsque l'infraction est commise par le dirigeant de fait ou de droit d'un groupement qui poursuit des activités ayant pour but ou pour effet de créer, de maintenir ou d'exploiter la sujétion psychologique ou physique des personnes qui participent à ces activités. Les peines sont alors portées à 5 ans d'emprisonnement et à 750 000 € d'amende.

Les peines complémentaires sont énumérées à l'article 223-15-3.

Les personnes morales encourent l'amende d'un montant de 1 875 000 € ainsi que toutes les peines prévues par l'article 131-39.

La Cour de cassation admet que **la prescription ne commence à courir qu'à partir du dernier prélèvement effectué sur le patrimoine de la victime, lorsque l'abus frauduleux procède d'un mode opératoire unique** *(Cass. crim., 18 sept. 2019, précité)*.

> **Attention** On remarquera qu'**il n'y a pas ici d'immunité familiale**, comme en matière de vol ou d'escroquerie notamment, ce qui permet donc de réprimer des actes commis au sein de la famille, ce qui n'est pas un cas d'école.

(C. consom., art. L. 132-14)
Enfin, on signalera qu'il existe un autre délit d'abus de faiblesse, incriminé par le Code de la consommation, dont le domaine d'application est plus restreint et les éléments constitutifs différents puisqu'il punit uniquement le *« fait d'abuser de la faiblesse ou de l'ignorance d'une personne pour lui faire souscrire, par le moyen de visites à domicile, des engagements au comptant ou à crédit sous quelque forme que ce soit, lorsque les circonstances montrent que cette personne n'était pas en mesure d'apprécier la portée des engagements qu'elle prenait ou de déceler les ruses ou artifices déployés pour la convaincre à y souscrire ou font apparaître qu'elle a été soumise à une contrainte »*.

POUR ALLER PLUS LOIN…

– J.-Y. MARÉCHAL, Un abus de faiblesse préjudiciable… sans préjudice, D. 2001, p. 813 ; L'obtention d'un testament constitue-t-elle un acte préjudiciable ? JCP G 2006, II 10057

– P. SALVAGE et F. ARCHER, JCl. Pénal Code, Art. 223-15-2 à 223-15-4, fasc. 20

TITRE 3
LA PROTECTION DE L'INTÉGRITÉ SEXUELLE

Le droit pénal réprime depuis très longtemps les actes qui consistent à ne pas respecter la liberté sexuelle, c'est-à-dire celle d'avoir ou non des rapports sexuels. Il opère une distinction selon la nature des actes pratiqués sans le consentement de la victime, qui constituent tous des agressions sexuelles, en traitant de manière particulière le viol qui est le seul crime dans ce domaine.

Il convient d'étudier ces infractions en commençant par la plus sévèrement réprimée, le viol, puis en analysant les autres agressions sexuelles, le harcèlement sexuel et l'exhibition sexuelle.

Fiche n° 58 Le viol

L'ESSENTIEL

Le viol se distingue des agressions sexuelles, d'une part, en ce qu'il est le seul crime parmi les infractions sexuelles, d'autre part, par sa définition selon laquelle il requiert un acte de pénétration sexuelle de n'importe quelle nature commis par violence, contrainte ou surprise sur la personne d'autrui ou sur la personne de l'auteur. La définition est donc très large, l'auteur devant avoir conscience que la victime n'est pas consentante.

LES CONNAISSANCES

Le crime de viol figure dans une section consacrée aux agressions sexuelles, qui traite ce crime distinctement des autres agressions qui sont des délits. Le viol constitue donc une agression sexuelle particulière en raison de la nature de l'acte qui est accompli par l'auteur.

On analysera donc les éléments constitutifs de cette infraction, qui présentent des similitudes avec ceux des autres agressions sexuelles, avant d'en présenter le régime répressif.

§1 Les éléments constitutifs du crime de viol

Avant l'entrée en vigueur du Code pénal, le domaine des infractions sexuelles avait subi une réforme très importante par la loi [n° 80-1041] du 23 décembre 1980. Le droit antérieur prévoyait que toutes les infractions sexuelles, viol et attentats à la pudeur, constituaient des crimes et que le viol, non défini par le Code pénal de 1810, consistait uniquement dans le fait pour un homme d'imposer des relations sexuelles normales à une femme. La loi de 1980 a entendu faire du viol l'infraction majeure de ce domaine et a souhaité que le crime de viol ne soit plus « sexué », c'est-à-dire qu'il ne se limite plus au cas des relations imposées par un homme à une femme. Une nouvelle définition a donc été donnée qui a été reprise dans le Code pénal actuel. Cette définition a, de nouveau, été élargie par la loi n° 2018-703 du 3 août 2018.

I. La matérialité du viol

Selon l'article 222-22 du Code pénal, constitue une agression sexuelle toute atteinte sexuelle commise avec violence, contrainte, menace ou surprise.

(C. pén., art. 222-23)
La définition du viol est donnée par l'article 222-23 en vertu duquel ce crime est constitué par *« tout acte de pénétration sexuelle, de quelque nature qu'il soit, commis sur la personne d'autrui ou sur la personne de l'auteur par violence, contrainte, menace ou surprise »*.

Le viol apparaît donc comme une infraction de résultat qui suppose que l'agent accomplisse certains actes pour parvenir à son but.

A Les actes

Ils doivent consister en des violences, une contrainte, une menace ou une surprise, tout comme pour les autres agressions sexuelles, ces actes devant être commis sur **une personne vivante**. Si tel n'est pas le cas, la question se pose de savoir si la répression est concevable. Il s'agit du problème de l'infraction impossible car la consommation du crime ne peut avoir lieu que si la victime est en vie. S'agissant d'un crime, **la répression de la tentative de viol sur une personne décédée est envisageable mais à condition que les circonstances permettent de retenir l'intention de l'auteur, qui implique qu'il croyait que la victime était en vie**. Ainsi, il n'existe pas d'obstacle juridique à poursuivre pour tentative de viol, l'agent qui aura frappé sa victime avec une violence telle qu'il l'aura tuée, avant de la violer, la croyant seulement évanouie alors qu'elle était déjà décédée.

S'agissant des moyens utilisés par l'auteur, le Code pénal vise d'abord la violence et la contrainte, qui permettront d'établir que la victime n'était pas consentante. **La violence consiste donc en tout acte violent de nature physique** comme des coups ou des blessures. **La contrainte peut être soit physique et dans ce cas elle se confond avec la violence, soit morale et elle consiste alors en des menaces.**

Jurisprudence

Selon la Cour de cassation, la contrainte doit s'apprécier en fonction de la capacité de résistance de la victime (*Cass. crim., 8 juin 1994, n° 94-81.376*). Ainsi la passivité de la victime n'exclut pas la contrainte si elle s'explique par l'existence de troubles psychiatrique graves (même arrêt). De même la contrainte est caractérisée lorsque l'auteur menace sa victime de l'abandonner en pleine nuit, par grand froid, dans un endroit désert et éloigné de toute habitation si elle n'accepte pas les relations sexuelles *(Cass. crim., 11 févr. 1992, n° 91-86.391)*.

L'article 222-22-1, dans sa rédaction issue de la loi du 3 août 2018 renforçant la lutte contre les violences sexuelles et sexistes, précise, d'une part, que **lorsque les faits sont commis sur la personne d'un mineur**, la contrainte morale ou la surprise peuvent résulter de la différence d'âge existant entre la victime et l'auteur des faits et de l'autorité de droit ou de fait que celui-ci exerce sur la victime, cette autorité de fait pouvant être caractérisée par une différence d'âge significative entre la victime mineure et l'auteur majeur. D'autre part, **lorsque les faits sont commis sur la personne d'un mineur de 15 ans**, la contrainte morale ou la surprise sont caractérisées par l'abus de la vulnérabilité de la victime ne disposant pas du discernement nécessaire pour ces actes. Le but du texte est de résoudre la difficulté posée lorsque les faits sont commis sur de jeunes enfants par des adultes ayant une autorité sur eux, alors que la minorité de 15 ans de la victime constitue une circonstance aggravante du viol ou des agressions sexuelles *(V. notamment, C. pén., art. 222-24, 2° et 222-29-1)*.

Jurisprudence

La jurisprudence a estimé d'abord que les juges ne pouvaient pas déduire l'absence de consentement du seul fait qu'il existait une telle différence d'âge ou une relation d'autorité de l'auteur sur la victime *(Cass. crim., 14 nov. 2001, n° 01-80.865)*. Elle a ensuite considéré qu'ils pouvaient le faire à condition d'expliquer en quoi ces circonstances permettaient de conclure à l'absence de consentement de la victime *(Cass. crim., 7 déc. 2005, n° 05-81.316)*. L'article 222-22-1, issu d'une loi n° 2010-121 du 8 février 2010, a renforcé cette position et la chambre criminelle a d'ailleurs considéré que le texte est interprétatif, ce qui permet de l'appliquer aux faits commis antérieurement *(Cass. crim., 15 avr. 2015, n° 14-82.172)*.
La loi du 3 août 2018 va plus loin en créant une sorte de présomption d'absence de consentement du mineur en cas de différence d'âge « significative » avec l'auteur exerçant une autorité de droit ou de fait sur lui.

La **surprise consiste à tromper la victime sur la situation réelle ou à profiter de sa fausse compréhension de la situation**.

Jurisprudence

La Cour de cassation a jugé que l'élément constitutif de l'agression sexuelle consiste à surprendre le consentement de la victime *(Cass. crim., 25 avr. 2001, n° 00-85.467)*. De même, les juges ont retenu la surprise dans le fait de profiter de l'état d'ivresse de la victime pour se glisser dans son lit avoir avec elle des relations sexuelles *(Cass. crim., 11 janv. 2017, n° 15-86.680)*.
Dans un arrêt du 23 janvier 2019, la Cour de cassation a affirmé que **l'emploi d'un stratagème destiné à dissimuler l'identité et les caractéristiques physiques de son auteur pour surprendre le consentement d'une personne et obtenir d'elle un acte de pénétration sexuelle constitue la surprise** *(Cass. crim., 23 janv. 2019, n° 18-82.833)*.

La question s'est rapidement posée de savoir si le **viol entre époux** était punissable en raison du fait que le mariage implique un consentement présumé aux relations sexuelles.

Jurisprudence

La Cour de cassation a jugé sur ce point que le texte réprimant le viol n'excluait pas de ses prévisions les actes commis entre personnes mariées lorsqu'ils sont imposés dans les circonstances prévues par le texte *(Cass. crim., 5 sept. 1990, n° 90-83.786 - Cass. crim., 11 juin 1992, n° 91-86.346)*.

Le législateur a inscrit, par la loi [n° 2006-399] du 4 avril 2006, la solution à l'article 222-22, alinéa 2, selon lequel **le viol et les autres agressions sexuelles sont constitués lorsqu'ils ont été imposés à la victime, quelle que soit la nature des relations existant entre l'agresseur et sa victime, y compris s'ils sont unis par les liens du mariage**. De surcroît, **le fait que l'auteur soit le conjoint de la victime est devenue une circonstance aggravante** (V. *infra*).

En pratique cependant, se pose nécessairement le problème de la preuve de l'absence de consentement et de la conscience qu'en avait l'auteur.

Enfin, il faut noter que, depuis une loi n° 2013-711 du 5 août 2013, constitue également une agression sexuelle le fait de contraindre une personne par la violence, la menace ou la surprise à subir une atteinte sexuelle de la part d'un tiers *(C. pén., art. 222-22-2)*. Le texte vaut pour toute agression sexuelle y compris le viol et il faut comprendre que **celui qui force la victime à subir un viol commis par un tiers se rend coupable d'une agression sexuell**e ainsi définie alors qu'il ne commet pas lui-même d'actes de nature sexuelle. On peut douter de l'intérêt de ce texte dès lors qu'en pareille hypothèse la complicité de viol peut être retenue.

B Le résultat : la pénétration sexuelle

Le viol exige l'accomplissement d'un acte de pénétration sexuelle commis sur la personne d'autrui ou, depuis la loi du 3 août 2018, sur la personne de l'auteur, par la victime, ce qui le distingue des autres agressions sexuelles. Cette définition du viol s'avère particulièrement large puisqu'elle **recouvre toutes les formes d'actes sexuels**, qu'il s'agisse des **relations sexuelles « normales » imposées par un homme à une femme**, ou de **tout autre acte de pénétration**.

Jurisprudence

Notamment sont inclus dans la qualification de viol les **actes de pénétration anale** *(Cass. crim., 12 janv. 2000, n° 99-81.635)*, les **actes de pénétration buccale** *(Cass. crim., 22 févr. 1984, n° 83-95.053)*, l'auteur et la victime pouvant être indifféremment une femme ou un homme. Le viol peut encore se réaliser par **tout acte de pénétration vaginale ou anale commis avec un objet quelconque** *(Cass. crim., 5 sept. 1990 préc.)* **ou une partie du corps autre que le sexe**. On ajoutera que le texte issu de la loi de 2018 permet aussi de réprimer le cas où une femme forcerait un homme à la pénétrer sexuellement *(V. Cass. crim., 21 oct. 1998 précité)*.

En définitive, **constitue donc le viol toute pénétration par le sexe ou dans le sexe, auteur et victime pouvant être indifféremment un homme ou une femme.**

II. L'intention coupable

L'**intention consiste dans la volonté d'imposer un acte de pénétration sexuelle à la victime qui n'y consent pas, et en sachant que celle-ci s'y refuse**. Dans le cas issu de la loi de 2018 où c'est la victime qui pénètre l'auteur, il faut que ce dernier ait la volonté d'imposer cet acte de pénétration sur sa propre personne. La preuve de cette intention pose souvent des difficultés. Il existe des cas simples où les actes de violence auront laissé des traces ne laissant aucun doute sur le fait que la victime n'avait pas consenti. Cependant, dans de fréquentes hypothèses, l'auteur prétend s'être mépris sur l'attitude de la victime, qui lui aura d'abord accordé certaines faveurs dont il aura déduit une autorisation d'avoir des relations sexuelles complètes. Il appartient alors aux juges de mesurer la crédibilité des dires des protagonistes et d'apprécier les circonstances de fait pour conclure ou non à l'existence de l'intention de l'auteur.

Les mobiles de l'auteur sont indifférents et il importe peu qu'il recherche autre chose que la jouissance sexuelle.

§2 Le régime juridique du viol

I. Peines

Le viol est puni de **15 ans de réclusion criminelle** *(C. pén., art. 222-23)*.

Les peines sont portées à **20 ans de réclusion criminelle** lorsque le viol : – a entraîné une mutilation ou une infirmité permanente ;
- est commis sur un mineur de 15 ans ;
- est commis sur une personne particulièrement vulnérable ;
- est commis par un ascendant ou par toute autre personne ayant sur la victime une autorité de droit ou de fait ;
- est commis par une personne qui abuse de l'autorité que lui confèrent ses fonctions ;
- est commis par plusieurs personnes agissant en qualité d'auteur ou de complice ;
- est commis avec usage ou menace d'une arme ;
- a été commis alors que la victime a été mise en contact avec l'auteur des faits grâce à l'utilisation, pour la diffusion de messages à destination d'un public non déterminé, d'un réseau de communication électronique ;
- est commis en concours avec un ou plusieurs autres viols commis sur d'autres victimes ;
- est commis par le conjoint ou le concubin de la victime ou le partenaire lié à la victime par un pacte civil de solidarité ;

– est commis par une personne agissant en état d'ivresse manifeste ou sous l'emprise manifeste de produits stupéfiants ;
– est commis, dans l'exercice de cette activité, sur une personne qui se livre à la prostitution, y compris de façon occasionnelle.
– est commis alors qu'un mineur était présent au moment des faits et y a assisté ;
– est commis alors qu'une substance a été administrée à la victime, à son insu, afin d'altérer son discernement ou le contrôle de ses actes *(C. pén., art. 222-24.* – V. Fiche 59, le délit correspondant à cette circonstance aggravante*)*.

On rappellera que les circonstances aggravantes liées à l'origine ou à l'orientation sexuelle de la victime s'appliquent également au viol *(V. C. pén., art. 132-76 et 132-77* – Fiche n° 48, § 1, III, B*)*.

Lorsque le viol a entraîné la mort de victime, les peines sont portées à **30 ans de réclusion** criminelle *(C. pén., art. 222-25)*, une période de sûreté de plein droit étant applicable.

Enfin, le viol est puni de la **réclusion criminelle à perpétuité** lorsqu'il est précédé, accompagné ou suivi de tortures ou d'actes de barbarie *(C. pén., art. 222-26)*, la période de sûreté s'appliquant ici également.

On ajoutera que l'article 222-31-1, dans sa rédaction issue de la loi du 3 août 2018, énonce que les viols et les agressions sexuelles sont qualifiés d'**incestueux** lorsqu'ils sont commis par :
1° un ascendant ;
2° un frère, une sœur, un oncle, une tante, un neveu ou une nièce ;
3° le conjoint, le concubin d'une des personnes mentionnées aux 1° et 2° ou le partenaire lié par un pacte civil de solidarité avec l'une des personnes mentionnées aux mêmes 1° et 2°, s'il a sur la victime une autorité de droit ou de fait.

L'article 222-31-2 ajoute que lorsque le viol incestueux ou l'agression sexuelle incestueuse est commis contre un mineur par une personne titulaire sur celui-ci de l'autorité parentale, la juridiction de jugement doit se prononcer sur le retrait total ou partiel de cette autorité ou sur le retrait de l'exercice de cette autorité.

Jurisprudence

Ce dispositif vise à réintroduire la notion d'inceste dans le Code pénal alors que le Conseil constitutionnel avait jugé que l'article 222-31-1, dans sa rédaction antérieure résultant de la loi précitée du 8 février 2010, était contraire au principe de la légalité faut de préciser quelles étaient les personnes avec lesquelles les relations sexuelles pouvaient être considérées comme incestueuses *(Cons. const., 16 sept. 2011, n° 2011-163 QPC, JO 17 sept. 2011)*.

L'inceste ne constitue pas une circonstance aggravante autonome puisqu'il correspond à une ou plusieurs d'autres circonstances aggravantes prévues par l'article 222-24. On notera ici que la loi du 3 août 2018 a élargi la notion d'inceste en n'exigeant plus que les faits soient commis sur un mineur.

Les peines applicables aux personnes morales sont une amende d'un million d'euros toutes les peines de l'article 131-39 *(C. pén., art. 222-33-1)*.

Les peines complémentaires du viol sont énoncées par les articles 222-44, 222-45, 222-47, 222-48 et 222-48-1.

De plus, l'article 222-48-2 prévoit qu'en cas de condamnation pour viol commis par le père ou la mère sur la personne de son enfant ou de l'autre parent, la juridiction de jugement se prononce sur le retrait total ou partiel de l'autorité parentale ou sur le retrait de l'exercice de cette autorité.

II. Autres aspects du régime

La **tentative** de viol est incriminée puisqu'il s'agit d'un crime. La difficulté qui peut se présenter ici résulte du fait qu'il peut être difficile de distinguer, à partir des actes commis tels des attouchements sur la poitrine de la victime, s'ils constituent une tentative de viol ou une agression sexuelle consommée. Seule l'analyse de l'intention de l'agent peut permettre de qualifier les faits.

Au titre de la **complicité**, on notera que l'article 222-33-3 considère que le fait d'enregistrer sciemment, par quelque moyen que ce soit, sur tout support que ce soit, des images relatives à la commission notamment d'un viol constitue un acte de complicité de l'infraction. Le fait de diffuser l'enregistrement est puni de 5 ans d'emprisonnement et de 75 000 € d'amende.

En outre, l'article 227-28-3 réprime **l'instigation non suivie d'effet au viol sur la personne d'un mineur** (7 ans d'emprisonnement et 100 000 € d'amende).

Le délai de prescription de l'action publique en matière de viol est de 20 ans à compter de la commission des faits. Cependant, lorsque la victime est mineure, le délai est de 30 ans à compter de la majorité de cette dernière *(CPP, art. 7, al. 3)*.

L'article 222-22, alinéa 3 prévoit une **extension de compétence de la loi pénale française**. Il énonce qu'en cas d'agressions sexuelles commises à l'étranger contre un mineur par un Français ou par une personne résidant habituellement sur le territoire français, la loi française est applicable sans que soient exigées une plainte de la victime ou une dénonciation officielle de l'autorité du pays étranger. On remarquera que ce dispositif dérogatoire s'applique non seulement au viol mais encore à toutes les autres agressions sexuelles.

Enfin, le législateur permet à certaines associations d'exercer les droits reconnus à la partie civile, en ce qui concerne, notamment, le viol *(CPP, art. 2-2, 2-3, 2-8 et 2-17)*.

POUR ALLER PLUS LOIN...

- A. DARSONVILLE, Rép. pén. Dalloz, *V°* Viol ; Libres propos sur la loi du 3 août 2018 renforçant la lutte contre les violences sexuelles et sexistes, Lexbase, octobre 2018
- R. KOERING-JOULIN, Brèves remarques sur le défaut de consentement du mineur de quinze ans victime de viols ou d'agressions sexuelles, Mélanges Pradel, 2006, Cujas, p. 389
- A. LEPAGE, Réflexions sur l'inscription de l'inceste dans le code pénal par la loi du 8 février 2010, JCP G 2010, 335
- J.- C. PLANQUE, Répression du cyber-viol, Dr. pén. 2019, étude 4
- A. PROTHAIS, Le sida par complaisance rattrapé par le droit pénal, D. 2006, p. 1068
- J.- C. SAINT-PAU, Viol par surprise : le stratagème numérique et érotique, JCP G 2019, 203

Fiche n° 59 Les autres agressions sexuelles

L'ESSENTIEL

Les agressions sexuelles autres que le viol correspondent aux actes sexuels imposés à autrui qui ne consistent pas en des actes de pénétration. Il s'agit donc de tout contact physique impudique qui doit être accompli avec la conscience que la personne qui le subit n'est pas consentante.

LES CONNAISSANCES

Le Code pénal actuel incrimine au titre des « agressions sexuelles autres que le viol » ce que le droit antérieur à la loi du 23 décembre 1980 désignait comme les attentats à la pudeur. On a vu que l'article 222-22 se borne à définir l'agression sexuelle comme *« toute atteinte sexuelle commise avec violence, contrainte, menace ou surprise »*, c'est-à-dire uniquement par le fait que l'acte de nature sexuelle ne doit pas être consenti. En réalité, seul le viol est précisément défini et c'est donc par opposition à ce crime que se détermine le domaine de l'agression sexuelle.

On verra donc successivement quelles sont les conditions légales de ces délits avant d'en étudier le régime répressif.

§1 Les éléments constitutifs de l'agression sexuelle

Tout ce qui a été dit au sujet du viol, concernant le moyen de la commission d'une agression sexuelle, est transposable et on s'y reportera donc (V. Fiche n° 58, § 1, I, A).

On s'intéressera donc uniquement à la consistance de l'élément matériel puis à l'intention requise.

I. La matérialité de l'agression sexuelle autre que le viol

L'agression sexuelle correspond à tout acte de nature sexuelle autre qu'un acte de pénétration. Il s'agit donc en pratique d'**attouchements impudiques pratiqués sur certaines parties du corps de la victime, ce qui implique un contact physique entre auteur et victime**.

Jurisprudence

Par exemple, constituent le délit des attouchements sur les seins ou les fesses *(Cass. crim., 11 juill. 2017, n° 16-87.583)* ou encore le fait, par le directeur d'un hôtel de tenter d'embrasser une employée, de lui caresser les seins et de la faire tomber sur le lit d'une chambre de l'établissement *(Cass. crim., 31 mai 2000, n° 99-81.042)*.

Il faut noter que les actes peuvent être commis par l'auteur sur la victime mais aussi par la victime sur l'auteur *(CA Douai, 14 juin 1995, JurisData n° 1995-052996 - CA Pau, 21 févr. 2001, JurisData n° 2001-144424,* masturbation pratiquée par la victime sur l'auteur*)*. On notera qu'avant la loi du 3 août 2018, un acte de pénétration sexuelle que la victime était contrainte de réaliser sur la personne de l'auteur constituait une agression sexuelle mais que, depuis la loi nouvelle, il constitue un viol (V. Fiche n° 58, § 1, I, B).

En outre, le sexe de l'auteur et de la victime importe peu.

Il convient de rappeler que l'article 222-22-2 assimile à une agression sexuelle le fait de contraindre une personne par la violence, la menace ou la surprise à subir une atteinte sexuelle de la part d'un tiers (V. Fiche n° 58, § 1, I, A). Par exception, l'auteur d'une telle agression n'a donc pas de contact physique avec la victime.

En outre, **la loi du 3 août 2018 a créé un nouveau délit** qui réprime « **le fait d'administrer à une personne, à son insu, une substance de nature à altérer son discernement ou le contrôle de ses actes afin de commettre à son égard un viol ou une agression sexuelle** » *(C. pén., art. 222-30-1)*. Cette infraction, destinée à réprimer l'utilisation de drogues de type GHB ou « drogue du violeur », ou de certains médicaments afin de vaincre la résistance de la victime, est punie de 5 ans d'emprisonnement et de 75 000 € d'amende mais les peines sont portées à 7 ans d'emprisonnement et à 100 000 € d'amende lorsque les actes sont commis sur un mineur de 15 ans ou une personne particulièrement vulnérable. On remarquera que le délit est constitué par le seul fait d'administrer la substance afin de commettre le viol ou l'agression sexuelle, ce qui fait de l'infraction un délit formel, dont, de surcroît, la tentative est incriminée *(C. pén., art. 222-31)*. Enfin, ces actes constituent également une circonstance aggravante du viol et des agressions sexuelles (V. Fiche n° 58, §2, I et infra § 2, I).

On rappellera également qu'il est parfois difficile de distinguer l'agression sexuelle consommée de la tentative de viol dès lors qu'il peut, objectivement, s'agir de faits similaires (V. Fiche n° 58, § 2, II).

II. L'intention de commettre l'agression

L'agression sexuelle suppose une **intention coupable consistant dans la volonté d'accomplir des actes obscènes ou impudiques sur la victime non consentante**.

L'exigence d'une intention permet d'écarter du domaine de l'incrimination des faits que pourraient commettre un médecin ou un membre du personnel médical dans un contexte strictement médical. **Des actes objectivement impudiques ne caractérisent pas l'agression sexuelle faute de volonté de blesser la pudeur de la personne**.

La difficulté qui se pose parfois est similaire à celle rencontrée en matière de viol. **Certains actes impudiques peuvent être accomplis par un individu qui pourra soutenir qu'il croyait avoir l'assentiment de la victime**. Il appartient dans ce cas aux juges du fond d'établir l'existence ou non du consentement de la victime aux actes et la conscience qu'avait l'auteur de cette situation.

§2 Le régime juridique de l'agression sexuelle

I. Les peines

L'agression sexuelle autre que le viol est punie, pour les personnes physiques, de **5 ans d'emprisonnement et de 75 000 € d'amende**.

De nombreuses circonstances aggravantes sont prévues.

En premier lieu, le délit encourt **7 ans d'emprisonnement et 100 000 € d'amende** :
- lorsqu'il a entraîné une blessure ou une lésion ;
- lorsqu'il est commis par un ascendant ou par toute autre personne ayant sur la victime une autorité de droit ou de fait ;
- lorsqu'il est commis par une personne qui abuse de l'autorité que lui confèrent ses fonctions ;
- lorsqu'il est commis par plusieurs personnes agissant en qualité d'auteur ou de complice ;
- lorsqu'il est commis avec usage ou menace d'une arme ;
- lorsque la victime a été mise en contact avec l'auteur des faits grâce à l'utilisation, pour la diffusion de messages à destination d'un public non déterminé, d'un réseau de communication électronique ;
- lorsqu'il est commis par le conjoint ou le concubin de la victime ou le partenaire lié à la victime par un pacte civil de solidarité ;
- lorsqu'il est commis par une personne agissant en état d'ivresse manifeste ou sous l'emprise manifeste de produits stupéfiants ;
- lorsqu'il est commis, dans l'exercice de cette activité, sur une personne qui se livre à la prostitution, y compris de façon occasionnelle.
- lorsqu'un mineur était présent au moment des faits et y a assisté ;
- lorsqu'une substance a été administrée à la victime, à son insu, afin d'altérer son discernement ou le contrôle de ses actes *(C. pén., art. 222-28)*.

Les mêmes peines sont prévues lorsque l'agression est imposée à une personne dont la particulière vulnérabilité due à son âge, à une maladie, à une infirmité, à une déficience physique ou psychique ou à un état de grossesse est apparente ou connue de son auteur *(C. pén., art. 222-29)*.

Un deuxième seuil d'aggravation est prévu par l'article 222-29-1 selon lequel le délit encourt **10 ans d'emprisonnement et de 150 000 € d'amende** lorsqu'il est imposé à un mineur de 15 ans.

Les mêmes peines sont applicables à l'agression sexuelle sur une personne vulnérable :
- entraînant une blessure ou une lésion ;
- commise par un ascendant ou par toute autre personne ayant sur la victime une autorité de droit ou de fait ;
- commise par une personne qui abuse de l'autorité que lui confèrent ses fonctions ;
- commise par plusieurs personnes agissant en qualité d'auteur ou de complice ;
- commise avec usage ou menace d'une arme ;
- commise par une personne agissant en état d'ivresse manifeste ou sous l'emprise manifeste de produits stupéfiants ;
- commise alors qu'une substance a été administrée à la victime, à son insu, afin d'altérer son discernement ou le contrôle de ses actes *(C. pén., art. 222-30)*.

Les peines sont également aggravées par application des articles 132-76 et 132-77, en cas d'infractions commises en raison de l'origine ou de l'orientation sexuelle de la victime (V. Fiche n° 48, § 1, III, B).

Les personnes morales encourent l'amende d'un montant quintuplé et toutes les peines de l'article 131-39 *(C. pén., art. 222-33-1)*.

De nombreuses peines complémentaires sont prévues par les articles 222-44, 222-45, 222-47 et 222-48-1. De plus, en cas de condamnation pour agression sexuelle commise par le père ou la mère sur la personne de son enfant ou de l'autre parent, la juridiction de jugement se prononce sur le retrait total ou partiel de l'autorité parentale ou sur le retrait de l'exercice de cette autorité *(C. pén., art. 222-48-2)*.

II. Les autres aspects du régime juridique

En premier lieu, **l'extension de compétence de la loi pénale française**, énoncée par l'article 222-22, alinéa 3, est applicable aux agressions sexuelles autres que le viol (V. Fiche n° 58, § 2, II).

En deuxième lieu, la **tentative d'agression sexuelle est incriminée** *(C. pén., art. 222-31)*.

Jurisprudence

Elle a été retenue, par exemple dans le cas d'un individu qui était entré en contact avec une jeune femme à la recherche d'un emploi, en se présentant sous la fausse qualité de médecin et qui l'avait conduite dans son appartement sommairement aménagé en cabinet médical où il lui avait demandé de se déshabiller pour subir un prétendu examen médical *(Cass. crim., 14 juin 1995, n° 94-85.119 - CA Paris, 30 juin 2010, JurisData n° 2010-031058).*

En troisième lieu, l'article 227-28-3 réprime la **provocation non suivie d'effet à commettre une agression sexuelle sur un mineur** (3 ans d'emprisonnement et 45 000 € d'amende).

En quatrième lieu, il existe **des règles dérogatoires en matière de prescription de l'action publique**. En principe, le délai de prescription est de 6 ans mais l'alinéa 2 de l'article 8 du CPP prévoit un **délai de 10 ans** pour les agressions sexuelles commises sur un mineur âgé de plus de 15 ans et l'alinéa 3 prévoit un **délai de 20 ans** en cas d'agression sexuelle sur un mineur de 15 ans. Dans tous les cas, lorsque la victime est mineure, le délai ne commence à courir qu'à sa majorité.

En cinquième lieu, l'article 222-33-3 considère, comme en matière de violences ou de viol, que le fait d'enregistrer sciemment, par quelque moyen que ce soit, sur tout support que ce soit, des images relatives à la commission d'une agression sexuelle constitue un acte de complicité de l'infraction. Le fait de diffuser l'enregistrement est, quant à lui, puni de 5 ans d'emprisonnement et de 75 000 € d'amende.

En dernier lieu, les articles 2-2, 2-3, 2-8 et 2-17 du CPP autorisent certaines associations à exercer les droits reconnus à la partie civile en cas de poursuite pour agressions sexuelles.

POUR ALLER PLUS LOIN...

- P. BONFILS, Entre continuité et rupture : la loi du 3 août 2018 sur les violences sexuelles et sexistes, JCP G 2018, 975
- C. CLAVERIE-ROUSSET, Commentaire des principales dispositions de la loi n° 2018-703 du 3 août 2018 renforçant la lutte contre les violences sexuelles ou sexistes, Dr. pén., 2018, étude 23
- V. MALABAT, Rép. pén. Dalloz, *V°* Infractions sexuelles
- Y. MAYAUD, Jeux et séduction, ou des frontières de l'agression en matière sexuelle, RSC 1998, p. 325

Fiche n° 60 Le harcèlement sexuel et l'exhibition sexuelle

L'ESSENTIEL

Le texte d'incrimination du harcèlement sexuel a été sensiblement modifié en 2012 après qu'il ait été abrogé par une décision du Conseil constitutionnel. Il distingue désormais deux formes de harcèlement dont la première n'exige pas un but d'obtenir des faveurs sexuelles, ce qui est pourtant l'objet principal du harcèlement sexuel. En outre, la loi du 3 août 2018 a créé une contravention d'outrage sexiste, se rapprochement sensiblement du harcèlement sexuel.

Le délit d'exhibition sexuelle est très ancien et consiste à réprimer le spectacle de la nudité imposé au public.

LES CONNAISSANCES

Si le délit d'exhibition sexuelle existe de longue date, le harcèlement sexuel n'a été incriminé qu'à partir du Code pénal de 1994 puis a été modifié plusieurs fois avant d'être abrogé par le Conseil constitutionnel qui a jugé, à l'occasion d'une question prioritaire de constitutionnalité, que le délit n'était pas défini en termes clairs et précis *(Cons. const., 4 mai 2012, n° 2012-240 QPC, JO 5 mai 2012)*. Le législateur a donc reformulé l'infraction par une loi n° 2012-954 du 6 août 2012.

On étudiera donc successivement ces deux délits, qui, s'ils sont classés parmi les agressions sexuelles, s'en distinguent nettement par le fait qu'ils n'impliquent aucun contact physique entre auteur et victime. Le législateur a, en outre, créé une contravention d'outrage sexiste qui sera étudiée en même temps que le harcèlement sexuel dont elle ne constitue qu'une forme particulière.

§1 Le harcèlement sexuel et l'outrage sexiste

L'étude des éléments du délit doit précéder l'exposé de son régime répressif. On évoquera ensuite la contravention d'outrage sexiste créée par la loi du 3 août 2018.

I. Les éléments constitutifs du délit de harcèlement sexuel

Le texte déclaré inconstitutionnel par le Conseil constitutionnel se bornait à incriminer *« le fait de harceler autrui dans le but d'obtenir des faveurs de nature sexuelle »*. Le législateur, prenant acte du grief d'indéfinition du délit, s'est efforcé de déterminer plus précisément les conditions de celui-ci, en distinguant le harcèlement sexuel proprement dit d'un cas assimilé à celui-ci.

L'article 222-33, I du Code pénal réprime donc d'abord le **fait d'imposer à une personne, de façon répétée, des propos ou comportements à connotation sexuelle qui soit portent atteinte à sa dignité en raison de leur caractère dégradant ou humiliant, soit créent à son encontre une situation intimidante, hostile ou offensante.**

Le texte impose expressément **une répétition de propos ou comportements à connotation sexuelle,** comme des propos ou gestes obscènes, qui doivent être imposés à autrui, ce qui est le propre d'une agression sexuelle. Cependant, le législateur a complété cette description de l'infraction en précisant que ces actes doivent, soit porter atteinte à la dignité en raison de leur caractère dégradant ou humiliant, soit créer à l'encontre de la victime une situation intimidante, hostile ou offensante. Il s'en déduit qu'**il n'est pas besoin, ici, de démontrer que l'auteur avait pour but d'obtenir de la victime une faveur sexuelle**. Le domaine de l'infraction semble donc sensiblement plus large que par le passé, sous réserve de l'interprétation jurisprudentielle. La formule légale laisse entendre qu'une atteinte à la dignité ou la création de la situation intimidante, hostile ou offensante, doivent être démontrées, ce qui permet de considérer qu'il s'agit d'un délit de résultat.

Jurisprudence

La Cour de cassation a jugé que le délit était constitué dans le cas d'un responsable de magasin qui, en dépit de refus de plusieurs salariées de céder à ses avances, a formulé à leur égard, verbalement ou par SMS, des propositions explicites ou implicites de nature sexuelle et adopté un comportement consistant à tenter de provoquer un contact physique. Elle a estimé que le prévenu avait en connaissance de cause imposé aux parties civiles des propos à connotation sexuelle les ayant placées dans une situation intimidante, hostile ou offensante objectivement constatée *(Cass. crim., 18 nov. 2015, n° 14-85.591).*

La loi du 3 août 2018 a complété l'article 222-33, I en énonçant que l'infraction est également constituée :

1° lorsque les propos ou comportements sont imposés à une même victime par plusieurs personnes, de manière concertée ou à l'instigation de l'une d'elles, alors même que chacune de ces personnes n'a pas agi de façon répétée ;

2° lorsque ces propos ou comportements sont imposés à une même victime, successivement, par plusieurs personnes qui, même en l'absence de concertation, savent que ces propos ou comportements caractérisent une répétition.

L'objectif du législateur est donc de rendre plus facile la caractérisation de l'infraction en n'exigeant plus que la pluralité des actes, qui est une condition du délit, soit le fait de la même personne. Désormais, les propos ou comportements peuvent être le fait de personnes différentes susceptibles, chacune, de ne commettre qu'un seul acte, à condition soit qu'elles agissent de manière concertée, soit qu'elles aient conscience qu'il y a répétition des actes même sans concertation.

(C. pén., art. 222-33)
La deuxième forme de harcèlement sexuel est définie par l'article 222-33, II selon lequel « ***est assimilé au harcèlement sexuel le fait, même non répété, d'user de toute forme de pression grave dans le but réel ou apparent d'obtenir un acte de nature sexuelle, que celui-ci soit recherché au profit de l'auteur des faits ou au profit d'un tiers*** ».

Une différence essentielle réside dans le fait qu'ici la répétition des actes n'est pas exigée, ce qui signifie donc qu'un seul pourrait suffire, sous réserve de le prouver, et qui explique pourquoi le législateur parle de harcèlement par assimilation, tant il est évident qu'un seul acte ne peut constituer un « harcèlement ». Une 2e différence consiste dans l'exigence d'un but d'obtenir un acte de nature sexuelle, au profit de l'auteur ou d'un tiers, ce qui correspond à la forme la plus répandue de harcèlement sexuel. Enfin, cette forme du délit est constituée par l'accomplissement des actes avant que le résultat, qui est l'obtention d'un acte sexuel, soit réalisé. Il s'agit donc d'une infraction formelle.

Dans les deux formes de l'infraction, une **intention** est requise. Dans la seconde forme du délit, elle consiste précisément dans une volonté dirigée vers ce but d'obtenir des faveurs sexuelles de la victime. Dans la première forme, elle est plus vague, une volonté d'accomplir les actes en connaissance de cause paraissant suffisante.

En tout état de cause, il est clair que **le texte se borne à exiger l'accomplissement d'actes qui ne sont pas des contacts physiques entre auteur et victime**. Autrement dit, si un tel rapprochement physique est accompli de force (baiser, attouchement etc.), il s'agit d'une agression sexuelle consommée ou tentée et non pas d'un harcèlement, même si, en pratique, il semble que les faits soient souvent disqualifiés par l'autorité de poursuite.

II. La répression du délit de harcèlement sexuel

L'article 222-33, III punit le harcèlement, quelle que soit sa forme, de 2 ans d'emprisonnement et de 30 000 € d'amende.

Il prévoit des circonstances aggravantes permettant de porter les peines à 3 ans d'emprisonnement et 45 000 € lorsque les faits sont commis :
- par une personne qui abuse de l'autorité que lui confèrent ses fonctions ;
- sur un mineur de 15 ans ;
- sur une personne dont la particulière vulnérabilité, due à son âge, à une maladie, à une infirmité, à une déficience physique ou psychique ou à un état de grossesse, est apparente ou connue de leur auteur ;
- sur une personne dont la particulière vulnérabilité ou dépendance résultant de la précarité de sa situation économique ou sociale est apparente ou connue de leur auteur *(V., pour un exemple de harcèlement sur personne en situation de précarité sociale, CA Chambéry, 13 juin 2019, JurisData n° 2019-015126)* ;
- par plusieurs personnes agissant en qualité d'auteur ou de complice.
- par l'utilisation d'un service de communication au public en ligne ou par le biais d'un support numérique ou électronique ;
- alors qu'un mineur était présent et y a assisté ;
- par un ascendant ou par toute autre personne ayant sur la victime une autorité de droit ou de fait.

Les circonstances aggravantes liées des articles 132-76 et 132-77 du Code pénal sont également théoriquement applicables (V. Fiche n° 48, § 1, III, B).

La tentative n'est pas punissable. Des peines complémentaires sont prévues par les articles 222-44 et 222-50-1. Il n'existe pas de texte prévoyant de sanctions pour les personnes morales. Il faut donc considérer que seule l'amende quintuplée est ici encourue.

Enfin, l'article 222-33-3 énonce que le fait d'enregistrer sciemment, par quelque moyen que ce soit, sur tout support que ce soit, des images relatives à la commission d'un harcèlement sexuel constitue un acte de complicité de l'infraction. Le fait de diffuser l'enregistrement est, quant à lui, puni de 5 ans d'emprisonnement et de 75 000 € d'amende.

III. La contravention d'outrage sexiste

On distinguera les éléments constitutifs de la répression de cette contravention.

A Les éléments constitutifs

La loi du 3 août 2018 a créé une contravention, figurant à l'article 621-1 du Code pénal, qui incrimine une **forme dérivée de harcèlement sexuel**.

(C. pén., art. 621-1)
Le texte énonce que *« constitue un outrage sexiste le fait, hors les cas prévus aux articles 222-13, 222-32, 222-33 et 222-33-2-2, d'imposer à une personne tout propos ou comportement à connotation sexuelle ou sexiste qui soit porte atteinte à sa dignité en raison de son caractère dégradant ou humiliant, soit crée à son encontre une situation intimidante, hostile ou offensante »*.

Il s'en déduit que **la seule différence entre la contravention et le délit de l'article 222-33 I réside dans le fait que ce dernier suppose une répétition d'actes, ce qui n'est pas le cas de la contravention**.

Tout comme le délit, la contravention suppose une intention puisque le législateur utilise le terme « imposer », qui implique une volonté et une conscience de commettre les actes.

B La répression

L'outrage sexiste est puni de l'amende prévue pour les contraventions de la 4e classe c'est-à-dire d'une amende de 750 €. La procédure d'amende forfaitaire lui est applicable et c'est d'ailleurs un des arguments avancés par le législateur pour justifier sa création.

Il existe une série de circonstances aggravantes conférant à l'infraction la nature de contravention de la 5e classe, punie de 1 500 € d'amende. Il s'agit des cas où l'outrage est commis :
1° par une personne qui abuse de l'autorité que lui confèrent ses fonctions ;
2° sur un mineur de 15 ans ;
3° sur une personne dont la particulière vulnérabilité, due à son âge, à une maladie, à une infirmité, à une déficience physique ou psychique ou à un état de grossesse, est apparente ou connue de son auteur ;
4° sur une personne dont la particulière vulnérabilité ou dépendance résultant de la précarité de sa situation économique ou sociale est apparente ou connue de son auteur ;
5° par plusieurs personnes agissant en qualité d'auteur ou de complice ;
6° dans un véhicule affecté au transport collectif de voyageurs ou dans un lieu destiné à l'accès à un moyen de transport collectif de voyageurs ;
7° en raison de l'orientation sexuelle, vraie ou supposée, de la victime.

Le texte précise encore que la récidive de la contravention de 5e classe est réprimée conformément au premier alinéa de l'article 132-11 du Code pénal c'est-à-dire que la peine d'amende est portée à 3 000 €.

Des peines complémentaires, de stages notamment, sont prévues par le IV de l'article 621-1.

§2 L'exhibition sexuelle

Les éléments constitutifs du délit seront étudiés avant que soit exposé son régime juridique.

I. Les éléments constitutifs

L'article 222-32 du Code pénal punit l'exhibition sexuelle imposée à la vue d'autrui dans un lieu accessible aux regards du public.

A L'élément matériel

Le délit diffère des agressions sexuelles proprement dites, même s'il leur est assimilé, en ce que l'auteur des actes ne cherche pas à imposer un contact impudique à la victime mais à offenser sa pudeur par des gestes à caractère sexuel qu'il lui montre. **C'est donc le spectacle de la nudité obscène ou de l'acte sexuel qui est ici puni**. Ceci a pour conséquence que les actes réprimés varient en même temps que l'évolution des mœurs et il est clair que des actes pouvant être jugés impudiques en 1950 ne le sont plus aujourd'hui, comme une certaine nudité sur les plages en période estivale, par exemple.

Le délit suppose un acte d'exhibition sexuelle, consistant soit en un **comportement de nature sexuelle accompli par une personne dans un cadre public,** soit dans la **nudité partielle ou totale du corps de l'agent**.

Jurisprudence

Tel est le cas, par exemple, du fait de se masturber dans un véhicule stationné sur un parking public *(Cass. crim., 27 janv. 2016, n° 14-87.591)*.

L'exhibition doit se dérouler dans un lieu accessible aux regards du public, comme un lieu de culte, par exemple *(Cass. crim., 9 janv. 2019, n° 17-81.618)*. Cette expression englobe donc incontestablement **les lieux publics par nature**, tels que rues, bois ou plages. La question se pose cependant des **lieux qui sont privés par nature** mais auxquels le public peut accéder.

Jurisprudence

La Cour de cassation a retenu le délit dans le cas d'un individu se livrant à une exhibition sexuelle dans le cabinet d'un avocat, en présence de celui-ci, le cabinet n'étant pas un lieu inaccessible aux regards du public *(Cass. crim., 31 mars 1999, n° 98-84.884)*. Enfin, elle a considéré que le prévenu qui exhibe son sexe devant des enfants, dans sa propre habitation, commet le délit, les actes étant imposés, par surprise, à la vue de témoins involontaires *(Cass. crim., 12 mai 2004, n° 03-84.592)*.

B L'intention

Le délit d'exhibition sexuelle est intentionnel ce qui signifie que **l'agent doit commettre un acte obscène ou impudique en sachant que cet acte sera vu ou pourrait être vu du public**.

Jurisprudence

Ainsi, il suffit que l'agent n'ait pas pris de précautions suffisantes pour ne pas être vu, pour que le délit soit caractérisé *(V. CA Caen, 26 mai 1999, Juris-Data n° 1999-114863)*. Dans un arrêt récent, la Cour de cassation a confirmé cette position en jugeant que l'auteur a réalisé un acte d'exhibition en se masturbant à l'intérieur de son véhicule stationné sur un parking public alors qu'il ne pouvait ignorer qu'il était susceptible d'être vu *(Cass. crim., 27 janv. 2016 précité)*.
Les mobiles sont indifférents et la prévenue, qui a dénudé sa poitrine dans une église dans un objectif de revendication politique, ne peut s'exonérer en invoquant la liberté d'expression, laquelle doit se concilier avec le droit pour autrui, reconnu par l'article 9 de la Convention européenne des droits de l'homme, de ne pas être troublé dans la pratique de sa religion *(Cass. crim., 9 janv. 2019, préc. – V. également Cass. crim., 10 janv. 2018, n° 17-80.816)*. Cependant, la Cour de cassation a ensuite considéré que le délit n'est pas punissable dans le cas d'une militante féministe qui a, dans un musée, dénudé sa poitrine sur laquelle était inscrit un message hostile à un chef d'État étranger, au motif que réprimer cet acte, relevant d'une démarche de protestation politique, porterait une atteinte excessive à la liberté d'expression garantie par l'article 10 de la Conv. EDH *(Cass. crim., 26 févr. 2020, n° 19/81.827)*. Ce raisonnement revient, en définitive, à prendre en considération le mobile politique pour exonérer la prévenue.

II. Le régime juridique

Le délit est puni d'**un an d'emprisonnement et de 15 000 € d'amende**. Le coupable encourt également les peines complémentaires prévues par les articles 222-44, 222-45 et 222-48-1.

Aucun texte ne prévoit de peines pour les personnes morales, ce qui s'explique par le fait qu'il est difficile d'imaginer qu'une exhibition sexuelle soit commise pour le compte d'une personne morale.

⏭ POUR ALLER PLUS LOIN…

- P. CONTE, *Invenias disjectis membra criminis* : lecture critique de la nouvelle définition du harcèlement sexuel, Dr. pén. 2012, étude 24

- C. CLAVERIE-ROUSSET, Commentaire des principales dispositions de la loi n° 2018-703 du 3 août 2018 renforçant la lutte contre les violences sexuelles ou sexistes, Dr. pén., 2018, étude 23
- C. COURTAIGNE-DESLANDES, A la recherche du fondement des infractions sexuelles contemporaines, Dr. pén. 2013, étude 5
- J.- C. PLANQUE, Ne créez pas le délit d'outrage sexiste ! JCP G 2017, 1314
- M.- L. RASSAT, De la création d'un « outrage sexiste et sexuel », Dr. pén. 2018, étude 7

TITRE 4
LES ATTEINTES AUX LIBERTÉS

Le chapitre du Code pénal consacré aux *« atteintes aux libertés de la personne »* comporte 3 séries d'infractions réprimant des atteintes à la seule liberté d'aller et venir.

La première a été introduite dans le Code pénal par la loi n° 2013-711 du 5 août 2013 portant diverses dispositions d'adaptation dans le domaine de la justice en application du droit de l'Union européenne et des engagements internationaux de la France. Elle comprend 2 infractions, la réduction en esclavage et l'exploitation d'une personne réduite en esclavage, dont on peut penser et souhaiter qu'elles ne trouveront jamais application. Selon l'article 224-1 A, incriminant la première, la réduction en esclavage est le fait d'exercer à l'encontre d'une personne l'un des attributs du droit de propriété et ce fait est puni de 20 ans de réclusion criminelle. En vertu de l'article 224-1 B, incriminant la seconde, l'exploitation d'une personne réduite en esclavage est le fait de commettre à l'encontre d'une personne dont la réduction en esclavage est apparente ou connue de l'auteur une agression sexuelle, de la séquestrer ou de la soumettre à du travail forcé ou du service forcé. De tels actes sont punis des mêmes peines que le premier crime, des circonstances aggravantes des deux crimes étant prévues par l'article 224-1 C. On observera que la loi du 5 août 2013 a également créé des infractions de travail forcé et de réduction en servitude, qui se rapprochent de ces deux crimes (V. Fiche n° 65).

Les deux autres séries d'infractions sont plus anciennes et ont pour objet de réprimer, en premier lieu, l'enlèvement et la séquestration et, en second lieu, le détournement d'aéronef.

Fiche n° 61 L'arrestation, l'enlèvement et la séquestration

L'ESSENTIEL

Deux textes répriment les privations de la liberté d'aller et venir, selon la qualité de particulier ou d'agent public de l'auteur. Ces incriminations permettent d'appréhender toute forme de privation de liberté et la répression est organisée en fonction de la durée de celle-ci et de la libération volontaire ou non de la victime par l'auteur.

LES CONNAISSANCES

Les articles 224-1 et suivants du Code pénal répriment l'enlèvement et la séquestration dont l'auteur est un simple particulier mais il faut noter que l'article 432-4 incrimine les mêmes actes, qualifiés d'attentatoires à la liberté individuelle, lorsqu'ils sont commis par une personne dépositaire de l'autorité publique ou chargée d'une mission de service public, agissant dans l'exercice ou à l'occasion de l'exercice de ses fonctions ou de sa mission *(V. Cass. crim., 8 nov. 2011, n° 10-88.819, qui énonce que « l'article 432-4 du Code pénal incrimine au titre des atteintes à la liberté individuelle, les seuls actes d'arrestation, de détention ou de rétention arbitraires commis par des fonctionnaires publics »).*
Il convient d'analyser les éléments constitutifs de ces infractions, qui sont donc identiques, avant d'exposer le régime répressif applicable, qui est différent selon la personne des auteurs.

§1 Les éléments constitutifs des infractions

I. L'élément matériel

L'article 224-1 réprime le **fait d'arrêter, d'enlever, de détenir ou de séquestrer une personne**. Le législateur a ainsi souhaité appréhender toutes les formes de privation de liberté d'aller et venir et le texte vise donc plusieurs actes différents, constitutifs, le cas échéant, de plusieurs infractions en concours réel *(Cass. crim., 26 juill. 1966, n° 66-92.061)*, ce qui peut donc conduire à des déclarations de culpabilité multiples pour la même personne *(Cass. crim., 12 juin 1981, n° 81-90.284)*. Cependant, l'intérêt de l'énumération légale se trouve également dans le fait que les actes peuvent être successivement commis par des personnes différentes, celle qui enlève n'étant pas nécessairement celle qui séquestre. Au demeurant, il peut y avoir séquestration sans arrestation ni enlèvement, comme dans le cas d'un dirigeant d'entreprise séquestré par des salariés. Dans tous les cas, les juges du fond doivent préciser par quels actes matériels la victime a été privée de sa liberté d'aller et venir *(Cass. crim., 28 févr. 2018, n° 17-81.929)*.

L'arrestation ou l'enlèvement consiste dans le fait d'appréhender physiquement la victime pour la priver de liberté alors que la **séquestration ou la détention est le fait de la retenir dans un lieu contre son gré** *(Cass. crim., 26 juill. 1966 préc.)*. La jurisprudence a déduit des termes utilisés par le législateur que **l'arrestation ou l'enlèvement** se consomme en un trait de temps et constitue donc une **infraction instantanée** alors que la **détention ou la séquestration** se perpétue dans le temps et présente un **caractère continu** *(Cass. crim., 12 juin 1981 préc.)*. On rappellera que cette distinction présente un grand intérêt, notamment en ce que le point de départ de la prescription de l'action publique de la séquestration, infraction continue, est reporté au moment où s'achève la privation de liberté.

La durée de la consommation de l'infraction est prise en compte dans la qualification des faits puisque l'article 224-1, alinéa 3 précise que **si la personne détenue ou séquestrée est libérée volontairement avant le 7e jour depuis son appréhension, la peine est délictuelle alors que dans les autres cas, elle est criminelle**. Cependant, le critère pris en compte ici est la libération volontaire de la victime. Ainsi, **la séquestration peut durer très peu de temps mais néanmoins constituer le crime dès lors que la personne n'a pas été libérée volontairement**, par exemple parce qu'elle est décédée quelques minutes après l'enlèvement *(Cass. crim., 12 oct. 1977, n° 77-91.233)*. **Seule la libération réalisée volontairement par l'auteur permet de qualifier les faits comme un délit.**

La **tentative est incriminée** puisque l'infraction est criminelle en principe mais **seuls les actes antérieurs à la privation de liberté elle-même peuvent être pris en considération** au titre du commencement d'exécution.

Jurisprudence

Le fait que la victime, appréhendée momentanée par les auteurs, résiste au point de les conduire à renoncer n'empêche pas que l'infraction soit déjà consommée, ce qui interdit de plaider un désistement volontaire *(Cass. crim., 4 juin 1982, n° 82-91.498)*.

Les actes matériels doivent être commis « *sans ordre des autorités constituées et hors les cas prévus par la loi* ». En d'autres termes, **il existe des privations de liberté qui sont justifiées par l'autorisation de la loi, notamment dans un cadre judiciaire** *(C. pén., art. 122-4)*. Outre la garde à vue, la détention provisoire, les peines privatives de liberté légalement prononcées ou encore les mesures d'hospitalisation sans le consentement de personnes atteintes de troubles psychiatriques, on notera que l'article 73 du CPP permet à tout citoyen, en cas de crime ou de délit flagrant puni d'une peine d'emprisonnement, d'appréhender l'auteur et de le conduire devant l'officier de police judiciaire le plus proche. Cependant, son domaine est limité aux infractions flagrantes, c'est-à-dire en train de se commettre ou pour lesquelles des indices d'un comportement délictueux sont apparents.

Jurisprudence

Il ne peut donc justifier, par exemple, la rétention d'une adolescente dans un magasin par un agent de surveillance, alors qu'il n'existait pas d'indices apparents d'un comportement délictueux *(Cass. crim., 26 mai 1999, n° 98-84.015)*. En revanche, dans un arrêt récent *(Cass. crim., 28 févr. 2018 préc.)*, la chambre criminelle a jugé que l'employeur qui a connaissance de faits répréhensibles, susceptibles d'être disciplinairement sanctionnés, peut procéder à une enquête interne et recueillir les explications de ses salariés, les actes privant le salarié de liberté n'étant pas, en l'espèce, relevés par les juges.

S'agissant des **actes attentatoires à la liberté individuelle commis par des agents publics**, le texte assimile l'exécutant au donneur d'ordre puisqu'il incrimine le fait d'ordonner ou d'accomplir arbitrairement les actes.

Jurisprudence

Tel est le cas du responsable départemental des douanes qui donne des instructions à des douaniers de retenir une personne contrôlée en s'affranchissant des règles de procédure douanière *(Cass. crim., 8 févr. 2012, n° 11-81.259)*.

II. L'intention

Les actes portant atteinte à la liberté doivent être accomplis de manière intentionnelle, ce qui suppose, d'une part, une volonté de priver la victime de sa liberté d'aller et venir et, d'autre part, la conscience du caractère prohibé des actes commis.

Jurisprudence

Comme en toute matière, les mobiles sont indifférents et il importe donc peu que la séquestration d'un chef d'entreprise soit commise dans le cadre d'un conflit social, ce qui ne retire pas aux faits leur caractère infractionnel *(Cass. crim., 23 déc. 1986, n° 85-96.630)*.

§2 Le régime juridique de l'infraction

On distinguera en fonction de la qualité de l'auteur.

I. Atteintes aux libertés commises par un particulier

L'enlèvement ou la séquestration constitue un **crime puni de 20 ans de réclusion** et une période de sûreté est prévue *(C. pén., art. 224-1).*

> **Attention** Cependant, **si la personne détenue ou séquestrée est libérée volontairement avant le septième jour accompli depuis celui de son appréhension, la peine est de 5 ans d'emprisonnement et de 75 000 € d'amende.**

Il n'existe pas de texte particulier déterminant les peines applicables aux personnes morales. Par conséquent, s'il s'agit du crime, la personne morale encourt une amende d'un million d'euros et s'il s'agit du délit une amende de 375 000 euros.

Le crime est puni de **30 ans de réclusion criminelle lorsque la victime a subi une mutilation ou une infirmité permanente provoquée volontairement ou résultant soit des conditions de détention, soit d'une privation d'aliments ou de soins.** Il encourt **la réclusion criminelle à perpétuité lorsqu'il est précédé ou accompagné de tortures ou d'actes de barbarie ou lorsqu'elle est suivie de la mort de la victime** *(C. pén., art. 224-2).*

Dans ces hypothèses, une personne morale déclarée coupable n'encourt que la peine d'amende d'un million d'euros, ce qui, ici comme pour bien d'autres infractions, est incohérent puisque cela revient à ne pas tenir compte des circonstances aggravantes. Il convient de noter que si l'une des circonstances aggravantes évoquées est établie, la durée de la séquestration n'a plus d'incidence, les faits restant criminels même si la personne est libérée avant le 7e jour *(C. pén., art. 224-1, al. 3 in fine).*

L'enlèvement ou la séquestration est puni de 30 ans de réclusion criminelle lorsque l'infraction est commise à l'égard de plusieurs personnes *(C. pén., art. 224-3).* Cependant, si la personne détenue ou séquestrée ou toutes les personnes détenues ou séquestrées sont libérées volontairement avant le 7e jour, la peine est de 10 ans d'emprisonnement, sauf si la victime ou l'une des victimes a subi l'une des atteintes à son intégrité physique mentionnées à l'article 224-2 du Code pénal.

On notera ici que **si de tels actes étaient reprochés à une personne morale, se poserait un grave problème car il serait impossible de déterminer quelle peine est encourue**. En effet, faute de texte prévoyant des peines particulières, on sait que le mécanisme consiste à considérer que la peine encourue est l'amende encourue par les personnes physiques, multipliée par 5. Or, aucune amende n'est ici encourue pour celles-ci. En outre, le mécanisme de l'article 131-38, alinéa 2, consistant à fixer une amende d'un million d'euros, ne s'applique qu'en matière criminelle, ce qui n'est pas le cas ici.

L'article 224-4 du Code pénal prévoit un cas particulier consistant dans le **fait que la personne arrêtée ou séquestrée l'est comme otage** soit pour préparer ou faciliter la commission d'un crime ou d'un délit, soit pour favoriser la fuite ou assurer l'impunité de l'auteur ou du complice d'un crime ou d'un délit, soit pour obtenir l'exécution d'un ordre ou d'une condition, notamment le versement d'une rançon. Dans cette situation, la peine est aussi portée à 30 ans de réclusion criminelle. Le texte dispose toutefois que, sauf dans les cas prévus à l'article 224-2, la peine est de 10 ans d'emprisonnement si la personne prise en otage est libérée volontairement avant le septième jour sans que l'ordre ou la condition ait été exécuté.

Dans tous les cas prévus par les articles 224-1 à 224-4, si la **victime est un mineur de 15 ans**, la peine est portée à la réclusion criminelle à perpétuité si l'infraction est punie de 30 ans de réclusion criminelle et à 30 ans de réclusion criminelle si l'infraction est punie de 20 ans de réclusion criminelle.

Enfin, lorsque les infractions prévues par le premier alinéa de l'article 224-1 et par les articles 224-2 à 224-5 sont commises en **bande organisée**, les peines sont portées à un million d'euros et à :
1° 30 ans de réclusion criminelle si l'infraction est punie de 20 ans de réclusion criminelle ;
2° la réclusion criminelle à perpétuité si l'infraction est punie de 30 ans de réclusion criminelle *(C. pén., art. 224-5-2).*

Les **peines complémentaires** applicables aux personnes physiques sont énumérées par les articles 224-9 et 224-10.

Il existe **une exemption et une réduction de peine à certaines conditions.**
L'article 224-5-1 dispose, en premier lieu, que toute personne qui a tenté de commettre un enlèvement ou une séquestration est exempte de peine si, ayant averti l'autorité administrative ou judiciaire, elle a permis d'éviter la réalisation de l'infraction et d'identifier, le cas échéant, les autres auteurs ou complices.

En second lieu, la peine privative de liberté encourue par l'auteur ou le complice de l'infraction est réduite de moitié si, ayant averti l'autorité administrative ou judiciaire, il a permis de faire cesser l'infraction ou d'éviter que l'infraction n'entraîne mort d'homme ou infirmité permanente et d'identifier, le cas échéant, les autres auteurs ou complices. Lorsque la peine encourue est la réclusion criminelle à perpétuité, celle-ci est ramenée à 20 ans de réclusion criminelle.

II. Atteintes aux libertés commises par un agent public

Selon l'article 432-4 du Code pénal, **l'acte attentatoire à la liberté individuelle est puni de 7 ans d'emprisonnement et de 100 000 € d'amende**. S'il consiste en une détention ou une rétention d'une durée de plus de sept jours, la peine est portée à 30 ans de réclusion criminelle et à 450 000 € d'amende.

Des peines complémentaires sont prévues par l'article 432-17.

⏭ POUR ALLER PLUS LOIN...

– B. BOULOC, La séquestration des dirigeants sociaux, D. 2009, p. 1584

Fiche n° 62 Le détournement de moyen de transport

L'ESSENTIEL

Le Code pénal réprime le détournement de tout moyen de transport à bord duquel des personnes ont pris place, sanctionnant ainsi les atteintes à la liberté de circuler et de voyager.

Il incrimine également, en complément, la communication de fausse information compromettant sciemment la sécurité d'un aéronef en vol ou d'un navire. Le détournement de moyens de transport est un crime sévèrement réprimé.

LES CONNAISSANCES

Le Code pénal comporte une infraction de détournement de moyen de transport complétée par une infraction de communication d'une fausse information compromettant la sécurité d'un moyen de transport.

On analysera successivement les conditions de constitution de ces infractions puis leur régime juridique.

§1 Les conditions de la répression

Il convient de décrire successivement les 2 infractions prévues par le Code pénal.

I. Le détournement d'un moyen de transport

L'infraction consiste dans le fait de s'emparer ou de prendre le contrôle par violence ou menace de violence d'un aéronef, d'un navire ou de tout autre moyen de transport à bord desquels des personnes ont pris place, ainsi que d'une plate-forme fixe située sur le plateau continental *(C. pén., art. 224-6)*. Le législateur réprime donc **la prise de contrôle par la contrainte physique ou morale de n'importe quel moyen de transport ou plate-forme de forage pétrolier située en mer**. Il peut donc s'agir d'un avion, d'un bateau mais aussi d'un véhicule automobile quelconque. La seule **condition indispensable** est la **présence de personnes à l'intérieur du moyen de transport**, l'infraction constituant une atteinte à la liberté d'aller et venir. Les juges ont donc le devoir de constater cette présence pour caractériser l'infraction *(Cass. crim., 24 oct. 2007, n° 07-80.179)*.

Jurisprudence

Cependant, cette **présence peut avoir pour conséquence la commission, par le même acte, de plusieurs infractions**, le détournement pouvant s'accompagner de la séquestration des personnes se trouvant à bord du moyen de transport. Ainsi **le détournement d'un hélicoptère afin de réaliser l'évasion d'un détenu constitue, non pas seulement le crime de détournement d'aéronef mais aussi celui de prise d'otage**, la Cour de cassation jugeant que la même situation de fait correspond à deux infractions distinctes se caractérisant par des éléments moraux différents et par la violation de plusieurs intérêts protégés *(Cass. crim., 22 nov. 1983, n° 83-93.975 – V. égal., Cass. crim., 20 févr. 2002, n° 01-88.197)*.

L'infraction est intentionnelle, ce qui signifie que **l'auteur doit vouloir prendre le contrôle du moyen de transport par la contrainte**. On peut imaginer des situations dans lesquels les actes pourraient être justifiés par l'état de nécessité, et non par le défaut d'intention. Ainsi, la prise de contrôle d'un avion en raison des troubles mentaux dont serait atteint le pilote pourrait être justifiée par la nécessité de sauvegarder l'aéronef et ses passagers.

II. La communication d'une fausse information

Le délit consiste dans **le fait, en communiquant une fausse information, de compromettre sciemment la sécurité d'un aéronef en vol ou d'un navire** *(C. pén., art. 224-8)*. Le domaine de l'infraction s'avère plus limité que celui du crime de détournement de moyen de transport puisque le texte précise que l'aéronef doit être en vol alors que cette condition n'est pas prévue pour le crime. En outre, seuls sont visés les aéronefs et les navires, les autres moyens de transport étant donc exclus. On observera d'ailleurs la cohérence douteuse du dispositif légal puisque si l'aéronef doit être en vol, le navire peut ne pas être en mouvement.

Le délit se manifeste par **la communication d'une fausse information qui compromet la sécurité de l'aéronef ou du navire**. Il peut s'agit, par exemple, de la fausse alerte à la bombe. Cependant, il convient de noter que l'article 322-14 du Code pénal réprime, de manière proche, le fait de communiquer ou de divulguer une fausse information dans le but de faire croire qu'une destruction, une dégradation ou une détérioration dangereuse pour les personnes va être ou a été commise. La différence entre les deux délits réside dans le fait que le second n'est pas conditionné par la compromission de la sécurité de l'aéronef ou du navire.

Jurisprudence

La Cour de cassation a jugé que le fait qu'un dispositif d'alerte soit déclenché, que l'avion soit parqué sur un emplacement éloigné et que les passagers soient débarqués et le contenu des bagages vérifié était insuffisant pour établir cette compromission de la sécurité, considérant que c'est le délit de « fausse alerte » qui devait alors être retenu *(Cass. crim., 24 févr. 1987, n° 84-94.308)*.

Le délit suppose une **intention**, qui est celle **de compromettre sciemment, c'est-à-dire en connaissance de cause, la sécurité de l'aéronef ou du navire**.

§2 Les modalités de la répression

On distinguera le régime des deux infractions.

I. Le détournement de moyen de transport

Il s'agit d'un **crime puni de 20 ans de réclusion criminelle** avec une période de sûreté de plein droit. L'article 224-7 prévoit que la peine est portée à la **réclusion criminelle à perpétuité lorsque le crime est accompagné de tortures ou d'actes de barbarie ou s'il en est résulté la mort d'une ou de plusieurs personnes**.

Il n'existe pas de texte particulier prévoyant des peines applicables aux personnes morales, ce dont il se déduit que ces dernières encourent, dans tous les cas, une amende d'un million d'euros.

Les peines complémentaires sont énumérées par l'article 224-9 du Code pénal.

S'agissant d'un crime, la tentative est incriminée et elle se conçoit sans difficultés.

L'article 224-8-1 du Code pénal reprend le mécanisme de l'exemption et de la réduction de peine qui existe pour l'enlèvement ou la séquestration (V. Fiche n° 61, § 2, I).

II. La communication d'une fausse information

L'auteur encourt une peine de **5 ans d'emprisonnement** et de **75 000 € d'amende** *(C. pén., art. 224-8)*. Les personnes morales encourent donc une amende d'un montant quintuplé.

La tentative est incriminée.

Les peines complémentaires sont identiques à celles prévues pour le détournement de moyen de transport.

⏭ POUR ALLER PLUS LOIN...

– L. DE GRAËVE, La lutte contre la piraterie maritime : quand le droit pénal ose encore naviguer en eaux troubles *in* Mélanges Fournier, Presses Universitaires de Nancy, 2013, p. 119

TITRE 5
LES ATTEINTES À LA DIGNITÉ

La dignité humaine est une valeur juridique dont la protection ne cesse de s'accroître, alors même que la notion elle-même reste difficile à cerner. Le Conseil constitutionnel a ainsi octroyé une valeur constitutionnelle au *« principe de sauvegarde de la dignité de la personne humaine contre toute forme d'asservissement et de dégradation » (Cons. const., 27 juill. 1994, n° 94-343/344 DC, JO 29 juill. 1994)*. Sur le plan du droit pénal, le législateur incrimine plusieurs sortes d'actes dans le but de réprimer les atteintes à la dignité de la personne.

En premier lieu, les articles 225-1 à 225-4 du Code pénal punissent les discriminations mais il convient de remarquer que l'article 432-7 complète le dispositif lorsque l'auteur des actes est un agent public.

En deuxième lieu, le législateur réprime la traite des êtres humains et le proxénétisme sous ses différentes formes.

Enfin, sont incriminés les actes consistant à imposer des conditions de travail et d'hébergement contraires à la dignité, à contraindre une personne au travail ou la réduire en servitude, cette dernière infraction ayant été intégrée récemment au sein du Code pénal.

Fiche n° 63 Les discriminations

L'ESSENTIEL

La répression des discriminations repose sur la détermination de motifs de distinction entre les personnes que le législateur prohibe dans le cadre de certains actes liés à l'activité économique ou au travail, notamment. Le délit suppose donc une intention précise de faire une distinction interdite par la loi, qui peut s'avérer difficile à démontrer, d'où la consécration légale d'un procédé tel que le *« testing »*.

LES CONNAISSANCES

Les textes réprimant les discriminations ont été très souvent modifiés afin notamment de multiplier les critères discriminatoires susceptibles d'être pris en compte. Pour autant, leur application demeure assez rare, ce qui montre la difficulté à prouver la discrimination.

On analysera les conditions de la répression des discriminations avant de voir le régime juridique qui leur est applicable.

§1 Les conditions de la répression des discriminations

En soi, la discrimination consiste à opérer une différence entre les personnes afin de les traiter de manière inégale. Le législateur commence donc par préciser en vertu de quels critères la discrimination peut être réprimée, avant d'exposer quels actes sont réprimés s'ils sont fondés sur un tel motif discriminatoire.

I. Les critères discriminatoires

L'article 225-1 du Code pénal donne une longue liste de critères discriminatoires illicites qui peuvent servir de fondement à la répression, en distinguant la situation des personnes physiques de celle des personnes morales. En réalité, il s'agit des mêmes critères qui sont appliqués, dans le premier cas à une personne physique individuellement et, dans le second cas, à une personne physique prise en qualité de membre d'une personne morale.

Le texte énonce ainsi que constitue une discrimination toute distinction opérée entre les personnes physiques sur le fondement de leur **origine**, de leur **sexe**, de leur **situation de famille**, de leur **grossesse**, de leur **apparence physique**, de la **par-**

ticulière vulnérabilité résultant de leur situation économique, apparente ou connue de son auteur, de leur **patronyme**, de leur **lieu de résidence**, de leur **état de santé**, de leur **perte d'autonomie**, de leur **handicap**, de leurs **caractéristiques génétiques**, de leurs **mœurs**, de leur **orientation sexuelle**, de **leur identité de genre**, de leur **âge**, de leurs **opinions politiques**, de leurs **activités syndicales**, de leur **capacité à s'exprimer dans une langue autre que le français**, de leur **appartenance ou** de leur **non-appartenance**, vraie ou supposée, **à une ethnie, une Nation, une prétendue race ou une religion déterminée**.

Le législateur a ajouté, dans un article 225-1-1, créé par une loi n° 2012-954 du 6 août 2012, que constitue une discrimination toute distinction opérée entre les personnes parce qu'elles ont subi ou refusé de subir des faits de harcèlement sexuel ou témoigné de tels faits, y compris, dans le cas mentionné au I du même article, si les propos ou comportements n'ont pas été répétés.

Enfin, la loi n° 2017-86 du 27 janvier 2017 a créé un article 225-1-2 selon lequel la discrimination peut encore être caractérisée par une distinction opérée entre les personnes parce qu'elles ont subi ou refusé de subir des faits de bizutage définis à l'article 225-16-1 ou témoigné de tels faits.

À ce dispositif fourni s'ajoute encore 2 textes du **Code du travail** : l'article L. 1146-1, réprimant la **discrimination au travail fondée sur le sexe** et l'article L. 2146-2, punissant la **discrimination fondée sur l'appartenance syndicale**. Il faut cependant noter que ces textes reprennent des critères figurant déjà dans le Code pénal.

Il résulte de ce dispositif que c'est le législateur qui détermine librement les critères ou motifs discriminatoires et qu'il n'a pas cessé d'élargir leur nombre ces dernières années.

On ajoutera que l'article 432-7, réprimant la discrimination dont l'auteur est un agent public, renvoie aux articles 225-1 et 225-1-1 mais pas à l'article 225-1-2 du Code pénal.

Ces motifs de discrimination constituent naturellement le support de l'intention requise pour constituer le délit (V. *infra*).

II. Les actes constitutifs du délit

Il convient de distinguer ici la **discrimination commise par toute personne** de **celle commise par un agent public**, les actes visés étant légèrement différents.

Dans le cas général, **l'article 225-2 réprime la discrimination lorsqu'elle consiste en certains actes ou certaines abstentions, à savoir :**

1° refuser la fourniture d'un bien ou d'un service ;
2° entraver l'exercice normal d'une activité économique quelconque ;
3° refuser d'embaucher, à sanctionner ou à licencier une personne ;
4° subordonner la fourniture d'un bien ou d'un service à une condition fondée sur l'un des éléments visés à l'article 225-1 ou prévue à aux articles 225-1-1 ou 225-1-2 ;
5° subordonner une offre d'emploi, une demande de stage ou une période de formation en entreprise à une condition fondée sur l'un des éléments visés à l'article 225-1 ou prévue aux articles 225-1-1 ou 225-1-2 ;
6° refuser d'accepter une personne à l'un des stages visés par le 2° de l'article L. 412-8 du Code de la sécurité sociale.

Jurisprudence

S'agissant du **refus de fournir un bien ou un service**, la Cour de cassation a jugé que le délit était constitué dans le cas d'un bailleur qui exige de locataires des cautions supplémentaires parce que l'un de ses cocontractants est atteint du VIH, la cour d'appel ayant relevé qu'il s'agissait d'obligations supplémentaires dont la nature et le délai d'exécution exorbitants n'avaient d'autre justification que l'état de santé déficient de l'un locataires *(Cass. crim., 25 nov. 1997, n° 96-85.670)*.

L'entrave à l'exercice d'une activité économique consiste notamment dans une entrave au commerce fondée sur un motif discriminatoire, comme dans le cas d'un engagement pris par un exportateur français à l'égard de pays arabes que la livraison de la marchandise achetée par eux n'interviendrait pas par le canal d'un transporteur israélien et ne transiterait pas par Israël *(Cass. crim., 9 nov. 2004, n° 03-87.444)*.

S'agissant des discriminations à l'emploi, le délit est constitué, notamment, dans **le refus d'embaucher un candidat en raison de son activité syndicale** *(Cass. crim., 2 sept. 2003, n° 02-86.048)*.

On peut remarquer que le texte vise spécialement les sanctions prononcées contre un salarié pour un motif discriminatoire mais la question s'est posée de savoir si le **refus d'une promotion** entrait dans cette catégorie.

Jurisprudence

La Cour de cassation en a jugé ainsi, ce qui constitue une interprétation large du texte *(Cass. crim., 28 avril 2009, n° 07-82.901)*.

L'article 432-7, relatif à la **discrimination opérée par un agent public**, ne vise que 2 situations, le **refus du bénéfice d'un droit accordé par la loi** et **l'entrave à l'exercice normal d'une activité économique quelconque**. Ce second cas est identique à celui prévu par l'article 225-2, 2° mais le premier est différent et possède un domaine d'application très large, qui s'explique par le fait que **le délit ne peut être commis que par** ***« une personne dépositaire de l'autorité publique ou chargée d'une mission de service public, dans l'exercice ou à l'occasion de l'exercice de ses fonctions ou de sa mission »***.

Jurisprudence

La conséquence en est que **certains actes ne sont punissables qu'au titre de ce texte**, comme le fait pour un maire de priver une conseillère municipale de l'exercice de son droit de parole en raison du port par cette dernière d'une croix, insigne symbolisant son appartenance à la religion chrétienne *(Cass. crim., 1er sept. 2010, n° 10-80.584)*.

III. L'intention coupable

Par définition, la discrimination est intentionnelle puisqu'elle consiste à faire une différence entre les personnes sur le fondement d'un motif, jugé illicite par le législateur. **Le délit suppose donc la volonté d'accomplir l'acte discriminatoire avec cette intention particulière de traiter différemment la personne qui en est la victime.** Cette intention peut être difficile à établir car si le prévenu ne peut échapper à la répression au prétexte qu'il ignorerait qu'il est interdit de discriminer pour tel ou tel motif, il reste à la partie poursuivant à démontrer que l'acte a bien été inspiré par le motif discriminatoire. **En général, les juridictions raisonnent en se demandant si l'acte peut être justifié, de manière crédible, par un autre motif, non discriminatoire.**

Jurisprudence

Par exemple, une cour d'appel *(CA Nîmes, 8 nov. 2007, JurisData n° 2007-366749)* a jugé qu'un moniteur d'auto-école qui refuse de donner des leçons de conduite à une femme parce qu'elle porte un voile doit être relaxé en raison de l'absence de preuve du motif discriminatoire, le prévenu ayant invoqué des raisons de sécurité qui sont apparues valables.

Cette difficulté de prouver l'intention et donc le délit a conduit le législateur a légalisé un procédé, d'abord mis en œuvre par des associations de lutte contre les discriminations, dénommé **« testing »** et consistant à établir la preuve en simulant une demande de bien ou service, telle que l'entrée dans un établissement nocturne, afin de vérifier si le refus éventuel pourrait être motivé sur un critère discriminatoire.

Jurisprudence

La Cour de cassation a jugé que ce genre de procédé n'était pas contraire au principe de loyauté de la preuve *(Cass. crim., 11 juin 2002, n° 01-85.559)* puis le législateur a inscrit le procédé dans le Code pénal.

L'article 225-3-1 dispose, en effet, **que les délits de discrimination sont constitués même s'ils sont commis à l'encontre d'une ou plusieurs personnes ayant sollicité l'un des biens, actes, services ou contrats mentionnés à l'article 225-2 dans le but de démontrer l'existence du comportement discriminatoire, dès lors que la preuve de ce comportement est établie**. Autrement dit, le délit reste constitué même si la demande de bien ou service, notamment, était fictive.

En tout état de cause, il ne faut pas surestimer la portée du *testing* car les juges ne sont pas liés par le résultat d'un tel procédé et ils peuvent estimer que la preuve de la discrimination n'est pas rapportée pour autant.

§2 Le régime juridique des délits de discrimination

Après avoir vu les peines applicables, on précisera que le délit est parfois justifié.

I. La répression du délit

La tentative des délits n'est jamais incriminée.

Les peines prévues pour les auteurs, personnes physiques, du délit de l'article 225-2 sont un **emprisonnement de 3 ans et une amende de 45 000 €**.

Le texte prévoit une circonstance aggravant consistant à réaliser le refus discriminatoire de la fourniture d'un bien ou d'un service dans un lieu accueillant du public ou aux fins d'en interdire l'accès. Les peines sont alors de 5 ans d'emprisonnement et de 75 000 € d'amende.

Des peines complémentaires sont prévues par l'article 225-19.

Si l'auteur est une personne morale, il encourt une amende quintuplée et les peines prévues par les 2° à 5°, 8° et 9° de l'article 131-39.

Concernant le délit de **discrimination par un agent public, l'auteur encourt un emprisonnement de 5 ans et une amende de 75 000 €** *(C. pén., art. 432-7)*. Les peines complémentaires sont énumérées par l'article 432-17.

Il n'existe pas de texte relatif à la répression des personnes morales. Au demeurant, il est difficile de concevoir qu'une personne morale puisse être l'auteur du délit puisque celui-ci doit être dépositaire de l'autorité publique ou chargé d'une mission de service public, la complicité restant envisageable.

Enfin, **les textes du Code du travail prévoient des peines moindres**, d'un an d'emprisonnement et de 3 750 € d'amende pour la discrimination fondée sur le sexe

(C. trav., art. L. 1146-1), de 3 750 € d'amende pour la discrimination syndicale, les peines de ce dernier délit étant d'un an d'emprisonnement et de 7 500 € d'amende en cas de récidive *(C. trav., art. L. 2146-2)*.

Il convient d'ajouter que le **Défenseur des droits**, ayant succédé à la Halde (Haute autorité de lutte contre les discriminations et pour l'égalité)**, possède des pouvoirs particuliers en matière de discrimination** dont celui d'effectuer des investigations *(L. org. n° 2011-333, 29 mars 2011, art. 18 à 23)* et, si une poursuite n'est pas déjà entamée, de proposer une transaction à l'auteur des faits, consistant, notamment, dans le versement d'une amende transactionnelle dont le montant ne peut excéder 3 000 € s'il s'agit d'une personne physique et 15 000 € s'il s'agit d'une personne morale et, s'il y a lieu, dans l'indemnisation de la victime *(L. org. n° 2011-333, 29 mars 2011, art. 28)*. La transaction doit être homologuée par le procureur de la République et, si elle est exécutée, l'action publique est éteinte.

II. La justification du délit

Dans certains cas, le délit n'est pas constitué parce que la discrimination est autorisée par la loi.

L'article 225-3 énonce ainsi que les dispositions de l'article précédent ne sont pas applicables :

1° aux discriminations fondées sur l'état de santé, lorsqu'elles consistent en des opérations ayant pour objet la prévention et la couverture du risque décès, des risques portant atteinte à l'intégrité physique de la personne ou des risques d'incapacité de travail ou d'invalidité. Toutefois, ces discriminations sont punissables lorsqu'elles se fondent sur la prise en compte de tests génétiques prédictifs ayant pour objet une maladie qui n'est pas encore déclarée ou une prédisposition génétique à une maladie ou qu'elles se fondent sur la prise en compte des conséquences sur l'état de santé d'un prélèvement d'organe ;

2° aux discriminations fondées sur l'état de santé ou le handicap, lorsqu'elles consistent en un refus d'embauche ou un licenciement fondé sur l'inaptitude médicalement constatée soit dans le cadre du titre IV du livre II du code du travail, soit dans le cadre des lois portant dispositions statutaires relatives à la fonction publique ;

3° aux discriminations fondées, en matière d'embauche, sur un motif mentionné à l'article 225-1, lorsqu'un tel motif constitue une exigence professionnelle essentielle et déterminante et pour autant que l'objectif soit légitime et l'exigence proportionnée ;

4° aux discriminations fondées, en matière d'accès aux biens et services, sur le sexe lorsque cette discrimination est justifiée par la protection des victimes de violences à caractère sexuel, des considérations liées au respect de la vie privée et de la décence, la promotion de l'égalité des sexes ou des intérêts des hommes ou des femmes, la liberté d'association ou l'organisation d'activités sportives ;

5° aux refus d'embauche fondés sur la nationalité lorsqu'ils résultent de l'application des dispositions statutaires relatives à la fonction publique ;

6° aux discriminations liées au lieu de résidence lorsque la personne chargée de la fourniture d'un bien ou service se trouve en situation de danger manifeste. Les mesures prises en faveur des personnes résidant dans certaines zones géographiques et visant à favoriser l'égalité de traitement ne constituent pas une discrimination.

En définitive, toutes ces situations entrent dans le cadre du **fait justificatif de l'autorisation de la loi** *(C. pén., art. 122-4)* et correspondent à des **cas où il existe un motif légitime d'opérer une différence entre les personnes**. Il est ainsi évident qu'on ne peut reprocher au réalisateur d'un film qui cherche une actrice de ne pas proposer le rôle à un homme. On peut penser cependant que ces hypothèses doivent être interprétées strictement.

On notera encore que l'article 24, alinéa 7, de la loi du 29 juillet 1881 réprime la **provocation publique à la discrimination, à la haine ou à la violence à l'égard d'une personne ou d'un groupe de personnes à raison de leur origine ou de leur appartenance ou de leur non-appartenance à une ethnie, une nation, une race ou une religion déterminée**. L'alinéa 8 du même texte réprime la provocation à la haine ou à la violence à l'égard d'une personne ou d'un groupe de personnes à raison de leur sexe, de leur orientation sexuelle ou de leur handicap ou la provocation, à l'égard des mêmes personnes, aux discriminations prévues par les articles 225-2 et 432-7 du Code pénal.

Les peines prévues sont d'un an d'emprisonnement et de 45 000 € d'amende.

⏭ POUR ALLER PLUS LOIN...

- M. DANTI-JUAN, Rép. pén. Dalloz, *V*° Discriminations
- S. DETRAZ, La discrimination « par ricochet » : un aspect latent du délit de discrimination, Dr. pén. 2008, étude 10
- J. LASSERRE CAPDEVILLE, Le testing, AJ pénal 2008, p. 310
- T. SAGARDOYTHO, Le droit pénal de la discrimination, un droit à construire, AJ pénal 2008, p. 313

Fiche n° 64 La traite des êtres humains, le proxénétisme et le recours à la prostitution

L'ESSENTIEL

La traite des êtres humains consiste en un certain nombre de comportements qui ont pour but l'exploitation d'une personne afin qu'elle se soumettre à des atteintes à sa dignité ou qu'elle soit forcée de commettre des infractions. La traite peut servir à fournir des personnes qui se prostitueront et le Code pénal réprime, par l'incrimination du proxénétisme, tous les actes permettant à la prostitution de prospérer. Il punit également, de manière très large depuis une loi de 2016, les clients des personnes prostituées.

LES CONNAISSANCES

Si le proxénétisme est incriminé de longue date, il n'en va de même de la traite des êtres humains, qui n'est devenue punissable que depuis la loi n° 2003-239 du 18 mars 2003, les textes ayant ensuite été sensiblement modifiés. Cette incrimination résulte des engagements internationaux de la France et en particulier de la ratification en 2002 du Protocole additionnel à la Convention des Nations unies contre la criminalité transnationale organisée visant à prévenir, réprimer et punir la traite, adopté le 15 novembre 2000 par l'Assemblée générale des Nations unies.

Proxénétisme et traite des êtres humains présentent des rapports, la seconde infraction étant souvent le prélude à la première *(V., par ex., CA Paris, 3 avr. 2012, Juris-Data n° 2012-010362)* puisqu'elle consiste, d'une manière générale, à exploiter des personnes et à faire en sorte qu'elles se livrent à des activités contraires à la dignité et notamment à des activités sexuelles comme la prostitution.

On analysera donc d'abord la traite des êtres humains avant d'étudier le proxénétisme et le recours à la prostitution.

§1 La traite des êtres humains

Après la présentation de l'incrimination, son régime juridique sera exposé.

I. L'incrimination

Selon l'article 225-4-1, I du Code pénal, la traite des êtres humains est le fait de recruter une personne, de la transporter, de la transférer, de l'héberger ou de l'accueillir à des fins d'exploitation dans l'une des circonstances suivantes :

1° soit avec l'emploi de menace, de contrainte, de violence ou de manœuvre dolosive visant la victime, sa famille ou une personne en relation habituelle avec la victime ;
2° soit par un ascendant légitime, naturel ou adoptif de cette personne ou par une personne qui a autorité sur elle ou abuse de l'autorité que lui confèrent ses fonctions ;
3° soit par abus d'une situation de vulnérabilité due à son âge, à une maladie, à une infirmité, à une déficience physique ou psychique ou à un état de grossesse, apparente ou connue de son auteur ;
4° soit en échange ou par l'octroi d'une rémunération ou de tout autre avantage ou d'une promesse de rémunération ou d'avantage.

D'un point de vue matériel, **la traite suppose donc des actes de recrutement, de transport, de transfert, d'hébergement ou d'accueil d'une personne**. **Selon les cas, la personne n'est pas consentante ou pleinement consentante**, l'auteur employant la menace, la contrainte, etc. ou utilisant son ascendant sur la victime ou encore abusant de sa vulnérabilité. Cependant, **dans le dernier cas**, le législateur vise la rémunération, l'octroi d'un avantage ou la promesse de rémunération ou d'avantage, ce qui signifie que **la victime est** ici **consentante** c'est-à-dire qu'elle accepte d'être recrutée, transportée etc. *(V. CA Paris, 5 avr. 2011, JurisData n° 2011-014004)*.

Cependant, **ces actes matériels ont pour finalité l'exploitation de la personne**, et le texte précise qu'il s'agit de mettre la victime à la disposition de l'auteur ou d'un tiers, même non identifié, afin soit de permettre la commission contre la victime des infractions de proxénétisme, d'agression ou d'atteintes sexuelles, de réduction en esclavage, de soumission à du travail ou à des services forcés, de réduction en servitude, de prélèvement de l'un de ses organes, d'exploitation de la mendicité, de conditions de travail ou d'hébergement contraires à sa dignité, soit de contraindre la victime à commettre tout crime ou délit.

En d'autres termes, **la personne est destinée, soit à devenir la victime d'une infraction** portant gravement atteinte à sa dignité (proxénétisme etc.) voire à son intégrité physique (prélèvement d'organes), **soit à devenir un « instrument » c'est-à-dire à être utilisée pour commettre un crime ou un délit**.

Jurisprudence

À titre d'illustration de ce dernier cas, le délit est caractérisé dans le cas d'un individu qui « achète » une mineure pour la marier à son fils et en faire une voleuse *(Cass. crim., 16 déc. 2015, n° 14-85.900)*.

Dans tous les cas, **elle est réduite à l'état de chose**, ce qui caractérise la traite de l'être humain.

Il convient de remarquer que **le texte réprime les actes de traite sans attendre que l'exploitation de la personne soit effective**, celle-ci n'étant que le but de l'auteur.

Il faut noter également que le texte distingue le cas des victimes mineures à l'égard desquelles les juges n'ont pas besoin de démontrer l'existence d'une menace, d'une contrainte, d'un abus d'autorité etc. La victime mineure est donc spécialement protégée.

Le but de l'auteur est intégré à **l'intention** ce qui signifie qu'il doit vouloir accomplir les actes en connaissance de cause mais également en ayant l'intention d'exploiter la victime de la traite.

II. Le régime juridique

On notera d'emblée que la tentative du délit est incriminée *(C. pén., art. 225-4-7)*.

Les peines diffèrent selon que la victime est majeure ou mineure. Dans le premier cas, l'auteur, personne physique, encourt 7 ans d'emprisonnement et 150 000 € d'amende alors que, dans le second, il encourt 10 ans d'emprisonnement et 150 000 € d'amende. Des peines complémentaires sont prévues par les articles 225-20, 225-21, 225-24 et 225-25 du Code pénal.

Pour les personnes morales, sont encourues l'amende et toutes les peines de l'article 131-39 *(C. pén., art. 225-4-6)* mais les articles 225-23 et 225-24 prévoient d'autres peines, qui sont d'ailleurs communes aux personnes physiques (confiscation, remboursement des frais de rapatriement de la victime).

Il existe plusieurs circonstances aggravantes.

En premier lieu, la **traite commise sur un majeur** est punie de 10 ans d'emprisonnement et de 1 500 000 € d'amende lorsqu'elle est commise dans deux des circonstances mentionnées aux 1° à 4° de l'article 225-4-1, I (V. *supra* I) ou avec l'une des circonstances supplémentaires suivantes :

1° à l'égard de plusieurs personnes ;

2° à l'égard d'une personne qui se trouvait hors du territoire de la République ou lors de son arrivée sur le territoire de la République ;

3° lorsque la personne a été mise en contact avec l'auteur des faits grâce à l'utilisation, pour la diffusion de messages à destination d'un public non déterminé, d'un réseau de communication électronique ;

4° dans des circonstances qui exposent directement la personne à l'égard de laquelle l'infraction est commise à un risque immédiat de mort ou de blessures de nature à entraîner une mutilation ou une infirmité permanente ;
5° avec l'emploi de violences qui ont causé à la victime une incapacité totale de travail de plus de 8 jours ;
6° par une personne appelée à participer, par ses fonctions, à la lutte contre la traite ou au maintien de l'ordre public ;
7° lorsque l'infraction a placé la victime dans une situation matérielle ou psychologique grave *(C. pén., art. 225-4-2, I)*.

La **traite commise sur un mineur** est punie de 15 ans de réclusion criminelle et de 1 500 000 € d'amende lorsqu'elle a été commise dans l'une des circonstances mentionnées aux 1° à 4° de l'article 225-4-1, I ou dans l'une des circonstances mentionnées aux 1° à 7° précités *(C. pén., art. 225-4-2, II)*.

En deuxième lieu, selon l'article 225-4-3, la traite est punie de 20 ans de réclusion criminelle et de 3 000 000 € d'amende lorsqu'elle est commise en bande organisée.

En troisième lieu, si elle est commise en recourant à des tortures ou à des actes de barbarie, la traite est punie de la réclusion criminelle à perpétuité et de 4 500 000 € d'amende *(C. pén., art. 225-4-4)*.

En outre, l'article 225-4-5 prévoit un **dispositif original** en énonçant que lorsque le crime ou le délit qui a été commis ou qui devait être commis contre la personne victime de l'infraction est puni d'une peine privative de liberté d'une durée supérieure à celle de l'emprisonnement encouru en application des articles 225-4-1 à 225-4-3, la traite est punie des peines attachées aux crimes ou aux délits dont son auteur a eu connaissance et, si ce crime ou délit est accompagné de circonstances aggravantes, des peines attachées aux seules circonstances aggravantes dont il a eu connaissance.

Il faut encore signaler une règle particulière relative à l'application dans l'espace de la loi française : lorsque les infractions prévues aux articles 225-4-1 et 225-4-2 sont commises hors du territoire de la République par un Français, la loi française est applicable sans qu'une plainte de la victime ou une dénonciation de l'État étranger soit exigée *(C. pén., art. 225-4-8)*.

De plus, l'article 225-4-9 prévoit une **exemption et une réduction de peine** en faveur du « repenti » (V. Fiche n° 51, § 2).

Enfin, l'article 2-22 du CPP autorise les associations régulièrement déclarées depuis au moins 5 ans à la date des faits dont l'objet statutaire comporte la lutte contre l'esclavage, la traite des êtres humains, le proxénétisme ou l'action sociale en faveur des personnes prostituées à **exercer les droits reconnus à la partie civile** en cas de poursuite, notamment du chef de traite des êtres humains, par le ministère public ou la victime.

§2 Le proxénétisme

Les infractions liées au proxénétisme sont incriminées aux articles 225-5 à 225-10 et l'on notera que le délit de racolage a été abrogé par la loi n° 2016-444 du 13 avril 2016 visant à renforcer la lutte contre le système prostitutionnel et à accompagner les personnes prostituées, qui a, en revanche, créé l'infraction d'achat d'actes sexuels *(C. pén., art. 611-1 – V. § 3)*.

On distinguera les incriminations de leur régime juridique.

I. Les incriminations

Le législateur vise **trois séries d'actes**, aux articles 225-5, 225-6 et 225-10 du Code pénal.

Selon **l'article 225-5**, le proxénétisme est le fait, par quiconque, de quelque manière que ce soit :
1° d'aider, d'assister ou de protéger la prostitution d'autrui ;
2° de tirer profit de la prostitution d'autrui, d'en partager les produits ou de recevoir des subsides d'une personne se livrant habituellement à la prostitution ;
3° d'embaucher, d'entraîner ou de détourner une personne en vue de la prostitution ou d'exercer sur elle une pression pour qu'elle se prostitue ou continue à le faire.

Ces actes ont donc pour objet d'exploiter la prostitution d'autrui, en la favorisant, en l'organisant ou en tirant des profits de l'activité. La **prostitution** a été définie par la jurisprudence comme le fait de « ***se prêter, moyennant une rémunération, à des contacts physiques de quelque nature qu'ils soient, afin de satisfaire les besoins sexuels d'autrui*** ».

Jurisprudence

C'est le cas des rapports sexuels rémunérés mais aussi d'autres pratiques sexuelles telles que des massages sur des hommes destinés à provoquer l'éjaculation *(Cass. crim., 27 mars 1996, n° 95-82.016)*.

À titre d'illustration de l'aide apportée à la prostitution, la Cour de cassation a retenu le fait d'escorter des jeunes femmes pour les conduire vers des lieux de prostitution *(Cass. crim., 9 nov. 2011, n° 05-87.745)*. Concernant le partage des produits, le délit est constitué dans le cas du concubin dont la compagne se prostitue et qui admet qu'elle contribue à l'entretien du ménage et participe au paiement du loyer *(Cass. crim., 18 oct. 1995, n° 94-85.036)*.

Ceci conduit à remarquer que, **dans certains cas, le proxénétisme consiste en une complicité (par aide) ou en un recel de la prostitution (profit tiré)**, ce qui justifie son incrimination autonome puisque la prostitution n'est pas un délit.

L'article 225-6 assimile au proxénétisme le fait :

1° de faire office d'intermédiaire entre deux personnes dont l'une se livre à la prostitution et l'autre exploite ou rémunère la prostitution d'autrui ;

2° de faciliter à un proxénète la justification de ressources fictives ;

3° de ne pouvoir justifier de ressources correspondant à son train de vie tout en vivant avec une personne qui se livre habituellement à la prostitution ou tout en étant en relations habituelles avec une ou plusieurs personnes se livrant à la prostitution ;

4° d'entraver l'action de prévention, de contrôle, d'assistance ou de rééducation entreprise par les organismes qualifiés à l'égard de personnes en danger de prostitution ou se livrant à la prostitution.

Jurisprudence

Le premier cas visé correspond, par exemple, au fait pour le directeur de la publication d'un journal qui publie des annonces à connotation sexuelle *(Cass. crim., 9 oct. 1996, n° 95-81.232)*.

On remarquera que la non-justification de ressources constitue une infraction autonome, voisine du recel, qui est donc ici traitée comme un cas assimilé au proxénétisme *(C. pén., art. 321-6)*.

Une troisième catégorie d'actes est incriminée par l'article 225-10 qui réprime le fait, par quiconque, agissant directement ou par personne interposée :

1° de détenir, gérer, exploiter, diriger, faire fonctionner, financer ou contribuer à financer un établissement de prostitution ;

2° détenant, gérant, exploitant, dirigeant, faisant fonctionner, finançant ou contribuant à financer un établissement quelconque ouvert au public ou utilisé par le public, d'accepter ou de tolérer habituellement qu'une ou plusieurs personnes se livrent à la prostitution à l'intérieur de l'établissement ou de ses annexes ou y recherchent des clients en vue de la prostitution ;

3° de vendre ou de tenir à la disposition d'une ou de plusieurs personnes des locaux ou emplacements non utilisés par le public, en sachant qu'elles s'y livreront à la prostitution ;

4° de vendre, de louer ou de tenir à la disposition, de quelque manière que ce soit, d'une ou plusieurs personnes, des véhicules de toute nature en sachant qu'elles s'y livreront à la prostitution.

Il s'agit donc de punir une autre forme d'aide à la prostitution, la fourniture de moyens de se livrer à cette activité, et notamment de locaux. Le législateur vise ici tant les locaux ouverts au public, tels que les cafés ou bars dans lesquelles des personnes pourraient se livrer à la prostitution avec l'accord de l'exploitant que des locaux ou véhicules privés, mis à la disposition de personnes prostituées pour qu'elles exercent leur activité, à condition que celle-ci soit connue de l'auteur. On peut remarquer que le fait de ne pas recevoir une contrepartie, financière notamment, ne constitue pas un obstacle à la répression, le caractère lucratif des actes n'étant pas une condition des infractions.

II. Le régime juridique

La **tentative** des délits est incriminée *(C. pén., art. 225-11)*.

Les peines prévues pour les délits des articles 225-5 et 225-6 sont identiques, à savoir **7 ans d'emprisonnement et 150 000 € d'amende,** pour les personnes physiques. Celles encourues pour les faits visés à l'article 225-10 sont de 10 ans d'emprisonnement et de 750 000 €.

Il existe de nombreuses circonstances aggravantes.

La première série est prévue par l'article 225-7 selon lequel le proxénétisme est puni de **10 ans d'emprisonnement et de 1 500 000 € d'amende** lorsqu'il est commis :
1° à l'égard d'un mineur (âgé de plus de 15 ans – V. *infra*) ;
2° à l'égard d'une personne particulièrement vulnérable ;
3° à l'égard de plusieurs personnes ;
4° à l'égard d'une personne qui a été incitée à se livrer à la prostitution soit hors du territoire de la République, soit à son arrivée sur le territoire de la République ;
5° par un ascendant légitime, naturel ou adoptif de la personne qui se prostitue ou par une personne qui a autorité sur elle ou abuse de l'autorité que lui confèrent ses fonctions ;
6° par une personne appelée à participer, de par ses fonctions, à la lutte contre la prostitution, à la protection de la santé ou au maintien de l'ordre public ;
7° par une personne porteuse d'une arme ;
8° avec l'emploi de la contrainte, de violences ou de manœuvres dolosives ;
9° par plusieurs personnes agissant en qualité d'auteur ou de complice, sans qu'elles constituent une bande organisée ;
10° grâce à l'utilisation, pour la diffusion de messages à destination d'un public non déterminé, d'un réseau de communication électronique.

Une période de sûreté est ici prévue.

La **minorité de 15 ans de la victime** est aussi une circonstance aggravante qui porte les peines à **15 ans de réclusion criminelle et à 3 000 000 € d'amende** *(C. pén., art. 225-7-1)*.

Le proxénétisme aggravé par une des circonstances énumérées à l'article 225-7 est puni de **20 ans de réclusion criminelle et de 3 000 000 € d'amende** lorsqu'il est commis en bande organisée *(C. pén., art. 225-8)*.

Enfin, le proxénétisme commis en recourant à des tortures ou des actes de barbarie est puni de la **réclusion criminelle à perpétuité et de 4 500 000 € d'amende** *(C. pén., art. 225-9)*.

Une période de sûreté de plein droit est prévue dans tous les cas où le proxénétisme est un crime.

Pour les personnes morales, les peines sont l'amende et toutes les peines prévues par l'article 131-39 *(C. pén., art. 225-12)*.

Des peines complémentaires sont énumérées par les articles 225-20, 225-21, 225-22 à 225-25, certaines étant d'ailleurs applicables aux personnes morales également *(C. pén., art. 225-22 à 225-25)*.

L'article 225-11-1 prévoit ici également une **exemption et une réduction de peine** au profit du dénonciateur (V. Fiche n° 51, § 2).

On signalera également que, lorsque le proxénétisme sur un mineur est commis à l'étranger par un Français ou par une personne résidant habituellement sur le territoire français, la loi française est applicable sans qu'une plainte de la victime ou une dénonciation de l'autorité étrangère soit nécessaire. Il en est de même dans le cas où l'un des crimes des articles 225-7-1, 225-8 ou 225-9 a été commis sur un mineur hors du territoire de la République par un étranger résidant habituellement sur le territoire français *(C. pén., art. 225-11-2)*.

Sur le plan procédural, le proxénétisme relevant de la procédure dérogatoire de criminalité et de délinquance organisée, prévue par les articles 706-73 et suivants du CPP, de nombreuses règles spéciales concernant les modes d'investigation ou la garde à vue sont applicables. D'autres règles procédurales particulières sont également prévues par les articles 706-34 à 706-40 du CPP. Enfin, certaines associations peuvent exercer l'action civile dans le cadre de poursuites pour proxénétisme *(V. CPP, art. 2-3, 2-17 et 2-22)*.

§3 Le recours à la prostitution

Le législateur souhaitant renforcer la lutte contre le proxénétisme, a choisi de réprimer également le recours aux services de personnes qui se prostituent et donc de « pénaliser le client ».

On présentera les infractions prévues puis leur répression.

I. La contravention d'achat d'actes sexuels

Depuis la loi n° 2016-444 du 13 avril 2016, **l'achat d'actes sexuels est incriminé d'une manière systématique, par l'article 611-1 du Code pénal**, comme une **contravention de 5e classe**. Le texte, déclaré conforme aux normes constitutionnelles par le Conseil constitutionnel *(Cons. const., 1er févr. 2019, n° 2018-761 QPC)*, punit le fait de solliciter, d'accepter ou d'obtenir des relations de nature sexuelle d'une personne qui se livre à la prostitution, y compris de façon occasionnelle, en échange d'une rémunération, d'une promesse de rémunération, de la fourniture d'un avantage en nature ou de la promesse d'un tel avantage.

Outre l'amende de 1 500 €, l'auteur encourt une ou plusieurs des peines complémentaires mentionnées à l'article 131-16 et au second alinéa de l'article 131-17 (TIG de 20 à 120 heures). On notera que parmi les peines figurant au premier article, la loi de 2016 a ajouté l'obligation d'accomplir un stage de sensibilisation à la lutte contre l'achat d'actes sexuels.

Il convient de remarquer que **si le but du législateur est de « pénaliser » le client, le texte pourrait permettre de réprimer également la personne qui se prostitue, sur le terrain de la complicité par provocation par exemple** (racolage), étant rappelé que cette forme de complicité est toujours incriminée en matière contraventionnelle.

II. Les délits d'achat d'actes sexuels

Si la **contravention de l'article 611-1 est commise en état de récidive légale**, elle devient un délit, réprimé par l'article 225-12-1, alinéa 1er. La peine encourue est une amende de 3 750 €.

De plus, l'alinéa 2 du même texte énonce que **les mêmes actes** sont punis de 3 ans d'emprisonnement et de 45 000 € lorsque **la personne qui se prostitue est mineure ou présente une particulière vulnérabilité, apparente ou connue de son auteur, due à une maladie, à une infirmité, à un handicap ou à un état de grossesse**.

Les peines sont portées à 5 ans d'emprisonnement et 75 000 euros d'amende :
1° lorsque cette infraction est commise de façon habituelle ou à l'égard de plusieurs personnes ;
2° lorsque la personne a été mise en contact avec l'auteur des faits grâce à l'utilisation, pour la diffusion de messages à destination d'un public non déterminé, d'un réseau de communication ;
3° lorsque les faits sont commis par une personne qui abuse de l'autorité que lui confèrent ses fonctions ;
4° lorsque l'auteur des faits a délibérément ou par imprudence mis la vie de la personne en danger ou a commis contre elle des violences.

Enfin les peines sont portées à 7 ans d'emprisonnement et 100 000 € d'amende lorsqu'il s'agit d'un mineur de 15 ans *(C. pén., art. 225-12-2)*.

Pour l'ensemble de ces délits, les personnes morales encourent l'amende quintuplée et les peines prévues par l'article 131-39.

Des peines complémentaires sont énumérées par l'article 225-20.

Enfin, dans le cas où les délits de l'article 225-12-1, alinéa 2 et de l'article 225-12-2 sont commis à l'étranger par un Français ou par une personne résidant habituellement sur le territoire français, la loi française est applicable sans qu'une plainte de la victime ou une dénonciation officielle par l'autorité du pays où le fait a été commis soit exigée *(C. pén., art. 225-12-3)*.

⏭ POUR ALLER PLUS LOIN...

- A. CASADO, Brèves remarques à la lecture de la loi n° 2016-444 du 13 avril 2016 visant à renforcer la lutte contre le système prostitutionnel et à accompagner les personnes prostituées, Dr. pén. 2016, étude 12
- A. DARSONVILLE, Rép. pén. Dalloz, *V°* Traite des êtres humains
- M. FABRE-MAGNAN, Les nouvelles formes d'esclavage et de traite, ou le syndrome de la ligne Maginot, D. 2014, p. 491
- B. LAVAUD-LEGENDRE, Retour sur les objectifs de la loi de lutte contre le système prostitutionnel, RSC 2016, p. 725
- P. MORVAN, Quand le « cave » devient délinquant : la pénalisation des clients de prostitué(e)s, JCP G 2016, 487

Fiche n° 65 Les conditions de travail et d'hébergement indignes, le travail forcé et la réduction en servitude

L'ESSENTIEL

Il existe 4 infractions relatives à la protection de la dignité des personnes au travail et au titre du logement. Plusieurs ont en commun le fait que la victime est vulnérable ou en état de dépendance, quelle que soit l'origine de cette situation. Les infractions consistent à soumettre les victimes à des conditions de travail ou d'hébergement contraires à la dignité, ce qui relève de l'appréciation des juges.

La loi n° 2013-711 du 5 août 2013 a, en outre, renforcé l'arsenal législateur en incriminant le travail forcé et la réduction en servitude, qui présentent des liens étroits avec les infractions qui existaient déjà.

LES CONNAISSANCES

La protection de la dignité humaine se manifeste par des incriminations qui prohibent des formes d'exploitation du travail des personnes placées dans certaines conditions ainsi que des conditions de logement de ces personnes. L'idée dominante est ici encore que l'être humain ne peut pas être ravalé au rang d'un animal ou d'une chose.

Il convient d'étudier les éléments des différentes infractions avant de présenter leur régime juridique.

§1 Les éléments constitutifs des infractions

Les articles 225-13 et suivants du Code pénal prévoient 4 infractions relatives au travail et à l'hébergement indignes mais il existe une condition commune à 3 d'entre elles, tenant à la situation de la victime qui doit être vulnérable ou dépendante.

Après avoir analysé cette condition, on présentera les autres éléments de ces délits, c'est-à-dire les actes incriminés.

I. La situation de la victime

Les articles 225-13, 225-14 et 225-14-2 du Code pénal incriminent des actes dont **la victime doit être une personne** « ***dont la vulnérabilité ou l'état de dépendance sont apparents ou connus de l'auteur*** ».

Cette condition est proche de celle exigée pour le délit d'abus frauduleux de la vulnérabilité, le texte réprimant ce délit donnant cependant des critères précis de la vulnérabilité, comme l'âge, la maladie, l'infirmité, etc. *(C. pén., art. 223-15-2* – V. Fiche n° 57*)*. Comme pour ce délit, les juges doivent ici établir la vulnérabilité ou l'état de dépendance, lequel ne peut découler uniquement du fait que la personne est d'origine étrangère *(Cass. crim., 11 déc. 2001, n° 00-87.280)* mais peut résulter du fait que l'étranger est en situation irrégulière *(Cass. crim., 11 févr. 1998, n° 96-84.997)*. Cette situation peut donc résulter de la réunion de plusieurs éléments comme l'absence de qualification professionnelle et le risque de chômage, la vulnérabilité étant alors sociale et économique *(Cass. crim., 4 mars 2003, n° 02-82.194)*.

On notera que le législateur a créé **une présomption de vulnérabilité ou de dépendance** à l'article 225-15-1 qui tient au fait que les victimes des infractions ont subi les actes **incriminés** ***« à leur arrivée sur le territoire français »***, expression visant donc, *a priori*, les étrangers. Dans ce cas, les juges sont dispensés d'établir la situation particulière de la victime.

II. Les actes de l'auteur

Depuis la loi n° 2013-711 du 5 août 2013, il existe 4 infractions.

La première réprime le **fait d'obtenir** d'une personne, dont la vulnérabilité ou l'état de dépendance sont apparents ou connus de l'auteur, **la fourniture de services non rétribués ou en échange d'une rétribution manifestement sans rapport avec l'importance du travail accompli** *(C. pén., art. 225-13)*.

Jurisprudence

Le délit est constitué dans le cas de stagiaires, en situation de dépendance en raison, notamment, du caractère obligatoire de leur stage pour l'obtention d'un diplôme, qui ont été affectés à la réception d'un hôtel, de 23 heures à 7 heures, 7 jours sur 7, pour une durée de travail hebdomadaire comprise entre 56 et 63 heures et pour une rémunération fixée à 1 760 francs [268 €] pour 190 heures, les juges considérant que cette rétribution est manifestement sans rapport avec l'importance du travail accompli *(Cass. crim., 3 déc. 2002, n° 02-81.453)*.

La deuxième infraction consiste **à soumettre une personne,** dont la vulnérabilité ou l'état de dépendance sont apparents ou connus de l'auteur, **à des conditions de travail ou d'hébergement incompatibles avec la dignité humaine** *(C. pén., art. 225-14)*. Ce délit est destiné à s'appliquer notamment aux « marchands de sommeil », exploitant la vulnérabilité de certaines personnes.

Jurisprudence

Il est donc caractérisé par l'occupation d'un logement par une famille de trois personnes dont un enfant et une femme enceinte pour un loyer mensuel de 3 200 francs [487 €], ce logement étant non conforme aux dispositions d'un règlement sanitaire départemental relatives, notamment, à la surface minimale des pièces, à la hauteur sous plafond, à l'écoulement des eaux pluviales, à l'épaisseur et à l'isolation des murs, ainsi qu'aux normes afférentes aux installations électriques. Les juges ont relevé que la santé des occupants était mise en péril par l'humidité et les conditions de chauffage *(Cass. crim., 11 févr. 1998 précité)*.

Il est évident que les juges possèdent ici une marge d'appréciation assez importante quant au « seuil de l'indignité ».

Jurisprudence

S'agissant des conditions de travail, la Cour de cassation a approuvé la condamnation d'un chef d'entreprise qui dirigeait ses salariés en ayant recours à des hurlements permanents, en les insultant publiquement et en utilisant divers procédés inadmissibles pour les humilier, les cadences et les conditions matérielles de travail faisant d'eux « le prolongement d'une machine-outil » *(Cass. crim., 4 mars 2003 précité)*.

La loi [n° 2013-711] du 5 août 2013 a créé deux nouvelles infractions aux articles **225-14-1 et 225-14-2 du Code pénal.**

La première est le **travail forcé, consistant, par la violence ou la menace, de contraindre une personne à effectuer un travail sans rétribution ou en échange d'une rétribution manifestement sans rapport avec l'importance du travail accompli.** Il faut remarquer ici que **la situation de la victime est indifférente**, toute personne pouvant donc être la victime de l'infraction. De plus, il existe une différence avec le délit de l'article 225-13, consistant dans le fait que l'auteur use de violence ou de menace pour exploiter le travail de la victime.

La deuxième infraction est la **réduction en servitude**, qui consiste à **faire subir, de manière habituelle, l'infraction de travail forcé à une personne dont la vulnérabilité**

ou l'état de dépendance sont apparents ou connus de l'auteur *(C. pén., art. 225-14-2)*. En d'autres termes, il s'agit de l'infraction de l'article 225-13 commise avec usage par l'auteur de la violence ou de la menace sur la victime.

Toutes ces **infractions** sont **intentionnelles,** ce qui implique une volonté d'accomplir les actes et, dans les cas où la victime est vulnérable ou dépendante, une conscience chez l'auteur de cette situation.

§2 La répression des infractions

S'agissant des peines encourues, les délits des articles 225-13 et 225-14 sont punis de 5 ans d'emprisonnement et de 150 000 € d'amende.

Le travail forcé est puni de 7 ans d'emprisonnement et de 200 000 € d'amende et la réduction en servitude, de 10 ans d'emprisonnement et de 300 000 € d'amende.

L'article 225-15 prévoit des circonstances aggravantes liées à la qualité ou au nombre des victimes.

Lorsqu'elles sont commises à l'égard de plusieurs personnes ou d'un mineur :
1° les infractions définies aux articles 225-13 et 225-14 sont punies de 7 ans d'emprisonnement et de 200 000 € d'amende ;
2° le travail forcé est puni de 10 ans d'emprisonnement et de 300 000 € d'amende ;
3° la réduction en servitude est punie de 15 ans de réclusion criminelle et de 400 000 € d'amende.

Lorsqu'elles sont commises à l'égard de plusieurs personnes parmi lesquelles figurent un ou plusieurs mineurs :
1° les infractions des articles 225-13 et 225-14 sont punies de 10 ans d'emprisonnement et de 300 000 € d'amende ;
2° le travail forcé est puni de 15 ans de réclusion criminelle et de 400 000 € d'amende ;
3° la réduction en servitude est punie de 20 ans de réclusion criminelle et de 500 000 € d'amende.

Les personnes morales encourent une amende d'un montant quintuplé, les peines de l'article 131-39 et la confiscation du fonds de commerce destiné à l'hébergement de personnes et ayant servi à commettre l'infraction prévue à l'article 225-14.

En outre, l'article 225-13, alinéa 2 du Code pénal énonce que les personnes physiques ou morales coupables *« du délit prévu à la présente section »* encourent également la peine complémentaire d'interdiction de l'activité de prestataire de formation professionnelle continue pour une durée de 5 ans. La formule légale est ambiguë dès lors que la section comporte 4 délits et que cette peine a été introduite avant que ne soient créées les infractions de travail forcé et de réduction en servitude.

Jurisprudence

On notera encore que la jurisprudence considère logiquement que le délit d'hébergement contraire à la dignité humaine est une infraction continue dont la consommation se poursuit tant que dure l'hébergement *(Cass. crim., 11 févr. 1998 précité).*

Enfin, certaines associations peuvent exercer les droits reconnus à la partie civile en ce qui concerne l'une ou l'autre des infractions étudiées *(CPP, art. 2-10, 2-17 et 2-22).*

⏭ POUR ALLER PLUS LOIN...

- S. LICARI, Des conditions de travail et d'hébergement incompatibles avec la dignité humaine résultant de l'abus d'une situation de vulnérabilité ou de dépendance de la victime, RSC 2001, p. 553
- Y. MAYAUD, Du concept de dignité appliqué aux conditions de travail et d'hébergement, RSC 1998, p. 541
- M. B. SALGADO, Conditions d'hébergement contraires à la dignité humaine, JCP G 2004, II, 10015

P@RTIE 3

LES ATTEINTES AUX BIENS

Le Livre III du Code pénal regroupe les crimes et délits contre les biens en distinguant les appropriations frauduleuses et les autres atteintes aux biens. Les premières infractions consistent en des atteintes abstraites portées au droit de propriété, la victime se trouvant privée d'une manière ou d'une autre de ses prérogatives sur le bien par les actes de l'auteur. Les autres infractions consistent soit en des atteintes concrètes à la propriété, c'est-à-dire des atteintes à la substance même de la chose qui se trouve dégradée ou détruite, soit en des infractions dites de conséquence c'est-à-dire qui ne peuvent être commises qu'après une infraction antérieure, généralement elle-même dirigée contre un bien.

On reprendra la distinction du Code pénal en commençant par traiter des infractions consistant en des appropriations frauduleuses, avant d'analyser les autres atteintes aux biens que sont les destructions et les infractions de conséquence.

TITRE 1
LES APPROPRIATIONS FRAUDULEUSES

Le point commun entre le vol, l'escroquerie et l'abus de confiance réside dans le fait que le comportement incriminé conduit à priver une personne du droit de propriété dont elle est titulaire sur un bien. Ce qui différencie les délits, c'est le mode opératoire de l'auteur des faits, qui peut être plus ou moins perfectionné. La méthode la plus simple consiste à priver le propriétaire de la chose en la lui dérobant. Deux autres comportements frauduleux aboutissent également au même résultat. Le premier est celui dans lequel l'auteur va mettre en œuvre des procédés destinés à tromper la personne afin qu'elle lui remette la chose convoitée. Le second consiste pour l'agent qui dispose déjà de la chose mais sans en être propriétaire, à se comporter comme celui-ci en détournant la chose.

On analysera donc successivement le vol, l'escroquerie et l'abus de confiance.

Fiche n° 66 Le vol

L'ESSENTIEL

Le vol consiste dans la soustraction frauduleuse de la chose d'autrui, ce qui pose la question de savoir quelles sont les choses susceptibles d'être volées. S'il s'agit habituellement d'objets corporels mobiliers, la jurisprudence admet, dans son dernier état, que des biens incorporels tels que des informations puissent être soustraits.

La notion de soustraction est également entendue largement et ne se borne pas au cas où l'auteur s'empare de la chose et l'emporte. L'intention de voler n'exige pas de prouver que l'auteur ait la volonté de s'approprier la chose mais seulement qu'il veuille déposséder le légitime propriétaire.

Le régime juridique du vol présente des particuliers tenant notamment à l'existence d'une immunité familiale, excluant le vol entre proches parents.

LES CONNAISSANCES

(C. pén., art. 311-1)
Aux termes de l'article 311-1 du Code pénal, *« le vol est la soustraction frauduleuse de la chose d'autrui »*.

Il convient de s'interroger sur les conditions d'existence de l'infraction, avant d'en étudier le régime juridique.

§1 Les conditions d'existence du vol

Il est utile ici de distinguer les conditions préalables des éléments constitutifs de l'infraction.

I. Les conditions préalables

On s'interrogera sur la notion de *« chose »* objet du délit puis sur la nécessaire appropriation de cette chose.

A La notion de chose

L'utilisation du terme « *chose* » montre la volonté du législateur de donner un champ d'application très large à l'infraction de vol. Sont donc compris dans cette notion, **les choses mobilières matérielles,** c'est-à-dire qui peuvent être déplacées et, partant, dérobées. En revanche, les immeubles, dont le caractère essentiel consiste dans l'impossibilité de les déplacer, ne peuvent être volés. Cependant, il convient d'apporter deux précisions : d'une part, la partie détachable d'un immeuble rentre dans la catégorie des choses, comme des pierres arrachées d'un mur par exemple ; d'autre part, il est parfaitement concevable de voler le titre de propriété d'un immeuble, ce titre étant lui-même une chose. Enfin, le droit pénal ne tient pas compte de la distinction propre au droit civil entre les immeubles par nature et les immeubles par destination. Autrement dit, les immeubles par destination, étant nécessairement des meubles par nature au départ, sont des choses pour le droit pénal.

On peut encore ajouter qu'il importe peu que la chose dérobée ait une valeur importante ou non dès lors que l'objet de la répression est l'usurpation par l'auteur du droit que possède le propriétaire sur sa chose.

Le problème s'est cependant posé de savoir si certaines choses difficiles à appréhender peuvent être volées.

Jurisprudence

Il en va ainsi de l'électricité notamment. La jurisprudence, usant de son pouvoir d'interprétation de la loi, a très vite admis le vol de ces choses particulières, notamment le vol d'électricité par branchement frauduleux *(Cass. crim., 3 août 1912, D. 1913, I, p 439 ; S. 1913, I, p. 337)*. L'article 311-2 prévoit aujourd'hui que la soustraction frauduleuse d'énergie au préjudice d'autrui est assimilée au vol.

En revanche, la Cour de cassation a considéré, dans le cas de l'utilisation par l'agent d'un minitel sans autorisation de l'abonné, que les communications téléphoniques constituent des prestations de service non susceptibles d'appropriation et n'entraient pas dans la catégorie des choses visées par le Code pénal *(Cass. crim., 12 déc. 1990, n° 88-81.215)*. De même, une cour d'appel a considéré que les ondes hertziennes sont immatérielles et donc insusceptibles d'être volées *(CA Paris, 24 juin 1987, D. 1988, somm. p. 226 ; Gaz. Pal. 1987, II, p. 512)* ce qui a conduit le législateur a créé des infractions spéciales de fabrication, vente, ou détention en vue de la vente etc. de matériels ou dispositifs conçus pour capter frauduleusement des programmes télédiffusés, lorsque ces programmes sont réservés à un public déterminé qui y accède moyennant une rémunération versée à l'exploitant du service *(L. n° 86-1067 du 30 sept. 1986, art. 79-1 et s.)*.

Se pose enfin la **question de savoir s'il est concevable que le texte réprimant le vol s'applique à des biens incorporels et notamment aux informations**.

Jurisprudence

La Cour de cassation a admis que l'employé qui détient des documents appartenant à son employeur et qui en prend des photocopies, à des fins personnelles et contre le gré du propriétaire, se rend coupable de vol des documents, pendant le temps nécessaire à leur reproduction *(Cass. crim., 8 janv. 1979, n° 77-93.038)*. Dans cette affaire cependant, ce sont les documents qui étaient l'objet du vol et non à proprement parler les informations qu'ils contenaient. En revanche, dans un autre arrêt, la Cour de cassation a rejeté le pourvoi contre une décision qui avait retenu le délit dans le cas du vol de disquettes informatiques et du « contenu informationnel » de certaines de ces disquettes, durant le temps nécessaire à la reproduction des informations *(Cass. crim., 12 janv. 1989, n° 87-82.265)*. L'interprétation de ces décisions s'avère difficile dès lors que dans chaque affaire, l'information soustraite se trouve sur un support matériel dont l'auteur fait une utilisation frauduleuse momentanément.

Cependant, la chambre criminelle a rendu une décision dans laquelle elle approuve la **condamnation pour vol de données informatiques dans le cas d'un individu qui s'était introduit frauduleusement dans un site internet et avait téléchargé des données** *(Cass. crim., 20 mai 2015, n° 14-81.336)*. Cette **décision admet sans ambiguïté le vol d'informations.** La Cour de cassation a également admis le vol d'un courriel, caractérisé par le fait de détenir la correspondance qui n'était pas destinée au prévenu et qui contenait d'importantes informations techniques et industrielles *(Cass. crim., 24 janv. 2018, n° 16-86.597)*.

B L'appropriation de la chose

La chose volée doit appartenir à autrui ce qui signifie qu'elle doit être susceptible d'appropriation et appartenir à quelqu'un. Ainsi, le corps humain ou ses éléments ne peuvent être volés et l'enlèvement d'un cadavre, par exemple, constitue une violation de sépulture et non un vol. Il importe peu que la détention de la chose soustraite soit illicite. Ainsi, le vol de produits stupéfiants peut être poursuivi.

La chose doit appartenir à quelqu'un. Ainsi, les choses non appropriées appelées *res nullius* en droit civil, ne peuvent être volées. Il en va ainsi du gibier qui ne se trouverait pas sur une propriété privée. En revanche, les choses abandonnées par leur propriétaire peuvent être emportées par un tiers qui ne commettra pas de vol (V. *infra* au sujet de l'intention).

L'exigence que la chose appartienne à autrui a pour conséquence **qu'on ne peut voler sa propre chose. Cette affirmation doit cependant être nuancée au regard de la théorie du délit impossible.** En effet, la question se pose de savoir si la personne qui dérobe une chose dont elle ignore qu'elle lui appartient, peut être poursuivie pour vol. Il est évident qu'en pareil cas, le vol ne saurait être consommé mais en revanche, l'on se trouve devant une tentative punissable, assimilable à l'hypothèse de la tentative de meurtre sur un cadavre, le fait que l'agent ignore que la chose lui appartient n'étant qu'une circonstance indépendante de sa volonté (V. Fiche n° 10, § 1, II).

II. Les éléments constitutifs

Le vol se consomme par la soustraction, élément matériel du délit, qui doit s'accompagner d'une intention coupable.

A La soustraction

Le terme de soustraction désigne à la fois **l'action de soustraire et le résultat de celle-ci**. Aussi, la jurisprudence a connu une évolution sensible dans l'interprétation de ce terme qui a conduit à un élargissement très important du domaine d'application du vol.

Jurisprudence

Dans un premier temps, la Cour de cassation a considéré que soustraire signifiait « prendre, enlever, ravir » *(Cass. crim., 18 nov. 1837, S. 1838, I, p. 366).*

Ainsi, la soustraction suppose en ce sens un **acte positif de déplacement physique de la chose, un enlèvement de celle-ci** par le voleur. On notera que la soustraction peut n'être pas définitive mais rester néanmoins punissable. Il s'agit ici du problème dit du « vol d'usage », situation dans laquelle l'agent s'approprie la chose momentanément puis la restitue.

Jurisprudence

La Cour de cassation a décidé que si l'intention de l'agent était de se comporter, même momentanément, en propriétaire de la chose, le vol est consommé (*Cass. crim., 19 févr. 1959, Bull. crim. n° 123)*, la restitution n'étant qu'un repentir actif.

Cependant, les juges ont été confrontés à des situations particulières dans lesquelles l'agent n'accomplit pas un acte positif de soustraction parce que la chose lui est remise par son propriétaire. Il convient de distinguer selon la nature précise de la remise. **Il se peut, tout d'abord que la remise soit faite volontairement par le propriétaire**, comme dans le cas du commerçant qui rend la monnaie en excédent. Le fait de conserver cette monnaie excédentaire ne constitue pas un vol.

Jurisprudence

De même, le fait pour le client d'un distributeur de carburant de payer le prix indiqué par erreur sur le ticket délivré par la machine, alors que la quantité de carburant était plus importante, ne constitue pas un vol *(Cass. crim., 1er juin 1988, n° 87-80.330)*.

La remise peut également être faite volontairement mais par erreur, la chose étant confiée par le remettant à la personne en croyant que celle-ci est propriétaire.

Jurisprudence

La jurisprudence considère que, même si celui qui reçoit la chose a une intention frauduleuse, c'est-à-dire même s'il sait n'être pas propriétaire, le vol ne peut être retenu *(Cass. crim., 23 oct. 1958, Bull. crim. n° 650)*. Cependant, la jurisprudence est nuancée puisqu'elle admet le vol si la personne à qui la chose est remise a induit le remettant en erreur sur sa qualité de propriétaire *(Cass. crim., 24 oct. 1972, n° 72-90.808)*.

En pratique, il devient dans ces situations, assez délicat de distinguer le vol de l'escroquerie, puisque l'erreur sera éventuellement provoquée par des manœuvres frauduleuses de la part de l'agent.

La remise peut enfin être non pas celle de la possession de la chose mais seulement de sa détention précaire. En pareil cas, il peut y avoir de la part de la personne à qui la chose est remise une interversion de possession c'est-à-dire qu'elle va se comporter en propriétaire de la chose qui ne lui a pas été remise à titre de propriété.

Jurisprudence

La Cour de cassation affirme depuis longtemps et de manière constante que **la détention purement matérielle, non accompagnée d'une remise de la possession, n'est pas exclusive de l'appréhension constitutive du vol** *(Cass. crim., 15 juin 1939, Bull. crim. n° 128 – Cass. crim., 8 févr. 1993, n° 91-86.622)*. Par exemple, le débiteur qui obtient de son créancier la remise d'une reconnaissance de dette et qui refuse de restituer celle-ci et la détruit commet un vol, le créancier n'ayant pas eu la volonté de se déposséder du document mais seulement de le remettre à titre précaire (*Cass. crim., 5 déc. 1984, n° 82-90.300)*.

L'on retrouve ici les affaires où des employés détenant des documents appartenant à l'entreprise, en font des photocopies à des fins personnelles, contre le gré du propriétaire *(Cass. crim., 8 janv. 1979 préc.)*. Ce dernier contentieux pose un problème particulier lorsque les documents sont reproduits par l'employé dans le but de servir ultérieurement dans le cadre d'une instance prud'homale l'opposant à l'employeur.

Jurisprudence

Une divergence de jurisprudence a existé entre la position de chambre criminelle de la Cour de cassation, considérant qu'il s'agissait d'un vol dès lors que les mobiles sont indifférents, et sa chambre sociale qui reconnaissait au salarié le droit de produire en justice, pour la défense de ses intérêts, de tels documents *(Cass. soc., 2 déc. 1998, n° 96-44.258)*. Cette divergence a été résorbée par la chambre criminelle (V. *infra*).

On observera encore que le vol se consomme en principe au moment précis où l'agent s'empare de la chose. Cependant, la jurisprudence a retardé le moment de la consommation dans l'hypothèse des vols commis dans les magasins de libre-service, dans lesquels il existe une offre des produits dans les rayons, et partant, une remise volontaire de ceux-ci, sous condition d'en payer le prix. Il est évident que le fait de mettre le produit dans son panier ou son caddie ne peut constituer la soustraction frauduleuse, faute de possibilité de prouver l'intention réelle de la personne.

Jurisprudence

Aussi, les juges considèrent que c'est lors du passage à la caisse que le vol peut être consommé si l'agent cherche à ne pas payer le prix des produits en dissimulant ceux-ci par exemple *(Cass. crim., 10 févr. 1977, n° 76-91.369)*.

B L'intention coupable

La soustraction constitutive du vol doit être « frauduleuse » et **cette intention consiste d'abord dans la connaissance que doit avoir la personne qui opère la soustraction que la chose appartient à autrui.** Ce premier aspect conduit à rappeler la règle selon laquelle l'erreur de fait supprime l'intention ou l'empêche d'exister. Il s'agit ici de l'hypothèse où la personne emporte une chose dont elle se croit par erreur propriétaire, tel le client du restaurant qui emporte le manteau identique d'un autre client. Si la personne prouve qu'elle est de bonne foi, le délit n'est pas constitué. L'erreur sur le droit peut également exonérer l'agent de sa responsabilité mais seulement si elle est inévitable. Tel ne serait pas le cas, peut-on penser, de l'héritier qui s'approprierait un bien de la succession dans l'ignorance que ce bien est encore indivis entre les cohéritiers.

On retrouve ici **le problème déjà évoqué des choses abandonnées** car, **pour échapper à la répression, l'auteur doit démontrer qu'il croyait que la chose n'appartenait plus à personne**, ce qui relève de l'appréciation souveraine des juges du fond des faits.

Jurisprudence

On citera un arrêt *(Cass. crim., 10 mai 2005, n° 04-85.349)* dans laquelle un chef d'entreprise avait déchiré un courrier et placé les morceaux dans sa corbeille à papier, lesquels furent récupérés par un tiers et transmis à des représentants syndicaux qui l'utilisèrent en justice. Ces derniers ont été condamnés pour recel, la cour d'appel, approuvée par la Cour de cassation, ayant considéré que l'employeur n'avait pas manifesté sa décision d'abandonner le bien en le mettant dans la corbeille, ce qui permettait donc de retenir le vol puis le recel.

L'intention suppose encore que l'auteur de la soustraction ait bien la volonté d'usurper la possession du bien. Une question se pose essentiellement en doctrine : **faut-il une intention spéciale consistant dans la volonté de l'auteur de la soustraction de s'approprier la chose** ?

Cette difficulté ne doit être confondue avec celle des mobiles, qui, en matière de vol comme ailleurs, sont indifférents *(Cass. crim., 24 avr. 2001, n° 00-83.798)*.

Jurisprudence

Ainsi, si les mobiles sont présentés comme louables, tel le cas du vol d'animaux destinés à servir de cobayes pour des expérimentations *(CA Paris, 16 avr. 1991, JurisData n° 1991-022008)*, la culpabilité reste établie.

S'agissant de l'intention spéciale, **la jurisprudence a considéré à plusieurs reprises que le vol était réalisé même si l'agent n'a eu l'intention de se comporter en propriétaire que momentanément** *(Cass. crim., 19 févr. 1959 précité)*.

Jurisprudence

De même, le vol est constitué dans le cas où la soustraction est immédiatement suivie de la destruction de la chose, comme par exemple le fait de s'emparer de fleurs et de vases placés sur une tombe pour les jeter à la poubelle *(Cass. crim., 8 févr. 1977, n° 76-91.772)*.

En définitive, il semble que **la jurisprudence n'exige pas de volonté d'appropriation au sens strict, l'intention s'analysant davantage dans le fait de priver le propriétaire de son droit légitime sur la chose**.

§2 Le régime juridique du vol

I. Les peines applicables

Le vol est un délit puni principalement de 3 ans d'emprisonnement et de 45 000 € d'amende pour les personnes physiques.

Le Code pénal prévoit un grand nombre de circonstances aggravantes du délit, dont certaines ont pour conséquence de le transformer en crime.

La **première série de circonstances aggravantes** figure à l'article 311-4 du Code pénal et conduit à l'élévation de la peine à **5 ans d'emprisonnement et 75 000 € d'amende** (V. Tableau n° 1 ci-après).

Les peines sont portées à **7 ans d'emprisonnement et 100 000 € d'amende lorsque 2 des circonstances énumérées sont réunies, et à 10 ans d'emprisonnement et 150 000 € d'amende en cas de commission dans trois de ces circonstances**.

Une **deuxième série de circonstances aggravantes conduit à porter les peines à 7 ans d'emprisonnement et 100 000 € d'amende**.

En premier lieu, l'article 311-4-1 réprime de ces peines le vol commis par un majeur avec l'aide d'un ou plusieurs mineurs agissant comme auteurs ou complices. Les peines sont portées à 10 d'emprisonnement et 150 000 € d'amende lorsque le majeur est aidé par un ou plusieurs mineurs âgés de moins de 13 ans.

En deuxième lieu, le vol est puni de 7 ans d'emprisonnement et de 100 000 € d'amende dans certaines circonstances prévues par l'article 311-4-2 du Code pénal *(V. Tableau n° 1 ci-après)*. Les peines sont portées à 10 ans d'emprisonnement et 150 000 € d'amende lorsque l'infraction est commise, en plus, avec l'une des circonstances prévues à l'article 311-4.

En troisième lieu, l'article 311-5 prévoit que le vol est puni de 7 ans d'emprisonnement et de 100 000 € d'amende dans une autre série de circonstances *(V. Tableau n° 1 ci-après)*.

Les peines sont portées à 10 ans d'emprisonnement et à 150 000 € d'amende lorsque le vol est commis dans 2 de ces circonstances ou lorsque le vol prévu par l'article 311-5 est commis dans l'une des circonstances prévues par l'article 311-4.

Un troisième seuil d'aggravation est prévu par l'article 311-6 lorsque le vol est précédé, accompagné ou suivi de violences sur autrui ayant entraîné une ITT pendant plus de 8 jours, la peine étant de 10 ans d'emprisonnement et de 150 000 € d'amende.

Le vol devient ensuite un crime dans une série de cas (V. Tableau n° 2 ci-après), l'amende étant toujours d'un montant de 150 000 €.

La peine est de 15 ans de réclusion criminelle lorsque le vol est précédé, accompagné ou suivi de violences sur autrui ayant entraîné une mutilation ou une infirmité permanente *(C. pén., art. 311-7)*.

Le vol commis avec usage ou menace d'une arme ou par une personne porteuse d'une arme soumise à autorisation ou dont le port est prohibé encourt 20 ans de réclusion criminelle *(C. pén., art. 311-8)*.

Le vol en bande organisée est puni de 15 ans de réclusion criminelle *(C. pén., art. 311-9, al. 1er)*. La notion de bande organisée est définie par le Code pénal à l'article 132-71 comme tout groupement formé ou de toute entente établie en vue de la préparation, caractérisée par un ou plusieurs faits matériels, d'une ou plusieurs infractions.

Les peines sont portées à 20 ans de réclusion criminelle si le vol en bande organisée est précédé, accompagné ou suivi de violences sur autrui *(C. pén., art. 311-9, al. 2)*.

Elles sont portées à 30 ans de réclusion criminelle si le vol en bande organisée est commis avec usage ou menace d'une arme ou par une personne porteuse d'une arme *(C. pén., art. 311-9, al. 3)*.

Enfin, l'article 311-10 punit de la réclusion à perpétuité le vol précédé, suivi ou accompagné de violences ayant entraîné la mort ou de tortures ou actes de barbarie.

Il faut encore noter que les circonstances aggravantes prévues par les articles 132-76 et 132-77 du Code pénal, liées à un mobile discriminatoire de l'auteur, sont également applicables (V. Fiche n° 48, § 1, III, B).

Il existe également des peines complémentaires prévues par les articles 311-14 et 311-15.

Les peines applicables aux personnes morales sont l'amende, l'interdiction d'exercer directement ou indirectement une ou plusieurs activités professionnelles ou sociales et l'affichage de la décision prononcée ou la diffusion de celle-ci *(C. pén., art. 311-16)*.

II. Les autres aspects du régime juridique

La **tentative** de vol est incriminée par l'article 311-13.

En outre, il existe une cause spéciale d'exonération en matière de vol, prévue par l'article 311-12, dénommée « **immunité familiale** ». Selon ce texte, **ne peut donner lieu à des poursuites pénales le vol commis par une personne**

au préjudice de son ascendant ou de son descendant et au préjudice de son conjoint, sauf lorsque les époux sont séparés de corps ou autorisés à résider séparément.

Cette immunité, qui est également prévue pour l'extorsion, le chantage, l'escroquerie et l'abus de confiance *(C. pén., art. 312-9, 312-12, 313-3 et 314-4)*, est destinée à éviter les problèmes de tous ordres posés par des poursuites pénales pour des faits commis au sein d'une même famille.

L'immunité n'est applicable qu'aux seules personnes énumérées par le texte et elle est exclue par le législateur dans 2 situations :

- lorsque le vol porte sur des objets ou des documents indispensables à la vie quotidienne de la victime, tels que des documents d'identité, relatifs au titre de séjour ou de résidence d'un étranger, ou des moyens de paiement. Il s'agit d'empêcher l'impunité des personnes (ascendant ou époux) qui chercheraient à empêcher la victime de quitter le domicile familial par exemple.
- lorsque l'auteur des faits est le tuteur, le curateur, le mandataire spécial désigné dans le cadre d'une sauvegarde de justice, la personne habilitée dans le cadre d'une habilitation familiale ou le mandataire exécutant un mandat de protection future de la victime.

Jurisprudence

Concernant le problème déjà évoqué des salariés produisant devant les prud'hommes des documents appartenant à leur employeur, la chambre criminelle a résorbé la divergence de jurisprudence en jugeant que **le vol par un salarié de documents appartenant à l'employeur, afin de produire ces documents au cours du procès qui l'oppose à ce dernier, peut être justifié si ces documents sont strictement nécessaires à l'exercice des droits de la défense** *(Cass. crim., 11 mai 2004, n° 03-80.254 – V. égal., Cass. soc., 30 juin 2004, n° 02-41.720)*.

Cette jurisprudence a été étendue à l'abus de confiance (V. Fiche n° 68, § 2).

Enfin, une exemption de peine est accordée à celui qui a tenté de commettre un vol en bande organisée prévu par l'article 311-9 si, ayant averti l'autorité administrative ou judiciaire, il a permis d'éviter la réalisation de l'infraction et d'identifier, le cas échéant, les autres auteurs ou complices. La peine privative de liberté pour cette même infraction est réduite de moitié si, ayant averti l'autorité administrative ou judiciaire, l'intéressé a permis de faire cesser l'infraction en cours ou d'éviter que l'infraction n'entraîne mort d'homme ou infirmité permanente et d'identifier, le cas échéant, les autres auteurs ou complices.

TABLEAU N° 1 : VOLS DÉLICTUELS COMMIS PAR LES PERSONNES PHYSIQUES

Qualification	Texte (C. pén.)	Emprisonnement	Amende
Vol simple	**311-3**	3 ans	45 000 €
Vol - en réunion - par dépositaire de l'autorité publique ou chargé d'une mission de service public - par personne prenant indûment la qualité de dépositaire de l'autorité publique ou chargé d'une mission de service public - avec violences sans ITT - dans un local d'habitation ou lieu utilisé ou destiné à l'entrepôt de fonds, valeurs, marchandises ou matériels - dans un véhicule affecté au transport collectif de voyageurs ou dans un lieu destiné à l'accès à un moyen de transport collectif de voyageurs - avec acte de destruction, dégradation ou détérioration - par personne dissimulant son visage - dans les établissements d'enseignement ou d'éducation	**311-4**	5 ans	75 000 €
- avec 2 circonstances aggravantes - avec 3 circonstances aggravantes		7 ans 10 ans	100 000 € 150 000 €
Vol - par un majeur avec l'aide d'un ou plusieurs mineurs - par un majeur aidé d'un ou plusieurs mineurs de 13 ans	**311-4-1**	7 ans 10 ans	100 000 € 150 000 €
Vol - d'objet mobilier classé ou inscrit ou de document d'archives privées classé - d'une découverte archéologique faite au cours de fouilles ou fortuitement - d'un bien culturel relevant du domaine public mobilier ou exposé dans un musée, une bibliothèque ou un service d'archives, ou un lieu dépendant d'une personne publique ou d'une personne privée assurant une mission d'intérêt général, ou un édifice affecté au culte	**311-4-2**	7 ans	100 000 € et jusqu'à la moitié de la valeur de la chose
- avec une des circonstances aggravantes de l'article 311-4		10 ans	150 000 € et jusqu'à la moitié de la valeur de la chose

Vol - avec violences ayant entraîné une ITT de 8 jours au plus - sur personne vulnérable - dans un local d'habitation ou un lieu utilisé ou destiné à l'entrepôt de fonds ou marchandises, en pénétrant dans les lieux par ruse, effraction ou escalade	**311-5**	7 ans	100 000 €
- commis avec deux de ces circonstances		10 ans	150 000 €
- avec une des circonstances aggravantes de l'article 311-4		10 ans	150 000 €
Vol - avec violences ayant entraîné une ITT > 8 jours	**311-6**	10 ans	150 000 €

TABLEAU N° 2 : VOLS CRIMINELS COMMIS PAR LES PERSONNES PHYSIQUES

Qualification	Texte (C. pén.)	Réclusion	Amende
Vol avec violences ayant entraîné une mutilation ou une infirmité permanente	**311-7**	15 ans	150 000 €
Vol avec usage ou menace d'une arme, ou avec port d'arme	**311-8**	20 ans	150 000 €
Vol - en bande organisée	**311-9**	15 ans	150 000 €
- en bande organisée et avec violences		20 ans	150 000 €
- en bande organisée et avec usage ou menace d'une arme, ou port d'arme		30 ans	150 000 €
Vol avec violences ayant entraîné la mort ou avec tortures ou actes de barbarie	**311-10**	Perpétuité	150 000 €

⏭ POUR ALLER PLUS LOIN...

- J. AMAR, Pacs et immunités familiales, Dr. pén. 2000, chron. 32
- G. BEAUSSONIE, La protection pénale de la propriété sur l'information, Dr. pén. 2008, étude 19
- S. JACOPIN, Le début d'une évolution sur la nature de la chose susceptible d'appropriation frauduleuse, Dr. pén. 2001, chron. 16
- P. MOUSSERON, Les immunités familiales, RSC 1998, p. 291
- M.-C. SORDINO, Précisions sur le domaine du fait justificatif fondé sur les droits de la défense au profit du salarié, Dr. pén. 2010, étude 6

Fiche n° 67 L'escroquerie

L'ESSENTIEL

L'escroquerie est un délit complexe qui se consomme par l'utilisation de certains moyens, tels que l'usage d'une fausse qualité ou des manœuvres frauduleuses, ayant pour effet la remise par la victime, trompée par l'auteur, d'un bien quelconque, y compris un immeuble ou une information. Il est nécessaire que les moyens, ayant la nature d'actes positifs en principe, soient déterminants de la remise.

L'immunité familiale est applicable en matière d'escroquerie.

LES CONNAISSANCES

L'escroquerie constitue la deuxième infraction majeure parmi les atteintes au droit de propriété. Elle présente, comme l'abus de confiance, la nature d'une infraction astucieuse c'est-à-dire qu'elle suppose de la part de l'auteur une certaine intelligence pour tromper la victime, ce qui ne se retrouve pas nécessairement dans le cas du vol.

L'étude des éléments constitutifs du délit précèdera celle de son régime juridique.

§1 Les éléments constitutifs

L'escroquerie est un délit complexe c'est-à-dire dont l'élément matériel se décompose en deux aspects distincts. Le délit se commet en effet par l'utilisation de certains moyens permettant d'obtenir un résultat déterminé, à savoir la remise du bien convoité. On analysera donc successivement les moyens et le résultat du délit, qui forment son élément matériel puis l'intention exigée.

I. L'élément matériel

L'escroquerie est le fait, soit par l'usage d'un faux nom ou d'une fausse qualité, soit par l'abus d'une qualité vraie, soit par l'emploi de manœuvres frauduleuses, de tromper une personne physique ou morale et de la déterminer ainsi, à son préjudice ou au préjudice d'un tiers, à remettre des fonds, des valeurs ou un bien quelconque, à fournir un service ou à consentir un acte opérant obligation ou décharge *(C. pén., art. 313-1)*.

Le texte distingue donc l'emploi de certains moyens dans un but, qui est la remise d'un bien ou la fourniture d'un service.

A Les moyens employés

Quelle que soit leur nature, ces moyens doivent présenter certaines caractéristiques communes. En premier lieu, **les actes de l'auteur doivent revêtir une nature positive**.

Jurisprudence

La jurisprudence a souvent eu l'occasion d'affirmer que l'escroquerie ne peut résulter que d'un acte positif et non d'une simple omission *(Cass. crim., 5 juill. 1956, Bull. crim. n° 520)*. Par exemple, le délit n'est pas constitué dans le cas d'un assuré social bénéficiaire d'une rente d'invalidité de 100 % pour cécité, qui continue de percevoir cette rente en n'ayant pas signalé à la sécurité sociale l'amélioration de son état *(Cass. crim., 2 oct. 1978, Gaz. Pal. 1979, II, somm. p. 354)*. Cependant, la jurisprudence s'avère, à l'analyse, plus nuancée. Ainsi, la chambre criminelle retient-elle le délit dans le cas d'une personne qui a perçu des indemnités de chômage alors que, dans le même temps elle exerçait des activités rémunérées. La chambre criminelle a énoncé que « le fait de ne pas déclarer l'exercice d'une activité professionnelle constitue un acte positif de prise de la fausse qualité de travailleur privé d'emploi » *(Cass. crim., 8 avr. 1999, n° 98-81.505 – Cass. crim., 26 avr. 1994, n° 93-84.880)*.

Cette jurisprudence met en lumière la difficulté de distinguer une action positive d'une véritable omission, celle-ci s'insérant souvent parmi d'autres faits positifs. La chambre criminelle a toutefois réaffirmé plus récemment que l'omission ne peut constituer l'usage d'une fausse qualité dans le cas d'un chauffeur de taxi qui effectuait des transports sanitaires en étant conventionnant par l'assurance-maladie et qui a continué à exercer alors qu'il s'est vu retiré sa carte de taxi par la préfecture.

Jurisprudence

La Cour de cassation a affirmé que l'omission d'informer l'organisme social ne constitue pas l'escroquerie *(Cass. crim., 8 déc. 2015, n° 15-80.048)*.

Le second caractère des moyens employés par l'auteur de l'escroquerie réside dans le fait que ces moyens doivent être déterminants de la remise par la victime du bien.

Jurisprudence

Ainsi, il faut qu'il existe un lien de causalité entre les moyens et le résultat, c'est-à-dire que la remise par la victime du bien doit être la conséquence ou l'effet des actes de l'escroc, nécessairement antérieurs à la remise *(Cass. crim., 10 nov. 1999, n° 98-81.762)*.

S'agissant de **la nature des moyens**, le Code pénal vise 3 sortes d'actes : **l'usage d'un faux nom ou d'une fausse qualité, l'abus d'une qualité vraie et l'emploi de manœuvres frauduleuses.**

L'usage d'un faux nom consiste en un simple mensonge par l'escroc sur son identité. Cette première sorte de moyens frauduleux est relativement rare en pratique, parce qu'elle se révèle souvent insuffisante en soi pour obtenir le résultat escompté. Dès lors, si le délit peut être commis par le seul usage d'un faux nom, sans qu'il soit nécessaire en outre que l'agent ait accompli des manœuvres frauduleuses, par exemple, il est fréquent, en pratique, que celles-ci soient réalisées pour compléter le mensonge. On ajoutera qu'il est indifférent que l'usage du faux nom soit écrit ou seulement oral.

Le texte vise ensuite **l'usage d'une fausse qualité**. Dans ce cas, **l'escroc ment sur sa qualité, en général professionnelle**.

Jurisprudence

De nouveau, il suffit que cet usage ait lieu, même s'il ne s'accompagne pas de manœuvres frauduleuses complémentaires *(Cass. crim., 18 juin 1958, Bull. crim. n° 473)*. Il existe de nombreux exemples d'escroquerie aux assurances sociales par usage d'une fausse qualité de chômeur ou de travailleur sans emploi, comme on l'a déjà évoqué, mais il peut s'agir également de la fausse qualité d'antiquaire *(Cass. crim., 21 avr. 1970, n° 69-93.089)* ou de médecin *(Cass. crim., 8 févr. 1995, n° 94-80.960)*, notamment.

La jurisprudence considère, en revanche, que **le mensonge sur un droit dont on prétend être titulaire ne suffit pas à caractériser l'usage d'une fausse qualité**.

Jurisprudence

C'est le cas de celui qui se présente faussement comme le propriétaire d'un bien *(Cass. crim., 7 oct. 1969, n° 68-92.359)*.

L'abus de qualité vraie correspond à la situation où l'auteur possède bien une qualité mais il en abuse en faisant croire à sa victime qu'il est en droit, de par cette qualité, d'obtenir d'elle la remise d'un bien. Ici encore, il suffit qu'il y ait un abus, même sans manœuvres frauduleuses complémentaires. On retrouve évidemment les mêmes qualités que dans le cas de l'usage d'une fausse qualité.

Jurisprudence

Par exemple, le délit est caractérisé dans le cas d'un avocat qui avait été interdit d'exercice par le conseil de l'ordre et qui continue de recevoir et conseiller des clients en se faisant régler des honoraires *(Cass. crim., 15 nov. 2016, n° 15-86.990)*.

Le dernier moyen de commission de l'escroquerie prévu par le législateur consiste en des **manœuvres frauduleuses**. En pratique, c'est le cas qui se rencontre le plus souvent, compte tenu du caractère relativement large de la notion. Le Code pénal de 1810 indiquait que les manœuvres devaient persuader la victime de l'existence de fausses entreprises, d'un pouvoir ou d'un crédit imaginaire ou faire naître l'espérance ou la crainte d'un succès, d'un accident ou de tout autre événement chimérique.

Jurisprudence

En pratique, les manœuvres frauduleuses peuvent revêtir des formes extrêmement variées mais la jurisprudence considère **qu'un mensonge, même produit par écrit, ne peut constituer une manœuvre frauduleuse s'il ne s'y joint aucun fait extérieur ou acte matériel, aucune mise en scène ou intervention d'un tiers destinés à donner force et crédit à l'allégation mensongère** *(Cass. crim., 1er juin 2005, n° 04-87.757)*, d'où l'impossibilité, en principe, de retenir l'omission constitutive d'une manœuvre frauduleuse, sous réserve de ce qui a déjà été dit.

En pratique, les manœuvres frauduleuses peuvent consister en **une mise en scène ou une machination**, comme, en matière d'escroquerie à l'assurance, le fait de simuler un faux cambriolage *(Cass. crim., 19 juin 1931, D. 1931, p 398)*, de faire une fausse déclaration de sinistre *(Cass. crim., 11 oct. 1989, n° 87-83.664)* ou encore de déclarer comme accidentel un incendie volontairement provoqué *(Cass. crim., 1er juin 1994, n° 93-83.382)*.

Les manœuvres frauduleuses consistent souvent à accréditer le mensonge par la production de faux documents ou de fausses factures.

Jurisprudence

Par exemple, le délit est commis par l'agent qui produit de fausses factures ou de faux documents comptables présentant une société sous un jour favorable pour obtenir des prêts bancaires *(Cass. crim., 9 nov. 1977, n° 77-90.570)*.

De même, constituent des manœuvres frauduleuses des demandes de paiement de crédits indus de taxe sur la valeur ajoutée justifiées par des déclarations mensuelles de chiffre d'affaires indiquant un montant fictif de taxe déductible sous le couvert d'une comptabilité inexacte, établie sur le fondement d'écritures fictives et de fausses factures *(Cass. crim., 6 avr. 2011, n° 10-85.209)*.

Au contraire, la Cour de cassation a jugé, dans le cas d'un journaliste qui s'était « infiltré » dans une association catholique traditionnaliste afin de réaliser un documentaire, que ce procédé de l'infiltration, s'il concourt à révéler ou mettre à jour, sans leur consentement, les comportements de ces personnes, sans les provoquer, ne constitue pas une manœuvre frauduleuse, le fait pour le journaliste d'utilisé un faux nom n'ayant pas joué de rôle déterminant, et le fait de taire sa qualité professionnelle ou de se prétendre militant auprès des personnes rencontrées, ne constituant pas une prise de fausse qualité au sens de la loi, mais un simple mensonge *(Cass. crim., 30 mars 2016, n° 15-82.039).*

Il convient de préciser que, dans certains cas, l'escroquerie se commet par **l'intervention d'un tiers** qui va contribuer à tromper la victime. **Ce tiers sera souvent le coauteur ou le complice de l'escroc** mais il se peut que le tiers soit un instrument entre les mains de celui-ci et qu'il soit de bonne foi, inconscient du rôle qu'on lui fait jouer.

Jurisprudence

La Cour de cassation retient l'existence du délit lorsque l'agent a ainsi fait intervenir un **tiers de bonne foi**, comme un notaire ou un officier ministériel *(Cass. crim., 15 mai 1968, n° 67-93.014)*, ou encore un comptable qui atteste l'exactitude d'un bilan falsifié à son insu *(Cass. crim., 4 janv. 1969, n° 67-92.289).*

B La remise

L'escroquerie se consomme lorsque l'agent remet la chose à l'auteur. **La remise peut, selon le Code pénal, avoir pour objet des fonds, des valeurs, un bien quelconque, un service ou un acte opérant obligation ou décharge.**

Jurisprudence

Le but de l'escroc peut donc être l'obtention d'un bien quelconque mais la jurisprudence excluait traditionnellement les immeubles *(Cass. crim., 15 juin 1992, n° 91-86.053)*. Elle a changé récemment, la Cour de cassation ayant affirmé le contraire en se fondant sur la lettre de l'article 313-1 qui utilise le terme de *« bien »* et non pas de *« chose »*. Est donc justifiée la condamnation, du chef de recel de ce délit, du prévenu qui a établi un faux testament présentant sa mère comme l'unique ayant droit de son oncle défunt, permettant ainsi à celle-ci d'hériter de ce dernier d'une villa dont elle a fait donation de la nue-propriété au demandeur *(Cass. crim., 28 sept. 2016, n° 15-84.485).*
L'escroquerie peut porter sur des enregistrements d'images et de paroles, obtenues par « infiltration » d'un journaliste *(Cass. crim., 30 mars 2016 précité)* et, tout comme en matière de vol, la jurisprudence admet aujourd'hui qu'une information puisse faire l'objet du délit, comme cela a été jugé dans une autre affaire de journaliste « infiltré » à des fins d'obtention d'informations, le fait qu'il ne soit pas condamné s'expliquant pour d'autres raisons *(Cass. crim., 26 oct. 2016, n° 15-83.774. V. infra).*

Le cas de **l'escroquerie portant sur des prestations de service** a été ajouté lors de la réforme du Code pénal et il n'existe que très peu d'illustrations.

Jurisprudence

Constitue cette forme d'escroquerie le fait de bénéficier de séjours dans un hôtel sans régler le prix, en fournissant par écrit de fausses coordonnées bancaires, le service n'étant fourni qu'en raison des manœuvres frauduleuses *(Cass. crim., 16 janv. 2019, n° 17-87.027)*.

La remise peut encore consister dans un acte de la victime « opérant obligation ou décharge ». Il s'agit des hypothèses où la victime va s'engager à l'égard de l'escroc, l'acte ayant pour résultat un appauvrissement de la personne ou une renonciation à un droit par exemple. Tel est le cas de l'obtention par l'escroc d'une reconnaissance de dette, d'un contrat de prêt ou d'un bail ou encore d'une promesse de vente. Il faut signaler enfin que la jurisprudence englobe dans cette hypothèse le cas de **l'escroquerie au jugement**. Il s'agit de la situation dans laquelle l'escroc obtient une décision de justice favorable à l'aide de manœuvres frauduleuses qui ont trompé le juge.

Jurisprudence

La chambre criminelle considère à ce titre que l'action en justice exercée de mauvaise foi, étayée par la production de documents mensongers, dans le but de surprendre la religion du juge, caractérise les manœuvres frauduleuses *(Cass. crim., 24 sept. 1996, n° 94-84.528)*.

Le Code pénal indique que les actes de l'escroc doivent déterminer la victime à opérer la remise *« à son **préjudice** ou au préjudice d'un tiers »*. La doctrine s'interroge sur la signification exacte de cette expression en raison du fait que la jurisprudence estime que l'escroquerie est consommée par la remise, qui est le résultat des moyens frauduleux utilisés, même en l'absence d'un préjudice réel pour la victime. En fait, la jurisprudence maintient l'exigence d'un préjudice mais l'acception qu'elle en donne est si large que la notion perd tout contenu.

Jurisprudence

Ainsi, dans de nombreux arrêts, il est affirmé que **le préjudice est établi dès lors que les remises ou versements n'ont pas été librement consentis mais ont été extorqués par des moyens frauduleux** *(Cass. crim., 18 nov. 1969, n° 68-91.385 – Cass. crim., 15 juin 1992, n° 91-83.558 – Cass. crim., 28 janv. 2015, n° 13-86.772)*.

En d'autres termes, le préjudice existe dès que l'auteur des faits a porté atteinte à la liberté de la victime de disposer de ses biens en la trompant. Par conséquent, il existe dans tous les cas où les autres éléments constitutifs du délit sont caractérisés. On peut donc en déduire que **le préjudice n'est pas élément constitutif supplémentaire de l'escroquerie, puisqu'il se confond avec les autres composantes du délit**.

Jurisprudence

En tout cas, il n'est pas nécessaire que l'escroc tire un profit du délit pour que celui-ci soit constitué *(Cass. crim., 23 nov. 1976, n° 75-90.852).*

II. L'intention

L'escroquerie est un délit nécessairement intentionnel, l'intention consistant donc dans la **volonté de tromper la victime et d'obtenir d'elle la remise, en sachant que les moyens utilisés sont frauduleux**. La preuve de l'intention pose rarement difficulté car la tromperie doit se manifestement par des actes qui révèlent la volonté coupable de leur auteur.

Les mobiles sont indifférents à la constitution de l'intention, en application du principe en la matière.

Jurisprudence

Notamment, l'escroquerie commise par le créancier à l'encontre de son débiteur est parfaitement punissable *(Cass. crim., 15 déc. 1943, Bull. crim. n° 153)*. De même, le fait de « truquer » des parcmètres pour éviter de payer le stationnement constitue une escroquerie et le fait que l'auteur ait voulu de la sorte attirer l'attention des pouvoirs publics sur la situation des membres de sa profession au regard du problème du stationnement payant ne constitue qu'un mobile sans effet sur la culpabilité *(Cass. crim., 18 juill. 1975, Gaz. Pal. 1975, II, p. 661).*

§2 Le régime juridique

L'escroquerie est punie, pour les personnes physiques, de **5 ans d'emprisonnement et d'une amende de 375 000 €.** Les peines complémentaires sont énumérées aux articles 313-7 et 313-8 du Code pénal.

Il existe des circonstances aggravantes prévues par l'article 313-2.
L'alinéa 1er prévoit que les peines sont portées à **7 ans d'emprisonnement et à 750 000 € d'amende** lorsque l'escroquerie est commise :

1° par une personne dépositaire de l'autorité publique ou chargée d'une mission de service public, dans l'exercice ou à l'occasion de l'exercice de ses fonctions ou de sa mission ;
2° par une personne qui prend indûment la qualité d'une personne dépositaire de l'autorité publique ou chargée d'une mission de service public ;
3° par une personne qui fait appel au public en vue de l'émission de titres ou en vue de la collecte de fonds à des fins d'entraide humanitaire ou sociale ;
4° au préjudice d'une personne particulièrement vulnérable ;
5° au préjudice d'une personne publique, d'un organisme de protection sociale ou d'un organisme chargé d'une mission de service public, pour l'obtention d'une allocation, d'une prestation, d'un paiement ou d'un avantage indu.

Selon l'alinéa 2, **l'escroquerie en bande organisée est punie de 10 ans d'emprisonnement et d'un million d'euros d'amende**.

En outre, les articles 132-76 et 132-77, qui instituent des circonstances aggravantes applicables à tous les crimes et délits en cas de mobile liée à la race, l'ethnie, la nation, la religion ou le sexe de la victime, sont applicables à l'escroquerie (V. Fiche n° 48, § 1, III, B). La peine encourue est alors de 7 ans d'emprisonnement.

Les personnes morales encourent une peine d'amende d'un montant quintuplé ainsi que les peines de l'article 131-39 *(C. pén., art. 313-9)*.

L'article 313-3 incrimine la **tentative d'escroquerie**. Ceci permet de punir le délit impossible, par exemple dans le cas de l'escroquerie à l'assurance lorsque les manœuvres tendant à obtenir de l'assureur une indemnité échouent par ce que l'agent n'est pas assuré pour le sinistre en question *(Cass. crim., 7 janv. 1980, n° 79-90.933)*. Dans ce type d'escroquerie, se pose fréquemment la question de la caractérisation du commencement d'exécution. La simulation d'un sinistre suffit-elle à établir le commencement d'exécution ou faut-il une déclaration du sinistre à l'assureur ou encore une demande d'indemnisation accompagnant cette déclaration ? La jurisprudence a évolué mais elle a toujours refusé d'admettre que la seule mise en scène consistant à simuler le sinistre suffise à constituer le commencement d'exécution.

Jurisprudence

Pour la Cour de cassation, il ne s'agit que d'actes préparatoires *(Cass. crim., 22 mai 1984, n° 82-91.523)*. En revanche, elle juge que la déclaration de sinistre faite à l'assurance, accompagnée de faits extérieurs destinés à donner force et crédit à la réalité du sinistre correspond au commencement d'exécution de l'escroquerie *(Cass. crim., 6 avr. 1994, n° 93-82.606)*. On ajoutera que l'éventuelle restitution du bien par l'escroc ou la réparation du préjudice causé à la victime ne constituent que des manifestations d'un repentir actif, qui n'efface pas l'infraction déjà consommée.

Il faut noter que l'immunité familiale s'applique en matière d'escroquerie *(C. pén., art. 313-3, al. 2)*.

Jurisprudence

En outre, dans un arrêt récent *(Cass. crim., 26 oct. 2016 précité)*, la Cour de cassation a jugé que **le journaliste qui a obtenu des informations grâce à un faux nom et la prise d'une fausse qualité, n'est pas punissable du chef d'escroquerie** à certaines conditions, sur le fondement de la liberté d'information. Elle a relevé que les agissements, consistant à s'infiltrer dans un parti politique, se sont inscrits dans le cadre d'une enquête sérieuse, destinée à nourrir un débat d'intérêt général sur le fonctionnement du mouvement, de sorte que, eu égard au rôle des journalistes dans une société démocratique et compte tenu de la nature des agissements en cause, leur incrimination constituerait, en l'espèce, une ingérence disproportionnée dans l'exercice de la liberté d'expression.

Enfin, s'agissant de la **prescription de l'action publique, l'escroquerie est une infraction instantanée, se consommant par la remise du bien qui constitue donc le point de départ du délai de prescription** *(Cass. crim., 22 févr. 2012, n° 11-84.956)*.

Jurisprudence

Cependant, dans le cas où les moyens mis en œuvre par l'auteur conduisent à des **remises successives** dans le temps, la Cour de cassation juge que **la prescription ne commence à courir qu'à compter de la dernière remise** lorsque les manœuvres frauduleuses multiples et répétées se poursuivent sur une longue période, formant entre elles un tout indivisible et provoquant des remises successives *(Cass. crim., 12 juin 2014, n° 13-81.579 – Cass. crim., 2 févr. 2016, n° 15-84.356)*.

POUR ALLER PLUS LOIN…

- B. BOULOC, L'escroquerie et les infractions voisines, RPDP 1996, p. 297
- F. FOURMENT, L'infiltration journalistique d'intérêt général, Gaz. Pal., 14 févr. 2017, p. 31
- Y. MAYAUD, La crédibilité, critère du mensonge punissable en droit pénal, AJ pénal 2008, p. 111
- A. PROTHAIS, Un fraudeur à l'assurance trop tôt confondu, D. 2009, p. 1796
- N. VERLY, Journaliste infiltré, escroquerie et débat d'intérêt général, AJ pénal 2017, p. 38

Fiche n° 68 L'abus de confiance

⏭ L'ESSENTIEL

L'abus de confiance consiste à détourner un bien préalablement remis à titre précaire à l'auteur pour qu'il en fasse un usage déterminé. Celui-ci, par ses actes, manifeste un comportement de propriétaire et trahit donc la confiance qui lui a été accordée au moment de la remise.

La remise du bien doit se faire en vertu d'un titre quelconque qui ne confie que des prérogatives limitées sur le bien, lequel peut être un meuble corporel ou incorporel.

Le détournement peut présenter des formes variées et doit traduire le fait que le détenteur précaire a décidé de se comporter comme s'il était le propriétaire du bien. L'intention est établie dès que l'auteur a eu conscience que ses actes dépassaient les prérogatives limitées que le titre de la remise lui octroyait.

⏭ LES CONNAISSANCES

L'abus de confiance est un délit qui ne se conçoit que dans un cadre juridique particulier : il consiste à se faire remettre, de manière licite, un bien qui va être ensuite détourné par l'auteur. Celui-ci va donc profiter du fait qu'il détient la chose, remise afin d'en faire un usage déterminé, pour détourner celle-ci de cet usage, en trahissant ainsi la confiance de la personne qui la lui a remise.

Le délit requiert donc une condition préalable à sa commission qui consiste dans la remise de la chose à l'auteur des faits. Il faut ensuite qu'il y ait un acte de détournement de ce bien accompli dans une intention déterminée. On distinguera donc les conditions d'existence de l'infraction de son régime juridique.

§1 Les conditions de l'abus de confiance

La condition préalable à la commission du délit est une remise faite à l'auteur de l'abus, qui va dans un second temps réaliser le détournement du bien remis.

I. La remise d'un bien en vertu d'un titre

A Le titre, cause de la remise

(C. pén., art. 314-1)

Aux termes de l'article 314-1 du Code pénal, *« l'abus de confiance est le fait par une personne de détourner, au préjudice d'autrui, des fonds, des valeurs ou un bien quelconque qui lui ont été remis et qu'elle a acceptés à charge de les rendre, de les représenter ou d'en faire un usage déterminé ».*

Le texte antérieur à 1994 visait plus précisément un certain nombre de contrats constituant la cause de la remise de la chose : louage, dépôt, mandat, nantissement, prêt à usage, travail salarié ou non. Le législateur a supprimé la référence à ces divers contrats, ce qui a pour conséquence d'étendre le champ de l'incrimination, le juge n'étant plus tenu de constater que la chose a été remise en exécution de l'un des contrats mentionnés dans le texte antérieur. Cependant, **le délit ne peut exister si la chose n'a pas été remise à charge de la rendre, de la représenter ou d'en faire un usage déterminé même si aucun contrat support de la remise ne peut être établi.**

La remise de la chose doit donc se faire en vertu d'un titre juridique, dont le juge pénal appréciera l'existence et la nature, n'étant pas lié par la qualification de l'opération donnée par les parties. En pratique, comme on l'a dit, la cause de la remise sera souvent un contrat, tel le prêt à usage, dans lequel l'emprunteur a l'obligation de rendre la chose ou le louage de choses, contrat comportant l'obligation de restituer la chose. Le délit est fréquemment commis dans le cadre d'un mandat, qu'il soit écrit ou verbal, exprès ou tacite.

Jurisprudence

La jurisprudence a toujours considéré que le fait que le contrat soit entaché d'une cause de nullité n'avait aucun effet sur la constitution du délit, dès lors que le délit ne consiste pas à violer un contrat civil mais à réaliser un détournement dans le cadre de ce contrat *(Cass. crim., 10 mai 1990, n° 89-83.004).*

Le titre peut ne pas être de nature conventionnelle mais légale. Tel est le cas du mandat qui peut avoir une origine légale *(Cass. crim., 1er mars 2000, n° 99-81.513 :* mandat de président de conseil général*).*

L'origine de la remise de la chose peut encore être une décision judiciaire, comme dans le cas du tuteur qui administre, en qualité de mandataire, les biens de ses pupilles *(Cass. crim., 3 déc. 2003, n° 02-80.041).*

En définitive, quelle que soit l'origine de la remise, **le délit peut être commis à partir du moment où cette remise n'est faite qu'à titre précaire, c'est-à-dire dès lors que la chose n'est pas remise en propriété à l'autre partie**.

Jurisprudence

Cela est rappelé régulièrement par la Cour de cassation *(Cass. crim., 20 févr. 2008, n° 07-83.173 – Cass. crim., 5 mai 2010, n° 09-85.455 – Cass. crim., 29 mai 2019, n° 18-81.613)*.

C'est la raison pour laquelle, dans le cas du contrat de vente, il n'y a pas d'abus de confiance de la part de l'acheteur qui ne paierait pas le prix de la chose. En revanche, le vendeur qui conserve la chose vendue en dépôt et qui la détourne en la revendant à un autre commet le délit, parce que le titre n'est pas le contrat de vente mais celui de dépôt.

Jurisprudence

Dans ce même cas du contrat de vente, le fait que celle-ci soit assortie d'une clause de réserve de propriété ne confère pas à la remise un caractère précaire parce que le bien est remis en propriété à l'acquéreur *(Cass. crim., 9 mars 2011, n° 10-81.375 – Cass. crim., 28 janv. 2014, n° 12-88.028)*.

Lorsque le bien est remis afin d'en faire un usage déterminé, l'abus de confiance ne peut pas toujours être caractérisé parce qu'il arrive que le bien soit remis, une fois encore, en pleine propriété.

Jurisprudence

Ainsi, il n'y a pas d'abus de confiance en cas d'utilisation de fonds, prêtés pour financer la construction de deux villas, pour la construction d'une seule, le surplus étant utilisé à d'autres fins *(Cass. crim., 14 févr. 2007, n° 06-82.283)*, l'explication résidant dans le fait que le prêt octroie à l'emprunteur la propriété des fonds. Le délit ne peut davantage être constitué dans le cas où des fonds sont remis en vertu de contrats de marchés de travaux, cette remise étant faite en pleine propriété *(Cass. crim., 6 mars 2019, n° 17-86.445)*. La même solution s'impose lorsque les fonds sont remis à titre d'acomptes sur des contrats de vente *(Cass. crim., 19 déc. 2018, n° 17-84.659)*.
En revanche, le délit peut être commis dans le cas de subventions perçues à des fins précisément définies par écrit et qui sont utilisées à d'autres fins *(Cass. crim., 9 janv. 2008, n° 07-83.425)*. Il en va de même lorsque le gérant d'une société détourne des avances remises par des clients qui avaient conclu avec cette société un contrat de construction de maison individuelle dès lors que

« le caractère précaire de la remise de ces fonds découle de la nature de la convention conclue entre les parties » *(Cass. crim., 6 avr. 2016, n° 15-81.272).*

B Le bien remis

Le Code pénal vise les fonds, valeurs ou un bien quelconque et les immeubles sont exclus traditionnellement des biens susceptibles d'être détournés, comme en matière de vol.

Jurisprudence

La Cour de cassation a confirmé récemment cette exclusion des immeubles du domaine d'application de l'infraction *(Cass. crim., 14 janv. 2009, n° 08-83.707).*

Par conséquent, **tout bien corporel mobilier peut être l'objet d'un abus de confiance**. Il s'agit fréquemment de sommes d'argent, d'objets, de marchandises etc. La question se pose cependant de savoir si l'on peut détourner un bien incorporel.

Jurisprudence

La jurisprudence avait estimé, sous l'empire du texte antérieur à 1994 que le délit n'existe pas en présence d'un prétendu détournement de clientèle commis par un ancien salarié d'un cabinet juridique, le détournement ne pouvant porter que sur l'écrit constatant le contrat mais pas sur le contenu même du contrat *(Cass. crim., 9 mars 1987, n° 84-91.977)*. Elle a cependant évolué sensiblement en raison de l'emploi par le législateur à l'article 314-1 des termes « *bien quelconque* ». **La Cour de cassation a ainsi décidé que le texte peut s'appliquer à un bien incorporel**. Le délit est donc réalisé par le prévenu qui, en connaissance de cause, détourne le numéro de carte bancaire communiqué par la cliente pour le seul paiement d'une commande, dans le cadre d'une vente par correspondance et qui n'en fait donc pas l'usage convenu par les parties *(Cass. crim., 14 nov. 2000, n° 99-84.522)*. L'abus de confiance est encore caractérisé dans le cas du détournement par un salarié d'un projet de borne informatique qui était la propriété de son employeur et dont le prévenu n'était que le détenteur *(Cass. crim., 22 sept. 2004, n° 04-80.285)* et du détournement par un salarié de fichiers informatiques contenant des données confidentielles *(Cass. crim., 22 oct. 2014, n° 13-82.630)*. Constitue également un abus de confiance le fait, pour une personne, qui a été destinataire, en tant que salariée d'une société, d'informations relatives à la clientèle de celle-ci, de les utiliser par des procédés déloyaux dans le but d'attirer une partie de cette clientèle vers une autre société *(Cass. crim., 22 mars 2017, n° 15-85.929)*.

Il est même admis que le détournement puisse porter sur le temps de travail d'un salarié qui, pendant ses heures de travail, effectue des prestations au profit d'une autre entreprise que celle qui le rémunère *(Cass. crim., 19 juin 2013, n° 12-83.031)*.

Il existe donc une **tendance marquée à la dématérialisation du bien objet de la remise**.

II. Les éléments constitutifs du délit

L'abus de confiance consiste à détourner intentionnellement la chose remise.

A Le détournement

La notion de détournement constitutif de l'abus de confiance, très large, présente des formes multiples et la jurisprudence admet que **le détournement peut se manifester tant par un acte positif que par une omission**.

Jurisprudence

Ainsi, le délit est constitué par l'omission du mandataire de révéler qu'il détient des fonds destinés à son mandant, afin de ne pas devoir les représenter, sans qu'il soit, au surplus, nécessaire de constater l'impossibilité de restituer les sommes détournées *(Cass. crim., 8 nov. 1982, n° 82-90.448)*.

D'une manière générale, on peut considérer que **le détournement est réalisé lorsque, par ses actes, l'auteur se comporte en propriétaire du bien remis, alors qu'il ne le peut pas en qualité de détenteur précaire.**

Dans le cas le plus simple, la chose qui a été remise à titre précaire est dissipée par l'agent, ce qui en empêche nécessairement la restitution. **La dissipation consiste à faire disparaître la chose**, soit matériellement en la consommant ou en la détruisant, soit juridiquement lorsque l'agent réalise sur le bien un acte juridique qui est incompatible avec le titre en vertu duquel il détient la chose.

Jurisprudence

Par exemple, il y a dissipation lorsque le vendeur d'un bien, qui en est resté dépositaire, le vend de nouveau à une seconde personne *(Cass. crim., 14 juin 1978, n° 77-93.623)*. Il y a ainsi une négation des droits du propriétaire sur son bien.

Il est évident que **si l'auteur s'approprie le bien, le détournement est également caractérisé** comme dans le cas du mandataire judiciaire qui transfère irrégulièrement sur des comptes personnels des fonds provenant de procédures collectives qui avaient été déposés à la Caisse des dépôts et consignations *(Cass. crim., 12 déc. 2007, n° 07-80.886)*.

Le détournement existe également en cas de **refus de restituer la chose remise**, et non pas simplement en cas de retard dans la restitution, parce que dans cette situation, l'intention coupable ferait défaut. Le véritable refus de restituer existe dans le cas où l'agent se comporte comme s'il était le véritable propriétaire du bien. **La jurisprudence assimile le refus de restituer à l'hypothèse où l'agent, par ses agissements, se met dans l'impossibilité de restituer**.

Jurisprudence

Par exemple, celui qui reçoit une somme d'argent en dépôt et qui, en l'utilisant, se place dans l'impossibilité de la restituer le moment venu, se rend coupable du délit *(Cass. crim., 8 janv. 1969, n° 67-93.150)*. La Cour de cassation a également admis la qualification d'abus de confiance dans le cas du mandataire qui vend des titres de transport d'une compagnie aérienne à des agences de voyage, à charge d'en représenter le prix au transporteur, et qui ne peut le faire parce qu'une agence de voyage n'a elle-même pas réglé le prix des billets vendus par la prévenue (*Cass. crim., 3 juill. 1997, n° 96-85.144)*.

Enfin, le détournement peut encore résulter de **l'usage abusif du bien remis**, c'est-à-dire de la situation dans laquelle **l'agent utilise le bien à une autre fin que celle prévue par le titre de remise.**

Jurisprudence

Tel est le cas du salarié qui utilise, à des fins personnelles, le véhicule confié par son employeur uniquement pour effectuer son travail *(Cass. crim., 13 févr. 1984, n° 82-94.484)*.

De même, commet le délit celui qui affecte le bien à une destination différente de celle qui était prévue, comme le gérant d'une société qui reçoit d'un souscripteur à une augmentation de capital, des fonds à cette fin et qui les détourne en les affectant à la trésorerie de la société *(Cass. crim., 6 mai 1969, n° 68-91.356)*.

En matière d'abus de confiance tout comme pour l'escroquerie, **se pose la question de la nécessité ou non de constater l'existence d'un préjudice pour la victime du délit**.

Jurisprudence

La Cour de cassation considère depuis longtemps que le préjudice est un élément constitutif de l'infraction mais elle estime qu'il peut être soit matériel, soit moral soit même seulement éventuel *(Cass. crim., 18 mars 1936, Gaz. Pal. 1936, I, p. 880)*. De surcroît, elle énonce que **l'affirmation de l'existence d'un préjudice se trouve incluse dans la constatation du détournement d'une chose** appartenant à la victime *(Cass. crim., 5 mars 1980, n° 79-91.966)*. Enfin, il importe peu que le prévenu ait profité du bien détourné ou qu'il se soit approprié ce bien *(Cass. crim., 9 avr. 1973, n° 72-93.372)*. Ainsi, le détournement d'une somme d'argent constitue le délit même si cette somme est restée inutilisée sur un compte bancaire *(Cass. crim., 3 mai 1945, JCP 1945, IV, p. 74)*.

Cette **jurisprudence particulièrement extensive** conduit à se demander si le préjudice constitue un élément constitutif autonome de l'abus de confiance, différent du détournement. Il reste évidemment que la preuve d'un préjudice est indispensable pour pouvoir se constituer partie civile dans le procès pénal, mais il s'agit là d'une question de procédure et non pas de fond, c'est-à-dire d'existence de l'infraction.

Jurisprudence

À ce titre, la Cour de cassation décide que l'abus de confiance peut préjudicier non seulement aux propriétaires, mais encore aux détenteurs et possesseurs des effets ou deniers détournés, lesquels peuvent donc se constituer partie civile devant la juridiction pénale *(Cass. crim., 6 mars 1997, n° 96-80.944)*.

B L'intention

L'abus de confiance est un délit intentionnel qui suppose que l'agent ait connaissance du caractère précaire de sa détention de la chose remise et qu'il ait néanmoins la volonté de détourner cette chose, c'est-à-dire d'en faire un usage contraire à sa destination. **Il faut donc que l'agent sache qu'il va priver par ses agissements la victime des droits qu'elle détient sur la chose**. En pratique, la Cour de cassation se montre peu exigeante sur la motivation des juges du fond, en raison du fait qu'en général, la mauvaise foi du prévenu se déduit des éléments de fait constatés.

Jurisprudence

Elle a ainsi affirmé qu'il n'est pas nécessaire pour établir légalement l'abus de confiance que l'intention frauduleuse soit constatée en termes particuliers, qu'il suffit qu'elle s'induise des circonstances retenues par les juges, « l'affirmation de la mauvaise foi étant nécessairement incluse dans la constatation du détournement » *(Cass. crim., 9 avr. 1973 préc.)*.

Elle n'impose donc pas que la personne à qui le bien a été remis ait précisément voulu priver le propriétaire de ses droits sur celui-ci.

Jurisprudence

Elle se contente par exemple du fait que l'agent aurait dû prévoir qu'il ne pourrait pas restituer la chose le moment venu *(Cass. crim., 3 juill. 1997 préc.)*. Elle a considéré également que « caractérise l'élément intentionnel du délit d'abus de confiance la conscience, par le prévenu, du risque de ne pouvoir représenter à son mandant les sommes détenues pour le compte de ce dernier et qu'il a utilisées à d'autres fins que leur restitution à la partie civile » *(Cass. crim., 27 mars 2002, n° 01-85.689)*.

Il est évident enfin que les mobiles animant l'agent sont sans influence sur sa culpabilité.

Jurisprudence

Par exemple, le prévenu mandataire ne peut invoquer pour sa justification une prétendue compensation entre les valeurs reçues en vertu du mandat et détournées par lui et les sommes qui lui étaient dues par le mandant *(Cass. crim., 11 juin 1963, n° 62-91.068)*.

§2 Le régime juridique de l'abus de confiance

L'abus de confiance est puni, pour les personnes physiques, **d'un emprisonnement de 3 ans et d'une amende de 375 000 €**. Des peines complémentaires sont énumérées par l'article 314-10.

Le délit peut être sanctionné plus sévèrement dans plusieurs cas.

Selon l'article 314-1-1 du Code pénal, créé par une ordonnance n° 2019-963 du 18 septembre 2019, les peines sont portées à 5 ans d'emprisonnement lorsque l'abus de confiance porte atteinte aux recettes perçues, aux dépenses exposées ou aux avoirs qui relèvent du budget de l'Union européenne, des budgets des institutions, organes et organismes de l'Union européenne ou des budgets gérés et contrôlés directement par eux. Elles sont portées à 7 ans d'emprisonnement et à 750 000 € d'amende lorsque l'abus de confiance portant sur ces biens est commis en bande organisée.

L'article 314-2 prévoit également un **emprisonnement de 7 ans et une amende de 750 000 €** lorsque l'infraction est commise :

1° par une personne qui fait appel au public afin d'obtenir la remise de fonds ou de valeurs soit pour son propre compte, soit comme dirigeant ou préposé de droit ou de fait d'une entreprise industrielle ou commerciale ;

2° par toute autre personne qui, de manière habituelle, se livre ou prête son concours, même à titre accessoire, à des opérations portant sur les biens des tiers pour le compte desquels elle recouvre des fonds ou des valeurs ;

3° au préjudice d'une association qui fait appel au public en vue de la collecte de fonds à des fins d'entraide humanitaire ou sociale ;

4° au préjudice d'une personne dont la particulière vulnérabilité, due à son âge, à une maladie, à une infirmité, à une déficience physique ou psychique ou à un état de grossesse, est apparente ou connue de son auteur.

Enfin, les peines sont portées à **10 ans d'emprisonnement et à 1 500 000 € d'amende** lorsque l'abus de confiance est réalisé par un mandataire de justice ou par un officier public ou ministériel soit dans l'exercice ou à l'occasion de l'exercice de ses fonctions, soit en raison de sa qualité *(C. pén., art. 314-3)*.

Pour les personnes morales, les peines sont l'amende dont le montant est quintuplé et toutes celles qui sont énumérées par l'article 131-39 *(C. pén., art. 314-12)*.

La **tentative** d'abus de confiance n'est **pas incriminée de manière générale**. Elle n'est pas inconcevable comme en témoigne un arrêt qui a admis que le délit était consommé dans le cas du locataire d'un appartement meublé, surpris en train de déménager les meubles, ce qui correspond davantage à un commencement de détournement qu'à un détournement consommé *(Cass. crim., 12 avr. 1930, S. 1931, I, p. 73)*. L'incrimination de la tentative pourrait avoir son intérêt mais la jurisprudence a contourné la difficulté par une acception très large de la notion de détournement, laquelle englobe la tentative.

Toutefois, l'article 314-1-1 du Code pénal, précité, incrimine la **tentative d'abus de confiance** dans le seul cas où ce dernier porte sur les recettes perçues, dépenses exposées ou avoirs relevant du budget de l'Union européenne, des budgets des institutions, organes et organismes de l'Union européenne ou des budgets gérés et contrôlés directement par eux.

L'article 314-4 prévoit **que l'immunité familiale est applicable en matière d'abus de confiance**.

On notera également que l'abus de confiance peut, comme le vol, être justifié par la nécessité de l'exercice des droits de la défense dans le cadre d'une instance prud'homale *(Cass. crim., 16 juin 2011, n° 10-85.079)*.

En outre, l'abus de confiance était un des délits pour lesquels la Cour de cassation avait développé un raisonnement destiné à retarder le point de départ de la prescription de l'action publique. Elle jugeait que ce point de départ devait être fixé au jour où le délit est apparu et a pu être constaté dans des conditions permettant l'exercice de l'action publique *(V. Cass. crim., 8 févr. 2006, n° 05-80.301)*. Elle considérait donc que l'abus de confiance pouvait être clandestin ou dissimulé. Désormais, ce raisonnement est inscrit dans la loi, à l'article 9-1 du CPP selon lequel le délai de prescription de l'action publique de l'infraction occulte ou dissimulée court à compter du jour où l'infraction est apparue et a pu être constatée dans des conditions permettant la mise en mouvement ou l'exercice de l'action publique, sans toutefois que le délai de prescription puisse excéder 12 années révolues pour les délits.

Enfin, comme on l'a déjà dit, la jurisprudence estime, de manière constante, que l'abus de confiance peut préjudicier et ouvrir droit à réparation, non seulement aux propriétaires, mais encore aux détenteurs et possesseurs des biens détournés, victimes d'un préjudice résultant directement de l'ensemble des éléments constitutifs de l'infraction *(V. par exemple, Cass. crim., 20 mars 2019, n° 17-85.246)*.

⏭ POUR ALLER PLUS LOIN…

- S. DETRAZ et R. OLLARD, La dissociation de l'objet de l'abus de confiance, Dr. pén. 2014, études 20 et 22
- H. MATSOPOULOU, Abus de confiance : les dérives jurisprudentielles, RSC 2013, p. 813
- R. OLLARD, Du sens de l'évolution de l'abus de confiance : la propriété, toutes les propriétés mais rien que la propriété, Dr. pén. 2012, étude 9
- N. THOMASSIN, Le bien susceptible d'abus de confiance, D. 2012, p. 964

TITRE 2
LES AUTRES ATTEINTES AUX BIENS

Outre les atteintes au droit de propriété lui-même, qui viennent d'être analysées, il est possible de s'en prendre au bien d'autrui en le dégradant ou le détruisant, ce qui constitue une autre forme, indirecte, d'atteinte à la propriété. Il existe une série d'infractions au sein du Code pénal qui répriment ce type d'actes, parfois très sévèrement.

Le législateur incrimine également des délits se singularisant par le fait qu'ils appréhendent des actes qui, dans le processus de délinquance, interviennent après qu'une première infraction a été commise. Ces délits de conséquence sont le recel et le blanchiment.

Fiche n° 69 La destruction du bien d'autrui

L'ESSENTIEL

La répression des destructions ou dégradations du bien d'autrui est organisée en distinguant celles qui sont réalisées par un moyen non dangereux pour les personnes et celles qui le sont par un moyen dangereux.

Dans le premier cas, les actes réprimés sont nécessairement intentionnels et le législateur traite spécialement le cas des « tags ». Dans le second cas, une distinction est opérée selon que la destruction est intentionnelle ou non. Le délit peut en effet être commis par manquement à une obligation de prudence ou de sécurité prévue par un texte ou de manière intentionnelle, ce qui entraîne une répression potentiellement très sévère, selon les conséquences engendrées par l'utilisation des moyens dangereux pour les personnes.

LES CONNAISSANCES

Le législateur opère une distinction entre les actes dirigés contre les biens qui présentent un danger pour les personnes et ceux qui n'en présentent pas. L'idée sous-jacente est que le moyen utilisé contre le bien ou l'effet de la destruction de celui-ci peut également, dans certains cas, avoir des conséquences néfastes pour des personnes, ce qui entraîne évidemment une répression plus forte.

§1 Les destructions et dégradations sans danger pour les personnes

L'infraction est prévue par l'article 322-1 et l'on distinguera les éléments constitutifs du régime répressif.

I. Les éléments constitutifs des infractions

A L'élément matériel

Le texte d'incrimination distingue **deux cas différents**.

1 Alinéa 1er

L'alinéa 1er vise *« la destruction, la dégradation ou la détérioration d'un bien appartenant à autrui »* en excluant les hypothèses où le dommage causé au bien n'est que léger. En effet, dans ce dernier cas, c'est la contravention de l'article R. 635-1 qui doit être retenue dès lors que ce texte réprime « *la destruction, la dégradation ou la détérioration volontaires d'un bien appartenant à autrui dont il n'est résulté qu'un dommage léger* ». La répression dépend donc de la gravité du dommage causé au bien mais l'étude de la jurisprudence ne permet pas de déterminer un critère fiable pour distinguer le « *dommage léger* » qui entraîne une qualification contraventionnelle, des dommages plus importants justifiant une qualification délictuelle. Il semble que la différence se situe dans l'existence ou non d'une atteinte à la structure du bien.

Ainsi, la destruction du bien serait toujours un délit alors que les dégradations ou les détériorations seraient des contraventions s'il n'y a pas eu d'atteinte à la structure du bien. Par exemple, dans le cas de peintures sur un wagon SNCF, le prévenu a été poursuivi pour le délit et a sollicité la requalification des faits en contravention.

Jurisprudence

La Cour de cassation a approuvé le rejet de la demande qui était fondée sur le fait que la peinture utilisée n'était pas indélébile, la cour d'appel ayant jugé que les peintures avaient atteint et détérioré la substance même du revêtement peint du wagon, ainsi que son support métallique *(Cass. crim., 1er juin 1994, n° 93-84.966)*. Dans le même ordre d'idées, il a été jugé que constituait un dommage léger l'élagage, sans autorisation du propriétaire, d'un arbre dont les branches empiétaient sur le fonds voisin, les dégâts causés ne nuisant pas à la bonne conservation de l'arbre *(Cass. crim., 4 mai 2000, n° 99-85.823)*.

Le texte ne donnant aucune précision sur les moyens utilisés pour causer le résultat, il faut en déduire que **la destruction, la dégradation ou la détérioration peut se faire par n'importe quel moyen**, dès lors qu'il ne s'agit pas d'un moyen dangereux pour les personnes.

En ce qui concerne **le bien**, on peut noter qu'il **doit nécessairement appartenir à autrui**. Cette condition s'explique par le fait que le droit pénal ne veut pas restreindre les prérogatives du propriétaire sur son bien, qui peut donc en disposer jusqu'à le détruire. En revanche, l'infraction serait constituée si, en détruisant ou en dégradant son bien, un propriétaire dégrade ou détruit le bien d'un tiers.

Jurisprudence

Le délit semble porter logiquement sur un **bien corporel** mais la Cour de cassation a admis récemment que le fait d'effacer l'enregistrement vidéo figurant sur un support constitue le délit parce que ce dernier peut porter sur tout bien susceptible d'appropriation *(Cass. crim., 16 déc. 2015, n° 14-83.140)*.

En revanche, le bien peut être, indifféremment, un meuble ou un immeuble mais **des textes particuliers incriminent spécialement la destruction ou la dégradation de certains biens**. C'est le cas des biens visés par l'article 322-2 et 322-3-1 (V. *infra*) mais aussi, par exemple, de ceux visés par l'article 432-15, qui incrimine le fait, par une personne dépositaire de l'autorité publique ou chargée d'une mission de service public, un comptable public, un dépositaire public ou l'un de ses subordonnés, notamment de détruire un acte ou un titre, ou des fonds publics ou privés, ou effets, pièces ou titres en tenant lieu, ou tout autre objet qui lui a été remis en raison de ses fonctions ou de sa mission.

On remarquera également que les animaux domestiques ou apprivoisés font l'objet d'une protection particulière de la part du législateur qui punit, notamment, le fait de les tuer ou les blesser sans nécessité *(C. pén., art. R. 653-1 à R. 655-1)*. Il en va de même des animaux sauvages et de leur milieu naturel *(C. envir., art. L. 411-1 et L. 415-3)*.

2 Alinéa 2

(C. pén., art. 322-1, al. 2)
L'article 322-1, alinéa 2 réprime le fait de « *tracer des inscriptions, des signes ou des dessins, sans autorisation préalable, sur les façades, les véhicules, les voies publiques ou le mobilier urbain (...) lorsqu'il n'en est résulté qu'un dommage léger* ».

Sont donc réprimés les « tags » qui n'entraînent qu'un dommage léger au bien. En effet, la rédaction du texte commande de revenir à l'alinéa 1er en cas de dommage important au bien.
L'incrimination prévue par l'alinéa 2 entre donc en concurrence avec celle de l'article R. 635-1 et la délimitation entre les deux infractions se fait grâce aux précisions données par les textes. Ainsi, l'alinéa 2 de l'article 322-1 s'applique seulement lorsque la dégradation ou la détérioration est constituée par des inscriptions ou des gravures (lettres, sigles, dessins...) réalisées sur une façade, un véhicule, la voie publique ou du mobilier urbain. Le domaine du délit est donc cerné avec précision.

B L'élément moral

Les 2 délits prévus par l'article 322-1 sont **intentionnels**. En effet, la destruction ou la dégradation involontaire d'un bien appartenant à autrui n'est pas incriminée si le moyen utilisé n'est pas dangereux pour les personnes (V. *infra* § 2, I).

L'agent doit donc avoir voulu détruire ou dégrader le bien tout en ayant conscience que ce bien appartenait à autrui pour l'alinéa 1er ou qu'il n'avait pas l'autorisation nécessaire pour l'alinéa 2.

Le principe selon lequel les mobiles sont inopérants pour la constitution de l'infraction, s'applique et il est donc exclu, pour les tags, d'invoquer, par exemple, la liberté d'expression ou la liberté artistique pour échapper à la répression.

II. Le régime des infractions

On exposera les peines encourues puis les autres aspects du régime juridique.

A Les peines encourues

Dans le cas des délits de destructions et détériorations *(C. pén., art. 322-1, al. 1er)*, les personnes physiques encourent un **emprisonnement de 2 ans et une amende de 30 000 €.** L'article 322-15 fixe la liste des peines complémentaires applicables.

Dans le cas des « tags » (al. 2), l'auteur encourt une amende de 3 750 € et un TIG. Il s'agit de la seule infraction qui soit punie à titre de peine principale d'un TIG.

Les personnes morales encourent une amende et l'interdiction, pour une durée de 5 ans au plus, d'exercer directement ou indirectement une ou plusieurs activités professionnelles ou sociales *(C. pén., art. 322-17)*.

Il existe un certain nombre de circonstances aggravantes, liées notamment à la nature des biens détruits ou dégradés. Elles sont prévues par les articles 322-2, 322-3 et 322-3-1 *(V. infra, « Présentation simplifiée de la répression des destructions volontaires par un moyen non dangereux »)*.

On ajoutera que les peines sont également aggravées par application des articles 132-76 et 132-77, en cas d'infractions commises en raison de l'origine ou de l'orientation sexuelle de la victime (V. Fiche n° 48, § 1, III, B).

S'agissant des **destructions et détériorations n'entraînant qu'un dommage léger,** l'infraction est une **contravention de 5e classe** *(C. pén., art. R. 635-1)* punie de 1 500 € d'amende et de peines complémentaires.

Les personnes morales encourent une amende de 7 500 € et la confiscation de la chose qui a servi ou était destinée à commettre l'infraction.

B Les autres aspects du régime juridique

La **tentative** des délits est incriminée par l'article 322-4.

La question s'est posée de savoir si l'état de nécessité pouvait être invoqué dans le cas de la destruction de cultures transgéniques.

Jurisprudence

Certaines cours d'appel avaient admis l'irresponsabilité pénale mais la Cour de cassation a rejeté l'argument en retenant qu'il n'y avait pas de preuve d'un danger réel ou imminent *(Cass. crim., 7 févr. 2007, n° 06-80.108 – Cass. crim., 25 mai 2016, n° 14-86.170)*.

On notera que le législateur a décidé de créer un délit spécial prévu par l'article L. 671-15 du Code rural et de la pêche maritime et réprimant le fait de détruire ou de dégrader une parcelle de culture autorisée (emprisonnement de 2 ans et amende de 75 000 €).

§2 Les destructions et dégradations dangereuses pour les personnes

Les articles 322-5 et 322-6 répriment les destructions par l'usage d'un moyen dangereux en distinguant le cas où les actes sont accomplis par imprudence de celui où ils le sont avec une intention.

I. Les destructions ou dégradations par imprudence

L'exposé des composantes de l'infraction précèdera celui de sa répression.

A Les éléments constitutifs

1 Élément matériel

L'article 322-5 du Code pénal réprime les **dégradations et les destructions résultant d'un incendie ou d'une explosion**. Cette précision peut s'expliquer par le fait qu'il s'agit de moyens, d'une part, potentiellement dangereux pour les personnes et, d'autre part, difficiles à contrôler ou à contenir.

Ici encore, le texte ne concerne que les dégradations et destructions d'un **bien appartenant à autrui** et non celles de son propre bien. Toutefois, si un sinistre se déclenche dans un bien appartenant à l'auteur puis se propage et occasionne des dommages à un bien appartenant à un tiers, l'infraction sera constituée. De la même façon, si l'acte imprudent est à l'origine de blessures ou de la mort d'autrui, l'auteur pourra être poursuivi pour homicide ou blessures involontaires.

Le texte est applicable tant à la destruction des immeubles que des biens mobiliers. En revanche, il parait exclu de considérer qu'il soit applicable à des biens qui ne seraient pas corporels, compte tenu du moyen employé.

2 Élément moral

L'élément moral de l'infraction peut d'abord être constitué par le **manquement à une obligation de sécurité ou de prudence imposée par la loi ou le règlement** (alinéa 1er). Il s'agit donc de la faute non intentionnelle visée par l'article 121-3, alinéa 3 du Code pénal mais seulement sous une de ses formes, à savoir le non-respect d'une règle écrite prévoyant une obligation de prudence ou de sécurité. En effet, le texte ne fait pas mention de l'imprudence ou de la négligence. Il en résulte que les juges doivent impérativement établir quelle est la règle prévue par la loi ou le règlement qui a été méconnue.

Jurisprudence

Ainsi, le délit n'est pas caractérisé dans le cas d'une personne ayant jeté un mégot qui a provoqué un incendie dans un grenier dès lors que les juges n'ont pas caractérisé l'obligation textuelle qui a été violée *(Cass. crim., 12 janv. 2010, n° 09-81.936 – V. égal. Cass. crim., 13 janv. 2015, n° 12-87.059)*.

La nature de la faute restreint donc sensiblement le domaine d'application du délit.

L'article 322-5, alinéa 2 précise **que l'élément moral peut aussi être constitué par la violation manifestement délibérée d'une obligation particulière de sécurité ou de prudence prévue par la loi ou le règlement**. Cette formule correspond à une forme de faute aggravée, visée par l'article 121-3, alinéa 4 du Code pénal mais aussi à l'article 223-1, pour le délit d'exposition d'autrui à un risque grave (V. Fiches n° 12, § 2 et n° 56, § 1).

B La répression

Le délit est puni, pour les personnes physiques, **d'un an d'emprisonnement et de 15 000 € d'amende en cas de faute ordinaire et de 2 ans d'emprisonnement et de 30 000 € d'amende en cas de faute délibérée.**

Des circonstances aggravantes sont prévues par l'article 322-5, uniquement dans le cas où la destruction ou détérioration est l'effet d'un incendie *(V. infra « Présentation simplifiée de la répression des destructions involontaires par un moyen dangereux »)*.

Des peines complémentaires sont prévues par l'article 322-15.

Les **personnes morales** encourent une amende et l'interdiction, pour une durée de 5 ans au plus, d'exercer directement ou indirectement une activité professionnelle ou sociale *(C. pén., art. 322-17)*.

II. Les destructions ou dégradations intentionnelles

Il convient d'analyser les éléments de l'infraction avant d'exposer les règles répressives.

A Les éléments constitutifs

1 Élément matériel

(C. pén., art. 322-6)
L'article 322-6 réprime les dégradations et les destructions résultant d'un incendie ou d'une explosion ainsi que de l'utilisation de *« tout autre moyen de nature à créer un danger pour les personnes »*.

L'incrimination est donc plus large que pour les dégradations ou destructions involontaires. Cette différence s'explique assez mal car il serait logique d'admettre que la personne imprudente qui déclenche, par exemple, une avalanche ou une inondation réponde des conséquences dommageables de son acte. L'expression *« tout autre moyen »* permet de retenir la qualification tant lorsque l'agent a directement utilisé un tel moyen que lorsqu'il a, par ses actes, déclenché une catastrophe naturelle. Aucun moyen dangereux n'étant exclu, il pourrait s'agir, par exemple, d'utiliser un chien dangereux pour dégrader le bien d'autrui.

Jurisprudence

De nouveau, seules les dégradations ou destructions du bien d'autrui sont incriminées *(Cass. crim., 21 sept. 2016, n° 15-83.531)*.

L'infraction se consomme par la commission d'actes qui ont pour résultat la dégradation ou la destruction d'un bien appartenant à autrui. En revanche, il est indifférent qu'ils aient provoqué des blessures ou la mort d'autrui ou même seulement créé un danger pour une personne.

Jurisprudence

La jurisprudence n'exige d'ailleurs pas qu'une victime potentielle ait été présente sur les lieux *(Cass. crim., 30 sept. 2003, n° 02-87.535)*.

Il suffit que les moyens employés aient été, objectivement, de nature à créer un danger pour une personne.

2 Intention

Aucune indication ne figurant dans le texte quant à l'élément moral, il faut en déduire que le délit est intentionnel. **L'auteur doit donc avoir agi volontairement et en étant conscient de la nocivité des moyens employés et des dangers créés pour des personnes**.

Jurisprudence

La chambre criminelle a jugé que l'élément intentionnel de l'infraction « est caractérisé par la seule utilisation, par l'auteur de la destruction, de la dégradation ou de la détérioration d'un bien appartenant à autrui, d'une substance explosive, d'un incendie ou de tout autre moyen de nature à créer un danger pour les personnes », formule pour le moins elliptique *(Cass. crim., 24 juin 1998, n° 97-84.989)*.

Il faut comprendre que l'utilisation du moyen doit être volontaire et faite en connaissance de cause, c'est-à-dire en ayant conscience des effets qu'elle peut produire.

Jurisprudence

Ceci est confirmé par un autre arrêt récent, dans lequel la Cour de cassation a affirmé que **le texte n'exige pas que l'auteur, en détruisant, dégradant ou détériorant des biens appartenant à autrui, ait eu l'intention de porter atteinte à l'intégrité physique des personnes par l'un des moyens énumérés par ce texte, mais seulement que ceux-ci, en raison de leur nature, aient été susceptibles de créer un danger pour les personnes** *(Cass. crim., 28 mars 2017, n° 17-80.041)*.

Il est concevable que l'auteur n'ait pas seulement l'intention de détruire mais aussi de tuer les occupants des lieux qu'il incendie, par exemple. Si cette intention de tuer est établie, ce qui peut se déduire du fait qu'il savait que des personnes se trouvaient dans les lieux, il pourra être poursuivi pour meurtre ou tentative de meurtre et pour destruction de bien.

B Les peines encourues

Le délit fait encourir 10 ans d'emprisonnement et 150 000 € d'amende *(C. pén., art. 322-6, al. 1er)* mais il existe de **nombreuses circonstances aggravantes qui ont pour effet de donner une nature criminelle aux faits** *(C. pén., art. 322-6, al. 2, 322-7 à 322-10 ; V. infra, « Présentation simplifiée de la répression des destructions volontaires par un moyen dangereux »)*.

Les peines sont également aggravées par application des articles 132-76 et 132-77, si les infractions sont commises en raison de l'origine ou de l'orientation sexuelle de la victime (V. Fiche n° 48, § 1, III, B).

S'agissant des **personnes morales**, l'article 322-17 énonce qu'elles encourent, pour les infractions des articles 322-6 à 322-10 une amende d'un montant 5 fois plus élevé que pour les personnes physiques et la peine d'interdiction définitive d'exercer une activité professionnelle.

La tentative de l'infraction est incriminée par l'article 322-11.

On notera également que la loi n° 2016-731 du 3 juin 2016 a créé un nouvel article 322-11-1 qui réprime la détention ou le transport de substances ou produits incendiaires ou explosifs ainsi que d'éléments ou substances destinés à entrer dans la composition de produits ou engins incendiaires ou explosifs en vue de la préparation, caractérisée par un ou plusieurs faits matériels, des infractions définies à l'article 322-6 ou d'atteintes aux personnes (emprisonnement de 7 ans et amende de 100 000 € – emprisonnement de 10 ans et amende de 500 000 € lorsque les faits sont commis en bande organisée).

La détention ou le transport sans motif légitime est puni de 3 ans d'emprisonnement et de 45 000 € d'amende.

PRÉSENTATION SIMPLIFIÉE DE LA RÉPRESSION DES DESTRUCTIONS PAR UN MOYEN NON DANGEREUX

Qualification	Texte (C. pén.)	Emprisonnement	Amende et autres peines
Destruction, dégradation ou détérioration **« Tags »** **Dommage léger**	322-1, al. 1er 322-1, al. 2 R. 635-1	2 ans non	30 000 € 3 750 € + TIG 1 500 €
Destruction, dégradation ou détérioration : - d'un registre, d'une minute ou d'un acte original de l'autorité publique **« Tags »**	322-2	3 ans non	45 000 € 7 500 € + TIG
Destruction, dégradation ou détérioration : - en réunion ; - facilitée par l'état de vulnérabilité de la victime ; - au préjudice d'un magistrat, juré, avocat, officier public ou ministériel, militaire de la gendarmerie, fonctionnaire de la police nationale, des douanes, de l'administration pénitentiaire ou de toute autre personne dépositaire de l'autorité publique ou chargée d'une mission de service public, en vue d'influencer son comportement dans l'exercice de ses fonctions ou de sa mission ; - au préjudice du conjoint, d'un ascendant ou d'un descendant en ligne directe ou de toute autre personne vivant habituellement au domicile des personnes mentionnées au paragraphe précédent, en raison des fonctions ou de la qualité de ces personnes ; - au préjudice d'un témoin, d'une victime ou d'une partie civile, soit pour l'empêcher de dénoncer le fait, de porter plainte ou de déposer en justice, soit en raison de sa dénonciation, de sa plainte ou de sa déposition ;	322-3	5 ans	75 000 €

- dans un local d'habitation ou dans un lieu utilisé ou destiné à l'entrepôt de fonds ou marchandises en pénétrant dans les lieux par ruse, effraction ou escalade ; - à l'encontre d'un lieu classifié au titre du secret de la défense nationale ; - par une personne dissimulant volontairement en tout ou partie son visage afin de ne pas être identifiée. - sur un bien destiné à l'utilité ou à la décoration publique et appartient à une personne publique ou chargée d'une mission de service public			
« Tags » dans les mêmes circonstances		non	15 000 € + TIG
Destruction, dégradation ou détérioration d'un établissement scolaire, éducatif ou de loisirs ou d'un véhicule transportant des enfants		5 ans	75 000 €
Destruction, dégradation ou détérioration avec 2 circonstances aggravantes		7 ans	100 000 €
Destruction, dégradation ou détérioration : - d'un immeuble ou objet mobilier classé ou inscrit ou d'un document d'archives privées classé ; - du patrimoine archéologique ; - d'un bien culturel relevant du domaine public mobilier ou exposé dans un musée de France, une bibliothèque, une médiathèque ou un service d'archives, un édifice affecté au culte ;	322-3-1	7 ans	100 000 € et jusqu'à la moitié de la valeur du bien
- d'un édifice affecté au culte - si commission en réunion		10 ans	150 000 € et jusqu'à la moitié de la valeur du bien

PRÉSENTATION SIMPLIFIÉE DE LA RÉPRESSION DES DESTRUCTIONS INVOLONTAIRES PAR UN MOYEN DANGEREUX

Qualification	Texte (C. pén.)	Emprisonnement	Amende
Destruction, dégradation ou détérioration	322-5, al. 1er		
- par manquement à une obligation de prudence ou de sécurité imposée par la loi ou le règlement		1 an	15 000 €
- par violation manifestement délibérée d'une obligation particulière de prudence ou de sécurité prévue par la loi ou le règlement	322-5, al. 2	2 ans	30 000 €
Destruction, dégradation ou détérioration			
- incendie de bois ou forêts par faute ordinaire	322-5, al. 3	2 ans	30 000 €
- incendie de bois ou forêts par faute délibérée		3 ans	45 000 €
- incendie de bois ou forêts par faute ordinaire + exposition de personnes à un dommage corporel ou risque de dommage irréversible à l'environnement	322-5, al. 4	3 ans	45 000 €
- incendie de bois ou forêts par faute délibérée + exposition de personnes à un dommage corporel ou risque de dommage irréversible à l'environnement		5 ans	100 000 €
- incendie de bois ou forêts par faute ordinaire + ITT ≥ 8 jours	322-5, al. 5	5 ans	75 000 €
- incendie de bois ou forêts par faute délibérée + ITT ≥ 8 jours		7 ans	100 000 €
- incendie de bois ou forêts par faute ordinaire provoquant la mort	322-5, al 6	7 ans	100 000 €
- incendie de bois ou forêts par faute délibérée provoquant la mort		10 ans	150 000 €

PRÉSENTATION SIMPLIFIÉE DE LA RÉPRESSION DES DESTRUCTIONS VOLONTAIRES PAR UN MOYEN DANGEREUX

Qualification	Texte (C. pén.)	Emprisonnement ou réclusion	Amende
Destruction, dégradation ou détérioration par incendie ou substance explosive	322-6, al. 1er	10 ans	150 000 €
Incendie de bois ou forêts + exposition de personnes à un dommage corporel ou risque de dommage irréversible à l'environnement	322-6, al. 2	15 ans	150 000 €
Destruction, dégradation ou détérioration par incendie ou substance explosive + ITT ≤ 8 jours	322-7, al. 1er	15 ans	150 000 €
Incendie de bois ou forêts + ITT ≤ 8 jours	322-7, al. 2	20 ans	200 000 €
Destruction, dégradation ou détérioration par incendie ou substance explosive : - en bande organisée ; - avec ITT > 8 jours ; - commise en raison de la qualité de magistrat, de militaire de la gendarmerie nationale, de fonctionnaire de la police nationale, des douanes ou de l'administration pénitentiaire ou de toute autre personne dépositaire de l'autorité publique, ou de sapeur-pompier professionnel ou volontaire, de la personne propriétaire ou utilisatrice du bien	322-8, al. 1er	20 ans	150 000 €
Incendie de bois ou forêts avec les mêmes circonstances	322-8, al. 2	30 ans	200 000 €
Destruction, dégradation ou détérioration par incendie ou substance explosive + mutilation ou infirmité permanente	322-9, al. 1er	30 ans	150 000 €
Incendie de bois ou forêts + mutilation ou infirmité permanente	322-9, al. 2	Perpétuité	200 000 €
Destruction, dégradation ou détérioration par incendie ou substance explosive + mort d'autrui	322-10	Perpétuité	150 000 €

⏭ POUR ALLER PLUS LOIN…

- S. DETRAZ, Application du délit de destruction du bien d'autrui à un enregistrement audiovisuel, JCP G 2016, 336
- J.-P. GUEDON, La répression des incendies de forêts, Dr. pén. 2004, chron. 11

Fiche n° 70 Le recel de choses

L'ESSENTIEL

Le recel présente la nature d'une infraction de conséquence, qui ne peut se réaliser qu'après qu'une première activité délictuelle aura généré une chose ou un produit que l'auteur ne va pas conserver mais transmettre à un tiers, le receleur.

Le Code pénal incrimine essentiellement deux formes de recel : celui qui se réalise par détention d'une chose dont on connaît l'origine frauduleuse et celui qui se commet par le fait de tirer profit du produit d'une infraction.

Le domaine d'application du recel est très large puisque la jurisprudence l'admet depuis peu même pour les biens immobiliers.

La répression du recel est complétée par un texte qui réprime la non-justification de ressources correspondant à son train de vie par les personnes en relations habituelles avec des criminels ou délinquants.

LES CONNAISSANCES

Le recel consiste, d'une manière générale, à recevoir et détenir une chose dont on connaît la provenance frauduleuse.

> (C. pén., art. 434-6 et 434-7)
> Il convient de remarquer d'emblée que le législateur n'incrimine pas uniquement le recel de choses mais aussi le « recel de malfaiteurs » (le terme n'étant cependant pas utilisé), à l'article 434-6, qui punit *« le fait de fournir à la personne auteur ou complice d'un crime ou d'un acte de terrorisme puni d'au moins dix ans d'emprisonnement un logement, un lieu de retraite, des subsides, des moyens d'existence ou tout autre moyen de la soustraire aux recherches ou à l'arrestation »*. De même, est réprimé *« le fait de receler ou de cacher le cadavre d'une personne victime d'un homicide ou décédée des suites de violences » (C. pén., art. 434-7 – V., par ex., Cass. crim., 13 déc. 2017, n° 17-83.330).*

Le recel complète naturellement les infractions d'appropriations frauduleuses parce qu'il arrive fréquemment que l'auteur de ces infractions ne conserve pas le produit de celles-ci. Le recel était assimilé, dans le Code pénal de 1810 à un cas de complicité, ce qui présentait des inconvénients. En effet, en principe, l'acte de complicité doit être antérieur ou concomitant à l'infraction principale, sauf en cas d'entente préalable à cette dernière. Or, il est évident que l'acte de recel se réalise nécessairement après l'infraction qui fournit la chose recelée. Par conséquent, le système légal empêchait une répression efficace. Une loi du 22 mai 1915 a donné son autonomie au délit de recel de choses, incriminé aujourd'hui à l'article 321-1. Aujourd'hui, les textes ont été complétés afin de renforcer la répression en la facilitant. Il existe donc une incrimination générale de recel et une incrimination complémentaire de non-justification de ressources, que l'on analysera successivement.

§1 L'incrimination générale de recel

Il faut en présenter les conditions d'existence avant d'en voir le régime juridique.

I. Les conditions d'existence du recel

(C. pén., art. 321-1)
L'article 321-1 du Code pénal définit le recel comme « *le fait de dissimuler, de détenir ou de transmettre une chose, ou de faire office d'intermédiaire afin de la transmettre, en sachant que cette chose provient d'un crime ou d'un délit* ». Selon l'alinéa 2, le recel consiste également dans « *le fait, en connaissance de cause, de bénéficier, par tout moyen, du produit d'un crime ou d'un délit* ».

Par définition, le recel suppose, pour être réalisé, une condition préalable, qui consiste dans la commission d'une infraction dont une chose constitue le produit. Il convient donc de distinguer cette condition préalable des éléments matériel et moral de l'infraction.

A La condition préalable de commission d'une infraction d'origine

Le recel consistant dans la détention d'une chose provenant d'une infraction, il faut que l'existence de l'infraction qui a fourni la chose soit avérée. **Les juges sont tenus de constater que la chose provient d'une infraction**, ainsi que le rappelle régulièrement la Cour de cassation *(Cass. crim., 14 déc. 2000, n° 99-87.015 – Cass. crim., 28 févr. 2018, n° 17-80.694)*. Cette infraction ne peut être qu'**un crime ou un délit**, à l'exclusion des contraventions, mais, en revanche, il importe peu qu'il s'agisse d'un vol, d'une escroquerie, d'un abus de confiance ou de n'importe quelle autre infraction.

Jurisprudence

Ainsi, la chose peut provenir de l'usage de faux en écritures *(Cass. crim., 7 avr. 1986, n° 85-95.225)*, d'un abus de biens sociaux *(Cass. crim., 10 juill. 1995, n° 94-82.665)* ou de la violation du secret professionnel *(Cass. crim., 13 mai 1991, n° 90-83.520)*.

L'infraction originaire doit être identifiée et constatée par les juges mais **la condamnation du receleur n'est pas conditionnée par la poursuite de l'auteur de cette infraction ni par sa condamnation**, en cas de poursuites séparées, en raison du principe de l'effet relatif de l'autorité de la chose jugée au criminel *(Cass. crim., 9 févr. 1956, Bull. crim. n° 148)*. L'auteur de cette infraction peut également demeurer inconnu sans que cette circonstance constitue un obstacle à la poursuite du receleur *(Cass. crim., 10 oct. 1972, n° 72-90.505)*. Ceci montre l'indépendance qui existe entre l'infraction d'origine et le délit de recel, même si un lien logique doit être établi entre les deux.

Attention Cependant, cette indépendance comporte des limites. Le lien logique qui unit le recel à l'infraction qui fournit la chose impose de considérer que **si l'infraction d'origine n'est plus punissable**, par exemple en raison de l'abrogation de la loi pénale *(Cass. crim., 17 mai 1989, n° 85-96.520)*, d'une amnistie réelle ou d'un fait justificatif tel que l'état de nécessité, par exemple, **le recel ne peut plus être caractérisé** dès lors que la chose n'a plus une origine frauduleuse.

L'autonomie du délit de recel par rapport à l'infraction qui fournit la chose ne permet pas non plus qu'on retienne cumulativement l'infraction d'origine et le recel à l'égard de la même personne, le fait que le voleur soit en possession de la chose étant une suite logique et inévitable de la soustraction de cette dernière.

Jurisprudence

Retenir deux délits en l'occurrence reviendrait à contrevenir à la règle *non bis in idem (Cass. crim., 15 déc. 1959, Bull. crim. n° 350)*.

En ce qui concerne la chose recelée, le Code pénal n'apporte aucune précision. Il s'agit généralement d'une **chose matérielle ou corporelle**, telle que de l'argent, des bijoux, des meubles ou des véhicules mais **l'on excluait traditionnellement les biens immobiliers du domaine du recel.**

Jurisprudence

Or, la jurisprudence s'est prononcée récemment en faveur du recel portant sur un immeuble corporel *(Cass. crim., 28 sept. 2016, n° 15-84.485).*

S'agissant des biens incorporels, il faut observer que l'article 321-1 du Code pénal distingue le cas de la *« chose » (al. 1er)* de celui du *« produit »* de l'infraction *(al. 2)*.

Jurisprudence

Or, la Cour de cassation a décidé **qu'une information, quelle qu'en soit la nature ou l'origine, échappe aux prévisions de ce texte, qui ne réprime que le recel de chose** *(Cass. crim., 3 avr. 1995, n° 93-81.569 – Cass. crim., 12 juin 2007, n° 06-87.361)*. Elle ajoute que le recel de délit d'initié ne peut résulter de la simple détention d'informations privilégiées et qu'il est caractérisé seulement lorsque celui qui a réalisé en connaissance de cause des opérations sur le marché avant que les informations soient connues du public, bénéficie du produit du délit d'initié ainsi consommé *(Cass. crim., 26 oct. 1995, n° 94-83.780)*.

Cependant, cette jurisprudence doit être nuancée car les juges admettent, par exemple, le recel d'une prestation de service, qui n'a pas de consistance matérielle, comme dans le cas des passagers qui sont transportés dans un véhicule qu'ils savent avoir été volé (*Cass. crim., 24 août 1981, n° 80-91.768)*. En outre, le recel de fichiers informatiques est également punissable *(Cass. crim., 7 janv. 2020, n° 19-80.136)*.

B Les éléments constitutifs du recel

Le délit se réalise par un élément matériel accompagné d'une intention correspondante.

1 L'élément matériel

Le recel peut prendre plusieurs formes matérielles.

Il peut s'agit d'abord du **fait de dissimuler, de détenir ou de transmettre la chose**. Par dissimulation, il semble qu'il faille entendre le fait de cacher la chose mais cette forme de recel ne se distingue pas de la détention, celui qui dissimule ayant nécessairement la détention de la chose. De la même manière, la transmission de la chose suppose la détention de celle-ci. Cette deuxième forme de recel est la plus courante en pratique. La détention peut consister dans la simple réception de la chose ou dans son appréhension matérielle, plus ou moins durable.

Le Code pénal a ajouté à ces hypothèses le fait de **servir d'intermédiaire afin de transmettre** la chose. Il s'agit d'une extension du domaine de l'infraction, puisque dans cette situation, le receleur n'a pas nécessairement la détention matérielle de la chose.

Jurisprudence

Ainsi le délit est réalisé par la personne qui joue un rôle de négociateur par téléphone pour vendre les choses volées, alors même qu'elle ne les a jamais détenues *(Cass. crim., 30 nov. 1999, n° 98-85.991).*

La dernière forme de recel consiste dans le **fait de bénéficier, par tout moyen, du produit de l'infraction**. Cette variété de recel constitue une extension jurisprudentielle de la notion de recel, reprise par le législateur.

Jurisprudence

Les juges retiennent à ce titre le fait d'héberger des personnes qui apportent avec elles des objets dont on sait qu'ils sont d'origine frauduleuse *(Cass. crim., 16 nov. 1999, n° 99-80.970)* ou encore le fait pour le prévenu de profiter du train de vie de son épouse, qui ne pouvait correspondre à des gains professionnels *(Cass. crim., 9 mai 1974, n° 73-92.382).*

On ajoutera que le recel, lorsqu'il consiste dans la détention de la chose ou dans le fait de tirer profit du produit d'une infraction, constitue un délit continu, dont la consommation se prolonge tant que l'agent détient la chose ou profite du produit de l'infraction (V. *infra* II, B).

2 L'intention coupable

Le recel ne peut être qu'intentionnel, la mauvaise foi de l'agent devant être démontrée. **L'intention consiste dans la connaissance de l'origine frauduleuse de la chose et dans la volonté de détenir néanmoins celle-ci ou d'en tirer profit**. La preuve de cette connaissance doit être rapportée par le ministère public.

Jurisprudence

La Cour de cassation admet que l'intention est établie même si le receleur a ignoré les circonstances précises du crime ou du délit d'origine, ou la personne au préjudice de laquelle cette infraction a été commise *(Cass. crim., 16 déc. 1997, n° 96-82.509).*

La preuve peut être faite par présomptions notamment lorsque le prix d'achat des choses est anormalement bas, lorsque l'achat s'est fait sans facture ou lorsque le prévenu n'apporte aucune explication crédible sur la provenance des choses qu'il détient.

Jurisprudence

En définitive, les juges inversent souvent le problème en considérant que l'agent ne pouvait ignorer, en raison des circonstances, la provenance frauduleuse de la chose, la qualité de professionnel de l'auteur étant une circonstance également prise en compte, le professionnel ayant un devoir de vigilance *(Cass. crim., 5 mai 1993, n° 91-83.101)*. Dans d'autres cas, la chambre criminelle approuve les juges du fond de retenir que les prévenus avaient « nécessairement conscience » de l'origine frauduleuse des choses détenues *(Cass. crim., 24 sept. 2008, n° 08-80.113)*.

Un tel mécanisme probatoire permet évidemment d'établir aisément le délit.

Jurisprudence

On notera que constitue un recel le fait de détenir, à la suite d'un téléchargement effectué en toute connaissance de cause, des fichiers caractérisant l'apologie d'actes de terrorisme mais que la Cour de cassation estime qu'une condamnation de ce chef n'est compatible avec l'article 10 de la Convention européenne des droits de l'homme que si est caractérisée, en la personne du receleur, son adhésion à l'idéologie exprimée dans de tels fichiers *(Cass. crim., 7 janv. 2020, n° 19-80.136)*.

II. Le régime juridique du recel

A La répression

Le recel est puni, pour les personnes physiques, de **5 ans d'emprisonnement et de 375 000 € d'amende**, celle-ci pouvant être élevée jusqu'à la moitié de la valeur des biens recelés *(C. pén., art. 321-3)*. Les peines complémentaires sont prévues par les articles 321-9 et 321-11 (peine d'interdiction du territoire applicable seulement en cas de recel aggravé de l'article 321-2) et les peines complémentaires encourues pour les crimes ou délits dont provient le bien recelé pouvant également être prononcées *(C. pén., art. 321-10)*.

Selon l'article 321-2, le recel est puni de 10 ans d'emprisonnement et de 750 000 € d'amende :
- lorsqu'il est commis de façon habituelle ou en utilisant les facilités que procure l'exercice d'une activité professionnelle ;
- lorsqu'il est commis en bande organisée.

L'article 321-4 prévoit que lorsque l'infraction dont provient le bien recelé est punie d'une peine privative de liberté d'une durée supérieure à celle de l'emprisonnement encouru en application des articles 321-1 ou 321-2, le receleur est puni des peines attachées à l'infraction dont il a eu connaissance et, si cette infraction est accompagnée de circonstances aggravantes, des peines attachées aux seules circonstances dont il a eu connaissance. **Le receleur encourt donc des peines plus graves que celles prévues par les textes propres au recel si l'infraction originaire est elle-même punie d'une peine supérieure à 5 ans d'emprisonnement, en cas de recel simple, ou 10 ans, en cas de recel aggravé, et s'il a eu connaissance de cette infraction**. Il en va de même si le receleur a eu connaissance de circonstances aggravantes de l'infraction originaire. Il est clair que **cette connaissance de la qualification ou des circonstances aggravantes doit être démontrée pour que l'aggravation ait lieu**. Ce système a pour conséquence que le receleur peut être puni de peines criminelles, lorsque, par exemple, il saura que la chose provient d'un vol commis avec usage ou menace d'une arme.

Les personnes morales encourent, outre l'amende :
- dans les cas prévus par les articles 321-1 à 321-4, les peines de l'article 131-39 ;
- dans les cas prévus par les articles 321-7 et 321-8, les peines mentionnées aux 2°, 4°, 5°, 6°, 7°, 8° et 9° de l'article 131-39.

B Les autres aspects du régime juridique

La tentative de recel, difficilement concevable, n'est pas incriminée. En revanche, **la complicité de recel n'est pas exclue même si elle est rare en pratique**, les actes susceptibles d'être pris en compte relevant souvent déjà du recel lui-même *(Cass. crim., 9 févr. 1987, n° 86-92.864)*. On trouve cependant un exemple de complicité de recel d'objets dont la remise est interdite à un détenu, dans le cas de surveillants pénitentiaires qui ont averti ce dernier, en possession d'un téléphone portable, de l'imminence d'une fouille, cette information ayant contribué à faciliter une dissimulation visant à permettre la poursuite de la détention illicite *(Cass. crim., 5 juin 2019, n° 18-80.783)*.

L'immunité familiale n'est pas applicable en matière de recel.

L'article 321-5 énonce que le recel est assimilé, au regard de la récidive, à l'infraction dont provient le bien recelé.

Enfin, le recel est un **délit continu** dans le cas où il se manifeste par la détention d'une chose. Ceci a pour conséquence que **le point de départ de la prescription de l'action publique est fixé en la matière au moment où la consommation de l'infraction a cessé**, même si, à ce moment, l'infraction originaire s'avère, elle, prescrite *(Cass. crim., 16 juill. 1964, n° 63-91.919)*. Il s'agit là d'une conséquence de l'autonomie du recel par rapport à l'infraction qui procure la chose.

Jurisprudence

Pour la Cour de cassation, le recel prend fin, par exemple, lorsque le receleur se libère de l'objet recelé entre les mains d'un tiers *(Cass. crim., 17 mai 1983, n° 83-90.110)*.

Si le recel se consomme par le fait de tirer profit d'un bien provenant d'une infraction, le délit peut, selon les cas, être instantané ou continu *(Cass. crim., 26 févr. 2007, n° 06-80.200)*.

Pour les autres formes de recel, le point de départ de la prescription est le moment de la consommation du délit, donc de sa réalisation.

Dans tous les cas, on rappellera **qu'en vertu de l'article 9-1, alinéas 2 à 4, du CPP, le point de départ du délai de prescription est reporté, lorsque l'infraction a été dissimulée et était clandestine, au moment où elle se révèle dans des conditions permettant l'exercice de l'action publique.** Cette règle est applicable à tous les crimes et délits et donc au recel.

> **Attention** Une autre conséquence du caractère continu du délit est liée à la procédure d'enquête de police, **le constat d'un délit de recel permettant toujours le déclenchement d'une enquête de flagrance**, puisque dès lors que l'agent détient la chose, l'infraction est en train de se commettre actuellement, au sens de l'article 53 du CPP.

§2 La non-justification de ressources

Afin de renforcer la lutte contre certaines formes de délinquance qui procurent des gains importants, telles que le trafic de stupéfiants, le législateur a choisi de permettre de réprimer plus facilement ceux qui, dans l'entourage des auteurs de ces infractions, profitent des produits de celles-ci. En théorie, le délit de recel peut être retenu mais il suppose de faire la preuve de connaissance de l'origine délictueuse de la chose détenue, ce qui n'est pas toujours aisé. C'est pourquoi a été créé un texte particulier qui constitue une forme dérivée de recel.

L'article 321-6 du Code pénal incrimine le fait, pour une personne en relation avec des auteurs ou des victimes d'infractions, de ne pas pouvoir justifier de la légalité de ses ressources.

On notera que ce type d'actes constitue un cas de proxénétisme lorsqu'il s'agit de revenus de la prostitution (V. Fiche n° 64, § 2, I) et qu'il existe un autre texte spécial en matière de terrorisme *(C. pén., art. 421-2-3)*.

I. Éléments constitutifs

L'article 321-6 comprend 2 alinéas qui incriminent, le premier, la non-justification de ressources, le second, le fait de faciliter la justification de ressources fictives.

Le **premier délit** consiste donc dans le fait de ne pas pouvoir justifier de ressources correspondant à son train de vie ou de ne pas pouvoir justifier de l'origine d'un bien détenu, tout en étant en relations habituelles avec une ou plusieurs personnes qui soit se livrent à la commission de crimes ou de délits punis d'au moins 5 ans d'emprisonnement et procurant à celles-ci un profit direct ou indirect, soit sont les victimes d'une de ces infractions.

L'infraction suppose donc la démonstration de relations habituelles avec des auteurs de crimes ou délits punis de 5 ans d'emprisonnement minimum ou avec les victimes des mêmes infractions. En pratique, c'est presque toujours le premier cas qui se rencontre, s'agissant généralement de proches de criminels ou délinquants et notamment de trafiquants de stupéfiants *(Cass. crim., 20 févr. 2008, n° 07-81.247)*.

Jurisprudence

La jurisprudence estime qu'il importe peu que les auteurs des infractions générant les biens soient condamnés dès lors que ces infractions sont établies *(Cass. crim., 27 févr. 2013, n° 12- 81.063)*.

Le fait incriminé consiste en une **incapacité du prévenu de pouvoir démontrer que son train de vie repose sur des ressources légales ou que les biens qu'il possède ont une origine régulière**.

Jurisprudence

Tel est le cas du père de trafiquants de stupéfiants qui, notamment, détient une dizaine de comptes bancaires, 2 contrats d'assurance-vie et qui est propriétaire de 7 logements, sans pouvoir justifier l'origine légale de ces biens *(Cass. crim., 20 févr. 2008 précité)*.

Le législateur présume donc l'origine illicite des biens ou des revenus dont profitent les auteurs.

Le second délit consiste dans le fait de faciliter la justification de ressources fictives pour des personnes se livrant à la commission de crimes ou de délits punis d'au moins 5 ans d'emprisonnement et procurant à celles-ci un profit direct ou indirect.

Il s'agit ici d'un cas de blanchiment, qui fait donc double emploi avec le texte de l'article 324-1, alinéa 1er, du Code pénal (V. Fiche n° 71).

II. Répression

L'article 321-6 prévoit les mêmes peines d'emprisonnement de 3 ans et d'amende de 75 000 € pour les deux délits incriminés.

Dans le cas du terrorisme, l'article 421-2-3 du Code pénal prévoit des peines plus lourdes de 7 ans d'emprisonnement et de 100 000 € d'amende.

Les peines sont portées à 5 ans d'emprisonnement et 150 000 € d'amende lorsque les crimes et délits sont commis par un mineur sur lequel la personne ne pouvant justifier ses ressources a autorité *(C. pén., art. 321-6-1).*

Elles sont portées à 7 ans d'emprisonnement et 200 000 € d'amende lorsque les infractions commises constituent les crimes ou délits de traite des êtres humains, d'extorsion ou d'association de malfaiteurs ou les délits et crimes en matière d'armes et de produits explosifs prévus par les articles 222-52 et 222-53 du Code pénal, par les articles L. 2339-2, L. 2339-3, L. 2339-10, L. 2341-4, L. 2353-4 et L. 2353-5 du Code de la défense ainsi que par les articles L. 317-2 et L. 317-7 du Code de la sécurité intérieure. Il en est de même lorsqu'elles constituent les crimes ou délits de trafic de stupéfiants, y compris en cas de relations habituelles avec une ou plusieurs personnes faisant usage de stupéfiants.

Elles sont portées à 10 ans d'emprisonnement et 300 000 € d'amende lorsqu'il s'agit d'une infraction mentionnée à l'alinéa précédent commise par un ou plusieurs mineurs.

Des peines complémentaires sont énumérées par les articles 321-9 et 321-10-1

Les personnes morales encourent une amende et, dans le cas de l'article 321-6-1, la confiscation de tout ou partie des biens leur appartenant *(C. pén., art. 450-5).*

⏭ POUR ALLER PLUS LOIN…

– B. BOULOC, Remarques sur l'élément matériel du recel, Mélanges Ottenhof, Dalloz, 2006, p. 253 et s

– C. DUCOULOUX-FAVARD, Blanchiment et recel : deux délits de conséquence, Gaz. Pal. 4 janv. 2003, p. 11

– P. MAISTRE DU CHAMBON, Rép. pén. Dalloz, *V°* Recel

Fiche n° 71 Le blanchiment

⏭ L'ESSENTIEL

Tout comme le recel, le blanchiment est une activité délictuelle qui se situe nécessairement après qu'une infraction générant un produit ou un profit a déjà été commise et son objet est de faire en sorte que l'origine frauduleuse du bien ou des fonds n'apparaisse pas, afin d'empêcher la répression.

Le blanchiment peut consister soit à faciliter la justification mensongère de biens ou de revenus de l'auteur d'une infraction lui procurant un profit direct ou indirect, soit à effectuer une opération de placement, de dissimulation ou de conversion du produit direct ou indirect d'une infraction. Il s'agit d'un délit intentionnel supposant que l'auteur ait conscience de l'origine frauduleuse des fonds ou des biens blanchis.

⏭ LES CONNAISSANCES

Le blanchiment peut se définir comme une opération visant à masquer l'origine frauduleuse d'une somme d'argent. Il s'agit d'une infraction récente puisqu'elle a été introduite dans le Code pénal par une loi n° 96-392 du 13 mai 1996 afin de satisfaire aux accords internationaux pris par la France en matière de lutte contre la criminalité organisée. Si certains États classent cette infraction parmi les infractions contre l'administration de la Justice, la France a choisi d'en faire un délit contre les biens.

Il existe deux textes qui répriment, aux mêmes conditions, le blanchiment au sein du Code pénal. L'article 324-1 incrimine un délit général de blanchiment tandis que l'article 222-38 prévoit une répression particulière du blanchiment du produit d'un trafic de stupéfiants.

Nous étudierons les conditions d'existence du blanchiment avant d'évoquer son régime répressif.

§1 Les conditions d'existence du blanchiment

Le blanchiment est une infraction de conséquence qui nécessite la réalisation d'une condition préalable qui est la commission d'une infraction d'origine. Son étude précédera celle des éléments constitutifs du délit.

I. La condition préalable

Le blanchiment présente des similitudes avec le délit de recel et il suppose, comme ce dernier, la **commission d'une infraction d'origine**.

Jurisprudence

Les juridictions doivent donc caractériser l'existence d'une infraction d'origine punissable, c'est-à-dire un crime ou un délit qui a procuré un profit direct ou indirect à son auteur *(Cass. crim., 25 juin 2003, n° 02-86.182)*.

Les règles applicables au recel sont donc transposables et, en particulier, le fait qu'il n'est pas nécessaire que l'auteur de l'infraction principale soit condamné ni même poursuivi pour que le délit de blanchiment soit retenu. De même, le blanchiment ne pourra être caractérisé si l'origine des fonds a perdu son caractère illicite par le jeu de l'amnistie, de l'abrogation du texte incriminant l'infraction d'origine ou l'existence d'un fait justificatif.

(C. pén., art. 324-1-1)
Il faut toutefois noter que l'article 324-1-1, issu d'une loi n° 2013-1117 du 6 décembre 2013, dispose que *« pour l'application de l'article 324-1, les biens ou les revenus sont présumés être le produit direct ou indirect d'un crime ou d'un délit dès lors que les conditions matérielles, juridiques ou financières de l'opération de placement, de dissimulation ou de conversion ne peuvent avoir d'autre justification que de dissimuler l'origine ou le bénéficiaire effectif de ces biens ou revenus »*

Le texte a donc créé une **présomption d'origine illicite des biens ou revenus**, ce qui simplifie les choses pour le ministère public *(V. Cass. crim., 6 mars 2019, n° 18-81.059 – Cass. crim., 18 déc. 2019, n° 19-82.496)*.

Jurisprudence

Un autre point important mérite d'être noté. **Alors qu'il est exclu en matière de recel, le cumul entre le blanchiment et l'infraction d'origine est possible selon la Cour de cassation**, qui a jugé que l'alinéa 2 du l'article 324-1 du Code pénal « est applicable à l'auteur du blanchiment du produit d'une infraction qu'il a lui-même commise » *(Cass. crim., 14 janv. 2004, n° 03-81.165)*. En l'espèce, l'auteur a été condamné pour le blanchiment de fonds provenant du travail dissimulé et de la fraude fiscale dont il était également l'auteur. Cette solution, critiquée par une partie de la doctrine, est constante *(Cass. crim., 28 oct. 2015, n° 14-85.120)*, la chambre criminelle estimant que l'article 324-1 du Code pénal, instituant une infraction générale et autonome de blanchiment, distincte, dans ses éléments matériel et intentionnel, du crime ou du délit ayant généré un produit, réprime, quel qu'en soit leur auteur, des agissements spécifiques de placement, dissimulation ou conversion de ce produit, de sorte que cette disposition est applicable à celui qui blanchit le produit d'une infraction qu'il a commise *(Cass. crim., 14 juin 2017, n° 16-84.921).*

Enfin, la Cour de cassation considère que le blanchiment n'impose ni que l'infraction ayant permis d'obtenir les sommes blanchies ait été commise sur le territoire national ni que les juridictions françaises soient compétentes pour la juger. Dès lors, se rend coupable du délit, le ministre d'un pays étranger qui, ayant perçu de compagnies pétrolières des commissions en contrepartie de l'octroi de concessions ou de licences d'exploitation dans son pays, transfère les fonds ainsi obtenus sur le territoire national pour les déposer dans des banques et les utiliser pour l'acquisition de biens immobiliers ou mobiliers, dès lors que de tels faits sont réprimés en France sous la qualification de corruption *(Cass. crim., 24 févr. 2010, n° 09-82.857).*

II. Les éléments constitutifs

La matérialité du délit peut revêtir plusieurs formes et il est nécessaire qu'une intention guide l'auteur des actes

A L'élément matériel

L'alinéa 1er de l'article 324-1 définit la première forme de blanchiment comme le **fait de faciliter par tout moyen la justification mensongère de biens ou de revenus de l'auteur d'un crime ou d'un délit lui procurant un profit direct ou indirect**. Les termes employés par le législateur sont particulièrement vagues, ce qui correspond à la volonté de faire entrer un maximum de comportements dans le champ d'application de l'infraction.

En premier lieu, est auteur de l'infraction celui qui apporte son aide pour justifier de l'origine des fonds ou des biens, ce qui correspond à une **forme de complicité** mais qui n'intervient qu'après la commission d'une infraction, d'où l'intérêt d'une incrimination particulière. En pratique, cette forme du blanchiment peut se matérialiser de manière variée, notamment, par l'établissement de faux documents tels que des fausses factures, des faux contrats de travail, des faux bulletins de paie, etc.

Jurisprudence

Est ainsi condamné à bon droit le prévenu qui a établi la comptabilité de sociétés sans activité réelle, déposé les statuts d'une société fictive et effectué des opérations de versements et de retraits en espèces sur les comptes d'autres sociétés *(Cass. crim., 7 oct. 2009, n° 08-84.348).*

Comme on l'a signalé, l'article 321-6, alinéa 2 réprime le même fait c'est-à-dire le fait de faciliter la justification de ressources fictives pour des personnes se livrant à la commission de crimes ou de délits punis d'au moins 5 ans d'emprisonnement et procurant à celles-ci un profit direct ou indirect. Cette disposition est donc inutile et les poursuites pénales se font sur le fondement de l'article 324-1.

En second lieu, l'alinéa 2 du texte incrimine « ***le fait d'apporter un concours à une opération de placement, de dissimulation ou de conversion du produit direct ou indirect d'un crime ou d'un délit*** ». Il s'agit ici d'appréhender les opérations consistant à réinjecter dans un circuit économique ou financier légal des fonds provenant d'une opération criminelle ou délictuelle.

Jurisprudence

Est ainsi coupable de blanchiment le prévenu qui, d'une part, recevait de nombreux chèques d'entreprises du bâtiment qui employaient des salariés roumains en situation irrégulière sans les déclarer, d'autre part, retirait en espèces les fonds ainsi encaissés, sur lesquels il prélevait une commission de 15 à 20 %, enfin, remettait le solde à ces employés en paiement de leur salaire. La chambre criminelle a jugé que les chèques remis à l'intéressé aux fins de conversion en espèces, provenaient du produit retiré par les employeurs des délits de travail dissimulé *(Cass. crim., 17 juin 2015, n° 14-80.977)*.

Le délit est également constitué dans le cas du prévenu qui a servi d'intermédiaire dans la revente d'engins de travaux publics qui provenaient de vols, en fabriquant de faux certificats de vente, des attestations mensongères et des factures fictives, les fonds étant utilisés pour l'acquisition d'aéronefs par le destinataire des documents mensongers *(Cass. crim., 26 janv. 2011, n° 10-84.081)*.

B L'élément moral

Le blanchiment est une **infraction intentionnelle qui nécessite que l'auteur ait eu conscience de l'origine frauduleuse des fonds même s'il n'a pas eu connaissance précisément de l'infraction dont les fonds sont le produit** *(Cass. crim., 20 mai 2015 n° 14-81.964 – Cass. crim., 18 janv. 2017, n° 15-84.003)*.

Les juges font preuve d'une indéniable sévérité envers les professionnels en admettant difficilement l'ignorance de l'origine illicite des fonds lorsqu'il s'agit d'une opération présentant un caractère inhabituel. Ainsi, l'intention est caractérisée dès lors que l'auteur ne pouvait pas ignorer l'existence des activités délictueuses de l'individu à qui il avait prêté son concours *(Cass. crim., 29 mars 2007, n° 06-84.445)*.

Jurisprudence

De même, se rend coupable de blanchiment le fondé de pouvoir d'une banque, qui a autorisé des dépôts d'espèces sur des comptes puis leur retrait en coupures de 500 euros et qui n'a pu ignorer le caractère frauduleux des fonds ayant transité sur ces comptes *(Cass. crim., 8 avr. 2010, n° 09-84.525)*.

§2 Le régime juridique du blanchiment

Les personnes physiques encourent **5 ans d'emprisonnement et 375 000 € d'amende**. L'article 324-2 élève ces peines à 10 ans d'emprisonnement et 750 000 € d'amende lorsque le délit est commis de façon habituelle ou en utilisant les facilités que procure l'exercice d'une activité professionnelle. Les mêmes peines sont encourues en cas de commission en bande organisée.

On retrouve 2 règles applicables en matière de recel. D'une part, les peines d'amende peuvent être élevées jusqu'à la moitié de la valeur des biens ou des fonds sur lesquels ont porté le blanchiment *(C. pén., art. 324-3)*. D'autre part, lorsque le crime ou le délit dont proviennent les biens et les fonds est puni d'une peine d'une durée supérieure à celle encourue en application des articles 324-1 ou 324-2, le blanchiment est puni des peines attachées à l'infraction dont son auteur a eu connaissance et, si cette infraction est accompagnée de circonstances aggravantes, des peines attachées aux seules circonstances dont il a eu connaissance *(C. pén., art. 324-4)*.

Des peines complémentaires sont prévues par les articles 324-7 et 324-8.

Les **personnes morales** encourent une amende, les peines de l'article 131-39 ainsi que la confiscation de tout ou partie de leurs biens *(C. pén., art. 324-9)*.

La **tentative** de blanchiment est incriminée mais il n'y a pas d'illustration connue.

S'agissant du **blanchiment du produit d'un trafic de stupéfiants**, les peines applicables aux personnes physiques sont un **emprisonnement de 10 ans et une amende de 750 000 €** *(C. pén., 222-38)*. Pour les personnes morales, les peines sont l'amende et la totalité de celles prévues par l'article 131-39 *(C. pén., art. 222-42)*.

On précisera encore qu'au regard de la récidive, le blanchiment est assimilé à l'infraction à l'origine des opérations de blanchiment.

Jurisprudence

Le problème du **point de départ de la prescription de l'action publique** a été posé dans un arrêt *(Cass. crim., 11 sept. 2019, n° 18-83.484)* qui apporte deux précisions importantes. La Cour de cassation affirme, d'une part, que **le blanchiment, qui s'exécute en un trait de temps, constitue une infraction instantanée**, d'autre part que, **lorsqu'il consiste à faciliter la justification mensongère de l'origine de biens ou de revenus ou à apporter un concours à une opération de dissimulation du produit direct ou indirect d'un crime ou d'un délit, le blanchiment**, qui a pour objet de masquer le bénéficiaire ou le caractère illicite des fonds ou des biens sur lesquels il porte, notamment aux yeux de la victime et de l'autorité judiciaire, **constitue en raison de ses éléments constitutifs une infraction occulte par nature**.

Enfin, on signalera que **le Code monétaire et financier contient de nombreuses dispositions techniques destinées à lutter contre le blanchiment**, qui imposent à certains professionnels, tels que les établissements financiers ou les avocats, de dénoncer au procureur de la République les situations suspectes susceptibles de correspondre à des faits de blanchiment *(CMF, art. L. 561-1 et s.)*, sous peine de sanctions administratives *(CMF, art. L. 561-36)*.

POUR ALLER PLUS LOIN…

– C. CUTAJAR, Lutte contre le blanchiment, une progression historique. Rapport d'activité 2014 de TRACFIN, JCP G 2015, 524 ; Le volet « Lutte contre le blanchiment et le financement du terrorisme », À propos de la loi n° 2016-731 du 3 juin 2016, JCP G 2016, 739

– E. LEVERBE, Le banquier et l'article 324-1 du Code pénal, Dr. pén. 2004, chron. 4

– P. NERAC, La lutte contre le blanchiment d'argent, la répression de l'infraction générale de blanchiment, AJ pénal 2006, p. 440

– H. ROBERT, La lutte contre le blanchiment d'argent, Tracfin : du soupçon déclaré d'opérations illicites à la présomption d'infraction, AJ Pénal 2006, p. 437

P@RTIE 4

LES ATTEINTES À L'ÉTAT, LA NATION ET LA PAIX PUBLIQUE

Le Livre IV du Code pénal regroupe nombre d'infractions qui protègent les intérêts les plus fondamentaux de la société et de l'État contre les actions criminelles et délictuelles qui tendent à en atteindre les structures ou le fonctionnement. Beaucoup d'entre elles ne connaissent pas ou peu d'applications pratiques mais certaines ont, au contraire, une grande portée, qui justifie leur analyse détaillée.

Il s'agit des infractions en matière de terrorisme, de celles en matière de corruption et de l'infraction de participation à une association de malfaiteurs.

Fiche n° 72 Le terrorisme

⏭ L'ESSENTIEL

Les infractions terroristes ont pour point commun d'être des actes en relation avec une entreprise qui poursuit un but terroriste mais la notion de terrorisme n'est pas clairement définie. Il existe une très grande variété d'actes de terrorisme incriminés aujourd'hui. Le législateur réprime non seulement les atteintes à la vie ou à la propriété mais aussi toutes sortes d'actes antérieurs et préparatoires à ces atteintes ou encore la provocation à les commettre ou leur apologie.

Les peines encourues sont souvent lourdes et il existe de nombreuses règles procédurales dérogatoires et défavorables aux auteurs de ces actes.

⏭ LES CONNAISSANCES

Le droit du terrorisme est relativement récent en France et sa construction se fait par vagues successives, correspondant aux événements terroristes, ce qui est une méthode critiquable quoique compréhensible, car elle vise à répondre à des préoccupations immédiates, certes légitimes, mais sans recherche de la portée réelle à plus long terme des dispositions prises.

Dès l'origine, c'est-à-dire la loi n° 86-1020 du 9 septembre 1986 relative à la lutte contre le terrorisme, s'est posé un problème qui n'a jamais été réglé véritablement et qui est celui de la notion même de terrorisme, cette indéfinition laissant au législateur une très grande liberté pour décider ce qui relève ou non, selon lui, de cette notion, au risque de porter atteinte aux libertés individuelles. De fait, ces dernières années, de nouvelles infractions terroristes ont vu le jour, parfois de manière éphémère parce que le Conseil constitutionnel a, dans certains cas, censuré des textes au motif que l'incrimination ne respectait pas le principe de nécessité *(Cons. const., 15 déc. 2017, n° 2017-682 QPC, JO 16 déc. 2017, censurant l'article 421-2-5-2 du Code pénal, incriminant la consultation habituelle de sites internet provoquant ou faisant l'apologie du terrorisme).*

On décrira les infractions de terrorisme avant de présenter leur régime répressif, très particulier.

§1 Les infractions de terrorisme

Elles présentent toutes un point commun, qui est censé constituer le critère du terrorisme, mais elles diffèrent aussi sensiblement dans leurs composantes matérielles.

I. Le point commun : des actes en rapport avec une entreprise terroriste

Dès 1986, le législateur a déterminé un critère de définition du terrorisme en utilisant une formule, qui se trouve toujours aujourd'hui aux articles 421-1 et suivants du Code pénal, selon laquelle constituent des actes de terrorisme des infractions ou des actes qui sont *« intentionnellement en relation avec une entreprise individuelle ou collective ayant pour but de troubler gravement l'ordre public par l'intimidation ou la terreur »*. Cette formule permet donc de considérer que des infractions de droit commun, comme le meurtre ou les destructions, deviennent des infractions terroristes lorsque cette relation peut être établie (V. *infra*). Il en ressort que **l'auteur des actes doit non seulement avoir l'intention d'accomplir ceux-ci mais aussi celle de s'associer à une entreprise « terroriste », elle-même définie comme celle dont le but est de troubler gravement l'ordre public par l'intimidation ou la terreur**.

Jurisprudence

La jurisprudence récente a donné un éclairage sur la formule en considérant que les juges n'ont pas à établir que les auteurs des actes ont agi avec une finalité terroriste, **le but terroriste étant celui de l'entreprise et non pas celui des auteurs des actes de terrorisme** *(Cass. crim., 10 janv. 2017, n° 16-84.596).*

Pour le reste, la formule donne une définition tautologique du terrorisme qui s'avère particulièrement large, ce qui se vérifie par le fait que le législateur incrimine, non seulement des actions violentes mais aussi des actes situés largement en amont ou en marge de celles-ci.

II. La diversité des incriminations

Les infractions de terrorisme sont prévues par les articles 421-1 à 421-2-6 du Code pénal.

L'article 421-1 donne une **liste d'infractions** telles que les atteintes volontaires à la vie et à l'intégrité de la personne, l'enlèvement et la séquestration, le détournement de moyen de transport, les vols, extorsions, destructions, les infractions en matière d'armes, le recel etc. **qui reçoivent la qualification de terrorisme si elles sont en relation avec une entreprise terroriste**.

L'article 421-2 réprime le **terrorisme dit écologique** c'est-à-dire le fait d'introduire dans l'atmosphère, sur le sol, dans le sous-sol, dans les aliments ou les composants alimentaires ou dans les eaux, y compris celles de la mer territoriale, une substance de nature à mettre en péril la santé de l'homme ou des animaux ou le milieu naturel, si ces actes sont en relation avec une entreprise terroriste. Ce texte n'a jamais reçu d'application et on remarquera qu'il présente une certaine proximité avec le crime d'empoisonnement ou le délit d'administration de substances nuisibles.

L'article 421-2-1 incrimine la **participation à une association de malfaiteurs en vue de la préparation d'actes de terrorisme**, ce délit étant probablement le plus souvent appliqué, en pratique (V. Fiche n° 74).

Jurisprudence

À titre d'illustration, il a été retenu à l'encontre d'un prévenu qui avec d'autres personnes, a organisé, de façon occulte, un voyage en Turquie et a pris contact avec des personnes assurant le passage de la frontière avec la Syrie et l'accueil dans une zone occupée par l'organisation terroriste « état islamique », afin d'y commettre des actes de terrorisme *(Cass. crim., 20 févr. 2019, n° 18-80.777)*. Le délit est aussi caractérisé dans le cas d'un prévenu qui détenait des photographies et vidéos liées à la même organisation terroriste ainsi que la photographie d'une lunette de visée et qui manifestait un intérêt pour une ancienne caserne devenue un établissement d'enseignement universitaire qu'il avait désigné à un tiers comme une cible potentielle de l'organisation terroriste. Le prévenu s'était également filmé, prêtant allégeance au chef de cette organisation et menaçant de tuer des « mécréants » et avait filmé un convoi de police, tout en tenant à un tiers des propos appelant au meurtre de ces fonctionnaires, cette seconde vidéo ayant été diffusée sur un site de propagande. **La chambre criminelle a relevé que la cour d'appel n'avait pas, pour caractériser l'infraction, l'obligation de démontrer la participation du prévenu à la préparation ou à la réalisation de certaines infractions spécifiques dès lors que le délit d'association de malfaiteurs constitue une infraction indépendante des crimes ou délits qu'elle a pour objet de préparer ou de commettre** *(Cass. crim., 19 févr. 2019, n° 18-81.096)*.

Le **financement d'une entreprise terroriste** est également incriminé *(C. pén., art. 421-2-2)* et consiste à fournir, réunir ou gérer des fonds, valeurs ou des biens quelconques ou donner des conseils à cette fin, dans l'intention de voir ces fonds, valeurs ou biens utilisés ou en sachant qu'ils sont destinés à être utilisés, en tout ou partie, en vue de commettre des actes de terrorisme, indépendamment de la survenance de ceux-ci.

Constitue également un acte de terrorisme la **non-justification de ressources** correspondant à son train de vie, par une personne en relations habituelles avec une ou plusieurs personnes se livrant à l'un ou plusieurs des actes de terrorisme visés aux articles 421-1 à 421-2-2 *(C. pén., art. 421-2-3* – V. Fiche n° 70*)*.

L'article 421-2-4 du Code pénal réprime **l'instigation non suivie d'effet à participer à une association de malfaiteurs terroriste ou à commettre un acte de terrorisme.** L'article 421-2-4-1 incrimine également le **fait, par une personne ayant autorité sur un mineur, de faire participer ce mineur à une association de malfaiteurs terroriste.**

La **provocation directe à des actes de terrorisme ou l'apologie publique des actes de terrorisme** est incriminée, ainsi que le fait d'extraire, reproduire et transmettre intentionnellement des données faisant l'apologie publique d'actes de terrorisme ou provoquant directement à ces actes afin d'entraver, en connaissance de cause, l'efficacité des procédures prévues à l'article 6-1 de la loi n° 2004-575 du 21 juin 2004 pour la confiance dans l'économie numérique ou à l'article 706-23 du CPP *(C. pén., art. 421-2-5 et 421-2-5-1).*

Jurisprudence

Selon la Cour de cassation, le délit d'apologie d'actes de terrorisme consiste dans le fait d'inciter publiquement à porter sur ces infractions ou leurs auteurs un jugement favorable, sans qu'il y ait à établir que les propos en cause ont été proférés en relation avec une entreprise individuelle ou collective ayant pour but de troubler gravement l'ordre public par l'intimidation ou la terreur *(Cass. crim., 11 déc. 2018, n° 18-82.712).*

Enfin, est encore incriminée, par l'article 421-2-6 du Code pénal, « **l'entreprise terroriste individuelle** », infraction d'une grande complexité matérielle puisqu'elle suppose la préparation de certains actes terroristes dès lors qu'elle est intentionnellement en relation avec une entreprise individuelle (et non plus *« individuelle ou collective »*, selon la formule habituelle) ayant pour but de troubler gravement l'ordre public par l'intimidation ou la terreur et qu'elle est caractérisée par :

1° le fait de détenir, de se procurer ou de fabriquer des objets ou des substances de nature à créer un danger pour autrui ;

2° et l'un des autres faits matériels suivants :

- a) recueillir des renseignements sur des lieux ou des personnes permettant de mener une action dans ces lieux ou de porter atteinte à ces personnes ou exercer une surveillance sur ces lieux ou ces personnes ;
- b) s'entraîner ou se former au maniement des armes ou à toute forme de combat, à la fabrication ou à l'utilisation de substances explosives, incendiaires, nucléaires, radiologiques, biologiques ou chimiques ou au pilotage d'aéronefs ou à la conduite de navires ;
- c) consulter habituellement un ou plusieurs services de communication au public en ligne ou détenir des documents provoquant directement à la commission d'actes de terrorisme ou en faisant l'apologie ;
- d) avoir séjourné à l'étranger sur un théâtre d'opérations de groupements terroristes.

Jurisprudence

La chambre criminelle a approuvé une décision de non-lieu dans une affaire où le mis en examen possédait deux « packs artisanaux », chacun composé de trois bouteilles en plastique reliées entre elles par un ruban adhésif, ne contenant aucune substance explosive, ainsi qu'une documentation et des photographies de terroristes et de djihadistes. La chambre de l'instruction a estimé que ces packs ne pouvaient constituer un objet de nature à créer un danger pour autrui et que les documents évocateurs de lieux n'étaient pas suffisamment précis pour permettre d'y mener une action ou y exercer une surveillance *(Cass. crim., 23 janv. 2019, n° 18-80.849)*. De même, la cour d'appel de Chambéry a relaxé un individu qui s'était borné à acheter une arme et des munitions, sans qu'une intention de préparer des actes terroristes soit démontrée *(CA Chambéry, 11 déc. 2019, JurisData n° 2019-024779)*.

On constate aisément que **tout acte présentant un rapport même éloigné avec le terrorisme est désormais incriminé, sans que l'on sache si cette multiplication des incriminations présente un réel intérêt dans la lutte contre le phénomène**.

§2 Le régime répressif

Après l'exposé des pénalités encourues, on s'intéressera à d'autres aspects, notamment procéduraux, de ces infractions.

I. Les peines

S'agissant des infractions visées par l'article 421-1 du Code pénal, l'article 421-3 prévoit que le lien avec une entreprise terroriste jour le même rôle d'une circonstance aggravante. En effet, le texte dispose que le maximum de la peine privative de liberté encourue pour ces infractions est relevé de la manière suivante :

1° il est porté à la réclusion criminelle à perpétuité lorsque l'infraction est punie de 30 ans de réclusion criminelle ;
2° il est porté à 30 ans lorsque l'infraction est punie de 20 ans de réclusion criminelle ;
3° il est porté à 20 ans lorsque l'infraction est punie de 15 ans de réclusion criminelle ;
4° il est porté à 15 ans de réclusion criminelle lorsque l'infraction est punie de 10 ans d'emprisonnement ;
5° il est porté à 10 ans d'emprisonnement lorsque l'infraction est punie de 7 ans d'emprisonnement ;
6° il est porté à 7 ans lorsque l'infraction est punie de 5 ans d'emprisonnement ;
7° il est porté au double lorsque l'infraction est punie d'un emprisonnement de 3 ans au plus.

Le **terrorisme écologique** est réprimé par **20 ans de réclusion criminelle** et une amende de 350 000 €. Lorsque l'acte a entraîné la mort d'une ou plusieurs personnes, il est puni de la réclusion criminelle à perpétuité et de 750 000 € d'amende *(C. pén., art. 421-4)*.

Selon l'article 421-5, **la participation à l'association de malfaiteurs terroriste et le financement du terrorisme** sont punis de 10 ans d'emprisonnement et de 225 000 € d'amende. **Le fait de diriger ou d'organiser une telle association est puni de 30 ans de réclusion criminelle** et de 500 000 € d'amende. La tentative du délit de financement est incriminée. Enfin, **l'entreprise terroriste individuelle est puni de 10 ans d'emprisonnement et de 150 000 €** d'amende.

L'article 421-6 prévoit des **circonstances aggravantes de la participation à une association de malfaiteurs.** Les peines sont portées à **30 ans de réclusion criminelle** et 450 000 € d'amende lorsque le groupement ou l'entente a pour objet la préparation :

1° soit d'un ou plusieurs crimes d'atteintes aux personnes visés au 1° de l'article 421-1 ;
2° soit d'une ou plusieurs destructions par substances explosives ou incendiaires visées au 2° de l'article 421-1 et devant être réalisées dans des circonstances de temps ou de lieu susceptibles d'entraîner la mort d'une ou plusieurs personnes ;
3° soit de l'acte de terrorisme écologique lorsqu'il est susceptible d'entraîner la mort d'une ou plusieurs personnes.

Le fait de diriger ou d'organiser un tel groupement ou une telle entente est puni de la réclusion criminelle à perpétuité et de 500 000 € d'amende.

La **non-justification de ressources** prévue par l'article 421-2-3 est puni de **7 ans d'emprisonnement et de 100 000 € d'amende.**

L'instigation non suivie d'effet à participer à une association de malfaiteurs terroriste est punie de 10 ans d'emprisonnement et de 150 000 € d'amende *(C. pén., art. 421-2-4)*.

Le fait de faire participer un mineur à une telle association est puni de 15 ans de réclusion criminelle et d'une amende de 225 000 € *(C. pén., art. 421-2-4-1)*.

La **provocation aux actes de terrorisme et leur apologie est punie de 5 ans d'emprisonnement et de 75 000 € d'amende**, les peines étant portées à 7 ans et à 100 000 € lorsque les faits ont été commis en utilisant un service de communication au public en ligne *(C. pén., art. 421-2-5)*.

Enfin, **le délit de l'article 421-2-5-1 est puni de 5 ans d'emprisonnement et de 75 000 € d'amende**.

Le législateur a prévu une période de sûreté pour tous les crimes et délits punis de 10 ans d'emprisonnement. De plus, lorsque le crime est puni de la réclusion criminelle à perpétuité, la cour d'assises peut, par décision spéciale, soit porter la période de sûreté jusqu'à trente ans, soit, si elle prononce la réclusion criminelle à perpétuité, décider qu'aucune des mesures énumérées au même article 132-23 ne pourra être accordée au condamné *(C. pén., art. 421-7)*. En d'autres termes, a été instaurée une période de sûreté que les juges peuvent rendre applicable à la totalité de la peine perpétuelle (perpétuité dite « réelle »).

Des peines complémentaires sont prévues par les articles 421-8, 422-3, 422-4 et 422-6.

Les personnes morales encourent une amende et toutes les peines de l'article 131-39, ainsi que la confiscation de toute ou partie de leurs biens *(C. pén., art. 422-5 et 422-6)*.

II. Les autres aspects du régime juridique

Le Code pénal prévoit une **exemption de peine** au profit de toute personne qui a tenté de commettre un acte de terrorisme et qui, ayant averti l'autorité administrative ou judiciaire, a permis d'éviter la réalisation de l'infraction et d'identifier, le cas échéant, les autres coupables *(C. pén., art. 422-1)*. De même, une **réduction de peine** de moitié est accordée à l'auteur ou au complice si, ayant averti les autorités administratives ou judiciaires, il a permis de faire cesser les agissements incriminés ou d'éviter que l'infraction n'entraîne mort d'homme ou infirmité permanente et d'identifier, le cas échéant, les autres coupables. Lorsque la peine encourue est la réclusion criminelle à perpétuité, celle-ci est ramenée à 20 ans *(C. pén., art. 422-2)*.

Sur le plan procédural, le terrorisme est traité de manière particulière. Ainsi, les délais de **prescription de l'action publique** sont plus longs : 30 ans pour les crimes et 20 ans pour les délits à l'exclusion de ceux définis aux articles 421-2-5 et 421-2-5-1 *(CPP, art. 7, al. 2 et 8, al. 4)*. Il en va de même pour les délais de prescription de la peine *(30 ans pour les crimes et 20 ans pour les délits, C. pén., art. 133-2, al. 2 et 133-3, 2)*.

En outre, le terrorisme relève de la procédure de criminalité et délinquance organisée prévue par les articles 706-73 et suivants du CPP, ce qui signifie l'application de nombreuses règles exceptionnelles touchant à l'enquête et à l'instruction, la plus connue étant celle qui permet une prolongation de la durée de garde à vue jusqu'à 6 jours en cas de risque imminent d'actes de terrorisme *(CPP, art. 706-88-1)*. À cela s'ajoutent d'autres règles particulières *(CPP, art. 706-16 et s.)* et notamment le fait que les crimes terroristes sont jugés par une cour d'assises ne comportant pas de jury mais seulement 4 magistrats professionnels *(CPP, art. 706-25 et 698-6)*.

⏭ POUR ALLER PLUS LOIN...

- J. ALIX, La répression de l'incitation au terrorisme, Gaz. Pal. 24 févr. 2015, p. 11 ; Réprimer la participation au terrorisme, RSC 2014, p. 849
- M.-E. CARTIER, Le terrorisme dans le nouveau Code pénal français, RSC 1995, p. 225
- M.-H. GOZZI, La lutte contre le terrorisme : une législation entre émotion et réaction, JCP G 2016, 738

Fiche n° 73 La corruption d'agents publics

⏭ L'ESSENTIEL

La technique d'incrimination de la corruption est particulière en ce que le législateur prévoit deux délits, l'un réprimant les actes du corrupteur, l'autre ceux du corrompu, les infractions étant indépendantes l'une de l'autre. En outre, la répression peut avoir lieu de manière anticipée, dès le stade des propositions de services ou de récompense, même si la mesure favorable désirée n'est pas procurée.

La corruption passive suppose que l'auteur possède une qualité qui est celle de dépositaire de l'autorité publique, personne chargée d'une mission de service public ou encore élu. Les actes de corruption sont définis très largement afin d'englober le plus de situations possibles. La mesure demandée à l'agent public doit relever de ses fonctions ou de sa mission.

⏭ LES CONNAISSANCES

La corruption consiste pour le corrupteur à obtenir une mesure favorable de la part du corrompu, en échange d'une rétribution quelconque de celui-ci. Elle constitue un grave manquement aux règles normales de fonctionnement de la société, en particulier lorsqu'elle concerne des agents publics, dont la probité est censée être exemplaire, et elle est souvent associée à des pratiques mises en œuvre dans le milieu des affaires et dans celui de la politique, tout en présentant un caractère clandestin sans lequel elle ne peut prospérer.

Le droit pénal français traite de la corruption d'une manière particulière, en réprimant distinctement l'infraction commise par le corrupteur et celle accomplie par le corrompu et en fixant le seuil de la répression avant l'accomplissement de l'acte favorable désiré.

En outre, plusieurs types de corruption sont réprimés selon une technique semblable. La forme la plus ancienne est la corruption de personnes exerçant une fonction publique *(C. pén., art. 432-11 et 433-1)* mais le Code pénal incrimine également la corruption des personnes n'exerçant pas une telle fonction *(C. pén., art. 445-1 et 445-2)*, celle des agents publics des États étrangers *(C. pén., art. 435-1 et s.)* et celle des magistrat, greffier, expert ou encore arbitre *(C. pén., art. 434-9)*. De surcroît, les infractions de corruption proprement dites sont systématiquement complétées par des délits de trafic d'influence, qui sont des formes dérivées de corruption en ce que la personne corrompue n'est pas celle qui peut faire obtenir une mesure favorable à celui qui la sollicite mais elle peut user de son influence pour faire obtenir d'un tiers ladite mesure. Le trafic d'influence est incriminé dans les mêmes textes et également en distinguant selon qu'il est actif ou passif.

On s'intéressera ici à la corruption d'agents publics, qui reste la plus fréquente en pratique, tout en sachant que la technique d'incrimination demeure identique dans tous les cas.

Après avoir analysé les éléments constitutifs des infractions, on présentera leur régime juridique.

§1 Les éléments constitutifs des délits

Deux textes distincts permettent de réprimer le corrompu et le corrupteur, le premier incriminant la corruption passive à l'article 432-11, le second punissant la corruption active à l'article 433-1.

I. La corruption passive

L'article 432-11 du Code pénal définit la corruption passive comme le fait, par une personne dépositaire de l'autorité publique, chargée d'une mission de service public, ou investie d'un mandat électif public, de solliciter ou d'agréer, sans droit, à tout moment, directement ou indirectement, des offres, des promesses, des dons, des présents ou des avantages quelconques pour elle-même ou pour autrui pour accomplir ou avoir accompli ou s'abstenir ou s'être abstenue d'accomplir un acte de sa fonction, de sa mission ou de son mandat ou facilité par sa fonction, sa mission ou son mandat.

L'auteur doit donc avoir une certaine qualité et accomplir certains actes dans un but précis.

A Qualité de l'auteur

Le corrompu doit être une **personne dépositaire de l'autorité publique, une personne chargée d'une mission de service public ou une personne investie d'un mandat électif public** et il appartient aux juges de caractériser cette qualité.

Jurisprudence

Tel est le cas du vice-président de conseil général et président de la commission d'appel d'offres *(Cass. crim., 16 mai 2001, n° 97-80.888)*, d'un maire *(Cass. crim., 20 mai 2009, n° 08-83.789)*, d'un agent de la RATP *(Cass. crim., 2 avr. 1998, n° 97-83.119)*, d'un mandataire judiciaire *(Cass. crim., 9 sept. 2009, n° 08-87.312)*, d'un directeur de production d'un centre EDF *(Cass. crim., 20 oct. 2004, n° 03-82.644)* ou encore des journalistes d'une chaîne de télévision du service public *(Cass. crim., 19 mars 2003, n° 02-80.374)*.

On remarquera que l'article 435-1 du Code pénal réprime également la corruption passive pour les personnes dotées des mêmes qualités *« dans un État étranger ou au sein d'une organisation internationale publique »*.

B Actes matériels

Dans le cas de la corruption passive, c'est l'agent public corrompu qui sollicite ou agrée, sans droit, à tout moment, directement ou indirectement, des offres, promesses, dons, présents ou avantages quelconques, pour lui-même ou autrui. Cela correspond donc à 2 situations, soit que l'agent ait pris l'initiative de proposer ses services à un tiers, soit qu'il accepte la proposition faite par ce dernier.

Le législateur vise **toutes sortes d'avantages pouvant être proposés ou acceptés** par le corrompu.

Jurisprudence

Le plus souvent, il s'agit d'avantages pécuniaires ou matériels comme le versement de sommes d'argent ou commissions *(Cass. crim., 19 mars 2003 préc. ; Cass. crim., 20 mai 2009 préc.)* ou le rachat par un mandataire judiciaire, sous couvert d'une société écran, d'une créance à un prix très avantageux *(Cass. crim., 9 sept. 2009 préc.)*. Le corrompu peut aussi obtenir des avantages en nature tels que des travaux réalisés par une entreprise dans sa propriété personnelle *(Cass. crim., 20 oct. 2004 préc.)*. **L'avantage retiré peut profiter au prévenu ou à un tiers**, ce qui permet, par exemple, de condamner un maire qui sollicite une somme d'argent pour accorder un permis de construire, laquelle était destinée à la commune elle-même *(Cass. crim., 20 mai 2009, préc.)*.

De même, **le corrompu peut agir directement ou indirectement**, c'est-à-dire faire une proposition ou donner son accord par une personne interposée. Enfin, la sollicitation ou l'agrément se fait sans droit, ce qui signifie que l'agent ne doit pas pouvoir prétendre à l'avantage qu'il sollicite ou accepte. Cependant, cette précision paraît inutile dès lors qu'un fonctionnaire ne peut jamais demander ou obtenir un avantage pour effectuer un acte de sa fonction.

Pendant longtemps, il a été admis que la corruption ne pouvait être caractérisée que s'il existait un « **pacte de corruption** » antérieur entre le corrupteur et le corrompu, ce qui signifiait que le fait pour l'agent public de réclamer un avantage après avoir effectué l'acte favorable demandé n'était pas punissable si cet accord antérieur ne pouvait être établi. Depuis la loi n° 2000-595 du 30 juin 2000, cette exigence semble avoir disparu dès lors que le législateur a précisé, dans le texte de l'article 432-11, que la sollicitation ou l'agrément pouvait avoir lieu *« à tout moment »*.

Cependant, **la jurisprudence a continué d'exiger la preuve de l'antériorité du pacte de corruption** *(Cass. crim., 20 févr. 2008, n° 02-82.676)* **mais la loi n° 2011-525 du 17 mai 2011**, en ajoutant à l'article 432-11, que la proposition du corrompu peut intervenir après qu'il ait accompli ou qu'il se soit abstenu d'accomplir l'acte de sa fonction, **condamne définitivement la condition d'antériorité du pacte de corruption**.

C But des actes

La sollicitation ou l'agrément de la part du corrompu se fait dans un objectif déterminé qui est d'accomplir ou de s'abstenir d'accomplir un acte de sa fonction, de sa mission ou de son mandat ou facilité par sa fonction, sa mission ou son mandat. La nature des actes susceptibles d'être effectués par le prévenu dépend donc étroitement de sa qualité et de son statut.

Jurisprudence

À titre d'exemples, on peut citer le fait, fréquent en pratique, d'accorder des marchés publics à une entreprise *(Cass. crim., 20 mai 2009, n° 08-87.354 – Cass. crim., 30 juin 2010, n° 09-83.689)* ou le fait pour un maire de délivrer un permis de construire *(Cass. crim., 20 mai 2009, n° 08-83.789)*. La corruption est encore caractérisée par le fait, pour un conseiller au centre de formalités des entreprises, chargé de vérifier les dossiers d'inscription, de modification ou de radiation au registre des sociétés, avant leur transmission au greffe du tribunal de commerce, de se faire remettre des fonds pour déposer directement et individuellement des dossiers auprès de ce greffe dès lors qu'il s'agit d'un acte facilité par ses fonctions *(Cass. crim., 13 janv. 2010, n° 09-82.612)*.

En revanche, il a été jugé que la cession par un notaire des parts qu'il détient dans une société civile professionnelle au sein de laquelle il exerce son activité, ne constitue pas un acte relevant des missions d'un notaire ou facilité par *elles (Cass. crim., 7 déc. 2016, n° 16-81.698)*.

Dans tous les cas, il faut remarquer que **le délit de corruption est consommé dès que le corrompu a sollicité ou agréé l'offre ou l'avantage quelconque proposé,**

sans attendre qu'il ait lui-même accompli l'acte demandé en échange. Il s'agit d'une **infraction formelle**, présentant l'intérêt de permettre la répression même si le corrompu ne s'exécute pas.

II. Corruption active

La corruption active consiste dans le fait, par quiconque, de proposer, sans droit, à tout moment, directement ou indirectement, des offres, promesses, dons présents ou avantages quelconques à une personne dépositaire de l'autorité publique, chargée d'une mission de service public ou investie d'un mandat électif public, pour elle-même ou pour autrui, afin qu'elle accomplisse ou s'abstienne d'accomplir ou parce qu'elle a accompli ou s'est abstenue d'accomplir, un acte de sa fonction, de sa mission ou de son mandat, ou facilité par sa fonction, sa mission ou son mandat. L'infraction est encore constituée lorsque la personne cède à l'agent public qui sollicite, sans droit aux propositions de ce dernier pour accomplir ou s'abstenir d'accomplir un acte de sa fonction ou parce qu'il a déjà réalisé ce qu'on pouvait attendre de lui *(C. pén., art. 433-1)*.

Il s'agit donc de l'**infraction du corrupteur, qui souhaite obtenir un acte de l'agent public en proposant une rétribution ou en acceptant la proposition de rétribution de l'agent public.**

Les éléments constitutifs sont donc très proches de ceux de la corruption passive.

A Qualités des protagonistes

La qualité de l'agent corrompu est similaire à celle requise dans la corruption passive, à savoir celle de personne dépositaire de l'autorité publique, de personne chargée d'une mission de service public ou investie d'un mandat électif public (V. *supra* § 1, I, A). Ici encore, on peut noter que l'article 435-3 réprime la corruption active des agents publics d'un État étranger ou des agents d'une organisation internationale publique *(V. Cass. crim., 14 mars 2018, n° 16-82.117)*.

Le texte n'exige, naturellement, aucune qualité spéciale du corrupteur puisqu'il vise *« quiconque »* commet les actes.

B Actes et but de l'auteur

Contrairement à la corruption passive, c'est ici la personne qui souhaite obtenir une décision favorable qui, soit propose des offres ou avantages quelconques, soit cède aux sollicitations de l'agent public qui veut obtenir une contrepartie à son intervention. Ce qui a été dit au sujet de la corruption passive est donc transposable (V. *supra* § 1, I, B et C).

La corruption active se consomme, tout comme la corruption passive, dès le moment de la proposition par le particulier ou de l'acceptation de la proposition

faite par l'agent public, sans qu'il soit besoin d'attendre les effets de cet accord, c'est-à-dire la réalisation de l'acte désiré par l'auteur. Ainsi, **le délit est consommé dès que le prévenu a usé des moyens énoncés par la loi, en vue du but qu'elle définit**, ce qui signifie que l'offre d'une somme d'argent constitue, non une tentative, par ailleurs non punissable, mais l'infraction consommée *(Cass. crim., 10 juin 1948, Bull. crim. n° 154).*

Jurisprudence

À titre d'exemple, l'étudiant en droit, ajourné à l'examen, qui adresse au correcteur d'une copie un chèque, au demeurant sans provision, accompagné d'une lettre sollicitant une révision à la hausse de sa note se rend coupable du délit *(Cass. crim., 16 oct. 1985, Gaz. Pal. 1986, 1, p. 152 – V. égal. CA Paris, 9e ch. corr., 19 déc. 2008, JurisData n° 2008-005824).*

Il convient d'ailleurs de noter que l'intérêt de la coexistence de deux délits de corruption active et passive réside dans la possibilité de réprimer celui qui propose une rétribution à une personne qui refuse ou ne répond même pas à l'offre.

§2 Le régime juridique des délits

Il est nécessaire de distinguer les peines applicables des autres aspects du régime juridique des délits.

I. Les peines

Les délits de corruption passive et active sont punis, pour les personnes physiques, des mêmes peines principales, à savoir un **emprisonnement de 10 ans** et une **amende de 150 000 €**.

Une ordonnance n° 2019-963 du 18 septembre 2019 a créé une **circonstance aggravante** de la corruption active ou passive d'agents publics. La peine d'amende est portée à 2 000 000 € ou, s'il excède ce montant, au double du produit de l'infraction, lorsque le délit porte atteinte aux recettes perçues, aux dépenses exposées ou aux avoirs qui relèvent du budget de l'Union européenne, des budgets des institutions, organes et organismes de l'Union européenne ou des budgets gérés et contrôlés directement par eux et qu'elles sont commises en bande organisée *(C. pén., art. 432-11, al. 4 et 433-1, al. 5).*

Les peines complémentaires applicables aux agents publics condamnés pour corruption passive sont énumérées par l'article 432-17 et celles applicables aux auteurs de la corruption active figurent à l'article 433-22.

Concernant les **personnes morales**, la **corruption passive** leur **est théoriquement imputable**. Cependant, il s'agit d'une infraction qui ne peut être commise que par une personne dépositaire de l'autorité publique, une personne chargée d'une mission de service public ou un élu public. Or, une personne morale ne peut avoir ni la première, ni la troisième des qualités. L'imputation de la corruption passive à une personne morale suppose donc qu'elle soit chargée d'une mission de service public, ce qui n'est pas inconcevable, s'agissant de certaines associations, par exemple. En tout cas, le législateur n'a prévu aucune peine applicable aux personnes morales en matière de corruption passive.

Pour la corruption active, le problème ne se pose pas dès lors que la qualité de l'auteur est indifférente et l'article 433-25 énonce que les personnes morales encourent, outre l'amende quintuplée, les peines mentionnées aux 2°, 3°, 4°, 5°, 6° et 7° de l'article 131-39, pour une durée de 5 ans au plus, la confiscation et l'affichage ou la diffusion de la décision.

II. Les autres aspects du régime juridique

La tentative de corruption n'est pas incriminée, ce qui ne présenterait guère d'intérêt puisque le délit se consomme de manière anticipée, dès le stade des actes qui tendent vers l'obtention de la décision favorable.

Concernant la **prescription de l'action publique**, la jurisprudence considère qu'il s'agit d'une **infraction instantanée**, consommée dès la conclusion du pacte entre le corrupteur et le corrompu, mais qu'elle se renouvelle à chaque acte d'exécution de celui-ci, ce qui reporte d'autant le point de départ du délai de prescription *(Cass. crim., 27 oct. 1997, n° 96-83.698 – Cass. crim., 8 oct. 2003, n° 03-82.589).*

La question de l'**action civile se pose** dès lors qu'on peut se demander si les délits de corruption sont susceptibles de causer un préjudice à un particulier.

Jurisprudence

La Cour de cassation a jugé que « si le délit de corruption passive institué par l'article 177 (ancien) du Code pénal l'a été principalement en vue de l'intérêt général, il tend également à la protection des particuliers qui peuvent, comme en l'espèce, par le versement de dons ou présent en suite de la sollicitation dont ils ont fait l'objet, subir un préjudice direct et personnel dont ils sont fondés à obtenir réparation devant la juridiction pénale » *(Cass. crim., 1er déc. 1992, n° 91-84.656).*

La constitution de partie civile du particulier qui a versé une somme au fonctionnaire qui l'a sollicité est donc recevable.

Jurisprudence

De même, une commune peut obtenir réparation du préjudice découlant de la corruption passive dont s'est rendu coupable son ancien maire *(Cass. crim., 8 févr. 2006, n° 05-80.488)*.

S'agissant des **groupements défendant des intérêts collectifs**, il a été jugé qu'une association de consommateurs est recevable à se constituer partie civile pour demander réparation du dommage causé à l'intérêt collectif des consommateurs par les délits de corruption active et passive commis à l'occasion de la concession du service de distribution de l'eau potable d'une commune *(Cass. crim., 27 oct. 1997, n° 96-83.698)*.

On notera également que l'article 2-23 du CPP permet aux associations agréées déclarées depuis au moins cinq ans à la date de la constitution de partie civile, se proposant par leurs statuts de lutter contre la corruption, d'exercer les droits reconnus à la partie civile en ce qui concerne notamment les infractions réprimées aux articles 432-10 à 432-15, 433-1, 433-2, 434-9, 434-9-1, 435-1 à 435-10 et 445-1 à 445-2-1 du Code pénal. Les fondations reconnues d'utilité publique possèdent la même prérogative.

Enfin, il est intéressant de signaler que le législateur a créé récemment une **procédure alternative aux poursuites réservée aux personnes morales « mises en cause » dans des affaires de corruption notamment, dénommée « Convention judiciaire d'intérêt public »** *(CPP, art. 41-1-2)*, dans le cadre de laquelle le procureur de la République peut proposer à la personne morale le paiement d'une *« amende d'intérêt public »* et de se soumettre à un *« programme de mise en conformité » (V. C. pén., art. 131-39-2)*. L'accord entre la personne morale et le procureur doit ensuite être validé par le président du TGI.

POUR ALLER PLUS LOIN...

- C. CUTAJAR, Mieux prévenir la corruption, JCP G 2017, 690
- V. HAUSER, Lutte contre la corruption : quelles avancées attendre de la loi Sapin 2 ? Revue Banque 2017, p. 52
- M. SEGONDS, Les apports de la loi du 9 décembre 2016 à l'anticorruption, Dr. pén. 2017 étude 4

Fiche n° 74 L'association de malfaiteurs

⏭ L'ESSENTIEL

L'association de malfaiteurs est incriminée par plusieurs textes du Code pénal, de manière similaire. Il s'agit d'un délit permettant de réprimer des actes préparatoires à d'autres infractions. Par définition, il suppose une concertation entre plusieurs personnes en vue de commettre une infraction, ce qui doit se manifester par des actes matériels. L'intention coupable est requise mais il n'est pas nécessaire que le participant à l'association ait eu une volonté précise de commettre l'infraction projetée.

⏭ LES CONNAISSANCES

L'idée de réprimer le fait de préparer des infractions est ancienne comme en témoigne le fait que des textes existaient déjà à cette fin dans le Code pénal de 1810 *(art. 265 à 268 anciens)*. C'est aujourd'hui l'article 450-1 qui constitue le texte de référence mais le législateur a prévu d'autres incriminations spéciales d'association de malfaiteurs dans certains domaines. Ainsi, est punie la participation à une association de malfaiteurs en vue de la commission de crimes contre l'humanité *(C. pén., art. 212-3)*, de crimes contre l'espèce humaine *(C. pén., art. 214-4)*, d'atteintes aux systèmes de traitement automatisé des données *(C. pén., art. 323-4)*, d'actes de terrorisme *(C. pén., art. 421-2-1)* et de crimes et de délits de guerre *(C. pén., art. 461-18)*. L'intérêt de cette multiplicité de textes réside essentiellement dans la répression différenciée des actes en fonction du but recherché par les participants à l'association et dans des différences de régime juridique. En revanche, la définition de l'infraction reste la même dans tous les cas.

Après avoir présenté les éléments constitutifs du délit, on analysera son régime juridique.

§1 Les éléments constitutifs de l'association de malfaiteurs

(C. pén., art. 450-1)
Selon l'article 450-1, le délit consiste en « ***tout groupement formé ou entente établie en vue de la préparation, caractérisée par un ou plusieurs faits matériels, d'un ou plusieurs crimes ou d'un ou plusieurs délits*** ».

Il faut donc établir l'existence d'une entente établie dans un certain but et dont les membres sont animés d'une intention déterminée.

I. Le groupement ou l'entente

La définition de l'infraction d'association de malfaiteurs est identique à celle de la circonstance aggravante de **bande organisée**, décrite par l'article 132-71 du Code pénal comme *« tout groupement formé ou toute entente établie en vue de la préparation, caractérisée par un ou plusieurs faits matériels, d'une ou de plusieurs infractions »*. Cette circonstance aggravante est prévue pour de nombreuses infractions telles que le meurtre, le trafic de stupéfiants, l'extorsion, l'escroquerie ou encore le recel.

Jurisprudence

Selon la Cour de cassation, elle se distingue pourtant du délit d'association de malfaiteurs, en ce que « **la bande organisée suppose la préméditation des infractions et, à la différence de l'association de malfaiteurs, une organisation structurée entre ses membres** » *(Cass. crim., 8 juill. 2015, n° 14-88.329 – V. également Cass. crim., 21 juin 2017, faisant référence à une « organisation structurée et durable »).*

D'un point de vue matériel, il est nécessaire, pour caractériser le délit d'association de malfaiteurs, que soit prouvée l'**existence d'un groupement ou d'une entente**, sans autre précision. Il s'ensuit que **le nombre de participants importe peu.** Si l'article 2 de la Convention des Nations-Unies contre la criminalité transnationale organisée, dite Convention de Palerme, du 15 novembre 2000, définit le groupe criminel organisé comme un « groupe structuré de trois personnes ou plus existant depuis un certain temps et agissant de concert dans le but de commettre une ou plusieurs infractions... », l'entente entre deux personnes suffit, selon la Cour de cassation *(Cass. crim., 3 juin 2004, n° 03-83.334).*

La durée de cette entente n'est pas davantage une condition du délit, pas plus qu'une **hiérarchie entre les différents membres**, même si elle existe parfois *(Cass. crim., 16 juin 1999, n° 98-84.265 – Cass. crim., 30 mai 2001, n° 00-86.815)*. De même, il n'est pas nécessaire que les différents participants soient identifiés précisément ni poursuivis, seule la réalité du groupement ou de l'entente devant être démontrée. Il suffit donc que le prévenu ait été en relation avec une seule personne *(CA Riom, 15 janv. 2003, JurisData n° 2003-210200).*

II. Le but du groupement ou de l'entente

Le délit est constitué lorsque le groupement est établi en vue de la préparation, caractérisée par un ou plusieurs faits matériels, d'une ou plusieurs infractions. Doit donc être établie une **résolution d'agir en commun chez les participants** mais le législateur n'impose pas que les infractions projetées soient déjà déterminées de manière précise *(Cass. crim., 15 déc. 1993, n° 93-81.240)*. Ainsi, le délit n'est pas caractérisé en cas d'absence de concertation des prévenus sur un plan précis, aucun des prévenus ne se connaissant et chacun ayant été séparément recruté sans être informé d'un projet déterminé *(Cass. crim., 5 mai 1999, n° 97-83.117)*.

La jurisprudence précise que **le délit est autonome par rapport à l'infraction ou aux infractions qui peuvent être commises par les participants à l'association** ce qui permet de le cumuler avec l'infraction qu'il visait à commettre si celle-ci a été accomplie *(Cass. crim., 22 janv. 1986, n° 85-92.620)* **mais aussi par rapport à l'infraction susceptible d'être prise en compte comme élément établissant l'existence de l'association.**

Jurisprudence

Ainsi, le prévenu peut être puni pour le délit de participation à une association de malfaiteurs en vue de commettre des actes de terrorisme en même temps que pour celui de détention et de transport d'armes permettant de le caractériser *(Cass. crim., 2 juill. 1991, n° 90-87.165)*. La Cour de cassation admet même que le prévenu peut être condamné pour association de malfaiteurs en vue de préparer son évasion et pour évasion en bande organisée dès lors que les délits sont caractérisés par des faits distincts *(Cass. crim., 19 janv. 2010, n° 09-84.056)*.

En tout cas, les faits incriminés consistent dans la participation à un groupement en vue de la préparation d'une infraction, ce qui permet, le plus souvent, de **réprimer des actes préparatoires** à celle-ci.

Jurisprudence

C'est le cas, par exemple, d'un projet d'évasion par hélicoptère caractérisé par des renseignements pris, des plans, des réunions entre participants, du matériel acquis en vue de l'action, les juges considérant que l'entente a eu pour but la préparation du délit d'évasion par hélicoptère et avec usage d'armes et que les auteurs envisageaient d'user réellement des armes *(Cass. crim., 26 mai 1999, n° 97-86.128)*.

La preuve du délit est donc fréquemment rapportée par la technique du faisceau d'indices mais les juges doivent établir le rapport entre les actes accomplis et, soit, un ou plusieurs crimes, soit, un ou plusieurs délits punis d'au moins 5 ans d'emprisonnement, dans le cas du délit général de l'article 450-1 du Code pénal. Il faut en déduire que si l'objet de l'entente est une infraction punie d'une peine inférieure, le délit ne peut être caractérisé.

Cette aptitude du délit à appréhender des actes préparatoires permet de le retenir également dans des cas d'instigation non suivie d'effet, qui ne seraient pas réprimés par un texte spécial dès lors que le fait pour un individu de donner des instructions à un autre pour qu'il commettre une infraction relève déjà de l'association de malfaiteurs, même si l'exécutant ne passe jamais à l'acte *(V. Cass. crim., 30 avr. 1996, n° 94-86.107 – V.* Fiche n° 15*)*.

En ce qui concerne l'infraction constituant le but de l'entente, il importe peu qu'elle soit précisément déterminée, l'essentiel étant que le projet soit celui de commettre des actes constitutifs d'infraction. Plus précisément, les juges doivent établir, dans le cas de l'article 450-1, que le projet était de commettre un ou plusieurs crimes ou un ou plusieurs délits punis d'au moins 5 ans d'emprisonnement. Les autres textes réprimant la participation à une association de malfaiteurs prévoient des conditions différentes, l'infraction projetée étant, dans certains cas, nécessairement un crime *(C. pén., art. 212-3 et 214-4)* ou un délit *(C. pén., art. 323-4)*. Ces textes particuliers imposent nécessairement que les juges relèvent que le projet était de commettre une des infractions entrant dans le domaine desdits textes.

III. L'intention

La participation à une association de malfaiteurs est nécessairement intentionnelle car on ne peut s'associer à un groupement ayant un but criminel ou délictuel sans le vouloir. La difficulté reste cependant de cerner précisément cette intention. **L'auteur doit vouloir s'associer au groupement en connaissance de cause**, c'est-à-dire en ayant conscience que celui-ci a pour objectif la commission d'infractions *(CA Caen, 20 sept. 2009, JurisData n° 2009-018519)* et il suffit qu'il ait adhéré au groupe en sachant quelle en était la finalité même si cette dernière restait relativement vague dans son esprit et quand bien même il n'a joué qu'un rôle mineur *(Cass. crim., 28 févr. 2001, n° 00-84.108 – CA Paris, 4 juill. 2006, JurisData n° 2006-315396)*.

Jurisprudence

Dans certains, la qualité ou la profession du prévenu peut être prise en compte pour établir son intention, comme dans le cas d'un avocat qui met ses locaux et son matériel professionnels à disposition de personnes qui préparent une escroquerie en bande organisée *(Cass. crim., 18 déc. 2013, n° 13-81.259)*.

On notera que la lutte contre la criminalité organisée a conduit le législateur contemporain à **autoriser des opérations d'infiltrations** des milieux criminels afin de les démanteler. Ce procédé est réglementé pour les agents des douanes par l'article 67 *bis* du Code pénal, en vue de lutter contre le trafic de stupéfiants. L'infiltration est également prévue, de manière plus générale pour toute une série d'infractions, par les articles 706-81 à 706-87 du CPP. Les agents qui s'infiltrent de la sorte commettent des faits susceptibles d'être qualifiés d'association de malfaiteurs. C'est pourquoi **les textes prévoient une exonération spéciale de responsabilité pénale au profit de ces agents**, constituant une application de l'autorisation de la loi, cause d'irresponsabilité pénale *(V. C. douanes, art. 67 bis et CPP art. 706-82)*. De toute façon, ces agents n'ont pas réellement d'intention parce qu'ils ne s'associent que de manière apparente au but de l'association.

§2 Régime juridique

L'infraction d'association de malfaiteurs présente des particularités qui seront exposées après la présentation des peines applicables.

I. Les peines

Selon l'article 450-1, **les peines encourues par les personnes physiques varient selon la gravité de l'infraction constituant le but de l'association de malfaiteurs**. Lorsque les infractions préparées sont des crimes ou des délits punis de 10 ans d'emprisonnement, la participation à l'association est punie de 10 ans d'emprisonnement et de 150 000 € d'amende.

Lorsque les infractions préparées sont des délits punis d'au moins 5 ans d'emprisonnement, elle est punie de 5 ans d'emprisonnement et de 75 000 € d'amende.

Les textes incriminant des cas particuliers d'association de malfaiteurs prévoient des peines spécifiques, souvent plus lourdes : – réclusion à perpétuité pour l'association de malfaiteurs en matière de crimes contre l'humanité *(C. pén., art. 212-3)* ;

- réclusion à perpétuité et 7 500 000 € d'amende pour l'association de malfaiteurs en matière de pour les crimes contre l'espèce humaine *(C. pén., art. 214-4)* ;
- en matière d'atteintes aux systèmes de traitement automatisé de données, le texte prévoit que le délit est puni des peines prévues pour *« l'infraction elle-même ou pour l'infraction la plus sévèrement réprimée »* *(C. pén., art. 323-4)* ;
- en matière de terrorisme et de crimes et délits de guerre, les peines sont de 10 ans et de 225 000 € *(C. pén., art. 421-2-1 et 421-5, al. 1er – C. pén., art. 461-18)*. Cependant, l'association de malfaiteurs terroriste peut devenir un crime dans certains cas *(C. pén., art. 421-6* – V. Fiche n° 72, § 2, I) ;

Pour le délit général, des peines complémentaires sont énumérées par l'article 450-3.

Les **personnes morales** encourent une amende quintuplée ainsi que de toutes les peines prévues par l'article 131-39 *(C. pén., art. 450-4)*.

En outre, les personnes physiques et morales, reconnues coupables de participation à une association de malfaiteurs en vue de préparer des délits punis d'au moins 5 ans d'emprisonnement, encourent également la peine complémentaire de confiscation de tout ou partie de leurs biens, quelle qu'en soit la nature, meubles ou immeubles, divis ou indivis *(C. pén., art. 450-5)*.

II. Les autres règles particulières

La **tentative d'association de malfaiteurs n'est pas incriminée** spécialement. En théorie, elle est incriminée lorsque les faits sont criminels mais cela ne présente guère d'intérêt dès lors que l'objet de l'incrimination est de réprimer des actes antérieurs à un commencement d'exécution d'une infraction. Il serait donc difficile de caractériser une tentative, ce d'autant qu'à ce stade, l'intention est souvent encore imprécise ce qui est incompatible avec l'établissement de la tentative.

De même, si la **complicité** est théoriquement applicable, elle ne présente pas davantage d'intérêt répressif parce que les actes qui en relèvent sont déjà des actes de participation à l'association. Ainsi, celui qui prête un véhicule en vue de commettre une infraction dont le projet est en cours d'élaboration, n'est pas complice de l'association mais coauteur du délit.

L'article 450-2 a prévu une **exemption de peine** au profit de celui qui, ayant participé au groupement, a, avant toute poursuite, révélé ce dernier aux autorités compétentes et permis l'identification des autres participants.

Jurisprudence

Par ailleurs, la Cour de cassation a jugé, au sujet de la prescription de l'action publique, que le délit constitue une **infraction continue** qui ne commence à se prescrire qu'à partir de l'instant où le prévenu cesse de faire partie de l'association, soit en la quittant, soit parce cette dernière a cessé d'exister *(Cass. crim., 16 oct. 1979, n° 79-90.762)*.

Se pose parfois la question de savoir si la loi pénale française est applicable à une association de malfaiteurs, constituée en France mais pour réaliser des infractions à l'étranger.

Jurisprudence

La Cour de cassation a jugé, sur ce point, que les infractions forment un tout indivisible relevant de l'application de la loi française, parce que les infractions commises à l'étranger sont la résultante de l'association de malfaiteurs commise en France *(Cass. crim., 27 oct. 2004, n° 04- 85.187)*.

Enfin, il faut signaler que **l'association de malfaiteurs fait partie des infractions relevant du régime juridique dérogatoire de la criminalité et de la délinquance organisée** *(CPP, art. 706-73, 15°, 706-73-1, 4° et 706-74, 2°).*

⏭ POUR ALLER PLUS LOIN...

- C. GIRAULT, Le droit pénal à l'épreuve de l'organisation criminelle, RSC 1998, p. 715
- P. LEMOINE, Le délit d'association de malfaiteurs et la circonstance de bande organisée, RPDP 2007, p. 277

Fiche n° 75 La prise illégale d'intérêts et le favoritisme

L'ESSENTIEL

La prise illégale d'intérêts comme le favoritisme constituent des manquements au devoir de probité auquel sont soumises les personnes exerçant des fonctions publiques. Seuls des agents publics, énumérés par les textes d'incrimination, peuvent donc en être les auteurs.

La prise illégale d'intérêts, réprimée par deux textes selon que l'agent public est en fonctions ou l'était peu avant les actes, consiste pour l'agent public à prendre, recevoir ou conserver un intérêt dans une opération ou une entreprise dont il a, ou avait lorsqu'il était en fonctions, la surveillance ou l'administration. L'objectif est ici d'éviter tout conflit d'intérêts pour l'agent concerné entre activité publique et activité privée.

Le favoritisme consiste, en méconnaissant les règles des marchés publics, à porter atteinte aux principes d'égalité et de transparence entre les concurrents à ces derniers, en procurant à l'un d'eux un avantage injustifié.

LES CONNAISSANCES

Les délits de prise illégale d'intérêts et de favoritisme, susceptibles d'être reprochés à des personnes exerçant des fonctions publiques, seront étudiés successivement.

§1 La prise illégale d'intérêts

Deux textes incriminent la prise illégale d'intérêts, selon que l'auteur est investi d'une fonction publique au moment des actes ou qu'il a, antérieurement aux actes, été investi d'une telle fonction, ce dernier comportement étant parfois qualifié de « pantouflage ». Dans les deux cas, il s'agit de réprimer le fait pour des agents ou anciens agents publics de tirer un avantage quelconque de leur fonction ou ancienne fonction et donc de les obliger à séparer leurs intérêts privés de l'intérêt public.

I. La prise illégale d'intérêts commis par un agent public en fonctions

Le législateur prévoit les conditions constitutives du délit et détermine les sanctions applicables aux auteurs.

A Les éléments constitutifs

(C. pén., art. 432-12)

L'article 432-12 du Code pénal incrimine « *le fait, par une personne dépositaire de l'autorité publique ou chargée d'une mission de service public ou par une personne investie d'un mandat électif public, de prendre, recevoir ou conserver, directement ou indirectement, un intérêt quelconque dans une entreprise ou dans une opération dont elle a, au moment de l'acte, en tout ou partie, la charge d'assurer la surveillance, l'administration, la liquidation ou le paiement* ».

L'auteur du délit doit donc revêtir une qualité particulière et commettre des actes déterminés.

1 La qualité et la fonction de l'auteur

La prise illégale d'intérêts ne peut être commise que par :
- une personne dépositaire de l'autorité publique,
- une personne chargée d'une mission de service public,
- une personne investie d'un mandat électif public.

Ces notions, qui sont utilisées par le Code pénal pour d'autres délits tels que le favoritisme ou la corruption passive, ont été interprétées par la jurisprudence.

Les **personnes dépositaires de l'autorité publique** sont celles qui sont investies d'un pouvoir de décision ou de contrainte sur les individus et sur les biens, dans le cadre de l'exercice de fonctions liées à l'intérêt général. Ce sont, par exemple, les fonctionnaires de l'administration fiscale (inspecteur ou contrôleur des impôts, V. *Cass. crim., 3 avr. 1991, n° 89-86.756 – Cass. crim., 8 sept. 2010, n° 09-85.887*), le directeur départemental d'un service pénitentiaire d'insertion et de probation *(Cass. crim., 28 févr. 2007, n° 06-85.952)* ou le ministre des postes, des télécommunications et des sports du gouvernement de Polynésie française *(Cass. crim., 3 déc. 2008, n° 08-83.532)*.

Les **personnes chargées d'une mission de service public** sont celles qui, sans avoir reçu un pouvoir de décision ou de commandement au nom de la puissance publique, exercent une fonction ou accomplissent des actes dont la finalité est de satisfaire à un intérêt général *(Cass. crim., 26 sept. 2001, n° 01-84.565 – Cass. crim.,*

28 mai 2014, n° 12-86.485). Il peut s'agit, notamment, du directeur général d'un comité interprofessionnel du logement, chargé de collecter une taxe parafiscale correspondant à la participation des employeurs à l'effort de construction *(Cass. crim., 28 mai 2014 précité)*, du salarié d'une chambre de commerce et d'industrie *(Cass. crim., 24 mars 2010, n° 09-81.153)*, d'un ingénieur au commissariat à l'énergie atomique *(Cass. crim., 27 févr. 2002, n° 01-86.024)* ou d'un directeur du service départemental d'incendie et de secours *(Cass. crim., 27 nov. 2002, n° 02-83.092)*.

Enfin, les **personnes investies d'un mandat électif public** sont les élus politiques, quel que soit le mandat politique qu'ils *détiennent (V. Cass. crim., 27 juin 2018, n° 16-86.256)* et ce sont les maires qui sont le plus souvent poursuivis du chef de prise illégale d'intérêts *(V. Cass. crim., 21 juin 2000, n° 99-86.871 – Cass. crim., 27 févr. 2013, n° 12-80.632 – Cass. crim., 22 janv. 2014, n° 12-88.353)*. Il peut s'agir aussi, mais beaucoup plus rarement, d'un parlementaire *(Cass. crim., 27 juin 2018, n° 17-84.804)* ou d'un président de conseil général *(Cass. crim., 27 nov. 2002, n° 02-81.581)*.

L'auteur du délit doit revêtir l'une de ces qualités mais il doit aussi avoir la charge d'assurer la surveillance, l'administration, la liquidation ou le paiement d'une opération ou d'une entreprise. Ces dernières notions sont très larges et il peut donc s'agir d'une société, par exemple, ou d'une opération particulière, telle qu'un contrat ou une convention. Les pouvoirs visés par le texte impliquent que l'agent participe à la gestion ou au contrôle de l'entreprise ou de l'opération et la Cour de cassation considère qu'il suffit qu'il ait été chargé de donner un avis en vue d'une décision prise par une autre personne alors même qu'il n'a pas de pouvoir juridique sur l'opération elle-même *(Cass. crim., 27 juin 2018, n° 17-84.804)*. De même, l'agent peut être seulement intervenu dans la préparation ou le suivi d'une décision pour être considéré comme en ayant la surveillance *(Cass. crim., 25 oct. 2017, n° 16-85.248)*.

2 L'élément matériel

Le délit se réalise par l'acte de **« prendre, recevoir ou conserver, directement ou indirectement, un intérêt quelconque** » dans l'entreprise ou l'opération dont l'agent a la surveillance ou l'administration. Le législateur veut donc interdire toute intervention de l'agent public dans l'opération.

En pratique, dans le cas des élus, l'acte consiste souvent dans la participation à une délibération d'une collectivité publique, telle que le conseil municipal ou le conseil général (ou départemental aujourd'hui), même si l'élu ne participe pas au vote ultérieur *(Cass. crim., 9 févr. 2005, n° 03-85.697 – Cass. crim., 23 févr. 2011, n° 10-82.880)*. Le délit peut aussi se commettre par le fait, pour un maire, de recruter puis d'utiliser à son service des agents communaux *(Cass. crim., 7 mai 1998, n° 97-81.102)*.

L'intérêt visé par le texte peut être matériel ou moral, direct ou indirect *(Cass. crim., 29 sept. 1999, n° 98-81.796)*. Ainsi, le délit consiste souvent à obtenir un avantage d'ordre matériel consistant, par exemple dans le fait, pour un maire, de rendre constructibles des terrains ayant fait l'objet d'une autorisation de lotir au profit d'une société dont il est l'associé principal *(V. Cass. crim. 23 févr. 2011, n° 10-82.880)*. L'intérêt est moral lorsque l'avantage n'est pas procuré à l'auteur du délit mais à un de ses proches, par exemple (participation du maire à la décision de cession d'un terrain communal au gérant d'une société, ami de l'intéressé : *Cass. crim., 5 avr. 2018, n° 17-81.912*).

Jurisprudence

Il convient de noter que la Cour de cassation considère que dès lors qu'il existe un intérêt de cette nature, le délit est constitué, **peu importe que l'intérêt de l'auteur du délit ne soit pas en contradiction avec celui de la collectivité concernée**. Ainsi, elle a jugé que *« l'article 432-12 du Code pénal n'exige pas que l'intérêt pris par le prévenu (maire) soit en contradiction avec l'intérêt communal » (Cass. crim., 19 mars 2008, n° 07-84.288 – Cass. crim., 27 juin 2018, n° 16-86.256)*. De même, **il est indifférent que le prévenu ait ou non retiré un profit de l'opération** *(Cass. crim., 27 juin 2018, précité)* ou que la personne publique ait subi un préjudice dès lors que la prise de l'intérêt n'implique pas nécessairement que l'opération soit totalement exécutée et aboutisse à ce qui était recherché par l'agent. Il suffit que l'agent ait commis **un abus de fonction** *(Cass. crim., 23 juill. 2014, n° 13-82.193 – Cass. crim., 4 mars 2020, n° 19-83.390)*.

3 L'élément moral

La prise illégale d'intérêts est un délit intentionnel qui suppose donc la volonté de commettre les actes matériels en ayant conscience de leur caractère illicite *(Cass. crim., 3 mai 2001, n° 00-82.880)*.

Jurisprudence

La Cour de cassation considère que le délit se consomme par le seul abus de la fonction, indépendamment de la recherche d'un gain ou d'un avantage personnel *(Cass. crim., 14 juin 2000, n° 99-84054)*.

Aucune intention spéciale n'est donc exigée ici, ce qui se justifie par le fait que le texte d'incrimination ne prévoit rien de tel *(Cass. crim., 4 mars 2020, précité)*.

B La répression

1 Les obstacles à la répression

Il existe des cas dans lesquels le législateur exclut la répression d'actes qui pourraient être considérés comme relevant de l'infraction. En d'autres termes, **certaines prises d'intérêts par des élus de petites communes, ne sont pas punissables.**

L'article 432-12 prévoit donc que, dans les communes comptant 3 500 habitants au plus, les maires, adjoints ou conseillers municipaux délégués ou agissant en remplacement du maire peuvent chacun traiter avec la commune dont ils sont élus pour le transfert de biens mobiliers ou immobiliers ou la fourniture de services dans la limite d'un montant annuel fixé à 16 000 euros.

Dans ces communes, les maires, adjoints ou conseillers municipaux délégués ou agissant en remplacement du maire peuvent acquérir une parcelle d'un lotissement communal pour y édifier leur habitation personnelle ou conclure des baux d'habitation avec la commune pour leur propre logement. Ces actes doivent être autorisés, après estimation des biens concernés par le service des domaines, par une délibération motivée du conseil municipal.

Enfin, les mêmes élus peuvent acquérir un bien appartenant à la commune pour la création ou le développement de leur activité professionnelle. Le prix ne peut être inférieur à l'évaluation du service des domaines. L'acte doit être autorisé, quelle que soit la valeur des biens concernés, par une délibération motivée du conseil municipal.

Le texte précise que pour l'application de ces dispositions, la commune est représentée dans les conditions prévues par l'article L. 2122-6 du Code général des collectivités territoriales et le maire, l'adjoint ou le conseiller municipal intéressé doit s'abstenir de participer à la délibération du conseil municipal relative à la conclusion ou à l'approbation du contrat.

On notera encore que l'article L. 1524-5 du Code général des collectivités territoriales autorise les élus représentant une collectivité territoriale au conseil d'administration ou au conseil de surveillance d'une société d'économie mixte à y exercer des fonctions entraînant la perception de rémunérations ou d'avantages particuliers, à condition d'y être autorisés par une délibération expresse de l'assemblée qui les a désignés.

2 Le régime répressif

La prise illégale d'intérêts est punie, pour les personnes physiques, **de 5 ans d'emprisonnement et d'une amende de 500 000 €, dont le montant peut être porté au**

double du produit tiré de l'infraction. Des peines complémentaires sont prévues par l'article 432-17 du Code pénal.

Il faut noter qu'en vertu de l'article 131-26-2, I, 5° du Code pénal, issu de la loi n° 2017-1339 du 15 septembre 2017, la **peine complémentaire d'inéligibilité est obligatoire** en matière de prise illégale d'intérêts mais que la juridiction peut, par décision spécialement motivée, décider de ne pas la prononcer en considération des circonstances de l'infraction et de la personnalité de son auteur *(C. pén., art. 131-26-2, III)*.

S'agissant des personnes morales, leur responsabilité pénale pour prise illégale d'intérêts est concevable si elles présentent la qualité requise par le texte, ce qui n'est possible, a priori, que dans le cas d'une personne morale chargée d'une mission de service public. La seule applicable serait alors l'amende quintuplée.

Sur le plan procédural, **le délai de prescription de l'action est de 6 ans à compter du dernier acte administratif par lequel l'agent public prend ou reçoit un intérêt dans une opération dont il a l'administration ou la surveillance** *(Cass. crim., 10 avr. 2002, n° 01-84.286)*. Avant la réforme de la prescription de l'action publique par la loi du 27 février 2017, la chambre criminelle admettait déjà que le **point de départ du délai** pouvait être **reporté, en cas de dissimulation des actes**, à la date de leur découverte dans des conditions permettant leur poursuite *(Cass. crim., 12 juill. 2016, n° 15-84.664 – Cass. crim., 16 déc. 2014, n° 14-82.939)*. On rappellera que l'article 9-1 du CPP, issu de la loi du 27 février 2017, a consacré cette solution pour tous les délits.

II. La prise illégale d'intérêts commis par un ancien agent public

Ce second délit est prévu par l'article 432-13 du Code pénal. On distinguera ses éléments constitutifs avant d'exposer sa répression.

A Les éléments constitutifs

De nouveau, seules certaines personnes investies de certains pouvoirs peuvent être auteurs de l'infraction.

1 La qualité et la fonction de l'auteur

Le législateur vise ici, en premier lieu, une personne ayant été chargée, en tant que membre du Gouvernement, membre d'une autorité administrative indépendante ou d'une autorité publique indépendante, titulaire d'une fonction exécutive locale, fonctionnaire, militaire ou agent d'une administration publique, dans le cadre des fonctions qu'elle a effectivement exercées, soit d'assurer la surveillance ou le contrôle d'une entreprise privée, soit de conclure des contrats de toute nature avec une entreprise privée ou de formuler un avis sur de tels contrats, soit de proposer directement à l'autorité compétente des décisions relatives à des opérations réalisées par une entreprise privée ou de formuler un avis sur de telles décisions *(C. pén., art. 432-13, al. 1)*.

En second lieu, le texte étend le domaine du délit aux agents des établissements publics, des entreprises publiques, des sociétés d'économie mixte dans lesquelles l'Etat ou les collectivités publiques détiennent directement ou indirectement plus de 50 % du capital et des exploitants publics prévus par la loi n° 90-568 du 2 juillet 1990 relative à l'organisation du service public de la poste et à France Télécom *(C. pén., art. 432-13, al. 4)*.

> **Attention** Dans tous les cas, le texte précise **que l'infraction n'existe que si les actes de prises d'intérêts sont accomplis avant l'expiration d'un délai de 3 ans suivant la cessation des fonctions publiques**. En d'autres termes, l'agent public doit s'abstenir de prendre un intérêt dans l'entreprise seulement pendant 3 ans après la fin de ces fonctions.

Si ces conditions de qualité et de délai sont remplies, il faut encore que l'auteur des actes ait, lorsqu'il était agent public, assuré la surveillance ou le contrôle d'une entreprise privée, conclu des contrats de toute nature avec une entreprise privée ou formulé un avis sur ces contrats, proposé directement à l'autorité compétente des décisions relatives à des opérations réalisées par une entreprise privée ou enfin formulé un avis sur de telles décisions.

Jurisprudence

Ainsi, se rend coupable du délit le fonctionnaire de préfecture, entré au service d'une société d'économie mixte dès sa mise en disponibilité, et qui lorsqu'il était fonctionnaire, avait été en charge du contrôle de la légalité des projets et des actes d'urbanisme d'une collectivité publique dont la société était le mandataire et l'interlocuteur habituel *(Cass. crim., 22 oct. 2014, n° 13-86.783)*.

2 Actes et intention

L'infraction consiste dans **le fait de prendre ou de recevoir une participation par travail, conseil ou capitaux dans l'une des entreprises dont l'ancien agent public assurait, notamment, la surveillance ou le contrôle**. Le texte ajoute le cas de la participation par travail, conseil ou capitaux dans une entreprise privée qui possède au moins 30 % de capital commun ou a conclu un contrat comportant une exclusivité de droit ou de fait avec l'une des entreprises en question. Il précise encore qu'est assimilée à une entreprise privée toute entreprise publique exerçant son activité dans un secteur concurrentiel et conformément aux règles du droit privé.

Jurisprudence

Le délit peut donc se réaliser, par exemple, par le recrutement de l'ancien agent public par l'entreprise *(Cass. crim., 22 oct. 2014, précité)* ou de la conclusion par un ancien directeur de l'évaluation des médicaments à l'Agence française de sécurité sanitaire des produits de santé d'un contrat de consultant après sa cessation de fonction, avec un groupe pharmaceutique dont il avait la surveillance dans le cadre de ses fonctions *(Cass. crim., 12 juill. 2016, n° 15-84.664).*

En revanche, le législateur limite le domaine de l'infraction en indiquant qu'elle n'est pas constituée par la seule participation au capital de sociétés cotées en bourse ou lorsque les capitaux sont reçus par l'ancien agent public par dévolution successorale.

Au titre de l'intention, il suffit, comme par le délit de l'article 432-12, que l'auteur ait agi volontairement et en connaissance de la prohibition légale, aucune autre exigence n'étant prévue par le texte.

B La répression

Les peines principales encourues sont un emprisonnement de 3 ans et une amende de 200 000 €, dont le montant peut être porté au double du produit tiré de l'infraction. Les peines complémentaires sont celles prévues pour le délit de l'article 432-12 *(C. pén., art. 432-17).*

La responsabilité pénale des personnes morales ne semble pas envisageable dès lors que les qualités et fonctions requises ne paraissent pas pouvoir être celles d'une personne morale.

§2 Le favoritisme

Créé par une loi du 3 janvier 1991, le délit de **favoritisme** ou d'**avantage injustifié, prévu par l'article 432-14 du Code pénal,** a pour objectif de réprimer le non-respect de la réglementation applicable aux marchés publics et d'empêcher ainsi de favoriser une entreprise aux dépens d'une autre.

Jurisprudence

Selon la Cour de cassation, les dispositions pénales ont ici « pour objet de faire respecter les principes à valeur constitutionnelle de liberté d'accès à la commande publique, d'égalité de traitement des candidats et de transparence des procédures » *(Cass. crim., 17 févr. 2016, n° 15-85.363).*

Après en avoir analysé les éléments constitutifs, on en exposera le régime répressif.

I. Les éléments constitutifs

Le délit suppose que l'auteur soit un agent public ou une personne agissant pour son compte et il requiert un acte matériel ainsi qu'une intention.

A La qualité de l'auteur

Selon l'article 432-14 du Code pénal, l'auteur du délit ne peut être que :
- **une personne dépositaire de l'autorité publique ;**
- **une personne chargée d'une mission de service public ;**
- **une personne investie d'un mandat électif public ;**
- **une personne exerçant les fonctions de représentant, administrateur ou agent de l'État, des collectivités territoriales, des établissements publics, des sociétés d'économie mixte d'intérêt national chargées d'une mission de service public et des sociétés d'économie mixte locales.**

L'auteur peut aussi être une personne agissant pour le compte de l'une de ces personnes.

Les 3 premières catégories sont identiques à celles énumérées pour le délit de prise illégale d'intérêt (V. *supra* § 1, I, A), 1). Pour le favoritisme, le législateur ajoute les personnes exerçant les fonctions de représentant, administrateur ou agent de l'État, des collectivités territoriales, des établissements publics, des sociétés d'économie mixte d'intérêt national chargées d'une mission de service public et des sociétés d'économie mixte locales.

Jurisprudence

Il peut s'agir, notamment, du vice-président d'une communauté urbaine *(Cass. crim., 1er juin 2005, n° 04-87.123)* du président d'une société d'économie mixte *(Cass. crim., 19 oct. 2005, n° 04-87.312)*, du secrétaire général d'une commune, agissant en qualité de représentant ou agent d'une collectivité territoriale *(Cass. crim., 20 avr. 2005, n° 04-83.017)* ou encore du directeur général d'un centre hospitalier universitaire *(Cass. crim., 12 sept. 2018, n° 17-83.793)*.

B Les actes matériels

Le délit de favoritisme se réalise par le **fait de procurer ou de tenter de procurer à autrui un avantage injustifié par un acte contraire aux dispositions législatives ou réglementaires ayant pour objet de garantir la liberté d'accès et l'égalité des candidats dans les marchés publics et les contrats de concession**.

Jurisprudence

L'avantage injustifié est entendu largement en jurisprudence et il peut résulter de la seule violation de la réglementation applicable aux marchés *publics (V. Cass. crim., 23 mai 2007, n° 06-87.898, considérant que « la société attributaire du marché selon une procédure négociée irrégulière, à l'issue d'un appel d'offres déclaré infructueux dans des conditions qui ne permettaient pas sa réussite, a nécessairement bénéficié d'un avantage injustifié » – V. également, Cass. crim., 16 nov. 2011, n° 11-80.433).*

L'avantage consiste souvent dans le fait que l'un des candidats au marché public aura bénéficié d'une information privilégiée, lui permettant de présenter une offre qui sera retenue *(Cass. crim., 28 janv. 2004, n° 02-86.597 – Cass. crim., 23 mai 2007 précité)*. Il peut encore se manifester par le fait que la procédure d'appel d'offres, formellement respectée, était artificielle et seulement destinée à régulariser un marché déjà conclu de manière irrégulière et exécuté *(Cass. crim., 22 janv. 2014, n° 13-80.009).*

Cet avantage doit avoir été procuré, en outre, **par un acte contraire aux dispositions législatives ou réglementaires ayant pour objet de garantir la liberté d'accès et l'égalité des candidats dans les marchés publics et les contrats de concession**. Autrement dit, le délit implique la violation des règles relatives aux marchés publics et aux contrats de concession, qui prévoient la mise en concurrence des entreprises, en principe. Ces règles figurent essentiellement au sein de **l'ordonnance n° 2015-899 du 23 juillet 2015 relative aux marchés publics, qui a succédé au Code des marchés publics, mais cette ordonnance est remplacée, à partir du 1er avril 2019, par le Code de la commande publique,** issu de l'ordonnance n° 2018-1074 du 26 novembre 2018 (partie législative) et du décret n° 2018-1075 du 3 décembre 2018 (partie réglementaire).

Jurisprudence

En outre, la Cour de cassation a eu l'occasion d'affirmer que **l'article 432-14 du Code pénal**, qui ne renvoie à aucun texte particulier, **s'applique à l'ensemble des marchés publics** et non pas seulement aux marchés régis, à l'époque, par le Code des marchés publics et qu'il s'en déduit que la méconnaissance des dispositions de l'ordonnance n° 2005-649 du 6 juin 2005, relative aux marchés passés par certaines personnes publiques ou privées non soumises au Code des marchés publics, entre dans les prévisions du texte d'incrimination *(Cass. crim., 17 févr. 2016, n° 15-85.363)*. En pratique, il a été jugé que la violation des règles relatives aux marchés publics pouvait consister à **fractionner un marché** dans le but de pouvoir le conclure sans procéder à un appel d'offres impliquant une mise en concurrence, procédure obligatoire à partir d'un certain montant *(Cass. crim., 26 janv. 2005, n° 04-82.542 – Cass. crim., 29 juin 2005, n° 00-84.602)*. Elle peut se manifester également dans le fait de **favoriser un candidat** à un appel d'offres en prévoyant une condition qu'il sera, en pratique, le seul à pouvoir remplir *(Cass. crim., 20 mai 2009, n° 08-87.354)*. Le délit peut encore se consommer par le fait, après une procédure de mise en concurrence, de conclure avec l'attributaire du marché un avenant sans le soumettre à la même procédure *(Cass. crim., 29 juin 2011, n° 10-87.498)*.

C L'intention coupable

Le favoritisme est un délit intentionnel et la Cour de cassation estime que **l'élément intentionnel est caractérisé par l'accomplissement, en connaissance de cause, d'un acte contraire aux dispositions législatives ou réglementaires ayant pour objet de garantir la liberté d'accès et l'égalité des candidats dans les marchés publics et les délégations de service public,** aucune intention de nuire ne devant être établie *(Cass. crim., 14 déc. 2011, n° 11-82.854 – Cass. crim., 5 déc. 2012, n° 11-88.245)*. Il suffit donc d'avoir accompli volontairement les actes en sachant qu'ils sont contraires aux règles relatives aux marchés publics, seule une erreur sur le droit étant susceptible d'exclure l'intention *(Cass. crim., 23 juill. 2014, n° 14-90.024)*.

Jurisprudence

La prétendue méconnaissance des règles des marchés publics ne peut, à elle seule, exonérer le prévenu, maire depuis plusieurs années *(Cass. crim., 15 sept. 1999, n° 98-87.588)*.

II. Le régime répressif

On exposera les peines encourues puis les autres aspects de la répression du délit.

A Les peines

Le favoritisme est puni, pour les personnes physiques, **d'un emprisonnement de 2 ans et d'une amende de 200 000 €, dont le montant peut être porté au double du produit tiré de l'infraction**. Il n'est pas inconcevable qu'il soit imputé à une personne morale si elle présente l'une des qualités prévues par le texte, auquel cas la peine encourue serait une amende d'un montant quintuplé.

Des peines complémentaires sont prévues par l'article 432-17 du Code pénal et, comme pour la prise illégale d'intérêts, la peine d'inéligibilité doit être prononcée, sauf décision contraire spécialement motivée *(C. pén., art. 131-26-2)*.

B Les autres aspects de la répression

Concernant la prescription de l'action publique, le délai est d'une durée de 6 ans à partir de la date de la consommation de l'infraction, c'est-à-dire à celle de la conclusion de la convention ou de la notification du marché obtenu en violation des règles relatives aux marchés publics.

Jurisprudence

Comme en matière de prise illégale d'intérêts, la Cour de cassation a admis, avant la loi du 27 février 2017, que le délit pouvait être dissimulé ou occulte. Elle a donc affirmé qu'il constitue une infraction instantanée qui se prescrit à compter du jour où les faits la consommant ont été commis mais que le délai de prescription de l'action publique ne commence à courir, lorsque les actes irréguliers ont été dissimulés ou accomplis de manière occulte, qu'à partir du jour où ils sont apparus et ont pu être constatés dans des conditions permettant l'exercice des poursuites *(Cass. crim., 19 juin 2002, n° 01-84.116 – Cass. crim., 19 mai 2004, n° 03-86.192 – Cass. crim., 24 févr. 2010, n° 03-86.192).*

⏭ POUR ALLER PLUS LOIN...

- J.-M. BRIGANT, Affaires, conflits d'intérêts, probité... cachez cette prise illégale d'intérêts que je ne saurais voir : Dr. pén. 2012, étude 3
- J. DESCHENES, L. GOUTARD-CHAMOUX, C. HUSSON-TROCHAIN et L. SABAN, Les conflits d'intérêts dans les collectivités territoriales, JCP A 2017, 2091
- R. MESA, Retour sur les conditions préalables du délit de prise illégale d'intérêts, JCP A 2016, 2188
- Y. MULLER, Le droit pénal des conflits d'intérêts, Dr. pén. 2012, étude 1
- H. ROBERT, Le délit de favoritisme s'applique à l'ensemble de la commande publique, JCP G 2016, 787
- R. SALOMON, La rigueur du droit pénal de la probité publique, Dr. pén. 2012, étude 2
- J. SAVOYE, De la répression du délit de favoritisme et autres infractions en matière de marchés publics, D. 1999, chron. p. 169

Fiche n° 76 Les faux en écritures

⏭ L'ESSENTIEL

La répression du faux en écritures se réalise par l'incrimination, en premier lieu, de l'altération de la vérité dans une écriture, privée ou publique, pouvant faire la preuve d'un droit ou d'un fait, et, en second lieu, de diverses infractions complémentaires telles que l'usage du faux, la détention de faux documents administratifs ou encore le fait de les procurer ou de les obtenir de manière frauduleuse.

⏭ LES CONNAISSANCES

Le Code pénal incrimine, au titre du faux en écritures, une série d'infractions distinctes et l'on distinguera les infractions principales des délits complémentaires.

§1 Les infractions principales

Il convient d'analyser le faux en écritures privées, qui constitue le délit le plus fréquent en pratique, puis le faux en écritures publiques ainsi que le faux commis dans un document délivré par une administration publique. On évoquera également l'établissement de faux certificats et de fausses attestations.

I. Le faux en écritures privées

Après la présentation des éléments constitutifs, on évoquera la répression du délit.

A Les éléments constitutifs du délit

(C. pén., art. 441-1)
Aux termes de l'article 441-1 du Code pénal, *« constitue un faux toute altération frauduleuse de la vérité, de nature à causer un préjudice et accomplie par quelque moyen que ce soit, dans un écrit ou tout autre support d'expression de la pensée qui a pour objet ou qui peut avoir pour effet d'établir la preuve d'un droit ou d'un fait ayant des conséquences juridiques ».*

La matérialité de l'infraction consiste donc dans une altération de la vérité dans un document présentant une certaine nature et cet acte doit être intentionnel.

1 Le document falsifié

Le faux suppose donc une **altération de la vérité dans un document, c'est-à-dire un écrit ou tout autre support d'expression de la pensée qui a pour objet ou qui peut avoir pour effet d'établir la preuve d'un droit ou d'un fait ayant des conséquences juridiques**. Cette définition permet de caractériser le faux en présence d'un document comportant des signes visibles ou intelligibles, que son support soit matériel (papier, notamment) ou non (données informatisées tels qu'une carte magnétique, *V. Cass. crim., 21 févr. 1995, n° 93-85.008*, ou des courriels, *V. Cass. crim., 14 mars 2014, n° 12-87.416*).

Encore faut-il, ensuite, que le document soit susceptible de permettre d'établir la preuve d'un droit ou d'un fait. En d'autres termes, **le document doit constituer un titre** tel qu'un contrat ou une convention, une reconnaissance de dette *(Cass. crim., 8 avr. 2010, n° 03-80.508 et 09-86.242)*, un constat amiable *(Cass. crim., 8 oct. 2003, n° 02-87.427)*, des bordereaux de paiement de cotisations URSSAF *(Cass. crim., 25 mars 2015, n° 14-83.250)* ou encore une délégation de pouvoirs *(Cass. crim., 28 oct. 2015, n° 14-83.093)*. La jurisprudence considère qu'il importe peu que le titre soit affecté d'une cause de nullité *(Cass. crim., 18 mai 1960 : Bull. crim. n° 272)*. Cette solution est cependant discutable car si le document est nul, il ne peut produire aucun effet, ce qu'exige le texte d'incrimination. Aussi serait-il préférable de considérer que lorsque le document est nul, le délit ne peut être consommé (hypothèse de l'infraction impossible) mais peut, en revanche, être réprimé au titre de la tentative, laquelle est incriminée en matière de faux (V. *infra* B).

Il est admis de manière constante que **le document établi de manière unilatérale et dont le contenu est susceptible d'être discuté ne constitue pas un titre, sa falsification ne constituant donc pas un faux** (*Cass. crim., 28 mai 2008, n° 07-84.366*, pour le rapport émanant d'un expert-comptable établi à la demande d'une partie à un litige). Il en va ainsi des fausses factures, qui, en tant que telles, ne constituent pas une preuve *(Cass. crim., 12 déc. 1977 : Bull. crim. n° 393)*, sauf dans le cas où de tels documents sont établis dans le but, par exemple, de les porter en comptabilité pour dissimuler une partie du déficit d'une société *(Cass. crim., 24 févr. 2010, n° 06-83.951 et 09-83.330 – Cass. crim., 22 oct. 2014, n° 13-82.048)*.

Jurisprudence

Il convient de noter que l'exigence que le document soit susceptible d'avoir un effet probatoire est traditionnellement écartée par la Cour de cassation dans le cas du « faux matériel » (V. *infra* 2) qui a causé un préjudice à autrui *(Cass. crim., 3 déc. 2008, n° 08-82.896)*.

Cette jurisprudence est contraire à la lettre du texte et donc critiquable.

2 L'altération de la vérité

L'article 441-1 du Code pénal impose de constater une altération de la vérité mais précise que le moyen est indifférent. La doctrine et la jurisprudence distinguent **deux formes de faux, matériel et intellectuel. Dans le premier cas, c'est le support qui fait l'objet de la falsification, c'est-à-dire le contenant, alors que dans le second, c'est le contenu intellectuel du document qui est faux, ce qui n'implique pas toujours la falsification du support**.

Le faux matériel peut donc consister dans la **fabrication d'un faux document ou dans la modification d'un document préexistant afin de le rendre non conforme à la réalité**. De nombreux procédés peuvent ici être utilisés, qui impliquent toujours des actes positifs, tels qu'un montage *(Cass. crim., 3 déc. 2008, n° 08-82.896)*, l'utilisation de photocopies *(Cass. crim., 8 août 1995, n° 94-84.738)* ou encore un collage *(Cass. crim., 10 mars 2004, n° 03-83.094)*.

Le faux intellectuel suppose, quant à lui, **l'altération non du support mais de ce qu'il relate**, c'est-à-dire de la substance du document. Ainsi, le document, en tant que support, est authentique mais son contenu n'est pas conforme à la vérité. Par exemple, le délit peut consister à faire faussement état dans un procès-verbal de la présence d'un associé lors d'une assemblée générale extraordinaire *(Cass. crim., 11 mars 1991, n° 89-87.161)* ou à rédiger une attestation faisant faussement état de l'attribution d'un marché de travaux *(Cass. crim., 1er déc. 2010, n° 10-80.771)*. Il faut noter ici que le faux intellectuel peut se commettre tant par des actes positifs que par une omission, comme le fait, pour un comptable, de faire apparaître, en omettant certaines écritures, une situation comptable fausse *(Cass. crim., 25 janv. 1982 : Bull. crim. n° 29 – V. également Cass. crim., 5 févr. 2008, n° 07-84.724)*.

Selon l'article 441-1 du Code pénal, **l'altération de la vérité doit être *« de nature à causer un préjudice »*.**

Jurisprudence

Cependant, la jurisprudence a une conception très large du préjudice, qui peut être de droit ou de fait et même seulement éventuel, ce qui fait sérieusement douter qu'il s'agisse vraiment d'une condition distincte de l'altération de la vérité dans le document. En outre, la chambre criminelle affirme que les juges n'ont pas besoin de constater la réalité du préjudice dans certains cas parce que ce dernier résulte de la nature du document falsifié, comme dans le cas d'un faux en écritures publiques ou authentiques *(Cass. crim., 20 mai 2009, n° 08-80.677)*. En outre, dans le cas particulier où le faux exprime une vérité, comme dans le cas de la fabrication de documents pour servir de preuve à l'occasion d'un contrôle fiscal, la jurisprudence décide qu'un tel acte constitue un faux matériel susceptible de porter préjudice à un tiers, même si le document est conforme à l'original *(Cass. crim., 12 sept. 2018, n° 17-85.825)*.

L'exigence d'un préjudice est donc, en général, purement formelle.

3 L'intention coupable

En évoquant une altération *« frauduleuse »* de la vérité, le Code pénal rappelle que le faux est un délit intentionnel qui suppose la **volonté de commettre les actes en connaissance de cause, c'est-à-dire en sachant que le document falsifié est susceptible de faire la preuve d'un fait ou d'un droit** *(V., par ex., Cass. crim.,, 12 sept. 2018, n° 17-85.825)*. Ainsi, le faux n'est pas constitué en cas d'altération de la vérité par simple négligence, ce qui est concevable *(V. Cass. crim., 7 sept. 2004, n° 03-85.468 : « le seul manquement du prévenu à ses obligations professionnelles ne suffit pas à caractériser l'intention »)*. Les juges tiennent souvent compte de la qualité professionnelle de l'auteur des actes pour établir l'intention, en considérant qu'il ne pouvait pas ignorer la fausseté du document *(V., pour un avocat, Cass. crim., 8 avr. 2010, n° 03-80.508)*. On ajoutera que l'intention est plus aisée à établir en présence d'un faux matériel que dans le cas du faux intellectuel dès lors que le premier implique des actes qui ne peuvent s'expliquer autrement que par la volonté de créer un faux document.

Il est évident que les mobiles de l'auteur sont indifférents comme pour toute autre infraction.

B Le régime juridique du délit

Jurisprudence

La jurisprudence assimile, en matière de faux, l'auteur intellectuel à l'auteur matériel. Autrement dit, l'auteur est celui qui réalise le faux ou qui le fait réaliser, c'est-à-dire l'instigateur ou celui qui fournit des instructions. Ainsi est auteur celui qui coopère sciemment à la fabrication d'un faux procès-verbal portant la signature de tiers, même s'il n'y a pas concouru matériellement *(Cass. crim., 3 juin 2004, n° 03-84.529 – Cass. crim., 8 avr. 2010, n° 03-80.508 et 09-86.242)*.

Il s'en déduit que le domaine de la complicité est réduit, pour l'essentiel, au cas de l'aide ou de l'assistance.
La **tentative de faux en écritures est incriminée** et ne pose pas de difficultés particulières *(C. pén., art. 441-9)*.

Les personnes physiques encourent un **emprisonnement de 3 ans et une amende de 45 000 euros**. Des peines complémentaires sont prévues par l'article 441-10 et 441-11 du Code pénal.

Les personnes morales déclarées coupables de faux encourent une amende d'un montant quintuplé et toutes les peines de l'article 131-39 du Code pénal *(C. pén., art. 441-12)*.

Le faux constitue une infraction instantanée et le délai de prescription de 6 ans commence donc à courir lorsque l'altération de la vérité est réalisée. La jurisprudence antérieure à la loi du 27 février 2017 refusait de retarder le point de départ de la prescription en cas de dissimulation de l'infraction, ce qui est pourtant aisé à concevoir, mais cette jurisprudence est caduque désormais puisque l'article 9-1 du CPP prévoit ce report du point de départ pour tout délit.

II. Le faux en écritures publiques ou authentiques

L'article 441-4 du Code pénal incrimine le faux commis dans une écriture publique ou authentique ou dans un enregistrement ordonné par l'autorité publique. C'est donc la nature du document falsifié qui le distingue du faux en écritures privées.

On analysera la notion d'écritures publiques ou authentiques avant de s'arrêter sur la répression de cette infraction, les autres aspects de l'infraction ne différant pas par rapport au faux de l'article 441-1 du Code pénal.

A L'objet du faux

Le document falsifié doit être une écriture publique ou authentique ou un enregistrement ordonné par l'autorité publique. Cette dernière expression renvoie notamment aux interceptions de correspondances ou de conversations ordonnées dans un cadre légal, par une autorité judiciaire notamment.

L'écriture publique se définit comme un écrit rédigé par un fonctionnaire public dans le cadre de ses fonctions alors que **l'écriture authentique est celle rédigée par un officier public ou ministériel habilité par la loi à recevoir des actes ou à procéder à des constatations,** tels que les notaires ou huissiers.

Jurisprudence

Constituent donc des faux en écritures publiques ou authentiques le procès-verbal rédigé par un commissaire-priseur à l'issue d'une vente aux enchères publiques *(Cass. crim., 10 mai 2007, n° 06-81.866)*, un rapport d'interpellation rédigé par un agent de police judiciaire *(Cass. crim., 13 nov. 2012, n° 12-80.080)* ou des arrêtés municipaux de recrutement d'agents communaux signés par le maire *(Cass. crim., 16 janv. 2019, n° 17-85.852)*. En revanche, la chambre criminelle a considéré que les faits et motifs énoncés dans une décision de justice qui seraient, selon la partie civile, inexacts ne peuvent pas relever de la qualification de faux en écriture publique ou authentique *(Cass. crim., 9 nov. 2016, n° 15-86.922)*. Cette décision signifie qu'une décision de justice ne peut jamais être falsifiée par le juge qui l'a rendue, ce qui ne repose sur aucun argument décisif.

B La répression de l'infraction

La nature du document falsifié entraîne une répression beaucoup plus sévère. En effet, l'article 441-4 du Code pénal prévoit un **emprisonnement de 10 ans et une amende de 150 000 euros**.

De plus, **l'infraction devient criminelle lorsque le faux ou l'usage de faux est commis par une personne dépositaire de l'autorité publique ou chargée d'une mission de service public agissant dans l'exercice de ses fonctions ou de sa mission**. Les peines sont alors de 15 ans de réclusion criminelle et à 225 000 euros d'amende.

Les peines applicables aux personnes morales sont l'amende multipliée par 5 ainsi que toutes les peines de l'article 131-39 du Code pénal *(C. pén., art. 441-12)*.

La tentative est également punissable *(C. pén., art. 441-9)*.

III. Le faux commis dans un document délivré par une administration publique

La présentation des éléments du délit précèdera l'exposé de son régime juridique.

A Les éléments constitutifs du délit

L'article 441-2 du Code pénal incrimine le faux commis dans un document délivré par une administration publique aux fins de constater un droit, une identité ou une qualité ou d'accorder une autorisation.

Jurisprudence

Sont donc concernés, par exemple, le permis de conduire *(Cass. crim., 26 sept. 2007, n° 06-86.894)*, le passeport *(Cass. crim., 10 oct. 2006, n° 06-81.864)* ou des procurations de vote, établies dans le cadre de l'organisation administrative des élections *(Cass. crim., 24 oct. 2018, n° 17-86.883)*. En revanche, la Cour de cassation a estimé qu'un avis de vérification fiscale ne constate pas un droit, une identité ou une qualité et n'accorde pas une autorisation, ce qui exclut donc la qualification de l'article 441-2, celle de faux en écritures privées étant cependant envisageable *(Cass. crim., 5 janv. 2017, n° 16-80.045)*.

L'administration publique délivrant le document peut être nationale ou étrangère *(Cass. crim., 22 mai 1997, n° 96-82.080)* et constituer une **administration de l'Etat ou une administration locale** (pour un conseil général, *V. Cass. crim., 18 oct. 2000, n° 99-88.139*).

Matériellement, le délit suppose la falsification du document, ce qui ne présente pas d'originalité particulière. De même, l'intention se caractérise par la volonté d'altérer la vérité en ayant conscience de la fausseté du document relevant de la catégorie des « documents administratifs » *(V. Cass. crim., 22 oct. 2003, n° 02-87.875)*.

B Le régime répressif du délit

Les peines prévues, pour les personnes physiques, sont un **emprisonnement de 5 ans et une amende de 75 000 euros**. Il existe 3 circonstances aggravantes ayant pour effet de porter les peines à 7 ans d'emprisonnement et à 100 000 euros d'amende, consistant dans le fait que le faux est commis :

- par une personne dépositaire de l'autorité publique ou chargée d'une mission de service public agissant dans l'exercice de ses fonctions ;
- de manière habituelle ;
- dans le dessein de faciliter la commission d'un crime ou de procurer l'impunité à son auteur.

On notera que cette dernière circonstance aggravante n'est rien d'autre que la prise en compte d'un mobile de l'auteur.

La tentative est punissable *(C. pén., art. 441-9)*.

Pour les personnes morales, les peines sont une amende d'un montant quintuplé ainsi que toutes les peines de l'article 131-39 du Code pénal *(C. pén., art. 441-12)*.

IV. Le faux certificat et la fausse attestation

L'article 441-7 punit le fait d'établir une attestation ou un certificat faisant état de faits matériellement inexacts, de falsifier une attestation ou un certificat originairement sincère ou de faire usage d'une attestation ou d'un certificat inexact ou falsifié. L'intérêt de cette incrimination réside dans le fait qu'il importe peu, contrairement au faux de l'article 441-1, que le document en question soit susceptible de faire la preuve d'un droit ou d'un fait.

A Les éléments constitutifs du délit

Dans le premier cas, il s'agit d'une forme particulière de faux intellectuel alors que, dans le second, il s'agit d'un faux matériel. La particularité de l'infraction tient au document visé qui doit être une attestation ou un certificat établi par l'auteur dans l'intérêt d'un tiers exclusivement *(Cass. crim., 7 mars 2012, n° 11-82.153)*.

Jurisprudence

Il faut noter que, s'agissant du cas visé par l'article 441-7, 1°, la chambre criminelle considère que le document établi doit comporter la signature authentique de son auteur *(Cass. crim., 15 mars 2000, n° 99-83.224)*. En outre, le document doit contenir une affirmation et non pas seulement un avis formulé par son auteur *(Cass. crim., 16 mars 1994, n° 93-81.913)*.

Le délit est nécessairement intentionnel et implique donc que l'auteur connaissance la fausseté des éléments affirmés dans le document.

B La répression du délit

L'article 441-7 du Code pénal prévoit, pour les personnes physiques, un an d'emprisonnement et 15 000 euros d'amende. Ces peines sont portées à 3 ans d'emprisonnement et à 45 000 euros d'amende lorsque l'infraction est commise soit en vue de porter préjudice au Trésor public ou au patrimoine d'autrui, soit en vue d'obtenir un titre de séjour ou le bénéfice d'une protection contre l'éloignement. Il s'agit donc de prendre un compte, ici encore, un mobile particulier de l'auteur.

Pour les personnes morales, les peines sont l'amende quintuplée et les sanctions de l'article 131-39 *(C. pén., art. 441-12)*.

On notera que la tentative est incriminée *(C. pén., art. 441-9)*.

§2 Les infractions complémentaires

Le législateur n'incrimine pas seulement le fait d'altérer la vérité dans un document et il existe donc plusieurs infractions complémentaires aux délits principaux.

I. L'usage de faux

L'usage de faux est incriminé dans plusieurs textes en fonction de la nature du document. L'article 441-1, alinéa 2, punit l'usage de faux en écritures privées, l'article 441-2, alinéa 2, réprime l'usage de faux document administratif, l'article 441-4, alinéa 2, celui d'un faux en écriture publique ou authentique et l'article 441-7, 3°, l'usage d'une attestation ou d'un certificat inexact ou falsifié.

Si les éléments constitutifs sont très proches, la répression est différente.

A Les éléments constitutifs

Dans tous les cas, le législateur se borne à incriminer *« l'usage »* du document falsifié. **Le terme, très large, permet donc d'appréhender tous les actes qui consistent à se**

servir du document, la seule limite tenant à l'existence d'actes positifs *(V. Cass. crim., 4 nov. 2010, n° 09-88.187, censurant un arrêt de condamnation ayant retenu le délit dans le cas d'une personne ayant laissé produire en justice des documents falsifiés).*

Jurisprudence

L'usage peut donc consister, notamment, dans le fait de produire un faux document en justice *(Cass. crim., 22 oct. 2003, n° 02-87.875 – Cass. crim., 3 mai 2012, n° 11-82.431)* ou auprès d'une administration *(Cass. crim. 8 avr. 2010, n° 03-80.508 et 09-86.242)*, ou encore d'envoyer le document à un destinataire, peu important le mode d'acheminement utilisé *(Cass. crim., 31 janv. 2007, n° 06-83.232 – Cass. crim., 20 mai 2009, n° 08-80.677)*.

L'incrimination spéciale de l'usage emporte plusieurs conséquences importantes. En premier lieu, il est évident qu'elle a pour effet de permettre la répression de celui qui utilise le document falsifié par un tiers. En second lieu, il importe peu que l'auteur du faux ne soit pas poursuivi et condamné, dès lors que l'existence du délit est dûment constatée.

Jurisprudence

La jurisprudence admet d'ailleurs que le fait que le délit de faux soit prescrit n'empêche pas la poursuite du délit d'usage *(Cass. crim., 3 mai 2012, précité)*, ce qui montre l'autonomie presque totale entre les deux infractions.

S'agissant de l'élément moral, le délit suppose établie la **connaissance chez l'auteur de la fausseté du document dont il fait usage** *(V., par ex., Cass. crim., 27 juin 2018, n° 17-83.645 – Cass. crim., 17 janv. 2018, n° 16-84.576 – Cass. crim., 21 nov. 2017, n° 16-87.498)*.

B La répression

Les peines dépendent de la nature du document dont il a été fait usage mais elles sont toujours les mêmes que celles prévues pour sa falsification.

L'auteur de l'usage de faux en écritures privées, personne physique, encourt donc un emprisonnement de 3 ans et une amende de 45 000 euros *(C. pén., art. 441-1, al. 2)*, l'usage de faux document administratif est puni de 5 ans d'emprisonnement et de 75 000 euros d'amende *(C. pén., art. 441-2, al. 2)* et l'usage d'un faux en écritures publiques ou authentiques expose son auteur à un emprisonnement de 10 ans et à une amende de 150 000 euros *(C. pén., art. 441-4, al. 2)*.

Enfin, l'article 441-7 du Code pénal prévoit, pour l'usage d'une attestation ou d'un certificat inexact ou falsifié, un an d'emprisonnement et 15 000 euros d'amende.

Les circonstances aggravantes applicables au faux le sont également à son usage *(C. pén., art. 441-2, al. 3 et 441-4, al. 3)*.

Pour les personnes morales, l'amende est quintuplée et toutes les peines de l'article 131-39 sont applicables *(C. pén., art. 441-12)*.

On notera encore que, curieusement, **la tentative d'usage de faux est incriminée** *(C. pén., art. 441-9)*, ce qui semble difficile à caractériser.

Enfin, la prescription de l'action publique en matière de faux débute au moment de la consommation du délit, qui est instantané, et la jurisprudence refusait, avant la loi du 27 février 2017, de retarder le point de départ du délai en cas de clandestinité ou de dissimilation *(Cass. crim., 25 mai 2004, n° 03-85.674)*, solution qui ne pourra plus être maintenue à l'avenir en vertu de l'article 9-1 du CPP issu de ladite loi.

II. La détention de faux documents administratifs

L'article 441-3 du Code pénal incrimine la détention de l'un des faux documents définis à l'article 441-2 c'est-à-dire de faux documents administratifs. On exposera les éléments du délit puis son régime répressif.

A Les éléments constitutifs du délit

***A priori*, l'incrimination de la détention de faux documents administratifs fait double emploi avec celle de recel lorsque le détenteur n'est pas celui qui a falsifié le document.** Cependant, il faut considérer que **l'infraction spéciale doit s'appliquer de préférence à l'infraction générale** de recel, alors même que ce dernier est puni plus sévèrement.

Lorsque le détenteur est celui qui a confectionné le faux document, la logique voudrait de retenir seulement le faux, la détention pouvant apparaître comme la suite naturelle de ce dernier, ce d'autant plus que la falsification est punie plus sévèrement que la détention. Il semble que l'intérêt résiderait alors seulement dans l'hypothèse où le faux serait non poursuivable en raison de la prescription, la détention pouvant encore l'être en raison de son caractère d'infraction continue.

Il faut encore rappeler que **l'usage de faux document administratif est aussi incriminé, la chambre criminelle considérant que l'usage et la détention pouvant être poursuivis de manière simultanée**, ce qui peut paraître étrange puisque l'usage implique nécessairement la détention *(Cass. crim., 30 avr. 2014, n° 13-82.625)*. **Cette solution n'est peut-être plus valable aujourd'hui** dès lors que la jurisprudence la plus récente considère, en matière de conflits de qualifications, que *« les faits qui procèdent de manière indissociable d'une action unique caractérisée par une seule intention coupable ne peuvent donner lieu, contre le prévenu, à deux déclarations de culpabilité de nature* *pénale, fussent-elles concomitantes » (Cass. crim., 24 janv. 2018, n° 16-83.045)*. Si l'on considère que l'intention du détenteur était de faire usage du document, on devrait en déduire qu'une seule qualification, celle d'usage, doit être retenue.

Sur le plan de l'élément moral, la détention doit être « frauduleuse » ce qui signifie que **le délit suppose d'établir que l'auteur connaissait la fausseté du document qu'il détenait ainsi que sa nature de document administratif.**

B Le régime juridique du délit

Le délit est puni, pour les personnes physiques, de 2 ans d'emprisonnement et de 30 000 euros d'amende mais la peine est portée à 5 ans d'emprisonnement et à 75 000 euros d'amende en cas de détention frauduleuse de plusieurs faux documents.

Pour les personnes morales, l'amende encourue est multipliée par 5 et toutes les peines de l'article 131-39 sont applicables *(C. pén., art. 441-12)*.

On notera ici que la tentative n'est pas incriminée, selon l'article 441-9 du Code pénal, ce qui semble logique.

Enfin, s'agissant de la prescription de l'action publique, **la détention de faux documents doit nécessairement être considérée comme un délit continu**, la prescription ne commençant à courir que lorsque la détention prend fin.

III. La fourniture frauduleuse d'un document administratif

> (C. pén., art. 441-5)
> L'article 441-5 du Code pénal réprime *« le fait de procurer frauduleusement à autrui un document délivré par une administration publique aux fins de constater un droit, une identité ou une qualité ou d'accorder une autorisation »*.

A Les éléments constitutifs

L'infraction ne requiert pas la falsification d'un document administratif mais le fait de le procurer de manière indue. Les documents en question sont les mêmes que ceux dont la falsification est réprimée par l'article 441-2 (V. *supra* III, A). On peut remarquer **que l'auteur peut être un simple particulier ou une personne dépositaire de l'autorité publique ou chargée d'une mission de service public agissant dans l'exercice de ses fonctions** *(un maire par exemple, Cass. crim., 2 oct. 2007, n° 06-87.658)*, ce qui constitue alors une circonstance aggravante.

Le délit est intentionnel, ce qui suppose donc la preuve que l'auteur avait conscience de fournir les documents dans des conditions illicites.

B La répression

Le délit est puni, pour les personnes physiques, **d'un emprisonnement de 5 ans et d'une amende de 75 000 euros**. S'il est commis par une personne dépositaire de l'autorité publique ou chargée d'une mission de service public agissant dans l'exercice de ses fonctions, de manière habituelle ou dans le dessein de faciliter la commission d'un crime ou de procurer l'impunité à son auteur, l'auteur encourt 7 ans d'emprisonnement et 100 000 euros d'amende.

Pour les personnes morales, l'amende est quintuplée et les peines de l'article 131-39 du Code pénal sont toutes applicables *(C. pén., art. 441-12).*

La tentative, aisément concevable, est incriminée, en vertu de l'article 441-9 du Code pénal.

IV. L'obtention frauduleuse d'un document administratif

Toujours en matière de documents administratifs, le législateur réprime le fait se les faire délivrer de manière frauduleuse.

A Les éléments constitutifs

L'article 441-6, alinéa 1, réprime **le fait se faire délivrer indûment par une administration publique ou par un organisme chargé d'une mission de service public, par quelque moyen frauduleux que ce soit, un document destiné à constater un droit, une identité ou une qualité ou à accorder une autorisation**. Ce délit constitue donc le pendant de celui de l'article 441-5, punissant le faire de procurer frauduleusement de tels documents.

Les documents visés sont ceux qui font l'objet des articles 441-2 et 441-5, la seule différence résidant dans le fait qu'ils peuvent émaner d'une administration publique mais aussi d'un organisme chargé d'une mission de service public, ce qui élargit donc le champ d'application de l'infraction.

Jurisprudence

En pratique, le délit a été retenu dans le cas de **l'obtention frauduleuse d'un titre de séjour** par une préfecture *(Cass. crim., 22 janv. 2014, n° 12-86.858)*, de celle **d'une déclaration de perte du permis de conduire** par un service de police *(Cass. crim., 22 oct. 2008, n° 08-81.198)*, de **l'obtention de cartes d'identité** et d'un livret de famille *(Cass. crim., 28 mars 2006, n° 05-80.393)* ou encore d'une appellation d'origine contrôlée *(Cass. crim., 3 nov. 2005, n° 05-81.023).*

Le délit suppose que **l'auteur utilise un moyen frauduleux** quelconque qui va tromper l'administration ou l'organisme et la conduire à délivrer le document. De ce fait, la tentative, qui est punissable en vertu de l'article 441-9 du Code pénal, peut être facilement caractérisée lorsque l'administration n'est pas dupe des manœuvres utilisées *(V. la tentative d'obtenir une autorisation d'ouverture d'un établissement de ventes d'animaux d'espèces non domestiques, Cass. crim., 16 nov. 2004, n° 04-80.683).*

B La répression du délit

Pour les personnes physiques, les peines encourues sont un emprisonnement de 2 ans d'emprisonnement et une amende de 30 000 euros. Comme on l'a dit, la tentative est incriminée.

Pour les personnes morales, l'amende est multipliée par 5 et les peines prévues par l'article 131-39 sont applicables.

V. La déclaration mensongère aux fins d'obtention d'une allocation, d'un paiement ou d'un avantage indu

L'article 441-6, alinéa 2, prévoit un dernier délit satellite du faux qui se rapproche par certains points de l'escroquerie.

A Les éléments constitutifs

Le texte incrimine le **fait de fournir sciemment une fausse déclaration ou une déclaration incomplète en vue d'obtenir ou de tenter d'obtenir, de faire obtenir ou de tenter de faire obtenir d'une personne publique, d'un organisme de protection sociale ou d'un organisme chargé d'une mission de service public une allocation, une prestation, un paiement ou un avantage indu**. Son but est donc de réprimer toutes les fraudes destinées à obtenir des avantages tels que des allocations sociales par exemple. Avant une loi n° 2013-1203 du 23 décembre 2013, il existait d'autres textes particuliers réprimant certaines fraudes spéciales, qui ont été supprimés ou renvoient désormais au Code pénal, afin de simplifier le dispositif légal.

Matériellement, le délit se réalise par **le fait de fournir une fausse déclaration** ou, depuis la loi de 2013, une **déclaration incomplète**, ce qui permet de réprimer le mensonge par omission. Il est ainsi caractérisé par le fait de n'avoir pas mentionné dans une demande d'allocation logement le fait que le prévenu ne payait pas de loyer *(Cass. crim., 19 mai 2015, n° 14-83.937).*

Le destinataire de la déclaration doit être une personne publique, un organisme de protection sociale ou un organisme chargé d'une mission de service public susceptible de fournir une allocation ou un avantage. Il peut donc s'agir, par exemple, d'une caisse de sécurité sociale et d'allocations familiales *(Cass. crim., 28 mars 2006, n° 05-80.393)* ou du Fonds européen d'orientation et de garantie agricole *(Cass. crim., 19 nov. 2008, n° 07-82789).*

Le texte précise encore que **l'auteur des actes peut agir pour obtenir l'avantage pour lui-même ou pour un tiers**. On notera également qu'il résulte de la rédaction quelque peu alambiquée du texte (« en vue d'obtenir ou de tenter d'obtenir ») que **le délit se consomme par les actes indépendamment de leur effet**, c'est-à-dire même si, finalement, l'auteur ne réussit pas à obtenir l'avantage espéré. Il s'agit donc d'une infraction formelle dont, de surcroît, la tentative est incriminée *(C. pén., art. 441-9)*.

Intentionnelle, l'infraction suppose la volonté d'obtenir, par les moyens décrits par le texte, l'allocation ou l'avantage en ayant conscience que ce dernier est indu *(V. Cass. crim., 28 janv. 2015, n° 14-80.040)*.

B La répression du délit

Elle est identique à celle de l'article 441-6, alinéa 1 (V. supra IV, B).

VI. L'utilisation frauduleuse de certains documents

L'article 441-8 du Code pénal, dans sa rédaction issue de la loi n° 2016-274 du 7 mars 2016, réprime le **fait d'utiliser un document d'identité ou de voyage, un titre de séjour ou tout document provisoire mentionné à l'article L. 311-4 du Code de l'entrée et du séjour des étrangers et du droit d'asile appartenant à un tiers, avec ou sans son consentement, aux fins d'entrer, de circuler ou de se maintenir sur le territoire français ou d'obtenir indûment un titre, une qualité, un statut ou un avantage**.

Cette infraction vise indirectement **à lutter contre l'immigration clandestine** en réprimant le fait de se servir de certains documents appartenant à un tiers, ce qui semble impliquer une usurpation d'identité, en vue, soit de justifier une présence, en réalité irrégulière, sur le territoire français, soit d'obtenir un titre, une qualité, un statut ou un avantage, tels qu'un titre de séjour ou de réfugié par exemple.

Le délit est puni de **5 ans d'emprisonnement et de 75 000 euros d'amende** pour les personnes physiques. Il semble difficile d'imaginer qu'il soit imputé à une personne morale.

La tentative est théoriquement punissable *(C. pén., art. 441-9)* mais difficilement concevable en pratique.

Le texte précise que le fait pour le titulaire du document utilisé par l'auteur d'avoir sciemment facilité la commission de l'infraction, c'est-à-dire d'avoir fourni lui-même le document à l'auteur, est puni de la même peine, ce qui ne présente guère d'intérêt dès lors que cet acte relève de toute évidence de la complicité par aide ou assistance.

Lorsque l'infraction est commise de manière habituelle, les peines sont portées à 7 ans d'emprisonnement et à 100 000 euros d'amende.

TABLEAU COMPARATIF DE LA RÉPRESSION DES FAUX EN ÉCRITURES

Texte	Dénomination	Peines principales	Tentative	Circonstances aggravantes
Art. 441-1	Faux en écritures privées et usage	3 ans et 45 000 €	oui	non
Art. 441-4	Faux en écritures publiques ou authentiques et usage	10 ans et 150 000 €	oui	oui
Art. 441-2	Faux dans un document administratif et usage	5 ans et 75 000 €	oui	oui
Art. 441-7	Faux certificat ou fausse attestation et usage	1 an et 15 000 €	oui	oui
Art. 441-3	Détention de faux documents administratifs	2 ans et 30 000 €	non	oui
Art. 441-5	Fourniture frauduleuse d'un document administratif	5 ans et 75 000 €	oui	oui
Art. 441-6, al. 1	Obtention frauduleuse d'un document administratif	2 ans et 30 000 €	oui	non
Art. 441-6, al. 2	Déclaration mensongère en vue de l'obtention d'un avantage indu	2 ans et 30 000 €	oui	non
Art. 441-8	Utilisation frauduleuse de certains documents	5 ans et 75 000 €	oui	oui

⏭ POUR ALLER PLUS LOIN...

- P. CONTE, Mensonge dans une décision de justice, Dr. pén. 2017, comm. 17
- C. GUERY, De l'escroquerie et de l'usage de faux envisagés sous l'angle d'un régime dérogatoire à la prescription de l'action publique, D. 2012, p. 1838
- M. VERON, La répression du faux : du préjudice éventuel au préjudice virtuel, Dr. pén. 1999, chron. 7

P@RTIE 5

LE DROIT PÉNAL DES AFFAIRES

Beaucoup d'infractions prévues par le Code pénal sont susceptibles d'être commises dans le cadre de relations d'affaires ou économiques, à l'image de l'escroquerie, de la corruption ou du faux en écritures. Cependant, il existe quelques délits spécialisés, en dehors du Code pénal, par lesquels le législateur entend réguler les pratiques dans le domaine économique et dans celui des sociétés commerciales. Il s'agit de l'abus de biens sociaux, de la banqueroute et du délit d'initié.

Fiche n° 77 L'abus de biens sociaux

⏭ L'ESSENTIEL

L'abus de biens sociaux permet de réprimer tous les agissements des dirigeants de certaines sociétés qui sont contraires à l'intérêt de la personne morale. Il se consomme par l'usage abusif des biens, du crédit, des pouvoirs ou des voix, cet usage pouvant prendre des formes très variées, y compris une simple abstention parfois.

L'auteur doit être animé d'une intention c'est-à-dire fait un usage abusif « de mauvaise foi » et dans un intérêt personnel, matériel ou moral, direct ou indirect.

Le régime juridique de l'abus de biens sociaux comporte un certain nombre de particularités, notamment sur le terrain de la prescription de l'action publique et de l'exercice de l'action civile.

⏭ LES CONNAISSANCES

Le délit d'abus de biens sociaux a été créé par un décret-loi du 8 août 1935 afin de réprimer les faits commis dans le cadre des sociétés commerciales, mieux que ne le permettait le délit de droit commun d'abus de confiance. Il est aujourd'hui réprimé par le Code de commerce et ne peut se commettre qu'au sein de certaines sociétés commerciales et par des personnes déterminées par la loi. C'est incontestablement le délit le plus fréquent en droit pénal des affaires.

On verra dans un premier temps quelles sont les conditions légales du délit avant d'exposer son régime répressif.

§1 Les conditions d'existence du délit

Les textes du Code de commerce fixent un domaine précis au délit, qui ne peut être commis qu'au sein de certaines sociétés. Après avoir précisé ce domaine, on s'intéressera aux éléments constitutifs du délit.

I. Les sociétés concernées

Le Code de commerce prévoit que **l'infraction d'abus de biens sociaux peut être poursuivie dans le cadre des sociétés anonymes** *(C. com., art. L. 242-6, 3° et 4°)*, des **sociétés en commandite par actions** *(C. com., art. L. 243-1)*, des **sociétés par**

actions simplifiées *(C. com., art. L. 244-1)* et des **sociétés à responsabilité limitée** *(C. com., art. L. 241-3, 4° et 5°).*

Jurisprudence

Elle ne peut être étendue à d'autres sociétés, telles qu'une société de droit étranger *(Cass. crim., 3 juin 2004, n° 03-80.593)*, la Cour de cassation soulignant que c'est l'abus de confiance qui doit alors s'appliquer.

En revanche, une EURL (entreprise unipersonnelle à responsabilité limitée) relève du champ d'application de l'abus de biens *sociaux (Cass. crim., 20 févr. 2002, n° 01-86.329)* parce qu'elle ne constitue qu'une forme particulière de SARL.

II. Les éléments constitutifs du délit

Le délit se consomme par des actes reposant sur une intention de l'auteur.

A Élément matériel

Les textes incriminent **le fait de faire des biens ou du crédit de la société, des pouvoirs ou encore des voix un usage contraire à l'intérêt de celle-ci, à des fins personnelles ou pour favoriser une autre société ou entreprise.**

Le délit possède donc un objet précisé par le législateur au travers des termes « biens », « crédit », « pouvoirs » ou « voix ».

La **notion de biens** est aisée à cerner car elle renvoie à **tous les éléments mobiliers et immobiliers du patrimoine social**. Le **crédit réside dans la surface financière, la capacité à emprunter ou à garantir de la société**. Le terme de **« pouvoirs »** semble désigner **l'ensemble des droits que les dirigeants possèdent en vertu de leur mandat**. Enfin, les **voix** sont principalement les **procurations adressées par les actionnaires aux dirigeants pour les représenter dans les assemblées et voter pour eux.**

L'élément matériel du délit réside en **un usage des biens, du crédit, des pouvoirs ou des voix, contraire à l'intérêt social. Cet usage peut d'abord consister en une action positive**.

Jurisprudence

Ainsi, l'usage abusif des biens peut correspondre à un acte de disposition d'un élément du patrimoine de la société *(Cass. crim., 16 mars 1970, n° 68-90.226 : fait pour le dirigeant de s'approprier des fonds sociaux)* ou à un acte d'administration ou de simple usage d'un bien, contraire à l'intérêt social *(Cass. crim., 11 janv. 1968, n° 66-93.771)*. Tel est le cas du dirigeant de société qui utilise comme domicile pour sa famille un château, propriété de la société et y fait effectuer et payer par la société des travaux d'entretien ainsi que les salaires d'un gardien et de deux jardiniers *(Cass. crim., 10 oct. 1983, n° 83-93.735)*.

Constituent encore des actes **d'usage des biens** contraires à l'intérêt social, les rémunérations excessives versées par la société *(Cass. crim., 7 déc. 2016, n° 15-86.731)*, le fait pour le dirigeant de faire supporter par la société le règlement des amendes auxquelles il a été personnellement condamné *(Cass. crim., 3 févr. 1992, n° 90-85431)* ou encore le fait de régler la prestation d'un détective privé engagé pour surveiller l'épouse d'un dirigeant à partir d'un compte bancaire ouvert au nom de l'entreprise *(Cass. crim., 20 févr. 2002 préc.)*.

Constitue également un **usage des pouvoirs** illicite, la décision de fusion-absorption dès lors qu'elle est contraire à l'intérêt social *(Cass. crim., 10 juill. 1995, n° 94-82.655)* ou le fait pour le dirigeant d'évincer les membres du comité des rémunérations qui étaient hostiles à l'augmentation de ses émoluments et qui les remplace par d'autres personnes qui lui sont favorables *(Cass. crim., 16 mai 2012, n° 11-85.150)*.

Il peut s'agir, selon la jurisprudence, d'une abstention, telle celle du dirigeant d'une société de réclamer à une autre, dans laquelle il avait des intérêts, le paiement d'une prestation effectuée par la première *(Cass. crim., 15 mars 1972, n° 71-91.378 – V. également Cass. crim., 28 janv. 2004, n° 02-88.094)*.

Cette interprétation est contestée par la doctrine qui considère que le terme « usage » implique nécessairement un acte positif.

Dans tous les cas, l'usage doit être contraire à l'intérêt social. Si cette notion est vague, la jurisprudence tend à considérer que la contrariété à l'intérêt social peut se révéler par le fait que **l'acte ne comporte aucune contrepartie pour la société**, ce qui est fréquent en pratique, dans les cas où le dirigeant confond le patrimoine social avec le sien (prise en charge de dépenses personnelles ou rémunérations excessives, par exemple).

Jurisprudence

Il en va de même **lorsque des actes sont réalisés au profit d'autres sociétés, également sans contrepartie**, généralement parce que le prévenu a des intérêts dans ces autres entreprises *(Cass. crim. 25 oct. 2006, n° 05-85.998)*.

Jurisprudence

L'acte contraire à l'intérêt social est aussi, dans d'autres cas, celui qui expose le patrimoine social à un risque injustifié *(Cass. crim., 16 janv. 1989, n° 87-85.164)*. Or, à ce titre, s'est posée la question de savoir si la **commission d'un acte illicite** et notamment d'une infraction pénale comme la corruption, par exemple, devait être considéré dans tous les cas comme un abus de biens sociaux alors que, parfois, au moins dans un premier temps, l'acte a été favorable à la société, donc non contraire à ses intérêts, parce qu'il aura permis d'obtenir des marchés notamment. La jurisprudence a beaucoup hésité mais elle considère aujourd'hui que **de tels actes sont nécessairement des abus de biens sociaux parce qu'ils exposent, à moyen ou long terme, la société à un risque pénal ou fiscal** *(Cass. crim., 14 mai 2003, n° 02-81.217 – Cass. crim., 19 sept. 2007, n° 07-80.533 – Cass. crim., 22 oct. 2008, n° 07-88.111)*.

La question de la contrariété à l'intérêt social se pose également d'une manière particulière dans le **cadre d'un groupe de sociétés**. Le problème provient du fait que, dans un tel contexte, on peut imaginer des transferts de fonds, par exemple, d'une société à une autre du même groupe, qui, au premier abord, semblent contraires à l'intérêt de la société appauvrie mais qui, d'un point de vue plus global, se justifieront par l'intérêt du groupe de sociétés.

Jurisprudence

La difficulté n'est pas envisagée par le législateur mais seulement par la jurisprudence qui a admis, à partir d'un arrêt du 4 février 1985 *(Cass. crim., 4 févr. 1985, n° 84-91.581)*, qu'**un abus de biens sociaux puisse être justifié à des conditions précises par un intérêt de groupe**. La Cour de cassation considère qu'il est nécessaire que le concours financier apporté par les dirigeants d'une société à une autre d'un même groupe, dans laquelle ils sont intéressés, directement ou indirectement, soit dicté par un intérêt économique, social ou financier commun, apprécié au regard d'une politique élaborée pour l'ensemble de ce groupe. Ce concours ne doit pas être démuni de contrepartie, rompre l'équilibre entre les engagements respectifs des diverses sociétés concernées ni, enfin, excéder pas les possibilités financières de la société qui en supporte la charge *(Cass. crim., 4 sept. 1996, n° 95-83.718 – Cass. crim., 20 mars 2007, n° 05-85.253)*.
En pratique, **cet intérêt de groupe est rarement admis** *(V., pour des exemples positifs, Cass. crim., 27 nov. 2013, n° 12-84.804 – Cass. crim., 6 avr. 2016, n° 15-50.150)*.

Lorsque les conditions sont remplies, ce qui relève de l'appréciation des juges, **l'intérêt de groupe joue un rôle similaire à un « fait justificatif » de l'infraction**, terme parfois utilisé par la Cour de cassation *(Cass. crim., 27 avr. 2000, n° 99-85.192)*.

B L'élément moral

L'abus de biens sociaux est un délit intentionnel, ce qui souligné notamment par l'expression légale « mauvaise foi ». D'une part, **il suppose que l'auteur a conscience de la contrariété à l'intérêt de la société des actes qu'il commet volontairement.** D'autre part, les textes imposent d'établir une **intention particulière ou « dol spécial » puisqu'ils prévoient que l'auteur doit avoir agi à des fins personnelles ou pour favoriser une autre personne morale dans laquelle il était intéressé directement ou indirectement.** Ces éléments s'ajoutent, en principe, à la simple conscience et volonté de commettre l'usage abusif des biens.

Jurisprudence

L'intérêt recherché par l'auteur peut être un intérêt personnel, matériel (avantage personnel) ou moral (volonté de maintenir de bonnes relations commerciales avec un tiers, V. *Cass. crim., 15 sept. 1999, n° 98-83.237*) mais cet intérêt peut aussi être indirect, lorsque les actes sont destinés à favoriser une tierce personne, comme le prévoit expressément les textes. En réalité, l'intérêt personnel n'est pas très difficile à établir et l'exigence qu'il représente, en théorie, ne constitue pas un obstacle à la répression. Cependant, la Cour de cassation rappelle régulièrement que les juges doivent constater l'existence de cet intérêt personnel, qui est une condition de l'infraction *(Cass. crim., 1er mars 2000, n° 98-86.353 – Cass. crim., 4 nov. 2004, n° 03-87.327).*

§2 Le régime juridique du délit

I. La participation au délit

L'abus de biens sociaux est un **délit** qu'une partie de la doctrine qualifie d'attitré, c'est-à-dire **qui ne peut être commis que par des personnes qui présentent un titre ou une qualité précise**, ce qui également le cas, par exemple, de la corruption passive. En l'occurrence, les textes indiquent quels sont les auteurs du délit.

Pour les sociétés anonymes, il s'agit des membres de la direction et de l'administration ainsi que, le cas échéant, les membres du directoire et du conseil de surveillance *(C. com., art. L. 242-30)*. Les dirigeants des sociétés par actions simplifiées sont également concernés *(C. com., art. L. 244-1)*. Pour **les sociétés à responsabilité limitée, il s'agit des gérants** *(C. com., art. L. 241-9)*.

Jurisprudence

La solution s'étend à l'entreprise unipersonnelle à responsabilité limitée *(Cass. crim., 14 juin 1993, n° 92-80.763).*

En outre, le législateur prévoit que **le délit est également imputable aux dirigeants de fait** des sociétés, qu'il s'agisse des SARL *(C. com., art. L. 241-9)* ou des sociétés anonymes *(C. com., art. L. 246-2)* ou par actions simplifiées *(C. com., art. L. 244-4)*.

La **complicité** de tiers peut être recherchée à la condition, ordinaire, que les actes de complicité aient été antérieurs ou concomitants à la commission de l'infraction *(C. pén., art. 121-6 et 121-7)*. La complicité peut cependant être retenue également s'il existe un accord antérieur à la commission des faits quand bien même l'exécution de celui-ci serait postérieure.

Jurisprudence

Est ainsi complice, le notaire qui a, en connaissance de la finalité des opérations litigieuses, participé à des négociations portant sur des cessions d'actions, apportant ainsi aide et assistance à l'auteur des abus de biens sociaux *(Cass. crim., 14 janv. 2009, n° 08-80.584)*. **La jurisprudence tend à admettre facilement la complicité**. Ainsi, dans une affaire dans laquelle un administrateur provisoire de société avait été relaxé du chef de complicité aux motifs qu'il ne se rendait pas dans les locaux de l'entreprise, n'influait pas sur sa stratégie et n'exerçait qu'un contrôle superficiel des dépenses, la chambre criminelle a censuré la décision en reprochant à la cour d'appel de ne pas avoir recherché si le prévenu, qui avait sciemment contrevenu à sa mission en maintenant à son poste le président et en mettant en place à ses côtés un « comité de direction », n'avait pas eu conscience de fournir aux auteurs principaux, désignés pour faire partie de ce comité, les moyens de commettre les détournements dont ceux-ci se sont rendus coupables pendant toute la durée de son mandat *(Cass. crim., 22 sept. 2010, n° 09-87.363)*.

Le **recel** d'abus de biens sociaux est concevable et se rencontre fréquemment, en pratique.

Jurisprudence

Il consiste, le plus souvent, dans le fait pour toute personne de profiter en connaissance de cause de fonds de la société qui ont été appréhendées de manière illicite par le dirigeant *(Cass. crim., 3 mai 1982, n° 81-91.455 – Cass. crim., 28 mars 1996, n° 95-80.395)*.

On notera **que la même personne peut être condamnée à la fois en qualité de complice et de receleur de l'abus de biens sociaux, dès lors que les faits appréhendés sont distincts** *(Cass. crim., 31 janv. 2007, n° 02-85.089 et 05-82.671 – Cass. crim., 22 oct. 2008, n° 07-88.111)*.

La question se pose de savoir si **la responsabilité pénale des personnes morales** est applicable dans le cas de l'abus de biens sociaux. Autrement dit, le délit peut-il être imputé à une personne morale, telle qu'une société, qui abuserait donc des biens d'une autre société ?

Aucun texte n'a jamais envisagé cette possibilité mais depuis le 31 décembre 2005 et la suppression du principe dit de spécialité, il est théoriquement envisageable de reprocher le délit à une personne morale. Cependant, cela pose une difficulté particulière puisque l'auteur du délit ne peut être qu'un dirigeant de la personne morale. **Le délit ne serait donc imputable qu'à une société, par exemple, qui serait elle-même gérante ou membre du conseil d'administration d'une autre société.** L'hypothèse n'est pas inconcevable mais elle ne s'est jamais rencontrée pour l'instant.

II. Les peines encourues

Les peines encourues sont **un emprisonnement de 5 ans et une amende de 375 000 €.** Des peines complémentaires sont prévues par l'article L. 249-1. La privation des droits civiques, civils et de famille est également applicable *(C. com., art. L. 241-3, al. 7 et L. 242-6, al. 6)*.

L'infraction est punie de 7 ans d'emprisonnement et de 500 000 € d'amende lorsqu'elle a été réalisée ou facilitée au moyen soit de comptes ouverts ou de contrats souscrits auprès d'organismes établis à l'étranger, soit de l'interposition de personnes physiques ou morales ou de tout organisme, fiducie ou institution comparable établis à l'étranger *(C. com., art. L. 241-3, al. 8 et L. 242-6, al. 7)*.

III. les autres aspects du régime juridique

La **tentative** du délit n'étant **pas incriminée**, le simple fait d'amasser des capitaux et de les conserver au siège social de la société ne constitue qu'une tentative de détournement de fonds sociaux, non punissable *(Cass. crim., 16 janv. 1989, n° 87-90.450 – V. égal. Cass. crim., 7 avr. 1998, n° 97-83.801)*.

Concernant la **prescription de l'action publique**, le délit d'abus de biens sociaux est instantané *(Cass. crim., 8 oct. 2003, n° 02-81.471)*, le point de départ de la prescription devant donc, en principe, être fixé au jour où l'infraction est consommée. Ce moment étant difficile à fixer le plus souvent, les juges considèrent qu'il correspond au **jour de la présentation des comptes sociaux aux associés**.

Jurisprudence

Cependant, la Cour de cassation a mis en place une solution particulière en affirmant que le délit se consomme lors de chaque usage abusif des biens de la société et que la « **prescription court, sauf dissimulation, à compter de la présentation des comptes annuels par lesquels les dépenses litigieuses sont indûment mises à la charge de la société** » (même arrêt). Ainsi, elle admet que l'abus de biens sociaux puisse être dissimulé par l'auteur, ce qui retarde le point de départ de la prescription au moment où le délit est révélé dans des conditions permettant sa poursuite *(Cass. crim., 27 juill. 1993, n° 92-85.146)*.

En pratique, la dissimulation est souvent réalisée par des falsifications de la compatibilité masquant les prélèvements dans les fonds sociaux et la révélation du délit peut se faire à l'occasion d'une procédure collective ou d'un changement des dirigeants sociaux, qui découvriront les faits.

(CPP, art. 9-1)
On remarquera que **cette construction jurisprudentielle est désormais consacrée par le législateur à l'article 9-1 du CPP pour tout crime ou tout délit** mais le législateur a introduit une limite temporelle en prévoyant que *« le délai de prescription de l'action publique de l'infraction occulte ou dissimulée court à compter du jour où l'infraction est apparue et a pu être constatée dans des conditions permettant la mise en mouvement ou l'exercice de l'action publique,* ***sans toutefois que le délai de prescription puisse excéder 12 années révolues pour les délits*** *»*.

S'agissant de **l'action civile**, la question s'est posée de savoir quelles étaient les personnes susceptibles de se constituer partie civile en cas d'abus de biens sociaux. Le problème vient du fait qu'il existe potentiellement de nombreuses victimes, telles les associés ou actionnaires, les créanciers, les salariés etc. mais que l'article 2 du CPP impose de démontrer que la partie civile souffre d'un préjudice personnel découlant directement des faits infractionnels.

Jurisprudence

Après des hésitations, la Cour de cassation a jugé que **seule la société victime des agissements de ses dirigeants pouvait se constituer partie civile** *(Cass. crim., 13 déc. 2000, n° 99-80.387 et n° 99-84.855)*.

Elle peut le faire par l'intermédiaire du dirigeant social, autre que l'auteur des faits évidemment, qui agit donc au nom de la personne morale victime. **L'action civile peut aussi être exercée par le liquidateur de la société ou par un actionnaire**

ou un associé, agissant pour le compte de la société. Il s'agit de l'action dite « action sociale *ut singuli* », l'associé n'agissant pas ici en son nom personnel et cela suppose une carence des dirigeants de la société, qui pourraient agir et ne le font pas *(C. com., art. L. 225-252 et L. 223-22)*.

Jurisprudence

En revanche**, toute autre personne est irrecevable à exercer l'action civile**, notamment les associés agissant en leur nom propre *(Cass. crim., 13 déc. 2000 précité)*. Ainsi, la chambre criminelle a jugé que « la dévalorisation du capital social découlant de délits d'abus de biens sociaux commis par un dirigeant constitue, non pas un dommage propre à chaque associé, mais un préjudice subi par la société elle-même » *(Cass. crim., 20 juin 2007, n° 07-80.065)*. La solution est identique pour les créanciers, qui ne subissent qu'un préjudice indirect *(Cass. crim., 27 juin 1995, n° 94-84.648)*, un comité d'entreprise *(Cass. crim., 4 nov. 1988, n° 88-83.468)* ou encore un syndicat de salariés de l'entreprise *(Cass. crim., 11 mai 1999, n° 97-82.169)*.

⏭ POUR ALLER PLUS LOIN…

– M. -E. BOURSIER, Le faits justificatif de groupe dans l'abus de biens sociaux : entre efficacité et clandestinité, Revue des sociétés 2005, p. 273

– J.-P. BROUILLAUD, Faut-il supprimer la notion d'intérêt personnel dans la définition de l'abus de biens sociaux ? D. 2008, chron. p. 375

– L. GODON, Abus de confiance et abus de biens sociaux, Revue des sociétés 1997, p. 289

– M. PRALUS, Contribution au procès du délit d'abus de biens sociaux, JCP G 1997, I, 4001

– D. REBUT, L'abus de biens sociaux par abstention, D. 2005, p. 1290

Fiche n° 78 La banqueroute

L'ESSENTIEL

Le délit de banqueroute suppose un contexte juridique particulier, celui du redressement ou de la liquidation judiciaire, le débiteur devant être en état de cessation des paiements. Le législateur donne une liste de personnes qui peuvent être auteur du délit, notamment les commerçants, artisans et dirigeants, de fait ou de droit, de personnes morales de droit privé.

Il détermine également précisément les différents cas de banqueroute, tels que les achats en vue d'une revente au-dessous du cours, l'emploi de moyens ruineux pour se procurer des fonds, le détournement ou la dissimulation d'actif, l'augmentation frauduleuse du passif et tous les manquements liés à la comptabilité.

LES CONNAISSANCES

Le délit de banqueroute ne peut être commis que dans le cadre d'une procédure collective ouverte à l'encontre d'une personne physique ou morale. L'objectif est de réprimer des actes qui interviennent alors que la situation économique de l'entreprise est mauvaise et qui portent atteinte aux intérêts de celle-ci et de ses créanciers. L'infraction est ancienne mais a connu de nombreuses modifications. Les textes d'incrimination figurent aujourd'hui aux articles L. 654-1 et suivants du Code de commerce.

Le délit suppose la réunion de conditions préalables et d'éléments constitutifs. Après avoir étudié ces conditions légales de l'incrimination, on exposera son régime juridique.

§1 Les conditions du délit de banqueroute

Le législateur détermine le domaine d'application du délit, notamment quant aux personnes, qui peuvent en être les auteurs puis il définit les éléments constitutifs.

I. Le domaine d'application du délit

Le délit ne peut être commis que par certaines personnes énumérées par l'article L. 654-1 du Code de commerce et seulement si une procédure de redressement ou de liquidation judiciaire a été ouverte.

A Les auteurs du délit

Selon l'article L. 654-1, les règles relatives à la banqueroute sont applicables :

1° à toute personne exerçant une activité commerciale ou artisanale, à tout agriculteur et à toute personne physique exerçant une activité professionnelle indépendante, y compris une profession libérale soumise à un statut législatif ou réglementaire ou dont le titre est protégé ;

2° à toute personne qui a, directement ou indirectement, en droit ou en fait, dirigé ou liquidé une personne morale de droit privé ;

3° aux personnes physiques représentants permanents de personnes morales dirigeants des personnes morales définies au 2° ci-dessus.

Le délit peut donc être commis, d'abord, par un commerçant, ce qui a toujours était le cas. Selon l'article L. 121-1 du Code de commerce, sont commerçants les personnes qui exercent habituellement des actes de commerce, eux-mêmes définis par les articles L. 110-1 et suivants.

Les **artisans** peuvent également commettre le délit, parce qu'ils peuvent faire l'objet d'une procédure collective depuis la loi n° 85-98 du 25 janvier 1985. Selon l'article 19 de la loi n° 96-603 du 5 juillet 1996 relative au développement et à la promotion du commerce et de l'artisanat, relèvent du secteur de l'artisanat les personnes immatriculées au répertoire des métiers ou au registre des entreprises. Ce texte précise que doivent être immatriculées à ce répertoire ou à ce registre les personnes physiques et les personnes morales qui n'emploient pas plus de 10 salariés et qui exercent à titre principal ou secondaire une activité professionnelle indépendante de production, de transformation, de réparation ou de prestation de services figurant sur une liste établie par décret en Conseil d'État *(V. D. n° 98-247, 2 avr. 1998)*.

Les **agriculteurs**, pouvant également faire l'objet depuis une loi n° 88-1202 du 30 décembre 1988, d'une procédure collective, sont susceptibles d'être auteurs du délit de banqueroute *(V. CA Angers, 17 févr. 1998, JurisData n° 1998-041569)*. De même, les **professionnels indépendants**, c'est-à-dire notamment les personnes exerçant une profession libérale telle que celle de médecin, d'avocat ou de notaire, sont également concernés depuis la loi n° 2005-845 du 26 juillet 2005 de sauvegarde des entreprises *(V. pour un chirurgien-dentiste placé en liquidation judiciaire, Cass. crim., 21 mars 2018, n° 17-81.160)*.

Sont ensuite visés **les dirigeants, de droit ou de fait, des personnes morales de droit privé ainsi que les liquidateurs de ces personnes**. Les dirigeants de personnes publiques ne peuvent être auteurs de banqueroute en raison de l'impossibilité de placer ces personnes en redressement ou liquidation judiciaire.

Jurisprudence

Toutefois, les dirigeants de société d'économie mixte locale pourraient être poursuivis pour le délit lorsque la société a pris la forme d'une société de droit privé comme une société anonyme *(Cass. crim., 2 juin 1999, n° 98-81.454).*

On remarquera que toutes les personnes morales de droit privé sont concernées même si elles n'ont pas une activité économique ou commerciale. Le président d'une association peut donc être auteur d'une banqueroute.
De même**, tous les dirigeants, de droit ou de fait, sont susceptibles d'être poursuivis,** le critère à prendre en compte étant le rôle effectivement joué par l'intéressé dans le fonctionnement de la personne morale *(V. pour un exemple de dirigeant de fait : Cass. crim., 19 nov. 2008, n° 08-81.194).*

Enfin, le texte vise « les personnes physiques représentants permanents de personnes morales dirigeants des personnes morales définies au 2° ». Il s'agit de prendre en compte le fait qu'une personne morale peut être membre d'un conseil d'administration ou d'un conseil de surveillance d'une autre personne morale *(C. com., art. L. 225-20 et L. 225-76)*. Dans ce cas, elle est représentée par une personne physique, qui, de ce fait, peut être poursuivie, le cas échéant, pour banqueroute.

B L'ouverture d'une procédure collective

(C. com., art. L. 654-2)
Selon l'article L. 654-2 du Code de commerce, **le délit de banqueroute peut être commis *« en cas d'ouverture d'une procédure de redressement judiciaire ou de liquidation judiciaire ».***

Cette condition est issue des lois [n° 85-98] du 25 janvier 1985 et [n° 94-475] du 10 juin 1994. Le but du législateur a été d'empêcher une pratique jurisprudentielle consistant à permettre au juge pénal de considérer qu'une entreprise était en « faillite » et qu'une personne pouvait donc être condamnée pour banqueroute, alors que ce n'était pas reconnu par une juridiction commerciale.

Jurisprudence

Cependant, **la jurisprudence considère que la condition d'ouverture d'une procédure de redressement ou de liquidation judiciaire est purement procédurale**, c'est-à-dire une condition de la mise en mouvement de l'action publique du chef de banqueroute *(Cass. crim. 10 mars 2004, n° 03-87.441)*. Autrement dit, **il suffit que la poursuite soit intentée après un jugement d'ouverture d'une procédure collective, quelle que soit l'issue de celle-ci**. Par exemple, il a été jugé que la cassation, par la chambre commerciale de la Cour de cassation, de l'arrêt confirmant l'ouverture de la procédure collective était sans incidence sur les poursuites pénales *(Cass. crim., 24 oct. 2012, n° 11-86.165)*. De même, la chambre criminelle a jugé que l'annulation du jugement d'ouverture d'une procédure collective ne rend pas irrecevable l'action publique du chef de banqueroute engagée avant cette annulation *(Cass. crim., 20 mai 2015, n° 13-87.727)*.

Au-delà de la condition légale d'ouverture d'une procédure collective, il a toujours été admis que le délit de banqueroute ne se concevait que dans le cas où l'état de cessation des paiements pouvait être établi parce que c'est dans ce cas que la répression des agissements de l'auteur de la banqueroute prend sons sens (V. *infra* sur l'élément matériel). De ce fait, les juges répressifs doivent caractériser cet état de cessation des paiements. En principe, il suffit qu'ils se réfèrent à la décision de placement en redressement ou liquidation judiciaire, même si cette dernière n'est plus, à proprement parler, subordonnée à l'existence d'une cessation des paiements (l'article L. 621-1 du Code de commerce, prévoyant que l'ouverture de la procédure se faisait après cessation des paiements, a été abrogé par la loi n° 2005-845 du 26 juillet 2005).

Jurisprudence

Cependant, le juge pénal dispose du pouvoir d'apprécier de manière autonome l'état de cessation des paiements et de le fixer à une date différente de celle énoncée dans la décision du juge commercial, par exemple *(Cass. crim., 18 nov. 1991, n° 90-83.775 et n° 91-81.646 – Cass. crim., 21 juin 1993, n° 92-84.526)*.

Attention On notera encore que la loi [n° 2005-845] du 26 juillet 2005 a institué une procédure de sauvegarde, aux côtés de celles de redressement et de liquidation judiciaire *(C. com., art. L. 620-1 à L. 628-10)*. L'article L. 654-2 visant exclusivement ces dernières, **la banqueroute ne peut pas être poursuivie en cas d'ouverture d'une procédure de sauvegarde**, ce qui s'explique par le fait que, dans ce cas, le débiteur ne se trouve pas en état de cessation des paiements.

II. Les éléments constitutifs du délit

L'article L. 654-2 du Code de commerce décrit 5 formes matérielles de banqueroute, consistant à :

1° avoir, dans l'intention d'éviter ou de retarder l'ouverture de la procédure de redressement judiciaire ou de liquidation judiciaire, soit fait des achats en vue d'une revente au-dessous du cours, soit employé des moyens ruineux pour se procurer des fonds ;

2° avoir détourné ou dissimulé tout ou partie de l'actif du débiteur ;
3° avoir frauduleusement augmenté le passif du débiteur ;
4° avoir tenu une comptabilité fictive ou fait disparaître des documents comptables de l'entreprise ou de la personne morale ou s'être abstenu de tenir toute comptabilité lorsque les textes applicables en font obligation ;
5° avoir tenu une comptabilité manifestement incomplète ou irrégulière au regard des dispositions légales.

A Les achats en vue d'une revente au-dessous du cours ou l'emploi de moyens ruineux pour se procurer des fonds

Ce premier cas de banqueroute suppose une **intention précise chez l'auteur, celle *« d'éviter ou de retarder l'ouverture de la procédure de redressement judiciaire ou de liquidation judiciaire »***. Autrement dit, l'intéressé sait que la situation de l'entreprise est très mauvaise mais il cherche néanmoins à la maintenir et à ne pas recourir à une procédure collective.

Le premier procédé incriminé est celui des **achats en vue d'une revente au-dessous du cours**, l'objectif étant de se procurer rapidement une trésorerie, la revente pouvant intervenir avant même le paiement des marchandises. Le procédé consiste donc dans un **maintien artificiel de l'activité économique de l'entreprise**. Il faut observer, en outre, que revendre au-dessous du cours est susceptible de constituer un autre délit, celui de revente à perte *(C. com., art. L. 442-2)*.

Le second procédé est celui de **l'emploi de moyens ruineux pour se procurer des fonds**. Dans ce cas, **l'auteur obtient des financements, bancaires par exemple, malgré la situation obérée de l'entreprise, ce qui lui permet, un temps, de maintenir l'activité de celle-ci**.

Jurisprudence

Il peut s'agir, en pratique, du fait d'obtenir des crédits à des taux très élevés *(Cass. crim., 2 juin 1999, n° 98-81.454)* ou de procéder à l'escompte de fausses factures ou de traites fictives *(Cass. crim., 27 juin 2012, n° 11-86.197)*. On notera que celui qui fournit, en connaissance de cause, un tel concours ruineux, se rend complice de la banqueroute (V. pour le banquier : *Cass. crim., 3 janv. 1985, n° 84-91.057)*. Il a même été jugé que le banquier qui s'immisce dans la gestion de l'entreprise n'est pas seulement complice, mais auteur de la banqueroute, en qualité de dirigeant de fait *(Cass. crim., 22 sept. 2010, n° 09-83.274)*.

B Le détournement ou la dissimulation d'actifs

Le terme « actif » s'avérant très vague, il faut considérer que **tout bien corporel ou incorporel entrant dans le patrimoine du débiteur peut être détourné ou dissimulé**.

Il s'agit le plus souvent d'éléments corporels du patrimoine, telles que les marchandises, les fonds sociaux, les véhicules ou les machines utilisés dans le cadre de l'activité mais il peut également s'agir de la clientèle *(Cass. crim., 14 févr. 2007, n° 06-86.721)*.

Les **formes matérielles du détournement ou de la dissimulation** ne sont pas précisées par le texte, ce qui permet d'appréhender toutes sortes d'actes.

Jurisprudence

Par exemple, il arrive assez fréquemment que l'auteur procède à une cession de matériels à une autre société dans laquelle il a des intérêts *(Cass. crim., 7 déc. 1992, n° 92-80.627)*. Il peut s'agir également de l'octroi de rémunérations disproportionnées au dirigeant *(Cass. crim., 6 juin 2007, n° 06-85.644)* ou du règlement par la société de dépenses étrangères à son objet *(Cass. crim., 14 janv. 2015, n° 13-86.959)*. On notera toutefois que la jurisprudence n'admet qu'une simple abstention puisse caractériser le détournement *(Cass. crim., 12 janv. 2005, n° 04-81.545)*.

La dissimulation d'actif, plus rare en pratique, peut être caractérisée par le fait que l'auteur dépose sur un compte bancaire ouvert à l'étranger, au nom de son épouse, le produit de la vente d'un immeuble *(Cass. crim., 29 mars 2000, n° 99-85.878)*.

C L'augmentation frauduleuse du passif du débiteur

Ce cas correspond à l'hypothèse où l'auteur reconnaît faussement l'entreprise débitrice au profit de créanciers fictifs, l'objectif étant de se réserver des avoirs au détriment de ses véritables créanciers. En pratique, ces créanciers fictifs peuvent, eux-mêmes, être les auteurs de l'infraction prévue par l'article L. 654-9, 2°, du Code de commerce, qui réprime le fait pour toute personne, de déclarer frauduleusement dans la procédure de sauvegarde, de redressement judiciaire ou de liquidation judiciaire, soit en son nom, soit par interposition de personne, des créances supposées.

Jurisprudence

Le délit peut également être commis dans le cas du gérant de fait qui obtient une rémunération disproportionnée, dont il demande le paiement de l'arriéré lors de la procédure de liquidation *(Cass. crim., 29 nov. 2016, n° 15-86.116)*.

D Le non-respect des obligations comptables

Les deux derniers cas de banqueroute sont liés à la comptabilité, **l'auteur pouvant se voir reprocher :**

- **soit d'avoir tenu une comptabilité fictive ou fait disparaître des documents comptables de l'entreprise ou de la personne morale ou s'être abstenu de tenir toute comptabilité lorsque les textes applicables en font obligation ;**
- **soit d'avoir tenu une comptabilité manifestement incomplète ou irrégulière au regard des dispositions légales.**

La différence réside dans le fait que l'intention est plus prononcée dans le premier cas puisque l'auteur, usant de mensonges, cherche à empêcher que la comptabilité soit examinée dans le cadre de la procédure collective.

Jurisprudence

La **comptabilité** est **fictive** lorsqu'elle comporte des écritures correspondant à des opérations fictives *(Cass. crim., 25 juill. 1989, n° 88-85.308)* ou de graves irrégularités qui masque la situation économique ou financière réelle de l'entreprise *(Cass. crim., 1er oct. 1998, n° 97-82.812)*.

La **comptabilité** est **manifestement irrégulière** lorsqu'elle n'est pas établie conformément aux règles du Code de commerce et elle est manifestement incomplète s'il manque un des registres dont la tenue est obligatoire, notamment.

Jurisprudence

Le délit est ainsi commis par le débiteur qui se trouve dans l'incapacité de présenter les justificatifs de ses écritures comptables *(Cass. crim., 17 nov. 2004, n° 03-82.296)* ou lorsque les documents comptables n'ont été établis que partiellement *(Cass. crim., 12 janv. 2005, n° 04-83.119)*. Il a été jugé que **le fait que la comptabilité ait été validée par un expert-comptable ne constitue pas une cause d'exonération** pour l'auteur *(Cass. crim., 24 oct. 2012, n° 11-86.165)*. De même, l'auteur ne peut pas se dédouaner en invoquant le fait qu'il avait chargé un salarié d'établir la comptabilité, dès lors que cette obligation pèse sur le dirigeant *(Cass. crim., 1er oct. 1998, n° 97-82.812)*.

On notera que le délit est aussi constitué en cas de disparition de la comptabilité, ce qui peut correspondre à une dissimulation ou à une destruction mais la jurisprudence assimile à la disparition le refus de remettre les documents comptables *(Cass. crim., 25 févr. 2004, n° 03-84.357)*.

Enfin, il peut s'agir de l'abstention de tenir toute comptabilité *(Cass. crim., 29 nov. 2016, n° 15-86.116)*.

§2 Le régime juridique du délit de banqueroute

On distinguera les peines applicables des autres aspects du régime du délit.

I. Les peines

Selon l'article L. 654-3 du Code de commerce, la banqueroute est punie, pour les personnes physiques, d'un **emprisonnement de 5 ans et d'une amende de 75 000 €.** Des peines complémentaires sont énumérées par l'article L. 654-5.

Il existe une circonstance aggravante lié à la qualité de l'auteur ou du complice. Lorsqu'il est dirigeant d'un prestataire de services d'investissement, les peines sont portées à 7 ans d'emprisonnement et 100 000 € d'amende.

Pour les personnes morales, les peines sont une amende et l'ensemble des peines énumérées par l'article 131-39 du Code pénal *(C. com., art. L. 654-7)*.

La tentative n'est pas incriminée et on notera que la justification tirée d'un intérêt de groupe, admise pour l'abus de biens sociaux, a été exclue par la Cour de cassation *(Cass. crim., 20 juill. 1993, n° 92-84.086 – Cass. crim., 27 avr. 2000, n° 99-85.192)*.

II. Les autres aspects du régime juridique

Selon l'article L. 654-16 du Code de commerce, **le délai de prescription de l'action publique commence à courir au jour du jugement d'ouverture du redressement ou de la liquidation judiciaire lorsque les faits sont apparus avant cette date. Si les faits apparaissent postérieurement, le point de départ du délai est en principe le jour de leur commission** mais on notera que l'article 9-1 du CPP permet, depuis la loi n° 2017-242 du 27 février 2017, de retarder le point de départ du délai, en cas d'infraction dissimulée ou clandestine, au moment où les faits apparaissent dans des conditions permettant leur poursuite.

Il faut également noter que **l'article L. 654-17 du Code de commerce prévoit par qui l'action publique peut être mise en mouvement**. Il indique que la juridiction répressive est saisie soit sur la poursuite du ministère public, soit sur constitution de partie civile de l'administrateur, du mandataire judiciaire, du représentant des salariés, du commissaire à l'exécution du plan, du liquidateur ou de la majorité des créanciers nommés contrôleurs agissant dans l'intérêt collectif des créanciers lorsque le mandataire de justice ayant qualité pour agir n'a pas agi, après une mise en demeure restée sans suite. Seules certaines personnes privées sont donc habilitées à déclencher la poursuite, par voie de plainte avec constitution de partie civile, mais cela n'interdit pas, en principe, à d'autres personnes de se constituer partie civile par voie d'intervention si elles peuvent démontrer un préjudice personnel découlant directement de la banqueroute *(Cass. crim., 30 oct. 2013, n° 12-86.707)*.

Jurisprudence

Ainsi, la Cour de cassation a jugé que **l'article L. 654-17 du Code de commerce n'interdit pas que toute personne ayant personnellement souffert des conséquences directes d'une banqueroute puisse se constituer partie civile pour obtenir réparation de son préjudice** et que le cessionnaire des actifs de la société en redressement judiciaire subit un préjudice direct résultant du détournement de certains des actifs, objet de la cession *(Cass. crim., 30 oct. 2013, n° 12-86.707)*. Toutefois, s'agissant de l'action civile du créancier, elle a considéré que si ce dernier peut se constituer partie civile par voie d'intervention, c'est à la condition d'invoquer un préjudice distinct du montant de sa créance déclarée dans la procédure collective ouverte contre son débiteur et résultant directement de l'infraction *(Cass. crim., 17 juin 2014, n° 13-83.288)*. De même, a été jugée irrecevable la constitution de partie civile d'un syndicat représentant des salariés en raison de l'absence de preuve d'un préjudice même indirect porté à l'intérêt collectif de la profession, distinct de l'intérêt général et du préjudice individuel subi par les salariés *(Cass. crim., 27 oct. 1999, n° 98-85.213)*.

POUR ALLER PLUS LOIN...

– O. DÉCIMA, Réflexions sur la cessation des paiements en matière pénale, Dr. pénal 2008, étude 22

– A. DEKEUWER, Cessation des paiements, détournements d'actifs et pouvoirs du juge pénal en matière de banqueroute, JCP E 1995, I, 420

– C. MASCALA, La banqueroute : préserver l'entreprise contre l'entrepreneur ? Dr. pén. 2009, étude 20

Fiche n° 79 Le délit d'initié

L'ESSENTIEL

Le délit d'initié est destiné à réprimer les atteintes à l'égalité des investisseurs sur les marchés. Le texte d'incrimination a été totalement réécrit en 2016 après avoir été abrogé par le Conseil constitutionnel en raison du cumul possible entre les sanctions pénales et les sanctions administratives prononcées par l'Autorité des marchés financiers pour les mêmes faits.

Le nouveau texte renvoie pour la définition des informations privilégiées détenues par les auteurs du délit à un règlement de l'Union européenne qui expose quels critères doivent être pris en considération. Il détermine également quels sont les auteurs potentiels du délit mais la liste s'avère finalement très large. Les peines sont plus sévères que par le passé.

Un mécanisme procédural a été institué par le législateur afin de régler le problème de la double sanction des faits par les juridictions pénales et l'Autorité des marchés financiers.

LES CONNAISSANCES

Le but de la répression du délit d'initié est de **garantir aux investisseurs intervenant sur les marchés financiers une égalité de l'information en empêchant aux personnes qui détiennent des informations non encore connues du public d'en tirer profit en l'utilisant sur les marchés**. Le texte d'incrimination est l'article L. 465-1 du CMF mais les faits relevant du délit d'initié peuvent aussi être appréhendés au titre du « manquement d'initié », c'est-à-dire d'un comportement qui, sans être une infraction pénale, fait l'objet de sanctions prononcées par l'Autorité des marchés financiers (AMF) *(CMF, art. L. 621-15)*. Cette double répression a posé de sérieuses difficultés, récemment, devant le Conseil constitutionnel, qui a abrogé, à compter du 1er septembre 2016, le texte de l'article L. 465-1, dans une décision n° 2014-453/454 QPC et 2015-462 QPC du 18 mars 2015 *(JO 20 mars 2015)*. Le texte a été largement réécrit par une loi n° 2016-819 du 21 juin 2016 réformant le système de répression des abus de marché.

On analysera le délit d'initié dans un premier temps avant de décrire son régime répressif.

§1 Les éléments constitutifs du délit d'initié

Le délit d'initié ne peut être commis que par certaines personnes énumérées par l'article L. 465-1 du CMF dont le point commun est de détenir une « information privilégiée » dont elle va faire un certain usage. Après avoir précisé cette notion d'information privilégiée, on analysera les éléments constitutifs matériel et moral du délit.

I. La détention d'une information privilégiée

Jusqu'à la loi de 2016, le législateur ne donnait pas d'indications précises sur ce qu'est une information privilégiée, la question relevant dès lors de l'interprétation de la jurisprudence.
Désormais, l'article L. 465-1, I, C, dispose que les mots *« information privilégiée »* désignent les informations privilégiées au sens des 1 à 4 de l'article 7 du règlement (UE) n° 596/2014 du Parlement européen et du Conseil du 16 avril 2014. Ce dernier texte énonce que cette notion d'*« information privilégiée »* correspond à **une information à caractère précis qui n'a pas été rendue publique, qui concerne, directement ou indirectement, un ou plusieurs émetteurs, ou un ou plusieurs instruments financiers, et qui, si elle était rendue publique, serait susceptible d'influencer de façon sensible le cours des instruments financiers concernés ou le cours d'instruments financiers dérivés qui leur sont liés.**

Le texte européen indique également qu'une information est réputée à caractère précis si elle fait mention d'un ensemble de circonstances qui existe ou dont on peut raisonnablement penser qu'il existera ou d'un événement qui s'est produit ou dont on peut raisonnablement penser qu'il se produira, si elle est suffisamment précise pour qu'on puisse en tirer une conclusion quant à l'effet possible de cet ensemble de circonstances ou de cet événement sur le cours des instruments financiers.

Il énonce encore qu'on entend par information celle qui, si elle était rendue publique, serait susceptible d'influencer de façon sensible le cours des titres, une information qu'un investisseur raisonnable serait susceptible d'utiliser comme faisant partie des fondements de ses décisions d'investissement.

Les juges sont donc désormais invités à se référer à ces critères mais on peut considérer que ces derniers étaient déjà largement retenus par le passé.

Jurisprudence

Par exemple, le délit a été retenu dans le cas d'une personne, qui, afin de pouvoir se prononcer en connaissance de cause sur la proposition qui lui avait été faite de prendre une participation dans le capital d'une banque, a obtenu de ses interlocuteurs une « information précise, confidentielle et de nature à influer sur le cours de la valeur », dont elle a fait ensuite usage *(Cass. crim., 14 juin 2006, n° 05-82.453 – V. égal., au sujet du manquement d'initié, Cass. com., 1er mars 2017, n° 14-26.225)*. De même, une information portant sur les résultats prévisionnels d'une société a pu être jugée précise et donc susceptible de relever du délit *(Cass. crim., 26 juin 1995, n° 93-81.646)*.

II. L'usage de l'information privilégiée

D'un point de vue matériel, **le délit consiste à faire usage de l'information privilégiée en réalisant,** pour soi-même ou pour autrui, soit directement, soit indirectement, **une ou plusieurs opérations ou en annulant ou en modifiant un ou plusieurs ordres passés par cette même personne avant qu'elle ne détienne l'information privilégiée, sur les instruments financiers émis par cet émetteur ou sur les instruments financiers concernés par ces informations privilégiées**. Le texte issu de la loi de 2016 est plus précis que par le passé, le législateur se bornant auparavant à incriminer les opérations réalisées directement ou indirectement grâce à l'information privilégiée.

Jurisprudence

En pratique, il peut s'agir d'opérer une cession *(Cass. crim., 20 avr. 2017, n° 14-84.562)* ou une acquisition d'instruments financiers mais le texte vise aussi, désormais, le fait de modifier ou d'annuler des ordres passés avant d'avoir eu connaissance de l'information privilégiée. En effet, le but de l'opération peut aussi bien être de réaliser un gain que d'éviter des pertes financières. De même, l'opération peut être réalisée dans l'intérêt de l'auteur comme dans celui d'un tiers et de manière directe ou indirecte.

La jurisprudence exige, depuis longtemps et même si le texte ne l'impose pas, que l'information détenue ait présenté un caractère déterminant dans l'opération réalisée *(Cass. crim., 26 juin 1995, n° 93-81.646 – Cass. crim., 14 juin 2006 précité)*.

En d'autres termes, **il faut établir que l'opération ne s'est réalisée qu'en raison de la détention de l'information privilégiée**.

(C. mon. fin., art. L. 465-1, I, B)
L'article L. 465-1, I, B du CMF, dans sa rédaction issue de la loi de 2016, énonce que le simple fait qu'une personne dispose d'une information privilégiée n'est pas constitutif de l'infraction *« si son comportement est légitime, au sens de l'article 9 du règlement (UE) n° 596/2014 du Parlement européen et du Conseil du 16 avril 2014 sur les abus de marché »*.

Cet article décrit une série de situations complexes desquelles il ne doit pas être déduit qu'il y a eu usage d'informations privilégiées. Par exemple, le texte énonce qu'*« il ne doit pas être considéré que le simple fait qu'une personne est en possession d'une information privilégiée signifie que cette personne a utilisé cette information et a ainsi effectué une opération d'initié sur la base d'une acquisition ou d'une cession, lorsque cette personne pour l'instrument financier auquel cette information se rapporte, est un teneur de marché ou une personne habilitée à agir comme contrepartie, et lorsque l'acquisition ou la cession des instruments financiers auxquels se rapporte cette information s'effectue légitimement dans le cadre normal de l'exercice de sa fonction en tant que teneur de marché ou de contrepartie pour cet instrument financier »*.

On peut donc considérer que ce texte, auquel renvoie l'article L. 465-1 pourra jouer le rôle d'un fait justificatif proche de l'autorisation de la loi.

III. L'intention de l'auteur

Les auteurs du délit d'initié sont énumérés par le texte, de manière limitative. Il peut s'agir :

- du directeur général, du président, d'un membre du directoire, du gérant, d'un membre du conseil d'administration ou d'un membre du conseil de surveillance d'un émetteur concerné par une information privilégiée ou une personne qui exerce une fonction équivalente ;
- d'une personne disposant d'une information privilégiée concernant un émetteur au sein duquel elle détient une participation ;
- d'une personne disposant d'une information privilégiée à l'occasion de sa profession ou de ses fonctions ou à l'occasion de sa participation à la commission d'un crime ou d'un délit (V. pour le directeur de cabinet d'un ministre *: Cass. crim., 26 oct. 1995, n° 94-83.780* – un membre de l'ancienne Commission des opérations de bourse *: Cass. crim., 31 oct. 2007, n° 06-82.392 et n° 02-84.271*) ;
- de toute autre personne disposant d'une information privilégiée en connaissance de cause.

En réalité, la liste, tout en étant exhaustive, se révèle très large, notamment par la référence à la dernière catégorie, celle des personnes quelconques, disposant d'une information privilégiée.

Quelle que soit la personne de l'auteur, ce dernier doit posséder une intention, en vertu de l'article 121-3, alinéa 1er. Cette intention est évoquée au sujet de la dernière catégorie d'auteurs, devant détenir l'information *« en connaissance de cause »*. D'une manière générale, l'auteur doit donc réaliser une opération en sachant qu'il détient une information privilégiée dont le public n'a pas encore connaissance, le mobile qui l'anime étant, comme toujours, indifférent.

§2 Le régime répressif du délit d'initié

La loi de 2016 a fortement renforcé la répression du délit d'initié. Dans sa version abrogée par le Conseil constitutionnel, le texte prévoyait un emprisonnement de 2 ans et une amende de 1 500 000 €. Désormais, le délit est puni, pour les personnes physiques de **5 ans d'emprisonnement et d'une amende de 100 millions d'euros, ce montant pouvant être porté jusqu'au décuple du montant de l'avantage retiré du délit, sans que l'amende puisse être inférieure à cet avantage**.

S'il est **commis en bande organisée, le délit d'initié encourt 10 ans d'emprisonnement et de 100 millions d'euros d'amende**, ce montant pouvant être porté jusqu'au décuple du montant de l'avantage retiré du délit *(CMF, art. L. 465-3-5, II)*.

La tentative du délit est incriminée *(CMF, art. L. 465-1, II)*.

S'agissant des personnes morales, les peines sont une amende d'un montant quintuplé, pouvant être portée à 15 % du chiffre d'affaires annuel total, et toutes les peines de l'article 131-39 *(CMF, art. L. 465-3-5, I)*.

Comme on l'a déjà évoqué, **le fait d'utiliser une information privilégiée pour procéder à une opération sur un instrument financier ne constitue pas seulement un délit pénal mais aussi un manquement susceptible d'être sanctionné par l'Autorité des marchés financiers (AMF)**, qui dispose de pouvoirs importants dans ce domaine. **Cette concurrence des sanctions a conduit le Conseil constitutionnel à abroger le texte pénal au motif que la double répression était contraire au principe de nécessité des délits et des peines** *(Cons. const., 18 mars 2015 préc.)*. Le texte a néanmoins été rétabli en des termes renouvelés par la loi du 21 juin 2016 et **un mécanisme procédural a été prévu afin de résoudre le problème de la double sanction du même fait**.

En vertu de l'article L. 465-3-6 du CMF, **le procureur de la République financier**, seul compétent, tout comme les juridictions parisiennes, sur l'ensemble du territoire pour déclencher des poursuites en matière de délit d'initié *(CPP, art. 705-1)*, **ne peut mettre en mouvement l'action publique lorsque l'AMF a procédé à la notification des griefs pour les mêmes faits et à l'égard de la même personne** en application de l'article L. 621-15. **Réciproquement, l'AMF ne peut procéder à la notification des griefs à une personne à l'encontre de laquelle l'action publique a été mise en mouvement pour les mêmes faits par le procureur de la République financier.**

Le texte prévoit qu'avant toute mise en mouvement de l'action publique, le procureur de la République financier informe de son intention l'AMF, qui dispose d'un délai de 2 mois pour lui faire connaître son intention de procéder à la notification des griefs à la même personne pour les mêmes faits. Si l'AMF ne fait pas connaître, dans ce délai, son intention de procéder à la notification des griefs ou si elle fait connaître qu'elle ne souhaite pas y procéder, le procureur de la République financier peut mettre en mouvement l'action publique. Si l'AMF fait connaître son intention de procéder à la notification des griefs, le procureur de la République financier dispose d'un délai de 15 jours pour confirmer son intention de mettre en mouvement l'action publique et saisir le procureur général près la cour d'appel de Paris. À défaut, l'AMF peut procéder à la notification des griefs.

Le même mécanisme est prévu de manière inversée lorsque c'est l'AMF qui informe le procureur de son intention.

Si les deux autorités souhaitent exercer leur pouvoir, c'est le procureur général près la cour d'appel de Paris qui, dans un délai de 2 mois à compter de sa saisine, autorise ou non le procureur de la République financier à mettre en mouvement l'action publique. Si ce dernier n'est pas autorisé à mettre en mouvement l'action publique, l'AMF peut procéder à la notification des griefs. La décision du procureur général est insusceptible de recours.

Ce mécanisme est donc destiné à éviter en amont toute possibilité de double sanction pour les mêmes faits, tout en laissant subsister un double système de sanctions pénales et administratives.

⏭ POUR ALLER PLUS LOIN...

– P. CONTE, Les voies boursières répressives : le grand carrefour – Brève présentation des dispositions procédurales de la loi n° 2016-819 du 21 juin 2016, réformant le système de répression des abus de marché, Dr. pén. 2016, étude 19

– É. DEZEUZE, La refonte de la répression des abus de marché – Loi n° 2016-819 du 21 juin 2016, JCP G 2016, 846

– M.-C. GUERIN, La protection pénale de l'information financière, Dr. pén. 2008, étude 20

Fiche n° 80 Les pratiques commerciales trompeuses

L'ESSENTIEL

Le délit de pratiques commerciales trompeuses est destiné à protéger les consommateurs ou professionnels qui contractent avec des commerçants contre les pratiques déloyales de ces derniers. Le Code de la consommation décrit avec beaucoup de précision quelles sont les pratiques pouvant recevoir cette qualification, leur caractère trompeur étant apprécié par les juges indépendamment du point de savoir si un contractant a effectivement été trompé. Il s'agit d'un délit intentionnel mais cet élément moral est apprécié largement.

LES CONNAISSANCES

À l'origine, le droit pénal réprimait la publicité mensongère devenue « publicité trompeuse » *(L. n° 73-1193 du 27 déc. 1973)* et c'est une loi n° 2008-3 du 3 janvier 2008 qui a créé la dénomination actuelle de « pratiques commerciales trompeuses ». Ces pratiques font partie, avec les pratiques commerciales agressives, de la catégorie des pratiques déloyales, définies par l'article L. 121-1 du Code de la consommation comme celles qui sont contraires *« aux exigences de la diligence professionnelle »* et altèrent ou sont susceptibles *« d'altérer de manière substantielle le comportement économique du consommateur normalement informé et raisonnablement attentif et avisé, à l'égard d'un bien ou d'un service »*.

Les pratiques commerciales trompeuses font l'objet des articles L. 121-2 à L. 121-5, en ce qui concerne les conditions de la répression, et L. 132-1 à L. 132-9, s'agissant du régime répressif. On étudiera successivement ces deux points.

§1 Les conditions légales de l'incrimination

Il convient de distinguer la matérialité du délit de son élément moral.

I. Élément matériel

Les textes prohibent une pratique commerciale qui doit présenter un caractère trompeur.

A Une pratique commerciale

Le législateur n'a pas défini la notion de pratique commerciale mais a utilisé un terme beaucoup plus large que celui de « publicité », figurant dans les textes antérieurs à la loi du 3 janvier 2008. Il en ressort que le caractère public de la pratique, au sens de diffusion d'un message notamment, n'est plus exigé, une correspondance commerciale adressée à titre privé à un destinataire pouvant donc relever du délit. **Ce qui importe aujourd'hui est donc la nature même de la pratique commerciale** et **le législateur a préféré décrire un grand nombre de cas dans lesquels la pratique est considérée comme trompeuse**. Tel est l'objet des articles L. 121-2 et L. 121-3 du Code de la consommation qui distinguent respectivement des pratiques consistant en des actes positifs ou en des omissions.

En vertu de **l'article L. 121-2, une pratique commerciale est trompeuse** si elle est commise dans l'une des circonstances suivantes :

1° **lorsqu'elle crée une confusion avec un autre bien ou service, une marque, un nom commercial ou un autre signe distinctif d'un concurrent** ;

2° **lorsqu'elle repose sur des allégations, indications ou présentations fausses ou de nature à induire en erreur** et portant sur l'un ou plusieurs des éléments suivants :
  a) l'existence, la disponibilité ou la nature du bien ou du service ;
  b) les caractéristiques essentielles du bien ou du service, à savoir : ses qualités substantielles, sa composition, ses accessoires, son origine, sa quantité, son mode et sa date de fabrication, les conditions de son utilisation et son aptitude à l'usage, ses propriétés et les résultats attendus de son utilisation, ainsi que les résultats et les principales caractéristiques des tests et contrôles effectués sur le bien ou le service ;
  c) le prix ou le mode de calcul du prix, le caractère promotionnel du prix et les conditions de vente, de paiement et de livraison du bien ou du service ;
  d) le service après-vente, la nécessité d'un service, d'une pièce détachée, d'un remplacement ou d'une réparation ;
  e) la portée des engagements de l'annonceur, la nature, le procédé ou le motif de la vente ou de la prestation de services ;
  f) l'identité, les qualités, les aptitudes et les droits du professionnel ;
  g) le traitement des réclamations et les droits du consommateur ;

3° **lorsque la personne pour le compte de laquelle elle est mise en œuvre n'est pas clairement identifiable**.

Jurisprudence

On citera, à titre d'illustration, la pratique consistant à mettre en place un système d'appels massif par un automate d'abonnés du téléphone qui n'avaient pas le temps de décrocher et qui, en rappelant le numéro appelant se voyaient proposer, sans autre élément d'identification de l'appelant, de composer un numéro surtaxé *« en raison d'un grand nombre d'appels »*, ou qui, s'ils décrochaient, se voyaient également proposer d'appeler un numéro surtaxé *(Cass. crim., 4 avr. 2018, n° 17-84.577)*.

L'article L. 121-3 du Code de la consommation complète cette énumération en énonçant **qu'une pratique commerciale est également trompeuse si**, compte tenu des limites propres au moyen de communication utilisé et des circonstances qui l'entourent, **elle omet, dissimule ou fournit de façon inintelligible, ambiguë ou à contretemps une information substantielle ou lorsqu'elle n'indique pas sa véritable intention commerciale** dès lors que celle-ci ne ressort pas déjà du contexte.

Le texte précise que dans toute communication commerciale constituant une invitation à l'achat et destinée au consommateur mentionnant le prix et les caractéristiques du bien ou du service proposé, sont considérées comme substantielles les informations suivantes :
1° les caractéristiques principales du bien ou du service ;
2° l'adresse et l'identité du professionnel ;
3° le prix toutes taxes comprises et les frais de livraison à la charge du consommateur, ou leur mode de calcul, s'ils ne peuvent être établis à l'avance ;
4° les modalités de paiement, de livraison, d'exécution et de traitement des réclamations des consommateurs, dès lors qu'elles sont différentes de celles habituellement pratiquées dans le domaine d'activité professionnelle concerné ;
5° l'existence d'un droit de rétractation, si ce dernier est prévu par la loi.

Quelle que soit la nature de la pratique, celle-ci doit avoir un **caractère trompeur**, ce qui **dépend donc des actes commis et non pas du point de savoir si le consommateur a effectivement été induit en erreur**, ce qui conduit à considérer que le délit est formel. Il appartient aux juges de déterminer ce caractère trompeur, en se référant au « consommateur moyen », c'est-à-dire le consommateur normalement informé et raisonnablement attentif et avisé *(V. Cass. crim., 13 janv. 2016, n° 14-88.136 – Cass. crim., 11 juill. 2017, n° 16-84.902)*.

On ajoutera que **la pratique peut viser indifféremment des consommateurs ou des professionnels** *(C. consom., art. L. 121-5)* et que, lorsqu'elle vise des professionnels, le juge se réfère au professionnel « normalement avisé » *(V. Cass. crim., 3 mai 2017, n° 15-85.875)*.

Par ailleurs, **le législateur a encore renforcé la protection du consommateur en réputant trompeuses certaines pratiques.** C'est l'article L. 121-4 du Code de la consommation qui fournit une longue liste de telles pratiques, comme le fait d'afficher un certificat, un label de qualité ou un équivalent sans avoir obtenu l'autorisation nécessaire ou d'affirmer qu'un professionnel, y compris à travers ses pratiques commerciales ou qu'un produit ou service a été agréé, approuvé ou autorisé par un organisme public ou privé alors que ce n'est pas le cas. L'intérêt du texte réside dans le fait que les juges n'ont, en présence de tels actes, aucune appréciation à faire de leur caractère trompeur, le prévenu n'étant pas admis à démontrer que la pratique n'a trompé personne *(V., par exemple, Cass. crim., 13 janv. 2016, n° 14-84.072 – Cass. crim., 28 janv. 2020, n° 19-80.496).*

II. Élément moral

Avant la loi du 3 janvier 2008, il était admis que la publicité de nature à induire en erreur était un délit pour lequel il suffisait d'établir une faute de négligence ou d'imprudence et la doctrine pensait généralement que la règle demeurerait après ladite loi.

Jurisprudence

Or, la chambre criminelle de la Cour de cassation a contredit cette opinion à partir d'un arrêt du 15 décembre 2009 dans lequel elle considère que le délit est intentionnel, en ce sens qu'il exige une violation, en connaissance de cause, d'une prescription légale ou réglementaire, formule très souvent utilisée en jurisprudence *(Cass. crim., 15 déc. 2009, n° 09-83.059).*

Cependant, cette intention est assez aisée à établir, en pratique, s'agissant de professionnels censés connaître la réglementation applicable en matière de pratiques commerciales et vérifier que les pratiques qu'ils mettent en œuvre y sont conformes. Il s'avère donc très difficile pour les prévenus de démontrer l'absence d'intention.

§2 Le régime juridique du délit

On distinguera la répression des aspects procéduraux.

I. Les peines

S'agissant des personnes physiques, les peines encourues sont un **emprisonnement de 2 ans et une amende de 300 000 euros, ce montant pouvant être porté**, de manière proportionnée aux avantages tirés du délit, **à 10 % du chiffre d'affaires** moyen annuel, calculé sur les trois derniers chiffres d'affaires annuels connus à la date des faits, ou à 50 % des dépenses engagées pour la réalisation de la publicité ou de la pratique constituant ce délit *(C. consom., art. L. 132-2).*

Le législateur prévoit également, à titre de peines complémentaires, soit l'interdiction d'exercer une fonction publique ou l'activité professionnelle ou sociale dans l'exercice ou à l'occasion de l'exercice de laquelle l'infraction a été commise, soit d'exercer une profession commerciale ou industrielle, de diriger, d'administrer, de gérer ou de contrôler une entreprise commerciale ou industrielle ou une société commerciale *(C. consom, art. L. 132-3, al. 1er)*.

En outre, en cas de condamnation, le tribunal ordonne l'affichage ou la diffusion de l'intégralité ou d'une partie de la décision ou d'un communiqué informant le public des motifs et du dispositif de celle-ci. Il peut, de plus, ordonner la diffusion, aux frais de la personne condamnée, d'une ou de plusieurs annonces rectificatives *(C. consom., art. L. 132-4)*.

S'agissant des personnes morales, les peines applicables sont l'amende quintuplée et les peines prévues aux 2° à 9° de l'article 131-39 du Code pénal *(C. consom, art. L. 132-3, al. 2)*.

On notera encore que l'article L. 132-8 du Code de la consommation donne au juge d'instruction ou au tribunal saisi des poursuites le pouvoir de faire cesser la pratique commerciale trompeuse, sur réquisition du ministère public ou d'office, la mesure étant exécutoire nonobstant toutes voies de recours mais prenant fin en cas de décision de non-lieu ou de relaxe.

II. Les règles procédurales

Le délit de pratiques commerciales trompeuses constitue une infraction instantanée, le point de départ de la prescription étant donc fixé au jour de sa consommation. Cependant, la jurisprudence avait estimé que ce point de départ devait être reporté au jour de la découverte des faits dans des conditions permettant leur poursuite, s'ils avaient été dissimulés *(Cass. crim., 4 nov. 2008, n° 08-81.618)*. Cette solution est désormais consacrée par la loi *(CPP, art. 9-1, al. 2)*.

On notera que l'autorité administrative chargée de la concurrence et de la consommation a droit, tant que l'action publique n'a pas été mise en mouvement, de transiger, après accord du procureur de la République, en matière de pratiques commerciales trompeuses *(C. consom., art. L. 523-1)*.

Il convient de remarquer encore que, selon l'article L. 132-1 du Code de la consommation, le délit est constitué dès lors que la pratique est mise en œuvre ou qu'elle produit ses effets en France, ce qui n'est que l'application de l'article 113-2, alinéa 2, du Code pénal, en vertu duquel la loi pénale française doit s'appliquer lorsque l'un des faits constitutifs de l'infraction est réalisé sur le territoire national. Ceci permet, notamment, d'appréhender des annonces diffusées en France alors qu'elles sont émises de l'étranger.

Enfin, sur le plan de l'action civile, peuvent agir tant les victimes ayant subi un préjudice personnel et direct que les associations de défense des consommateurs *(C. consom., art. L. 621-1)*.

⏭ POUR ALLER PLUS LOIN…

- H. CLARET ET G. PAISANT, La nouvelle codification administrative du droit de la consommation par l'ordonnance n° 2016-301 du 14 mars 2016, JCP G 2016, 796
- S. FOURNIER, JCl. Pénal des Affaires, V° Pratiques commerciales trompeuses, Fasc. 10
- V. VALETTE-ERCOLE, La loi n° 2014-344 du 17 mars 2014 relative à la consommation : entre dépénalisation et pénalisation, Dr. pén. 2014, étude 13

Index

D

E

F

G

H

I

J

L

M

N

O

RÉSUMÉ

14,95 €
208 pages

Le CRFPA est l'épreuve phare de tout étudiant en droit qui se destine à la profession d'avocat.

Avec des taux de réussite en moyenne inférieurs à 35 % dans la plupart des Instituts d'études judiciaires (IEJ), cet examen tant redouté a la réputation d'écrémer autant parmi les bons élèves que parmi les moins bons. Ces chiffres ne relèvent en aucun cas du hasard puisque l'examen du CRFPA se distingue fondamentalement des autres examens passés dans le cadre de l'université et, partant, nécessite une préparation toute particulière.

Cette singularité va de pair avec un certain manque de visibilité alors que les étudiants aimeraient, pour mieux s'y préparer, connaître les ficelles de cette épreuve inédite.

Beaucoup s'interrogent et se demandent par exemple : À quel IEJ s'inscrire ? Quand commencer les révisions ? Quelle méthodologie adopter pour chaque épreuve ? Est-il indispensable d'aller aux cours de l'IEJ ? Quelles matières choisir ? Quels sont les intérêts d'une prépa d'été ? À quel moment se mettre à la préparation du Grand Oral ? Etc.

Autant de questions auxquelles les étudiants trouvent rarement de réponses, de prime abord. Cet ouvrage leur offre justement de véritables pistes de réflexion pour se préparer à l'examen du CRFPA.

L'AUTEUR

Wissam Mghazli est aujourd'hui avocat au barreau de Paris. Tout un symbole, il a prêté serment au moment de la sortie de son premier livre *Chronique d'un élève avocat.*
Il est titulaire d'un Master 2 professionnel en Droit des affaires et est également diplômé d'une grande école de commerce. Il enseigne par ailleurs le droit des affaires et sa méthodologie dans plusieurs établissements d'enseignement supérieur.
Formé au contentieux et à la résolution des conflits dans plusieurs cabinets d'affaires anglo-saxons, il a décidé de se lancer dans la grande aventure en posant sa plaque aux côtés de son ancien Maître de stage et mentor.

Enrick B. Éditions

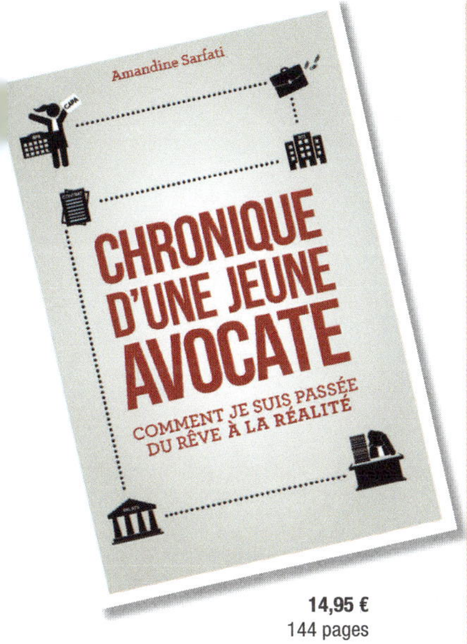

14,95 €
144 pages

RÉSUMÉ

Certains rêvent d'être avocat depuis toujours, d'autres se sont retrouvés là par hasard. Une première année de droit sans trop y croire, puis une seconde. Des parents qui vous aiment et vous poussent à aller toujours plus loin. La peur du vide et le temps qui passe. Bref, un concours de circonstances qui finit par vous mener à la profession d'avocat.

Il y a les Dupond-Moretti, les Szpiner, les Temime. Ceux qui nous font rêver et que l'on retrouve chez Ruquier. Ces ténors du barreau qui vous foutent la chair de poule et dont on imagine une vie pleine de rebondissements, ponctuée de victoires et d'honneurs. Puis il y a tous les autres : les Victor, les Sandrine, les Sofiane et les Benjamin. Les anonymes du barreau qui courent, tombent et se font mal. Les pris au piège, les sacrifiés, les ambitieux et les ratés. Les gens heureux, les passionnés et ceux qui ont abandonné.

Alors quelle est cette vie d'avocat ? Pourquoi autant de fantasme et de mystère autour de cette profession ? Peut-on être heureux lorsque l'on passe la plupart de son temps à s'occuper des problèmes des autres ?

Sur un ton sarcastique, Amandine Sarfati désacralise la profession et balaye nos préjugés. Elle nous livre dans *Chronique d'une jeune avocate*, cinq années d'expérience au cœur du barreau de Paris, des commissions d'office et de la spirale judiciaire.

Anecdotes, témoignages et démystification des institutions, ce livre est destiné aux curieux, aux passionnés, aux bons vivants, aux amoureux du droit et à tous ceux qui voudront se plonger dans la peau d'une jeune avocate, sans chichi ni langue de bois. Il est également dédié aux avocats et à tous ceux qui se destinent à le devenir.

L'AUTEUR

Avocat au barreau de Paris, **Amandine Sarfati** a obtenu son CAPA en 2011 après un Master 2 en droit pénal des affaires. A cette même époque, elle se tourne vers l'enseignement et intervient dans différentes écoles où elle enseigne le droit du travail, matière qui deviendra son domaine de prédilection. Associée fondatrice de la prépa Sup Barreau, elle intervient chaque année aux côtés d'étudiants souhaitant devenir avocat et met toute son expertise au service de leur réussite.

Enrick B. Éditions

Mikaël BENILLOUCHE

LEXI FICHE

PROCÉDURE PÉNALE

De la découverte au jugement des infractions

Que vous soyez en Licence 2 de droit, en Master ou en train de préparer l'examen d'entrée au Centre de formation professionnelle des avocats, le concours de l'ENM, ou l'un des concours de la police ou de la pénitentiaire, cette fiche vous permettra de bien appréhender cette matière technique et pratique et vous apportera une synthèse claire grâce aux tableaux et schémas.

Testez vos connaissances grâce au quiz en page 19 de la Lexifiche.

SOMMAIRE

FICHE INTERACTIVE

Flashez pour découvrir toutes les évolutions législatives et jurisprudentielles

Code d'accès : Lexifiche41

www.lexifiche.com

Mikaël BENILLOUCHE

LEXI FICHE

DROIT PÉNAL GÉNÉRAL

L'infraction et la responsabilité pénale

© PIX art photographie - Fotolia

Que vous soyez en Licence 2 de droit, en Master ou en train de préparer l'examen d'entrée au Centre de formation professionnelle des avocats, le concours de l'ENM, ou l'un des concours de la police ou de la pénitentiaire, cette fiche vous permettra de voir ou revoir toutes les notions fondamentales du droit pénal (éléments constitutifs de l'infraction, règles relatives à la responsabilité pénale, dispositions générales relatives à la peine) et d'avoir une synthèse claire et pratique de la matière.

Testez vos connaissances grâce au quiz en page 27 de la Lexifiche.

SOMMAIRE

pca
cmb
édition pré-presse
livres numériques

44400 Rezé

Imprimé en UE (Bulgarie) par Colorix

Achevé d'imprimé et dépôt légal : mai 2020

France, Belgique : diffusion CED-CEDIF, Distribution DILISCO
Suisse : diffusion, distribution OLF
Canada (Québec) : diffusion, distribution Médiaspaul